독일외교문서
한 국 편
1874~1910
13

이 저서는 2017년 대한민국 교육부와 한국학중앙연구원(한국학진흥사업단)의 한국학 분야 토대연구지원사업의 지원을 받아 수행된 연구임 (AKS-2017-KFR-1230002)

This work was supported by Korean Studies Foundation Research through the Ministry of Education of the Republic of Korea and Korean Studies Promotion Service of the Academy of Korean Studies (AKS-2017-KFR-1230002)

■ 독일학총서 Bibliothek der Germanistik ■

독일외교문서
한 국 편

1874~1910

13

고려대학교 독일어권문화연구소 편

보고사
BOGOSA

개항기 한국 관련
독일외교문서 번역총서 발간에 부쳐

1. 본 총서에 대하여

본 총서는 고려대학교 독일어권문화연구소가 한국학중앙연구원에서 시행하는 토대 사업(2017년)의 지원을 받아 3년에 걸쳐 연구한 작업의 결과물이다. 해당 프로젝트 〈개항기 한국 관련 독일외교문서 탈초·번역·DB 구축〉은 1866년을 전후한 한−독 간 교섭 초기부터 1910년까지의 한국 관련 독일 측 외교문서 9,902면을 탈초, 번역, 한국사 감교 후 출판하고, 동시에 체계적인 목록화, DB 구축을 통해 온라인 서비스 토대를 마련함으로써 관련 연구자 및 관심 있는 일반인에게 제공하기 위한 것이다. 본 프로젝트의 의의는 개항기 한국에서의 독일의 역할과 객관적인 역사의 복원, 한국사 연구토대의 심화·확대, 그리고 소외분야 연구 접근성 및 개방성 확대라는 측면에서 찾을 수 있다.

이번 우리 독일어권문화연구소의 프로젝트팀이 국역하여 공개하는 독일외교문서 자료는 한국근대사 연구는 물론이고 외교사, 한독 교섭사를 한 단계 끌어올릴 수 있는 중요한 일차 사료들이다. 그러나 이 시기의 해당 문서는 모두 전문가가 아닌 경우 접근하기 힘든 옛 독일어 필기체로 작성되어 있어 미발굴 문서는 차치하고 국내에 기 수집된 자료들조차 일반인은 물론이고 국내 전문연구자의 접근성이 극히 제한되어 있는 상황이다. 이런 상황에서 우리의 프로젝트가 성공적으로 마무리됨으로써 이제 절대적으로 부족한 독일어권 연구 사료를 구축하여, 균형 잡힌 개항기 연구 토대를 다지고, 연구 접근성과 개방성, 자료 이용의 효율성을 제고하고, 동시에 한국사, 독일학, 번역학, 언어학 전문가들의 학제 간 협동 연구를 촉진할 수 있는 중요한 계기가 마련되었다.

2. 정치적 상황

오늘날 우리는 전 지구적 세계화가 가속화되고 있는 상황 속에 살고 있다. '물결'만으로는 세계화의 속도를 따라잡을 수 없게 되었다. 초연결 사회의 출현으로 공간과 시간, 그리고 이념이 지배하던 지역, 국가 간 간극은 점차 줄어들고 있다. 그렇다고 국가의 개념이 사라지는 것은 아니다. 오히려 국가는 국민을 안전하게 보호하고 대외적으로 이익을 대변해야 하는 역할을 이런 혼란스런 상황 속에서 더욱 성실히 이행해야 하는 사명을 갖는다.

한국을 둘러싼 동아시아 국제정세는 빠르게 변화하고 있다. 수년 전 남북한 정상은 두 번의 만남을 가졌고, 영원히 만나지 않을 것 같았던 북한과 미국의 정상 역시 싱가포르에 이어서 하노이에서 역사적 회담을 진행하였다. 한반도를 둘러싼 오랜 적대적 긴장 관계가 완화되고 화해와 평화가 곧 당겨질 듯한 분위기였다.

하지만 한반도에 완전한 평화가 정착되었다고 단언하기란 쉽지 않다. 휴전선을 둘러싼 남북한의 군사적 대치 상황은 여전히 변한 것이 없다. 동아시아에서의 주변 강대국의 패권 경쟁 또한 현재 진행형이다. 즉 한반도 평화 정착을 위해서는 한국, 북한, 미국을 비롯해서 중국, 러시아, 일본 등 동아시아 정세에 관여하는 국가들의 다양하고 때로는 상충하는 이해관계들을 외교적으로 세밀하게 조정할 필요가 있다.

한국은 다양한 국가의 복잡한 이해관계를 어떻게 조정할 것인가? 우리 프로젝트팀은 세계화의 기원이라 할 수 있는 19세기 말에서 20세기 초 한반도의 시공간에 주목하였다. 이 시기는 통상 개항기, 개화기, 구한말, 근대 초기로 불린다. 증기기관과 증기선 도입, 철도 부설, 그 밖의 교통 운송 수단의 발달로 인해서 전 세계가 예전에 상상할 수 없을 정도로 가까워지기 시작하던 때였다. 서구 문물의 도입을 통해서 한국에서는 서구식 근대적 발전이 모색되고 있었다.

또 한편으로는 일본뿐만 아니라 청국, 그리고 서구 열강의 제국주의적 침탈이 진행되었던 시기였다. 한국 문제에 관여한 국가들은 동아시아에서 자국의 이익을 유지, 확대하려는 목적에서 끊임없이 경쟁 혹은 협력하였다. 한국 역시 세계화에 따른 근대적 변화에 공감하면서도 외세의 침략을 막고 독립을 유지하려는 데에 전력을 기울였다. 오늘날 세계화와 한국 관련 국제 정세를 이해하기 위해서는 무엇보다 그 역사적 근원인 19세기 후반에서 20세기 초반의 상황을 알아야 한다. 이에 본 연구소에서는 개항기 독일외교문서에 주목하였다.

3. 한국과 독일의 관계와 그 중요성

오늘날 한국인에게 독일은 친숙한 국가이다. 1960~70년대 약 18,000여 명의 한국인들은 낯선 땅 독일에서 광부와 간호사로 삶을 보냈다. 한국인들이 과거사 반성에 미흡한 일본을 비판할 때마다 내세우는 반면교사의 대상은 독일이다. 한때는 분단의 아픔을 공유하기도 했으며, 통일을 준비하는 한국에게 타산지석의 대상이 되는 국가가 바로 독일이다. 독일은 2017년 기준으로 중국과 미국에 이어 한국의 세 번째로 큰 교역 국가이기도 하다.

한국인에게 독일은 이웃과도 같은 국가이지만, 정작 한국인들은 독일 쪽에서는 한국을 어떻게 인식하고 정책을 추진하는지 잘 알지 못한다. 그 이유는 독일이 한반도 국제정세에 결정적인 역할을 끼쳐온 국가가 아니기 때문이다. 오늘날 한국인에게는 미국, 중국, 일본, 러시아가 현실적으로 중요하기에, 정서상으로는 가까운 독일을 간과하는 것이 아닐까 하는 생각이 든다.

그렇다면 우리는 독일을 몰라도 될까? 그렇지 않다. 독일은 EU를 좌우하는 핵심 국가이자, 세계의 정치, 경제, 사회, 문화를 주도하는 선진국이자 강대국이다. 독일은 유럽뿐만 아니라 동아시아를 비롯한 전 세계의 동향을 종합적으로 고려하는 가운데 한국을 인식하고 정책을 시행한다. 독일의 대한정책(對韓政策)은 전 지구적 세계화 속에서 한국의 위상을 보여주는 시금석과 같다.

세계화의 기원인 근대 초기도 지금과 상황이 유사하였다. 미국, 영국에 이어서 한국과 조약을 체결한 서구 열강은 독일이었다. 청일전쟁 직후에는 삼국간섭을 통해서 동아시아 진출을 본격화하기도 했다. 하지만 당시 동아시아에서는 영국, 러시아, 일본, 청국, 그리고 미국의 존재감이 컸다. 19세기 말에서 20세기 초 한반도를 둘러싼 국제정세에서 독일이 차지하는 위상은 상대적으로 높지 않았던 것이다.

하지만 당시 독일은 동아시아 정세의 주요 당사국인 영국, 러시아, 일본, 청국, 미국 등의 인식과 정책 관련 정보를 집중적으로 수집하고 종합적으로 분석하였다. 세계 각국의 동향을 종합적으로 판단한 과정 속에서 독일은 한국을 평가하고 이를 정책으로 구현하고자 했다.

그렇기 때문에 개항기 한국 관련 독일외교문서는 의미가 남다르다. 독일외교문서에는 독일의 한국 인식 및 정책뿐만 아니라, 한국 문제에 관여한 주요 국가들의 인식과 대응들이 담겨 있는 보고서들로 가득하다. 독일은 자국 내 동향뿐만 아니라 세계 각국의 동향을 고려하는 과정 속에서 한국을 인식, 평가하고 정책화하였던 것이다. 그렇기에 독일외교문서는 유럽 중심에 위치한 독일의 독특한 위상과 전 지구적 세계화 속에서 세계 각국이 한국을 이해한 방식의 역사적 기원을 입체적으로 추적하기에 더할 나위 없이 좋은 자료인 것이다.

4. 금번 번역총서 작업과정에 대해

1973년 4월 4일, 독일과의 본격적인 교류를 위하여 〈독일문화연구소〉라는 이름으로

탄생을 알리며 활동을 시작한 본 연구소는 2003년 5월 15일 자로 〈독일어권 문화연구소〉로 명칭을 바꾸고 보다 폭넓은 학술 및 연구를 지향하여 연구원들의 많은 활동을 통해, 특히 독일어권 번역학 연구와 실제 번역작업에 심혈을 기울여 왔다. 이번에 본 연구소에서 세상에 내놓는 15권의 책은 모두(冒頭)에서 밝힌 대로 2017년 9월부터 시작한, 3년에 걸친 한국학중앙연구원 프로젝트의 연구 결과물이다. 여기까지 오기까지 작업의 역사는 상당히 길고 또한 거기에 참여했던 인원도 적지 않다. 이 작업은 독일어권연구소장을 맡았던 한봉흠 교수로부터 시작된다. 한봉흠 교수는 연구소 소장으로서 개항기 때 독일 외교관이 조선에서 본국으로 보낸 보고 자료들을 직접 독일에서 복사하여 가져옴으로써 자료 축적의 기본을 구축하였다. 그 뒤 김승옥 교수가 연구소 소장으로 재직하면서 그 자료의 일부를 번역하여 소개한 바 있다(고려대 독일문화연구소 편, 『(朝鮮駐在) 獨逸外交文書 資料集』, 우삼, 1993). 당시는 여건이 만만치 않아 선별적으로 번역을 했고 한국사 쪽의 감교를 받지도 못하는 상태였다. 그러나 당시로서 옛 독일어 필기체로 작성된 보고문을 정자의 독일어로 탈초하고 이를 우리말로 옮기는 것은 생면부지의 거친 황야를 걷는 것과 같은 것이었다.

우리 연구팀은 저간의 사정을 감안하여 금번 프로젝트를 위해 보다 철저하게 다양한 팀을 구성하고 연구 진행에 차질이 없도록 하였다. 연구팀은 탈초, 번역, 한국사 감교팀으로 나뉘어 먼저 원문의 자료를 시대별로 정리하고 원문 중 옛 독일어 필기체인 쿠렌트체와 쥐털린체로 작성된 문서들을 독일어 정자로 탈초하고 이를 타이핑하여 입력한 뒤 번역팀이 우리말로 옮기고 이후 번역된 원고를 감교팀에서 역사적으로 고증하여 맞는 용어를 선택하고 필요에 따라 각주를 다는 등 다양한 협력을 수행하였다. 이번에 출간된 15권의 책은 데이터베이스화하여 많은 연구자들이 널리 이용할 수 있을 것이다.

2017년 9월부터 3년에 걸쳐 작업한 결과물을 드디어 완간하게 된 것을 연구책임자로서 기쁘게 생각한다. 무엇보다 긴밀하게 조직화된 팀워크를 보여준 팀원들(번역자, 탈초자, 번역탈초 감수 책임자, 한국사 내용 감수 책임자, 데이터베이스팀 책임자)과 연구보조원 한 분 한 분에게 감사드린다. 그리고 프로젝트의 준비단계에서 활발한 역할을 한 김용현 교수와 실무를 맡아 프로젝트가 순항하도록 치밀하게 꾸려온 이정린 박사와 한승훈 박사에게 감사의 뜻을 전한다. 본 연구에 참여한 모든 연구원들의 해당 작업과 명단은 각 책의 말미에 작성하여 실어놓았다.

2021년 봄날에
연구책임자
김재혁

일러두기

1. 『독일외교문서 한국편』은 독일연방 외무부 정치문서보관소(Archives des Auswärtigen Amts)에서 소장하고 있는 근대 시기 한국 관련 독일외교문서를 번역한 것이다. 구체적으로는 독일 외무부에서 생산한 개항기 한국 관련 사료군에 해당하는 I. B. 16 (Korea), I. B. 22 Korea 1, I. B. 22 Korea 2, I. B. 22 Korea 5, I. B. 22 Korea 7, I. B. 22 Korea 8, Peking II 127과 Peking II 128에 포함된 문서철을 대상으로 한다.

2. 당시 독일외무부는 문서의 외무부 도착일, 즉 수신일을 기준으로 문서를 편집하였다. 이에 본 문서집에서는 독일외무부가 문서철 편집과정에서 취했던 수신일 기준 방식을 따랐다.

3. 본 문서집은 한국어 번역본과 독일어 원문 탈초본으로 구성되어 있다.

   1) 한국어 번역본에는 독일어 원문의 쪽수를 기입함으로써, 교차 검토를 용의하게 했다.
   2) 독일어 이외의 언어로 작성된 문서는 한국어로 번역하지 않되, 전문을 탈초해서 문서집에 수록하였다. 해당 문서가 주 보고서인 경우는 한국어 번역본과 독일어 원문 탈초본에 함께 수록하였으며, 첨부문서에 해당할 경우에는 한국어 번역본에 수록하지 않고, 독일어 탈초본에 수록하였다. ※ 주 보고서에 첨부문서로 표기되지 않은 상태에서 추가된 문서(언론보도, 각 국 공문서 등)들은 [첨부문서]로 표기하였다.

4. 당대 독일에서는 쿠렌트체(Kurrentschrift)로 불리는 옛 독일어 필기체와 프로이센의 쥐털린체(Sütterlinschrift)가 부가된 형태의 외교문서를 작성하였다. 이에 본 연구팀은 쿠렌트체와 쥐털린체로 되어 있는 독일외교문서 전문을 현대 독일어로 탈초함으로써 문자 해독 및 번역을 용이하게 했다.

   1) 독일어 탈초본은 작성 당시의 원문을 그대로 현대 독일어로 옮기는 것을 원칙으로 했다. 그 때문에 독일어 탈초본에는 문서 작성 당시의 철자법과 개인의 문서 작성상의 특성이 드러나 있다. 최종적으로 해독하지 못한 단어나 철자는 [*sic*]로 표기했다.
   2) 문서 본문 내용에 대한 다양한 종류의 제3자의 메모는 각주에 [Randbemerkung]을

설정하여 최대한 수록하고 있다.

3) 원문서 일부에 있는 제3자의 취소 표시(취소선)는 취소선 맨 뒤에 별도의 각주를 만들어 제3자의 취소 영역을 표시했다. 편집자의 추가 각주 부분은 모두 대괄호를 통해 원주와 구분하고 있다.

4) 독일어 탈초본에서는 연구자들의 편의를 돕기 위해서 각 문건 상단에 원문출처, 문서수발신 정보, 문서의 수신 과정에서 추가된 문구 등을 알아볼 수 있도록 표를 작성하였다. ※ Peking II 127, 128이 수록된 15권은 문서 식별의 어려움으로 아래의 표를 별도로 기입하지 않았음을 밝혀 둔다.

예)   Die Rückkehr Li hung chang's nach Tientsin. ─❶

PAAA_RZ201-018901_162 ─❷			
Empfänger	Bismarck ─❸	Absender	Brandt ─❹
A. 6624. pr. 30 Oktober 1882. ─❺		Peking, den 7. September 1882. ─❻	
Memo ─❼	Orig. 1. 11. nach Hamburg		

① 문서 제목 : 원문서에 제목(문서 앞 또는 뒤에 Inhalt 또는 제목만 표기됨)이 있는 경우 제목을 따르되, 제목이 없는 경우는 "[   ]"로 표기해 원문서에 제목이 없음을 나타냄.

② 원문출처 : 베를린 문서고에서 부여한 해당 문서 번호에 대한 출처 표기. 문서번호-권수_페이지 수로 구성

③ 문서 수신자

④ 문서 발신자

⑤ 문서 번호, 수신일

⑥ 문서 발신지, 발신일

⑦ 문서 수신·전달 과정에서 추가적으로 작성된 문구

이 같은 표가 작성되지 않은 문서는 베를린 자체 생성 문서이거나 정식 문서 형태를 갖추지 않은 문서들이다.

5. 본 연구팀은 독일외교문서의 독일어 전문을 한국어로 번역·감교하였다. 이를 통해 독일어 본래의 특성과 당대 역사적 맥락을 함께 담고자 했다. 독일외교문서 원문의 번역 과정에서 뜻이 분명하지 않은 경우에는 [번역 주석]을 부기하였으며, [감교 주석]을 통해서 당대사적 맥락을 보완하였다. 아울러 독일외교문서 원문에 수록된 주석의 경우는 [원문 주석]으로 별도로 표기하였다.

6. 한국어 번역본에서는 중국, 일본, 한국의 지명, 인명은 모두 원음으로 표기하되, 관직과 관청명의 경우는 한국 학계에서 일반적으로 통용되는 한문의 한국어 발음을 적용하였다. 각 국가의 군함 이름 등 기타 사항은 외교문서에 수록된 단어를 그대로 병기하였다. 독일외교관이 현지어 발음을 독일어로 변환되는 과정에서 실체가 불분명해진 고유명사의 경우, 독일외교문서 원문에 수록된 단어 그대로 표기하였다.

7. 한국어 번역본에서는 연구자들의 편의를 돕기 위해서 각 문건 상단에 문서제목, 문서 수발신 정보(날짜, 번호), 문서의 수신 과정에서 추가된 문구 등을 알아볼 수 있도록 표를 작성하였다. ※ Peking II 127, 128이 수록된 15권은 문서 식별의 어려움으로 아래의 표를 별도로 기입하지 않았음을 밝혀 둔다.

예)

01
조선의 현황 관련 ─❶

발신(생산)일	1889. 1. 5 ─❷		수신(접수)일	1889. 3. 3 ─❸
발신(생산)자	브란트 ─❹		수신(접수)자	비스마르크 ─❺
발신지 정보	베이징 주재 독일 공사관 ─❻	수신지 정보		베를린 정부 ─❼
	No. 17 ─❽			A. 3294 ─❾
메모 ─❿	3월 7일 런던 221, 페테르부르크 89 전달			

① 문서 제목, 번호 : 독일어로 서술된 제목을 따르되, 별도 제목이 없을 경우는 문서 내용을 확인 후 "[ ]"로 구별하여 문서 제목을 부여하였음. 제목 위의 번호는 본 자료집에서 부여하였음.
② 문서 발신일 : 문서 작성자가 문서를 발송한 날짜
③ 문서 수신일 : 문서 수신자가 문서를 받은 날짜
④ 문서 발신자 : 문서 작성자 이름
⑤ 문서 수신자 : 문서 수신자 이름
⑥ 문서 발신 담당 기관
⑦ 문서 수신 담당 기관
⑧ 문서 발신 번호 : 문서 작성 기관에서 부여한 고유 번호
⑨ 문서 수신 번호 : 독일외무부에서 문서 수신 순서에 따라 부여한 번호
⑩ 메모 : 독일외교문서의 수신·전달 과정에서 추가적으로 작성된 문구

8. 문서의 수발신 관련 정보를 특정하기 어려운 문서(예를 들어 신문 스크랩)의 경우는

독일외무부에서 편집한 날짜, 문서 수신 번호, 그리고 문서 내용을 토대로 문서 제목을 표기하였다.

9. 각 권의 원문 출처는 다음과 같다.

자료집 권 (발간 연도)	독일외무부 정치문서고 문서 분류 방식			
	문서분류 기호	일련번호	자료명	대상시기
1 (2019)	I. B. 16 (Korea)	R18900	Akten betr. die Verhältnisse Koreas (1878년 이전) 조선 상황	1874.1~1878.12
	I. B. 22 Korea 1	R18901	Allgemiene Angelegenheiten 1 일반상황 보고서 1	1879.1~1882.6
	I. B. 22 Korea 1	R18902	Allgemiene Angelegenheiten 2 일반상황 보고서 2	1882.7~1882.11
2 (2019)	I. B. 22 Korea 1	R18903	Allgemiene Angelegenheiten 3 일반상황 보고서 3	1882.11~1885.1.19
	I. B. 22 Korea 1	R18904	Allgemiene Angelegenheiten 4 일반상황 보고서 4	1885.1.20~1885.4.23
	I. B. 22 Korea 1	R18905	Allgemiene Angelegenheiten 5 일반상황 보고서 5	1885.4.24~1885.7.23
3 (2019)	I. B. 22 Korea 1	R18906	Allgemiene Angelegenheiten 6 일반상황 보고서 6	1885.7.24~1885.12.15
	I. B. 22 Korea 1	R18907	Allgemiene Angelegenheiten 7 일반상황 보고서 7	1885.12.16~1886.12.31
	I. B. 22 Korea 1	R18908	Allgemiene Angelegenheiten 8 일반상황 보고서 8	1887.1.1~1887.11.14
4 (2019)	I. B. 22 Korea 1	R18909	Allgemiene Angelegenheiten 9 일반상황 보고서 9	1887.11.15~1888.10.3
	I. B. 22 Korea 1	R18910	Allgemiene Angelegenheiten 10 일반상황 보고서 10	1888.10.4~1889.2.28
	I. B. 22 Korea 1	R18911	Allgemiene Angelegenheiten 11 일반상황 보고서 11	1889.3.1~1890.12.13
	I. B. 22 Korea 1	R18912	Allgemiene Angelegenheiten 12 일반상황 보고서 12	1890.12.14~1893.1.11

5 (2020)	I. B. 22 Korea 1	R18913	Allgemiene Angelegenheiten 13 일반상황 보고서 13	1893.1.12~1893.12.31
	I. B. 22 Korea 1	R18914	Allgemiene Angelegenheiten 14 일반상황 보고서 14	1894.1.1~1894.7.14
	I. B. 22 Korea 1	R18915	Allgemiene Angelegenheiten 15 일반상황 보고서 15	1894.7.15~1894.8.12
	I. B. 22 Korea 1	R18916	Allgemiene Angelegenheiten 16 일반상황 보고서 16	1894.8.13~1894.8.25
6 (2020)	I. B. 22 Korea 1	R18917	Allgemiene Angelegenheiten 17 일반상황 보고서 17	1894.8.26~1894.12.31
	I. B. 22 Korea 1	R18918	Allgemiene Angelegenheiten 18 일반상황 보고서 18	1895.1.19~1895.10.18
	I. B. 22 Korea 1	R18919	Allgemiene Angelegenheiten 19 일반상황 보고서 19	1895.10.19~1895.12.31
	I. B. 22 Korea 1	R18920	Allgemiene Angelegenheiten 20 일반상황 보고서 20	1896.1.1~1896.2.29
7 (2020)	I. B. 22 Korea 1	R18921	Allgemiene Angelegenheiten 21 일반상황 보고서 21	1896.3.1~1896.5.6
	I. B. 22 Korea 1	R18922	Allgemiene Angelegenheiten 22 일반상황 보고서 22	1896.5.7~1896.8.10
	I. B. 22 Korea 1	R18923	Allgemiene Angelegenheiten 23 일반상황 보고서 23	1896.8.11~1896.12.31
	I. B. 22 Korea 1	R18924	Allgemiene Angelegenheiten 24 일반상황 보고서 24	1897.1.1~1897.10.31
8 (2020)	I. B. 22 Korea 1	R18925	Allgemiene Angelegenheiten 25 일반상황 보고서 25	1897.11.1~1898.3.15
	I. B. 22 Korea 1	R18926	Allgemiene Angelegenheiten 26 일반상황 보고서 26	1898.3.16~1898.9.30
	I. B. 22 Korea 1	R18927	Allgemiene Angelegenheiten 27 일반상황 보고서 27	1898.10.1~1899.12.31

	I. B. 22 Korea 1	R18928	Allgemiene Angelegenheiten 28	1900.1.1~1900.6.1
			일반상황 보고서 28	
9 (2020)	I. B. 22 Korea 1	R18929	Allgemiene Angelegenheiten 29	1900.6.2~1900.10.31
			일반상황 보고서 29	
	I. B. 22 Korea 1	R18930	Allgemiene Angelegenheiten 30	1900.11.1~1901.2.28
			일반상황 보고서 30	
	I. B. 22 Korea 1	R18931	Allgemiene Angelegenheiten 31	1901.3.1~1901.7.15
			일반상황 보고서 31	
10 (2020)	I. B. 22 Korea 1	R18932	Allgemiene Angelegenheiten 32	1901.7.16~1902.3.31
			일반상황 보고서 32	
	I. B. 22 Korea 1	R18933	Allgemiene Angelegenheiten 33	1902.4.1~1902.10.31
			일반상황 보고서 33	
		R18934	Allgemiene Angelegenheiten 34	1902.11.1~1904.2.15
			일반상황 보고서 34	
11 (2021)	I. B. 22 Korea 1	R18935	Allgemiene Angelegenheiten 35	1904.2.16~1904.7.15
			일반상황 보고서 35	
		R18936	Allgemiene Angelegenheiten 36	1904.7.16~1907.7.31
			일반상황 보고서 36	
		R18937	Allgemiene Angelegenheiten 37	1907.8.1~1909.8.31
	I. B. 22 Korea 1		일반상황 보고서 37	
12 (2021)		R18938	Allgemiene Angelegenheiten 38	1909.4.1~1910.8
			일반상황 보고서 38	
	I. B. 22 Korea 2	R18939	Die Besitznahme Port Hamilton durch die Engländer 1	1885.4.8~1885.7.31
			영국의 거문도 점령 1	
		R18940	Die Besitznahme Port Hamilton durch die Engländer 2	1885.8.1~1886.12.31
13 (2021)	I. B. 22 Korea 2		영국의 거문도 점령 2	
		R18941	Die Besitznahme Port Hamilton durch die Engländer 3	1887.1.1~1901.12
			영국의 거문도 점령 3	

13 (2021)	I. B. 22 Korea 5	R18949	Beziehungen Koreas zu Frankreich 한국-프랑스 관계	1886.8~1902.10
	I. B. 22 Korea 6	R18950	Die Christen in Korea 조선의 기독교	1886~1910.5
	I. B. 22 Korea 7	R18951	Fremde Vertretung in Korea 1 조선 주재 외국 외교관 1	1887.4.19~1894.9.6
14 (2021)	I. B. 22 Korea 7	R18952	Fremde Vertretung in Korea 2 한국 주재 외국 외교관 2	1894.9.7~1903.2
		R18953	Fremde Vertretung in Korea 3 한국 주재 외국 외교관 3	1903.3~1910.5
	I. B. 22 Korea 8	R18954	Entsendung koreanischer Missionen nach Europa und Amerika 1 조선의 유럽·미국 주재 외교관 파견 1	1887.10.21~1888.12.31
		R18955	Entsendung koreanischer Missionen nach Europa und Amerika 2 한국의 유럽·미국 주재 외교관 파견 2	1889.1.1~1905.12
15 (2021)	RAV Peking II 127	R9208	주청 독일공사관의 조선 관련 문서 1	1866.11~1866.12
	RAV Peking II 128	R9208	주청 독일공사관의 조선 관련 문서 2	1866.10~1887.12

10. 본 문서집은 조선과 대한제국을 아우르는 국가 명의 경우는 한국으로 통칭하되, 대한제국 이전 시기를 다루는 문서의 경우는 조선, 대한제국 선포 이후를 다루는 문서의 경우는 대한제국으로 표기하였다.

11. 사료군 해제

● **I. B. 16 (Korea)**

1859년 오일렌부르크의 동아시아 원정 이후 북경과 동경에 주재한 독일 공사들이 한독 수교 이전인 1874~1878년간 한국 관련하여 보고한 문서들이 수록되어 있다. 이 시기는 한국이 최초 외세를 향해서 문호를 개방하고 후속 조치가 모색되었던 시기였다. 특히 쇄국정책을 주도하였던 흥선대원군이 하야하고 고종이 친정을 단행함으로써, 국내외에서는 한국의 대외정책 기조가 변화할 것이라는 전망이 나오던 시절이었다. 이러한 역사적 배경 속에서 I. B. 16 (Korea)에는 1876년 이전 세계문제로 촉발되었던 한국과 일본의 갈등과 강화도조약 체결, 그리고 한국의 대서구 문호개방에 관한 포괄적인 내용들이 수록되어 있다.

● I. B. 22 Korea 1

독일 외무부는 한국과 조약 체결을 본격화하기 시작한 1879년부터 별도로 "Korea"로 분류해서 한국 관련 문서를 보관하기 시작하였다. 그중에서 I. B. 22 Korea 1은 1879년부터 1910년까지 조선에 주재한 독일외교관을 비롯해서 한국 관련 각종 문서들이 연, 원, 일의 순서로 편집되어 있다. 개항기 전시기 독일의 대한정책 및 한국과 독일관계를 조망하는 본 연구의 취지에 부합한 사료군이라 할 수 있다.

본 연구가 타 국가 외교문서 연구와 차별되는 지점은 일본에 의해서 외교권을 박탈당한 1905년 을사늑약 이후의 문서에 대한 분석을 시도하는데 있다. 물론 1905년 이후 한국과 독일의 관계는 거의 없다는 것이 정설이다. 하지만 1907년 독일의 고립을 초래한 소위 '외교혁명'의 시작이 한국과 만주라는 사실, 그리고 일본이 한국을 병합한 이후에도 독일은 영국과 함께 한국으로부터 확보한 이권을 계속 유지시키고자 하였다. 이에 본 연구팀은 1910년까지 사료를 분석함으로써, 1905년 이후 한국사를 글로벌 히스토리 시각에서 조망하는 토대를 구축하고자 한다.

● I. B. 22 Korea 2

I. B. 22 Korea 2는 영국의 거문도 점령 관련 문서들을 수록하고 있다. 독일은 영국의 거문도 점령 당시 당사국이 아니었다. 하지만 독일의 입장에서도 영국의 거문도 점령은 중요한 문제였다. 영국의 거문도 점령 사건 자체가 한국과 영국뿐만 아니라, 청국, 러시아, 일본 등 주변 열강 등의 외교적 이해관계가 복잡하게 얽힌 사안이었기 때문이었다. 그렇기에 영국이 거문도를 점령한 이후, 서울, 런던, 베이징, 도쿄, 페테르부르크 등에서는 이 사건을 어떻게 해결할 것인가를 두고 외교적 교섭이 첨예하게 전개되었다. I. B. 22 Korea 2에는 관찰자 시점에서 영국의 거문도 사건을 조망하되, 향후 독일의 동아시아 정책 및 한국정책을 수립하는 척도로 작용하는 내용의 문서들이 수록되어 있다.

● I. B. 22 Korea 5

I. B. 22 Korea 5는 한국과 프랑스 관계를 다루고 있다. 주로 한국과 프랑스의 현안이었던 천주교 승인 문제와 천주교 선교 과정에서 한국인과 갈등들이 수록되어 있다. 그리고 삼국간섭 한국의 프랑스 차관 도입 시도 관련 문서들도 있을 것으로 보인다. 즉 I. B. 22 Korea 5는 기독교 선교라는 관점, 그리고 유럽에서 조성되었던 프랑스와 독일의 긴장관계가 비유럽 국가인 한국에서 협력으로 변모하는지를 확인할 수 있는 사료군이라 할 수 있다.

● I. B. 22 Korea 6

I. B. 22 Korea 6은 한국 내 기독교가 전래되는 전 과정을 다루고 있다. 지금까지 개항기 기독교 선교와 관련된 연구는 주로 미국 측 선교사에 집중되었다. 학교와 의료를 통한 미국 선교사의 활동과 성장에 주목한 것이다. 그에 비해 독일에서 건너온 선교사 단체에 대한 연구는 미흡하였다. I. B. 22 Korea 6은 한국 내 기독교의 성장과 더불어 독일 선교사들이 초기에 한국에 건너와서 정착한 과정을 확인할 수 있는 사료군이라 할 수 있다.

● I. B. 22 Korea 7

I. B. 22 Korea 7은 한국 외국대표부에 관한 사료군이다. 개항 이후 외국 외교관들은 조약에 근거해서 개항장에 외국대표부를 설치하였다. 개항장과 조계지의 관리 및 통제를 위함이었다. 하지만 외국대표부는 비단 개항장에만 존재하지 않았다. 서울에도 비정기적으로 외국대표부들의 회합이 있었다. 그 회합에서 외국 대표들은 개항장 및 서울에서 외국인 관련 각종 규칙 초안을 정해서 한국 정부에 제출하였다. 그리고 한국 내 정치적 현안에 대해서 의논하기도 하였다. 청일전쟁 직전 서울 주재 외교관 공동으로 일본의 철수를 요구한 일이나, 명성황후 시해사건 직후 외교관들의 공동대응은 모두 외국대표부 회의에서 나온 것이었다. I. B. 22 Korea 7 한국을 둘러싼 외세가 협력한 실제 모습을 확인할 수 있는 사료군이다.

● I. B. 22 Korea 8

I. B. 22 Korea 8은 한국 정부가 독일을 비롯한 유럽, 그리고 미국에 공사를 파견한 내용을 수록하고 있다. 한국 정부는 1887년부터 유럽과 미국에 공사 파견을 끊임없이 시도하였다. 한국 정부가 공사 파견을 지속하였던 이유는 국가의 독립을 대외적으로 확

인받기 위함이었다. 구체적으로는 1894년 이전까지는 청의 속방정책에서 벗어나기 위해서, 그 이후에는 일본의 침략을 막기 위함이었다. I. B. 22 Korea 8은 독일외교문서 중에서 한국의 대외정책을 확인할 수 있는 사료인 것이다.

● Peking II 127

독일의 대한정책을 주도한 베이징 주재 독일공사관에서 생산한 한국 관련 외교문서들이 수록되어 있다. 그중 Peking II 127에는 병인양요의 내용이 기록되어 있다.

● Peking II 128

Peking II 127과 마찬가지로 독일의 대한정책을 주도한 베이징 주재 독일공사관에서 생산한 한국 관련 외교문서들이 수록되어 있다. 독일이 동아시아에 본격적으로 진출을 시도한 시기는 1860년대 이후이다. 독일은 상인을 중심으로 동아시아 진출 초기부터 청국, 일본뿐만 아니라 한국에 대한 관심을 갖고 있었다. 그 대표적 사례가 오페르트 도굴사건(1868)이었다. 오페르트 사건이 일어나자, 독일정부는 영사재판을 실시함으로써 도굴행위를 처벌하고자 했으며, 2년 뒤인 1870년에는 주일 독일대리공사 브란트를 부산으로 파견해서 수교 협상을 추진하였다. 하지만 한국 정부의 거부로 그 뜻을 이루지 못하였다. Peking II 128에는 독일의 대한 수교 협상과정 및 기타 서구 열강들의 대한 접촉 및 조약 체결을 위한 협상 과정을 담은 문서들이 수록되어 있다.

차례

외무부 정치 문서고 영국의 거문도 점령 관계 문서 2
1885.8.1~1886.12.31

외무부 정치 문서고 영국의 거문도 점령 관계 문서 3
1887.1.1~1901.12

외무부 정치 문서고 한국-프랑스 관계 문서
1886.8~1902.10

외무부 정치 문서고 한국의 기독교 관계 문서
1886.6~1910.5

외무부 정치 문서고 조선 주재 외국 외교관 관계 문서 1
1887.4.19~1894.9.6

외무부
A편

외무부 정치 문서고
영국의 거문도 점령 관계 문서 2

1885년 8월 1일부터
1886년 12월 31일까지

제2권
제3권에서 계속

R 18940
조선 No. 2

[극동 내 영국의 신규 석탄기지에 관한 보도]

발신(생산)일	1885. 4. 18	수신(접수)일	1885. 4. 18
발신(생산)자		수신(접수)자	
발신지 정보	베를린	수신지 정보	베를린 외무부

베를린, 1885년 4월 18일

THE NEW ENGLISH COALING·STATION IN THE FAR EAST.

The arrangement by which England acquires a coaling-station at Port Hamilton, in the island of Quelpart, was (the *Times* says) the last public service rendered to his country by Sir Harry Parkes. It was at first believed that the arrangement entailed our annexation of "the huge cone-like island of Quelpart;" but the fact is simply that we have acquired a coaling-station for our ships in the North Pacific, similar to that already existing at Labuan. The want of such a station has long been felt, and no better place could have been selected than Port Hamilton, the only advantageous anchorage and shelter for ships around the stormy coasts of Quelpart. This arrangement will attract some attention to this island, and the following description of its position and character may prove useful as well as interesting at the present time :-

The island of Quelpart, which lies sixty miles distant from the southern coast of Corea, and commands the straits between that peninsula and Kiushiu, the southern island of Japan, has been termed "the Sicily of the Italy of the East." The comparison is not inappropriate. Local tradition still preserves the memory of its origin, as the myth which forms part of the superstitious creed of the people bears out the natural supposition as to its having been created by the action of a submarine volcano. The island is about forty miles in length and at its widest point seventeen miles broad. It is well populated, and is under close and careful cultivation. Moreover, the scenery provided by its dense woods and lofty peaks is exceedingly beautiful, and the white rocks of Mount Auckland, or as the natives call it, Aula, the highest point in the island, 6,500 ft., wear the appearance of being covered with perpetual snow. The forests consist of pines and a tree giving a red wood resembling mahogany. There are large herds of cattle, and numerous horses of a small breed, which are in great demand on the mainland. Quelpart produces numerous cereals, and the islanders also follow the pursuit of fishermen. An active and flourishing industry is also provided by the manufacture of straw-plaited hats which are in general use throughout Corea. Quelpart has been frequently used as a penal station by the Corean Government, and therefore it is not surprising that the islanders should have had an evil reputation. Their ferocity and animosity to foreigners appear to have been much exaggerated, or perhaps their remarkable material prosperity has toned down their faults. By obtaining this advantageous coaling-station there can be no doubt that the Government have taken a wise step towards the further security of our naval position in the seas of China and Japan.

A. 6057, 6115, 5657   베를린, 1885년 8월 1일

반드시!

슈바이니츠 귀하   귀하에게 조선과 청의 관계 및 해밀턴항에 관한 메
상트페테르부르크 No. 457   모 사본, 그리고 해밀턴항에 관한 Schuwaloff 백작
                                 과의 대담 기록 사본을 개인적인 정보로 제공하게
                                 되어 영광입니다. - 이 문서들은 적절한 타이밍에
연도번호 No. 3463   조선 문제에 대한 우리의 입장에 관해 귀하에게 전
                                 달된 통지문들을 보완해줄 것입니다. 우리는 조선
                                 에서는 극히 미미한 이해관계만 있는 반면 청에서
                                 는 독일의 아주 큰 경제적 이해관계를 고려해야 하
                                 는 입장이라 더더욱 신중하게 행동할 필요가 있다
                                 는 것이 본인의 생각입니다. 다행이 조선이 조약체
                                 결국들한테 했던 중재 요청을 철회했기 때문에 일
                                 단 그 문제에 대해 우리의 입장을 표명할 이유가
                                 사라졌습니다. 따라서 귀하는 그 문제에 대해 추가
                                 논의를 해야 한다는 부담감을 가질 필요가 없습니
                                 다. 그 문제에 대해 우리의 입장을 표명할 필요가
                                 생기면 그때 가서 러시아와 협의를 하면 됩니다.

                                                           L. 7월 31일

02

원문 p.366

해밀턴항 점령에 관해

발신(생산)일	1885. 6. 9	수신(접수)일	1885. 8. 1
발신(생산)자	브란트	수신(접수)자	비스마르크
발신지 정보	베이징 주재 독일공사관	수신지 정보	베를린 정부
	A. No. 129		A. 6227
메모	A. 6329 참조 8월 8일 자 훈령 베이징 13에 전달		

A. 6227   1885년 8월 1일 오전 수신

베이징, 1885년 6월 9일

A. No. 129

비스마르크 각하 귀하

영국 선박들의 해밀턴항[1] 점령과 관련해 각하께 아래와 같이 보고 드리게 되어 영광입니다. 해밀턴항 점령이 고인이 된 파크스[2]와 청 정부가 맺은 합의에 토대를 두고 있다는 "Times"의 보도는 전혀 근거가 없습니다.[3] 오히려 타임즈 기사와는 반대로 최근 청 정부 인사들 사이에서는 영국의 점령에 대한 조선 정부의 항의에 힘을 보태려는 움직임이 있으며, 그런 움직임이 점차 더 강해지고 있습니다.

브란트[4]

내용: 해밀턴항 점령에 관해

---

1   [감교 주석] 거문도(Port Hamilton)
2   [감교 주석] 파크스(H. S. Parkes)
3   [원문 주석] 정황증거들과 모순되는 그런 주장이 신빙성을 갖기 위해서는 보다 자세한 근거들이 제시되어야 한다.
4   [감교 주석] 브란트(M. Brandt)

03

[영청 간 합의가 존재한다는 증거 유무 여부를 회답하라는 수상의 지시사항 전달]

발신(생산)일	1885. 8. 3	수신(접수)일	1885. 8. 4
발신(생산)자	만트조우드	수신(접수)자	
발신지 정보	Varzin 주재 독일비밀공사관	수신지 정보	베를린 외무부
			A. 6329
메모	8월 7일 자 훈령 베이징 13에 전달 A. 6227에 대해		

A. 6329   1885년 8월 4일 오후 수신, 첨부문서 1부

Varzin, 1885년 8월 3일

수상 각하께서는 독일제국 공사가 상세하게 보고해올 것을 기다릴 수 있다고 언급하셨습니다. 각하께서는 이곳에서는 영국과 청 사이에 합의가 존재할 가능성이 매우 높게 본다면서 브란트[1]한테 그에 대한 답변, 즉 이러한 견해가 옳다는 가장 중요한 증거들이 존재하는지 여부에 대해 답변을 지시했습니다. 적어도 독일 공사가 열다섯 줄의 그 보고서에서 자신의 합리적인 의시에 대해 보고했는지 답변해주기 바랍니다.

만트조우드[2]

---

1 [감교 주석] 브란트(M. Brandt)
2 [감교 주석] 만트조우드(Mantzoud)

A. 6192   베를린, 1885년 8월 5일

수신:

1. 된호프 백작, 도쿄 A7

2. 부들러, 서울 A2

참조: 베이징 훈령 A. 5657

연도번호 No. 3536

조선의 정치적인 상황, 즉 조선이 다른 열강들과 맺고 있는 관계들에 관한 귀하의 보고서는 조선과 청의 관계 및 외국에 대한 조선의 정치적 독립성의 근거가 무엇인지 명확히 밝히지 못하고 있습니다. 이에 본인은 귀하에게 이 문제를 신중히 검토하여 최대한 상세하게 보고해줄 것을 요청합니다.

A. 6329   베를린, 1885년 8월 7일

베이징 주재 브란트 귀하

해밀턴항 점령에 관한 6월 9일 자 보고와 관련해 삼가 아래와 같이 보고 드립니다. 이곳에는 영국과 청, 두 나라 사이에 비밀 합의가 존재한다고 추정할 수 있는 증거들이 있습니다. 따라서 귀하가 제시한 주장에 관해 보다 상세한 근거를 제시할 필요가 있습니다. 일반적으로 베이징에서 올라오는 보고는 청의 정세를 파악하는 데 있어 종종 우리를 극복할 수 없는 곤경에 빠뜨린다는 사실을 유념해주기 바랍니다. 이곳에 청의 정세를 명확히 알려주기 위해서는 청의 정세와 관련된 소식들을 앞에서 언급된 보고서들보다 훨씬 더 심층적으로 다루어야 할 것입니다.

N. S. E.[3]

L. 8월 6일

---

3 [원문 주석] 본인은 훈령을 암호화시킬 수 있도록 최대한 짧게 압축해 줄 것을 요청합니다. VH.

A. 6329, 6227   베를린, 1885년 8월 7일

브란트, 베이징 No. A. 12 귀하   6월 9일 자 보고서에 대한 답신:

연도번호 No. 3574   이곳의 중요 자료들에 의하면 영국과 청 사이
                                      에 비밀 합의가 존재하는 것으로 보입니다.
                                      따라서 이와 반대되는 주장을 하려면 그에 관
                                      한 보다 자세한 근거를 제시할 필요가 있습니
                                      다. 이곳에 그곳 상황을 명확히 알려주기 위
                                      해서는 청 정치에 관한 소식들의 경우 앞에
                                      언급된 보고서들보다 내용을 훨씬 더 심층적
                                      으로 다루어야 합니다.

                                                              L. 8월 7일

[영국 거문도 점령에 관한 러시아 외무장관 기르스와의 담화 보고]

발신(생산)일	1885. 8. 7	수신(접수)일	1885. 8. 7
발신(생산)자	하츠펠트	수신(접수)자	비스마르크
발신지 정보	Varzin 주재 독일비밀공사관	수신지 정보	베를린 정부
	No. 17		A. 6425
메모	Varzin, No. 17		

사본

A. 6425 1885년 8월 7일 오후 수신

베를린, 1885년 8월 7일

비스마르크 수상 각하 귀하

엊저녁 이곳에 도착한 러시아 외무장관이 오늘 아침 본인을 방문 한 뒤 오늘 낮 Franzensbad로 떠났습니다.

(중략) 기르스[1]는 매우 의도적으로 대화를 조선과 해밀턴항 점령 문제로 유도했습니다. 그 자리에서 며칠 전 Schuwaloff 백작이 그의 지시에 따라 본인에게 해준 이야기를 똑같이 반복한 것을 보면 기르스한테 해밀턴항 점령이 아주 큰 걱정거리인 것이 확실합니다. 우리가 처음 슈바이니츠[2]를 통해 러시아 정부의 향후 계획에 대해 문의했을 때 러시아 정부는 런던에서 서로 손을 맞잡고 공동 선언을 하게 될 것으로 기대했던 것이 틀림없습니다. 본인은 기르스한테 조선 정부가 중재 요청을 명확하게 철회했다는 사실을 거듭 언급한 뒤 조선과 청의 정치적인 관계에 대해 믿을 만한 정보를 얻는 것이 매우 어렵다고 이야기했습니다. (중략)

(서명) 하츠펠트[3] 백작

원문: 러시아 편 69

---

1 [감교 주석] 기르스(N. Giers)
2 [감교 주석] 슈바이니츠(Schweinitz)
3 [감교 주석] 하츠펠트(Hatzfeldt)

해밀턴항

발신(생산)일	1885. 8. 5	수신(접수)일	1885. 8. 8
발신(생산)자	[sic.]	수신(접수)자	비스마르크
발신지 정보	런던 주재 독일 대사관	수신지 정보	베를린 외무부
	No. 229		A. 6431
메모	연락병을 통해서 지도 1부 첨부		

A. 6431 1885년 8월 8일 오전 수신, 지도 1부

런던, 1885년 8월 5일

No. 229

비스마르크 각하 귀하

해밀턴항[1]과 관련된 지난달 18일 자 고급 훈령 No. 290과 관련하여 본인은 정통한 소식통들로부터 가끔 그에 관한 정보들을 입수하였습니다.

본인이 입수한 정보에 따르면, 언급된 섬이 제주도[2]에 있는 해밀턴항이 아니라는 젬부쉬[3] 총영사의 발언이 옳았습니다. 문제가 되는 해밀턴항은 세 개의 작은 섬들로 이루어져 있으며, 제주도와 조선 본토의 중간쯤에서 북쪽 방향에 위치하고 있습니다.

이곳 해군본부의 한 장교의 말에 의하면, 해밀턴항에 기지를 세우기 위한 물자들이 도착했으며 해밀턴항 전신케이블 설치와 관련된 신문보도는 사실이라고 합니다.

대위인 Huene 남작이 입수한 해밀턴항 지도를 동봉하여 제출합니다.

내용: 해밀턴항

---

1 [감교 주석] 거문도(Port Hamilton)
2 [감교 주석] 제주도(Quelpark)
3 [감교 주석] 젬부쉬(O. Zembsch)

A. 6431에 대하여. 해밀턴항 지도

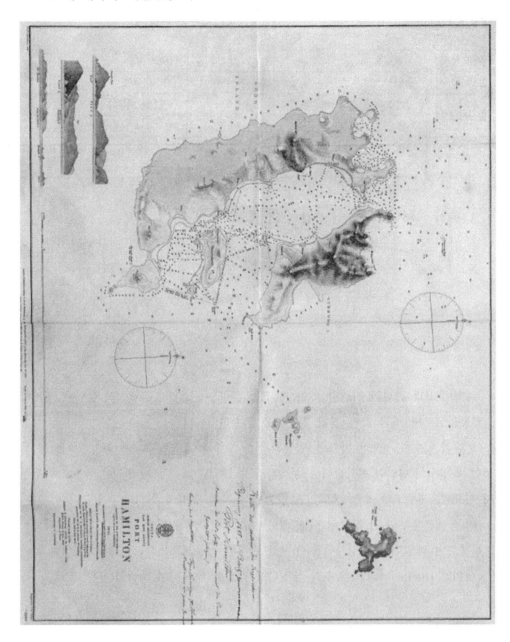

[1885년 영국 정부가 점령한 해밀턴항 지도 / 조선 남단과 제주도 사이에 위치 / 런던, 1883년 8월 5일. Hoiningen gt. Huene 남작. 사령부 참모대위.]

06
해밀턴항

발신(생산)일	1885. 8. 8	수신(접수)일	1885. 8. 10
발신(생산)자	[sic.]	수신(접수)자	비스마르크
발신지 정보	런던 주재 독일 대사관	수신지 정보	베를린 외무부
	No. 233		A. 6480
메모	8월 14일 페테르부르크 474에 전달 영국 선박 Flying Fish호 승선 장교의 거문도 점령에 관한 서한 발췌 송부		

A. 6480 1885년 8월 10일 오전 수선, 첨부문서 1부

런던, 1885년 8월 8일

No. 233

비스마르크 각하 귀하

각하께 해밀턴[1] 항 점령에 관해 상세한 내용을 담고 있는 어느 영국 해군장교의 개인 서신에서 발췌한 내용을 동봉하여 보고 드리게 되어 영광입니다.[2]

그 서신에 의하면, 영국의 포함 "Flying Fish"호가 금년 4월 홍콩에서 수뢰와 어뢰를 싣고 해밀턴항으로 파견되었습니다. "Flying Fish"호가 해밀턴항에 도착했을 때에는 이미 항구 출입구를 차단하기 위해 나가사키에서 해밀턴항으로 보내진 물자들 및 영국 수병들이 도착해 있었습니다.[3] 영국 포함이 도착한 당일 저녁 러시아 증기화물선이 해밀턴항에 도착했고, 그 화물선 선장이(러시아 해병 장교) 육지에 상륙하겠다는 의사를 밝혔습니다. 그런데 날이 어두워지자마자 영국 포함의 수병들이 육지에 상륙하더니 해밀턴항구를 이루고 있는 섬들 여기저기에 영국 국기를 게양했습니다. 그로부터 이틀 뒤 또 다른 영국 선박이 어뢰를 싣고 해밀턴항에 입항했습니다.

내용: 해밀턴항

---

1 [감교 주석] 거문도(Port Hamilton)
2 [원문 주석] 서신에서 획득한 정보들이 충분한 가치가 있다면 인쇄하는 것이 바람직하다.
3 [원문 주석] 'Army & Navy Gazeta'에 보도된 내용으로 이미 언론에 의해 알려졌다. 또한 러시아의 'St. Petersburger Herold'에서도 7월 31일에 보도되었다.

No. 233의 첨부문서

영국 포함 "Flying Fish"호에 승선하고 있던 어느 장교가 영국 정부의 "해밀턴항" 혹은 해밀턴 군도의 점령에 관해 쓴 개인서신에서 발췌한 내용입니다.

첨부문서의 내용(원문)은 독일어본 375~376쪽에 수록.

07

[영국 전함 Flying Fish호 승선 장교의 거문도 점령에 관한 기고에 대한 St. Petersburger-Herold의 보도]

발신(생산)일	1885. 8. 12	수신(접수)일	1885. 8. 12
발신(생산)자		수신(접수)자	
발신지 정보	상트페테르부르크	수신지 정보	베를린 외무부

St. Petersburger-Herold
1885년 8월 12일 수요일, 제212호

상트페테르부르크, 7월 30일(8월 11일)

조선 해안에 위치한 해밀턴항[1] 점령 원정에 참가한 영국 해군 전함 "Flying Fish"호 승무원인 어느 장교가 해밀턴항 점령에 관해 "Army and Navy Gazette"지에 아래와 같이 상세한 내용을 기고했다.:

"우리가 조선 수역으로 들어간 것은 당연히 비밀지령을 받았기 때문이다. 우린 비밀 지령에 따라 해밀턴항으로 향했다. 우리가 그 섬에 도착했을 때 영국 함대 소속의 포함 네 척과 엄청난 양의 목재가 이미 그곳에 도착해 있었다. 목재는 방어기지 구축을 위해서 나가사키에서 조달한 것이라고 했다. 항구에 도착한 이후 우리는 기뢰들을 내리고 항구로 들어오는 좁은 수로를 차단하기 위해 나무로 차단기를 설치하기 시작했다. 그런데 어느 날 밤 비상경보가 울렸다. 저녁 9시쯤 낯선 선박 한 척이 나타났다. 러시아 수송선이었다. 그 배의 선장이 배에 타고 있던 우리 측 승무원에게 말한 바에 의하면 그 배의 증기보일러에 균열이 생겨 해밀턴항으로 피신 왔다고 했다. 러시아 선장은 계속 육지로 올라가 섬을 한 번 둘러보고 싶다고 했다. 하지만 선장이 주머니 속에 러시아 국기를 소지하고 있을 가능성이 있었기 때문에 일단 우리는 그에게 우리 최고사령관을 만나보라고 설득했다. 그 사이에 우리는 비밀지령에 따라서 포함들을 전투 대형으로 배치한

---
1 [감교 주석] 거문도(Port Hamilton)

다음 야음을 틈타서 3개 분대의 병사들을 육지에 상륙시켰다. 병사들한테 '아침 여명 속에서 보초병들의 보호하에 세 개의 섬 제일 높은 곳에서 영광스러운 영국 국기가 나부 끼는 것을 볼 수 있도록 국기를 게양하라'는 명령이 하달되었다. 러시아 선장은 아침에 우리 배에 승선해 우리 선장한테 방금 영국이 새로 획득한 것에 대해 축하 인사를 건넸 다. 그리고는 그걸 막기 위한 어떤 무력도 행사하지 않고 배를 이끌고 떠났다. 그곳에 있던 일본 선박 역시 자국 정부에 점령 소식을 전하기 위해 최대한 서둘러 그곳을 떠났 다. 그 후 우리는 평온하게 각종 조처들을 지속할 수 있었다."

A. 6480   베를린, 1885년 8월 14일

주재 외교관 귀중   귀하에게 해밀턴항에 관한 이달 8일 자 런던 주
3. 상트페테르부르크 No. 474   재 독일제국 대리공사의 보고서 사본을 개인적
8월 18일, 연락병   인 정보로 제공하게 되어 영광입니다.

연도번호 No. 3703   1-19에게: 귀하는 경우에 따라 이 정보를 재량
                                    껏 활용할 권한이 있음을 알려드립니다.

                                                              N. S. E.
                                                              L. 8월 14일

08
해밀턴항 및 다른 장소들의 점령에 관하여

발신(생산)일	1885. 6. 20	수신(접수)일	1885. 8. 13
발신(생산)자	브란트	수신(접수)자	비스마르크
발신지 정보	베이징 주재 독일공사관	수신지 정보	베를린 정부
	A. No. 137		A. 6551
메모			

A. 6551 1885년 8월 13일 오전 수신

베이징, 1885년 6월 20일

A. No. 137

비스마르크 각하 귀하

러시아 선박들이 조선 남단에 있는 Montebello 군도를 점령했다는 소문이 돌고 있습니다. 하지만 아직까지는 이곳에 확실한 소식이 전혀 들어오지 않았습니다.

조선 정부는 해밀턴항[1]에 주둔하고 있는 영국 해군제독 도웰[2] 경에게 위법적으로 행해진 군도 점령을 철회할 것을 요구하는 항의서를 전달했습니다. 또한 만약 영국 정부가 그들의 항의를 받아들이지 않을 경우 다른 조약체결국들에게 도움을 요청할 것이라고 선언하였습니다.

본인이 확인한 바에 의하면 청에서는 아직 아무런 항의도 하지 않았습니다. 또한 해밀턴항과 홍콩을 연결하는 케이블을 양자강 유역에 있는 Saddle 군도에 설치하기로 되어 있기 때문에 아직까지는 항의할 만한 계기가 없었던 것으로 보입니다.

브란트

내용: 해밀턴항 및 다른 장소들의 점령에 관하여

---

1 [감교 주석] 거문도(Port Hamilton)
2 [감교 주석] 도웰(W. Dowell)

영국인들의 해밀턴항 점령에 대한 조선 외아문 독판의 공문

발신(생산)일	1885. 6. 25	수신(접수)일	1885. 8. 27
발신(생산)자	젬부쉬	수신(접수)자	비스마르크
발신지 정보	서울 주재 독일총영사관	수신지 정보	베를린 정부
	No. 52		A. 6923
메모	8월 26일 자 훈령 서울 4(부들러) 및 서울 3(젬부쉬)에 전달 연도번호 No. 356		

A. 6923 1885년 8월 27일 오후 수신, 첨부문서 1부

서울, 1885년 6월 25일

No. 52

비스마르크 각하 귀하

영국 전함의 해밀턴 군도[1] 및 항구 점령에 관한 지난 달 19일 자 본인의 보고서 No. 39에 이어, 각하께 그 지역에 관해 조선 외아문과 주고받은 서신들의 사본을 삼가 첨부문서로 동봉해 보고 드립니다.

서신들의 내용은 아래와 같습니다.:

첫째, 이것은 조선 외아문 독판[2]이 금년 5월 20일 서울 주재 외국 대표들한테 보낸 반관[3] 성격의 기밀문서입니다. 조선 외아문 독판은 이 서신에서 해밀턴항 점령에 대한 베이징 주재 영국 공사의 전보(금년 4월 24일 자 베이징 발 전보) 내용을 사본으로 동봉해 보내면서 본인에게 의견과 조언을 구하였습니다. 또한 그는 이 문제에 대한 그의 서신 사본을 당시 이곳에 주재하고 있던 영국 대표인 칼스[4] 부영사한테 전달하면서 베이징에서 온 영국 공사의 서신에 대해 그가 전신으로 보낸 답변서도 함께 전달하였습니다

---

1 [감교 주석] 거문도(Port Hamilton)
2 [감교 주석] 김윤식(金允植)
3 [감교 주석] 반관(半官)
4 [감교 주석] 칼스(W. R. Carles)

(첨부문서 1).

둘째, 앞에서 언급된 조선 외아문 독판이 보낸 반관 성격의 기밀서신에 대한 본인의 비공개 답변입니다. (첨부문서 2)

본인이 앞에서 언급한 이달 19일 자 보고서에서 이미 보고 드린 바와 같이, 해밀턴 군도가 점령되자 조선왕은 즉시 정보를 수집하고 점령에 항의하기 위해 청 전함의 도움을 받아 조선 고위관리 2명을(그중 두 번째 인물이 묄렌도르프입니다)[5] 해밀턴항으로 파견하였습니다. 그들이 해밀턴항에 도착했을 때 그곳에 가장 오랫동안 주둔하고 있던 전함사령관이 그들에게 나가사키에 있는 해군제독[6]을 찾아가라고 하자 그들은 나가사키로 갔습니다.

나가사키에서 두 관리는 해군제독과 구두와 문서로 협상을 벌였습니다. 해군제독은 영국 정부에 전보로 그 사실을 알릴 것이고, 영국 정부의 문서 답변을 받는 대로 즉각 전해주겠다고 약속했습니다.

하지만 문서 답변은 아직 도착하지 않았습니다. 이곳 영국 대표는 조선 외아문에 구두로 해밀턴항 점령은 단지 일시적인 일이라고 설명했습니다. 그러면서 그는 영국이 해밀턴항에 적어도 석탄기지 하나를 건설해 유지하기 위한 조선 정부의 동의를 얻고자 노력하였습니다. 하지만 조선 정부는 이러한 요구 역시 거부하였습니다.

이 거부에 이어 조선 외아문 독판은 오늘 조선 주재 조약체결국들 대표들에게 공식적으로 다시 사본이 첨부된 공문을 하나 보냈습니다. 공문에서 외아문 독판은 본인에게 독일 정부에 이 사실을 전해줄 것을 요청하였으며, 그 문제에 관한 각하의 공정한 판단 결과를 알려달라고 요청하였습니다. (첨부문서 3)

젬부쉬[7]

서울, 1885년 6월 27일

추신. 6월 27일 자 외교문서를 통해 조선 외아문 독판 김은 6월 25일 자 공문의 수정본을 보내면서 기존에 보낸 첫 번째 서신을 반송해줄 것을 요청했습니다.

---

5 [감교 주석] 다른 한 명은 엄세영(嚴世永)
6 [감교 주석] 도웰(W. Dowell)
7 [감교 주석] 젬부쉬(O. Zembsch)

새로운 서신은 "이런 이유로 본인은 귀하에게……"로 끝나는 마지막 구절까지 첫 번째 서신과 완벽하게 일치합니다. 그런 다음 아래와 같이 이어집니다.:

"본인은 모든 외국 대표들한테 이 문제에 관해 아래와 같이 알려드리는 동시에 다음 사항을 요청 드립니다. 이제 총영사께서는 위에서 언급된 서신의 내용을 인지하신 뒤 귀국 정부가 조약 제1조[8]에 따른 조치를 취할 수 있도록 그 내용을 귀국 정부에게 보고해 주시기를 요청 드립니다. 조약 제1조의 내용은 아래와 같습니다.: '조약당사국 가운데 한 나라와 제3국 사이에 분쟁이 발생할 시 다른 조약당사국은 조약당사국 한쪽의 요청에 따라 분쟁이 우호적으로 해결될 수 있도록 중재에 나서야 한다.'

마지막으로 본인은 귀하의 우호적인 답변을 요청합니다."

서울, 1885년 6월 27일, (서명) 김
젬부쉬

내용: 영국인들의 해밀턴항 점령에 대한 조선 외아문 독판의 공문

첨부문서 1, 2, 3이 함께 철해져 있음

영국의 해밀턴항 점령과 관련해 조선 외무부와 교환한 외교문서 사본들

첨부문서 1
사본

독일제국 담당자에게 보내는 외아문 독판 김윤식의 서신

서울, 1885년 5월 20일

기밀

본인은 어제 베이징 주재 영국 공사한테서 영국 해군이 해밀턴항을 일시적으로 점령

---

[8] [감교 주석] 거중조정(居中調整)

하라는 지시를 받았다는 내용의 공문을 받았습니다.

이것은 아주 이례적일 일이자 국제법상 허용되지 않는 조처로서 본인은 그 소식을 듣고 크게 우려하지 않을 수 없었습니다.

귀하는 영국의 이러한 행동에 대해 어떻게 생각하십니까?

조선정부와 조약을 체결한 열강들은 이 문제에 대해 공정한 견해를 갖고 있을 것이라 생각합니다. 이에 본인은 정의가 실현되고 조선의 주권이 보장될 수 있도록 귀국에 조언과 더불어 우리의 입장을 강력 지지해줄 것을 요청합니다.

조선 외무부에서는 이미 영국 영사한테 항의하였으며, 영국 정부 및 베이징 주재 영국 공사한테 짧은 외교문서를 보냈습니다. 그리고 영국 영사한테 최대한 빨리 외교문서의 내용을 전상기 두 곳에 전보로 전달해 줄 것을 요청했습니다.

만약 영국이 점령 계획을 철회한다면 우호적인 관계가 계속 유지될 것입니다. 하지만 만약 영국이 그 계획을 철회하지 않는다면 우리는 조선의 주권이 유지될 수 있도록 귀하를 비롯한 열강 대표들에게 명확한 교훈을 요청해야 합니다.

안부 인사를 전하며 이만 줄입니다.

(서명) 조선 외아문 독판

김윤식

사본

한자문서의 번역

(5월 19일 서울에 도착한 것으로 추정됨)

영국 공사관

베이징, 1885년 4월 24일

I have the honor to inform Your Excellency confidentially that I have received a dispatch from my Government, in which it is stated that the naval authorities have been authorized, as a preventive measure, provisionally to occupy that small island to the south of Corea, called Hamilton in English.

I have been instructed to confidentially inform the Corean government concerning this measure.

       I have etc.

(sd.) Eu (?)

H. B. M's Acting Envoy Extraordinary and Minister Plenipotentiary for Corea

To H. E. Kim
    President of the Royal Corean
            Foreign Office

사본

영국 부영사에게 보낸 조선 외부대신 김윤식의 서한

서울, 1885년 5월 20일

해안으로부터 귀국이 해밀턴항이라는 별칭을 가진 Chü Wen 섬을 점령하고자 하는 의도를 갖고 있다는 소문이 보고되었습니다. 하지만 그 섬은 조선의 영토로서 다른 나라가 그 섬을 점령할 수 없습니다.

국제법상 그런 행위는 절대 용납될 수 없습니다. 우리는 몹시 불안하고 당혹스러웠으나 그 문제를 발설할 수 없었습니다. 그래서 얼마 전 사실 확인 차 관리 한 명을 그 섬으로 보냈으나 그는 아직 돌아오지 않았습니다.

현재 우리한테 귀국의 베이징 주재 공사관에서 보낸 공문이 접수되었습니다. 우리는 그 공문을 통해 떠도는 소문이 완전히 근거 없는 것은 아니라는 사실을 알게 되었습니다.

우리는 선린 관계를 중시하고 공법을 잘 알고 있는 귀국이 이렇게 관례에 어긋나는 행동을 하게 될 줄 전혀 예상하지 못 했습니다.

이건 정말 비열하고 실망스러운 행위로서 우리한테 최고의 당혹감을 안겨주었습니다.

만약 귀국이 양국의 우호관계를 고려하여 점령 계획을 철회하고 그 섬에서 즉시 떠난다면 우리나라만 기뻐할 게 아니라 모든 국가들이 그 조처를 높이 평가하고 인정할 것입니다.

그렇게 하지 않을 경우 우리나라는 결코 이를 좌시하지 않을 것이며. 이 문제를 조약 체결 국가들한테 알려 공동으로 대처해 나갈 것입니다.

우리는 이 사안을 더 이상 지체될 수 없어 일단 귀하에게 이 공문을 보내오니 즉시 이에 대해 답변해 주시기를 요청합니다.

안부를 전하며 이만 줄입니다.

(서명) 조선 외아문 독판

김윤식

사본

베이징 주재 영국 공사에게 보내는 외아문 독판 김윤식의 전보 초안

본인은 방금 조선 해밀턴항의 일시적인 점령에 관한 귀하의 비밀 통지문을 접수하였습니다.

그 섬은 우리나라의 매우 중요한 영토로서 귀국은 물론이고 그 어느 국가의 점령도 허용할 수 없습니다.

우리는 귀국이 우호적인 관계를 고려하여 즉시 상기 계획을 철회해 주기를 요청합니다. 우리는 강력하게 계획 철회를 요청하는 바입니다. 그에 따라 우선 전신으로 이 통지문을 발송하며 답신을 기다리겠습니다.

첨부문서 2

사본

서울, 1885년 5월 21일

기밀

조선 외무대신 김윤식 귀하

본인은 어젯저녁 영국 전함들이 해밀턴 군도 및 해밀턴항을 점령하였다는 귀하의 서신을 접수하였습니다.

그 서신에서 귀하는 본인의 의견을 묻고 조언을 구하였습니다.

그 사건은 아주 이례적인 사안일 뿐 아니라 사전에 거의 예측하기 힘든 일이었기 때문에 당연히 본인은 그 사건에 대해 본국으로부터 아무런 지시도 받지 못 했습니다.

따라서 지금 본인이 하는 답변은 귀하의 요구에 따라 밝히는 개인적인 의견일 뿐, 본국 정부의 이름으로 이루어진 답변이나 본국 정부의 지시에 의한 것이 아님을 양지해 주시기 바랍니다.

귀하께서 조선 정부는 조선 영토의 일부가 다른 나라에 의해 점령되는 것을 가만히 앉아서 용인할 수 없다고 말한다면 그건 당연한 일입니다.

조선과 우호관계를 맺고 있는 두 나라 사이에 현재 전쟁이 발발할 위험이 존재하고 있거나 그 두 나라 중 한 나라의 점령을 허용함으로써 다른 나라에 이득이 생긴다면 더더욱 조선 정부는 그것을 용인해서는 안 됩니다.

이것은 한 나라가 우호관계를 맺고 있는 다른 모든 나라들에 대해 지켜야 할 중립의 원칙에 위배되는 깃입니다.

해밀턴 군도의 점령이 전쟁 발발의 위험으로 인해 일어났다는 이야기는 베이징 주재 영국 공사가 귀하에게 보낸 급보에서 그 행위가 "예방조처"라고 부르고 있는 것에서 기인한 것 같습니다.

하지만 그런 예방조처의 대상이 되어야 할 나라뿐만 아니라 조선의 운명에 관심을 갖고 조선과 우호조약을 체결한 다른 모든 나라들 역시 당연히 조선 영토의 일부를 점령하는 것에 대해 불만을 토로하고 필요하다고 생각할 경우 점령에 반대하는 조처들을 취할 권리를 갖고 있습니다.

만약 귀하가 그 문제와 관련해 조선 정부가 향후 어떻게 해야 할지에 대해 본인에게 조언을 구한다면, 본인의 생각은 아래와 같습니다. 본인의 개인적인 생각으로는 첫째, 해밀턴 군도의 점령에 대해 허락도 구하지 않고 그 섬을 점령한 나라의 정부에 항의하는 것입니다.

귀하가 전해준 바에 의하면 이 조처는 이미 실행되었습니다.

두 번째 조처로는, 조선 정부와 우호적인 관계를 맺고 있는 나라들이 그 행위가 조선 정부의 동의하에 이루어진 조처라고 오해하지 않도록 영국의 점령 행위가 조선 정부의 뜻에 반하여 이루어진 일이라는 사실을 우호적인 관계를 맺고 있는 각국 정부에 통지하는 것이 좋겠습니다.

귀하가 이 사안에 대해 공식적인 내용을 전해주면 본인은 즉시 본국 정부에 이 사안을 보고하겠습니다.

하지만 보고는 단지 서면으로만 가능합니다. 몇 개의 단어로만 이루어진 전보문은 본국 정부가 최종 답변을 할 수 있을 만큼 사실 관계를 충실하게 설명할 수 없기 때문입니다.

그밖에도 본인은 이 문제가 조선 정부 및 조선 정부에 우호적인 모든 나라들이 만족할 수 있는 방향으로 정리되고 처리될 수 있을 것으로 확신하고 있습니다.

귀하에게 최고의 경의를 표하며 이만 줄입니다.

(서명) 젬부쉬

첨부문서 3
사본

독일 위원에게 보내는 조선 외아문 독판 김윤식의 서한

서울, 1885년 6월 25일

조선 외아문 독판 김은 삼가 아래와 같이 통지하는 바입니다.

귀하도 아시다시피 조선 외아문은 거문도(해밀턴항)의 점령과 관련해 금년 5월 20일 이미 귀하에게 통지문을 보낸 바 있습니다.

또한 조선 정부는 해밀턴항의 상황을 파악하기 위해 의정부 관리 엄과 외무부협판인 목(묄렌도르프)을 해밀턴항으로 파견했습니다.

그들은 실제로 해밀턴 섬에서 영국의 전함 여섯 척이 정박하고 있고, 그 섬에 영국 국기가 게양돼 있는 것을 확인했습니다.

두 관리는 어떻게 그런 일이 일어났는지 상황파악이 어려워지자 진상을 밝히고자 나가사키에 있는 영국 해군제독을 찾아갔습니다. 그곳에서 진장조사를 한 두 관리는 영국 제독한테 서면으로 항의했습니다. 그러자 영국 제독은 이미 영국 정부에 전보를 보냈으며 답변이 도착하는 즉시 그 내용을 알려주겠다고 말했습니다.

파견된 관리들은 이미 오래 전에 귀국하였으나 제독이 약속했던 답신은 아직 오지 않았습니다. 하지만 이달 19일 영국 총영사 애스턴[9]이 외아문을 방문해 영국 정부가 베이징 공사관에 보낸 통지문이 이곳에 도착했다고 전했습니다. 그 통지문에 의하면 해밀턴항은 일시적으로 점령했을 뿐 영구적으로 점령할 계획은 아니라고 했습니다.

---

9 [감교 주석] 애스턴(W. G. Aston)

영국은 조선에 석탄저장소를 하나 설치하려는 것일 뿐 그 이외의 다른 목적은 없다는 것입니다.

영국과 체결한 조약의 제 8조는 아래와 같습니다.(조약 8조 3항의 영어 원문은 아래와 같습니다.) :

"영국 해군이 사용할 목적으로 공급되는 모든 물자는 조선의 개방 항구에 하선될 수 있으며 영국군 장교의 감독하에 그 물자를 보관할 수 있다……."

하지만 현재 석탄은 전함에 필요한 비축물자에 속하지 않으며, 그것을 개방되지 않은 항구에 보관해서는 안 됩니다.

만약 다른 나라들 사이에 문제가 발생할 경우 조선은 중립을 유지해야 하며 자신의 영토를 그 어느 나라에도 빌려줄 수 없을 뿐 아니라 일시적인 점령도 허용할 수 없습니다. 국제법상 그런 행위는 완벽한 불법입니다.

*[이런 연유로 본인은 존경하는 총영사께 이 서신을 보내오니, 사건의 내용을 숙지하시어 그 내용을 본국 정부에 보고해 주시기를 요청 드립니다.]

이 문제에 관한 귀국 정부의 공평무사한 판단 결과를 본인에게 통지해 주시기를 요청 드립니다.

부탁드립니다.

(서명) 외아문 독판
김윤식

* 괄호 안에 들어 있는 부분[이런 연유로…… 요청 드립니다.]은 6월 27일 자 조선 외무대신 김의 추가 외교문서를 통해 수정되었습니다. 그 부분 대신에 첨부문서들로 동봉한 서신에서 추가로 제시된 단어들이 추가되었습니다.

젬부쉬

조선이 조약체결국들에게 조약 제1조의 이행을 요구하는 것에 대한
총영사 젬부쉬의 보고

발신(생산)일	1885. 6. 29	수신(접수)일	1885. 8. 24
발신(생산)자	젬부쉬	수신(접수)자	비스마르크
발신지 정보	서울 주재 독일총영사관	수신지 정보	베를린 정부
	No. 55		A. 6926
메모	연도번호 No. 364		

A. 6926　1885년 8월 24일 오후 수신

서울, 1885년 6월 29일

No. 55

비스마르크 각하 귀하

이달 25일과 27일 자 본인의 보고서 No. 356과 No. 52 및 본국에 전달하기 위해 본인이 오늘 날짜로 나가사키 주재 독일제국 영사관에 보낸 전보에 이어 삼가 아래와 같이 보고 드리게 되어 영광입니다.

조선 외아문 독판[1]이 금년 5월 20일 본인을 방문하였습니다. 그는 조선 정부가 해밀턴항[2]을 점령하려는 영국 정부의 계획에 맞서 무엇을 할 수 있는지, 또 영국의 그런 행위가 초래할 수 있는 결과들에 맞서 다른 열강들 측에서 향후 비슷한 사례의 재발을 어떻게 막을 수 있는지 본인에게 자문을 구했습니다.

본인은 조선 외아문 독판한테 금년 5월 21일 본인이 그에게 보낸 답변서에 들어 있던 내용을 구두로 말했습니다. 또한 그것은 단지 본국 정부의 위임 없이 이루어진 본인의 개인적인 의견일 뿐이며 외아문 독판이 본인의 조언을 구하기에 의견을 밝히는 것임을 재차 강조하였습니다.

그는 자국보다 힘이 센 이웃국가들이나 친구들의 침략에 혼자 힘으로 맞설 수 없는

1　[감교 주석] 김윤식(金允植)
2　[감교 주석] 거문도(Port Hamilton)

약소국의 처지를 논하면서 유럽에서 벨기에의 위치를 잘 알고 있다면서 조선도 비슷한 보장을 받고 싶다고 말했습니다.

묄렌도르프[3]가 과거에 조선이 벨기에와 비슷한 방식으로 중립화되어야 한다는 생각을 수차례 제시한 바 있습니다.

해밀턴항 점령에 관한 조선 외아문 독판의 마지막 외교문서는 조선의 중립화에 대한 직접적인 제안을 담고 있지는 않으며, 단지 모든 조약체결국들이 분쟁을 중재하기 위해 조약 제 1조의 내용을 충실히 실행에 옮겨줄 것을 요청하고 있습니다.

본인이 보기에 조선 정부가 중립화 제안을 직접적으로 하지 않은 것은 지금까지 조선을 보호하는 역할을 해온 청과의 관계를 고려했기 때문인 듯합니다. 하지만 조선 정부는 조약체결국들이 해밀턴항 문제를 처리할 때 조선의 미래를 벨기에와 비슷한 방식으로 보장해주기를 기대하고 있습니다. 하지만 그럴 경우에도 아무런 피해를 입지 않기 위해 조선이 청에서 벗어나려 한다는 인상을 주지 않고자 합니다.

젬부쉬

내용: 조선이 조약체결국들에게 조약 제1조의 이행을 요구하는 것에 대한 총영사 젬부쉬의 보고

---

3 [감교 주석] 묄렌도르프(P. G. Möllendorff)

해밀턴항 점령 및 "해밀턴항에서 북-Saddle 군도를 거쳐 홍콩까지 연결되는 전신 케이블" 가설

발신(생산)일	1885. 6. 25	수신(접수)일	1885. 8. 24
발신(생산)자	브란트	수신(접수)자	비스마르크
발신지 정보	베이징 주재 독일공사관	수신지 정보	베를린 정부
	A. No. 140		A. 6929
메모	8월 27일 페테르부르크 No. 488, 런던 No. 360에 전달		

A. 6929 1885년 8월 24일 오후 수신

베이징, 1885년 6월 25일

A. No. 140

비스마르크 각하 귀하

영국 함대의 해밀턴항[1] 점령에 관한 본인의 지난번 보고에 이어서 각하께 삼가 아래와 같이 보고 드리게 되어 영광입니다. 총리아문이 전해온 바에 의하면, 런던에서 쩡[2] 후작이 비록 항의의 형태는 아니지만 그 문제에 대해 묻자 영국 정부는 당연히 애매모호하게 에둘러서 해밀턴 군도의 점령은 일시적이고 잠정적인 조처로서 절대 강점이 아니라고 해명했다고 합니다. 러시아인들이 조선에서 행한 점령에 관해서도 총리아문은 단지 풍문으로 아는 정도였습니다. 아직까지 진위가 확인되지 않은 것으로 보아 헛소문으로 치부해도 될 듯합니다.

북부 Saddle 군도 중 한곳에 전신케이블을 가설한 것은 영국 정부가 청 정부에 사전에 문의한 후에 이루어졌다고 합니다. 청 정부는 이미 몇 년 전 영국인들에게 우쑹[3] 근처, 그들이 그동안 전혀 사용하지 않던 Yang tze chiao섬에 케이블 가설을 허가한 적이 있다고 합니다. 얼마 전 영국이 Saddle 군도에도 케이블 가설을 허가해 달라고 요청해 허가를 받아냈다고 합니다. 크게 의미 있는 일도 아닌데다가 케이블 선이 중국 영토에 속하는

---

1 [감교 주석] 거문도(Port Hamilton)
2 [감교 주석] 쩡기저(曾紀澤)
3 [감교 주석] 우쑹(吳淞)

해저를 수마일 통과해 사람이 전혀 살지 않는 완전히 황량한 섬으로 이어지는 것이었기 때문입니다. 게다가 영국인들은 그 전신선이 해밀턴항에서 Saddle섬으로 이어질 예정이라는 사실을 밝히지 않고 단지 홍콩과 연결될 것이라고만 언급했다고 합니다.

브란트

내용: 해밀턴항 점령 및 "해밀턴항에서 북-Saddle 군도를 거쳐 홍콩까지 연결되는 전신 케이블" 가설

첨부문서 1

베를린, 1885년 8월 26일   A. 6923

부들러 귀하   동봉한 훈령의 사본을 수령한 뒤 그것을
서울 A. No. 4   Havana에 있는 젬부쉬[4]한테 전달해 줄 것
                                   을 요청합니다.

젬부쉬 총영사에게 보내는 훈령
젬부쉬 총영사는 서울에 있음   N.S.E.

                                        L, 8월 25일

연도번호 No. 3893

---

4 [감교 주석] 젬부쉬(O. Zembsch)

첨부문서 2

베를린, 1885년 8월 26일

A. 6923

총영사 쩸부쉬 귀하
조선, 서울 A. No. 3

부들러한테 온 훈령에 동봉

연도번호 No. 3892

6월 26일 자 서울 발 보고서에서 귀하는 영국인의 해밀턴항 점령에 관한 여러 문서들을 보내주었습니다. 그 가운데 귀하가 5월 21일 조선 외아문 독판에게 보낸 서신의 사본이 포함되어 있습니다. 본인은 그 서신에 나온 다음과 같은 대목을 지적하고자 합니다.

"귀하께서 조선 정부는 조선 영토의 일부가 다른 나라에 의해 점령되는 것을 가만히 앉아서 용인할 수 없다고 말한다면 그건 당연한 일입니다."[5]

상기 서신에서 귀하는 그것은 단지 업무상의 관심에서 비롯된 귀하의 개인적인 견해를 피력했을 뿐이라고 조심스러운 태도를 보였으나[6] 조선 정부는 귀하가 독일제국 대표의 입장에서 했던 다른 발언들에 의미를 부여했던 것과 마찬가지로 분명히 한 개인의 의견과는 다른 의미를 부여할 것입니다.

따라서 향후 귀하는 -귀하의 의사표명이 훈령에 의한 것이 아닐 경우- 문서로 의사표명 하는 행위를 삼가주기를 요청합니다. 그것은 사전에 그 문서를 통해 좋지 않은 오해가 야기되는 것을 예방하기 위함입니다.

N.S.E.

L. 8월 26일

---

5 [원문 주석] 귀하의 직책 상 그런 식의 의사표명은 비난 내지 원치 않는 개입으로 해석될 여지가 있기 때문에 허용되지 않는다.

6 [원문 주석] 그것은 아무런 의미가 없다.

12

해밀턴항 점령과 조선의 상황에 대해

발신(생산)일	1885. 7. 10	수신(접수)일	1885. 8. 26
발신(생산)자	브란트	수신(접수)자	비스마르크
발신지 정보	베이징 주재 독일공사관	수신지 정보	베를린 정부
	A. No. 156		A. 7006
메모	8월 30일 페테르부르크 406에 전달		

A. 7006 1885년 8월 26일 오전 수신

베이징, 1885년 7월 10일

A. No. 156

기밀

비스마르크 각하 귀하

해밀턴항[1] 점령에 관한 본인의 이전 보고서들에 이어 아래와 같이 보고 드리게 되어 영광입니다. 청 주재 타임즈 통신원들이 열심히 퍼뜨린 소문이, 즉 해밀턴항 점령에 관해 영국과 청 양국 간에 합의가 이루어졌다는 소문이 청 정부의 기분을 상하게 한 것 같습니다. 적어도 총리아문의 랴오서우형[2] 대신은 이달 8일 통역관 아렌트[3]한테, 쩡[4] 후작이 런던에서 청은 영국의 해밀턴항 점령에 전혀 반대하지 않는다는 의견을 밝힌 것은 정부의 지시 없이 이루어진 일이라고 전했습니다. 하지만 아문은 이미 쩡 후작의 그런 발언에 동의하지 않는다는 사실을 그에게 알리고 향후 청 정부의 이름으로 비공개적인 발언을 중단할 것을 지시했다고 합니다.

본인은 이 문제에 관해 아문이 쩡 후작한테, 이건 청 정부와는 무관한 사안이며 그 일로 인해 영국과 마찰을 일으킬 생각은 없다고 말했을 것이라고 거의 확신합니다. 따라서 쩡 후작이 런던에서 행한 신중하지 못한 처신에 대해서는 경고가 주어졌을 것으로

---

1   [감교 주석] 거문도(Port Hamilton)
2   [감교 주석] 랴오서우헝(廖壽恆)
3   [감교 주석] 아렌트(Arendt)
4   [감교 주석] 쩡기저(曾紀澤)

봅니다.

또한 대신은 청 군대의 조선 철수가 이미 시작되었고, 그것은 일본과 합의한 규정[5]에 따라 8월 19일에 완료될 것이라고 했습니다.

대신은 러시아와 조선 간에 최근에 체결되었다고 하는 조약에 대해서는 아는 바가 전혀 없다고 주장했습니다. 그 조약에 의하면, 일단 조선의 영토 종주권이 보장되고 조선이 계획하고 있는 왕실 수비대 교육에 필요한 장교들을 그때마다 공급해 준다고 합니다.

삼가 덧붙일 내용은 영국 대리공사가 전해준 바에 의하면, 조선 정부에 고용되어 있던 묄렌도르프가 해임될 거라고 합니다. 이 발언의 진위 여부는 아직 확인하지 못 했습니다.

브란트

내용: 해밀턴항 점령과 조선의 상황에 대해

---

5 [감교 주석] 한반도 내 양국 주둔군 철수를 합의한 1885년 톈진조약을 가리킴.

A. 6926   베를린, 1885년 8월 27일

주재 외교관 귀중   귀하에게 해밀턴항 점령에 관한 6월 25일 자
1. 페테르부르크 No. 488   베이징 주재 독일제국 공사의 보고서 사본을
2. 런던 No. 360   개인적인 정보로 제공합니다.

기밀   필요한 경우 귀하의 재량에 따라 이 정보를
                                             사용할 수 있는 권한을 부여합니다.

연도번호 No. 3919   N.S.E.
                                                                L. 7월 27일

13

동아시아에서의 영국 언론

발신(생산)일	1885. 7. 28	수신(접수)일	1885. 8. 28
발신(생산)자	된호프	수신(접수)자	비스마르크
발신지 정보	도쿄 주재 독일공사관	수신지 정보	베를린 정부
	A. No. 39		A. 7083
메모	8월 31일 페테르부르크 501, 런던 371에 전달		

A. 7083 1885년 8월 28일 오후 수신, 첨부문서 1부

도쿄, 1885년 7월 28일

A. No. 39

기밀

비스마르크 각하 귀하

지난 달 조선 왕과 당시 서울에 체류 중이던 러시아 공사관 서기관 슈뻬이예르[1] 사이에 비공개 면담이 있었습니다. 영국 측에서는 그 면담을 이용해 해밀턴항[2] 점령으로 인해 생긴 영국에 대한 매우 나쁜 인상을 이곳 도쿄와 청에서 발간되는 영어 매체들을 통해 희석시키려 시도했습니다.

러시아인들의 제주도[3] 점령 및 일본령 쓰시마의 의도적인 점유, 러시아와 조선 간 보호동맹 체결에 관해 거의 날마다 전보문이나 통신문들이 보도되고 있습니다. 이런 식으로 서서히 러시아에 대한 반대 여론이 형성되었습니다. 심지어 일본 정부 내에서도 묄렌도르프가 이곳에 머무는 동안, 이곳 주재 러시아 공사와 모든 영국 언론에서 늘 비난의 대상이 되고 있는 묄렌도르프[4] 사이에 모종의 협약이 체결되었을 거라는 믿음이 생겼으며 점차 그 믿음이 확산되고 있습니다.

서울에서 발생한 봉기[5] 및 러시아 군대의 조선 진출에 관한 호외 보도가 확산되었을

---

1 [감교 주석] 슈뻬이예르(A. Speyer)
2 [감교 주석] 거문도(Port Hamilton)
3 [감교 주석] 제주도(Quelpark)
4 [감교 주석] 묄렌도르프(P. G. Möllendorff)

때 러시아 동료는 본인에게 자신을 비롯해 러시아 외교관 모두 조선과 그 어떤 조약도 체결한 적이 없다고 했습니다. 또한 러시아 정부는 그 어느 곳도 점령하지 않았을 뿐만 아니라 조선에 군대도 출동시키지 않았다고 하면서 영국 언론의 그런 보도들은 악의적인 날조 기사라는 점을 이노우에[6] 백작한테 구두로 해명해야 할 순간이 왔다고 말했습니다.

본인은 그 대화 직후에 이노우에 백작을 만났는데, 그는 동아시아 지역의 모든 영국 언론들이 일치단결하여 동시에 이런 오보를 내보낸 것에 대해 매우 놀란 듯했습니다. 이노우에 백작은 친절하게도 서울 주재 일본 대리공사가 보낸 조선 왕과 슈뻬이예르 간의 대담에 관한 보고 내용을 은밀하게 본인에게 알려주었습니다. 그 내용을 독일어로 번역해 동봉하였습니다. 묄렌도르프가 본인에게 말해준 바에 의하면, 그는 이곳에 체류하는 동안 조선 군대를 훈련시킬 외국인 장교를 고용할 계획이라고 했습니다. 하지만 외국인 장교들을 꼭 러시아인으로 국한할 생각이라고는 하지 않았습니다. 오히려 묄렌도르프는 미국 공사 포크[7]가 조선 왕에게 자신이 보기에 전혀 적합하지 않은 미국 장교들을 거의 강요하다시피 밀어붙였다고 말했습니다.

영국 언론들은 유독 묄렌도르프를 향해 조선 거주 독일인들과 독일 무역에 혜택을 주었다면서 아주 격렬하게 공격하고 비난했습니다. 본인의 개인적인 견해로는 그건 특히 조선에서 묄렌도르프를 중상 모략함으로써 그의 활동을 무력화 시키고 그를 제거하려는 결연한 의도에 따른 것으로 보입니다.

된호프

내용 : 동아시아에서의 영국 언론. 첨부문서 1부

---

5   [감교 주석] 갑신정변(甲申政變)
6   [감교 주석] 이노우에 가오루(井上馨)
7   [감교 주석] 포크(G. C. Foulk)

A. No. 39의 첨부문서

번역

사본

6월 22일 러시아 공사관 서기관 슈뻬이예르는 조선 왕을 알현하는 자리에서 다음과 같은 대화를 나누었습니다.

슈뻬이예르: 러시아 정부는 조선에 우호적인 태도를 보이기 위하여 교육과 호위를 담당할 장교들을 파견하였습니다.

왕: 이미 미국인 장교들을 채용하기로 결정되었으며, 그 일의 **빠른** 진행을 서한으로 요청했소. 그런 결정이 내려진 지 벌써 석 달이나 지났소. 따라서 이제 와서 그 일이 성사되지 않고 취소될 경우 비난을 면할 수가 없소.

슈뻬이예르: 그건 저희 러시아와 이미 협약이 체결된 이후였습니다. 왜 러시아와 체결한 협정을 준수하기 위해 미국인 채용을 거부하지 않았습니까?

왕: 나는 그 협정에 대해 아는 바가 전혀 없소. 대체 누가 그 협정을 체결했단 말이오?

슈뻬이예르: 묄렌도르프가 그 협약과 관련된 서신을 러시아 정부에 보내왔습니다.

왕: 나는 그에 대한 보고를 전혀 받은 바가 없으니 러시아 정부에 보내진 그 서신을 내게 제출해주기 바라오.

슈뻬이예르: 예, 알겠습니다.

왕: 더 이상 내게 할 말이 없으면 짐은 이제 외아문 독판[8]을 만나야겠소.

같은 날 외아문 독판 김윤식이 묄렌도르프를 만나서, 묄렌도르프의 발설로 이런 사단이 벌어졌으니 오늘 벌어진 이 불미스러운 혼란에 대한 책임을 져야 할 것이라고 말했습니다. 즉 묄렌도르프한테 러시아 공사관 서기관을 찾아가 추가 협상을 벌이는 게 좋겠다고 말했습니다.

그러자 묄렌도르프는, 러시아 측에 단지 두 나라(청과 일본)의 군대가 철수한 이후 러시아 장교들이 교관으로 오게 된다면 기쁠 것이라는 말만 했다고 했습니다. 그러자

---

8 [감교 주석] 김윤식(金允植)

외아문 독판은 현재 벌어진 사단의 원인이 바로 러시아 장교 채용 건이라고 하면서 상황이 몹시 유리한 국면이라고 하면서 공사관 서기관을 찾아가 방금했던 말을 그대로 전하라고 했습니다. 이에 대해 묄렌도르프는 만약 지금 그가 공사관 서기관을 찾아가 방금했던 말을 그대로 전하면 분명 불쾌해 할 것이라고 말했습니다. 그러자 조선 외아문독판은 설사 그가 불쾌해 하더라도 자신은 전혀 상관없다고 말한 뒤 자신은 그 모든사안에 대해 아무 것도 알지 못했기 때문에 직접 공사관 서기관과 협의하고 싶다고 말했습니다.

통역 수습생 찬젠[9]이 번역함

---

9 [감교 주석] 찬젠(Zansen v. d. Osten)

베를린, 1885년 8월 30일   A. 7006

주재 외교관 귀중   귀하에게 해밀턴항 점령에 관한 베이징 주재
1. 페테르부르크 No. 496   독일제국 공사의 6월 10일 자 보고서 사본을
                                   개인적인 정보로 제공합니다.

기밀
반드시 전달!   필요할 경우 귀하의 재량에 따라 이 정보를
                                   사용할 수 있는 권한을 부여합니다.

연도번호 No. 3975

                                              N. S. E.

                                           L. 8월 30일

베를린, 1885년 8월 31일   A. 7083

주재 외교관 귀중   귀하에게 동아시아에서 보여주는 영국 언론의
1. 페테르부르크 No. 501   행태에 관한 독일제국 공사의 이달 20일 자 보
2. 런던 No. 371   고서 사본을 개인적인 정보로 제공합니다.

기밀   N. S. E.
반드시 전달!   L. 8월 29일

연도번호 No. 3990

[영국 거문도 점령과 청조의 태도에 관한 타임즈의 보도]

발신(생산)일	1885. 9. 1	수신(접수)일	1885. 9. 1
발신(생산)자		수신(접수)자	
발신지 정보		수신지 정보	베를린 외무부

해밀턴항에 대해
Br 9월 1일

Times

H. August.

"From a correspondent"

When, therefore, the Government of Mr. Gladstone fond itself tottering on the verge of war, when the famous book of Penjdeh was still open, and the various forces were being collected for what threatened to be s stupendous struggle, taxing all the resources of the combatants, and when Lord Granville looked around him for possible allies in the contest which appeared inevitable, it is not surprising that he entered into communication with China. Nor, after the explanations here give, will it appear surprising that the Chinese Government should have received Sir Harry Parkes's first advances with great warmth. The death of our Minister to Peking only delayed for a short time the progress of the understanding which has now been completed. The term alliance is liable to misapprehension; China and Great Britain have no designs upon their neighbours; they live constantly face to face with great dangers from a common source, and they have arrived at the conclusion that theses will be best averted, or best met, should they come, by common action and a mutual understanding. Such an arrangement has been concluded between the two countries. It is understood that the occurrence of certain specified contingencies will be followed by united action on their part; and the existence of this agreement is regarded by them as the best pledge that it will never be called into action. It is difficult to say whether the Chinese look beyond the preservation of peace and the restriction of Russia to her present frontiers. the wrenching from China of the rich districts to the east of the Amoor lying between the

Ussuri and the sea is too recent not to have left scar behind, and in their heart of hearts they may look forward to a chance of recovering what they lost in the hour of their direst need.

There is no reason to believe that the occupation by the British naval forces of Port Hamilton, in the Corean Archipelago, had anything to do with the communications then passing in Pekin. This occupation is, beyond doubt, intended to be permanent. All the entrances to the harbour, except one, have been blocked to navigation; forts have been erected and other measures of defence have been adopted. A considerable force of marines recently left Hongkong to garrison the place, which may now be definitely accepted as the latest addition to the empire of the Queen. The attitude of the Chinese towards this step, which was originally taken without their knowledge or concurrence, is understood to be one of benevolent neutrality. Had it been possible they would much prefer that European powers, Great Britain included, kept their hands off territory adjoining their own. But they know that the English Government has or 15 years past steadily resisted the urgent demands of its officials in the East for the occupation of the island; they know also that had the step been delayed or a month the Russians would have occupied it, and that there was actually a kind of race between the vessels of the two Powers which should get there soonest. When, therefore, they were asked whether, if England withdraw, they would guarantee that no other Power should occupy any position on the Corean coast, they were forced to acknowledge that they could not hope to make such a guarantee effectual. They would prefer the island to be left in its original state of isolation; but, as they cannot secure this, if it is to be occupied at all they prefer seeing Great Britain there. This is the position which the Empress and Prince Chün have taken up with regard to this question.

[주독일본공사 아오키와 비스마르크의 담화]

발신(생산)일	1885. 9. 12	수신(접수)일	1885. 9. 12
발신(생산)자	비스마르크	수신(접수)자	–
발신지 정보	베를린	수신지 정보	베를린 외무부
	–		A. 7670
메모	원문: 조선 3		

사본

A. 7670   1885년 9월 12일 오후 수신

베를린, 1885년 9월 12일

며칠 전 일본 공사 아오키[1]가 본인을 방문해 조선의 장래에 대해 몹시 우려하고 있다고 말했습니다. 그의 말에 따르면 일본 정부는 영국이 반대가 확실함에도 불구하고 해밀턴항[2]에서 철수하지 않고, 그걸 빌미로 러시아가 조선으로 진출하게 될까봐 우려하고 있습니다.

(생략)

이 문제의 정치적인 측면과 관련해 본인은 영국 측의 확약을 처음부터 의심할 필요는 없을 것 같다고 말했습니다. 또한 본인은 청이 조선의 독립을 아주 강력하게 경계하고 있기 때문에 만약 어느 나라가 조선을 무력으로 장악하려고 시도할 경우 청은 반대하는 입장을 천명할 것이라고 강조한 뒤 본인이 보기에는 이것이 현 상태를 유지하는 최상의 방법인 것 같다고 말했습니다.

(생략)

(서명) 비스마르크[3] 백작

원문: 조선 3

---

1 [감교 주석] 아오키 슈조(靑木周藏)
2 [감교 주석] 거문도(Port Hamilton)
3 [감교 주석] 비스마르크(O. E. Bismarck-Schönhausen)

[영국의 거문도 점령에 관한 페테르부르크 신문의 보도]

발신(생산)일	1885. 10. 3	수신(접수)일	1885. 10. 3
발신(생산)자		수신(접수)자	
발신지 정보		수신지 정보	베를린 외무부

Br. 10월 3일

St. Peterburger Zeitung[1]

10월 10일

우리는 "Wladiwostok" 신문을 통해 영국인들이 해밀턴항[2]에서 취한 조처들에 대해 몇 가지 사실을 알게 되었다. 신문 보도에 의하면, 러시아 증기선 "Wladiwostok"는 금년 4월 27일 식수를 조달하기 위해 해밀턴항에 도착했다. 그때 영국인들은 러시아 증기선이 내항에 들어오는 것을 막으려는 의도를 감추기 위해 매우 친절한 태도로 러시아 증기선이 원하는 만큼 그들이 직접 해안에서 "Wladiwostok"호로 식수를 날라다 주겠다고 제안했다. 하지만 그들은 시찰을 막기 위한 직접적인 행동은 전혀 하지 않았다. 당시 항구에는 네 척의 포함과 보급품을 싣고 온 무역용 증기선 한 척이 정박해 있었다. 영국인들은 아주 열심히 항구에 방어진지를 구축하고 있는 듯했다. 그들은 포열[3]을 두 곳에-하나는 내항 북쪽, 다른 하나는 작은 섬 중앙에-설치했다. 그리고 해변에는 영국 국기가 계양되어 있었고 몇몇 지점에는 보초병들이 지키고 있었다. 그들은 천연두 환자가 발생했다는 핑계를 대면서 "Wladiwostok"호의 승무원들을 단 한 명도 그곳에 접근시키지 않았다. 또한 그곳에는 수심이 6피트밖에 안 되는 모래톱이 있다면서 우리 증기선에 정박지인 내항에서 이동하지 말라고 주의를 주었다. 이 모든 사례에 비춰볼 때 영국인들이 해밀턴항 점령을 부인하던 그 무렵 실제로는 이미 해밀턴항을 점령했다는 것이 아주 명백하게 입증되었다.

---

1 [감교 주석] 상트페테르부르크 차이퉁(St. Peterburger Zeitung)
2 [감교 주석] 거문도(Port Hamilton)
3 [감교 주석] 포열(砲列)

17

[거문도에 관한 페테르부르크 신문의 보도]

발신(생산)일	1885. 10. 20	수신(접수)일	1885. 10. 20
발신(생산)자		수신(접수)자	
발신지 정보		수신지 정보	베를린 외무부

해밀턴항에 대해

Br. 10월 20일

10월 18일

St. Peterburger Zeitung[1]

얼마 전 영국인들이 점령했다고 알려진 조선 남부의 해밀턴 군도[2]는 청의 동쪽 해상과 일본해의 입구에 위치하고 있어 전략적으로 매우 중요한 곳이다. "Pall Mall Gazette"지의 보도처럼 해밀턴 군도는 다시 청 북부의 몰타 섬이 되었다.

조선과 일본 출신의 많은 노동자들이 군사용 도로 및 상륙지, 댐 등을 건설하는 작업을 하고 있다. 항구로 들어오는 세 개의 출입구 중 두 곳은 선박운행이 차단되었다. 반면 세 번째 입구에는 어뢰가 설치되었다. 수비대 수병들과 해병들은 천막에서 머물렀고, 작업이 진행되는 동안 선박 서너 척이 계속 항구에 머물렀다. 도웰[3] 제독이 청나라 소형 함대들 가운데 가장 강력한 철갑함인 "Agamemnon"호 혹은 "Andacious"호를 타고 계속 그 항구를 찾아왔다. 홍콩 출신의 한 사업가가 영국 정부의 돈을 받고 실용적인 구조의 가옥들로 이루어진 마을을 하나 건설했다. 그 가옥들은 영국에서 직접 그곳까지 수송된 것으로 거류지의 중심지가 될 것이다. 아직 그 어떤 승객이나 여행객도 해밀턴항 상륙이 허락되지 않았다. 그 섬에 지점을 세우고 싶어 하는 몇몇 투기꾼들 역시 상륙 신청이 거부되었다. 범죄를 저지른 원주민은 여전히 그 섬에서 거주하고 있는 조선 관리들의 동의하에 영국 당국에 의해 재판을 받는다. 강력한 수비대가 홍콩에서 파견되었으며 방어진지를 구축하기 위해 홍콩에서 커다란 대포가 해밀턴항으로 수송되었다.

---

1 [감교 주석] 상트페테르부르크 차이퉁(St. Peterburger Zeitung)
2 [감교 주석] 거문도(Port Hamilton)
3 [감교 주석] 도웰(W. Dowell)

18

조선과 러시아의 관계 및 조선과 영국의 관계에 대한 조선 공사의 해명에 관하여

발신(생산)일	1885. 10. 3	수신(접수)일	1885. 11. 23
발신(생산)자	브란트	수신(접수)자	비스마르크
발신지 정보	베이징 주재 독일공사관	수신지 정보	베를린 정부
	A. No. 211		A. 10634
메모	11월 26일 페테르부르크 749, 런던 593에 전달		

A. 10634 1885년 11월 23일 오전 수신

베이징, 1885년 10월 3일

A. No. 211

비스마르크 각하 귀하

각하께 삼가 아래와 같이 보고 드리게 되어 영광입니다. 얼마 전 부친[1]을 석방해 달라는 조선 왕의 요청을 전달하기 위해 이곳에 특사[2]로 파견된 민종묵[3]이 본인을 방문하였기에 그를 비롯하여 같이 온 동료인 조병식[4]과 김세기[5]를 만나볼 기회를 가졌습니다.

한편으로는 청인들 가운데 한 사람이 조선어를 완벽하게 구사하지 못했고, 다른 한편으로는 대화가 필담으로-이때 조선인들은 매우 조심스러운 태도를 보였습니다.-이루어졌기 때문에 의사소통에 어려움이 많았습니다. 그 결과 그들과의 대화를 통해 본인이 알 수 있었던 것은 아래와 같습니다. 앞에서 언급된 사절단이 조선을 떠난 약 두 달 전까지 러시아 정부는 조선 영토의 일부를 양도받기 위한 그 어떤 조치도 취하지 않았다고 합니다. 또한 서울 주재 영국 대표부는 해밀턴항[6] 점령은 단지 잠정적인 조치이며

---

1 [감교 주석] 흥선대원군(興宣大院君)
2 [감교 주석] 진주사(陳奏使)
3 [감교 주석] 민종묵(閔種默)
4 [감교 주석] 조병식(趙秉式)
5 [감교 주석] 김세기(金世基)
6 [감교 주석] 거문도(Port Hamilton)

영국은 그 섬을 다시 조선에 돌려줄 것이라고 언급했다고 합니다.

브란트

내용: 조선과 러시아의 관계 및 조선과 영국의 관계에 대한 조선 공사의 해명에 관
하여

외무부

A. 10634에 대하여

브란트가 조선 공사가 그에게 해밀턴항 점령은 단지 잠정적인 조치로서, 영국은 그 섬을 다시 조선에 돌려줄 것이라고 말했다고 보고했습니다.

일련의 사건들과 연계해 그 사실을 런던과 페테르부르크에 전달해야 하느냐는 문의가 들어왔습니다.[7]

L. 11월 29일

---

7 [원문 주석] '네.'

A. 10634

베를린, 1885년 11월 26일

주재 외교관 귀중   귀하에게 러시아와 조선 및 영국과 조선의 관계
1. 페테르부르크 No. 749   에 관한 조선 공사의 설명에 관한 지난달 5일 자
2. 런던 No. 539   베이징 주재 독일제국 공사의 보고서 사본을 개
                                         인적인 정보로 제공합니다.

기밀
반드시 전달!   N. S. U.

                                                    L. 11월 26일

연도번호 No. 5922

[조선정부가 섬의 나머지 부분의 반환을 요구했다는 보고]

발신(생산)일	1885. 12. 14	수신(접수)일	1885. 12. 15
발신(생산)자	부들러	수신(접수)자	–
발신지 정보	서울 주재 독일총영사관	수신지 정보	베를린 외무부
	No. 6		A. 11595
메모	페테르부르크에 보내는 훈령		

A. 11595 1885년 12월 15일 오전 수신

전보

서울, 1885년 12월 14일 11시 38분
도착 12월 15일 4시 30분

독일제국 부영사
외무부 귀중

해독

No. 6[1]
조선 정부가 섬의 나머지 부분의 반환을 요구함.

부들러

전신국에서 온 통지에 따르면 이달 15일 이곳에 도착한 서울 발 전보의 숫자는 '6'입니다.

암호해독실, 1885년 12월 19일

---

1 [원문 주석] 이 숫자는 잘못되었다. 이 그룹이 숫자의 위치를 바꾼 것이다. "영국 정부"

베를린, 1885년 12월 16일   A. 11595

슈바이니츠 귀하   이달 14일 자 서울 발 독일제국 영사의 전보에 의
                                       하면, 조선 정부는 영국 정부에 영국이 점령했다
상트페테르부르크 No. 827   고 알려진 해밀턴항을 조선에 반환해 달라고 요구
                                       했습니다. 상기 내용을 귀하에게 기밀 정보로 제
언노번호 No. 6465   공합니다.

                                                    N. S. U.
                                                 L. 12월 19일

20

[영국 거문도 점령에 관한 디 포스트의 보도]

발신(생산)일	1886. 1. 12	수신(접수)일	1886. 1. 12
발신(생산)자		수신(접수)자	
발신지 정보		수신지 정보	베를린 외무부
			A. 509

A. 509, 1886년 1월 12일 오전 수신

Die Post
1886년 1월 12일
제11호(부록)

영국의 최신 함대정박지

해밀턴항[1] 점령을 통해 영국은 가장 멀리 떨어져 있는 아시아에까지 확실한 기지들을 확보했다. 최근 러시아와 영국 사이에 갈등이 빚어졌을 때 그 항구에 대한 언급이 많았음에도 불구하고 실체적 점령은 비교적 조용하게 이루어졌다. 또한 그 항구의 점령이 영국에 상업적인 측면보다 오히려 전략적인 측면에서 더 중요한 의미를 가지게 될 거라는 인식에 거의 도달하지 못한 것은 아주 놀라운 일이다. 청 주재 전임 영국 공사 Parkes는 이미 영국 정부의 관심을 그쪽으로 유도한 바 있다. 하지만 원주민들과의 우호적인 관계를 위해 간간이 포함 한 척을 그곳으로 파견하는 것 이외에 다른 추가적인 조처들은 없었다. 1845년 영국 해군장교들이 해밀턴항을 측량한 이후로 해밀턴항은 수년 동안 동아시아 주둔 영국 전함들이 북쪽으로 순양할 때 안전하고 쾌적한 도피처로 이용되었다. 블라디보스토크가 동쪽의 세바스토폴이 된 이후로, 또한 전쟁이 발발할 경우 블라디보스토크가 러시아 전함의 출전지로서 영국 무역과 영국의 식민지와 동쪽에서의 영국의 지배력을 위협하게 된 이후로 영국은 이러한 위험에 맞설 수 있는 적절한 방어기지 확보

---

1   [감교 주석] 거문도(Port Hamilton)

가 시급한 과제였다. 지난 봄 러시아와의 갈등[2]이 위험상황까지 치달은 이후 해밀턴항 점령이 더 가속화되었다. 해밀턴항 철수를 놓고 이미 조선 정부와 협상을 진행하던 중 갑자기 러시아 전함들이 해밀턴항에 모습을 드러내자 즉시 섬에 영국 국기가 게양되었다. 조선과의 협상은 계속 진행되었고, 해밀턴항은 영국의 수중으로 넘어갔다.

이런 특별한 상황으로 인해 해밀턴항은 영국에 전략적으로 중요한 작전거점이 된 것이다. 해밀턴항은 조선 반도와 Kiusin 사이의 조선-해로에 위치하고 있어 일본과 일본 해로 가는 결정적인 지점에 있다. 또한 그 인근 수역과 북쪽에 있는 청나라 해안을 점령하기에 아주 적합한 지점이다. 또한 600해리밖에 안 떨어진 곳, 즉 러시아 국경선과 블라디보스토크로부터 증기선으로 사흘 운항거리에 있어 러시아 동부해안에 대한 군사작전을 펼치거나 블라디보스토크를 봉쇄해 러시아 전함들을 감시하기에 아주 좋은 기지인 것이다. 청나라 해안에서 가장 가까운 영국 기지인 홍콩에서는 거리가 너무 멀어 그런 조치들을 취하는 게 거의 불가능하다.

해밀턴항의 상업적인 중요성은 조선의 개방여부에 달려 있으며, 그 중요성은 조선의 발전과 함께 커질 것이다. 2개의 섬으로 이루어진 항구는 여러 척의 대형 선박들을 수용하기에 충분할 만큼 넉넉한 공간과 물을 제공한다. 또한 높은 섬들이 사방에서 바다와 바람을 막아주며, 확실하게 닻을 내릴 수 있는 지점도 있다. 3개의 진입로 가운데 북쪽 진입로는 대형선박들이 통과할 수 없다. 남쪽 진입로는 하나의 섬에 의해 양쪽으로 갈라지는데 대형 전함들이 접근할 수 있다. 하지만 한쪽은 폭이 좁고 다른 한쪽은 수심이 얕은 덕분에 적의 선박들을 쉽게 차단할 수 있다. 그 진입로와 마지막 진입로의 양쪽에 요새를 설치하면 적의 공격으로부터 항구를 완벽하게 지킬 수 있다. 섬에 있는 대여섯 개의 마을에는 약 2,000명의 주민이 살고 있다. 그들은 주로 농사와 어업을 생업으로 하며 가축은 사육하지 않는다. 가까운 곳에 있는 청, 일본, 조선에서의 식량 조달이 그다지 어렵지 않다. 해밀턴항은 일본의 주요 석탄기지인 타코시마로부터 배로 하루 운항거리밖에 안 되기 때문에 조선에 물자공급을 하는 기지로서도 아주 적합하다. 기후 역시 마데이라의 날씨와 비교해 볼 때 매우 양호하다. 필요한 항구 건설 작업도 이미 빠르게 진척되고 있다. 영국 수비 중대가 이미 그곳에 주둔하고 있고, 전함 몇 척도 항구에 정박하고 있다. 또한 조선인 노동자들이 항구 시설 및 수비대 건물, 그리고 요새 건설 작업에 동원되었다.

---

2 [감교 주석] 아프가니스탄에서 영러 갈등

[조선정부의 거문도 반환 요청과 김옥균 귀환설 등 정세 보고]

발신(생산)일	1885. 12. 21	수신(접수)일	1886. 2. 20
발신(생산)자	부들러	수신(접수)자	비스마르크
발신지 정보	서울 주재 독일총영사관	수신지 정보	베를린 정부
	II 3062		A. 2486

사본

A. 2486   1886년 2월 20일 오후 수신

서울, 1885년 12월 21일

II 3062

각하께 이곳 상황에 대해 삼가 아래와 같은 일반보고를 드리게 되어 매우 영광입니다.

조선 정부가 영국 정부에 해밀턴항[1]이 있는 섬들의 반환을 수차례 요구했다는 것은 의심의 여지가 없어 보입니다. 그런데 그 요청은 애초에 알려진 것처럼 러시아의 요구에 따라 이루어진 것이 아니라 청이 은밀한 방식으로 적절하게 충고한 것이 계기가 된 듯합니다. 조선 정부 측에서 본인에게 전해준 바에 의하면 그 사정은 아래와 같습니다.: 당시 청은 조선 정부에 영국의 체면을 고려해주라는 뜻을 전했고, 조선 정부는 해밀턴항의 일시적인 점령을 허용하기로 결정한 것입니다. 하지만 이제 그들은 영국인들이 항구적으로 그 섬을 점령하기 위해 온갖 준비를 해왔고, 이 새로운 점령지를 제2의 홍콩으로 만들려는 의도를 갖고 있다는 것을 알게 되었습니다.

이곳의 영국 대표[2]는 조선 외무부에 본국 정부의 답변이 몇 주 안에 도착할 가능성이 거의 없다고 전했다고 합니다.

이곳에서는 영국 관리들이 최근에 수차에 걸쳐서 해밀턴 군도의 가치를 매우 하찮게 평가했다는 사실을 인지했습니다.

러시아 대표[3]는 아직까지 조선 정부와 어떤 협상도 하지 않고 있는 듯합니다. 러시아

---

1   [감교 주석] 거문도(Port Hamilton)
2   [감교 주석] 칼스(W. R. Carles)
3   [감교 주석] 베베르(K. I. Weber)

대표는 그동안 겨울을 대비해 옛집을 수리하는 일로 몹시 바빴으며, 현재는 공사관 건물을 보수하는 계획에 매달리고 있습니다. 공사관 건물 보수비로 큰 자금을 승인 받았다고 합니다.

최근 조선 정부와 주민들은 다시 커다란 근심에 사로잡혔습니다. 작년에 발생한 폭동[4]의 주모자인 김옥균[5]이 일본인들의 지원을 받아 조선으로 돌아와 적들에게 복수할 계획이라는 소문이 돌기 때문입니다. 상기 모반자는 여덟 척의 일본 정크선에 전쟁물자들을 선적하고 무장한 호위병들과 함께 바로 그 섬에 입항할 거라는 보고가 나가사키에 있는 청나라 영사한테 들어갔고, 그 보고는 다시 톈진에 있는 총독 리훙장[6]한테 전달되었습니다. 리훙장은 그 보고를 이곳에 있는 청 대표한테 전달하는 동시에 만약의 경우를 대비해 여러 척의 전함들을 제물포로 보내 무장시켰습니다. 그러는 사이에 어떤 식으로든 조선에 맞설 계획을 갖고 있던 많은 일본인들이 그곳에서 관리들에 의해 구금되었다는 이야기가 들리고 있습니다. 하지만 자세한 내용은 아직 알려지지 않았습니다.

그러한 계획 자체는 크게 주목할 만한 가치가 없어 보이지만 청의 즉각적인 개입은 주목할 만합니다. 더 나아가 이 사안의 경우 청과 일본 대표가 서로에게 협조적인 모습을 보여준다는 점은 이목을 끕니다. 그것은 두 나라 정부가 조선에서 펼치는 정책에 대해 서로 합의에 이른 것에 기인하고 있습니다.

조선의 정치가들과 청의 관리들은 일단 일본 정부가 돌발행동에 돌입하려는 것이 아닌지 의심하고 있었기 때문에 그들의 추측이 근거 없다는 것을 보여줄 필요가 있었습니다. 그들은 개화된 나라가 어떤 시도를 할 수 있고, 문명국가가 법과 관습에 의해 절대 해서는 안 되는 일이 어떤 것인지에 대한 판단력이 결여되어 있습니다.

향후 앞에서 언급된 김옥균을 무력화시키기 위한 여러 조처들이 진행될 것입니다. 조선 정부는 일본이 김옥균을 넘겨주기를 원하지만 아마도 일본 정부는 김옥균을 일본에 붙잡아두려 할 듯합니다.

현재 조선 왕은 실제로 도움이 되는 믿을 만한 군대를 조직하기 위해 몹시 애쓰고 있습니다. 그는 지금까지의 관례와는 달리 직접 군사부분을 감독할 계획입니다. 그리고 모든 지방에 적절한 규모의 병력을 배치하려고 시도할 것입니다.

청나라 대표 역시 조선 왕의 뜻에 따라 움직이는 병력의 규모를 늘리는 것에 대해 우려하고 있습니다. 그럴 경우 조선에서 할 일 없이 빈둥거리는 청나라 병사들 상당수가

---

4 [감교 주석] 갑신정변(甲申政變)
5 [감교 주석] 김옥균(金玉均)
6 [감교 주석] 리훙장(李鴻章)

청으로 돌아가게 될 것이고 귀국을 위해 서울에 집결하게 될 것입니다. 그렇게 될 경우 그들 가운데 가장 강력한 병사들 오륙 십 명 정도만 일시적으로 남아 있게 될 것입니다.

청 대표[7]는 얼마 전 조선 수도의 어느 공개된 거리에서 청인 부랑자 한 명을 참수시켰습니다. 청나라 총독 리훙장이 모든 부랑자들을 추방하기 위한 목적으로 내린 지시에 따라 이루어진 일입니다. : 공식적으로 모든 부랑자들한테 직접 출두하라는 명령이 내려졌고, 의도적으로 이 지시를 따르지 않을 경우 사형에 처해질 거라는 위협이 가해졌습니다. 앞에서 언급된 사람은 스스로 출두하지 않아 체포되었으나 사형에 처하지 않고 단지 청으로 이송시킨다는 처벌이 내려졌습니다. 그런데 그 남자는 구금 상태에서 도주했다가 곧바로 다시 체포되었으며 몇 시간 뒤 처형되었습니다. 청 관리가 본인에게 전해준 바에 의하면, 그자는 이미 몇 년 전 두 차례 절도죄로 재판을 받았으나 석방된 적이 있습니다. 어쨌든 그는 종종 소소한 범죄행위를 저질렀던 전과자인데다 리훙장 총독이 전신으로 부랑자를 엄격하게 처벌하라는 새로운 지시를 내린 탓에 사형이 집행되었습니다. 이 주목할 만한 사건은 청의 형사재판에 선례가 되었을 뿐만 아니라 청 대표의 전권 행사 및 서울 거리에서의 처형 등으로 인해 사람들의 이목을 끌었습니다.

청은 서울과 제물포에 가장 큰 관심을 갖고 있는 반면 부산과 원산에는 거의 관심이 없습니다. 그런데 최근 지금까지 일반적으로 낮은 직급의 영사관 관리들이 임명되었던 부산과 원산에 부영사가 새로 임명되었습니다.

본인이 지난번 보고서에서 언급한 바 있는, 조선 정부가 독일 회사[8]에서 빌린 차관으로 인해 예상치 못한 난관이 발생했습니다. 청나라 상인들 측에서 열두 시간 후 더 좋은 제안을 하자 조선 측에서 이미 명확하게 했던 동의를 철회했기 때문입니다. 하지만 일단 결정된 조건들이 최종적으로 이행되지 않을 경우, 또한 그로 인해 독일 본사에서의 차관이 실행되지 않을 경우 조선 정부는 독일 회사에 적절한 손해배상을 해야 한다고 규정되어 있습니다. 이 사안을 통해 청나라 대표가 조선 정부에 얼마나 큰 영향력을 갖고 있는지 다시 한 번 크게 주목받았으며, 독일이 청과 경쟁하는 것이 얼마나 어려운 일인지 다시 한 번 드러났습니다. 향후 이 문제에 대해 보다 자세한 보고를 올리겠습니다.

(서명) 부들러

비스마르크 각하 귀하

원본 문서 제II국

---

7 [감교 주석] 위안스카이(袁世凱)
8 [감교 주석] 마이어 회사(E. Meyer & Co.; 세창양행(世昌洋行))

22

[조선정부의 고문 데니 부임과 전신선 설치 등 정세 보고]

발신(생산)일	1886. 5. 3	수신(접수)일	1886. 7. 12
발신(생산)자	부들러	수신(접수)자	비스마르크
발신지 정보	서울 주재 독일총영사관	수신지 정보	베를린 정부
	No. 28		A. 8391
메모	원본: Actis / 7월 12일 페테르부르크, 로마, 파리, 런던에 전달		

사본

A. 8391   1886년 7월 12일 오전 수신

서울, 1886년 5월 3일

연속번호 No. 28

비스마르크 각하 귀하

본인은 얼마 전 조선 정부의 새 고문 데니[1]의 서울 도착에 대해 보고 드린 바 있습니다. 그는 조선 왕에 의해 협판내무부사 겸 관외아문장교사당상으로 임명되었습니다. 조선 내무부는 두 명의 의장[2]과 여러 명의 협판으로 구성되어 있습니다. "국장"은 조선의 직위에 대한 자유로운 번역 용어입니다. 그런데 이렇게 공직에 임명되었음에도 불구하고 데니의 급여는 아직 확정되지 않았습니다. 일단 그는 리홍장 총독과 의논하기 위해서 톈진으로 돌아갔습니다. 하지만 5월 말에 다시 이곳으로 돌아올 예정입니다. 물론 그는 가족도 데려올 작정입니다. 외아문이 이곳 영국 대표[3]한테 해밀턴항[4] 점령에 관해 새로운 문의를 했다는 이야기는 본인이 보기에 상당히 근거가 있는 듯합니다. 이미 일 년이나 지났기 때문에 조선 정부는 최대한 빠른 시일 내에 그 섬을 되찾기를 기대하고 있습니다. 이 보고는 베이징 주재 영국 공사한테 전달될 예정입니다.

이곳의 러시아 대표[5]에 의하면, 조선 정부가 러시아 국경선 너머까지도 전신선을 연결하기 바란다는 뜻을 밝혔다고 합니다. 하지만 그 문제에 대한 진지한 협상은 없었던

---

1   [감교 주석] 데니(O. N. Denny)
2   [감교 주석] 총리와 독판
3   [감교 주석] 칼스(W. R. Carles)
4   [감교 주석] 거문도(Port Hamilton)
5   [감교 주석] 베베르(K. I. Weber)

듯합니다.

일본 정부는 부산 인근의 섬 절영도에 해군기지 설치를 허가 받았다고 합니다. 일본 정부는 절영도를 단순히 석탄기지로서가 아니라 전쟁물자 보관소로도 이용하고자 합니다. 하지만 본인이 보기에 이 소식은 아직 근거가 충분하지 않습니다. 프랑스 특별공사가 조선과 조약 문제를 협상하기 위해 며칠 전 베이징에서 돌아왔습니다. 조선 정부는 가톨릭 선교사들의 활동을 확실하게 허용할 계획이 거의 없어 보입니다. 또한 다른 조약들에서도 포교사업의 규칙에 관해 특별한 협정들이 체결되지 않았기 때문에 프랑스 협상 대표는 이 문제와 관련해 상당한 고충을 겪게 될 것입니다.

앞서 올린 보고에서 언급했던 노비제 폐지 문제는 얼마 전 발표된 훈령으로 사실상 실행되었습니다. 앞으로 노비의 자식들은 자유를 얻게 되며 아버지의 빚은 더 이상 자식들한테 청구할 수 없습니다. 더 이상 아무도 빚 때문에 노비의 신분을 강요받지 않을 것입니다. 하지만 법적으로는 아무런 규정도 없습니다. 자유 신분은 노비 스스로 돈을 주고 취득하거나 노비에 대한 권리를 갖고 있는 사람들에 의해 판매되어야 합니다. 일단 노비였던 사람은 주인의 의사에 반해서 자유를 얻을 수는 없습니다.

조선 왕은 이런 규정들을 도입하기 위해 몇 가지를 승인할 것입니다. 대부분의 사람들이 이 제도의 도입을 바라고 있습니다.

왕비[6] 일파와 전 섭정[7] 쪽 사람들 간의 마찰이 지속되고 있습니다. 대원군의 가신 하나가 유죄판결을 받고 유배지로 가던 중 명령에 따라 그의 수행인들에 의해 제거되었습니다. 한편 그가 무법적인 수행인들에 의해 피살되었다는 주장도 있습니다. 전 섭정은 복수를 하기 위해 추종자들한테 해당 지역의 관리들을 습격해 마을에서 죽인 뒤 불에 태워버리는 지시를 내렸습니다. 한동안 그 이야기가 서울 주민들의 입에 오르내렸습니다.

그 지역들에서 소요사태가 몇 건 벌어진 것은 확실합니다. 소요사태의 발생에 관한 진술들 역시 사실로 보입니다. 결국 외국에서 훈련받은 군인들이 개입해 안정을 되찾았습니다.

남쪽에서 다시 도적떼가 나타났다는 소문들이 들려오고 있습니다. 하지만 관청들이 이미 다수의 가담자들을 체포해 그들을 즉시 처형했습니다.

(서명) 부들러

원문: Actis

---

6 [감교 주석] 명성황후(明成皇后)
7 [감교 주석] 흥선대원군(興宣大院君)

23

[러시아의 영홍만 위협설에 관한 타임즈의 보도]

발신(생산)일	1886. 7. 21	수신(접수)일	1886. 7. 21
발신(생산)자		수신(접수)자	
발신지 정보		수신지 정보	베를린 외무부
			A. 8705

A. 8705 1886년 7월 21일 오후 수신

The Times

1886년 7월 21일

-No. 31817-

Another evidence of Russian restlessness is afforded by the news we published in our Second Edition yesterday, that the Russian fleet is threatening Port Lazareff, alleging by way of excuse the occupation of Port Hamilton effected by this country some time ago. Port Hamilton is situated in a group of small islands lying between the island of Quelpart and the Corean mainland, and is itself little more than a rampart of rock enclosing an anchorage. Port Lazareff, which the Russians are now said to be threatening, lies at the head of a land-locked bay on the north-eastern coast of the Corean mainland itself, and its possession by such a Power as Russia would very speedily entail the conquest of Corea. Port Hamilton, moreover, was obtained by this country in a regular and peaceful manner, by bargain and agreement with those in whom the nominal right of possession was vested. Consequently, there is no analogy whatever, either in point of intrinsic importance or of method of acquisition, between our annexation of Port Hamilton and the reported Russian demonstration against Port Lazareff. Our information on the subject is as yet meagre, and, considering the sovereignty claimed by China over Corea, it would certainly be somewhat audacious on the part of Russia to establish a footing in that province without leave asked. The obscurity in which the matter is for the present involved is not diminished by the statement that the Chinese fleet has gone to Vladivostock. Its visit to that Russian port does not seem the best means of protecting Port Lazareff, unless things have suddenly come to such a pass that china finds a counter-attack the most promising method of checking aggression. That some kind of Russian movement is going on we may accept as certain, but the precise character must remain doubtful until we obtain further details. The Russians are known to covet some port further south than Vladivostock, and what they covet they usually try to seize on any favourable opportunity. They have no use for such a port, except as a basis for offensive operations against other people's commerce or territory in the Pacific, and that circumstance, taken in connection with the extent of our own interest in these regions, is sufficient warrant for keeping a watchful eye upon every suspicious movement.

24

[영국이 거문도를 포기할 예정이라는 보고]

발신(생산)일	1886. 9. 3	수신(접수)일	1886. 9. 3
발신(생산)자	켐퍼만	수신(접수)자	-
발신지 정보	서울 주재 독일총영사관	수신지 정보	베를린 외무부
	No. 1		A. 10483
메모	I. 서울에 보내는 9월 4일 자 훈령 No. 4 II. 해군제독에게 보내는 9월 4일 자 서신		

사본

A. 10483   1886년 9월 3일 오후 수신

전보

서울, 1886년 9월 3일   10시 25분

도착   11시   7분

독일제국 총영사

외무부 귀중

해독

No. 1

청 공사[1]는 베이징의 영국 공사[2]가 해밀턴항[3]을 포기할 예정이라고 주장함.

(서명) 켐퍼만

원문: 조선 3

---

1   [감교 주석] 위안스카이(袁世凱). 그의 공식 직함은 주찰조선총리교섭통상사의(駐紮朝鮮總理交涉通商事宜).
2   [감교 주석] 월샴(J. Walsham)
3   [감교 주석] 거문도(Port Hamilton)

[러시아 전함의 영흥만 출현 외 조선 정세 보고]

발신(생산)일	1886. 7. 14	수신(접수)일	1886. 9. 4
발신(생산)자	켐퍼만	수신(접수)자	비스마르크
발신지 정보	서울 주재 독일총영사관	수신지 정보	베를린 정부
	No. 41		A. 10529
메모	원문. 9월 4일 해군제독에게 I. 9월 4일 런던 756, 페테르부르크 604에 전달		

사본

A. 10529   1886년 9월 4일 오전 수신

서울, 1886년 7월 14일

No. 41

비스마르크 각하 귀하

즈푸[1]에서 출발한 폐하의 전함 "Nautilus"호가 6월 27일 제물포항에 입항했다가 29일 다시 나가사키로 떠났음을 삼가 보고 드립니다. Nautilus호는 부산으로 가는 길에 해군본부에서 이미 오래 전에 요청했던 마산포항에 대한 정보를 수집하기 위해 잠시 마산포항에 정박할 예정입니다. 마산포항 인근에 석탄기지가 있고, 청 전함들이 종종 그곳에 들른다는 소문이 있습니다.

며칠 전부터 이곳에서는 사람들 사이에 러시아 전함 한 척이 약 일주일 전에 포트 라자레프[2]에 도착했다는 소문이 돌고 있습니다. 특히 청 대표한테 그 소식이 들어왔습니다. 사람들은 그것을 러시아 측에서 그 지역을 합병할 예정이라는 뜻으로 해석하고 있습니다. 러시아 대리공사는 아무 것도 모르는 척 행동하고 있습니다.

조선 정부는 이곳 영국 총영사[3]한테 언제 영국 정부가 해밀턴항[4]에서 완전히 철수할

---

1   [감교 주석] 즈푸(芝罘)
2   [감교 주석] 영흥만(Port Lazareff)
3   [감교 주석] 베버(Baber)
4   [감교 주석] 거문도(Port Hamilton)

것인지 계속 문의하고 있습니다. 영국 총영사는 본국 정부의 계획에 대해 자신은 아무 것도 모른다는 식으로 계속 답변하고 있습니다. 자신은 단지 영사업무만 담당하고 있기 때문에 그 문제는 베이징 주재 공사[5]한테 문의해야 한다는 것입니다.

하지만 그쪽에서는 단 한 번도 답변을 한 적이 없습니다. 본인이 서울 주재 청 공사로부터 감지한 바에 의하면, 청 정부는 아직 이 문제에 개입하지 않은 것 같습니다.

(서명) 켐퍼만[6]
원문: 해군성 13

---

5 [감교 주석] 월샴(J. Walsham)
6 [감교 주석] 켐퍼만(T. Kempermann)

조선 북동부 항구들에 입항한 러시아 전함

발신(생산)일	1886. 7. 22	수신(접수)일	1886. 9. 8
발신(생산)자	켐퍼만	수신(접수)자	비스마르크
발신지 정보	서울 주재 독일총영사관 No. 45	수신지 정보	베를린 정부 A. 10711
메모	원문은 1886년 9월 11일 해군제독에게 연도번호 No. 479		

A. 10711 1886년 9월 8일 수신, 첨부문서 1부

서울, 1886년 7월 22일

No. 45

비스마르크 각하 귀하

14일 자 본인의 보고서 No. 41[1]에서 이미 각하께 러시아 전함 한 척이 라자레프 항[2]에 입항했다는 소식을 보고 드린 바 있습니다. 그 후 관영신문인 "서울 발 주간소식"지[3]에 이 사건에 관해 지방관아에서 올라온 두 개의 기사가 실렸습니다. 기사 내용을 독일어로 번역하여 첨부하였습니다.

그 기사를 통해 러시아 전함은 이미 5월에 그곳을 방문한 적이 있다는 사실이 드러났습니다. 홍원과 북청 가운데 한 곳이 아마 라자레프 항일 것입니다. 어쨌거나 두 곳 모두 라자레프 항이 있는 지역에 있습니다. 당시 자신은 서울에 머물면서 정부의 허가(그는 그것이 전혀 필요하지 않습니다.)를 구하고 있었다고 했던 선장의 진술은 거짓입니다.

그 주간지의 발행인은 일본인으로, 철저하게 조선인들의 뜻을 따르는 자입니다. 본인이 보기에 그 발행인은 정부의 포고령 관련 보고서들을 직접 손에 넣을 수 있는 자입니다. 청 공사관 측에서는 그 보고서들은 영국 총영사한테서 나온 것으로 추정된다고 말했습니다. 하지만 그건 단지 농담일 뿐, 오히려 청이 그 문서의 공표나 제작을 유도한 것으

---

1 [원문 주석] A. 10529를 삼가 첨부함.
2 [감교 주석] 영흥만(Port Lazareff)
3 [감교 주석] 한성주보(漢城周報)

로 보입니다. 그것이 중요하다는 사실을 깨달은 영국 총영사[4]는 몹시 긴장한 나머지 그 사건에 대한 이야기가 나오자 유난히 진지하고 비밀스럽게 행동했습니다. 그리고 경고의 뜻을 담은 전보를 베이징으로 보냈습니다.

러시아 대리공사의 발언을 통해 본인은 페테르부르크 사람들이 두만 지역의 국경선 조정이 지연되는 것에 대해 초조해하기 시작했다는 것을 알아차렸습니다. 외아문 독판[5]은 약 두 달 전 정치적인 의혹을 받고 서울을 떠나야 했습니다. 또한 협상 초기에 그의 대리인은 자신은 이 일에 아무런 권한이 없으며, 오히려 외아문 독판의 귀환을 기다려야 할 것 같다는 식으로 대리공사의 압력을 강력하게 방어했습니다. 하지만 독판의 귀환은 한동안 지연될 것으로 예측됩니다.

본인은 본 보고서의 사본을 베이징 주재 독일제국 공사관에 보낼 것입니다.

켐퍼만

내용: 조선 북동부 항구들에 입항한 러시아 전함

조선에 대한 독일제국 영사관의 보고서 No. 45/479의 첨부문서
번역

서울 발 주간 뉴스[6]
(Wöchentliche Nachrichten aus Söul)
No. 21

함경도(북부지방) 관찰사가 정부에 아래와 같이 보고했다. 5월 6일 홍원에 선박 한 척이 입항했다. 검은색의 그 배에는 닻이 3개에다가 길이는 60야드가 넘고 너비는 10야드가 넘어 보였으며 높이는 수면 위로 2야드 정도 올라왔다. 사람들이 갑판 위에서 웃으

---

4   [감교 주석] 베버(Baber)
5   [감교 주석] 김윤식(金允植)
6   [감교 주석] 한성주보(漢城周報)

면서 서로 대화를 나누었다. 눈은 움푹 파이고 코는 높은 사람들이었다. 눈은 푸른색이고 수염은 금발이었다. 우리 측 관리 하나가 보트를 이용해 그 배에 다가갔다. 두세 명의 남자가 배에서 그를 맞이한 뒤 그에게 붉은색 쪽지를 건네주었다. 우리나라의 명함 비슷한 것이다. 그 쪽지에 Asatuc Nakpiakpok라고 적혀 있었는데 바로 사령관의 이름이었다. 통역사가 없었기 때문에 그 글을 읽을 수 없었고, 우리 측 관리는 그 사람들한테 아무 것도 물어볼 수 없었다. 선박에는 9개의 대포와 3야드 높이의 굴뚝이 있었다. 그 외에도 갑판에는 사오백 정의 총과 천 개가 넘는 군도가 있었다. 하지만 관리는 그것들을 정확히 세어볼 수 없었다. 승무원은 약 200명 정도였다. 선박에 깃발이 두 개 게양돼 있었는데, 하나는 푸른색 바탕에 붉은색 깃발이었고, 다른 하나는 검은색 바탕에 청색 깃발이었다. 그들은 작은 보트를 타고 Mayang 근처의 육지에 상륙했다. 그리고 거기서 총으로 육지 새와 바다 새를 사냥한 뒤 그 새들을 배로 옮겼다.

5월 14일 오전 5시 정각에 그 배는 북쪽으로 떠났다.

서울 발 주간 뉴스
(Wöchentliche Nachrichten aus Söul)
No. 22

5월 22일 12시 북청에 선박 한 척이 도착했다. 이삼십 명의 남자들이 두 척의 보트에 나눠 타고 육지에 상륙했다. 그들은 총검으로 무장한 채 마을을 돌아다녔다. 북청 지역 관리가 배에 올라가 방문 목적을 물었다. Kim tok'u라는 조선인이 통역을 맡았다. 선장과 지방관리 사이에 아래와 같은 대화가 진행되었다.

C.(선장)

G.(관리)

C. 우리는 내일 다시 떠날 예정이요.

G. 선물로 돼지 1마리와 닭 8마리, 계란 200개를 주겠소. 그런데 대체 이 배는 무슨 선박이고 무슨 일로 이곳에 온 거요?

C. 이 배는 러시아 전함이고, 원래 우리는 Shimpo(홍원 근처)에 있었소.

G. 그런데 무슨 일로 거기서 이곳으로 온 거요?

C. 거기서는 우리 입장을 이해해주지 않아서 이렇게 통역사를 대동하고 이곳을 찾아왔소.

G. 함장이 누구요?

C. 이 붉은색 쪽지에 적혀 있는 Asatuc Napiakopk이 함장이요.

G. 함선 승무원들은 몇 명이요? 그리고 이곳까지 오는 동안 별 문제 없었소?

C. 승무원은 200명이요. 그리고 우린 아무 사고 없이 이곳에 도착했소. 여기서 서울까지는 거리가 얼마나 되오? 혹시 우리 전함이 이곳에 왔다는 소식을 서울에 보고했소?

G. 서울까지는 거리가 아주 멀어요. 그래서 일단 산 너머에 있는 Sunyang(도청 소재지)에 이 배의 입항 소식을 보고했소. 그러니 아마 거기서 서울로 소식을 전할 거요. 그런데 당신은 우리 정부로부터 이곳 입항 허가는 받았소?

C. 내가 서울에 갔을 때 거기서 허가를 내주면서 Sunyang에 그 소식을 전할 거라고 했소.

G. 그런데 왜 이곳을 측량하는 거요? 측량 허가는 받은 거요?

C. 우리나라와 영국의 관계가 아주 안 좋아서 해전이 일어날 가능성이 있기 때문이요. 그때를 대비해 이 지역의 특성을 조사하는 거요. 우린 이 지역을 우리의 항구로 만들고 싶소. 당신 생각은 어떻소?

G. 이건 아주 중대한 문제이기 때문에 우리 정부의 허락이 필요하오.

C. 우리나라 국경에 조선인들이 많이 들어와 집을 짓고 살고 있소. 그런데 왜 당신들은 우리가 항구를 만들려는 것을 막으려는 거요?

G. 국법이 엄중하기 때문에 나는 허가를 내줄 수가 없소.

C. 혹시 여기 여행할 만한 장소나 특별한 들판이 있소?

G. 이곳은 산이 많아 경작지가 별로 없소. 대부분의 땅은 불모지라 경작할 수가 없소.

C. 이곳에 석탄이 있소? 혹시 금이나 은으로 석탄을 좀 구입할 수 있겠소?

G. 여긴 석탄이 없기 때문에 우린 석탄을 팔 수 없소.

C. 그럼 여기서는 화약이나 총알을 어디서 구입하오?

G. 화약은 준비되어 있소. 그리고 우린 총알도 제조하오.

C. 왜 이곳 여자들은 집 바깥채에서 자지 않는 거요?

G. 남녀가 유별하기 때문이요. 여자들은 집 안채에서 살고 남자들은 바깥채에서 기거하는 게 이 나라의 관습이요. 만약 당신 부하들이 상륙한 뒤 우리나라 법을 어기면 당신은 그자를 처벌해야 하오.

C. 당연히 그러겠소. 우리는 내일 떠날 거요. 다음번엔 우리가 뭘 가져오면 좋겠소?

G. 쌀과 곡물은 이곳에서 아주 귀한 물품이요. 만약 원산에 그걸 가지고 간다면 괜찮을 거요.

C. 그걸 가져오면 무엇과 교환할 수 있소?

G. 우린 당신에게 물건값을 아주 후하게 치를 수 있소.

A. 10711

연도번호 No. 5421

금년 7월 22일 서울 주재 독일제국 총영사의 보고서가 독일 해군참모총장 카프리비 중장에게 정보제공 차 전달되었습니다.

베를린, 1886년 9월 11일

NdSchsts

사본

A. 12440, 12532

베를린, 1886년 10월 21일

1. 슈바이니츠 귀하
   상트페테르부르크 No. 744

2. 런던 대사 귀하
   No. 885

연도번호 No. 6211

이미 각하께 기밀 정보로 전달해 드린 바 있는 8월 24일, 25일, 27일 자 서울 주재 독일제국 총영사 켐퍼만의 보고에 의하면, Ostolopoff 함장이 이끄는 러시아 순양함 Kzeissen호가 조선 북동해안에 나타나자 여러 나라가 몹시 흥분했습니다. (생략) 하지만 영국은 해밀턴항을 조선에 돌려주기로 결정했다고 합니다. 그렇게 해야만 러시아의 개입을 막을 수 있을 것이라는 판단에 이른 것으로 보입니다.

(서명) 바스마르크 백작

원문: 조선 1

[영국의 철수 방안에 관한 리훙장과의 담화 보고]

발신(생산)일	1886. 10. 23	수신(접수)일	1886. 10. 26
발신(생산)자		수신(접수)자	비스마르크
발신지 정보	해군부	수신지 정보	베를린 정부
			A. 12893
메모	독일제국 외무부 장관 G St. 667. 여기		

A. 12893   1886년 10월 26일 오후 수신, 첨부문서 2부

기밀!

베를린, 1886년 10월 23일

비스마르크 각하 귀하

러시아 선박의 조선 출현에 관해 서울 주재 독일제국 총영사가 지난달 21일 연도번호 No. 5421 자 서신에 동봉해 보낸 금년 7월 22일 자 보고서를 정보 확인 후 감사의 인사와 함께 삼가 되돌려 보냅니다.

해군 참모총장의 위임을 받아.

봉인

[영국의 철수 방안에 관한 리훙장과의 담화 보고]

발신(생산)일	1886. 9. 6	수신(접수)일	1886. 10. 31
발신(생산)자	브란트	수신(접수)자	비스마르크
발신지 정보	톈진 주재 독일공사관	수신지 정보	베를린 정부
	A. No. 170		A. 13144
메모	11월 11일 자 훈령, 런던 933, 페테르부르크 804에 전달		

발췌

A. 13144 1886년 10월 31일 오후 수신

톈진, 1886년 9월 6일

A. No. 170

기밀

비스마르크 각하 귀하

리훙장[1]이 영국인들의 해밀턴항[2] 점령에 대해 드디어 입을 열었습니다. 사전에 그런 발언을 할 의도가 있었던 것으로 보입니다. 리훙장은 수차례 아주 단호하게 그 섬에서의 철수를 요구했으나 오코너[3]와 월샴[4] 경이 계속 그에게 철수는 불가능하다고 설명했다고 했습니다. 영국은 단지 러시아나 독일에 의해 그 섬이 점령되는 것을 막기 위해 해밀턴항을 점령하고 있는 것이므로 이 두 나라가 그 섬을 점령하지 않을 것이라고 확실하게 선언하지 않는 한 영국은 그 섬에서 철수할 수 없다고 말했다고 합니다. 과거 러시아 공사였던 Popoff가 그에게 구두로 러시아는 해밀턴항에 대해 아무런 계획도 갖고 있지 않지만 영국인들은 이것에 만족하지 않을 거라고 말했다고 합니다. 그러면서 그 문제에 대한 본인의 의견을 묻기에 본인을 그 문제에 끌어들이는 것은 지나치다고 답변했습니다. 하지만 다른 나라에 소속된 평화로운 영토를 점령한 나라가 철수 조건으로 그 사안과

---

1 [감교 주석] 리훙장(李鴻章)
2 [감교 주석] 거문도(Port Hamilton)
3 [감교 주석] 오코너(N. R. O'Conor)
4 [감교 주석] 월샴(J. Walsham)

아무런 연관이 없을 뿐만 아니라 해당국에 결코 악의를 품을 수 없는 제3의 나라한테 절대 자신들이 저지른 나쁜 선례를 모방해서는 안 된다고 요구하는 것에 몹시 놀랐다는 언급을 하지 않을 수 없었습니다. 또한 우리가 동아시아에서 지속적으로 펼쳐온 정책과 청과 우리나라의 우호적인 관계를 고려해 보면 청 정부는 우리가 청이나 조선의 영토의 일부를 점령할 의도를 가진 적도 없고 앞으로도 가질 계획이 없다는 것을 충분히 믿을 수 있을 거라고 했습니다. 그러자 리훙장은 자신은 단 한 번도 독일이 해밀턴항에 욕심을 갖고 있을 거라고 생각한 적이 없다고 말했습니다. 또한 그는 영국이 프랑스에 대한 언급은 없이 러시아와 독일만 거론하는 것이 오히려 이상하게 생각된다고 말했습니다. 아무튼 현재 해밀턴항 문제가 뜨거운 이슈로 부각되었기 때문에 해결책을 찾아야 한다고 했습니다. 하지만 영국이 가장 원하는 해결책 말고 다음과 같은 방법들을 생각해볼 수 있다고 했습니다.

1. 해밀턴항을 청이 일시적으로 점령하는 방법. 하지만 이 방법은 청이 그 지역을 속국으로 찬탈하는 듯한 인상을 주고 싶지 않아 최종적인 결정을 내릴 수 없다고 합니다.

2. 해밀턴항과 라자레프 항[5]을 조약항구로 개방하는 방법. 해밀턴항을 자유항구로 지정하면 영국 측에서도 꽤 흥미를 가질 것이라고 했습니다.

(서명) 브란트

원문: 조선 1

---

5 [감교 주석] 영흥만(Port Lazareff)

사본

A. 13144, 13216

베를린, 1886년 11월 4일

하츠펠트 백작 귀하
런던 No. 933

슈바이니츠 귀하
페테르부르크 No. 804 대표

연도번호 No. 6550

조선의 정세에 관한 지난달 21일 자 훈령과 관련해 귀하에게 개인적인 정보로 아래와 같이 알려드립니다. 동시에 이곳에 도착한 청나라 톈진 주재 독일제국 공사의 9월 6일 자 보고와 서울 주재 독일제국 총영사의 9월 124일 자 보고에 의하면, 현재 리홍장 총독 역시 러시아의 조선 합병 욕심에 관한 흉흉한 소문들은 근거가 없다고 생각하고 있습니다. 반면 청과 조선에서는 여전히 영국인들의 지속적인 해밀턴항 점령 때문에 몹시 분노하고 있습니다. 두 나라 사람들은 혹여 영국의 해밀턴항 점령을 러시아가 조선에서 적합한 항구를 점령할 구실로 이용할까 두려워하고 있습니다.

현재 청은 그런 사태를 막기 위해 영국이 해밀턴항을 다시 포기하기를 바라는 듯합니다. 톈진과 서울에서 들어온 상기 보고에 의하면 조선 문제를 해결해야 할 특별 임무를 가진 리홍장은 아직 영국으로부터 확실한 철수 약속을 얻어내지 못한 듯합니다. 약속은 커녕 오히려 영국인들은 중요한 정치적인 이유들로 인해 점령이 계속되는 것이 바람직하다고 주장하기 위해 전혀 쓸모없는 구실들을 내세우고 있습니다. 이를테면 월삼 경이 리홍장 총독한테, 영국은 단지 러시아나 독일에 의해 해밀턴항이 점령되는 것을 막기 위해 그곳을 점령하고 있으므로 러시아와 독일 두 나라가 그 섬을 절대 점령하지 않겠다는 확실한 선언이 있을 때까지 영국은 그곳에서 철수할 수 없다고 말했다고 합니다. — 그럼에도 불구하고 베이징과 서울의 외교관들 사이에서는 그로 인해 러시아인이 조선에 개입할 구실을 주지 않기 위해 영국이 조선에 해밀턴항을 돌려주기로 결정할 거라는 견해가 확산되고 있습니다. 서울 주재 독일제국 총영사는 조선에서 청의 영향력이 계속 증대되고 있으며 결국에는 조선이 청에 완전히 함락되고 말 거라는 것에 브란트와 의견의 일치를 보였습니다. 하지만 그 과정은 매우 더디게 진행될 것이고, 무력행사 없이 이루어질 것입니다. 따라서 청으로서는 다른 열강들, 특히 러시아가 조선에 관심을 갖게 만드는 일은 한사코 피하려 들 것입니다.

서울 주재 독일제국 총영사는 아직까지 조선 정부의 실제 의도를 명확하게 파악하지 못했다고 했습니다. 조선의 정세와 주요 인물들에 대해 현재까지 수집된 정보가 너무 적기 때문입니다. 켐퍼만이 추정하기로 조선의 젊은 왕은 러시아가 친청파 인물들로부터 자신을 보호해주기를 바라는 듯하다고 합니다. 다른 한편으로 영국이 청과 은밀한 협상을 진행하면서 두 나라가 러시아와 영국의 충돌을 야기할 수 있는 우발적 사건들을 준비하고 있는 듯한 징후들이 존재합니다.

(서명) 비스마르크 백작

원문: 조선 1

[거문도에 관한 영국 외무장관 솔즈베리와의 담화 보고]

발신(생산)일	1886. 11. 25	수신(접수)일	1886. 11. 27
발신(생산)자	하츠펠트	수신(접수)자	비스마르크
발신지 정보	런던 주재 독일대사관	수신지 정보	베를린 정부
	No. 374		A. 14389
메모	I. 11월 29일 페테르브루크 894, 빈 783, 파리 544에 전달 II. 11월 30일 암호를 Pera 295에 전달		

사본

A. 14389　1886년 11월 27일 오후 수신

런던, 1886년 11월 25일

No. 374

비스마르크 각하 귀하

솔즈베리[1] 경과 대화를 나누던 중 해밀턴항[2]에 대한 언급이 있었습니다. 명확하게 밝힌 것은 아니지만 솔즈베리 장관은 영국의 최우선적인 관심사는 해밀턴항이므로 포기하지 않을 것이라는 사실을 부인하지 않았습니다.

(서명) 하츠펠트
원문: 불가리아 20

1　[감교 주석] 솔즈베리(The third Marquess of Salisbury)
2　[감교 주석] 거문도(Port Hamilton)

영국의 해밀턴항 점령에 관해

발신(생산)일	1886. 11. 26	수신(접수)일	1886. 11. 28
발신(생산)자	하츠펠트	수신(접수)자	비스마르크
발신지 정보	런던 주재 독일대사관	수신지 정보	베를린 정부
	No. 381		A. 14427
메모	11월 28일 페테르부르크 892에 전달		

A. 14427 1886년 11월 28일 오전 수신

런던, 1886년 11월 26일

No. 381

오늘 자 "Standard"지에 해밀턴항[1]을 계속 점령하고 있는 것이 영국에 꼭 필요한 일이거나 현명한 일인지에 대한 사설이 실렸습니다. 사설에서는 러시아와 영국 간에 전쟁이 발발할 경우 특히 청과의 우호관계 내지 동맹관계가 영국에 아주 중요한 의미가 있다는 점을 강조했습니다. 베이징 정부는 러시아가 라자레프항[2]에서 철수하는 것에 관심이 있기 때문에 영국인들이 해밀턴항에서 철수하는 것을 요구하는 청 정부의 입장이 최우선적으로 고려되어야 한다는 것입니다. 하지만 이 문제에 대한 결정을 내릴 때 청 정부의 견해는 단지 여러 요인들 가운데 하나에 불과하다면서 제일 중요한 것은 그곳의 장점과 단점들에 대해 육군과 해군 지도자들의 견해를 들어보는 것이라고 했습니다. 그곳을 점령했다는 것은 단지 점령 당시 지도자들이 그 섬의 위치를 중요하게 생각했다는 것을 의미할 뿐이고 그 후에 드러난 사실은 그곳을 난공불락의 강력한 기지로 만들기 위해서는 많은 자금이 투입되어야 한다는 것입니다. 하지만 자금 문제는 큰 난관에 봉착하지는 않을 것이라고 합니다. 그곳에 대한 영국 해군의 관심이 확고하게 유지되고 있기 때문에 필요한 자금은 조달될 것이라고 합니다. 하지만 영국의 입지가 해밀턴항 점령보다 청의 약속을 통해 더 강화되지는 않을 것이라고 언급했습니다.

만약 조선 국경 근처에 영국의 목적에 적합하고 해밀턴항과 똑같은 이점을 지닌 곳이

---

1 [감교 주석] 거문도(Port Hamilton)
2 [감교 주석] 영흥만(Port Lazareff)

존재한다면, 그리고 그곳을 점령할 수 있다면 그들이 무엇을 해야 할지는 명확히 예상할 수 있을 거라고 했습니다. 하지만 만약 그런 곳이 존재하지 않는다면 점령에 대한 찬반을 결정하기 전에 도덕적인 이점들과 경제적인 이점들을 신중하게 비교해봐야 한다고 했습니다.

앞에서 내용을 발췌해 제시한 사설에서는 해밀턴항의 포기 가능성에 주목하고 있는 반면 오늘 자 조간신문들에 실린 상하이 발 로이터 통신 전보문에서는 영국이 해밀턴항을 포기하지 않을 것이 거의 확실하다고 보고 있습니다.

하츠펠트

내용: No. 381, 런던, 1886년 11월 26일
영국의 해밀턴항 점령에 관해

A. 14427

베를린, 1886년 11월 28일

주재 외교관 귀중
페테르부르크 No. 892

귀하에게 영국의 해밀턴 한 점령에 관한 이달
26일 자 런던 주재 독일제국 대사의 보고서 사
본을 기밀 정보로 삼가 전달합니다.

반드시 전달!
기밀

N. d. H. Sts.

연도번호 No. 7124

[러시아가 아무르 지역 병력 규모를 증강했다는 보고]

발신(생산)일	1886. 10. 17	수신(접수)일	1886. 12. 2
발신(생산)자	브란트	수신(접수)자	비스마르크
발신지 정보	베이징 주재 독일공사관	수신지 정보	베를린 정부
	A. No. 191		A. 14617
메모	12월 5일 런던 1026에 전달		

사본

A. 14617   1886년 12월 2일 오전 수신

베이징, 1886년 10월 17일

A. No. 191

비스마르크 각하 귀하

유럽에서 시베리아의 Kiachta를 경유해 어제 이곳에 도착한 영국 영사관 직원 O' Brien Butler가 오는 길에 수많은 러시아 군인들과 수송차량들이 아무르 지역으로 가는 것을 봤다고 말했습니다. Butler가 추산하기로, 러시아 군인들의 숫자가 수천 명에 이르렀다고 합니다. 또한 러시아 장교들이 그에게 여러 번 조만간 청나라와 싸움이 발발할 것이라고 이야기했다고 합니다.

이 소식을 9월 22일 전보로 상하이에 도착한 로이터통신 기사, 즉 오데사에 있던 1,500명의 병력이 블라디보스토크로 떠났다는 내용과 연결해 보면 러시아 측에서 아무르 지역의 러시아 병력의 규모를 크게 증강시킨 것을 알 수 있습니다.

이 조처의 배경은 혹시 청이 만주 지역을 무장시킬까 하는 우려 때문인 듯합니다. 이 우려는 Noswosti의 경고 기사가 유발한 것으로, 당시 상트페테르부르크 주재 독일제국 대사가 5월 17일과 29일에 보고 드린 바 있습니다. 본인 생각에 적어도 청의 공격에 관한 한 그 기사는 근거가 없습니다. 하지만 아무르 지역에 러시아 군사력이 대규모로 집결한 것은 조선에 대한 러시아의 계획 때문에 다시 청의 우려를 유발했으며 그로 인해 어쩌면 러시아보다 청이 먼저 조선을 지배하려는 시도를 할 가능성도 있습니다. 다른 한편으로, 러시아 지휘관들에게 그들 뜻에 따라 움직일 수 있는 대규모 병력이 주어짐으로써 국경분쟁이 일어날 가능성이 생겼습니다. 병력 증강이 상대방을 몹시 자극할 경우 그런 분위기를 이용할 가능성이 없지 않으며 그렇게 될 경우 추가 분쟁으로 이어질 수도 있습니다.

(서명) 브란트

원문: 중국 8

32

해밀턴항 및 그 섬의 철수를 유도하려는 청나라의 시도들에 관해

발신(생산)일	1886. 11. 2	수신(접수)일	1886. 12. 19
발신(생산)자	브란트	수신(접수)자	비스마르크
발신지 정보	베이징 주재 독일공사관	수신지 정보	베를린 정부
	A. No. 203		A. 15365
메모	I. 12월 27일 베이징 No. 31에 훈령 전달 II. 12월 27일 서울 No. 5에 훈령 전달 III. 12월 27일 런던 1083에 전달		

A. 15365   1886년 12월 19일 오후 수신

베이징, 1886년 11월 2일

A. No. 203

기밀

비스마르크 각하 귀하

얼마 전 톈진에서 돌아온 러시아 대리공사[1]가 전해준 소식에 의하면, 리훙장[2]이 그에게 러시아가 영국인들이 해밀턴항[3]에서 철수할 경우 그 섬을 무력으로 점령하지 않겠다고 서면으로 선언하는 문제를 거론했다고 합니다. 라디젠스키는 본인에게, 러시아는 그 섬에 어떤 개입도 하지 않을 것이며, 아프가니스탄 문제를 조율할 때에도 그 문제를 언급할 가치조차 없다고 생각한다고 말했습니다. 또한 러시아는 영국인들한테 자신들의 잘못된 행동으로 유발된 결과에 대한 부담을 덜어줄 그 어떤 선언도 할 생각이 없다고 말했습니다. 그밖에도 라디젠스키는 리훙장과의 대담에서 영국인들이 계속 해밀턴항이나 다른 조선 항구를 점령하려는 계획이 있다며 러시아를 비난하는 것은 근거 없다고 강조했다고 말했습니다.

월샴[4] 경 역시 본인에게, 해밀턴항 철수와 관련해 아직 그 어떤 합의에도 이르지 못했

---

1   [감교 주석] 라디젠스키(Ladygensky)
2   [감교 주석] 리훙장(李鴻章)
3   [감교 주석] 거문도(Port Hamilton)

다고 설명했습니다. 그와의 대화를 통해 본인은 독일제국 총영사 켐퍼만[5]이 금년 10월 8일 자 보고에서 했던 언급, 즉 영국 측에서 해밀턴항, 라자레프 항[6], 그리고 Purion 항을 국외 무역을 위해 개방할 것을 요구했다는 보고가 착오일 수도 있다는 인상을 받았습니다. 조선 주재 영국 공사[7]도 겸하고 있어 정보에 밝은 월삼 경은 적어도 Purion에 대해서는 아무 것도 모르는 것이 확실합니다. 본인이 러시아인들이 국경 무역을 위해 Purion 개방을 요구했다고 하자 그는 수많은 지도에서 Purion의 위치를 찾아도 허사였다고[8] 언급했습니다.

브란트

내용: 해밀턴항 및 그 섬의 철수를 유도하려는 청나라의 시도들에 관해

---

4   [감교 주석] 월삼(J. Walsham)
5   [감교 주석] 켐퍼만(T. Kempermann)
6   [감교 주석] 영흥만(Port Lazareff)
7   [감교 주석] 베버(Baber). 베버는 총영사임. 공사는 오기로 보임.
8   [원문 주석] 내륙에 위치한 Purion은 영국이 아니라 러시아의 관심사이다.

오늘

A. 15368에 관해

G. A.

브란트가 켐퍼만한테 부여한 권한이 보고해야 할 사안인지 문의 드립니다. 만약 보고해야 할 사안이라면 그에 상응하는 훈령을 서울로 보낼 것입니다.

L 12월 27일

1. 12월 27일 베이징으로
2. 12월 27일 서울로
3. 연도번호 No. 7818을 런던으로

III. 지시

A. 15365

베를린, 1886년 12월 27일

주재 외교관 귀중
1. 런던 No. 1083

귀하에게 해밀턴항에 관한 지난달 2일 자 베이징 주재 독일제국 총영사의 보고서 사본을 기밀 정보로 삼가 전달합니다.

반드시 전달!

N. d. H. U. St.

연도번호 No. 7818

L 12월 17일

[영국에 대한 러시아인들의 태도 및 기르스와의 담화 보고]

발신(생산)일	1886. 12. 26	수신(접수)일	1886. 12. 29
발신(생산)자	뷜로우	수신(접수)자	비스마르크
발신지 정보	페테르부르크 주재 독일대사관	수신지 정보	베를린 정부
	No. 500		A. 15775
메모	공사관 서기관 Vitzthum 백작을 통해 1월 2일 빈과 런던에 전달		

사본

A. 15775 1886년 12월 29일 오전 수신

상트페테르부르크, 1886년 12월 26일

No. 500

비스마르크 각하 귀하

블라디미르[1] 대공 전하께서 본인에게, 최근 반관[2] 성격의 "Morning Post"지가 러시아에 맞서야 한다는 기사를 실었으나 이곳에서는 거의 무관심하다고 말했습니다. "Il fallait répondre autrement a cette outrecuidance que par les phrases a eau de rose que lui a consacrées le Journal de St. Petersbourg."

하지만 이곳에서 그런 생각을 하는 사람은 블라디미르 대공이 거의 유일합니다. 본인이 아는 러시아의 거의 모든 주요 인사들은 단지 영국 언론과 영국 정치인들의 말에 아무런 의미와 중요성을 부여하지 않기 위해서 영국은 절대 러시아에 대해 그런 행동에 나서지 못할 거라고 믿는 척할 뿐입니다. 본인이 보기에 러시아인들이 이러한 태도를 보이는 이유는 한편으로는 2년 전부터 영국의 위세가 크게 약화되었기 때문이고 다른 한편으로는 오스트리아와의 문제가 해결되기 전까지 영국과 심각한 분쟁에 휘말리고 싶지 않기 때문인 듯합니다.

---

1 [감교 주석] 블라디미르(Vladimir)
2 [감교 주석] 반관(半官)

며칠 전 기르스[3]는 본인에게, 자신의 군주인 알렉산드르 3세는 영국을 전혀 두려워할 필요가 없다고 확신하고 있다고 말했습니다. 황제는 이미 1878년 봄, 그 위태위태하던 시기에 열린 각료회의에서 러시아는 비난 받지 않을 테니 절제할 필요가 없다는 발언을 했다고 합니다. 그 이후로 영국의 힘에 관한 러시아 군주의 이러한 생각은 수단-원정과 아프가니스탄 위기 때에도 결코 바뀌지 않았다고 합니다.

본인이 들은 바에 의하면 "Novoye Vremya"[4]지가 참모부 소식통을 인용한 기다란 기사에서, 만약 영국이 불가리아 문제를 이용해 러시아의 힘을 중앙아시아에서 돌릴 수 있다고 믿는다면 그건 착각이라고 분석했습니다.

대화를 나누던 중 본인이 기르스 장관한테 이달 10일 자 콘스탄티노플 주재 독일제국 대사의 보고 내용을 언급하자 기르스는 Radowitz한테 "우리는 앞으로도 불가리아 문제에 한동안 몰두할 것입니다."라고 했던 화이트[5] 경의 발언에 대해 미소를 지으며 다음과 같이 했습니다. "영국인들은 모든 것을 휘저어놓고는 그 혼란을 틈타서 이익을 챙기려들 것입니다. 하지만 그들은 성공하지 못할 겁니다. 그 문제는 더 이상 거론할 가치초자 없습니다."

Robert Morier 경은 신년에 러시아로 돌아올 것입니다. 이곳을 떠나기 전 대사는 러시아 친구들한테 "서로 의사소통을 해서 합의에 이르는 것이 상호간에 이익이 될 것입니다."라고 말하며 런던에 가서 러시아와 영국 사이의 분쟁을 막기 위해 최선을 다할 것이라고 약속했습니다. 반면에 스탈[6] 경은 다시 그의 직위로 돌아오지 않고 제국의회로 들어갈 것이라는 소문이 돌고 있습니다. 그는 현재 알렉산드르 3세의 비호를 받고 있습니다. 황제는 "지금으로서는" 스탈이 이곳 제국의회에 머물기 바란다고 발언했다고 합니다. 스탈의 아내 역시 다시 영국으로 돌아가지 않을 것처럼 이야기하고 있습니다.

외무부의 한 젊은 관리가 본인에게 은밀히 전해준 바에 의하면, 기르스가 며칠 전 베이징에서 꽤나 골치 아픈 내용의 급보를 받았다고 합니다. 러시아가 그냥 수용해야 할지 아니면 "보복조처"를 취해야 할지 결정해야 하는 문제라고 합니다. 해군본부에서는 러시아가 영국에 해밀턴항에서 철수할 것을 강력하게 요구해야 한다는 입장인 반면 기르스는 이 문제를 당분간 미해결로 남겨놓고 싶어 합니다.

이곳에서는 처칠[7] 경의 퇴임을 솔즈베리[8] 내각의 입지가 몹시 흔들리는 조짐으로 받

---

3 [감교 주석] 기르스(N. Giers)
4 [감교 주석] 노보예 브레먀(Novoye Vremya)
5 [감교 주석] 화이트(W. White)
6 [감교 주석] 스탈(E. E. Staal)

아들이고 있습니다. 그로 인해 러시아인들 사이에서는 조만간 다시 글래드스턴[9]이 권력을 잡을지 모른다는 희망이 생겼습니다.

(서명) 뷜로우[10]

원문: 영국 83

---

7 [감교 주석] 처칠(R. Churchill)
8 [감교 주석] 솔즈베리(The third Marquess of Salisbury)
9 [감교 주석] 글래드스턴(Gladstone)
10 [감교 주석] 뷜로우(Bülow)

외무부
A편

외무부 정치 문서고
영국의 거문도 점령 관계 문서 3

1887년 1월 1일부터
1901년 12월까지

제3권
참조: 일본 22권

외무부 정치 문서고
R 18941
조선 No. 2

1887년 7월 1일부터	목록	문서
서울 6월 9일의 보고서 No. 45 청국 함대가 해밀턴항을 떠남. 거문도 일대 섬들을 관리하기 위해 해밀턴항에 조선 장교 파견.		9594 8월 8일 수신
베이징 9월 28일의 보고서 No. 265 청국 황제의 탄신일을 축하하고 해밀턴항 문제에서 도움을 준 청국 정부에 감사의 뜻을 표하기 위해 베이징에 파견된 조선 사절단. 11월 15일 런던 959에 사본 전달.		13908 8월 14/11일 수신
베이징 12월 6일의 보고서 No. 364(1888년) 영국이 해밀턴항을 임대 형식으로 양도하길 요구했다는 상하이 Courier의 부 정확한 보도. 원본 문서 조선 1		1052 8월 20/2일 수신
서울 7월 31일의 보고서 No. 59 de 1890 조선 주재 영국 총영사의 해밀턴항 방문. 해밀턴항과 관련한 미국과 러시아의 의도에 대한 신문기사. 런던과 페테르부르크에 전달.		10645 1890년 9월 29일 수신
도쿄 11월 14일의 보고서 No. 85. A: de 91 영국 동아시아 함대 소속의 선박 몇 척이 해밀턴항 방문.		11367 1891년 12월 23일 수신
1892년		A
서울 1992년 1월 2일의 보고서 No. 5 영국인들이 해밀턴항을 재점령했다는 소문은 사실이 아니다.		2236 1992년 3월 11일 수신
1894년 7월 4일 G. L. R. 라쉬단의 기록 영국은 조선이 러시아의 수중으로 넘어가지 않기를 바람. 1880년대 중반에 점령한 해밀턴항의 포기.		6053 7월 4일 수신
1896년		
메모 해밀턴항의 전략적 가치에 대한 영국의 평가에 관련해, 독일제국 공사 브란트 의 건의서가 청국 문서 20 No. 1에 있음.		9521 9월 11일 수신

1900년	
런던 5월 25일의 보고서 타임지는 러시아의 조선 영토(마산포) 획득에 대해 논평하며, 당시 영국은 오로지 러시아가 조선의 어떤 영토도 획득하지 않겠다고 선언했기에 해밀턴항을 포기했다고 말한다.	6555 5월 27일 수신
1901년	문서
서울 5월 4일의 전보문 No. 9 영국이 해밀턴항을 점령하려 한다는 소문은 근거 없음.	6736 5월 6일 수신
서울 5월 5일의 보고서 – 76 – 영국이 해밀턴항을 재점령하려 한다는 소문. 영국 대리 공사 측에서는 그 소문부인.　　　　　　　　　　　　　　　　원본 문서 조선 1	9116 6월 19일 수신
1904년	
서울 12월 12일의 전보문 No. 47 해밀턴항과 제주도를 획득하기 위한 영국의 시도들.	19518 12월 13일 수신

해밀턴항 철수

발신(생산)일	1887. 2. 2	수신(접수)일	1887. 2. 4
발신(생산)자	하츠펠트	수신(접수)자	비스마르크
발신지 정보	런던 주재 독일대사관	수신지 정보	베를린 정부
	No. 34		A. 1367
메모	2월 4일 빈 74에 전달		

A. 1367 1887년 2월 4일 오전 수신

런던, 1887년 2월 2일

No. 34

비스마르크 각하 귀하

어제 영국 하원의 대정부질의에서 정무차관은 영국이 곧 해밀턴항[1]으로부터 철수할 것이라고 밝혔습니다. 그리고 해밀턴항의 차후 수호와 관련한 어떠한 협정도 체결하지 않았다고 말했습니다. 영국 정부는 조선 정부에 대해 아무런 책임도 떠맡지 않았다는 것입니다. 그 대신 외국 열강이 해밀턴항을 포함해 조선의 어떠한 영토도 점유하는 일이 없을 것이라는 청국 정부의 확약[2]을 받은 후에야 영국 정부는 해밀턴항으로부터 철수하기로 결정했다고 합니다. 영국 정부는 해군 당국과의 합의하에 해밀턴항을 떠날 것이라고 합니다.

이 문제와 관련해 본인이 정통한 소식통으로부터 입수한 바에 의하면, 해밀턴항을 충분히 방어하기 위해서는 500,000 파운드가 필요할 것으로 예측되었다고 합니다. 그런데 해군부 장관이 그 비용을 해군부 예산에서 지출하기를 주저했다는 것입니다. 지금 영국과 청국이 협정을 체결하게 된 직접적인 동기는 서울 주재 러시아 영사 베베르의 태도 때문이었다고 합니다. 러시아 정부를 대표해 베베르[3]가 조선을 어떤 식으로인가 러시아에 예속시키는 협정을 조선 왕과 체결[4]하려 했다는 것입니다. 그래서 영국이 선수

---

1 [감교 주석] 거문도(Port Hamilton)
2 [감교 주석] 리훙장–라디젠스키 협약에 따른 조치
3 [감교 주석] 베베르(K. I. Weber)

를 쳐서 조선에 대한 청국 정부의 종주권을 인정하는 조약을 체결했다고 합니다. 그
대신 청국 정부는 조선의 자산을 수호하고 조선의 자산이 어떤 식으로든 공격받는 경우
전쟁을 선포할 의무를 떠맡았다는 것입니다.

하츠펠트

    내용: 해밀턴항 철수

---

4   [감교 주석] 조러밀약

베를린, 1887년 2월 4일   A. 1367

빈 No. 74   본인은 해밀턴항 철수와 관련한 기밀 정보를
주재 대사 귀하   귀하께 알려드리고자, 이달 2일 자 런던 주재
                                                독일제국 대사의 보고서 사본을 삼가 동봉합
보안!   니다.

연도번호 No. 754   2월 4일

해밀턴항을 청국 정부에 양도했다는 소문

발신(생산)일	1886. 12. 15	수신(접수)일	1887. 2. 11
발신(생산)자	브란트	수신(접수)자	비스마르크
발신지 정보	베이징 주재 독일공사관	수신지 정보	베를린 정부
	A. No. 236		A. 1684
메모	2월 12일 페테르부르크 118과 런던 129에 사본 전달		

A. 1684   1887년 2월 11일 오전 수신

베이징, 1886년 12월 15일

A. No. 236

비스마르크 각하 귀하

며칠 전 이곳 조선에 도착한 로이터 통신의 전보문에 따르면, 청국이 거문도 일대의 섬들을 떠맡을 준비가 되는 즉시 영국이 청국[1]에게 해밀턴항[2]을 돌려줄 것을 약속하는 협정이 런던에서 체결되었다고 합니다.

본인은 이 전보문의 의미에 대해 영국 동료[3]에게 문의했습니다. 영국 동료는 그 문제가 아직 완전히 해결되지 않은 듯 말했습니다. 즉, 청국이 해밀턴항에서 영국의 자리를 이어받을지 결정되지 않았다는 것이었습니다. 그래서 본인은 월삼이 항상 가급적이면 모든 정치적인 문제를 회피하려 한다고 덧붙이지 않을 수 없었습니다.

청국이 해밀턴항을 점유할 것이라는 소문이 이미 얼마 전부터 자자했습니다. 이러한 소문이 돌자, 일본 정부의 후원을 받아 요코하마에서 발행되는 신문 "Japan Mail"지는 청국의 그러한 처사가 1886년 4월 체결된 청일협정[4]에 위배된다는 기사를 보도했습니다. 그 청일협정에 의하면. 청국과 일본은 조선에 군대를 파견하려는 경우 사전에 서로에게 동의를 구해야 할 의무가 있습니다. 그리고 해밀턴항은 의심의 여지없이 조선의 영토입

---

1 [감교 주석] 조선에게 반환한다는 것을 청국으로 잘못 이해하고 작성한 것으로 보임.
2 [감교 주석] 거문도(Port Hamilton)
3 [감교 주석] 월삼(J. Walsham)
4 [감교 주석] 문맥상 톈진조약으로, 톈진조약 체결은 1885년 4월임.

니다. 그러나 이와 동시에 "Japan Mail"지는 조선이 거문도 일대의 섬들을 청국에 양도하는 것에 동의하는 경우에도 청국과 일본의 분규를 야기하는 계기가 되지는 않을 것이라고 판단합니다. 여기에서 본인은 일본의 총리대신 이토[5]가 매우 특이하게도 지금까지 추진한 정책에서 정무적인 직관을 발휘한 것이 아닌가 추정합니다. "Japan Mail"지는 일본 측에서 조선에 특별한 영향력을 행사할 의도가 전혀 없으며, 혹시 모를 러시아의 야욕에 대비해 조선의 안전을 지키는 임무를 청국에 맡기려 한다고 말합니다. 청국이 일본보다 이 문제에 관심이 더 많고 혹시 모를 러시아의 공격에 더 잘 맞설 수 있기 때문이라는 것입니다. 그 대신 일본은 아마 이 기회를 이용해 마침내 류큐 제도에 대한 통치권을 인정할 것을 청국에게 요구할 수 있을 것이라고 합니다.

이곳 베이징의 일본 공사 시오다 사부로[6]는 일본 정부로부터 해밀턴항에 대해 아무런 통지도 받지 못했다고 주장합니다. 본인도 지금은 청국과 일본이 매우 신중을 요하는 협상을 벌이기에 적절한 시점은 아니라고 추정합니다.

본인은 청일조약[7] 개정을 위한 협상과 관련해 금년 11월 9일 보고서 A. 207을 삼가 올린 바 있습니다. 그 후로 청일조약 개정을 위한 협상은 전혀 진전이 없었습니다. 그리고 나가사키에서 청국 해군과 일본 경찰이 충돌한 사안에 대한 협상도 아직 결론이 나지 않았습니다. 이 사안은 특히 양국이 외국 법률 고문을 끌어들임으로써 점차 국제적인 문제로 비화되고 있으며, 원래 사건의 의미를 벗어나는 분노를 양국에 안겨주고 있습니다. 이 분노로 인해 양국 정부 사이에 모종의 긴장관계가 형성되었으며, 현재 이러한 긴장관계는 다른 문제들에 대한 양국 정부의 긴밀한 논의를 방해하고 있습니다.

브란트[8]

내용: 해밀턴항을 청국 정부에 양도했다는 소문

---

5 [감교 주석] 이토 히로부미(伊藤博文)
6 [감교 주석] 시오다 사부로(鹽田三郎)
7 [감교 주석] 톈진조약
8 [감교 주석] 브란트(M. Brandt)

베를린, 1887년 2월 12일   A. 1684

1. 페테르부르크 No. 118
2. 런던 No. 129
주재 대사관 귀중

보안!

연도번호 No. 940

본인은 해밀턴항을 청국 정부에 양도하기로 했다
는 소문과 관련한 기밀 정보를 귀하께 알려드리고
자, 이달 16일 자 베이징 주재 독일제국 공사의 보
고서 사본을 삼가 동봉합니다.

03

원문 p.456

[리훙장-라디젠스키 합의]

발신(생산)일		수신(접수)일	
발신(생산)자		수신(접수)자	베를린 외무부
발신지 정보		수신지 정보	
			A. 2271

A. 2271에 대한 메모

서울 1886년 12월 28일의 보고서 No. 77과 관련하여

서울 주재 영국 대표[1] 사이의 조선 스캔들에 대한 러시아와 청국의 합의. 미국의 레드 북에서 추태를 폭로했음. 청국 대표가 조선 왕에게 보낸 각서가 원본 문서 조선 1에 있음.

---

1 [감교 주석] 베버(Baber)

해밀턴항

발신(생산)일	1887. 1. 24	수신(접수)일	1887. 3. 11
발신(생산)자	켐퍼만	수신(접수)자	비스마르크
발신지 정보	서울 주재 독일총영사관	수신지 정보	베를린 정부
	K. No. 9		A. 3100
메모	3월 11일 런던 221에 전달 연도번호 No. 55		

A. 3100 1887년 3월 11일 오전 수신

서울, 1887년 1월 24일

Kontrole No. 9

비스마르크 각하 귀하

약 4주 전 이곳에 도착한 로이터 통신의 전보문에 의하면, 청국이 앞으로 거문도 일대의 섬들을 수호할 경우 영국은 해밀턴항 점유를 포기할 것을 청국에 약속했다고 합니다. 지금 이 소식이 사실로 확인되었습니다.

20일 이곳 조선에 도착한 신임 영국 총영사 워터스[1]가 베이징 주재 영국 공사 월샴[2]의 서신을 조선 외아문에 전달했습니다. 본인이 조선 외아문의 관리에게서 들은 바에 의하면, 그 서신의 내용은 대략 다음과 같습니다. "베이징 주재 전임 대리공사 오코너[3]는 영국이 당시 거문도 일대의 섬들을 영국에 합병한 것이 아니라 다만 위기상황에서 다른 열강이 거문도 일대의 섬들을 점령하는 것을 저지하고자 점유했을 뿐이라고 조선 외아문에 알렸습니다. 그리고 그러한 위험이 사라지는 즉시 영국 점령군은 군대를 철수시킬 것이라고 말했습니다. 이제 본인은 영국이 거문도 일대 섬들의 점령을 포기하고 봄에 영국 군대를 철수하기로 결정했음을 조선 외아문에 통보합니다. 이것은 거문도 일대 섬들의 수비를 앞으로 영국 대신 담당하게 될 청국과의 합의하에 이루어졌습니다. 영국군

---

1 [감교 주석] 워터스(T. Watters)

2 [감교 주석] 월샴(J. Walsham)

3 [감교 주석] 오코너(N. R. O'Conor)

철수의 시기는 총영사 워터즈와 동아시아 주둔 영국 함대 사령관이 특별히 정식으로 통지할 것입니다. 또한 이 과정에서 문제가 발생하는 경우(오코너는 점령에 따른 배상금을 약속했습니다), 총영사 워터즈와 동아시아 주둔 영국 함대 사령관이 조선 정부와 함께 해결할 권리를 위임받았습니다."

조선 외아문에서는 이 각서에 대해 아직까지 답신하지 않았습니다.

청국이 실제로 그 섬들을 점유할지는 아직 알려지지 않았습니다. 그렇게 되면 어쨌든 일본을 매우 자극할 것이고, 러시아와의 협정을 위반하게 될 것입니다. 본인은 기회가 닿으면 청국 공사에게서 그에 대한 정보를 알아낼 수 있을지 시도해보고자 합니다. 그렇게 되면 반드시 각하께 보고 드리겠습니다.

본인은 이 보고서의 사본을 베이징과 도쿄 주재 독일제국 공사에게 전달할 것입니다.

캠퍼만[4]

내용: 해밀턴항

---

4 [감교 주석] 캠퍼만(T. Kempermann)

베를린, 1887년 3월 11일   A. 3100

런던 No. 221
주재 대사관 귀중   본인은 해밀턴항과 관련한 정보를 귀하께 알
                                         려드리고자, 1월 24일 자 서울 주재 독일제국
                                         총영사의 보고서 사본을 삼가 동봉합니다.
보안!
                                                    3월 14일
G. L. R. Gf. z. Rantzau에게
정보를 알리기 위해 제출.

연도번호 No. 1684

05
영국인들 측에서 해밀턴항 포기

발신(생산)일	1887. 1. 31	수신(접수)일	1887. 3. 11
발신(생산)자	홀레벤	수신(접수)자	비스마르크
발신지 정보	도쿄 주재 독일공사관	수신지 정보	베를린 정부
	C. No. 12 A		A. 3126
메모	연도번호 No. 41 A		

A. 3126 1887년 3월 11일 오후 수신

도쿄, 1887년 1월 31일

C. No. 12 A.

비스마르크 각하 귀하

각하께서는 영국인들 측에서 곧 해밀턴항[1]을 포기하거나 아니면 벌써 포기했다는 소식을 이미 다른 경로를 통해 들으셨을 것이라고 본인은 추정합니다. 그런데도 해밀턴항 문제와 관련해 영국 동료에게서 들은 내용을 각하께 꼭 말씀드리고 싶습니다.

영국 동료의 말에 따르면, 동아시아 주둔 영국 함대의 현임 사령관 해밀턴 해군중장은 전임 함대 사령관과 마찬가지로 기술적인 이유에서 해밀턴항의 지속적인 점령에 반대하는 의견을 표명했습니다. 두 사령관의 판단에 의하면, 해밀턴항의 점령을 중단하는 편이 더 낫다고 합니다. 해밀턴항 그 자체로는 빼어난 항구이지만, 막강한 요새를 구축해야만 수비할 수 있기 때문이라는 것입니다. 요새시설이 없는 경우에 해밀턴항을 수비하려면 적어도 대형 군함 6척이 필요하다고 합니다. 그리고 요새 시설을 구축하려면 많은 돈과 많은 시간이 필요할 것입니다. 그런데 지금까지 요새 시설을 구축하지 않았으므로, 혹시라도 러시아와 분쟁을 빚을 가능성을 고려해 이쯤해서 해밀턴항을 포기하는 것이 좋을 것이라고 합니다. 그러면 영국 측의 전력이 불필요하게 약화되는 것을 방지할 수 있다는 것입니다.

플런켓[2]은 베이징의 동료로부터 이 일에 대한 소식을 전혀 듣지 못했다고 말합니다.

---

1 [감교 주석] 거문도(Port Hamilton)

그래서 다른 열강이 해밀턴항을 점령하는 경우에 보상금을 약속하는 협정이 영국과 조선 또는 영국과 청국 사이에서 체결되었는지도 모른다고 합니다.

본인은 영국이 해밀턴항을 포기할 줄 예상하지 못했습니다. 이곳의 상황이 아니라 유럽의 상황이 해밀턴항을 포기하도록 영향을 미친 것으로 보입니다. 물론 영국의 정책은 그다지 일관성 있는 것 같지 않습니다. 영국은 러시아를 우려해 해밀턴항을 점령하고는 이제 같은 이유에서 해밀턴항을 포기하기 때문입니다.

홀레벤[3]

내용: 영국인들 측에서 해밀턴항 포기

---

2 [감교 주석] 플런켓(F. R. Plunkett)
3 [감교 주석] 홀레벤(T. Holleben)

[영국의 거문도 점령에 관하여 영국 의회에 제출된 서한 송부]

발신(생산)일	1887. 3. 14	수신(접수)일	1887. 3. 16
발신(생산)자	하츠펠트	수신(접수)자	비스마르크
발신지 정보	런던 주재 독일대사관	수신지 정보	베를린 정부
			A. 3329

A. 3329 1887년 3월 16일 오전 수신. 첨부문서 3부

런던, 1887년 3월 14일

비스마르크 각하 귀하

영국 측의 해밀턴항[1] 일시 점령과 관련해 영국 의회에 제출된 서신 3부를 삼가 각하께 동봉하게 되어 영광입니다.

하츠펠트[2]

내용: 영국의 해밀턴항 점령과 관련하여

[A. 3329의 첨부문서]
첨부문서의 내용(원문)은 독일어본 463~536쪽에 수록.

---

1   [감교 주석] 거문도(Port Hamilton)
2   [감교 주석] 하츠펠트(Hatzfeldt)

영국 정부의 해밀턴항 반환

발신(생산)일	1887. 2. 1	수신(접수)일	1887. 4. 4
발신(생산)자	브란트	수신(접수)자	비스마르크
발신지 정보	베이징 주재 독일공사관	수신지 정보	베를린 정부
	A. No. 27		A. 4244
메모	4월 4일 런던 300, 페테르부르크 285에 사본 전달		

A. 4244   1887년 4월 4일 오전 수신

베이징, 1887년 2월 1일

A. No. 27

비스마르크 각하 귀하

금년 1월 29일 자 Tientsin Chinese Times는 해밀턴항[1]이 1월 24일 영국 정부로부터 조선에 반환되었다는 소식을 전했습니다. 청국의 정통한 소식통은 이 소식이 사실임을 확인해주었습니다. 본인은 영국 동료 월샴[2]에게 Times 기사를 보여주었습니다. 그러자 월샴은 해밀턴항의 군대가 조만간 철수할 것이라고 말했습니다. 월샴 본인은 해밀턴항 의 군대 철수를 줄곧 권유했다고 합니다.

본인은 이 문제에 대해 쩡[3] 후작에게 문의했습니다. 쩡 후작은 리훙장[4]이 거의 단독으로 주도한 이 협상의 경과 내지는 결과에 상당히 불만인 듯 보였습니다. 쩡 후작은 영국이 이미 해밀턴항에서 철수하기로 선언했다고 말했습니다. 그러나 영국은 다른 어떤 열강도 해밀턴항을 점령할 수 없다는 확약을 요구했다고 합니다.

도쿄 주재 독일제국 공사[5]는 일본 주재 영국 공사가 영국 외무부에 보낸 12월 21일 자 전보문에 대해 각하께 보고드린 바 있습니다. 그 전보문에 의하면, 영국 정부는 해밀

---

1   [감교 주석] 거문도(Port Hamilton)
2   [감교 주석] 월샴(J. Walsham)
3   [감교 주석] 쩡기저(曾紀澤)
4   [감교 주석] 리훙장(李鴻章)
5   [감교 주석] 홀레벤(T. Holleben)

턴항에서 군대를 철수시킬 생각이 없습니다. 이것으로 보아, 본인은 거문도를 조선에 '반환'하는 사안은 다만 이론적인 차원에서 고려되고 있을 뿐 현재 영국 측에서는 거문도에서 철수할 생각이 없다고 추정합니다. 본인은 청국 정부가 일본과의 분쟁을 피하기 위해서라도 해밀턴항과 관련해 책임을 떠맡을 의도가 없다고 추론합니다. 그리고 해밀턴항 반환에 대한 계획을 직접 조선 정부에 알리는 편이 더 간단하다고 여겼을 것입니다.

브란트

내용: 영국 정부의 해밀턴항 반환

베를린, 1887년 4월 4일   A. 4244

1. 런던 No. 300   영국 정부의 해밀턴항 반환과 관련해 친히 귀
2. 상트페테르부르크 No. 285   하께 정보를 알려드리고자, 2월 1일 자 베이
주재 사절단 귀중   징 주재 독일제국 공사의 보고서 사본을 삼가
                                        동봉하는 바입니다.

보안!
                                                        4월 4일

연도번호 No. 2301

해밀턴항

발신(생산)일	1887. 2. 12	수신(접수)일	1887. 4. 4
발신(생산)자	켐퍼만	수신(접수)자	비스마르크
발신지 정보	서울 주재 독일총영사관	수신지 정보	베를린 정부
	K. No. 14		A. 4252
메모	4월 4일 런던 311에 사본 전달 연도번호 No. 89		

A. 4252 1887년 4월 4일 오전 수신

서울, 1887년 2월 12일

Kontrole No. 14

비스마르크 각하 귀하

본인은 영국이 해밀턴항[1]에서 철수할 계획임을 조선 정부에 공식 통보했다고 1월 21일 자 보고서(Contr. No. 14)에서 삼가 보고 드렸습니다. 오늘은 다만 그 소식이 사실임을 알려드리고자 합니다.

청국 대표[2]가 자신이 알기로는, 청국 정부는 앞으로 거문도 일대의 섬들을 방비할 대책을 강구할 계획이 없다고 본인에게 말했습니다. 또한 영국과도 그에 대해 합의한 바가 없다고 합니다. 영국 정부가 청국이 그런 유사한 대책을 취하길 희망했다고는 합니다. 그러나 청국은 영국이 해밀턴항을 포기하더라도 다른 열강들을 전혀 두려워할 필요가 없다는 말로 영국의 요청을 거절했다는 것입니다.

위안스카이의 이러한 발언은 조선 정부의 조처와도 일치합니다. 어제 조선 관보는 고위 장교(2등급) 한 명과 관료 두 명으로 이루어진 위원회[3]를 구성한다는 왕명을 내렸습니다. 이 위원회는 외부의 또 다른 기습에 대비하여 거문도 일대 섬들의 방어 대책에 대해 보고하기 위해 해밀턴항으로 출발할 것이라고 합니다.

---

1 [감교 주석] 거문도(Port Hamilton)
2 [감교 주석] 위안스카이(袁世凱). 그의 공식 직함은 주찰조선총리교섭통상사의(駐紮朝鮮總理交涉通商事宜).
3 이원회(李元會)를 경략사(經略使)로 임명.

이 위원회는 영국인들의 철수를 기다리지 않고 곧바로 해밀턴항으로 떠날 것으로 보입니다. 또한 본인은 병사들이 위원회를 호위할 것이라는 말도 들었습니다. 그럼으로써 조선은 영국이 이미 한 약속의 이행을 뒤로 미룰 가능성을 차단할 생각인 것 같습니다.

켐퍼만

내용: 해밀턴항

베를린, 1887년 4월 4일   A. 4252

1. 런던 No. 301   A. v. V.의 오늘자 소식과 관련하여.
주재 사절단 귀중
                                         본인은 귀하께 개인적으로 정보를 알려드리고자,
                                         해밀턴항에 대한 2월 12일 자 서울 주재 독일제국
보안!   총영사의 보고서 사본을 삼가 동봉하는 바입니다.

연도번호 No. 2314
                                                      4월 4일

해밀턴항 철수와 관련하여

발신(생산)일	1887. 2. 16	수신(접수)일	1887. 4. 17
발신(생산)자	브란트	수신(접수)자	비스마르크
발신지 정보	베이징 주재 독일공사관	수신지 정보	베를린 정부
	A. No. 46		A. 4827
메모	4월 18일 페테르부르크 321에 사본 전달		

A. 4827 1887년 4월 17일 오전

베이징, 1887년 2월 16일

A. No. 46

비스마르크 각하 귀하

나가사키에서 발행되는 영국 신문 'Rising Sun'의 1월 19일 자 기사에 따르면, 1월 12일 영국의 프리깃함 Constance호의 지휘부는 해밀턴항[1]에 주둔하는 영국 해군의 숙영을 위한 목조 건물 13채의 매입과 철거 입찰을 요청했습니다. 입찰 조건은 모든 자재를 2월 4일까지 선박으로 운송해 가야 한다는 것입니다.

Rising Sun은 영국 정부가 얼마 전 공식적으로 부인했음에도 불구하고 해밀턴항 철수가 임박한 듯 보인다고 덧붙였습니다. 물론 어떤 조건하에 철수하게 될지는 아직 알려지지 않았다고 합니다. 그러나 모든 상황으로 보아, 거문도 일대 섬들의 사용료에 대한 충분한 보상과 함께 조선에 반납할 것으로 예상된다는 것입니다. 또한 청국과 영국은 모든 외부 세력의 공격에 대비하여 거문도 내지는 조선 전 국토를 공동으로 수호할 것을 확약하는 특정 협약을 체결한 듯 보인다고 합니다. 해밀턴항을 일시적으로 다시 점유할 필요성이 분명한 경우에는 언제든 영국이 다시 해밀턴항을 점령할 수 있는 권리를 보장하는 다른 규정도 합의되었을 가능성이 많다고 합니다.

청국의 총리아문에서는 해밀턴항의 철수에 대한 서면 협정은 존재하지 않고 다만 구두에 의한 합의만이 이루어졌을 뿐이라고 주장합니다. 톈진에서 리훙장[2]과 구두로 합

---

1 [감교 주석] 거문도(Port Hamilton)

의했지만, 영국 정부가 아직까지 동의하지 않았다는 것입니다.

쩡[3] 후작의 말에 의거해, 본인은 청국 측에서 해밀턴항에 관련해 물론 일종의 약속을 했거나 또는 의무를 떠맡았지만 그에 따른 협정은 체결하지 않았다고 추정하고 싶습니다.

이틀 전 로이터 통신의 전보문을 통해, 강력한 러시아 함대에게 동아시아 해역으로 집결하라는 명령이 내렸다는 소식이 이곳에 도착했습니다. 그 소식을 접한 총리아문은 격앙했습니다. 쩡 후작도 본인에게 그에 대해 격앙해서 말했습니다.

브란트

내용: 해밀턴항 철수와 관련하여

---

2 [감교 주석] 리훙장(李鴻章)
3 [감교 주석] 쩡기저(曾紀澤)

베를린, 1887년 4월 18일   A. 4827

1. 런던 No. 349   본인은 해밀턴항 철수와 관련한 정보를 귀하
3. 상트페테르부르크 No. 321   에게 친히 알려드리고자, 이달 2월 16일 자
주재 사절단 귀중   베이징 주재 독일제국 공사의 보고서 사본을
                                         삼가 동봉하는 바입니다.

보안!
기밀   4월 16일

연도번호 No. 2565

해밀턴항 철수

발신(생산)일	1887. 3. 7	수신(접수)일	1887. 4. 24
발신(생산)자	켐퍼만	수신(접수)자	비스마르크
발신지 정보	서울 주재 독일총영사관	수신지 정보	베를린 정부
	K. No. 18		A. 5162
메모	4월 27일 런던 388에 사본 전달 연도번호 No. 108		

A. 5162 1887년 4월 24일 오전 수신

서울, 1887년 3월 7일

Kontrole No. 18

비스마르크 각하 귀하

2월 12일 자 보고서[1] No. 14와 관련해, 본인은 이곳에 주재하는 총영사 워터즈[2]가 조선 외아문 독판[3]에게 각서를 통해 해밀턴항[4] 철수를 통보했음을 삼가 각하께 보고 드립니다. 그 각서의 번역문을 삼가 동봉하는 바입니다.

본인은 그 각서뿐만 아니라 본인의 1월 24일 자 보고서 No. 9[5]호에서 언급한 월샴[6]의 각서 사본도 평소 가깝게 지내는 외아문 협판[7]을 통해 비밀리에 입수했습니다. 본인은 조선 외아문 독판의 특별 지시에 의해 사본이 작성되었다고 추측합니다.

게다가 워터즈가 각서를 인도하는 날 본인은 이미 직접 워터즈에게서 구두로 각서의 내용을 전달받았습니다. 다음 날, 즉 3월 2일에 조선 왕세자의 탄신일을 계기로 모든 외국 대표들은 한 사람씩 조선 왕을 알현했습니다. 본인이 워터즈에게 들은 바에 의하면,

---

1 [원문 주석] A. 4252 삼가 동봉.
2 [감교 주석] 워터즈(T. Watters)
3 [감교 주석] 김윤식(金允植)
4 [감교 주석] 거문도(Port Hamilton)
5 [원문 주석] A. 3100 삼가 동봉.
6 [감교 주석] 월샴(J. Walsham)
7 [감교 주석] 박주양(朴周陽)

워터즈는 조선 왕이 그 기회에 해밀턴항 철수와 관련해 몇 마디 감사의 말을 해주길 기대했습니다. 그러나 조선 왕은 워터즈에게 해밀턴항 문제에 대해서는 단 한마디도 언급하지 않았습니다. 그리고 마침내 워터즈가 직접 해밀턴항을 화제에 올리려 하자, 조선 외아문의 통역관이 경축하는 자리에서 업무에 대해 언급하는 것은 적절치 못하다고 말했습니다.

지금까지 그런 비슷한 일이 왕왕 있었지만, 적절치 못하다고 지적을 받은 적은 한 번도 없었습니다. 오히려 자신이 관심 있는 이런 저런 일들에 대해 이야기하는 것은 말 많기로 유명한 조선 왕의 습관이었습니다. 그러므로 해밀턴항 철수처럼 매우 중요한 사건에 대해 조선 왕이 침묵을 지키는 것은 이례적인 일이었습니다. 워터즈는 그에 대해 매우 기분이 상했습니다.

더욱이 조선의 외아문 독판과 고위관리들, 청국 대표도 해밀턴항 철수 문제에 대해서는 일체 언급을 삼갔습니다. 조선 정부는 영국이 점령하기 전에 그랬듯이 앞으로 거문도 일대의 섬들에 대해 더 이상 신경 쓰지 않으려는 듯 보입니다. 청국도 마찬가지입니다.

본인이 보고서 No. 14에서 언급한 위원회는 섬으로 떠날 채비를 전혀 하지 않고 있습니다. 14일 전에만 해도 이 위원회가 병사 1000명의 호위를 받을 것이라는 소문이 있었습니다. 이제는 경략사[8] 한 명만이 떠날 것이라고 합니다. 영국군의 점령 전에 그랬듯이, 그 경략사가 거문도 일대의 섬들을 관리하는 최고 행정관으로서의 역할을 수행할 것이라고 합니다.

본인은 이 보고서의 사본을 베이징 및 도쿄 주재 독일제국 공사관에 전달할 것입니다.

켐퍼만

내용: 해밀턴항 철수

---

8 [감교 주석] 이원회(李元會)를 경략사(經略使)로 임명.

조선 주재 독일제국 영사관 보고서의 첨부문서, Kontrole No. 18.
사본

베이징 주재 영국 공사 월삼이 해밀턴항과 관련해 조선 외아문 독판에게 보낸 서신

청국어의 독일어 번역문

금년 7월 14일 자 서한에서 귀하께서는 상당히 오래전부터 거문도(해밀턴항)을 점령하고 있는 사태에 대해 비난하셨습니다. 본인은 이 사태에 대해 고려하도록 귀하의 말씀을 영국 정부에 전달했으며, 귀하께서는 앞으로 받으실 8월 5일 자 서한을 통해 이에 대해 알게 되실 것입니다. 답신에서 영국 정부는 거문도 일대의 섬들을 앞으로 계속 감독해야 할 필요성이 더 이상 존재하지 않는다고 본인에게 알려왔습니다. 그러므로 영국 정부는 원래의 의도대로 거문도의 점령을 중단하기로 결정했습니다. 귀하께서는 이런 결정이 내리면 곧바로 알려주길 바라셨습니다. 그래서 본인은 지체 없이 곧바로 귀하에게 알려야 한다고 생각했습니다.

본인이 판단하기에, 영국 군대가 거문도에서 철수한 후 조선이 공식적으로 청국에게 거문도의 수비를 맡아주길 요청한다면 청국은 거문도를 감시할(보장할) 것입니다. 거문도 일대의 섬들뿐만 아니라 조선 영토의 그 어떤 부분도 외부 세력이 점유해서는 안 될 것입니다. 이런 점에서 영국 정부가 거문도에서 군대를 철수하기로 한 결정은 더욱 정당해 보일 것입니다.

본인은 직접 귀하를 찾아뵙고 이 모든 것을 구두로 말씀드리고 싶었습니다. 그러나 계절이 너무 늦은 탓에 이런 바람을 포기하고 조선 방문을 내년 봄으로 연기하는 수밖에 없습니다.

우리 선박들이 귀환할 시기가 되면, 우리는 즉시 거문도에서 철수할 것입니다. 그리고 영국 함대 사령관이 서울 주재 영국 총영사 편으로 이에 대해 귀하에게 알려드릴 것입니다.

1886년 12월 22일

(서명) 월삼

조선 주재 독일제국 영사관 보고서 No. 18의 첨부문서

사본

서울 주재 영국 총영사가 해밀턴항 철수와 관련해 조선 외아문 독판에게 보낸 서신

청국어의 독일어 번역문

거문도(해밀턴항)에 주둔하는 우리 전함들이 함대 사령관으로부터 모든 군장비와 깃발을 철거하고 섬을 떠나라는 명령을 받았다는 내용의 전보문이 어젯밤 본인에게 도착했습니다. 함대사령관은 모든 것을 원래 상태로 복구시키라고 명령했다 합니다.

본인은 이 소식을 알리게 되어 기쁘기 한량없습니다. 이 서신을 통해서 이러한 소식을 귀하에게 알려드림과 동시에, 우리 군함들이 군장비와 깃발을 포함해 모든 것을 거문도에서 철거했음을 귀하의 군주에게 보고 드리기를 요청합니다. 이로써 조선 영토는 원래의 상태를 회복했습니다. 본인은 거문도가 앞으로 영구히 다른 세력에 의해 침해받지 않기를 바라마지 않습니다.

1887년 3월 1일

(서명) 워터즈

조선 외아문 독판 귀하

해밀턴항 철수

발신(생산)일	1887. 3. 29	수신(접수)일	1887. 5. 16
발신(생산)자	브란트	수신(접수)자	비스마르크
발신지 정보	베이징 주재 독일공사관	수신지 정보	베를린 정부
	A. No. 90		A. 6156

A. 6156 1887년 5월 16일 오전 수신

베이징, 1887년 3월 29일

A. No. 90

비스마르크 각하 귀하

나가사키에서 도착한 신문기사에 의거해, 본인은 영국 군대가 금년 2월 27일 해밀턴항[1]에서 철수했음을 삼가 각하께 보고 드리게 되어 영광입니다.

브란트

내용: 해밀턴항 철수

---

1 [감교 주석] 거문도(Port Hamilton)

조선에서 러시아와 청국의 관계

발신(생산)일	1887. 3. 24	수신(접수)일	1887. 5. 16
발신(생산)자	브란트	수신(접수)자	비스마르크
발신지 정보	베이징 주재 독일공사관	수신지 정보	베를린 정부
	A. No. 78		A. 6161
메모	기밀 5월 16일 런던 446, 파리 165, 페테르부르크 395에 전달		

A. 6161 1887년 5월 16일 오전 수신

베이징, 1887년 3월 24일

A. No. 78

기밀

비스마르크 각하 귀하

본인의 러시아 동료 말에 의하면, 작년 9월 청국의 톈진에서 리훙장[1] 총독과 러시아 대리공사 라디젠스키[2]가 러시아와 청국의 대 조선 관계에 대해 논의했음이 분명합니다. 청국 측에서는 러시아 동료의 말이 몇 가지 점에서 사실이라고 확인해주었습니다. 이제 본인은 라디젠스키가 러시아 정부의 특명을 받고 톈진에 갔음을 확언할 수 있습니다. 그러나 리훙장과 라디젠스키는 구두로만 합의했을 뿐, 서면으로 협정을 체결하지는 않았습니다. 물론 두 사람은 서로 주고받은 내용을 문서로 작성하려고 시도했습니다. 그러나 Coumany의 진술에 의하면, 문서 형식에 대한 합의점을 도출하기 어려웠던 까닭에 문서 작성은 곧바로 포기되었다고 합니다. 그리고 쩡[3] 후작의 말에 의하면, 서로 전보문을 교환할 계획이었다는 것입니다. 그러나 리훙장이 이미 초안을 제시했는데도, 이곳 베이징의 고위층 명령으로 그 계획은 중단되었습니다. 청국과 러시아가 서로 주고받은 내용은, 조선의 내정에 관여하거나 조선을 보호통치할 어떠한 의도도 없다는 것이었다고 합니다. 아울러 러시아 측에서는 조선처럼 인구가 빈약하고 모든 점에서 위험하지

---

1   [감교 주석] 리훙장(李鴻章)
2   [감교 주석] 라디젠스키(Ladygensky)
3   [감교 주석] 쩡기저(曾紀澤)

않은 나약한 이웃나라에 대해 러시아의 이해관계를 보호하기 위한 특별한 조치를 취할 하등의 계기가 전혀 없음을 특히 강조했습니다. 러시아가 조선 대신 청국을 이웃나라로 두게 되는 경우에는 물론 상황이 달라질 것이라고 합니다. Coumany는 조선 정부의 수반이 조선인인 한에는 누가 조선의 수반이든 러시아 측에서는 큰 비중을 두지 않는다고 본인에게 말했습니다. 그에 비해 청국이 조선을 보호통치하겠다고 선언하거나 서울에 총독을 파견하는 경우, 러시아는 물질적으로는 미미하지만 정치적으로는 중요한 이해관계를 지키고 상황 변화에 대처하기 위한 조처를 즉각 취할 수밖에 없다는 것이었습니다. Coumany는 청국이 조선을 보호통치하겠다고 선언할 것이라는 소문의 진의가 무엇인지 며칠 전 리훙장에게 문의했다고 덧붙였습니다. 리훙장은 청국 정부 측에서 그런 의도를 품은 적이 전혀 없다고 부인했다 합니다.

해밀턴항 철수와 관련해 영국과 청국이 맺은 합의사항에 대해, 총리아문 측에서는 영국 정부 측이 아무런 조건 없이 거문도 항에서 철수했음을 Coumany에게 재차 분명하게 확언했습니다. 2월 1일 영국 하원에서 영국 정부는 청국이 거문도뿐만 아니라 조선의 모든 영토를 외국의 모든 공격으로부터 보호할 의무를 진다고 설명했습니다. 이 설명에 따르면, 총리아문의 확언이 적어도 실제 상황과 완전히 일치하지 않는다고는 보기 어려울 것입니다.

게다가 본인은 영국 정부가 하원에서 설명한 내용이 사실임을 청국의 정통한 소식통으로부터 확인했습니다. 청국과 영국은 전보문 연락을 통해 상호 합의한 듯 보입니다.

본인으로서는 청국 정부가 다른 모든 외국의 공격에 맞서 조선 영토를 방어하는 임무를 떠맡음으로써 어떤 이익을 기대하는지 판단하기 어렵습니다. 어쨌든 청국과 영국의 협정은 이곳의 러시아 공사관을 매우 불편하게 만들었습니다. Coumany가 극히 평화롭고 우호적인 성격의 훈령을 러시아 정부로부터 하달 받았다고 본인에게 누차 강조하는데도, 불편해하는 기색이 여러모로 역력했습니다. 청국 정부 측이 청국, 특히 국경 지방에 거주하는 러시아인들을 다루는 과정에서 조약을 위반했다고 이의를 제기하고 항의하는 Coumany의 말에서 신랄함이 느껴졌습니다. 각하께서도 기억하시는 바와 같이, 쿨자의 반환 문제로 인해 러시아와 청국 사이에서 분쟁이 발생하기 이전에 그런 비슷한 불만이 제기되었습니다. 당시 러시아 측의 불만은 양국의 관계를 악화시키고 주요 문제에 대한 협상을 가로막는데 결정적인 역할을 했습니다. 그런 만큼 러시아 측의 항의에서 그런 징후들을 간과해서는 안 될 것입니다.

브란트

내용: 조선에서 러시아와 청국의 관계

베를린, 1887년 5월 11일 A. 6161

1. 런던 No. 446
2. 파리 No. 165
3. 상트페테르부르크 No. 393
주재 사절단 귀중

러시아와 청국의 대 조선 관계에 대한 정보를
귀하께 친히 알려드리고자, 베이징 주재 독일
제국 공사의 3월 24일 자 보고서 사본을 삼가
동봉하는 바입니다.

보안!

5월 16일

연도번호 No. 3233

13

[청국이 조선에 개입할 경우 러시아도 조선에 관여하리라는 보고]

발신(생산)일	1887. 3. 24	수신(접수)일	1887. 5. 16
발신(생산)자	브란트	수신(접수)자	비스마르크
발신지 정보	베이징 주재 독일공사관	수신지 정보	베를린 정부
	A. No. 79		A. 6170
메모	5월 16일 런던 449, 페테르부르크 395에 사본 전달 A. 7251 참조.		

A. 6170 1887년 5월 16일 오후 수신

베이징, 1887년 3월 24일

A. No. 79

비스마르크 각하 귀하

해독

금년 3월 24일 자 A. No. 78 보고서와 관련해, 본인은 Coumany와 대화를 나눈 결과, 청국이 조선에 개입하는 경우에는 러시아도 마찬가지로 조선에 관여할 것이라고 확신하게 되었음을 삼가 덧붙이게 되어 영광입니다. 러시아는 작년 9월 톈진에서 청국과 구두로 주고받은 성명을 - 당연히 - 그 근거로 삼을 것입니다. 러시아 측은 두만강의 우측 강변 및 원산항, 경우에 따라서는 두 지역 사이의 지역까지 점유할 것으로 예상됩니다.

Coumany는 Kaschgari 지방에서 이슬람교도들의 폭동이 언제든 쉽게 발발할 수 있는데, 러시아 병력을 소수 지원하는 것으로 얼마든지 그 나라에서 청국인들을 쫓아내기에 충분할 것이라고 본인에게 말했습니다. 만주와 관련해서는 문제가 그렇게 간단하지만은 않을 것이라고 Coumany는 생각하는 것 같았습니다.

브란트

베를린, 1887년 5월 11일   A. 6170

1. 런던 No. 449   본인은 러시아가 조선 문제에 관여할지 모를
3. 상트페테르부르크 No. 395   만일의 경우에 대한 정보를 귀하께 친히 알려
주재 사절단 귀중   드리고자, 3월 24일 자 베이징 주재 독일제국
                                         공사의 보고서 발췌문을 삼가 동봉합니다.

기밀!
                                                    5월 16일

연도번호 No. 3239

14

해밀턴항

발신(생산)일	1887. 6. 9	수신(접수)일	1887. 8. 6
발신(생산)자	크리엔	수신(접수)자	비스마르크
발신지 정보	서울 주재 독일총영사관	수신지 정보	베를린 정부
	K. No. 45		A. 9594
메모	8월 8일 페테르부르크 586, 런던 703에 전달 연도번호 No. 262.		

A. 9594 1887년 8월 6일 오후 수신

서울, 1887년 6월 9일

Kontrole No. 45

비스마르크 각하 귀하

총영사 쳄퍼만의 지난달 21일 자 보고서 No. 36[1]과 관련해, 본인은 청국 함대가 해밀턴항[2]을 떠나 청국 북부로 돌아갔다는 말을 이곳 조선의 청국 대표에게서 개인적으로 들었음을 삼가 각하께 보고 드리게 되어 영광입니다. 조선 외아문 독판[3]이 청국 대표[4]의 말이 사실이라고 확인해주었습니다.

본인은 조선 정부가 해밀턴항 일대 섬들의 관리를 맡기기 위해 얼마 전 하급(7급) 장교 한 명[5]을 파견했다는 말을 삼가 덧붙이고 싶습니다. 그 장교는 전라도 관찰사의 지휘를 받게 됩니다.

본인은 이 보고서의 사본을 베이징 및 도쿄 주재 독일제국 공사관에 전달했습니다.

크리엔

내용: 해밀턴항

---

1 [원문 주석] A. 8458 삼가 동봉.
2 [감교 주석] 거문도(Port Hamilton)
3 [감교 주석] 김윤식(金允植)
4 [감교 주석] 위안스카이(袁世凱)
5 [감교 주석] 이민희(李民熙)

베를린, 1887년 8월 8일   A. 9594

1. 상트페테르부르크 No. 586
2. 런던 No. 703
주재 대사관 귀중

보안
기밀!

연도번호 No. 5040

1 No. 567 및 5 No. 636에 대해 본인이 지난 달 11일에 받은 훈령과 관련하여, 청국 함대가 해밀턴항에서 청국으로 복귀했다는 기밀 정보를 귀하에게 알려드리고자, 금년 6월 9일자 서울 주재 독일제국 영사의 보고서 사본을 동봉하는 바입니다.

15

원문 p.556

[조선 사신 일행이 조선으로 귀국했다는 보고]

발신(생산)일	1887. 9. 28	수신(접수)일	1887. 11. 14
발신(생산)자	브란트	수신(접수)자	비스마르크
발신지 정보	베이징 주재 독일공사관	수신지 정보	베를린 정부
	A. No. 265		A. 13908
메모	11월 15일 런던 959에 사본 전달		

사본

A. 13908 1887년 11월 14일 오후 수신

베이징, 1887년 9월 28일

A. No. 265

비스마르크 각하 귀하

본인은 이곳 베이징에 금년 7월 1일 도착한 조선 사절단[1]이 며칠 전 베이징을 떠나 조선으로 돌아갔음을 삼가 각하께 보고 드리게 되어 영광입니다. 조선 사신 일행의 방문 목적은 청국 황제의 탄신일을 축하하고 해밀턴항[2] 문제에서 조선을 지원한 청국 정부에 감사의 말을 전하는 것 등등이었습니다.

(서명) 브란트

원본 문서 조선 1

---

1 [감교 주석] 진하사(進賀使)
2 [감교 주석] 거문도(Port Hamilton)

[청국이 대원군 섭정과 고종 양위를 요구했으며
영국이 거문도 양도를 요구했다는 언론보도는 날조라는 보고]

발신(생산)일	1888. 12. 6	수신(접수)일	1889. 1. 20
발신(생산)자	브란트	수신(접수)자	비스마르크
발신지 정보	베이징 주재 독일공사관	수신지 정보	베를린 정부
	A. No. 364		A. 1052
메모	1월 24일 런던 74, 페테르부르크 42에 전달		

사본

A. 1052 1889년 1월 20일 오전 수신

베이징, 1888년 12월 6일

A. No. 364

비스마르크 각하 귀하

11월 27일 상하이 Courier는 청국의 조선 관계에 대한 기사를 보도했습니다. 그 기사는 도쿄의 마이니치신문[1] 보도를 인용해, 청국은 조선 왕의 부친(즉 대원군을 가리킵니다)이 섭정한다는 조건하에 조선 왕이 아들에게 왕위를 넘겨줄 것을 조선에 요구했다고 주장합니다. 나아가 조선이 청국의 속국임을 조선과 조약을 맺은 모든 국가들에게 명확히 선언하고 조선의 모든 개항 항구에 청국 관리를 임명할 것을 요구했다는 것입니다.

특히 청국 변리공사 위안스카이[2]가 오래 전부터 조선 왕의 퇴위 및 정당하든 부당하든 청국에 우호적이라고 평가받는 대원군의 섭정을 추진한 것에는 의심의 여지가 없습니다. 그러나 마이니치신문 기사는 청국 정부 측이 조선에 요구한 사항들은 다루지 않았습니다. 최소한 그런 점에서 본인은 마이니치신문의 보도를 확실히 반박할 수 있다고 믿습니다.

또한 상하이 Courier는 영국 군함의 함장이 얼마 전 해밀턴항을 임대 형식으로 영국

1　[감교 주석] 마이니치신문(每日新聞)
2　[감교 주석] 위안스카이(袁世凱). 그의 공식 직함은 주찰조선총리교섭통상사의(駐紮朝鮮總理交涉通商事宜).

에 양도할 것을 또 다시 요구했다고 보도했습니다. 영국이 조선 정부의 승인 여부와 상관없이 해밀턴항을 점유할 계획이라는 것입니다. 이 기사 역시 날조된 것입니다.

(서명) 브란트

원본 문서 조선 1

17

[주한영국총영사 힐리어의 거문도 방문에 관한 보고]

발신(생산)일	1890. 7. 31	수신(접수)일	1890. 9. 29
발신(생산)자	크리엔	수신(접수)자	카프리비
발신지 정보	서울 주재 독일총영사관	수신지 정보	베를린 정부
	K. No. 59		A. 10645
메모	10월 1일 런던 688, 페테르부르크 317에 전달 연도번호 No. 408		

A. 10645 1890년 9월 29일 오전 수신

서울, 1890년 7월 31일

Kontrole No. 59

독일제국 수상 카프리비 보병장군 각하 귀하

본인은 조선 주재 영국 총영사[1]가 이달 15일 포함 "Plover" 편으로 제물포에서 거문도를 향해 출발했음을 삼가 각하께 보고드리게 되어 영광입니다. 영국 총영사는 거문도에서 부산으로 여행을 계속할 예정입니다. 본인이 영국 총영사의 통역관 캠펠[2]에게 들은 바에 의하면, 힐리어 측에서는 더 이상 거문도 일대의 섬들을 방문할 계획이 없다고 합니다. 캠펠은 영국 국기가 거문도에서 다시는 게양되지 않을 것이라고 덧붙였습니다. 이러한 의미에서 영국 총영사도 러시아 대리공사에게 개인적으로 서신을 보냈다고 합니다.

본인이 믿을만한 소식통으로부터 알아낸 바에 의하면, 베베르[3]는 힐리어의 해밀턴항 여행에 어떠한 의미도 부여하지 않을 것이라는 의견을 표명했다고 합니다. 그러나 힐리어는 거문도 일대의 섬들을 방문하는 것과 관련해 베베르를 확실하게 안심시키는 언질을 할 필요가 있다고 여겼다는 것입니다. 그러자 베베르는 오히려 이 일에 의심을 갖게 되었다고 합니다.

---

1 [감교 주석] 힐리어(W. C. Hillier)
2 [감교 주석] 캠펠(Campel)
3 [감교 주석] 베베르(K. I. Weber)

홍콩과 상하이에서 발행되는 영국 신문이 미국 정부가 거문도 일대의 섬들을 추후에 러시아에게 양도할 셈으로 거문도 항을 점령하려고 한다고 3개월 전쯤 보도했습니다. 이 소식은 본인의 보고서[4]에서 여러 차례 언급된 영국인 던컨[5]에게서 유래하며 전혀 근거 없는 소문입니다.

본인은 이 보고서의 사본을 베이징 및 도쿄 주재 독일제국 공사관에 보낼 것입니다.

크리엔[6]

---

4 [원문 주석] A. 9469 삼가 동봉.
5 [감교 주석] 던컨(Duncan)
6 [감교 주석] 크리엔(F. Krien)

베를린, 1890년 10월 1일   A. 10645

1. 런던 No. 688   본인은 해밀턴항과 관련한 정보를 귀하께 알
2. 상트페테르부르크 No. 317   려드리고자, 서울 주재 독일제국 영사의 금년
주재 대사관 귀중   7월 31일 자 보고서 사본을 삼가 전달하는 바
                                        입니다.

보안!
기밀   N. S. E.

연도번호 No. 6863

18

[영국의 거문도 재점령설에 관한 보고]

발신(생산)일	1891. 11. 14	수신(접수)일	1891. 12. 23
발신(생산)자	홀레벤	수신(접수)자	카프리비
발신지 정보	도쿄 주재 독일공사관	수신지 정보	베를린 정부
			A. 11367
메모	연도번호 No. 194 A		

A. 11367 1891년 12월 23일 수신

도쿄, 1891년 11월 14일

독일제국 수상 카프리비 보병장군 각하 귀하

이곳 도쿄에서는 영국인들이 다시 거문도[1]를 점령했다는 소문이 얼마 전 신문들을 통해 유포되었습니다. 거문도에서 Sigri 상륙에 대한 대응물을 찾는다는 것이었습니다. 그러나 영국 동아시아 함대 소속의 선박 여러 척이 최근 거문도에 잠깐 머물렀다는 사실만이 확인되었을 뿐입니다. 그 선박들이 거문도에서 무엇을 하고 무엇을 남겨 두었는지는 이곳 도쿄에 알려지지 않았습니다. 그리고 일본 군함들과 러시아 군함들이 곧바로 거문도를 살펴보러 떠난 것 같지도 않습니다. 본인은 이 보고서의 사본을 베이징 주재 독일제국 공사관과 서울 주재 독일제국 영사관에 전달했습니다.

홀레벤[2]

---

1 [감교 주석] 거문도(Port Hamilton)
2 [감교 주석] 홀레벤(T. Holleben)

19

해밀턴항을 재점령했다는 소문

발신(생산)일	1892. 1. 2	수신(접수)일	1892. 3. 11
발신(생산)자	라인스도르프	수신(접수)자	카프리비
발신지 정보	서울 주재 독일총영사관	수신지 정보	베를린 정부
	K. No. 5		A. 2236
메모	연도번호 No. 35		

A. 2236 1892년 3월 11일 오후 수신

Kontrole No. 5   서울, 1892년 1월 2일

독일제국 수상 카프리비 보병장군 각하 귀하

도쿄 주재 독일제국 공사가 영국인들이 해밀턴항[1]을 재점령했다고 작년 11월 14일에 보고 드린 바 있습니다.[2] 이와 관련해 조선 정부는 영국인들이 거문도 일대의 섬들을 방문했다는 소식을 일본 주재 조선 공사를 통해 들었음을 본인은 삼가 각하께 보고 드리게 되어 영광입니다. 조선 공사는 일본 신문에서 그 소식을 접했다고 진술했습니다. 이 소식을 들은 조선 정부는 영국인들의 방문에 대해 상세히 알아보고자 하급관리 2명을 현장에 파견했습니다. 이 관리들은 11월 16일 조선의 증기선 해룡호를 타고 거문도로 떠났습니다. 그리고 이틀 후 돌아와서는, 영국 선박 네 척이 거문도 일대 섬들을 방문했지만 그 어느 곳에도 상륙하지 않았다고 조선 왕에게 보고했습니다. 영국 선박들은 이틀 머문 후 (12일 아니면 13일에) 다시 거문도를 떠났다는 것이었습니다. 선박 네 척 중 한 척은 일본에서 왔는데 청국을 향해 떠났고, 나머지 한 척 Kbt. Severn호는 제물포로 향했습니다. 이 선박의 지휘관(Hall 함장)은 서울에서 영국 총영사를 방문한 후 일본으로 돌아갔습니다.

본인은 도쿄와 베이징 주재 독일제국 공사관에 이에 대해 알렸습니다.

라인스도르프[3]

내용: 해밀턴항을 재점령했다는 소문

---

1 [감교 주석] 거문도(Port Hamilton)
2 [원문 주석] A. 11367/91 삼가 동봉.
3 [감교 주석] 라인스도르프(Reinsdorf)

20

[영국의 조선에 대한 방침에 관한 보고]

발신(생산)일	1894. 7. 4	수신(접수)일	1894. 7. 4
발신(생산)자	라쉬단	수신(접수)자	
발신지 정보	베를린	수신지 정보	
			A. 6053
메모	A. 5995에 첨부		

사본

A. 6053   1894년 7월 4일 오전 수신

베를린, 1894년 7월 4일

A. 5995에 첨부

영국인들은 무엇보다도 조선이 러시아의 수중에 넘어가지 않도록 노력하고 있습니다. 그 때문에 전반적으로 조선에 대한 청국의 종주권을 인정하고 더욱 강화하는 쪽으로 기울고 있습니다. 1880년대 중반 러시아가 조선을 노린다는 소문이 확산되었을 때, 영국은 해밀턴항[1]을 점령했습니다. 그러나 이 일로 인해 조선 문제가 복잡해지는 듯 보이자, 영국인들은 해밀턴항을 다시 포기했습니다. 현재 영국은 조선 주재 일본 군대를 철수시키도록 일본 정부를 유도하는 데 힘을 쏟고 있습니다.

라쉬단[2]
원본 문서 조선 1

---

1   [감교 주석] 거문도(Port Hamilton)
2   [감교 주석] 라쉬단(Raschdan)

[거문도의 전략적 가치 관련 브란트의 건의서]

발신(생산)일		수신(접수)일	1896. 9. 11
발신(생산)자		수신(접수)자	베를린 외무부
발신지 정보		수신지 정보	
			A. 9521

A. 9521 1896년 9월 11일 수신

메모

　해밀턴항의 전략적 가치에 대한 영국의 판단과 관련해, 독일제국 공사 브란트의 건의서가 청국 문서 20 No. 1에 있음.

[거문도 철수에 관한 영국 언론에 관한 보고]

발신(생산)일	1900. 5. 25	수신(접수)일	1900. 5. 27
발신(생산)자	하츠펠트	수신(접수)자	호엔로에-실링퓌어스트
발신지 정보	런던 주재 독일 대사관	수신지 정보	베를린 정부
			A. 6555
메모	5월 30일 페테르부르크 422에 전달		

사본

A. 6555   1900년 5월 27일 오전 수신

런던, 1900년 5월 25일

독일제국 수상 호엔로에-실링퓌어스트 각하 귀하

　본인이 삼가 동봉한 사설에서 오늘 Times는 또 다시 이 사안에 대해 다루었습니다. Times는 당시 영국이 러시아가 조선 영토를 점령하지 않겠다고 청국에게 약속한 바만을 믿고 해밀턴항[1]의 철수를 결정했다고 주장했습니다. 영국 측에서는 러시아가 이러한 의무를 저버리는 일이 발생하지 않을 것이라고 보았다는 것입니다. 그러나 러시아가 이 약속을 파기했다고 밝혀지는 경우, 영국에게는 이것을 인지하고 러시아에게 행동의 자유를 질책할 권리와 의무가 있다고 합니다.

하츠펠트
원본 문서 조선 1

1　[감교 주석] 거문도(Port Hamilton)

원문 p.566

[해관총세무사 브라운 해임 관련 영국선박이 출동했다는 보고]

발신(생산)일	1901. 5. 4	수신(접수)일	1901. 5. 6
발신(생산)자	바이페르트	수신(접수)자	
발신지 정보	서울 주재 독일 총영사관	수신지 정보	베를린 외무부
	No. 9		A. 6376

A. 6376 1901년 5월 6일 오후 수신

전보문

서울, 1901년 5월 4일 4시 28분
5월 6일 7시 30분 도착

독일제국 영사가 외무성에 발송

해독

No. 9

영국인 브라운[1]과 관련해 새로운 난관이 발생한 탓에, 현재 영국 해군소장이 선박 3척을 대동하고 이곳 조선에 있습니다. 영국 해군소장은 영국이 해밀턴항[2]을 점령하려는 의도를 갖고 있다는 소문은 근거 없는 것이라고 본인에게 설명했습니다.

바이페르트[3]
원본 문서 조선 1

---

1 [감교 주석] 브라운(J. M. Brown)
2 [감교 주석] 거문도(Port Hamilton)
3 [감교 주석] 바이페르트(H. Weipert)

[해관총세무사 브라운 해임 관련 영국의 거문도 점령설과 원난 신디케이트 차관에 관한 보고]

발신(생산)일	1901. 5. 5	수신(접수)일	1901. 6. 19
발신(생산)자	바이페르트	수신(접수)자	뷜로
발신지 정보	서울 주재 독일 총영사관	수신지 정보	베를린 정부
	No. 76		A. 9116
메모	6월 27일 런던 556, 페테르부르크 458에 전달		

사본

A. 9116 1901년 6월 19일 오후 수신

서울, 1901년 5월 5일

No. 76

독일제국 수상 뷜로 백작 각하 귀하

최근 영국 대리공사[1]는 브라운[2]의 주거 공간 및 업무 공간을 비워주길 바란다는 요청을 한국 정부로부터 받았다고 본인에게 말했습니다. 지난 달 말 영국 대리공사는 그에 대해 영국 정부의 지시대로 답변했습니다. 즉, 한국 외부대신[3]과 이미 합의한 내용이 거부되었는데도, 만일 조선 정부가 브라운의 업무 공간을 비우라는 요구를 포기한다면 브라운이 금년 6월 1일까지 관저를 비울 것이라고 답변했다는 것입니다. 그렇지 않은 경우에는 영국 정부가 결정하는 적절한 시점에 모든 문제되는 공간을 비울 것이라고 했다고 합니다. 이 문제는 원래 조선 정부 측에서 그 시점에 대해 거빈스[4]에게 문의하는 것으로 시작되었습니다. 지난 달 30일 조선 정부는 공간을 비우는 문제는 오로지 조선 정부 측에서 결정할 것이라고 응수했습니다. 영국 측도 이 점을 인정하기는 했지만, 총세무사가 문서와 함께 길거리에 나앉을 수는 없다는 입장을 고수했습니다. 먼저 적당한

---

1 [감교 주석] 조던(J. N. Jordan)
2 [감교 주석] 브라운(J. M. Brown)
3 [감교 주석] 박제순(朴齊純)
4 [감교 주석] 거빈스(J. H. Gubbins)

거처를 다른 곳에 마련해야 한다는 것이었습니다. 이 점에 대해 합의하는 것 자체가 어렵지 않은데도 조선 정부는 합의를 회피하며 결정을 보류하는 듯 보입니다. 그래서 조선 정부가 임박한 윈난[5] 신디케이트 차관 도입을 고려해 브라운을 압박할 수단으로 이 문제를 고집하는 것이 아닌지 추측됩니다. 조선 정부가 처음부터 이 목적을 위해 그런 외교적 조치를 취했을 가능성이 없지 않습니다.

어뢰정 "Otter"호와 최근 귀향한 "Bonaventure"호의 자리를 대신한 "일티스"[6]호가 기함 "Harfleuer"호와 함께 현재 제물포에 정박 중입니다. 이런 무력시위는 조선 정부와의 협상을 진전시키는 데는 지금까지 별로 도움이 되지 못했지만, 영국이 해밀턴항[7]을 점령하려 한다는 소문은 만들어낸 듯 보입니다. 이 소문은 이곳 조선에서 시작되어 지난달 말경 일본 언론에 유포되었습니다. 어제 해군소장 Bruce는 브라운 사안에 대해 대화를 나누는 자리에서 그 소문은 근거 없는 낭설이라고 본인에게 선언했습니다. 본인이 그에 대해 Bruce에게 직접 물은 적이 없었고 Bruce도 그 이상은 설명할 수 없었기 때문에, 그의 말이 사실이라는 느낌이 들었습니다. Bruce의 다른 말들로 미루어 보아, 영국 측에서는 조선 정부가 병사들을 동원해 총세무사를 관저와 사무실에서 쫓아내는 조치를 취하지 않을까 두려워하는 것을 알 수 있었습니다.

오늘 영국 대리공사도 해밀턴항에 대한 계획이 전혀 없음을 본인에게 확인해주었습니다. 영국 대리공사는 해밀턴항에 대한 소문을 조선 정부에게 부인해줄 것을 윈난 신디케이트의 조선 주재 대표로부터 요청받았다고 덧붙였습니다. 조선 정부가 그 소문 때문에 차관과 관련해 불안해한다는 것이었습니다. 그러나 영국 대리공사는 그렇게까지는 할 수 없다고 합니다. Gubbins는 신디케이트를 지원하라는 지시를 아직 받지 않은 듯 보입니다. 그러나 그러한 지시를 완전히 배제할 수 없다고 생각해서 가능한 한 수동적으로 신디케이트를 지원하려 노력하는 것 같습니다.

조선 왕궁에서 들려오는 소식에 의하면, 일본 공사[8]는 순양함 "Taksasago"호의 함장을 소개할 목적으로 조선 왕의 알현 승낙을 받았습니다. 일본 공사는 그 기회를 이용해, 차관이 조선 및 조선과 일본의 관계에 미칠 나쁜 결과에 대해 재차 비공식적으로 조선 왕에게 경고했습니다. 아울러 일본 공사는 특히 10%에 달하는 차관 수수료, 환율 계산 규정의 미비, 차관의 효율화의 시기를 지적했다고 합니다. 이로 인해 조선 궁중에서는

---

5   [감교 주석] 윈난(雲南)
6   [감교 주석] 일티스(Iltis)
7   [감교 주석] 거문도(Port Hamilton)
8   [감교 주석] 하야시 곤스케(林權助)

벌써 차관과 관련해 후회 비슷한 불안이 조성된 듯 보입니다. 그러나 이미 약속한 차관에서 벗어날 길은 없는 듯합니다.

바이페르트
원본 문서 조선 1

25

[영국이 거문도, 제주도 획득을 위해 협상을 벌인다는 풍문 보고]

발신(생산)일	1904. 12. 12	수신(접수)일	1904. 12. 13
발신(생산)자	잘데른	수신(접수)자	–
발신지 정보	서울 주재 독일 공사관	수신지 정보	베를린 외무부
	No. 47		A. 19518
메모	I. 12월 16일 도쿄 177, 베이징 156, 페테르부르크 332에 전달 II. 12월 19일 런던 274에 전달		

A. 19518 1904년 12월 13일 오후 수신

전보문

서울, 1904년 12월 12일 오후 1시 20분

12월 13일 오후 12시 20분 도착

독일제국 변리공사가 외무부에 발송

해독

No. 47

은밀한 소식통을 통해 본인은 영국이 해밀턴항[1]과 제주도[2]를 획득하기 위해 협상한다는 소식을 들었습니다.

잘데른[3]

원본 문서 조선 1

---

1 [감교 주석] 거문도(Port Hamilton)
2 [감교 주석] 영흥만(Port Lazareff)
3 [감교 주석] 잘데른(K. Saldern)

26

[영국이 거문도, 제주도 획득을 위해 협상을 벌인다는 풍문 재보고]

발신(생산)일	1904. 12. 14	수신(접수)일	–
발신(생산)자	잘데른	수신(접수)자	–
발신지 정보	서울 주재 독일 공사관	수신지 정보	베를린 외무부
	–		–

전보문

서울, 1904년 12월 14일 5시 –분

오후 4시 45분 도착

독일제국 변리공사가 외무부에 발송

해독

해밀턴항[1]과 제주도[2]에 대해 (전보문 No. 47[3]) 재발송.

잘데른[4]

---

1 [감교 주석] 거문도(Port Hamilton)
2 [감교 주석] 영흥만(Port Lazareff)
3 [원문 주석] A. 19518 삼가 동봉.
4 [감교 주석] 잘데른(K. Saldern)

외무부
A편

외무부 정치 문서고
한국-프랑스 관계 문서

1886년 8월부터
1902년 10월까지

목록 1896년	
도쿄 7월 21일의 보고서 A. 135 프랑스가 조선에 50년 기한으로 300만 엔의 차관을 제공했으며, 그에 대한 대가로 서울-목포 철도부설권을 요구했다고 한다.	9035 8월 27일 수신
도쿄 8월 6일의 보고서 No. 44 프랑스 측에서 조선에 무이자로 자금을 빌려주기로 했다는 보도 내용의 정정. 프랑스 신디케이트가 서울-목포 철도부설권을 따내기 위해 노력한다.	9940 9월 24일 수신
1901년	
서울 1월 7일의 보고서 No. 7 프랑스 변리공사가 프랑스의 이익을 더욱 강력하기 추진할 수 있도록 공사에 임명되었다고 한다.	2819 2월 22일 수신
서울 1월 26일의 보고서 No. 17 프랑스 순양함 "Friant"호의 제물포 정박. 조선 궁중에서 프랑스 선원들 접견.	3771 3월 12일 수신
서울 2월 27일의 보고서 No. 35 조선의 병기창 등에 프랑스인을 고용하기 위한 협상이 체결되었다.	5520 4월 13일 수신
1902년	
서울 11월 ?일의 보고서 No. 192 하노이 박람회에 조선의 참가를 권유하고 조선 왕에게 톈진 주재 프랑스 장군의 선물(아라비아 말 4필)을 알리기 위한 프랑스 공사와 Faure의 조선 왕 알현.	938 1월 19일 수신
파리 4월 10일의 보고서 No 248 "Éclair"는 영일동맹조약으로 인해 프랑스가 일본과는 달리 손해를 입게 될 것이라고 주장한다.	5671 4월 11일 수신
서울 6월 21일의 보고서 No. 105 프랑스가 조선과의 분쟁을 예상한다는 "Daily News"의 보도는 사실이 아닌 것으로 보인다. 항의 문제에서 조선 정부에 대한 프랑스 대표의 신중한 태도.	11986 8월 9일 수신
서울 9월 1일의 보고서 No. 141 제주도 폭동을 계기로 프랑스 측에서 제기한 요구가 해결되지 않자 서울 주재 프랑스 대표 반감 표출 - 손해배상 및 난동자들의 처벌.	15146 10월 16일 수신
서울 8월 23일의 보고서 No. 138 프랑스 군함 선원들과 조선 주민의 난투극.	15169 10월 17일 수신

서울 8월 11일의 보고서 133. 프랑스 해군소장 Bayle이 D´Entrecasteaux호, Bugeaud호, Décidée호를 대동하고 제물포에 머물다.	14185 9월 25일 수신
1903년	
칭다오, 10월 10일 자 순양함 함대 사령부의 보고서 No. 1055. 사본 제주도에서 살해된 프랑스 선교사들을 위해 강제조치를 취하겠다고 위협하는 프랑스에 대한 조선 궁정의 불만. <div align="right">원본 문서 청국 9 No. 1</div>	1043 1월 22일 수신

01

조불수호통상조약

발신(생산)일	1886. 6. 4	수신(접수)일	1886. 8. 6
발신(생산)자	켐퍼만	수신(접수)자	비스마르크
발신지 정보	서울 주재 독일총영사관	수신지 정보	베를린 정부
	No. 33		A. 9309
메모	8월 7일 로마 공사관 117 및 파리 318에 전달 연도번호 No 409		

A. 9309 1886년 8월 6일 오후 수신

서울, 1886년 6월 4일

일련번호 No 33

비스마르크 후작 각하 귀하

조불수호통상조약의 프랑스 측 전권대사 조르주 코고르당[1]의 도착에 대해 부들러가 이미 5월 3일(No 25)[2]에 짧게 보고 드린 바 있습니다.[3]

얼마 전 이곳 조선에 도착한 프랑스 전권대사는 제물포에 상륙해서, 조선 정부가 가톨릭을 용인할 준비가 되어 있다는 확신이 서지 않는 한 서울에 가지 않을 것이라고 여러 민간인에게 말했습니다. 이러한 전제조건이 이행되지 않는 한, 조선과 프랑스의 조약은 아무런 의미가 없기 때문이라는 것이었습니다.

그러나 조르주 코고르당은 제물포에서 얼마간 기다린 후, 결국 이러한 보장 없이 서울에 온 것 같습니다. 그리고 조선 정부가 협상을 시작하기까지 3주를 기다려야 했습니다.

김윤식[4] 외아문 독판이 갑작스럽게 서울을 떠났습니다. 김윤식의 한 친구 부부[5]가 1884년 말엽의 모반[6]에 연루된 아들로 인해 처형되었는데, 김윤식이 그 부부의 시신을

---

1 [감교 주석] 코고르당(Cogordan)
2 [원문 주석] 삼가 동봉.
3 [원문 주석] 이 문장은 누군가가 삭제함.
4 [감교 주석] 김윤식(金允植)
5 [감교 주석] 박영효(朴泳孝)의 부모(박원양과 전의 이씨)
6 [감교 주석] 갑신정변(甲申政變)

묻어주었다는 이유로 고발될 것을 두려워하기 때문이라고 몇몇 사람은 말합니다. 또는 김윤식이 프랑스와의 조약 협상을 회피함으로써 종교 문제에서 양보했다는 오명을 다른 사람에게 떠넘기려 한다고 말하는 사람들도 있습니다.

청국 공사[7]는 본인에게 첫 번째 이유가 맞을 것이라는 주장을 펼쳤습니다. 그래서 지난 일은 묻어 두고 그 노인을 가만히 내버려두라고 조선 정부에 조언했다는 것이었습니다. 잘 알려진 바와 같이, 조선 외아문 독판은 청국을 열광적으로 신봉합니다. 프랑스와의 조약과 관련해 청국 공사는 조선이 어떤 경우에도 가톨릭 용인 조항을 승인해서는 안 된다고 역설했습니다.

지금 이 시각까지 조선 외아문 독판은 돌아오지 않았습니다. 그러나 한 공식적인 신문에 따르면, 김윤식은 완전히 용서받았으며 내일이나 모레쯤 다시 서울로 돌아와 직무에 복귀할 것이라고 합니다.

정치적으로 별로 비중은 없지만 청국을 신봉하는 한 고위 관리[8]와 미국인 데니[9]가 2주 전에 조약 협상의 책임자로 발탁되었습니다. 데니는 조선으로 조용히 이주할 준비를 하려고 톈진에서 상하이로 가던 도중 리훙장으로부터 전신으로 지시를 받은 것이 확실합니다. 데니는 갑자기 조선으로 출발했으며, 본인과 동시에 이곳에 도착했습니다.

그에 이어 시작된 조약 협상이 진행되는 동안, 전보문이 서울과 톈진 사이를 빈번하게 오갔습니다.

본인이 소식에 정통한 궁중관리에게서 들은 바에 의하면, 코고르당은 가톨릭 용인 조항을 포기하는 대신 조선 정부가 프랑스 선교사들을 보호해주겠다고 공식적으로 약속할 것을 원한다고 합니다. 그러나 코고르당은 조선 정부로부터 본래의 목적에서 많이 벗어난다는 지적을 받았다고 합니다. 보호가 용인보다 천 배는 더 나아간 조치이기 때문입니다.

어제 프랑스 사절은 협상이 종료되었다고 구두로 본인에게 알렸습니다. 며칠 내로 조약에 조인을 할 것이며, 그러면 자신은 조선을 떠날 것이라고 말했습니다. 프랑스 사절은 자신이 과연 협상 결과에 만족하는지, 만족한다면 얼마나 만족하는지는 본인에게 언급하지 않았습니다.

그러나 본인이 들은 바에 의하면, 선교사나 선교활동의 용인 문제는 조약에 포함되지 않았다고 합니다. 조불수호통상조약은 조선이 다른 열강들과 맺은 조약과 동일하다고

---

7   [감교 주석] 위안스카이(袁世凱). 그의 공식 직함은 주찰조선총리교섭통상사의(駐紮朝鮮總理交涉通商事宜).
8   [감교 주석] 김만식(金晩植)
9   [감교 주석] 데니(O. N. Denny)

합니다. 다만 프랑스 물품에 대한 관세만이 약간 인하되었다는 것입니다.

본인은 이곳의 프랑스 주교[10]와 잘 아는 사이입니다. 프랑스 주교는 청국과 유럽(데니)의 영향 때문에 코고르당의 임무가 실패했다고 여기고 있습니다. 조선의 왕과 왕비는 용인 조항의 수용에 찬성했다는 것입니다. 프랑스 주교의 말이 사실일 수도 있습니다.

프랑스 선교사들과 신도들이 조선의 제도와 법을 저해하지 않는 한, 조선 정부는 가톨릭교를 용인하고 조선에 체류하는 선교사들을 조용히 내버려두기로 결정했습니다. 조선의 협상 책임자들은 이런 사실을 프랑스 사절에게 누차 전달했습니다. 조선 정부도 잘 알고 있는 바와 같이, 현재 프랑스 선교사 열 명이 조선 국내에 숨어 있으며 주교와 주교 총대리가 여기 서울에 머물고 있습니다. 프랑스 사제들은 조선 정부를 피해 숨어 지낼 필요가 없습니다. 주교 스스로 틀림없이 이 사실을 잘 알고 있을 것입니다. 그런데 프랑스 사절단이 조선에 있는 지금도 프랑스 주교는 은둔체계를 계속하고 있습니다. 조선인들과 이곳 사정에 밝은 유럽인들이 뭐라고 확약하든, 프랑스 주교는 조선 국민이 선교사들에게 완전히 적대적이라고 생각하기 때문이라고 밖에는 달리 그 이유를 설명할 수 없을 것 같습니다.

현재 이곳 조선에는 미국 선교사 다섯 명도 머물고 있습니다. 미국 선교사들은 의술과 교육에 전념하며, 서울의 가장 좋은 지역의 땅을 사들여 건물을 지었습니다. 그들은 조약(우리 조약의 제4조 2항)에 의거해 소유지에 예배당이나 교회를 지을 권리가 있지만, 조선 국민이 어떤 반응을 보일지 확실하지 않은 탓에 우선은 지켜보려는 것 같습니다. 프랑스 주교도 러시아 공사관 바로 옆에 상당히 넓은 부지를 매입했습니다. 프랑스 주교가 조불수호통상조약 비준 후 좀 더 대담해져서 위의 조항을 근거로 그곳에 선교 본부와 교회를 설립할지, 그리고 조선 정부와 국민은 그것을 어떻게 받아들일지 두고 봐야 합니다.

본인은 조불수호통상조약의 조인과 내용, 그리고 기회가 닿으면 선교 문제의 경과에 대해 보다 상세히 알게 되는 즉시 삼가 각하께 보고 드리겠습니다.

켐퍼만[11]

내용: 조불수호통상조약

---

10 [감교 주석] 블랑(Blanc)
11 [감교 주석] 켐퍼만(T. Kempermann)

베를린, 1886년 8월 7일   A. 9309

로마 공사관 No. 117   본인은 조불수호통상조약에 관한 정보를 귀하께
파리 No. 318   알려드리고자, 6월 4일 자 서울 주재 총영사의 보
                                    고서 사본을 삼가 전달하게 되어 영광입니다.

주재 대사관 귀중
                                                N. d. U.
                                                8월 7일

연도번호 No 4605

조불수호통상조약 체결

발신(생산)일	1886. 6. 23	수신(접수)일	1886. 8. 14
발신(생산)자	켐퍼만	수신(접수)자	비스마르크
발신지 정보	서울 주재 독일총영사관	수신지 정보	베를린 정부
	No. 36		A. 9551
메모	I. 8월 20일 페테르부르크, 파리, 런던, 로마 공사관에 전달. II. 8월 20일 내무부, 문화교육부에 전달. 연도번호 No 424 조선 5		

A. 9551 1886년 8월 14일 수신

서울, 1886년 6월 23일

일련번호 No. 36

비스마르크 후작 각하 귀하

지난 4일 자 보고서 No. 33에 이어, 본인은 같은 날(4일) 조불수호통상조약이 체결되었음을 삼가 각하께 보고 드리게 되어 영광입니다. 코고르당[1]은 그 전날 도착한 프랑스 함대와 함께 6일 조선을 떠났습니다. 프랑스 함대는 장갑함 Turenne호, 1급 순양함 Primauguet호, 포함 Vipère로 이루어졌으며 Rieunieur 해군소장이 지휘합니다. 이 함대가 프랑스 사절을 제물포에 데려왔었고, 당시 포함만을 제물포에 남기고 다시 출항했었습니다. 포함은 약 25명의 선원으로 하여금 프랑스 사절을 수행하게 했습니다. 조약 협상이 난관에 부딪치자, 프랑스인들은 포함을 한강으로 불러들여 마포에 정박시키기로 결정했습니다. 하지만 이러한 조치는 결국 실행되지 않았습니다.

코고르당이 처음 제물포에 도착해서는 기고만장했던 것이 분명합니다. 코고르당은 필요한 경우 무력을 사용해 선교사들을 승인하는 조약을 성사시킬 것이라고 말했습니다.

그러자 조선 왕은 무슨 일이 있어도 유교의 가르침을 보호하고 존중할 것이라는 칙령을 방방곡곡에 알려 국민들을 안심시킬 필요가 있다고 여겼습니다. 특히 지방의 국민들을 안심시킬 필요가 있었습니다.

---

1 [감교 주석] 코고르당(Cogordan)

이러한 소식을 듣고 코고르당은 냉정해진 듯 보입니다. 게다가 코고르당은 매사에 파리로부터 훈령을 받은 것 같습니다. 본인이 들은 바에 의하면, 코고르당이 이곳에 머무는 동안 파리에 보낸 전보 비용으로 6천 달러를 지출했기 때문입니다.

마침내 체결된 조약은 조독수호통상조약 및 조영수호통상조약과 동일합니다. 다만 양탄자(펠트 양탄자 포함), 벽시계, 회중시계(금시계 포함), 유리제품, 비단 모기장, 비단 우산, 포도주, 도수 높은 주류, 향수, 비단, 우단, "장신구" 같은 수입품의 관세만 3% 인하되었을 뿐입니다.

종교 문제에 대한 협상과 관련해, 본인은 협상이 진행되는 동안 조선 외아문 협판이 기록한 메모를 입수했습니다. 그러나 그 메모는 한자로 기록되어 있는데 오기가 많고 문체가 조악해서 매우 불분명합니다. 그러므로 본인은 매우 간략한 발췌문으로 만족할 수밖에 없습니다.

제IV조(조독수호통상조약에 의거해 말씀드립니다)에 코고르당은 조선 국내 어디서나 거주가 허용된다는 내용을 추가하려 했습니다. 그러나 이 내용은 단호히 거부되었고, 그 대신 예전과 마찬가지로 여행을 승인한다는 확약을 받았습니다.

제IX조에서 코고르당은 "한 국가의 국민"이라는 구절의 "국민" 앞에 "모든 신분의"를 덧붙이고, "연구하다"는 말 앞에 "가르치기 위해서"라는 말을 추가하기를 원했습니다. 그리고 제IX조의 또 다른 구절에서는 "종교적인 확신에서" 아니면 "선교를 목적으로"라는 말을 (한자 낱말의 선택이 모호해서 두 가지 모두 의미할 수 있습니다.) 첨가할 것을 요구했습니다. 정확히 어떤 위치에 첨가할 것을 요구했는지는 확인할 수 없습니다.

조선 측의 협상 공동책임자 데니는 "가르치기 위해서"라는 말을 우려할 필요가 없다고 보았지만, 총책임자는 그 어떤 것도 승인하려 하지 않았습니다. 그래서 코고르당은 그 요구사항을 포기했습니다.

그에 이어 코고르당은 조선 정부가 현재 조선 국내에 있는 프랑스인들을 특별히 보호해줄 것인지 물었습니다. 그러자 예전에는 〈기독교?〉 금지령이 매우 엄격해서 〈프랑스 선교사들?〉을 발견하는 즉시 처형했으나, 최근에는 금지령이 상당히 완화되었다는 답변이 돌아왔습니다. 이제는 더 이상 그들〈선교사들?〉을 추적하지 않는다는 것이었습니다.

코고르당은 조선 정부가 그 점을 서면으로 약속해주길 바란다고 말했습니다. 그러나 조선의 총책임자는 '서면 약속과 조약 사이에 무슨 차이가 있소?'라는 질문으로 더 이상의 논의를 차단했습니다.

끝으로 프랑스 사절은 제XII조에서 "영어" 대신 "프랑스어"를 넣을 것을 요청했지만, 조선에는 프랑스어를 이해하는 사람이 아무도 없다는 답변을 듣고서 이 요구사항 역시 포기했습니다.

조독수호통상조약의 방식으로 서명된 최종의정서의 제IX조에서 "한 국가의 국민"에 대한 규정들과 관련해, 그 국가가 외국에 문호를 개방하지 않을 경우 그 규정들이 서울에는 적용되지 않는 것에도 코고르당은 결국 동의했다고 합니다. 메모의 이 부분이 특히 모호합니다. 코고르당이 이 약속의 효력 범위를 인식하지 않았다고 추정하기는 어려운 만큼 본인은 더욱 신중을 기해 이 구절을 해석합니다.

조선인들은 청국 상인들이 조선 상인들과 경쟁하며 국민들을 격분시킨다고 주장합니다. 그래서 청국 상인들이 이 도시를 떠날 것을 끈질기게 요구하는데 일리가 있는 주장입니다. 게다가 청국 상인들뿐만 아니라 일본의 많은 소상인들까지 여기에 합세하고 있습니다. 청국인들이 결국은 이 주장에 굴복할 것으로 예상됩니다. 그러나 대부분의 외국 대표들은 조약 제IV조 2항에 따라 수공업자, 의사, 교사 등은 서울에 거주할 권리가 있다는 견해를 항상 고수했습니다. 심지어는 이 조항의 해제조건이 충족되더라도 토지를 취득할 수 있다고 주장했습니다. 외국, 특히 일본의 수공업자들이 이곳에 정착하는 것은 조선인들의 문화적인 이익을 위해서라도 바람직합니다. 조선인들은 이미 알려진 바와 같이 예술과 상업 분야에서 수준이 매우 낮기 때문입니다. 그러므로 이 견해는 무조건 고수되어야 할 것입니다.

그러나 본인이 코고르당 의정서의 해당 부분을 옳게 해석했는지 장담하기는 어려울 것입니다.

5일 저녁에 조약 체결을 축하하는 만찬이 외아문에서 개최되었습니다. 모든 외국 대표들이 만찬에 초대받았습니다. 본인은 만찬장으로 떠나기 직전, 프랑스 주교[2]가 그 자리에 참석한다는 사실이 알려져 조선 국민들이 매우 흥분했다는 소식을 들었습니다. 그래서 조선 국민들이 우리를 습격하려 한다는 것이었습니다. 그러나 만찬은 별 탈 없이 진행되었습니다. 길모퉁이마다 호기심 어린 사람들이 무리지어 있긴 했지만 길거리는 조용했습니다. 그러나 그런 소문이 발생할 수 있는 상황으로 미루어, 기독교의 도입에 대한 두려움이(프랑스의 보호를 받는 가톨릭이 이에 해당합니다. 개신교는 아무 상관없습니다) 조선 국민들을 자극해서 파벌을 형성할 수 있는 수단이라는 사실을 명백히 알 수 있습니다.

켐퍼만

내용: 조불수호통상조약 체결

---

2 [감교 주석] 블랑(Blanc)

조불수호통상조약에서 선교 문제

발신(생산)일	1886. 6. 20	수신(접수)일	1886. 8. 15
발신(생산)자	브란트	수신(접수)자	비스마르크
발신지 정보	베이징 주재 독일공사관	수신지 정보	베를린 정부
	A. No. 136		A. 9604

A. 9604 1886년 8월 15일 수신[1]

베이징, 1886년 6월 20일

A. No. 136

비스마르크 후작 각하 귀하

조불수호통상조약과 관련해 서울 주재 총영사 켐퍼만[2]이 보낸 6월 4일 자 보고서 No. 33에 이어, 본인은 6월 15일 자 "Shanghai North China Daily News"의 기사에 대해 삼가 각하께 보고 드리게 되어 영광입니다. 새로운 상황에 대해 잘 알고 이 기사를 작성한 것이 틀림없습니다. 이 기사에 따르면, 조선 정부는 1883년의 조영수호통상조약 제IV조〈같은 해 체결된 조독수호통상조약의 제IV조 6항〉에 포함된 규정을 조불수호통상조약에서 변경하는 데 동의했습니다. 그러므로 조선 정부는 선교 문제와 관련해 프랑스 전권대사의 요청을 들어준 듯 보입니다. 조영수호통상조약 제IV조 6항에 의하면, 영국 국민은 여권을 소지하고 관광 및 상업 목적으로 조선 국내 여행이 허용됩니다. 그런데 조불수호통상조약에서는 여행 목적이라는 구절이 누락되었습니다. 조영수호통상조약의 제IX조(조독수호통상조약의 제IX조)에 따르면, 한 국가의 국민은 상대방 국가의 영토에서 국가, 언어, 문학, 법 등을 자유롭게 연구할 수 있습니다. 마찬가지로 이 규정 역시 조불수호통상조약에서 프랑스인들은 이런 분야에서 자유롭게 가르칠 수 있다고 보충되었습니다.

---

1 [원문 주석] 조불수호통상조약과 관련해 서울에서 보낸 상세한 보고서를 로마, 페테르부르크, 파리, 런던, 그리고 독일제국 내무부와 문화부에 배부했음. 그러므로 처리되었음.

2 [감교 주석] 켐퍼만(T. Kempermann)

위의 조항에서 이렇게 승인된 내용을 잘 활용하면 조선 국내에서의 선교 발전에 크게 이로울 것으로 기대됩니다. 그러나 조선 정부는 더 이상의 승인은 거부하고 있습니다. 서울로부터의 공식적인 보고서에서 알 수 있는 바와 같이 이는 청국의 영향과 간계에서 비롯되었을 것입니다.

브란트[3]

내용: 조불수호통상조약에서 선교 문제

---

[3]   [감교 주석] 브란트(M. Brandt)

베를린, 1886년 8월 20일

페테르부르크 No. 536

로마 No. 121

파리 No. 330

런던 No. 715

본인은 조불수호통상조약 체결과 관련한 기밀 정보를 귀하께 알려드리고자, 6월 23일 자 서울 주재 독일제국 총영사의 보고서 사본을 삼가 보내 드립니다.

주재 대사관 귀중

N. d. U.

8월 20일

연도번호 No. 4836.

첨부문서 II

A. 9551

연도번호 No. 4837

조불수호통상조약 체결과 관련한 기밀 정보를 알려드리고자,
서울 주재 독일제국 총영사의 6월 23일 자 보고서 사본을
뵈티허 내무부 장관께 삼가 동봉합니다.

베를린, 1886년 8월 20일

조불수호통상조약과 데니

발신(생산)일	1886. 7. 15	수신(접수)일	1886. 9. 8
발신(생산)자	켐퍼만	수신(접수)자	비스마르크
발신지 정보	서울 주재 독일총영사관	수신지 정보	베를린 정부
	No. 44		A. 10710
메모	9월 10일 페테르부르크 No 619, 로마 공사관 134. 파리 358, 런던 777에 전달. 연도번호 No 475.		

A. 10710   1886년 9월 8일 수신

서울, 1886년 7월 15일

일련번호 No. 44

비스마르크 후작 각하 귀하

　본인이 조불수호통상조약과 관련해 금년 6월 23일에 올린 보고서 No. 36[1]의 내용을 오늘 정정하려 합니다. 제IX조에 "가르치다"[2], 조불수호통상조약은 프랑스어와 청국어로 작성되었습니다. 둘 중 프랑스어 본을 표준으로 삼아야 할 것입니다. 또한 최종의정서에서 코고르당은 독일과 영국이 한 약속 이상은 확약하지 않았다고 합니다. 본인은 이 기회를 빌려, 청국 공사관도 최종의정서에서 고려한 경우가 발생하는 경우에는 서울의 통상만을 폐쇄해야 한다는 견해임을 말씀드리려 합니다. 외국인이 서울에서 거주할 수 있는 권리가 결코 문제되어서는 안 된다는 것입니다.

　조불수호통상조약이 조인된 후 서울 주재 청국 공사 측은 조약 내용을 전신으로 톈진에 알렸습니다. 이로 미루어 보아, 청국 정부 내지는 리훙장[3]이 이 조약에 얼마나 큰 관심을 가지고 있었는지 알 수 있습니다.

　조약협상 과정에서 미국인 데니[4]의 행동이 특이했습니다. 협상 초반에 데니는 청국

1　[원문 주석] A. 9551 삼가 동봉.
2　[감교 주석] 교회(敎誨)
3　[감교 주석] 리훙장(李鴻章)
4　[감교 주석] 데니(O. N. Denny)

공사[5]와 논의했으며, 왜 조선이 선교 조항을 조약에 수용하려 하지 않는지 이해할 수 없다고 청국 공사에게 말했습니다. 청국 공사 〈그 자신은 변리공사라고 주장합니다〉는 청국이 원하지 않기 때문에라도 조선이 선교 조항을 수용할 수 없을 것이라고 데니에게 답변했습니다. 그러자 경솔하게도 데니는 조선이 이 사안에서 청국의 지시를 따를 필요가 없다고 말했습니다. 본인은 청국 공사관의 일등 서기관에게서 이 사건에 대해 들었습니다. 모든 정황으로 보아 이 말이 사실이라고 추정됩니다. 그 후로 데니와 청국 공사 사이에는 긴장감이 감돌고 있습니다. 청국 공사의 서기관들은 미국인 신임 고문이 묄렌도르프[6]의 선례를 쫓으려 한다고 노골적으로 말합니다. 그리고 묄렌도르프는 적어도 분별 있는 사람이었는데 비해, 데니는 무지하고 식견이 짧아서 곧 고문직에서 물러날 것이라고 합니다.

프랑스 사절 측에서는 데니가 자신들의 요구사항을 들어주려고 하자 거듭 반색을 표한 것은 사실입니다. 프랑스 사절들은 자신들이 뜻을 이루지 못한 것은 외부세계의 영향 때문이라고 덧붙였습니다. 본인이 알기로, 이 문제에서 조선인들에게 영향력을 행사하려고 한 외국 대표는 없었습니다. 오히려 모든 외국 대표들은 프랑스가 요구하는 승인 조항들이 조선의 평화에 치명적일 수 있을 것이라고 우려했습니다. 그러나 어쨌든 청국 공사가 직접 개입했습니다. 조약 협상이 진행되는 동안 데니는 종교에 유화적인 조선 왕의 견해를 관철시키기 위해 여러 차례 알현을 시도했다고 전해집니다. 그런데 청국 공사가 데니의 모든 시도를 저지했다는 것입니다.

게다가 데니는 자신이 대부분의 조선인들에게서 호감을 사지 못할 것을 이미 알아차렸습니다. 조선 왕도 마찬가지로 데니에 대해 별로 관심이 없다고 합니다. 본인이 들은 바에 의하면, 조선 왕은 데니가 자초한 곤란한 상황에서 벗어나고자 거짓을 보고한 사실을 특히 괘씸하게 여기고 있습니다. 데니는 리훙장이 강제로 추천해 고문에 임명되었습니다. 이 때문에라도 조선 왕은 처음부터 데니에게 호감을 갖지 않았다고 추정할 수 있습니다.

데니는 리훙장에게서 매달 600량을 받습니다. 그러나 리훙장이 이를 서면으로 약속한 것 같지는 않습니다. 조선 정부는 데니에게 집 한 채만을 제공합니다. 데니는 자칭 내무부 협판 겸 외아문 장교사 당상이라고 말하지만, 유감스럽게도 아직 정식으로 임명되지는 않았습니다.

---

5 [감교 주석] 위안스카이(袁世凱). 그의 공식 직함은 주찰조선총리교섭통상사의(駐紮朝鮮總理交涉通商事宜).
6 [감교 주석] 묄렌도르프(P. G. Möllendorff)

데니는 실망한 기색을 숨기지 않습니다. 최근 한 만찬에서 데니의 부인은 남편이 절망하고 있다고 말했습니다. 남편이 어떤 제안을 해도 조선 정부가 관심을 보이지 않기 때문이라고 합니다. 데니의 부인은 남편의 용기를 북돋우려 노력한다고 합니다. 그렇지 않으면 데니가 맡은 임무를 벌써 오래 전에 그만두었을 것이라고 합니다. 본인은 데니에 대한 판단을, 특히 성격에 대한 판단을 우선은 유보하려고 합니다. 정신이나 지식 면에서 데니는 대단한 인물이 아닙니다.

영국 총영사[7]는 데니에게 호감을 갖고 있는 듯 보입니다. 영국 총영사는 데니에게 앞으로 나서거나 자발적으로 일에 개입하기보다는 뒷전에 머물면서 솔직하고 정직한 조언을 통해 조선 정부를 이끄는 역할에 만족하라고 조언했습니다. 본인은 이러한 제안이 본인과의 대화에서 비롯되었다고 믿습니다.

켐퍼만

내용: 조불수호통상조약과 데니

---

7 [감교 주석] 베버(Baber)

베를린, 1886년 9월 10일   A. 10710

1. 페테르부르크 No. 619
2. 로마 공사관 No. 134
3. 파리 No. 358
4. 런던 No. 777

주재 대사관 귀하

연도번호 No. 5289

본인은 조불수호통상조약 체결과 관련한 기밀 정
보를 친히 귀하께 알려드리고자, 이달 20일 자 훈
령에 이어 7월 15일 자 서울 주재 독일제국 총영
사의 보고서 사본을 삼가 동봉하는 바입니다.

A. 10710의 첨부문서 2

연도번호 No. 5393

독일제국 정신·교육·의료 장관 고슬러 박사께
조불수호통상조약 체결과 관련한 기밀 정보를 알려드리고자
이달 20일 자 통지문에 이어 금년 7월 15일 자 서울 주재 독일제국 총영사의
보고서 사본을 삼가 전달하는 바입니다.

베를린, 1886년 9월 10일

[조불수호통상조약 비준교환을 위해 콜랭 드 플랑시가 출발했다는 보고]

발신(생산)일	1887. 5. 7	수신(접수)일	1887. 6. 29
발신(생산)자	브란트	수신(접수)자	비스마르크
발신지 정보	베이징 주재 독일공사관	수신지 정보	베를린 정부
	A. No. 134		A. 7974
메모	7월 2일 페테르부르크와 파리에 전달		

사본

A. 7974 1887년 6월 29일 오후 수신

A. No. 134   베이징, 1887년 5월 7일

비스마르크 후작 각하 귀하

본인은 프랑스 공사관의 2등서기관 콜랭 드 플랑시[1]가 이달 2일 베이징을 떠나 상하이로 향하였음을 삼가 각하께 보고 드리게 되어 영광입니다. 비준된 조불수호통상조약이 5월 7일 우편으로 프랑스에서 상하이에 도착할 것으로 예상됩니다. 콜랭 드 플랑시는 상하이에서 그 조약을 수령해 서울에서 비준된 조약과 교환할 계획이라고 합니다.

현재 이곳 베이징에서는 프랑스와 청국 사이에서 중요한 협상이 진행되고 있습니다. 이런 상황에서 Constans는 당연히 베이징을 떠나지 않을 것으로 보입니다. 그러나 본인은 적어도 한 가지 소문을 말씀드리고 싶습니다. 그 소문에 의하면, 1886년 조선과의 조약 체결 당시 프랑스의 전권대사였던 코고르당이 프랑스는 다만 하급관리, 즉 부영사만을 조선에 파견할 것을 리홍장 총독에게 약속했다고 합니다. 프랑스 외교 요원을 서울에 파견하지 않겠다고 했다는 것입니다. 잘 알려진 바와 같이, 리홍장[2] 총독은 청국과 조선의 관계를 대변하는 임무를 맡고 있습니다. 비준 교환을 위해 콜랭을 파견한 것은 코고르당[3]의 약속과 관련 있을 것입니다.

브란트

원본 문서 청국 13

---

1   [감교 주석] 플랑시(V. C. Plancy)
2   [감교 주석] 리홍장(李鴻章)
3   [감교 주석] 코고르당(Cogordan)

[프랑스의 대조선 무이자 차관 제공 및
서울-목포 간 철도부설권 요구설에 관한 보고]

발신(생산)일	1896. 7. 21	수신(접수)일	1896. 8. 27
발신(생산)자	구트슈미트	수신(접수)자	호엔로에-실링스퓌르스트
발신지 정보	도쿄 주재 독일 공사관	수신지 정보	베를린 정부
	A. 135		A. 9035
메모	8월 29일 런던 982, 파리 555, 페테르부르크 650에 전달. 10월 19일 베이징에 전달(A. 10814)		

사본

A. 9035   1896년 8월 27일 오후 수신

A. 135   도쿄, 1896년 7월 21일

독일제국 수상 호엔로에-실링스퓌르스트 각하 귀하

종종 소식에 정통한 아사히신문[1] 보도에 의하면, 프랑스가 조선 정부에 3백만 엔을 50년에 걸쳐 무이자로 빌려줄 것을 제안했다고 합니다. 그 목적은 조선이 아시다시피 작년 여름 일본 정부로부터 빌린 차관을 상환하는 데 있다고 합니다. 물론 이 기사 내용의 진위여부를 지금까지 다른 경로로 확인하지는 못했습니다.

아사히신문이 주장하는 바에 따르면, 프랑스는 그 대가로 서울에서 목포까지의 철도부설권을 요구했다고 합니다. 목포는 조선의 북쪽에 위치한 목재 수출항입니다.

본인은 이 기사내용의 사실여부를 알아볼 것입니다. 이 소식이 사실로 확인된다면, 프랑스의 조처는 동아시아에서 러시아를 도우려는 새로운 방책으로 볼 수 있을 것입니다. 조선을 일본에 대한 모든 재정적인 책무로부터 벗어나게 하는 것은 분명 러시아의 이해관계와 관련 있기 때문입니다. 재정적인 책무는 일본이 한반도 왕국의 내정에 개입할 빌미를 제공할 수 있을 것입니다.

(서명) 구트슈미트[2]

원본 문서 조선 1

---

1 [감교 주석] 아사히신문(朝日新聞)
2 [감교 주석] 구트슈미트(F. Gudtschmid)

[프랑스의 대조선 무이자 차관 제공설은 낭설이라는 보고]

발신(생산)일	1896. 8. 6	수신(접수)일	1896. 9. 24
발신(생산)자	크리엔	수신(접수)자	호엔로에-실링스퓌르스트
발신지 정보	서울 주재 독일 영사관	수신지 정보	베를린 정부
	No. 44		A. 9940

사본

A. 9940   1896년 9월 24일 오전 수신

서울, 1896년 8월 6일

No. 44

독일제국 수상 호엔로에-실링스퓌르스트 각하 귀하

프랑스가 조선에 무이자 차관을 제공하기로 했다는 소식과 관련해, 본인은 이곳의 프랑스 대리공사에게서 어제 다음과 같은 내용을 구두로 전달받았음을 삼가 각하께 보고 드리게 되어 영광입니다.

얼마 전 조선 정부가 다른 국가로부터 돈을 빌려 일본에게 빌린 차관 3만 엔을 상환하려 한다며 프랑스의 융자금을 중재할 수 있는지 프랑스 대리공사에게 문의했다고 합니다. 그래서 프랑스 대리공사는 얼마나 융자를 받으려 하고 또 어떤 담보를 제공할 의향인지 알려줄 것을 조선 정부에 요청했다는 것입니다. 그러나 현재까지 연 6%의 이율만이 합의되었다고 합니다. 게다가 한 달 반 전부터는 이 사안에 대해 더 이상 들은 바가 없다는 것입니다.

프랑스 대리공사[1]는 프랑스 신디케이트 측에서 요청한 서울-목포 철도부설권은 이 융자금 문제와 무관하다고 말합니다. 프랑스 신디케이트는 원래 서울-의주 철도부설권을 요구했는데, 나중에 서울-원산 및 서울-부산 철도부설권에 대해서도 조선 정부와 협상에 임했다고 합니다. 그러나 프랑스 신디케이트는 조선의 전임 내각이 일본 공사에게 서울-부산 철도부설권을 확약했다는 사실을 알게 되었다는 것입니다. 그러자 현재의

---

1   [감교 주석] 플랑시(V. C. Plancy)

조선 내각이 전임 내각의 확약을 무효라고 선언했는데도, 프랑스 신디케이트는 서울-부산 철도 노선 대신 서울-목포 노선을 제안했다고 합니다. 이미 알려진 바와 같이, 서울-의주 철도부설권 승인은 지난달 3일 프랑스 공사관에 통지되었다고 합니다. 조선 정부는 더 이상 다른 철도노선은 허가하지 않을 것임을 선언했다고 합니다. 일본 통신원이 프랑스가 조선에 무이자로 융자를 제공했다는 터무니없는 기사를 보도하고 또 일본 정부는 그런 기사를 믿는 듯 보이는데, 프랑스 대리공사로서는 도저히 이해할 수 없다고 합니다. 프랑스 대리공사는 일본 공사[2]가 그런 근거 없는 소문에 귀 기울이기보다는 직접 자신에게 문의한다면 모든 원하는 정보를 기꺼이 제공할 수 있을 것이라고 합니다.

본인은 목포항이 조선의 남서지방 전라도에 위치하고 있음을 삼가 덧붙이는 바입니다. 예전에 일본 공사 이노우에[3] 백작이 내년 봄에 목포항을 개항할 것을 제안했습니다.

(서명) 크리엔[4]
원본 문서 조선 1

---

2 [감교 주석] 고무라 주타로(小村壽太郎)
3 [감교 주석] 이노우에 가오루(井上馨)
4 [감교 주석] 크리엔(F. Krien)

[주한 프랑스 공사 플랑시 임명에 관한 보고]

발신(생산)일	1901. 1. 7	수신(접수)일	1901. 2. 22
발신(생산)자	바이페르트	수신(접수)자	뷜로
발신지 정보	서울 주재 독일 영사관	수신지 정보	베를린 정부
	No. 7		A. 2819
메모	2월 27일 런던 229 전달		

사본

A. 2819 1901년 2월 22일 오전 수신

서울, 1901년 1월 7일

No. 7

독일제국 수상 뷜로 각하 귀하

며칠 전 본인은 콜랭 드 플랑시[1]가 공사에 임명되었다는 소식을 프랑스 임시 대리공사에게서 들었습니다. 현재 프랑스에서 휴가를 보내고 있는 콜랭 드 플랑시는 이런 신분으로 곧 한국에 돌아올 것이라고 추측됩니다. 그러나 이에 관한 공식 발표는 아직까지 없었습니다. 본인이 들은 바에 의하면, 콜랭 드 플랑시는 이곳에 있는 동안 매우 열성적으로 활동했습니다. 프랑스가 최근까지 한국에서 이룩한 대부분의 성과는, 콜랭 드 플랑시가 1899년 11월 프랑스로 귀국하기 전 체결한 협정에 토대를 두고 있습니다. 한국 기계창에 프랑스인 포병 대위와 산업기술자(작년 5월 19일 자 보고서 No. 45 참조) 채용 및 산업학교에 작업반장 4명의 고용이 여기에 해당됩니다. 포병 대위와 산업기술자는 채용 조건이 최종 결정된 후 작년 12월 초 프랑스로 떠났으며 곧 다시 돌아올 것으로 예상됩니다. 프랑스인 작업반장 4명을 고용하는 계획은 최근 알려졌는데, 이들은 한국에 설립되는 산업학교에서 특히 철공기술, 목공기술, 벽돌기술을 위한 교사로 일하게 될 것입니다. 이들 작업반장들의 채용은 아직 협상 중입니다. 프랑스 측에서 이를 위해 제공된 연간 6천 엔의 예산이 너무 적다고 여기기 때문입니다.

---

1 [감교 주석] 플랑시(V. C. Plancy)

콜랭 드 플랑시가 새로운 지위로 인해 이곳 외교단의 수석이 될 수도 있을 것입니다. 현재는 일본 공사와 청국 공사가 수석 자리를 독점하고 있습니다. 이러한 점도 콜랭 드 플랑시를 공사로 임명하는 과정에 영향을 미쳤을 가능성이 없지 않습니다. 적어도 본인이 들은 바에 의하면, 이미 1899년 가을에 콜랭 드 플랑시는 특히 청국 공사가 외교단 수석을 맡는 것에 대한 불편함을 이곳 동료들에게 뿐만 아니라 파리에서도 토로했습니다. 청국 공사가 유럽의 언어와 견해에 미숙하기 때문이라고 합니다. 영국 대표가 작년 봄에 이 문제에 대해 의견을 표하라는 지시를 영국 정부로부터 받았는데, 프랑스 측의 자극을 받았을 것으로 추정됩니다. 콜랭 드 플랑시는 이곳 주재 외국 대표들과 이 문제에 대해 논의했습니다. 그러나 외교단 수석에서 청국 공사를 밀어내려는 요구가 아무리 정당하다 할지라도, 거빈스[2]를 비롯한 외국 대표들은 실제로 그렇게 될 가능성은 별로 없다고 보았습니다. 최근의 신년 알현식을 통해 외교단 수석에서 청국 공사를 밀어내려는 요구는 더욱 강화되었습니다. 그 자리에서 쉬[3]는 일본 공사가 부재한 상황에서 대변인으로서의 역할을 효과적으로 해내지 못했습니다. 게다가 쉬는 청국이 분쟁[4]에 휩쓸린 이래 극히 몸을 사리고 있습니다.

(서명) 바이페르트
원본 문서 한국 7

---

2 [감교 주석] 거빈스(J. H. Gubbins)
3 [감교 주석] 쉬타이션(許台身)
4 [감교 주석] 의화단 사건

제물포의 프랑스 순양함 "Friant"호

발신(생산)일	1901. 1. 26	수신(접수)일	1901. 3. 12
발신(생산)자	바이페르트	수신(접수)자	뷜로
발신지 정보	서울 주재 독일 영사관	수신지 정보	베를린 정부
	No. 17		A. 3771
메모	연도번호 No 90		

A. 3771 1901년 3월 12일 오전 수신

서울, 1901년 1월 26일

No. 17

독일제국 수상 뷜로 각하 귀하

프랑스 순양함 "Friant"호가 이달 19일부터 25일까지 제물포에 머물렀습니다. "Friant"호는 산하이관¹에서 한국인 인부 175명을 데려왔습니다. 한국인 인부들은 작년 여름 톈진의 프랑스 부대를 위한 한국의 말과 황소 수송에 참여했습니다. 또한 "Friant"호의 제물포 정박은 이 일과 관련된 몇 가지 금전 문제를 해결하려는 목적도 있었습니다.

순양함 장교들은 한국 황제를 알현했으며 만찬에 두 번 초대받았습니다. 한 번은 한국 황제가 초대했고, 또 한 번은 한국의 고위 장교들이 초대했습니다.

본인이 들은 바에 의하면, 한국 황제를 알현하는 자리에서 순양함 장교들은 작년 8월 한국 측에서 프랑스를 위해 연합군에게 보낸 밀, 쌀, 담배의 할당량에 대해 감사를 표했다고 합니다.

본인은 이 보고서의 사본을 베이징과 도쿄 주재 독일제국 공사관에 보낼 것입니다.

바이페르트²

내용: 제물포의 프랑스 순양함 "Friant"호

---

1 [감교 주석] 산하이관(山海關)
2 [감교 주석] 바이페르트(H. Weipert)

10

[주한독일영사관 보고서 검토 후 반송 알림]

발신(생산)일	1901. 3. 28	수신(접수)일	1901. 4. 2
발신(생산)자	슈라더	수신(접수)자	
발신지 정보	베를린	수신지 정보	베를린 외무부
	A. Ie 3061		A. 4952

A. 4952   1901년 4월 2일 오전 수신, 첨부문서 1부.

베를린, 1901년 3월 28일

A. Ie 3061

외무부 장관 귀하

3월 15일의 서신 A. 3771에 대한 답신.

1901년 1월 26일 자 서울 주재 독일제국 영사관의 보고서를 검토한 후 삼가 반송하는 바입니다.

슈라더[1]

---

1   [감교 주석] 슈라더(Schrader)

[한국 기계창 고용 프랑스인 포병대위의 도착과
주한러시아공사 파블로프의 대응에 관한 보고]

발신(생산)일	1901. 2. 27	수신(접수)일	1901. 4. 13
발신(생산)자	바이페르트	수신(접수)자	뷜로
발신지 정보	서울 주재 독일 영사관	수신지 정보	베를린 정부
	No. 35		A. 5520

사본

A. 5520　1901년 4월 13일 오전 수신

서울, 1901년 2월 27일

No. 35

독일제국 수상 뷜로 후작 각하 귀하

　　작년 5월 19일 자 보고서 No. 45에서 본인은 이곳 기계창에 프랑스인 2명을 채용하기 위한 협상에 대해 언급한 있습니다. 그 사이 이 협상이 타결되었고, 그 결과 포병 대위 페이에르[1]와 검사관 루이[2]가 이달 19일 이곳 한국에 도착했습니다. 본인이 프랑스 대리공사에게 들은 바에 의하면, 이 두 사람은 프랑스 정부에 의해 이곳에 배치되었습니다. 즉, 이들은 군대 밖에서 근무하기는 하지만 완전히 퇴역한 것은 아닙니다. 그래서 진급할 수 있습니다. 만일 한국에서 전쟁이 발발하게 되면 이곳의 근무지를 떠나는 것으로 계약되어 있습니다. 페이에르 대위는 매달 400엔을, 검사관 루이는 250엔을 급여로 수령하며, 근무 기간은 3년입니다. 러시아 산업기술자 레미노프[3]의 계약도 마찬가지로 이 기간 동안 갱신됩니다.

　　이곳의 러시아 대표단이 당시 이 계획에 대해 상세히 알고 있었는데도, 지금 파블로프는 이 문제로 인해 한국 정부에 온갖 어려움을 안겨주는 듯 보입니다. 파블로프[4]는

1　[감교 주석] 페이에르(Payeur)
2　[감교 주석] 루이(Louis)
3　[감교 주석] 레미노프(Reminoff)
4　[감교 주석] 파블로프(A. Pavlow)

레미노프가 프랑스 대위의 지휘를 받는 것에 동의할 수 없다고 본인에게 말했습니다. 한국 측이 외국 장교를 고용하지 않겠다고 러시아에게 약속했는데 그 약속을 위반했다는 것입니다. 그러나 파블로프는 이 상황을 변화시키려는 의도는 절대 없다고 덧붙였습니다. 다만 자신은 한국 정부에 대한 불만사항들을 모으고 있을 뿐이며, 그러다 기회가 오면 그 불만 사항들을 사용할 생각이라고 합니다. 이 말은 배상 요구에 대한 전주곡처럼 들립니다. 아울러 파블로프는 러시아가 한국에서 프랑스의 성장을 장려한다는 인상을 대외적으로 일깨우지 않으려는 속셈일 수도 있습니다. 게다가 파블로프는 채용 문제나 다른 국가들의 경제적인 승인 문제에 대해 한국 군주에게 끊임없이 이의를 제기하고 있습니다. 이로 인해 파블로프는 무엇보다도 한국 궁중에서 인심을 잃게 되었을 뿐입니다. 그러나 한국 정부가 모든 사안에서 우선적으로 러시아의 조언을 따르게 하려는 파블로프의 요구를 수용하려는 경향은 전혀 증가하지 않았습니다.

본인은 지난 달 7일 자 보고서 No 7에서 프랑스 전문가들을 한국 산업학교에 고용하는 문제에 대해 언급한 바 있습니다. 이 문제와 관련해 그 동안 보다 상세한 정보를 입수했습니다. 그 정보에 따르면, 1897년 12월 17일에 이미 한국 정부와 프랑스 대리공사 콜랭 드 플랑시는 다수의 프랑스 교사들이나 작업반장을 연간 6천 엔에 채용하기로 합의했습니다. 특히 목공일, 미장일, 벽돌일, 철공일, 가죽제조, 도자기 및 유리 가공, 전기시설 분야의 작업반장이 이에 해당됩니다. 작년 4월 21일에 임시 대리공사 르페브르[5]는 프랑스 정부의 위임을 받아, 앞에서 말한 연간 6천 엔으로는 기껏해야 책임자 1명, 교사 3명, 작업감독 3명만을 고용할 수 있을 뿐이라고 통지했습니다. 그리고 이들의 여행 경비 4천 엔뿐만 아니라 기구와 도구, 기계 구입비용으로 2,3천 엔이 필요할 것이라고 말했습니다. 한국 측은 작년 5월 9일 날짜로 여기에 동의한다고 발표했습니다. 이에 따라 콜랭 드 플랑시가 채용 문제를 어느 정도까지 실행할 수 있을지는 아직 알려지지 않았습니다. 콜랭 드 플랑시는 다음 달 중순경 휴가에서 돌아올 것으로 예상됩니다.

(서명) 바이페르트
원본 문서 한국 1

---

5 [감교 주석] 르페브르(G. Lefèvre)

[주한프랑스공사 플랑시의 고종 알현에 관한 보고]

발신(생산)일	1901. 11. 40	수신(접수)일	1902. 1. 19
발신(생산)자	바이페르트	수신(접수)자	뷜로
발신지 정보	서울 주재 독일 영사관	수신지 정보	베를린 정부
	No. 192		A. 938
메모	연도번호 No 1345		

사본

A. 938 1902년 1월 19일 오전 수신

No. 192   서울, 1901년 11월 40일[1]

연도번호 No. 1345

독일제국 수상 뷜로 각하 귀하

어제 프랑스 대표는 Faure와 함께 한국 군주를 알현했습니다. Faure는 인도차이나 담당관으로 불리며, 내년 11월로 예정된 하노이 박람회에 참여할 것을 한국 정부에 권유하기 위해 이곳에 왔습니다. 소문에 의하면, 한국 정부는 이 초대에 응할 것이라고 합니다. 본인이 들은 바에 의하면, 미국 대표는 한국이 1903년 세인트루이스[2]에서 열리는 세계박람회에도 출품할 것을 요청했다고 합니다.

플랑시의 알현은 톈진 주재 프랑스 여단장이 얼마 전 한국 황제에게 아라비아 말 4필을 선물했다는 소식을 전하려는 목적도 있었습니다. 아라비아 말들은 한국 기계창에 고용된 포병 대위 페이에르가 톈진에서 한국군을 위해 구입한 말 107마리와 함께 이곳으로 운송되었습니다. 그 가운데는 독일 측에서 판매한 오스트레일리아 말 60마리도 포함되어 있습니다. 이 말들을 구입하는 데 운송비용을 포함해 총 14000달러의 비용이 들었다고 전해집니다.

(서명) 바이페르트
원본 문서 한국 1

---

1 [원문 주석] 원본에 이렇게 쓰여 있음.
2 [감교 주석] 세인트루이스(St. Louis)

[영일동맹과 한국정부의 프랑스 차관 포기에 관한 프랑스 언론보도 보고]

발신(생산)일	1902. 4. 10	수신(접수)일	1902. 4. 11
발신(생산)자	라돌린	수신(접수)자	뷜로
발신지 정보	파리 주재 독일 대사관 (추정. 확인要)	수신지 정보	베를린 정부
	No. 248		A. 5671

사본

A. 5671　1902년 4월 11일 오후 수신

파리, 1902년 4월 10일

No. 248

독일제국 수상 뷜로 각하 귀하

4월, 원본 문서 한국 10

지난달 6일의 "Eslair"는 영일동맹조약이 한국에서 일본의 우위를 지지한다는 점에서 프랑스에 불리하다고 설명합니다. 그렇게 되면 프랑스가 기획한 일들이 수포로 돌아갈 것이라고 말합니다. 이미 만주지방을 점유하고 있는 러시아만이 이런 동아시아 정세로부터 이득을 취하고 있습니다. 청나라에서 전쟁이 벌어진다면 프랑스가 비용을 부담해야 할 것입니다.

이달 1일 Questions Diplomatiques et Coloniales에서 Lemire는 한국에서 프랑스의 이해관계에 대해 요약 서술합니다. Lemire 역시 (금년 1월 30일의) 영일동맹조약 선언이 한국 정부가 프랑스 차관을 포기하게 된 동기라는 견해입니다. 한국 정부는 3월 1일 프랑스 차관을 포기한다고 발표했습니다.

(서명) 라돌린[1]

1　[감교 주석] 라돌린(H. F. von Radolin)

[주한프랑스공사 플랑시의 한국문제에 대한 태도 보고]

발신(생산)일	1902. 6. 21	수신(접수)일	1902. 8. 9
발신(생산)자	바이페르트	수신(접수)자	뷜로
발신지 정보	서울 주재 독일 영사관	수신지 정보	베를린 정부
	No. 105		A. 11986
메모	8월 11일 런던 702, 파리 558, 페테르부르크 665에 전달. 연도번호 No 600		

A. 11986 1902년 8월 9일 오전 수신

서울, 1902년 6월 21일

No. 105

독일제국 수상 뷜로 각하 귀하

　최근 런던에서 파리에 도착한 "Daily News"의 전보문에 의하면, 프랑스가 한국과의 분쟁을 예상한다고 합니다. 이곳 서울에서는 이 소식을 입증하는 것을 찾아볼 수 없습니다. 한국 정부에 대한 프랑스 대표[1]의 태도는 오히려 매우 신중하고 조심스럽습니다. 이러한 태도는 제주도 사건에 대한 손해배상처럼 지금까지 이행되지 않은 여러 요구들을 고수하는 방식에서뿐만 아니라 윈난 신디케이트 차관 문제를 다루는 방식에서도 나타납니다. 윈난 신디케이트 차관 문제와 관련해 결국 프랑스 대표는 한국 측의 거부에 대해 조약의 존속을 거듭 주장하고 한국 신디케이트를 대표하는 Bellescize 남작과의 합의를 권유하는 것으로 만족하고 있습니다. Bellescize 남작은 지난달 중순 베이징으로 거처를 옮겼으며, 이곳에서의 계획, 심지어는 손해배상을 받으려는 희망까지도 포기한 듯 보입니다.

　프랑스의 태도에 대한 러시아 측의 견해에 관해 보고 드리면, 본인은 앞에서 말씀드린 전보문을 파블로프[2]에게 언급하면서 콜랭 드 플랑시가 지금까지 어쨌든 매우 조용하다고 말했습니다. 그러자 파블로프는 상당히 활기찬 목소리로 말했습니다. "그렇죠. 사실

1　[감교 주석] 플랑시(V. C. Plancy)
2　[감교 주석] 파블로프(A. Pavlow)

너무나 조용합니다."

본인은 이 보고서의 사본을 베이징과 도쿄 주재 독일제국 공사관에 보낼 것입니다.

바이페르트

베를린, 1902년 8월 11일   A. 11986에 첨부

런던 No. 732   한국에 대한 프랑스의 태도와 관련한 정보를
파리 No. 558   귀하께 알려드리고자, 금년 6월 21일 자 서울
상트페테르부르크 No. 665   주재 독일제국 영사의 보고서 사본을 삼가 전
                                         달하는 바입니다.
주재 사절단 귀중

연도번호 No 7093

15

[프랑스 해군소장의 제물포 체류에 관한 보고]

발신(생산)일	1902. 8. 11	수신(접수)일	1902. 9. 25
발신(생산)자	바이페르트	수신(접수)자	뷜로
발신지 정보	서울 주재 독일 영사관	수신지 정보	베를린 정부
	No. 133		A. 14185
메모	연도번호 No 777		

사본

A. 14185 1902년 9월 25일 오후 수신

서울, 1902년 8월 11일

No. 133

독일제국 수상 뷜로 각하 귀하

프랑스 해군소장 Bayle은 이달 6일부터 8일까지 "D´Entrecasteaux"호와 "Bugeaud" 호, "Décidée"호를 대동하고 제물포에 머문 동안 서울을 공식 방문하지 않았습니다. 그 것은 아마 금년 5월에 이미 서울을 공식 방문했기 때문인 것으로 추정됩니다. 그 반면에 "Kentucky"호와 "New Orleans"호, "Vicksburg"호, "Helena"호를 대동하고 이달 7일 즈 푸를 떠난 미국 해군소장 Evans는 이곳에 도착해 8일 미국 공사와 함께 한국 황제를 알현했습니다.

(서명) 바이페르트

원본 문서 한국 1

[제주민란 처리에 대한 주한프랑스공사 플랑시의 항의 보고]

발신(생산)일	1902. 9. 1	수신(접수)일	1902. 10. 16
발신(생산)자	바이페르트	수신(접수)자	뷜로
발신지 정보	서울 주재 독일 영사관	수신지 정보	베를린 정부
	No. 141		A. 15146
메모	연도번호 No 840		

A. 15146　1902년 10월 16일 오후 수신

서울, 1902년 9월 1일

No. 141

독일제국 수상 뷜로 각하 귀하

　　지난 달 28일 한국 군주의 탄신일을 맞이해 공식접견이 있었고, 그에 이어 궁내부대신이 궁중에서 조찬을 개최했습니다. 프랑스 변리공사[1]는 접견을 마치고 조찬 전에 보란 듯이 자리를 떴습니다. 같은 날 저녁 외부에서 개최된 만찬에도 프랑스 공사단은 나타나지 않았습니다. 며칠 후 콜랭 드 플랑시는 그것을 통해 제주도 사건[2]의 만족스럽지 못한 해결 방식에 대한 불만을 한국인들에게 표시하려고 했다고 본인에게 말했습니다. 여전히 지급되지 않은 5160엔의 배상금은 차치하고라도, 지난해 4월에 있었던 기독교인 박해의 선동자와 주동자의 처벌이 특히 문제됩니다. 지난해 10월 서울의 최고법원에서 기독교인 박해를 선동한 주동자 3명에게는 사형선고를, 8명에게는 10년에서 15년의 징역형을 선고했습니다. 그러나 프랑스 신부의 진술에 의하면 가장 적극적으로 참여한 군수 채구석[3]에 대한 소송은 프랑스 대표의 강력한 처벌 요구에도 불구하고 오랫동안 지연되었습니다. 앞에서 언급한 사형선고는 곧 집행되었지만, 나머지 죄인들 중 4명은 사면한다는 칙령이 지난달 18일 발표되었습니다. 그리고 채구석은 프랑스 신부를 보호하려고 노력했다는 진술에 의해 기소가 중지되었습니다. 이 때문에 콜랭 드 플랑시는 한국 외부

1　[감교 주석] 플랑시(V. C. Plancy)
2　[감교 주석] 신축민란(辛丑民亂)
3　[감교 주석] 채구석(蔡龜錫)

대신 서리[4]에게 항의 서한을 보냈습니다. 그리고 이 서한에 대한 답신이 오지 않자, 콜랭 드 플랑시는 앞서 말씀드린 축하연의 초대에 응하지 않겠다고 선언했습니다. 콜랭 드 플랑시는 이러한 조처가 현재 당면한 문제 이외에, 프랑스 국민들의 충족되지 않은 다른 여러 가지 요구에 대해서도 유리한 영향을 미칠 것이라고 기대하고 있습니다. 콜랭 드 플랑시는 자신이 10월의 기념행사에도 참석하지 않을 것을 한국 측에서 우려할 것이라고 예측합니다.

본인은 이 보고서의 사본을 베이징과 도쿄 주재 독일제국 공사관에 보낼 것입니다.

바이페르트

내용: 프랑스의 요구로 인한 곤경

---

4 [감교 주석] 유기환(俞箕煥)

17

원문 p.607

[부산에서 프랑스 군함 선원이 폭행사건을 일으켰다는 보고]

발신(생산)일	1902. 8. 23	수신(접수)일	1902. 10. 17
발신(생산)자	바이페르트	수신(접수)자	뷜로
발신지 정보	서울 주재 독일 영사관	수신지 정보	베를린 정부
	No. 138		A. 15169
메모	10월 22일 원본 문서의 발췌문 런던 943에 전달.		

사본

A. 15169 1902년 10월 17일 오전 수신

서울, 1902년 8월 23일

No 138

독일제국 수상 뷜로 각하 귀하

이번 달 2일 부산에서도 프랑스 군함 "D'Entrecasteaux"호의 선원 4명이 폭행 사건을 야기했습니다. 이탈리아 군함 "Marco Polo"호의 선원 여럿이 프랑스 선원들을 도왔으며 일본인 13명이 부상을 입었습니다.

(서명) 바이페르트

원본 문서 한국 1

18

[한국 정부의 궁정 계략이 프랑스에 불리한 방향으로
진행되었다는 보고]

발신(생산)일	1902. 10. 10	수신(접수)일	1903. 1. 22
발신(생산)자	가이슬러	수신(접수)자	빌헬름 2세
발신지 정보	칭다오 순양함 함대 사령부	수신지 정보	독일 황제
	G. B. No. 1055		A. 1043
메모	기밀		

발췌문

A. 1043   1903년 1월 22일 수신에 첨부

칭다오, 1902년 10월 10일

순양함 함대 사령부

G. B. No. 1055

기밀

황제 폐하께

한국에서 일반적으로 정부 정책을 주도하는 궁정 계략이 현재 러시아에게는 매우 유리한 방향으로, 프랑스에게는 매우 불리한 방향으로 진행되었습니다. 이것은 최근 프랑스 측에서 강제조치를 취하겠다고 위협하며 작년에 제주도에서 살해[1]된 프랑스 선교사들에 대한 배상금을 즉시 지불할 것을 요구했기 때문일 수도 있습니다. 이러한 요구는 지속적인 재정난에 시달리는 한국 정부에게 극히 곤란한 일임에 틀림없습니다.

(서명) 가이슬러[2]
원본 문서 청국 9 No. 1

---

1   [감교 주석] 신축민란(辛丑民亂)
2   [감교 주석] 가이슬러(Geissler)

외무부
A편

외무부 정치 문서고
한국의 기독교 관계 문서

———————

1886년 6월부터
1910년 5월까지

계속
Japan 22. 참조

R 18950
한국 No. 6

내용-목차	
1886년 6월 4일 자 서울 발 보고서 No. 33 -조약에 따라 조선에 천주교 용인을 요구하는 프랑스 측의 움직임. <div align="right">원문: 조선 5</div>	9309 1886년 8월 6일 수신
1886년 5월 8일 자 서울 발 보고서 No. 25 -외국 종교 및 학교 금지와 관련해 조선이 미국 변리공사한테 보낸 외교문서.	7888 1888년 6월 29일 수신
6월 5일 자 베이징 발 보고서 No. 139 -신임 조선 주재 프랑스 대표 콜랭 드 플랑시의 부임 및 천주교 선교사들의 공격 적인 태도.	8943 7월 22일 수신
1901년	
메모: 서울 발 보고서 -제주도 사태와 관련해 프랑스 측이 조선 정부에 배상을 요구함. <div align="right">원문: 조선 10</div>	13864 9월 28일
1903년	
2월 11일 자 서울 발 보고서 No. 20. -황해도에서 발생한 천주교 신자와 개신교 신자 간 갈등.	4692 4월 3일
4월 22일 자 서울 발 보고서 No. 56 -황해도에서 발생한 천주교 신자들의 착취 행위.	8120 6월 6일
4월 22일 자 서울 발 보고 No. 58. -조선 내 기독교 선교활동 통계. 독일에서 온 선교단은 없음.	8128 6월 6일
7월 15일 자 서울 발 보고 No. 82. -조선에서 천주교 신자와 개신교 신자 간 충돌사태 발생. <div align="right">원문: 중국 25</div>	11859 8월 10일
1904년	
10월 29일 자 베를리너 타케블라트 기사 No.- -기독교인 보호와 관련해 조선 황제가 교황에게 보낸 서신.	17108 10월 29일
1907년	
10월 28일 The Times지 기사 -조선에서의 선교 활동.	16552 10월 28일

1908년	
12월 15일 자 서울 발 보고서 No.– –Times에 실린 조선의 개신교 선교활동 전망에 관한 윌리엄 세실 경의 기고문.	422 1월 9일
1909년	
3월 6일 자 도쿄 발 보고서 A 66 –조선 내부대신 송병준이 국내 기독교인들과 미국 선교사들에 대해 부정적인 견해 표명.	5215 3월 23일
2월 16일 자 서울 발 보고서 No. 19 –내용 상동.	5676 3월 20일
3월 9일 서울 발 보고서. No. 26. –내용 상동 및 송의 퇴임.	6413 4월 11일
4월 1일 자 쾰니셰 차이퉁 기사 –내용 상동.	5855 4월 1일
3월 27일 자 서울 발 보고서 No. 37	6684 4월 10일
4월 1일 자 도쿄 발 보고서 No. A 87	7938 –5월 6일
독일 베네딕트 수도사들의 조선 정착.	
6월 14일 자 서울 발 보고서 No. 56 –내용 상동.	11139 7월 2일
10월 8일 자 쾰니셰 차이퉁 –베네딕트 수도회 수도사가 서울의 토지 매입.	16469 10월 8일
11월 13일 자 도쿄 발 보고서 No. A 226. –기독교로 개종하는 조선인.	19745 12월 1일
1910년	
2월 18일 자 쾰니셰 차이퉁 –베네딕트 수도회 수도사 Huber 사망.	3084 2월 19일
4월 8일 자 도쿄 발 보고서 A 126 –조선 내 외국 선교사들.	7708 5월 4일

원문 p.613

[조선과 프랑스의 조약협상에 관한 보고]

발신(생산)일	1886. 6. 4	수신(접수)일	1886. 8. 6
발신(생산)자	켐퍼만	수신(접수)자	비스마르크
발신지 정보	서울 주재 독일총영사관	수신지 정보	베를린 정부
	No. 33		A. 9309

사본

A. 9309 1886년 8월 6일 오후 수신

서울, 1886년 6월 4일

No. 33

비스마르크 각하 귀하

얼마 전 서울에 도착한 조약 전권대사 조르주 코고르당[1]은 제물포에서 하선한 직후 여러 사람에게, 천주교 용인과 관련된 조항이 없을 경우 조선과의 조약은 프랑스에 아무런 가치가 없기 때문에 조선 정부가 그 문제와 관련해 협상을 벌일 준비가 되어 있다고 약속하지 않을 경우 자신은 서울로 가지 않겠다고 말했습니다.

하지만 제물포에서 잠시 기다린 후 결국 그는 조선 정부의 약속을 받지 못한 채 서울로 왔으며 조선 정부가 조약 관련 협상을 시작하기까지 3주를 기다려야 했습니다.

김윤식[2] 외아문 독판이 돌연 서울을 떠났습니다. 혹자는 1884년 정변[3]이 끝난 뒤, 아들이 정변에 연루되었다는 이유로 처형된 친구와 친구 부인의 시신을 매장해 준 일[4]로 고소를 당할지 모른다는 두려움으로 인해 그가 서울을 떠났다고 말하고, 혹자는 프랑스와의 조약협상에서 빠짐으로써 종교문제에서 양보했다는 오명을 다른 사람에게 떠넘기기 위해 서울을 떠났다고 합니다.

청국 공사[5]는 본인에게 첫 번째 이유가 맞을 것이라고 하면서, 자신은 조선 정부에

---

1 [감교 주석] 코고르당(Cogordan)
2 [감교 주석] 김윤식(金允植)
3 [감교 주석] 갑신정변(甲申政變)
4 [감교 주석] 박영효(朴泳孝)의 부모(박원양과 전의 이씨)

지나간 일은 그냥 잊어버리고 그를 그냥 내버려두라는 조언을 했다고 덧붙였습니다. 외부대신은 친청주의자로 널리 알려진 인물입니다. 청 공사는 프랑스와의 조약과 관련해 조선은 그 어떤 경우에라도 천주교 용인 조항을 수용해서는 안 된다고 말했습니다.

외아문 독판은 아직까지 귀경하지 않았습니다. 하지만 관보에 따르면 그는 아무런 처벌도 받지 않을 것이며, 내일이나 모레 중에 다시 서울로 돌아와 직무에 복귀할 것이라고 합니다.

하지만 2주 전 친청 성향의 고위 관리[6]와 미국인 데니[7]가 조약에 대한 전권을 위임받았습니다. 당시 데니는 서울로 완전히 이주할 준비를 할 예정으로 조용히 톈진에서 상하이로 가던 길이었습니다. 그런데 확인된 바와 같이 리훙장[8]의 전보 지시에 따라 갑자기 그곳을 떠나 본인과 동시에 이곳에 도착하였습니다.

그 후 시작된 조약 협상 과정에서 이곳과 톈진 간에 지속적으로 전보가 오갔습니다.

정보소식통으로 알려진 어느 궁중 관리한테서 들은 바에 의하면, 코코르당은 조약에 기독교 용인 조항을 포함시키는 것을 포기했다고 합니다. 대신 그는 조선 정부가 프랑스 선교사들을 보호해주겠다는 공식 약속을 받아내고자 했습니다. 하지만 조선 정부는 보호가 용인보다 천 배는 더 어려운 일이라면서 그것은 본래의 목적에서 벗어나는 것이라고 지적하였습니다.

어제 프랑스 공사는 본인과 대화를 나누던 중, 협상이 끝나 조만간 서명이 이루어질 것이며, 그런 다음 자신은 떠날 것이라고 말했습니다. 그가 협상 결과에 만족하는지, 또 만족한다면 어느 정도로 만족하는지에 대해서는 말하지 않았습니다.

하지만 본인이 들은 바에 의하면, 조약에 선교나 선교사의 용인 문제와 관련해서는 아무 것도 포함되지 않았다고 합니다. 오히려 그 문제는 다른 열강들과 체결한 조약들과 동일하다고 하며, 다만 프랑스 물품들에 대한 관세가 약간 줄었다고 합니다.

본인과 친분관계가 있는 서울의 프랑스 주교[9]는 코르코당 사절단의 실패 책임을 청과 유럽(Denny)의 영향력 탓으로 돌렸습니다. 조선 왕과 왕비는 용인 조항에 찬성했다는 것입니다. 그의 발언은 두 가지 점에서 사실인 듯합니다.

조선 정부는 프랑스 선교사들과 그들의 추종자들이 조선의 관청과 법을 거스르는

---

5 [감교 주석] 위안스카이(袁世凱). 그의 공식 직함은 주찰조선총리교섭통상사의(駐紮朝鮮總理交涉通商事宜).
6 [감교 주석] 김만식(金晩植)
7 [감교 주석] 데니(O. N. Denny)
8 [감교 주석] 리훙장(李鴻章)
9 [감교 주석] 블랑(Blanc)

활동을 하지 않는 한 그들의 조선 체류를 용인하기로 결정하였습니다. 조선의 전권사절들은 프랑스 공사한테 그 점을 여러 번 밝혔습니다. 현재 프랑스 선교사 10명이 비밀리에 조선에 체류 중이라는 사실을 조선 정부도 잘 알고 있습니다. 또한 주교와 주교 보좌 신부가 이곳 서울에 머물고 있습니다. 그들은 현재 조선 정부를 피해 몸을 숨길 필요가 없으며, 주교는 그 사실을 잘 알고 있습니다. 그럼에도 불구하고 프랑스 사절단이 있는 지금도 주교가 계속 은신하고 있는 것은 본인 보기에는 조선인들이 선교사들에 대해 몹시 적대적이라는 사실을 두려워하기 때문입니다. 조선인과 조선의 상황을 잘 아는 대부분의 유럽인들도 그렇게 확신하고 있습니다.

현재 이곳에는 5명의 미국 선교사가 머물고 있습니다. 그들은 의료와 교육 사업에 전념하면서 서울의 가장 좋은 지역에 커다란 토지를 매입하였으며, 집들도 소유하고 있습니다. 조약에 따르면(우리나라의 조약 4조 2항) 그들이 소유한 토지에 가옥이나 교회를 지을 권리가 있음에도 불구하고 주민들이 어떻게 나올지 몰라 일단 그것은 보류하고 있는 듯합니다. 프랑스 주교는 러시아 공사관 바로 옆에 꽤 큰 부지를 구입하였습니다. 조약이 비준된 뒤 그가 신중함을 떨치고 상기 조항을 근거로 그 부지에 선교학교와 교회를 세울지, 또 조선 정부와 주민들이 그것을 어떻게 받아들일지는 좀 더 지켜봐야 할 것 같습니다.

프랑스와 조선 간 조약의 서명 및 조약 내용에 관해 보다 자세한 사항을 알게 되는 대로, 또한 보고할 내용이 발생하는 즉시 선교 문제의 향후 전개 상황에 대해 각하께 보고 드리겠습니다.

켐퍼만[10]

원문: 조선 5

---

10 [감교 주석] 켐퍼만(T. Kempermann)

조선의 기독교

발신(생산)일	1888. 5. 8	수신(접수)일	1888. 6. 29
발신(생산)자	크리엔	수신(접수)자	비스마르크
발신지 정보	서울 주재 독일영사관	수신지 정보	베를린 정부
	No. 25		A. 7888

A. 7888 1888년 6월 29일 오전 수신, 첨부문서 1부

서울, 1888년 5월 8일

검열 No. 25

비스마르크 각하 귀하

각하께 조선 외아문 독판[1]이 미국 변리공사[2]한테 전달한 외교문서를 번역본을 첨부하여 삼가 전달합니다. 이달 4일 미국 변리공사한테서 본인이 전달받은 것입니다. 외아문 독판은 미국 대표한테 보내는 외교문서에서 조선은 기독교선교를 허용하지 않는다는 점을 밝히고 미국 선교사들의 선교활동에 대해 경고했습니다.

그러자 딘스모어는 즉시 선교 목적으로 북쪽 평안도 지역으로 떠난 두 선교사를 돌아오도록 조처하였습니다. 그런 다음 조선 외아문에 자신은 이미 미국 선교사들한테 조선에서 기독교 선교활동을 허락하지 않았다는 사실을 통지했으며, 이제 다시 그 사실을 전달했다고 알렸습니다. 또한 그는 외아문 독판의 외교문서를 미국 정부에 전달하겠다고 전했습니다.

조선 외아문 독판은 프랑스의 관심사를 잘 인지하고 있는 러시아 대리공사 베베르[3]한테도 유사한 외교문서를 보냈습니다. 베베르는 이곳에 있는 프랑스 주교인 블랑[4]한테 공문의 내용을 알려주기만 했을 뿐, 아직까지 그 문제에 대한 답변은 안 했다고 합니다.

외아문 독판이 이렇게 다급하게 외교문서를 보낸 동기는 천주교 선교사가 조선 정부

---

1 [감교 주석] 조병직(趙秉稷)
2 [감교 주석] 딘스모어(H. A. Dinsmore)
3 [감교 주석] 베베르(K. I. Weber)
4 [감교 주석] 블랑(Blanc)

에 불손한 태도를 보였기 때문임이 확실합니다. 주교와 보좌신부 Coste는 번번이 조선 관료들에게 경멸하는 태도를 보였습니다.

서울 및 원산에서 프랑스 선교사들과 조선 관리들 사이에 여러 차례 사소한 분쟁이 일어났을 때 베베르의 중재로 문제가 해결되었습니다. 그 이후 조선 정부는 주교가 서울에 프랑스 학교와 천주교회를 세울 예정이라는 의사를 밝히자 몹시 불쾌하게 생각하고 있습니다. 건설 예정부지가 옛 조선의 봉납화[5]가 보관된 사원 바로 옆이기 때문입니다. 상황을 특히 안 좋게 몰아간 것은 프랑스 토지 일부가 사원보다 높아서 국왕이 조선인들의 광범위한 민간신앙에 따라 사원이 더 높은 곳에 지어진 기독교 예배당의 영향하에 놓인 것 같은 인상을 주게 될까 두려워한다는 사실입니다.

이로 인해 얼마 전 조선 외아문 독판이 베베르한테 블랑 주교로 하여금 건설 작업을 중단하게 해달라고 요청하면서 대신 조선 정부가 보상금과 함께 건물들을 지을 수 있는 대체지를 제공하겠다고 나섰습니다. 러시아 대리공사는 이것을 매우 합당하고 적절한 제안이라고 높이 평가한 반면, 주교는 대체지로 제시된 부지는 자신들의 목적에 적합하지 않다고 판단했습니다. 그는 계속해서 조약에 서울에 토지를 매입할 수 있는 권리가 명시되어 있다고 주장하면서, 조금씩이나마 계속 작업을 진행했습니다. 주교는 이 모든 분쟁은 부지 인근에 살고 있는 어느 조선 고위관료의 간계 때문이라고 주장했습니다.

베베르는 프랑스 선교사들의 몹시 어리석은 행태에 몹시 격분한 나머지 외아문 독판에게 이달 말 이곳에 부임할 예정인 신임 프랑스 대표 콜랭 드 플랑시가 도착할 때까지 부지 협상을 미룰 것을 요청했습니다.

블랑 주교와 Coster는 11년 넘게 조선에 살면서 일찍부터 조선 관료들의 증오를 견뎌야 했습니다. 주교가 본인에게 직접 조선 왕의 중재로 여러 번 목숨을 구했다고 말했을 정도입니다. 본인이 보기에 주교는 그런 이유로 조선에서는 무엇을 하든 정당하다고 인정받는 왕의 소망에 최대한 따르려는 강한 동기를 갖고 있는 듯합니다.

며칠 전 주교는 본인을 방문한 자리에서 외아문 독판이 보낸 외교문서에 대해 아래와 같이 말했습니다. 프랑스-조선 간 조약[6]을 통해 그는 서울에서 자유로운 선교활동을 할 수 있는 권리를 획득했다는 것입니다. 따라서 조선 정부는 선교 목적을 위해 그가 개인적으로 예배당을 건립하는 것을 막을 수 없는 반면 조선 주민들이 그 예배당을 방문하는 것은 막을 권리가 있다고 했습니다.

---

5 [감교 주석] 봉납화(奉納畵)
6 [감교 주석] 조불수호통상조약

조선 내 천주교 신자의 규모는 조선의 추정에 따르면 80,000명 정도입니다. 반면 주교는 그 숫자를 14,000명으로 추정하고 있으며 대부분의 신자는 남쪽에 있는 두 지역, 즉 전라도와 경상도 주민이라고 합니다.

프랑스 외방전교회 소속으로 현재 조선에서 선교활동을 하는 사람의 숫자는 주교 1명, 수석보좌신부 1명, 사제 12명입니다. 그중 주교와 수석보좌신부를 비롯해 고령의 사제 1명과 얼마 전 입국한 7명의 젊은 사제는 서울에 있고, 나머지는 내륙에 거주하고 있습니다.

개신교 신자의 숫자는 300명을 넘지 않습니다. 대부분 서울에 살고 있고, 소수가 평안도에 살고 있습니다.

개신교 선교사는 아직까지는 전부 미국인들입니다. 감리교선교회 소속의 남자 2명과 여자 3명, 장로교선교회 소속의 남자 3명과 여자 6명입니다.

감리교단은 이곳에 병원과 신학교를 건립하였습니다.

이곳에 조선 정부가 세운 국립병원은 장로교선교회 소속 의사들이 운영하고 있습니다. 조선 정부가 세운 영어학교[7]에는 미국에서 온 3명의 개신교 목사가 근무하고 있으며, 그들은 규모가 작은 특정 선교회 소속입니다.

본인은 본 보고서의 사본을 베이징 주재 독일제국 공사관으로 보낼 것입니다.

크리엔[8]

내용: 조선의 기독교. 첨부문서 1부

---

7 [감교 주석] 육영공원(育英公院)
8 [감교 주석] 크리엔(F. Krien)

보고서 검열 No. 25의 첨부문서
사본

조선 외아문 독판 조가 미국 변리공사 딘스모어한테 보낸 급보
1888년 4월 22일 자 외교문서

우리 정부는 서울에 우리 국왕의 신하들과 백성들에게 잘못된 교리를 가르치는 개신교 종교교사와 선교사들이 많이 있다는 것을 잘 알고 있습니다.

조약에는 형태를 불문하고 개신교 선교와 학교에 관한 규정이 없습니다. 따라서 조선 정부는 그 어떤 새로운 종교나 학교도 종류에 관계없이 가장 엄격하게 제제하거나 금지하고 있습니다. 서울은 물론이고 다른 지역에서도 향후 그런 기관들을 설립은 허용되지 않을 것입니다.

(생략) 따라서 미국 선교사들한테 우리 정부의 지시를 꼭 따라야 한다는 점을 주지시키며 그 어떤 문제나 피해를 유발하지 않도록 해주실 것을 간곡히 요청 드립니다.

번역 : 라인스도르프[9]

---

9 [감교 주석] 라인스도르프(Reinsdorf)

[플랑시가 조선에서 업무를 개시하리라는 보고]

발신(생산)일	1888. 6. 5	수신(접수)일	1888. 7. 22
발신(생산)자	브란트	수신(접수)자	비스마르크
발신지 정보	베이징 주재 독일공사관	수신지 정보	베를린 정부
	No. 139		A. 8943

A. 8943 1888년 7월 22일 오후 수신

베이징, 1888년 6월 5일

No. 139

비스마르크 각하 귀하

조선 내 기독교에 대한 서울 주재 영사대리 크리엔[1]의 금년 5월 8일 자 보고서 No. 25[2]에 이어 각하께 삼가 아래와 같이 보고 드리게 되어 영광입니다. 본인과 친분이 있는 이곳 프랑스 동료의 전언에 의하면 신임 프랑스 대표 콜랭 드 플랑시가 조만간 직무를 시작할 예정입니다. 아직 정식으로 일을 시작하지 않은 것은 프랑스 정부로부터 최대한 신중하고 조심스럽게 처신하라는 지시를 받았기 때문으로 보입니다.

플랑시[3]가 천주교 선교사들의 공격적인 태도에도 불구하고 모든 갈등을 해결할 수 있을지는 좀 더 지켜봐야 할 것 같습니다. 예전에 그가 베이징에서 공사관 제2서기관으로 일했을 때 그는 조용하고 합리적인 인물로 알려졌었습니다.

브란트[4]

---

1 [감교 주석] 크리엔(F. Krien)
2 [원문 주석] 조선 6 A. 7888에 삼가 첨부됨.
3 [감교 주석] 플랑시(V. C. Plancy)
4 [감교 주석] 브란트(M. Brandt)

[신축민란에 따른 프랑스의 보상 요구 관련 보고]

발신(생산)일		수신(접수)일	1901. 9. 28
발신(생산)자		수신(접수)자	
발신지 정보		수신지 정보	베를린 외무부
			A. 13864

A. 13864 1901년 9월 28일

메모

제주도 사태와 관련해 프랑스가 조선 정부에 요구한 보상에 대한 8월 3일 자 서울 발 보고서 No. 129는 〈조선 10〉에 보관돼 있음.

황해도에서 발생한 천주교 신자와 개신교 신자 간 갈등

발신(생산)일	1903. 2. 11	수신(접수)일	1903. 4. 3
발신(생산)자	바이페르트	수신(접수)자	뷜로
발신지 정보	서울 주재 독일영사관	수신지 정보	베를린 정부
	No. 20		A. 4692
메모	연도번호 No. 131		

A. 4692 1903년 4월 3일 오전 수신, 첨부문서 1부

서울, 1903년 2월 11일

No. 20.

폰 뷜로 수상 각하 귀하

얼마 전부터 이곳 중앙정부는 서울 북쪽 황해도 지역에서 발생한 천주교 신자와 개신교 신자 사이에 벌어진 문제[1], 즉 그 지역에서 다수를 점하고 있는 천주교 신자들이 개신교 신자들에게 폭력을 행사한 사건에 주목하고 있습니다. 또한 이곳 정부는 미국 선교회와 가까운 "Korea Review" 1월호 22~29 쪽의 내용에 매우 격앙된 반응을 보였습니다. "Korea Review" 기사는 첨부문서로 동봉하였습니다. 황해도에 거주하는 두 프랑스 신부 빌렘[2]과 르각[3]이 해당 사건에 연루되었다는 주장은 없었습니다. 1901년 5월 제주도 사태에서 드러났듯이 그들은 개종자들이 물질적인 이익을 위해 교회연합의 영향력을 마구 악용하는 것을 무기력하게 방치했을 가능성이 높습니다.

다른 여러 불만과 함께 현재 문제가 되는 것은 소도시 재령에서 일어난 사건입니다. 9월 말 경 재령에 천주교교회를 짓기 위해 모금한 기금을 관리하는 조선인 관리자가 개신교 신자들한테도 똑같이 기부금을 요구했을 뿐만 아니라 강제로 기금을 징수했다고 합니다. 개신교 신자들의 항의로 관찰사가 천주교 신자 6명을 체포하자 천주교 신자들이 떼를 지어 경찰을 제압하고 그들을 풀어주었다고 합니다. 이에 관찰사가 지난달 초 천주

---

1 [감교 주석] 해서교안(海西敎案)
2 [감교 주석] 빌렘(Wilhelm)
3 [감교 주석] 르각(C. Le Gac)

교 신자들이 폭력을 행사하여 통제가 불가능하다고 보고했습니다. 개신교 측에서는 프랑스 변리공사와 서울 외부에 대표를 파견해 공개수사 및 지원을 요청했습니다. 콜랭드 플랑시 또한 이 사건의 조사를 강력히 요구했습니다. 그 결과 이달 초 외부 국장이 사건 조사 및 서울 최고법원에서의 심리를 위해 황해도로 파견되었습니다. 미국 공사는 미국 선교사들의 호소에도 불구하고 현재까지 공식적인 개입을 거절하였습니다.

본인은 본 보고서의 사본을 베이징과 도쿄 주재 독일제국 공사관에 보낼 것입니다.

바이페르트[4]

내용: 황해도에서 발생한 천주교 신자와 개신교 신자 간 갈등
     첨부문서 1부

No. 20 - 1903의 첨부문서
첨부문서의 내용(원문)은 독일어본 623~633쪽에 수록.

---

4   [감교 주석] 바이페르트(H. Weipert)

황해도 천주교 신자들의 착취 행위

발신(생산)일	1903. 4. 22	수신(접수)일	1903. 6. 6
발신(생산)자	바이페르트	수신(접수)자	뷜로
발신지 정보	서울 주재 독일영사관	수신지 정보	베를린 정부
	No. 56		A. 8120
메모	연도번호 No. 341		

A. 8120 1903년 6월 6일 오전 수신

서울, 1903년 4월 22일

No. 56

뷜로 수상 각하 귀하

천주교 신자들의 습격 문제[1]로 인해 황해도로 파견된 정부조사관이 드디어 조사를 마치고 서울로 돌아오는 중이라고 합니다. 하지만 황해도의 보고에 의하면, 문제를 완전히 해결하지는 못한 듯합니다. 지난달 초 그를 지원하기 위해 프랑스 대표는 통역가 Eleven을, 미국 공사는 두 명의 선교사를 현장으로 파견했습니다. 하지만 그로 인해 오히려 대립이 더 심해졌기 때문에 지방관청에서 단독으로 그 사건을 처리할 수 있도록 지난달 중순 양측 파견자들을 다시 서울로 불러들였습니다.

조사관은 죄질이 가장 심각한 천주교 신자 20명을 체포했습니다. 프랑스 측에 의하면 조사 결과 금년 2월 11일 자 보고서 No. 20[2]에서 언급된 사례들 외에 그곳 천주교 신자들이 여러 건의 불법행위를 저질렀다는 사실이 확인됐습니다. 그들은 일부는 협박을 일삼았고, 일부는 정부의 권한을 참칭해 체포와 심문을 했으며 심지어 조선 경찰이 쓰는 고문과 폭력 등을 사용하였습니다. 사람들은 천주교 신자들의 그러한 행위를 처벌해야 한다고 말합니다. 하지만 국가의 폭력에 맞선 것은 분명 자신의 책임이라고 천명한 그 지역 프랑스 선교사 빌렘[3]은 용서해야 한다고 말합니다. 그곳에서 벌어진 무절제한 행동

---

1 [감교 주석] 해서교안(海西敎案)
2 [원문 주석] A. 4692에 삼가 첨부함.
3 [감교 주석] 빌렘(Wilhelm)

들은 빌렘의 뜻과 무관하게 천주교 신자들 가운데 다수의 불량배들에 의해 자행되었을 뿐만 아니라 조선 관리의 부실한 대응도 자구책의 일환으로 벌어진 폭력행위를 정당화시키는 측면이 있다는 것입니다. 예를 들어 황해도의 도정 기록에 보면, 경찰이 죄인을 소환하고 체포할 때 무급의 수행원을 데리고 다녔는데, 그들이 체포된 사람들의 가옥을 약탈하고 수감자를 폭행해 그들의 소지품을 빼앗았다고 기록되어 있다고 합니다.

미국 선교사들이 발행하는 "Korea Review" 3월호에서 몇 건의 심문조서를 공개하며 매우 격앙된 어조로 비판적인 기사를 실었습니다. 프랑스 선교사들이 황해도에서 개신교 선교활동을 뿌리 뽑기 위한 모의를 했다고 비난하면서 미국 정부가 이 프랑스 사태에 개입해 줄 것을 요청한 것입니다. 하지만 규탄 조의 이 기사는 200건의 조사 건수 가운데 단 10건만이 개신교 신자들의 소행이었다고 보도함으로써 기사 자체가 모순에 빠졌습니다. 숫자를 통해 명확히 드러난 것은 황해도에서 비천주교 주민들에 대한 천주교 신자들의 강압적인 착취행위는 12,000여 건에 이른 반면 개신교 신자들에 대한 천주교 신자들의 착취 행위는 800여 건으로 추정된다는 것입니다. 정치적으로 미국과 프랑스를 그 사건에 끌어들이려던 잡지의 노력은 프랑스 대표뿐만 아니라 미국 대표에 의해서도 비난받고 있습니다. 하지만 조선 정부로 하여금 조선 학교에 고용된 잡지 발행인 헐버트[4]에 대한 언론의 공격을 금지하게 만들려던 콜랭 드 플랑시의 시도는 실패했습니다. 학부대신[5]이 그런 식의 공무 외적인 일에 개입하는 것을 거부했기 때문입니다.

본인은 본 보고서의 사본을 베이징과 도쿄의 독일제국 공사관에 보낼 것입니다.

바이페르트

내용: 황해도 천주교 신자들의 착취 행위

---

4 [감교 주석] 헐버트(H. Hulbert)
5 [감교 주석] 민영소(閔泳韶)

조선 내 기독교 선교단

발신(생산)일	1903. 4. 22	수신(접수)일	1903. 6. 6
발신(생산)자	바이페르트	수신(접수)자	뷜로
발신지 정보	서울 주재 독일영사관	수신지 정보	베를린 정부
	No. 58		A. 8128
메모	연도번호 No. 343		

A. 8128 1903년 6월 6일 오전 수신

서울, 1903년 4월 22일

No. 58

뷜로 수상 각하 귀하

영국성서협회에서 발표한 1902년 통계로 본 조선 내 기독교 선교활동 현황

선교단 명칭	설립일	선교사 현황				신자 현황		
		남성	기혼 여성	미혼 여성	합계	성체 배령자	비성체 배령자	합계
보헤미아가톨릭선교단(프랑스)	1836	40	-	8	48	52539	11011	63550
미국 장로교회파	1884	28	25	7	60	5481	14852	20333
주교-감리교도	1884	9	7	15	31	1296	4746	6042
영국 고(高)교회파	1890	10	2	12	24	117	259	376
침례교도	1889	1	-	-	1	50	400	450
호주 장로교회파	1890	3	3	3	9	122	150	272
미국 남부 장로교회파	1892	9	5	3	17	205	645	850
남부 주교-감리교도	1894	8	5	6	19	474	479	953
캐나다 장로교회파	1898	4	4	2	10	164	419	579
그리스 정통교회파	1898	2	-	-	2	50	40	90
플리머스의 형제들	1898	1	1	-	2	자료 없음		
기독청년조합	1901	1	-	-	1	-	-	-

표에 의하면 개신교 신자는 19010년 27,980명에서 1902년 29,855명으로 늘어난 반면, 천주교신자는 같은 기간 55,806명에서 63.550명으로 늘었습니다. 천주교 선교단은 44개

의 교회와 예배당을 비롯해 학교 53개, 세미나 1개, 고아원 3곳, 여성병원 1개를 보유하고 있습니다. 장로교회는 학교 80개, 교회 및 예배당 245개를 보유하고 있고, 감리교는 학교 47개와 교회 47곳을 설립했습니다.

미국 개신교가 18년 동안 이곳에서 해온 활동 및 성과를 돌아볼 때, 미국 선교단체들은 한국을 성장 가능성이 아주 높은 곳으로 인식하고 있음을 알 수 있습니다. 예를 들어 총 20,333명의 장로교 신자들 가운데 12,122명 이상이 조선 북서쪽에 있는 평양에 거주하고 있는 반면에 서울의 신자 수는 1,000명 정도에 불과합니다. 평양에서 그토록 빠르게 성과를 거둘 수 있었던 것은 규모가 큰 외국인 거류지가 없고, 정치적인 계략이나 특별한 무역 이해관계가 없기 때문인 듯합니다.

조선의 관료들은 비록 최근에는 대놓고 적대감을 표출하지는 않지만 기독교에 그다지 호의적이지는 않습니다. 하지만 종종 부패한 관료들의 행정이 국민들로 하여금 첫째는 보호를 위해, 둘째는 개인적인 이득을 얻기 위해 외국 선교단을 찾아가도록 만듭니다.

최근 황해도에서 벌어진 사건[1]처럼 건강한 전도를 위협하는 사건에 대해 미국 선교단은 보다 큰 성과를 거두기 위해 프랑스 선교단보다 훨씬 더 신중하게 대처하려 애쓰고 있습니다.

조선 거주 독일인들 가운데 독일인 선교단도 이곳에서 활동하기를 바라는 사람들이 꽤 있습니다. 작년 가을 잠시 이곳에 체류했던 상하이 독일인마을 담당 신부였던 해크만[2]이 그 문제에 특별한 관심을 보였으며, 본인과 마찬가지로 그런 시도를 해볼만 하다고 생각했습니다. 물론 미국이 그 분야에서 상당히 앞서 있을 뿐 아니라 가용재원도 풍부한 것을 고려할 때 처음에 소요되는 비용이 적지 않을 것입니다. 임시로 비용을 산정해 보니 매달 적어도 약 370엔이 필요합니다. 그중 150엔은 선교사 몫이고, 수녀 2명 혹은 부사제 1명에 각 60엔, 학교와 작은 병원을 유지하는 데 100엔이 소요됩니다. 매년 이렇게 정기적으로 들어가는 돈 5,000엔 외에도 부지매입과 건축비로 약 8,000엔이 필요합니다.

바이페르트

내용: 조선 내 기독교 선교단

---

1 [감교 주석] 해서교안(海西敎案)
2 [감교 주석] 해크만(Lic. Hackmann)

베를린, 1903년 6월 13일   A. 8120, 8128

변리대사 귀하   (우편번호)
서울 No. A. 4

4월 22일 자 보고서 No. 58에 대한 개인적인 답신.

독일 선교단체가 자발적으로 조선에서 선교활동을 시
작할 경우 우리는 그들을 막을 생각이 없으며, 유사시
에는 그들을 적절하게 보호할 것입니다. 하지만 조선의
미래가 불안정하고 귀하도 아시다시피 그곳에서 벌어
지는 일들에 대한 우리의 입장을 고려할 때 본인은 독
일의 변리공사가 앞장서서 독일 선교단으로 하여금 그
렇게 하도록 유도하거나 장려하는 것은 적절치 않다고
생각합니다.

우리와 우리 선교사들이 쉽게 맞닥뜨릴 수 있는 곤경들
에 대해 보고서 No. 56을 통해 확인할 수 있습니다.

08

[송도에서 발생한 천주교 신자와 개신교 신자 간 갈등에 관한 보고]

발신(생산)일	1903. 7. 15	수신(접수)일	1903. 8. 10
발신(생산)자	잘데른	수신(접수)자	뷜로
발신지 정보	서울 주재 독일 공사관	수신지 정보	베를린 정부
	No. 12		A. 11859
메모	연도번호 No. 553		

사본

A. 11859   1903년 8월 10일 오후 수신

서울, 1903년 7월 15일

No. 12

연도번호 No. 553

뷜로 수상 각하 귀하

바이페르트[1] 영사가 서울 북쪽 송도에서 조선의 천주교 신자와 개신교 신자들 사이에 충돌이 벌어졌다고 보고해 왔습니다. 사건 자체는 크게 중요하지 않지만 프랑스인들과 미국인들이 사건에 개입하였습니다. 천주교 신자들 가운데 단 한 사람도 진정한 기독교인이 아닙니다. 그들은 다른 종교를 가진 조선인들을 억압할 기회만을 호시탐탐 노리고 있습니다, 그리고 그런 사건이 발생할 경우 관청은 피고와 목격자, 기타 모든 관계자들을 감금한 뒤 사건을 이용해 적절히 사람들을 착취하고 있습니다. 거의 모두가 범죄에 가담하는 상황이 벌어지는 것입니다. 그러자 이런 문제들과 관련해 서울에 있는 미국-감리교 선교단과 이곳에 있는 천주교 성직자들 간에 다툼이 벌어졌습니다. 급기야 "Kobe Choronicle"지에서 매우 비열하게 진행된 그 사건들에 대해 기사를 실었습니다. 천주교 주교[2]가 그 기사는 자신의 작품이라고 본인에게 크게 자랑했습니다.

---

1   [감교 주석] 바이페르트(H. Weipert)
2   [감교 주석] 뮈텔(Gustave-Charles-Marie Mutel)

(서명) 잘데른[3]

원문: 중국 25

내용: 시베리아에 관해. 모스크바 주재 독일제국 영사를 통해[4]

---

3 [감교 주석] 잘데른(K. Saldern)
4 [감교 주석] 독일어 원문에는 "시베리아에 관해. 모스크바 주재 독일제국 영사를 통해(Über Sibirien und durch das Ksl. Konsulat in Moskau.)"이라고 기술되어 있으나 본문의 내용과는 맞지 않음. 독일외무부의 한국 관련 문서의 편집 과정에서 나온 오기로 보임.

[고종이 교황에게 보낸 친서에 관한
베를리너 타게스블라트의 보도]

발신(생산)일	1904. 10. 29	수신(접수)일	1904. 10. 29
발신(생산)자		수신(접수)자	
발신지 정보		수신지 정보	
			A. 17108

A. 17108 1904년 10월 29일 오후 수신

베를리너 타게스블라트[1]

1904년 10월 29일

로마, 10월 28일(개인 전보).

오늘 조선의 황태자 Zong-Thone-Mine이 황제의 친서을 전달하기 위해 교황을 방문[2]하였다. 알려진 바와 같이 그 서신은 특히 기독교인 보호령에 관한 것이다. 물론 조선 황제는 자신이 관할하는 국경 안에서는 기독교인들에게 완전한 자유를 보장할 준비가 되어 있는 것으로 보인다.

---

1 [감교 주석] 베를리너 타게스블라트(Berliner Tageblatt)
2 [감교 주석] 1904년 1월 이근상(李根湘)이 이탈리아 주재 공사로 임명되었지만 현지에 주재하지 않음. 다만 1904년 고종이 교황에게 보내는 친서는 바티칸 비밀문서고에 보관되어 있음. 원문에서 지칭하는 "Zong-Thone-Mine"의 존재는 확인된 바 없음.

[조선에서의 선교 사업에 관한 타임즈의 보도]

발신(생산)일	1907. 10. 28	수신(접수)일	1907. 10. 28
발신(생산)자		수신(접수)자	
발신지 정보		수신지 정보	
			A. 16552

A. 16552 1907년 10월 28일 오후 수신

The Times

1907년 10월 28일

MISSION WORK KOREA.

BY THE REV. LORD WILLIAM GASCOYNE-CECIL.

The initial error that is constantly made about mission work is really one which is common to all mankind. There is always a tendency to generalize and to conclude that people who live in the same quarter of the world and are the same colour have identical characteristics. For instance, in China we and the Russians are regarded as two tribes of the same nation, and many old residents in China regret the downfall of Russia, on the ground that it weakens the prestige of England. A similar generalization is made about mission work in the East. China, Japan, and Korea are to many a white man as closed allied as Russia and England seem to be to the yellow man, but are in reality as separate as our great democracy is from the old world autocracy of Russia. The Koreans are, it is true, followers of Confucius-that is, the educated class are; the poorer class practically believe in nothing but in fetish worship, and can at the present day be seen offering libations "under every green tree." Korea has a little bit of the tone of old China. The old top-knot, for instance, is worn, which gives the reason for their quaint hat with its faint resemblance to our tall hat. The dress, however, is quite different. The Koreans wear white, the mourning colour of the Chinese, and have an almost Western prejudice against acknowledging the fact that women have legs, and one misses the bald blue-bestrousered figures of the Chinese women and their deformed feet. But if the Koreans differ from the Chinese, they do so far more from their old enemies and present masters the Japanese. Never were two nations more unsympathetic to one another. To take only one point, and a point on which the Western will sympathize with the Japanese. The Koreans have a Chinese ideal of personal cleanliness, and this contrasts unfavourably with that of Japan, which, indeed, makes English cleanliness seem inadequate by comparison. But I might take another point, and one which has a more direct bearing on missions. The Koreans are essentially a decent people; I do not say that their decency means any exceptional purity of tone in morals any more than does the Mahomedan decency, but it is, at any rate, more sympathetic with our Western ideas, and their decency is tried by the very liberal ideas that characterize the Japanese on this point. A missionary was summoned by his congregation as they let the church to look at a Japanese performing his ablution in the garb of Adam in full view of all the world, and they asked indignantly how they could love a nation that allowed such doings. One has only to walk down the streets of Seoul to realize how great a contrast these two nations form. The Koreans, with their white grass-cloth robes, their women with green silk coats thrown over their heads half concealing their features, and their boys with their hair done in two plaits like a girl's, clothed in red or pink, make a bright and gay crowd to look upon, but show in their faces little strength of character; the Japanese, with their darker kimonos, or in Western dress and short hair, wear that look of strength and determination which is such a characteristic of the race.

But in nothing is there a greater difference between the three nations than in the way they are receiving missions. The Koreans are accepting Christianity with an enthusiasm and an earnestness which renders the success of missions in China and Japan as nothing by comparison. I had an interview with that great statesman Prince Ito, who has been aptly described by the German Emperor as the Bismarck of the East. He gave me an interesting, if unconscious, testimony to the spread of Christianity, when he spoke of it as an important factor in the political situation, and hoped that the missionaries would be most careful in not allowing the wonderful Christian movement in Korea to be used as a cloak of a political conspiracy. I assured him that all the missionaries I had met were most desirous of peace, and were forever pointing out to the Koreans that they would be far happier under the enlightened rule of men like Prince Ito than under the corrupt Government of the Korean Emperor which had preceded it. What he feared, he replied, was not that the missionaries should be disloyal to Japan, but that they should be deceived. I thought, it was most important that Christianity should be regarded by one of the foremost statesmen of the world as of such importance to Korea as to constitute a political factor, and perhaps a political danger. The bitter humiliation through which that proud but small race of Koreans is now passing has produced, not unnaturally, an earnest searching for something which will at once salve the wound of humbled pride and lead on the nation towards recovering its ancient dignity. Christianity has filled these two wants and is accepted with the earnestness of a saddened heart, which reminds one of nothing so much as the spirit of St. Augustine in the "De Civitate Dei." Like him, they see in the downfall and degradation of their race a higher call, and like him, through the dark cloud of an earthly servitude, they catch a glimpse of the bright light of eternal liberty. I do not say that all Koreans are animated by such lofty motives - I speak only of the nobler spirits-many are still content with the feeble weapons of this world and soil their souls with intrigue and assassination. For instance, there is a body called the Army of Righteousness, which, I am told, under the guise of a missionary society, encourages rebellion against the Japanese yoke. Their hymns are only songs of bloodshed, their prayers but an incentive to useless strife. But the very fact that they have chosen this guise for their dark projects shows how wide and real the turning to Christianity is throughout the land. Perhaps there is no better foil against which the Christian life can show itself than the excesses of a heathen soldiery. I am not for a moment blaming the Japanese soldiery, but they have only the ideals of a heathen race. They understand what courage and patriotism mean as well as ever any Roman soldiers did, but like them their virtue is nearly synonymous with these qualities, and their indecency and brutality, their lack of justice and their absence of mercy, all show to the suffering Koreans the beauty of a religion which can teach men the higher life.

But behind this somewhat natural turning to Christianity, there has appeared a second phenomenon closely connected with it, but wholly different from it, and one which should fill the breast of every missionary in China with hope; for if a like awakening should be experienced there we might expect to see it Christian in the near future. I had better tell the story as it was told to me by one of the prime actors. There is in the north of Korea a town called Pyeng Yang, which is chiefly remarkable as being the scene of the first Chinese defeat in the Japanese-Chinese war, and in that town work two bodies of American missionaries with ordinary even if rather successful missions. They had a practice, and an excellent one it is, of summoning all their converts from the country round to come for ten days in spring to receive further instruction in the faith, for the ignorance of professing Christians is at all times a great difficulty to the missionaries. This meeting was purely educational; there were no moving hymns, no emotional; there were no moving hymns, no emotional speeches. The mission chiefly concerned was a Presbyterian mission conducted by Americans whose Scotch origin was obvious, not only in their names, but in every line of their faces and demeanour. Except for the accent one would have thought oneself in the presence of representatives of the cold and canny race that lives in our northern kingdom, and I only dilate on this point because it is essential to separate the phenomenon I am going to relate from those emotional manifestation of religion with which most of us are conversant under the name of revival meetings, and which, perhaps, I may add, most of us distrust. The meetings held on the first seven days were commonplace. The usual syllabus of instruction was followed, and at the end of the week to all appearance the meetings might be expected to go on as they always had done till they closed on the tenth day. But just at the end, to the surprise of the missionary who was conducting the meeting, one of the Korean men arose and expressed a desire to speak, as something was on his mind which laid so heavily on his conscience that he could no longer sit still. This caused a feeling of annoyance to the conductor of the service, for it was in the nature of an interruption, but he thought it wiser to give the man leave to unburden his conscience. The sin turned out to be merely a feeling of animosity and injury on account of a fancied slight which he had received a year ago from the missionary. To settle his doubt the missionary assured him that he forgave him for his ill-temper, and then began to say a prayer. He reached only the words "My Father" when with a rush a power from without seemed to take hold of the meeting. The Europeans described its manifestations as terrifying. Nearly everybody present was seized with the most poignant sense of mental anguish; before each on his own sins seemed to be rising in condemnation of his life. Some were springing to their feet pleading for an opportunity to relieve their consciences by making their abasement known, others were silent but rent with agony, clenching their fists and striking their heads against the ground in the struggle to resist the Power that would force them to confess their misdeeds. From 8 in the evening till 2 in the morning die this scene go one, and then the missionaries, horrorstruck at some of the sins confessed, frightened by the presence of a Power which could work such wonder, reduced to tears by sympathy with the mental agony of the Korean disciple whom they loved so dearly, stopped the meeting. Some went home to sleep, but many of the Koreans spent the night awake; some in prayer, others in terrible spiritual conflict. Next day the missionaries hoped that the storm was over and that the comforting teaching of the Holy Word would bind up the wounds of yesternight, but again the same anguish, the same confession of sins, and so it went on for several days. It was with mingled feelings of horror and gratitude that the missionaries heard the long list of crimes committed by those whom they had hoped were examples of righteousness. One man confessed a crime not so horrible to their minds as to ours-namely, that of murdering his infant daughter; another confessed a crime worse even to Korean ears than it is to our own, that of killing his old and infirm mother to escape from the burden of her maintenance. A trusted native pastor confessed to adultery; and of sexual sins both natural and unnatural there were no lack. Not only was there confession, but where it was possible, reparation as made. One man sold his house to repay money he had embezzled, and has since been homeless; another returned a wedge of gold which he had stolen years before. Some die not find peace for many days. One man struggled, till it seemed as if his health would give way, to resist the power that was forcing him to confession, and then at last with pale face and downcast eyes came to tell his sin. he was the trusted native preacher, and he had misused his position to rob the mission. He furnished an exact account of his defalcations, and has since repaid every penny of the money.

When we reached Pyeng Yang the storm was over. The meeting I attended was addressed by a Korean, who, with many humorous touches, was describing his difficulties in preaching the Gospel to his own people. What struck me most was the look of quiet devotion which shone on many faces. There were no exclamations of theatrical piety, no reference to a man's own sins and conversion. The meeting took these for granted: but both the speaker and his audience clearly looked on Christianity as nearer to their hearts than I fear it is to those of the most sincere body of European Christians. At first it was feared that the confession of such heinous sins would injure the Christian body in the eyes of the heathen; but, on the contrary, they were deeply impressed, for they said, "These men under torture would not have confessed such sins, how great must be the power of this religion." I heard this latter detail; it was told me as the opinion of a heathen Korean expressed to an English layman. No doubt the power of Christianity struck him as strange in comparison with the impotence of his own Confucian philosophy. The Confucian, both in Korea and China, is profuse in his expression of those moral maxims and noble sentiments in the practical realization which he falls short. Over the Yamên at Seoul, where every form of injustice found home, there are placed such titles as "The Hall of Strenuous Justice." This is not hypocrisy. The title expresses the Korean's ideal-an ideal which the weakness of his religion does not give him power to approach-and, indeed, it is this which marks Christianity as a religion differing from and transcending all other faiths; it not only expresses the aspirations of humanity, but makes those aspirations possible of attainment.

When we returned to Seoul I talked over the whole matter with Bishop Turner, who is the representative of the English Church and a fitting representative of English Christianity. He said what most impressed him about his great turning to Christ was that the Koreans as a nation were not emotional. He thinks that what Korea wants to guide and preserve its zeal is a college or University, where the leading spirits could be trained and knowledge added to zeal. I am afraid that Bishop Turner, like many other English missionaries, finds the financial side of his work difficult. Let me recommend Korea to any High Churchmen who desire to help missions as a field which is returning wonderful results, and Bishop Turner and the Kilburn Sisters who work with him as a fitting medium for their liberality. The presence of English missionaries is most desirable, as they, more than anyone else, can prevent the Korean Christianity becoming anti-Japanese. This danger of Christianity becoming political is, as Prince Ito pointed out, a very real difficulty in the path of mission work, and it is not rendered less by the overbearing behaviour of the Japanese soldiery. When I entered the State school I was shown a piece of translation which the scholars had just done, and I noticed that, whether by accident or on purpose, the words chosen for the lesson recorded a typical instance of this overbearing behaviour. It was a cutting from a Korean paper, and related how a Japanese soldier, on being asked for his fare by a Korean conductor, had insolently refused and wounded him with a sword bayonet. The missionaries, both American and English, are fully alive to this danger, and an American missionary told me that they had impressed upon their Korean converts the duty of loving the Japanese-a duty which one Korean was ready to perform in these circumstances. A Japanese soldier had entered his house in his absence and demanded a drink of water from his wife, and as she did not give it him he had kicked over her earthen cooking dish and broken it. She had then followed him, demanding compensation. He had in return struck her with his weapon and wounded her so that she had to go to the mission hospital. The husband happened to be one of Christians who had received grace at the great awakening, and he came to the mission room in distress asking the prayers of others to enable him to perform the very difficult Christian duty of forgiveness.

I asked an impartial critic how it was that the civil government as represented by Prince Ito was so enlightened and the military action so unwise and the explanation I received was that the soldiers had many of them been trained in Germany, and there had imbibed the idea that he right method of government was to inspire terror, and that therefore any insolence on the part of the soldiery which had this effect was not disapproved of among the officers. They have, of course, to punish the more flagrant cases of such conduct, but they are not desirous to do so, as our officers would be in a similar case. Prince Ito follows rather on our English lines, and sees that conciliation is the rock on which alone stable government can be erected. In his conversation with me he expressed a great admiration for Lord Cromer. I agreed cordially; but I could not help feeling that Egypt was an easier problem than Korea, for in Egypt we have no large English low-class population, neither have we the disadvantage of having soldiers trained in German ideas of severity.

Whatever may be the result, the development of events in Korea will be watched by many with the keenest interest, and not the least interested will be those who see in this strange outpouring of the Spirit at Pyeng Yang an analogous manifestation to that preceded the great Wesleyan movement. You have only to read the journal of John Wesley and compare it with the account of the manifestation at Pyeng Yang to realize that the phenomena are very closely akin. There is in both cases an extraordinary manifestation of power; people are convinced of their sins by another force than reason, and the power that convinced gives them strength, not only to overcome sin, but to convince others. The Koreans who were at the original meetings have gone forth like Wesley's converts far and wide preaching the faith, and like Wesley's converts their preaching has been wonderfully successful, so much so that there are not a few who say that it is through Korea that the light of Christianity will shine on the Far Eastern world.

11

[런던 중국비상선교위원회 대표 윌리엄 세실 경의 청, 조선 방문 및 조선 기독교 선교활동에 관한 기고 보고]

발신(생산)일	1907. 12. 15	수신(접수)일	1908. 1. 9
발신(생산)자	크뤼거	수신(접수)자	뷜로
발신지 정보	서울 주재 독일영사관	수신지 정보	베를린 정부
			A. 422

사본

A. 422   1908년 1월 9일 오후 수신

서울, 1907년 12월 15일

(영사관)

뷜로 수상 각하 귀하

금년 4월/5월 상하이에서 열린 "China Centenary Missionary Conference"에 런던의 중국비상선교위원회(China Emergency Mission Committee) 대표로 윌리엄 세실[1] 경이 참가했습니다.

또한 솔즈베리[2] 후작의 차남과 해트필드 장원의 교구장도 참가했습니다.

세실 경은 행사에 참석한 뒤 청나라 북부지방과 조선을 여행하였으며 열흘 정도 영국 총영사관의 귀빈 자격으로 서울 및 인근지역에서 머물렀습니다.

세실 경은 이곳에서 받은 인상, 자신의 경험, 조선에서의 개신교 선교활동의 전망 등에 대해 런던 타임즈에 장문의 기고문을 실었습니다. 동일한 기사가 이달 13일 자 "Seoul Press"에 실렸습니다.

(서명) 크뤼거[3]

원문: 조선 10

---

1   [감교 주석] 세실(W. Cecil)
2   [감교 주석] 솔즈베리(The third Marquess of Salisbury)
3   [감교 주석] 크뤼거(Krüger)

이토 통감

발신(생산)일	1909. 2. 16	수신(접수)일	1909. 3. 30.
발신(생산)자	벤트슈흐	수신(접수)자	뷜로
발신지 정보	서울 주재 독일영사관	수신지 정보	베를린 정부
	No. 19		A. 5676

사본

A. 5676 1909년 3월 30일 수신

서울, 1909년 2월 16일

No. 19

뷜로 수상 각하 귀하

이토[1] 통감이 이달 10일 서울을 떠나 제물포로 갔다는 사실을 삼가 보고 드립니다. 그는 약 2달간의 한국 체류를 마치고 제물포에서 장갑순양함 "Akitsushima"호의 호위하에 기함 "Azuma"호를 타고 일본으로 향했습니다.

조선을 떠나기 전 이토 통감은 이척 황제[2]의 방문이라는 전례 없는 극진한 예우를 받았습니다. 황제는 그를 방문한 자리에서 서신을 통해 최근에 있었던 두 차례의 여행을 통해 통감이 행한 업적이 황제 자신은 물론이고 조선에 매우 큰 도움이 되었다는 감사의 인사를 전했습니다.

일본 천황의 명령에 따라 이토 통감의 출발이 앞당겨진 이유는 일본의 국내 정치 상황 때문인 듯합니다. 이토 통감이 일본에 있어야 할 필요성이 급박하게 대두된 것입니다. 이미 일본 제국의회에서 어느 중의원이 이토 통감을 비롯해 지금까지 이루어진 대조선 정책, 조선에 있는 일본 관리 등에 관해 대정부질의를 했습니다. 또한 예산심의와 관련해 일본 제국의회는 다양한 방면에서 조선 문제를 다루고 있습니다. 올해 조선 관련 예산안을 심의 요청하기 위해 최근 이곳 재무부차관이 모든 서류를 갖고 도쿄로 갔습니

---

1 [감교 주석] 이토 히로부미(伊藤博文)
2 [감교 주석] 순종(純宗)

다. 그 예산안 내용은 추후 별도의 보고서로 제출하도록 하겠습니다.

이토 통감은 한국으로 되돌아올 가능성이 있느냐는 물음에 그건 전적으로 군주[3]의 뜻에 달렸다면서 대답을 회피했습니다. 그가 조만간 조선 통감 자리에서 물러날 것이라는 소문이 무성한데, 일본 정부는 소문의 내용을 부인하였습니다. 하지만 이곳에 있던 그의 살림살이 대부분이 오이소[4]에 있는 그의 집으로 옮겨진 것과 통감의 측근들로부터 나온 발언들로 종합해볼 때 그가 조선을 완전히 떠날 것이라는 결론이 나옵니다. 그가 임시로 도쿄에서 조선 관련 업무를 볼 것이라는 일본 신문들의 보도 역시 마찬가지입니다. 아무튼 이토 통감은 그가 신속하게 시행하고 그 과정에서 커다란 역할을 수행했던 황제의 여행을 통해 조선 무대에서 안전하게 퇴장할 수 있었습니다. 하지만 얼마 전부터 다시 발행되고 있는 베델[5]의 "Korea Daily News"는 이와 다른 의견을 보이고 있습니다. 이달 13일 자 "Korea Daily News"는 이토 통감을 다시 소환해 그의 지난 3년간의 조선 내 활동의 결과를 강한 어조로 비판한 것입니다.

일단 부통감인 소네[6] 자작이 통감 대리의 역할을 맡게 되었습니다. 소네 자작과 이토 통감은 최근 긴장관계였습니다. 이토 통감이 떠나자마자 소네 자작이 곧바로 정치적인 와병 상태에서 회복된 것을 보면 그 점을 분명히 확인할 수 있습니다.

일본의 한국주차군사령부는 지난달 20일 고향으로 돌아간 하세가와[7] 자작을 대신해 나고야 3사단의 전임 사령관이었던 오쿠보[8] 남작이 맡게 되었습니다. 오쿠보는 바닥에서부터 경력을 쌓아온 자로서 몇 년 전 소네 자작과 함께 한동안 파리 주재 일본 공사관에서 일했으며, 불어를 약간 구사할 수 있습니다. 성격은 거칠다는 소문이 있습니다.

통감부 고위직에도 정책 전반의 변화와 맞물려 조만간 변동이 있을 것으로 보이는데, 자세한 내용은 아직 알려지지 않았습니다.

이토 통감이 조선으로 돌아오지 않을 것이라는 소식에 가장 놀란 것은 친일단체 "일진회"입니다. 알려진 바에 의하면 일진회는 일본 정부에 이토 통감이 계속 조선을 이끌어야 한다는 호소를 하기 위해 회원을 파견할 예정이라고 합니다. 일진회에 상황이 더욱 안 좋은 것은 이렇게 엄중한 시기에 그들의 기둥이나 다름없는 내부대신 송병준[9]이 지난

---

3 [감교 주석] 메이지 천황(明治天皇)
4 [감교 주석] 오이소(大磯)
5 [감교 주석] 베델(E. T. Bethell)
6 [감교 주석] 소네 아라스케(曾禰荒助)
7 [감교 주석] 하세가와 요시미치(長谷川好道)
8 [감교 주석] 오쿠보 하루노(大久保春野)
9 [감교 주석] 송병준(宋秉畯)

번 황제의 순행 때 보인 무례한 태도로 인해 다른 대신들의 반감과 온 국민의 격분을 불러일으켜 더 이상 그 직위를 지키지 못하게 된 것입니다. 이토 통감은 그럴 듯한 구실을 붙여 신속하게 그를 일본으로 데려와 조선 황태자의 안위에 대해 물었습니다. 그런데 그 대신은 상황이 잠잠해질 때까지 최대한 몸을 사리고 기다리기는커녕 포도주에 기분이 고조된 나머지 어떤 인터뷰에서 미국 선교사들이 조선에서 개종자들로 하여금 정부와 일본 정권에 맞서도록 부추기고 있다고 말했습니다. 평양에서 황제가 참석한 자리에서 황제는 물론이고 이토 통감에게도 충성을 맹세했던 선교사들뿐만 아니라 기독교인 다수를 회원으로 두고 있는 대한협회(조선의 독립을 이루기 위한 단체)까지도 그 사실에 분개해 송을 추방해줄 것을 요구하고 나섰습니다. 그로 인해 지금까지 온갖 위험에도 불구하고 이토 통감과 함께했던 내각 역시 조금씩 변화를 맞게 될 것으로 보입니다.

　　마지막으로 언급하고 싶은 말은 이토 통감이 조선에 마지막으로 머무는 동안 그동안의 관례와 달리 단 한 번도 외교사절을 집으로 초대하지 않았다는 사실입니다. 이번에 이렇게 사회적인 교류를 거의 단절한 것이 애당초 서울 체류가 짧게 예정돼 있었고 그의 건강상태가 좋지 않기 때문인지 아니면 또 다른 심각한 이유가 있는지는 아직 확인할 수 없습니다. 본인은 제삼의 장소에서 이토 통감을 만났으나 그에게서 외교사절단에 대한 반감은 느끼지 못 했습니다.

(서명) 벤트슈흐[10]

내용: 이토 통감

---

10 [감교 주석] 벤트슈흐(Wendschuch)

13

원문 p.652

[조선 내부대신 송병준의 조선 내 기독교인과 미국 선교사 비판에 관한 오브라이언과 이토의 왕복 서한 사본 송부]

발신(생산)일	1909. 3. 6	수신(접수)일	1909. 3. 23
발신(생산)자	뭄	수신(접수)자	뷜로
발신지 정보	도쿄 주재 독일 대사관	수신지 정보	베를린 정부
	A. 66		A. 5215

A. 5215 1909년 3월 23일 오전 수신, 첨부문서 1부

도쿄, 1909년 3월 6일

A. 66

뷜로 백작 각하 귀하

각하께서도 이미 보고를 통해 알고 계시겠지만, 일본 언론은 다시 일본 정부에 대한 적대감 표출의 책임을 외국인들, 그중에서도 특히 조선 내 미국 선교사들한테서 찾고 있습니다. 가끔은 미국 선교사들이 일본에 적대적인 선동을 하는 조선인들을 지원했다는 비난까지 하고 있습니다. 하지만 그런 비난은 전혀 근거가 없습니다. 왜냐하면 일본이 계속 조선을 지배함에 따라 선교사들은 조선 거주 외국인의 치외법권이 소멸되고 모든 면에서 자신들이 일본 사법권의 관할하에 들어가는 날이 다가오고 있다는 사실을 알고 있기 때문입니다. 그렇게 될 경우 그들의 특권은 확실히 끝장날 것이고 앞으로의 생활 역시 조선의 법과 규정에 크게 신경 쓸 필요가 없었던 지금처럼 편하지는 않을 것입니다.

얼마 전 조선 내부대신 송[1]이 "아사히 신문"[2]과의 인터뷰에서 조선 내 기독교인들에 대해 매우 거친 언사로 비난하면서, 미국 선교사들이 정부에 적대적인 태도를 보이는 기독교인들의 배후라고 강조했습니다. 선교사들은 당연히 "아사히 신문"의 기사에 불쾌감을 보였습니다. 또한 이곳의 미국 외교관은 반박의 필요성과 함께 본인 스스로의 충동으로 선교사들을 강력하게 옹호하는 서신을 이토 통감한테 보냈습니다.

---

1 [감교 주석] 송병준(宋秉畯)
2 [감교 주석] 아사히신문(朝日新聞)

이달 2일 자 "Japan Daily Mail"에 실린, 오브라이언과 이토 통감이 주고받은 서신 일부를 첨부문서로 동봉해 전달하게 되어 영광입니다. 서신에서 이토 통감은 현재는 사임한 조선 내부대신의 부족한 일본어 실력을 양해해 달라면서, 미국 선교사들의 훌륭한 처신을 잘 알고 있다고 말했습니다. 하지만 서신에 적힌 내용을 문자 그대로 진심으로 받아들일 수는 없습니다. 이곳에서는 어떻게든 미국과 일본의 갈등이 확대되는 것을 막으려 하는 상황이라 이토 통감으로서도 미국 외교관에게 −진실여부와 상관없이− 미국 선교사들에 해당되는 정중한 형태의 답변을 하는 것 말고는 달리 방도가 없었던 것으로 보입니다.

본 첨부문서의 사본을 서울 주재 독일제국 총영사 대리에게 신속하게 전달했습니다.

뭄[3]

A. 66에 관하여
첨부문서의 내용(원문)은 독일어본 653~655쪽에 수록.

---

3 [감교 주석] 뭄(Mumm)

조선의 내각

발신(생산)일	1909. 3. 9	수신(접수)일	1909. 4. 11
발신(생산)자	벤트슈흐	수신(접수)자	뷜로
발신지 정보	서울 주재 독일영사관	수신지 정보	베를린 정부
	No. 26		A. 6413

사본

A. 6413　1909년 4월 11일 수신

서울, 1909년 3월 9일

총영사

No. 26

뷜로 수상 각하 귀하

　예상했던 바와 같이 내부대신 송병준[1]은 스스로 자초한 분노의 폭풍으로 인해 해임되었습니다. 그는 지난달 27일 해임되었고, 박제순[2]이 그의 직위를 물려 받았습니다(받았습니다). 공식적으로는 자발적인 사임이라고 발표했지만 그의 해임은 이토 통감의 지시에 의한 것이 분명합니다. 도쿄 주재 미국 대사[3]가 이토[4] 통감한테 한국 내 미국 선교사들에 대한 송병준 대신의 비난에 대한 입장을 밝혀달라는 요구를 담은 서신을 보낸 이후 일어난 일입니다. 이토 통감이 미국 대사한테 보낸 답신에서 송병준이 "자국의 상황에 대해 무지하다"고 밝힌 것보다 더 불명예스러운 해임조처는 있을 수 없습니다.

　하지만 조선 사람들은 이에 만족하지 않고 송병준을 실제로 처형할 것을 강력하게 요구하고 있습니다. 지난달 27일 서울 "조선기독청년단"[5] 회관에서 4,000명 이상의 참석자들이 모인 회의가 열렸는데, 다수의 연사들이 송 대신을 신랄하게 비판했습니다. 그들

1　[감교 주석] 송병준(宋秉畯)
2　[감교 주석] 박제순(朴齊純)
3　[감교 주석] 오브라이언(T. J. O'Brien)
4　[감교 주석] 이토 히로부미(伊藤博文)
5　[감교 주석] YMCA

은 송 대신을 "조선의 수치"라고 부르면서 그가 "국가 반역죄"를 저질렀으니 법에 따라 당연히 처벌을 받아야 한다고 주장했습니다. 또한 이런 목적을 위해 필요할 경우 그를 일본에서 조선으로 강제로 송환해야 한다고 했습니다. 물론 동양식의 매우 폭력적인 언사로 표출된 분노는 금세 사그라지겠지만 송 대신은 다시는 조선 땅을 밟지 않는 것이 좋을 듯합니다. 언제 어디서 광신도의 총알이 날아올지 모르기 때문입니다. 조선인들이 상황에 따라 그런 짓을 할 수 있다는 것을 스티븐스[6]의 사례로 알 수 있습니다. 따라서 두 명의 열혈 조선인이 국민의 집행관을 자처하며 일본으로 향했다는 소문도 전혀 근거 없는 소리는 아닙니다.

두 번째로 애국자들, 특히 독립단체인 대한협회[7]의 공격은 정신적, 재정적으로 송의 지원을 받았던 친일 진보단체 일진회를 향해 있습니다. 송이 실각하면서 매달 1,000엔씩 지원하던 후원금이 끊기자 일진회의 많은 회원들이 변절하여 대한협회를 찾아가고 있습니다.

내각은 세 번째 폭풍을 견뎌야만 합니다. 총리대신 이완용[8]이 송을 지나치게 감싸고 돌았다는 비난이 쏟아지고 있으며, 따라서 이완용도 물러나야 한다는 소리가 커지고 있습니다. 또한 법부대신[9]과 학부대신[10]에 대해서도 이미 오래 전에 실망했다는 이야기가 나오고 벌써 새로운 후임자들이 거론되고 있습니다. 하지만 이 소문은 특정 파벌과 그들의 자리를 노리는 사람들이 퍼뜨린 것으로 추정됩니다. 조선의 대신들은 발언권이 없고 단지 허수아비에 불과하기 때문에 내각의 빈번한 교체로 다시 예전의 음모와 보호경제가 고개를 들지도 모른다는 우려를 빼면 사실 그 자리에 누가 앉더라도 전혀 상관 없습니다.

새로 임명된 박제순 내부대신은 나이는 약 50세 정도고, 지적이고 정직한 인물이라고 합니다. 외부대신의 자격으로 1905년 11월 17일 체결된 한일협정[11]에 직접 서명하기 전까지만 해도 그는 국민들의 신망이 두터운 인물이었습니다. 하지만 조약 체결 이후 사람들은 그가 반역을 했다고 비난했습니다. 총리대신으로 옮겨간 선임자 한규설[12]에 대한 배신이라는 것입니다. 당시 그는 자신의 의지에 따른 것이 아니라 필요에 의해 그런

---

6 [감교 주석] 스티븐스(D. W. Stevens)
7 [감교 주석] 대한협회(大韓協會)
8 [감교 주석] 이완용(李完用)
9 [감교 주석] 고영희(高永喜)
10 [감교 주석] 이재곤(李載崑)
11 [감교 주석] 을사늑약(乙巳勒約)
12 [감교 주석] 한규설(韓圭卨)

행동을 했다는 것은 1905년 11월 20일 자 잘데른[13] 변리공사의 보고서 No. 72에서 확인할 수 있습니다. 왜냐하면 2년 뒤 내각이 황제의 폐위를 요구했을 때 그는 동참을 거부하면서 직위를 내려놓았기 때문입니다. 그때 이후 사인으로 돌아간 그는 조용히 지냈습니다. 그런데 그가 조만간 현재의 총리대신을 대체할 예정이라는 말이 돌고 있습니다. 비록 그가 국민들을 위해 엄청나게 위대한 일을 할 것으로 기대할 수는 없으나 그는 품위와 예의를 지키며 자신의 직무를 수행할 것입니다.

(서명) 벤트슈흐

내용: 조선의 내각

---

13 [감교 주석] 잘데른(K. Saldern)

15

[송병준 해임 및 기근으로 인한 의연금 모금에 관한 퀼른 신문의 보도]

발신(생산)일	1909. 4. 1	수신(접수)일	1909. 4. 1
발신(생산)자		수신(접수)자	
발신지 정보	퀼른	수신지 정보	베를린
			A. 5855

A. 5855   1909년 4월 1일 오후 수신

퀼니셰 차이퉁[1]

1909년 4월 1일

문서

조선. 서울, 3월 7일. 내부대신 송[2]이 도쿄 주재 미국 대사의 독촉에 의해 해임되었다. 송은 조선 내 미국 선교사들의 활동을 비난했을 뿐만 아니라 자신에게 그런 기회가 오기만 하면 모든 조선 내 기독교인들을 처형할 준비가 되어 있다고 했다. - 조선 북동쪽 함경남도에는 지난 가을 대홍수로 인해 기근이 발생했다. 관청은 곤경에 빠진 사람들을 전부 도울 수 있는 상황이 아니다. 일본인들과 조선인들은 굶주림에 시달리는 사람들을 돕기 위해 자발적인 모금에 나섰다. 조선에 거주하는 외국인들 가운데 독일인들이 총영사 벤트슈흐[3] 박사의 제안에 따라 맨 처음으로 비록 적은 금액이지만 성금을 모았다. 그리고 독일을 대표하는 총영사를 통해 1,050 M(마르크)를 구조위원회에 전달했다.

내용: 조선 내 미국 선교사들

---

1 [감교 주석] 퀼니셰 차이퉁(Kölnische Zeitung)
2 [감교 주석] 송병준(宋秉畯)
3 [감교 주석] 벤트슈흐(Wendschuch)

16

독일 베네딕트 수도사들의 조선 정착

발신(생산)일	1909. 3. 27	수신(접수)일	1909. 4. 16
발신(생산)자	벤트슈흐	수신(접수)자	뷜로
발신지 정보	서울 주재 독일영사관	수신지 정보	베를린 정부
	K. No. 37		A. 6684
메모	연도번호 No. 383		

A. 6684 1909년 4월 16일 오후 수신, 첨부문서 1부

서울, 1909년 3월 27일

K. No. 37

연도번호 No. 383

뷜로 수상 각하 귀하

조선 천주교사도회 교구장 밀로 구스타페 뮈텔[1] 명의주교의 권유에 따라 지난달 바이에른주 성 보니파키움 베네딕트 수도회의 신부 2명이 서울에 들어왔습니다. 뮌헨에서 온 도미니쿠스 엔쇼프[2] 신부와 딜링겐에서 온 보니파키우스 자우어[3] 신부입니다. 그들은 서울에 거주할 예정입니다. 그들이 전해준 바에 의하면 조선인들을 기독교로 개종시키는 본래의 선교활동은 프랑스 선교사들한테 맡기고 그들은 뮌헨의 성 오틸리엔 베네딕트 수도회의 모범에 따라 학교를 설립하고, 조선인들에게 원예, 농작물 경작, 삼림학 등에 대한 실용적인 지식을 전수하는 데 주력할 것이라고 합니다. 조선에 진출한 프랑스 선교단(Etrangère de Paris)[4]과의 관계에 대해 같은 교회의 봉사자로서 프랑스 선교사들과 우호적인 관계를 유지하겠지만 대부분의 활동은 독일 베네딕트 수도회의 일원으로서 독일 정신과 뜻에 따라 완전히 독립적으로 활동할 것이라고 했습니다. 그들은 자신들의 과제를 조선의 문화적인 토대를 그대로 유지하고 관리하면서 정신적, 경제적 분야에서

---

1 [감교 주석] 뮈텔(Gustave-Charles-Marie Mutel)
2 [감교 주석] 도미니쿠스 엔쇼프(P. D. Enshoff)
3 [감교 주석] 보니파키우스 자우어(B. S. Sauer)
4 [감교 주석] 파리외방전교회(Etrangère de Paris)

유럽이 거둔 성과를 함께 접목해 꽃피우는 것에서 찾고 있다고 합니다. 그들은 정치활동에 개입하거나 주민들을 그런 방향으로 몰아가는 일은 절대 하지 않을 거라고 합니다. 이런 의미에서 그들의 목표를 정리하면 다음과 같습니다.:

1. 예비학교와 함께 중등학교와 고등학교를 설립한다.
2. 여건이 허락하는 한 빠른 시일 내에 조선의 청년들에게 농경, 원예, 삼림 분야에서 실용적인 교육을 할 수 있는 시범농장을 세운다.

그러기 위해서 수도회는 최대한 서울에서 고도가 높은 곳에 수도회 건물과 학교, 정원, 놀이터, 공장, 농경지 등이 들어갈 수 있는 충분한 부지를 확보해야 합니다. 신부들은 벌써 그런 곳을 찾아 나섰으며 서울 근교의 어느 계곡에서 그에 적합한 부지를 발견했다고 합니다. 그들은 이미 정부와 개인 토지소유자들로부터 땅을 매입할 준비를 마쳤습니다.

이 프로그램에 따라서 신부들은 최근 독일 총영사를 찾아와 자신들의 목적을 달성을 위해, 특히 필요한 부지 구입에 총영사관의 도움을 요청했습니다.

비록 1883년 11월 26일 체결된 조독수호통상조약(R. G. B. 1884년 221쪽)에는 독일 수도회의 정착과 선교활동에 대한 내용이 명시적으로 포함되어 있지 않지만 제10조 최혜국약관에 의거해 프랑스인들과 미국인들에게 조선 내 선교활동의 권리가 허용된 것처럼 독일 베네딕트 수도회 역시 그런 권리를 획득하는 것에는 전혀 문제가 없을 것입니다.

또한 선교를 이 나라에서 오래 전부터 활동하고 있는 다른 나라들한테만 넘기지 말고 세상에서 독일 문화가 갖고 있는 의미에 부합하는 방식으로 조선의 정신적, 학문적 개발과 발전에 참여하는 것이 독일의 이익에 부합하는 듯합니다(1903년 4월 22일 자 보고서 No. 58[5] 참조). 세상에 널리 알려진 바와 같이 세계 여러 지역에서 (특히 독일이 지배하는 동아프리카 지역에서) 베네딕트 수도회가 늘 펼쳐온 은총 가득한 활동들을 보면 그들은 다른 어떤 교단보다 조선의 문화를 증진시키는 활동에 적합한 교단입니다. 따라서 본인은 각하의 동의가 있을 거라는 전제하에, 독일 정부가 그들의 노력을 지원하는 것이 성공을 보장해줄 것이라고 믿음하에 오늘 동봉하여 보고 드린 외교문서 사본을 전달했습니다. 이는 베네딕트 수도사들의 정착과 그들이 추구하는 목적과 목표를 알리는 동시에 그들이 가장 필요로 하는 지원을 요청하였습니다. 현재 그들이 가장 필요한 지원은

---

5 [원문 주석] A. 812803 은 <조선 6> 문서에 있음.

바로 부지 매입입니다. 외부대신은 본인의 요청에 귀를 기울인 뒤 베네딕트 수도회의 한국 내 문화 활동을 환영하며 지원을 약속했습니다. 본인은 앞으로의 진행과정에 대해서도 빠짐없이 각하께 보고 드릴 예정입니다. 하지만 만약의 경우 조선 정부로 인해 문제가 생길 경우 어느 정도까지 독일제국 총영사가 도움을 제공해야 할지 사전에 예측할 수 없기 때문에 그에 관한 각하의 자애로운 훈령을 삼가 요청 드립니다.

본인은 본 보고서의 사본을 베이징 주재 독일제국 대리공사한테 은밀히 전달하였습니다. 또 필요할 경우 독일 정부에서 그 계획을 지원하기 위한 적절한 조치를 취할 것이라고 약속했습니다.

벤트슈흐

내용: 독일 베네딕트 수도사들의 조선 정착

No. 37의 첨부문서
첨부문서의 내용(원문)은 독일어본 661~662쪽에 수록.

독일 베네딕트 수도사들의 조선 정착

발신(생산)일	1909. 4. 1	수신(접수)일	1909. 5. 6
발신(생산)자	몬트젤라스	수신(접수)자	–
발신지 정보	도쿄 주재 독일 대사관	수신지 정보	베를린 외무부
	A. 87		A. 7938

A. 7938 1909년 5월 6일 오전 수신

도쿄, 1909년 4월 1일

A. 87

뷜로 수상 각하 귀하

지난달 27일 자 독일제국 총영사 대리의 보고서 K. No. 37[1]을 통해 이미 독일 베네딕트 수도사들이 조선에 정착할 예정이라는 소식을 전해드린 바 있습니다. 그런데 그사이에 사본으로 첨부된 문서를 통해 보니파키우스 자우어 신부가 지난달 17일 본인에게 청원서를 한 통 보냈습니다. 현재 일본에 머물고 있는 이토 통감한테 그의 계획을 지원해 달라는 요청을 해달라는 내용입니다.

앞에 언급된 서울 주재 독일제국 총영사 대리의 보고에 의하면, 일본 통감부의 담당 관리가 그 계획을 호의적으로 검토하였다고 하니 본인이 생각하기에 신부님들의 계획을 가로막을 것 같지는 않습니다. 본인은 외무대신 고무라[2] 백작한테 부영사 벤트슈흐[3]가 작성한 외교문서 사본을 전달하였으며, 또한 현재 도쿄에 머물고 있는 이토 통감한테 그 프로젝트를 지원해줄 것을 요청했습니다. 수상 각하의 동의를 전제로, 본인은 기회가 닿는 대로 이 사안을 이토 통감에게 직접 전달하여 호의적으로 검토해줄 것을 요청할 생각입니다.

또한 만일의 경우 이곳 독일 대사가 필요한 조처를 취할 수 있도록 벤트슈흐 총영사

---

1 [원문 주석] A. 6684
2 [감교 주석] 고무라 주타로(小村壽太郞)
3 [감교 주석] 벤트슈흐(Wendschuch)

한테 내린 명령서 사본이 본인한테 전달될 수 있도록 조처해주시기를 요청 드립니다. 본 보고서의 사본과 첨부문서를 서울 주재 독일제국 총영사관에 전달하였습니다.

몬트겔라스[4]

사본

조선 교구

서울, 1909년 3월 17일

백작 각하 귀하!

전하의 사촌이자 드레스덴 주재 바이에른 공사 몬트겔라스[5] 백작이 보낸 편지를 동봉해 보냅니다. 그 편지의 내용을 보건대, 각하께서는 본인이 다음과 같은 요청을 드리는 것을 절대 불쾌해하시지 않을 것 같이 이렇게 편지를 보냅니다. 작년 9월 주교이자 조선 천주교사도회 교구장인 뮈텔[6] 신부가 오버바이에른에 있는 성 오틸리엔 베네딕트 수도원을 찾아오셨습니다. 그는 사도회의 지시에 따라 저희한테 조선 천주교사도회 교구 산하 학교에서 함께 일해 줄 것을 요청했습니다. 성 오틸리엔은 이미 독일이 지배하는 동아프리카의 광활한 지역에서 선교활동을 하고 있었지만 원장님의 결단에 의해 새로운 지역의 사역을 맡기로 했습니다. 그 결과 본인과 동료한테 일단 한국을 답사해보라는 임무가 떨어졌습니다. 그리고 만약 정식으로 베네딕트 수도회를 세울 수 있는 조건이 전부 갖춰지게 되면 바로 작업에 착수하기로 했습니다. 답사 결과는 매우 만족스러웠습니다. 수도원 부지, 사람들, 특히 기후 등이, 한마디로 모든 여건이 교단의 오랜 전통을 따라 주로 청소년 교육에 집중하는 저희 베네딕트 수도원이 이곳 조선에서 매우 은혜로운 활동을 하는 데 적합했습니다. 다만 한 가지 커다란 문제가 저희의 계획을 가로막았습니다. 바로 수도원을 지을 충분한 부지를 확보하는 문제입니다. 물적 토대가 없는 베네딕트 수도원은 있을 수 없기 때문입니다. 이 문제의 해결은 학교(김나지움) 건설보다 더

---

4 [감교 주석] 몬트겔라스(E. Montgelas)

5 [감교 주석] 몬트겔라스(E. Montgelas)

6 [감교 주석] 뮈텔(Gustave-Charles-Marie Mutel)

어렵습니다. 수도원의 모든 시설물은 도시 안에, 혹은 도시 인접한 곳에 있어야 합니다. 저희 사제들이 직접 관리하는 시설물들 역시 수도원으로부터 멀리 떨어져 있으면 수도원을 제대로 운영할 수 없습니다. 오랜 탐사 끝에 저희는 서울 인근에 있으면서도 이 모든 조건들을 충족시킬 수 있는 최상의 부지를 찾아냈습니다. 비록 지금은 황무지이지만 몇 년 동안 관리만 제대로 한다면 아주 비옥한 경작지가 될 수 있는 땅으로, 부지 전체가 정부 소유였습니다. 저희는 이곳 친절한 총영사 대리의 통해 일본 부통감한테 앞에 언급된 부지(약 30헥타르)를 적절한 가격으로 매입할 수 있는지 문의하였습니다. 다만 한 가지, 이 모든 사안이 도쿄에 있는 이토 통감한테도 전달될 것이 분명하기에 삼가 각하께 힘닿는 데까지 도와주십사 하는 간곡한 요청을 드리는 바입니다. 특히 이토 통감한테 과거 독일 베네딕트 수도회는 중세 후기까지 농경지를 개간해 비옥하게 만드는 데 큰 업적을 세웠을 뿐만 아니라 다른 나라의 베네딕트 수도회와 마찬가지로 일찍이 모범적인 농업학교이자 경제중심지였다는 점을 꼭 언급해 주시기를 요청 드립니다. 오늘날의 베네딕트 수도사들 역시 그 점에 있어서는 선조들에게 결코 뒤지지 않으며, 특히 저희의 모수도원인 성 오틸리엔은 이 분야에서 지난 몇 년 동안 최고의 업적을 거둔 곳으로 명성이 자자합니다. 저희는 이곳 조선에서도 이런 정신에 입각해 활동할 것이며 이 황폐한 나라와 이 나라 국민들을 일으켜 세우는 데 최선의 노력을 경주할 것입니다. 저희의 교육 분야 활동과 관련해 각하께 요청 드리는 것은 이토 통감한테 저희 모든 사제들은 독일을 비롯한 모든 문명국들의 교양인들과 똑같은 성장과정 및 교육과정을 거친 사람들이라는 점을 꼭 전해달라는 것입니다. ―저희는 국가가 시행하는 졸업시험을 거쳐 대학에서, 대부분 뮌헨 대학에서 다년간 수학했습니다. 그 점이 일본과 이토 통감에게 좋은 인상을 줄 것이라고 생각합니다. 저희는 독일 정신을 간직한 채 (외국에서도 그것은 계속 지켜나갈 것입니다.) 토착 문화와 언어를 엄격하게 지킬 것입니다. 정치에는 절대 개입하지 않을 것이고, 베네딕트 수도회의 전통에 따라 조선의 학교 교육 및 모든 국민들의 삶에 축복을 가져다주는 평화로운 선교에만 매진할 것입니다. 저희는 각하께서 이러한 목표를 달성하는 데 있어 첫 번째 난관이라고 할 수 있는 대규모 부지구입 문제를 해결하는 데 저희를 힘껏 지지해줄 것이라고 확고하게 믿고 있습니다. 저희는 이달 말 경 일본에 건너갈 예정입니다. 만약 그때 각하께서 이토[7] 통감을 접견할 수 있는 기회를 만들어 주신다면 직접 자세한 사정을 설명드릴 수 있습니다. 미리 각하의 도움에 진심으로 감사의 말씀을 전합니다. "신의 가호가 함께 하기를!"

---

7 [감교 주석] 이토 히로부미(伊藤博文)

지극한 존경과 경외의 마음을 담아

(서명) 보니파키우스 자우어[8]

내용: 독일 베네딕트 수도사들의 조선 정착

---

8 [감교 주석] 보니파키우스 자우어(P. Bonifacius Sauer O. S. B.)

A. 7938

G. A.

요청한 사본을 III국에 전달해도 되겠습니까?

중앙본부 5월 11일

베를린, 1909년 5월 10일   A. 6681, 7938에 대하여

총영사
서울 A. No. 2
반드시 전달!

연도번호 No. 5484

베네딕트 수도사들의 조선 정착이 정치적인 의미도 갖고 있는 문제라면, 선교활동에 대한 지원을 요청하기 전에 먼저 도쿄 주재 독일제국 대사한테 지침을 받아보는 것이 바람직할 것 같습니다. 그 밖의 사안들에 대해서는 동의합니다. 또한 각하께서는 수도사들이 독일 국민으로서 요구하는, 그들의 문화선교에 필요한 국가 차원의 지원과 후원을 제공하고자 하십니다. 다만, 조선에서 선교활동을 하는 다른 나라들이 그 문제로 인해 여러 번 심각한 정치적 곤경에 빠졌었다는 사실을 잊지 말아야 할 것입니다. 따라서 수도사들의 훌륭한 업적을 인정함에도 불구하고 절대 이 문제에 대한 경계를 소홀히하지 않기를 바랍니다.

# # #

정보 제공 차 도쿄에 있는 몬트겔라스 백작한테 사본을 전달할 예정임.

St. S.

[독일 베네딕트 수도사들의 조선 정착을 위한
통감부와의 협조 보고]

발신(생산)일	1909. 6. 14	수신(접수)일	1909. 7. 21
발신(생산)자	크뤼거	수신(접수)자	뷜로
발신지 정보	서울 주재 독일 총영사관	수신지 정보	베를린 정부
	K. No. 56		A. 11139
메모	연도번호 No. 755		

A. 11139　1909년 7월 21일 오후 수신

서울, 1909년 6월 14일

K. No. 56.

뷜로 수상 각하 귀하

독일 베네딕트 수도사들의 조선 정착과 관련된 부수적인 지령들을 수령하였음을 보고 드립니다. 도쿄 주재 독일제국 대사에게 해당 내용을 통지하였습니다.

[베네딕트 수도사들의 조선 정착 문제에 대해][1] 서울의 통감부는 –일부는 공식적으로, 또 일부는 비공식적으로 이곳에 정착한 두 명의 수도사들이 진행한 조처들에 대해 아직 최종 결론을 내리지 못했습니다.

앞에서 언급된 서울 남쪽 계곡 옆 부지는 매입이 불가능했습니다. 그 부지가 조선 황실 조상들이 묻혀 있는 다섯 개의 능으로 이어지는 통로였기 때문입니다. 이런 상황에서 황실 궁내부는 능으로부터 충분히 거리를 둔 부지를 임대해줄 수는 있으나 매각은 허용할 수 없다고 합니다. 하지만 베네딕트 수도사들은 단순한 임대는 원치 않습니다. 수도회 대표의 지시에 따라 소유권이 있는 토지에만 귀중한 건물을 지을 계획이기 때문입니다.

이에 다른 부지를 물색하던 중 그들은 서울 북동쪽에서 베네딕트 수도사들의 목적에 적합한 부지를 발견했습니다. 그 부지는 프랑스 선교사들의 부지와 경계가 맞닿아 있습

1　[원문 주석] 제삼자에 의해 완성됨.

니다. 지금까지 확인한 바에 의하면 그 땅은 국가 소유입니다. 베네딕트 수도사들은 약 29,000 평(Tsubo[2]) 정도는 매입하고 26,000평은 99년 동안 임차하고자 합니다.

조선에서는 국가 소유 토지를 매각하려면 내각의 동의가 필수이고, 임대는 농상공부 대신의 허가만으로 가능합니다.

그 점을 고려해 베네딕트 수도사들은 먼저 본인에게 통감부에 조선 정부와 이 문제에 관한 협상을 시작해줄 것을 요청하는 청원서를 제출했습니다. 본인은 그 청원서를 첨부 문서를 동봉해 통감부에 전달했습니다. 본인이 알기로 통감부는 이미 조선 정부와 협의에 들어갔습니다. 아직 결정은 안 내려졌으며, 이토[3] 통감이나 소네[4] 자작이 서울로 돌아오기 전에는 결정이 내려지기 힘들 것으로 보입니다.

이토 통감으로부터 통감부에 전보가 한 통 전달되었는데, 베네딕트 수도사들한테 어떤 식으로든 도움이 될 만한 내용이라고 합니다.

통감부 관계자들은 예나 지금이나 베네딕트 수도사들한테 충분한 지원을 해주기 위해 애쓰고 있습니다. 독일어를 구사하는 혼다 사무관이 특별히 해당 사안을 위임받아 두 명의 수도사들과 함께 여러 번 부지를 물색하러 다니면서 토지를 선택하는 데에도 도움을 주었습니다.

도쿄는 이 상황을 인지하고 있습니다.

크뤼거[5]

내용: 베네딕트 수도사들의 한국 정착

---

2   [원문 주석] 1Tsubo = 3.30㎡
3   [감교 주석] 이토 히로부미(伊藤博文)
4   [감교 주석] 소네 아라스케(曾禰荒助)
5   [감교 주석] 크뤼거(Krüger)

베를린, 1909년 7월 13일   A. 11139

1. 종교부 대신 귀하
2. 로마 공사 귀하

반드시 전달!

(베네딕트 수도사의 한국 정착에 관한 금년 3월 29
일과 6월 14일 자 서울 주재 독일제국 총영사의
보고서 및 금년 4월 1일의 도쿄 주재 독일제국 대
리공사의 보고서 사본을 첨부문서로 동봉하였습
니다.) 동봉한 문서들을 정보 제공 차 전달합니다.

                        #   #   #

귀하에게 개인적인 정보로 첨부문서들을 제공합
니다.

                        St. S.

19

[조선에 있는 독일인 베네딕트 수도사에 관한 쾰른 신문의 보도]

발신(생산)일	1909. 10. 8	수신(접수)일	1909. 10. 8
발신(생산)자		수신(접수)자	
발신지 정보	쾰른	수신지 정보	베를린 A. 16469

A. 16469   1909년 10월 8일 오전 수신

쾰니셰 차이퉁[1]

1909년 10월 8일

조선에 있는 독일인 베네딕트 수도사

서울, 9월 19일. 뮌헨의 성 오틸리엔 수도원 출신의 두 명의 독일인 베네딕트 수도사가, 즉 자우어[2] 신부와 엔쇼프[3] 신부가 서울 통감부와 프랑스 주교, 독일 총영사 크뤼거의 도움을 받아 서울 동소문 안에서 10 헥타르에 이르는 방대한 부지를 매입했다. 조선인들을 위한 농업교육기관을 세우기 위해서다. 조선 청년들한테 체계적인 노동교육보다 더 중요한 것은 없다. 독일인 수도사들은 서울에 있는 프랑스 선교단과 뜻을 같이 하지만 독립적으로 활동할 예정이며, 이미 충분한 재원을 확보했기 때문에 성공은 보장된 거나 마찬가지이다. 교양이 풍부하고 리더십이 출중한 자우어 신부가 조직을 이끌고 있어 더더욱 그렇다. 우리 독자들은 아마 독일인 베네딕트 수도사들이 어떻게 이곳 서울까지 오게 됐는지가 더 궁금할 것이다. 조선 천주교선교단 대표이자 베네딕트 수도회 교육기관 설립에 일조한 프랑스 주교 뮈텔[4]이 잠시 로마를 방문했을 때 교황과 이 문제에 대해 논의한 것이 계기가 되었다. 교황이 그 자리에서 주교한테 직접 독일 베네딕트 수도들을 찾아가 보도록 권유하자 뮈텔 주교는 성 오틸리엔 수도원을 방문했고, 곧바로 그들의 동의를 받아냈다. 유감스럽게도 엔쇼프 신부는 건강 문제로 몇 달 전 고향으로 돌아가야 했다.

---

1   [감교 주석] 쾰니셰 차이퉁(Kölnische Zeitung)
2   [감교 주석] 자우어(Sauer)
3   [감교 주석] 엔쇼프(P. Enshofer)
4   [감교 주석] 뮈텔(Gustave-Charles-Marie Mutel)

조선 내 재판관할권

발신(생산)일	1909. 11. 13	수신(접수)일	1909. 12. 1
발신(생산)자	몬트겔라스	수신(접수)자	베트만홀베크
발신지 정보	도쿄 주재 독일 대사관	수신지 정보	베를린 정부
	A. 226		A. 19745

사본

A. 19745   1909년 12월 1일 수신

도쿄, 1909년 11월 13일

(소식)

A. 226

베트만홀베크 수상 각하 귀하

　도쿄 아사히신문[1]이 오늘 자 사설에서 조선 내 영사재판권 폐지를 주장했습니다. 일본은 이달 1일 조선의 재판권을 넘겨받았는데, 외국 선교사들이 조선에서 거둔 성과는 놀랍다고 했습니다. 지난 몇 년 사이에 3백만 명이 넘는 조선인들이 기독교 신앙을 받아들였다는 것입니다. 기본적으로 신앙문제에 대해 조선인들이 일본인들보다 더 무관심한 편이고 일본의 경우 선교사들이 무려 50년 동안이나 활동했음에도 불구하고 성과가 미미했다는 것을 고려하면 이토록 많은 조선인들이 기독교 신앙을 받아들인 것은 정말 괄목할 만한 일이 아닐 수 없다는 것입니다. 그런데 사실 대부분의 조선인들은 확고한 신념을 갖고 기독교인이 된 게 아니라 기독교와 선교사들이 갈수록 커져가는 일본의 영향력을 막아줄 수 있다는 믿음 때문에 그렇게 된 것이라고 합니다. 외국 선교사들에 대한 조선인들의 신뢰는 재판권 문제에서 선교사들한테 예외적인 지위를 허용하는 데서도 확인할 수 있다는 것입니다. 조선에 있는 외국인들한테 주어진 치외법권이 비록 그 자체로 특별히 해로운 영향을 초래하지는 않지만 기독교로 개종한 조선인들의 관점에서 보면 사정이 완전히 달라진다고 합니다. 이런 이유로 이 신문은 가능한 한 조속히 조선에

1　[감교 주석] 아사히신문(朝日新聞)

서의 치외법권을 폐지할 것을 주장하고 있습니다. 또한 그런 조치에 대해 다른 나라들의 항의는 없을 것이라고 예상합니다. 다른 나라들은 재판권이 일본에 양도된 이후라 이런 조처를 아주 자연스럽게 받아들일 것이라는 것입니다.

(서명) 몬트겔라스

원문: 조선 10

내용: 조선 내 재판관할권

[조선에 있는 독일인 베네딕트 수도사의 사망에 관한 쾰른 신문의 보도]

발신(생산)일	1910. 2. 18	수신(접수)일	1910. 2. 19
발신(생산)자		수신(접수)자	
발신지 정보	쾰른	수신지 정보	베를린
			A. 3084

A. 3084 1910년 2월 19일 오후 수신

쾰니셰 차이퉁[1]

1910년 2월 18일

아시아

조선, 서울, 1월 28일. 우리는 남바이에른 주 성 오틸리엔의 베네딕트 수도회가 교황의 지시에 따라 조선의 수도 서울에서 성공적인 선교 활동에 필요한 사전준비를 위해 자우어[2] 신부를 조선으로 파견했다는 소식을 전한 바 있다. 독일 총영사 크뤼거가 지루한 협상을 능숙하게 진행하여 북동쪽 성문 안에서 약 9헥타르의 훌륭한 부지를 매입해 그곳에 2층짜리 커다란 주거용 건물을 건설하는 데 성공했다. 베네딕트 수도원 본원은 분원장으로 임명된 자우어 신부를 보좌하기 위해 2명의 사제와 4명의 평수도사를 파견했으며, 그들은 해가 바뀌기 직전에 서울에 도착했다. 유감스럽게도 로텐부르크 다힝겐 출신의 Martin Huber 수도사는 심각한 장티푸스에 걸려 조선 국립병원에서 사망했다. 서울과 제물포에 거주하는 독일인들은 종파에 상관없이 자우어 신부가 천주교 성당에서 주관한 장례식에 참석하여 애도를 표했다.

---

1 [감교 주석] 쾰니셰 차이퉁(Kölnische Zeitung)
2 [감교 주석] 자우어(Sauer)

22

조선의 외국인 선교사들

발신(생산)일	1910. 4. 8	수신(접수)일	1910. 5. 4
발신(생산)자	뭄	수신(접수)자	베트만홀베크
발신지 정보	도쿄 주재 독일 대사관	수신지 정보	베를린 정부
	A. 126		A. 7708

A. 7708 1910년 5월 4일 오후 수신

도쿄, 1910년 4월 8일

A. 126

베트만홀베크 수상 각하 귀하

이토 통감을 암살한 자[1]가 기독교[2] 개종자였다는 사실이 이곳에서 수년 전부터 기독교 선교를 반대하던 움직임에 기름을 부은 격이 되었습니다. 이곳 일본 신문들은 하루도 빠짐없이 한반도에 있는 외국 선교사들의 활동을 격렬한 어조로 비난하고 있습니다. 외견상 매우 성공한 듯 보이는 활동을 거론하며 외국인 선교사들이 사람들을 개종시키기 위해 종교의 이름으로 집요하게 온갖 수단을 동원해 일본의 조선 통치에 저항한다며 비난하는 것입니다. 일본 언론에서는 외국인 선교사들이 조선인들한테 기독교인이 되면 일본에 세금을 낼 필요가 없어지고, 한반도가 완전히 기독교화 될 경우 외국이 조선의 독립을 지지해줄 것이라고 설명한다고 주장하고 있습니다. 심지어 외국인 선교사들이 직접 일본인 압제자들에 맞서 싸우도록 조선인들을 부추긴 사례도 몇 건 있다고 합니다.

하지만 일본 통감부는 이토 통감의 결정에 따라 일본 언론의 공격에 맞서 기독교 선교사들을 계속 옹호해 왔습니다. 또한 통감부가 운영하는 "Seoul Press"지를 통해 이미 여러 차례 선교단을 지지했습니다. 최근 며칠 동안 통감부의 신임 외사국장 고마츠[3]는 "Japan Times"에 비교적 상세하게 상황을 해명했습니다. 그는 선교사들을 적극 옹호하

---

1 [감교 주석] 안중근(安重根)
2 [감교 주석] 천주교
3 [감교 주석] 코마츠 미도리(小松綠)

면서 현재 나타나고 있는 반일본 정서의 책임은 조선인 기독교인들한테 있다고 주장했습니다. 적지 않은 조선 기독교인들이 종교적인 동기 때문이 아니라 일정 정도의 치외법권을 기대하면서 기독교 선교사들의 품속으로 도망쳤다는 것입니다.

일본 정부가 이례적일 정도로 우호적인 입장을 밝히고 있음에도 불구하고 조선 내 기독교 선교활동에 대한 거부 움직임은 줄어들기는커녕 늘어나고 있습니다. "Jiji"[4]와 "Nichinichi"[5] 같은 신뢰도 높은 신문들이 최근 그런 움직임에 동참하기 시작했습니다. 그들은 선교사들의 반일본 활동에 어떤 식으로든 맞서야 한다는 주장을 대대적으로 펼치고 있습니다.

본인이 이곳에서 기독교 선교사들에 대한 그런 식의 책임전가가 전혀 근거가 없는 것인지 아니면 일말의 진실을 내포하고 있는지를 판단하는 것은 불가능합니다. 하시만 향후 갈등을 야기할 수 있는 움직임에 대해서는 계속 주의를 게을리 하지 않고 지켜보도록 하겠습니다. 앞에서 언급한 고마츠의 말에 의하면 조선에 거주하는 450명의 외국 선교사들 가운데 300명 이상이 미국인이라고 합니다. 이곳 여론이 결국 일본 관청이 기독교 선교사들에 대해 모종의 제제를 가해야 한다는 쪽으로 형성될 경우 미국의 반감이 증폭될 것으로 예상됩니다. 미국은 외국에 진출한 자국 선교사들에 대해 지대한 관심을 갖고 있기 때문입니다.

서울 주재 독일제국 총영사한테 본 보고서의 사본을 전달하였습니다.

뭄

내용: 조선의 외국인 선교사들

---

4 [감교 주석] 지지신보(時事新報)
5 [감교 주석] 도쿄니치니치신문(東京日日新聞)

A. 7708에 대하여

1. 조선의 외국인 선교사들에 관한 내용 포함

_____에 있는 선교단체들에게 _____에 관한 정보 없이

워싱턴 No. A. 477. 5월 14일. S.와

런던 No. 895 5월 12일 K.를 통해

전달할 것

2. 종교부 장관에게

정보제공 차 전달할 것

베를린, 1910년 5월 10일

연도번호 No. 5771   1910년 5월 10일

외무부
A편

외무부 정치 문서고
조선 주재 외국 외교관 관계 문서 1

1887년 4월 19일부터
1894년 9월 6일까지

제1권
참조: 제2권

외무부 정치 문서고
R 18951
조선 No. 7

1887년 1월 17일부터	목록	
5월 21일 자 서울 발 보고서 No. 36 (사본) -제물포와 해밀턴항에 청나라 함대 출현	8458 7월 10일	
6월 19일 자 베이징 발 보고서 No. 173 -미국 해군무관 포크의 조선에 대한 태도	9637 8월 7일	
7월 5일 자 베이징 발 보고서 No. 184 -포크를 조선에서 소환함	10363 8월 24일	
9월 21일 자 베이징 발 보고서 No. 254 -조선 대표로 임명된 청나라 변리공사가 제물포를 향해 출발. 워싱턴 주재 대표로 박정양을, 유럽 담당 대표로 심상학을 임명함, 리홍장에 의해 봉급을 지급받던 조선 왕의 고문인 전직 총영사 데니가 해임되고 영국인 Dunn이 후임으로 옴. (11월 14일, 페테르부르크 809, 런던 955, 워싱턴 90에 전달)	13907 1887년 12월 14일	
6월 9일 자 서울 발 보고서 No. 33 -베이징 공사관 서기로 있다가 조선 주재 프랑스 특별위원으로 새로 임명된 플랑시가 도착함.	9382 1888년 8월 1일	
11월 24일 자 베이징 발 보고서 No. 347 -청나라 변리공사 위안의 소환에 관한 청과 조선 간 협상, 후임자에 관한 논의도 있었을 듯함.　　　　　　　　　　　원본 문서 조선 1	601 1889년 1월 12일	
3월 31일 자 워싱턴 발 보고서 No. 177 -조선 주재 미국 변리공사 겸 총영사로 브레들리 임명. 　　　　　　　　　　　　　　　　　　원본 문서 미국 7	5403 4월 13일	
7월 19일 자 베이징 발 보고서 A No. 232 -청나라 변리공사 도대 위안의 직위를 공식적으로 명확히 규정하려는 미국의 조처.　　　　　　　　　　　　　　원본 문서 조선 1	12460 9월 12일	
10월 21일 자 베이징 발 보고서 No. 269 -조선 왕이 서울에 상주하면서 조선을 담당할 영국 특별사절 임명을 소망함. (월삼 경을 반대하는 데니의 음모)	16648 12월 10일	
1월 28일 자 워싱턴 발 보고서 No. 52 -조선 주재 미국 변리공사 겸 총영사로 허드 임명. (2월 14일, 베이징 4, 서울 1에 전달)　　　　　원본 문서 미국 7	1782 2월 9일	
2월 5일 자 워싱턴 발 보고서 No. 74 -상원에서 허드의 인준이 통과됨.　　　　　원본 문서 미국 7	1782 2월 9일	

3월 20일 자 베이징 발 보고서 No. 89 -조선 주재 미국 변리공사로 새로 임명된 허드에 관해. <div align="right">원본 문서 미국 7</div>	2714 2월 27일
5월 8일 자 서울 발 보고서 No. 41 -서울 주재 청 대표 위안의 임기 연장	7552 6월 20일
7월 30일 자 서울 발 보고서 No. 57 -육군대령 롱이 서울 주재 미국 변리공사관의 공사관서기관직에서 물러남. 후임으로 알렌 박사 임명됨.<div align="right">원본 문서 조선 8</div>	10643 9월 29일
1891년	
6월 8일 자 서울 발 보고서 No. 35 -조선 주재 이탈리아 대표부, 청과 시암 담당 이탈리아 대표 A. Pansa가 잠시 서울에 체류함.	6982 8월 8일
6월 18일 자 서울 발 보고서 No. 36 -프랑스 대표 플랑시가 떠나고 후임인 로쉐가 도착함.	6983 8월 8일
8월 30일 자 서울 발 보고서 No. 48 -러시아 대리공사 베베르가 유럽으로 휴가를 떠남. 한커우 주재 러시아 총영 사 Dmitsewsky가 직무대리로 옴.	10088 11월 17일
1892년	
4월 18일 자 서울 발 보고서 A No. 26 -프랑스 대표가 플랑시에서 프랑뎅으로 교체됨.	5931 6월 7일
1893년	
12월 18일 자 서울 발 보고서 No. 62 -일본 변리공사 가지마야의 소환, 후임은 오이시.	1105 2월 5일
1월 28일 자 서울 발 보고서 No. 8 -신임 일본 변리공사 마사미 오이시의 도착.	2379 3월 21일
5월 27일 자 서울 발 보고서 No. 3 -조선 주재 영국 외교 대표부에 관해, 베이징 주재 영국 공사 오코너가 조선 업무도 겸하는 것으로 왕에게 신임장 제출.	6067 7월 21일
메모 -서울 주재 일본 공사 오이시의 무례한 태도와 그의 소환에 대한 보고서는 〈조선 1〉에 있음.	5747 7월 10일

7월 26일 자 베이징 발 보고서 No. 100 -서울 주재 일본 대표 오이시의 해임, 베이징 주재 일본 공사 오토리가 조선 대표 겸임 발령.	7527 9월 12일
8월 4일 자 서울 발 보고서 No. 44 -(상기 내용과 관련해) 일본 대리공사 겸 영사 Ingimura는 이 조치를 일시적인 것으로 간주하고 있으며, 조선 주재 일본 특별 공사가 임명될 것으로 기대함.	7629 9월 15일
10월 7일 자 서울 발 보고서 No. 55 -청 및 조선 겸임 공사 오토리의 서울 도착, 그는 1894년 봄에 도쿄로 돌아갈 예정임.	10304 12월 10일
7월 26일 자 도쿄 발 보고서 A 41 -조선 주재 일본 변리공사 오이시 해임, 오토리를 베이징과 서울 겸임 변리공사로 발령, 일본 정부의 이런 변경 조처를 취한 이유들. 원본 문서 일본 8 No. 2	7253 8월 31일
1893년 4월 23일 자 상하이 주재 전임 독일제국 공사 브란트의 보고서 -조선 왕이 서울 주재 독일 대표의 지위 격상을 원함. 6월 17일 자 베이징 A. 17에 보내는 훈령 -특별위원의 직함을 가진 프랑스 영사가 다른 영사들보다 앞선 서열을 요구하는 것은 인정할 수 없음.	4543 6월 1일
9월 26일 자 베이징 발 보고서 A. 123 -독일제국 공사는 영사 대표에게 총영사의 직위를 부여하는 것에 반대하지 않음. 하지만 부분적으로 조선 주재 영사를 베이징 주재 공사관의 예하에 둘 것을 요청함.	9292 11월 13일
10월 2일 자 베이징 발 보고서 A. 127 -서열 문제 진행경과에 대한 8월 30일 자 조선 주재 독일제국 영사의 보고서에 관련해 서울 A. 3 및 베이징 A. 35에 보낸 12월 19일 자 훈령 -독일 영사는 프랑스 영사의 서열우위 요구를 거부할 것, 영국 총영사 대리 역시 그가 부영사의 직위를 갖고 있거나 현지에서 더 늦게 영사로 임명된 경우 독일 영사보다 서열이 뒤에 있어야 함. 독일 영사는 일반적인 관심사, 특히 정치적인 관심사는 베이징 주재 공사에게 사본을 송부하고 공사가 상세한 정보를 요청할 경우 그 요구에 응해야 함.	9503 11월 18일
1894년	
2월 3일 자 서울 발 보고서 No. 13 -러시아 대리공사 베베르와 영국 총영사 대리 가드너의 도착	2878 5월 6일

3월 24일 자 베이징 발 보고서 A 33 －훈령 A 9292/9503 93에 대한 답신: 서울 주재 외국 대표들 간의 서열문제에 관해 영국 및 러시아 대표와 논의함, 그에 대해 조만간 크리엔의 보고가 있을 예정임	4151 5월 6일
5월 2일 자 서울 발 보고서 No. 32 －전임 미국 변리공사 허드 후임으로 실이 부임함.	5582 6월 22일
3월 19일 자 서울 발 보고서 No. 21 －특별위원 직함의 프랑스 대표 프랑뎅이 독일 영사보다 앞선 서열을 요구함, 크리엔 영사가 구두와 서면으로 프랑뎅과 협상함, 프랑뎅의 요구 거절, 쟁점 이 되고 있는 문제를 외국 대표들과 조선 외무대신과 조선 정부의 법률고문 그레이트하우스와 논의함. －파리 261에 보낸 6월 9일 자 훈령: 지시사항: 프랑스 대표 프랑뎅의 서열우위 요구를 거절할 것.	4561 5월 20일
7월 17일 자 프랑스 대사관 －독일과 프랑스 대표의 서열다툼 문제에 대한 조선 외무대신의 입장 표명.	6680 7월 21일
7월 21일 자 외무부차관의 기록 －서열다툼에 대해 프랑스 대사와 대담을 나눔. －파리 343에 7월 27일 자 훈령 발송	6681 8월 9일
8월 6일 자 파리 발 보고서 No. 190 －외무부장관 Hanotaux가 프랑뎅의 행위에 불만을 표시함, 프랑뎅은 조선으 로 돌아가지 않을 것이며 그의 후임은 "정부 특별위원(Commissionaire du gouvernement)"이라는 칭호를 갖지 않을 것이라고 함. －서울 A 1에 보내는 8월 17일 자 훈령: 서열 문제는 우리 측에 유리하게 매듭지어짐, 하지만 이 문제를 조선 외무부 에 해석을 의뢰한 것에 대해 비난함.(8월 20일, 베이징 A 33에 전달)	7342 8월 9일
5월 31일 자 베이징 발 보고서 No. A 62 －조선에서 폭동이 발발하는 바람에 러시아 총영사 베베르는 서울의 직위를 그대로 유지함.	6482 7월 16일
6월 8일 자 서울 발 보고서 No. 44 －휴가를 떠난 공사 카시니 백작을 대리하기 위해 베베르가 베이징으로 떠남 －메모: 일본 군인들의 서울 주재 영국 영사 가드너 폭행 건에 대한 보고서는 〈조선 1〉에 있음.	6819 7월 25일
7월 19일 자 베이징 발 보고서 No. 90 －일본 군인들이 서울 주재 영국 영사 가드너를 폭행함.	7992 9월 2일

01

[주한미국공사 딘스모어 및 조선 주재 미국인들에 관한 보고]

발신(생산)일	1887. 3. 7	수신(접수)일	1887. 4. 19
발신(생산)자	브란트	수신(접수)자	비스마르크
발신지 정보	베이징 주재 독일공사관	수신지 정보	베를린 정부
	A. No. 66		A. 4948

사본

A. 4948 1887년 4월 19일 오전 수신

베이징, 1887년 3월 7일

A. No. 66

비스마르크 각하 귀하

각하께 삼가 아래와 같이 보고 드리게 되어 영광입니다. 신임 조선 주재 미국 변리공사로 임명된 딘스모어[1]의 과거 이력에 대해서 아직 상세한 정보를 입수하지 못했습니다. 서울에서 외교업무를 담당해온 미국 공사관 일등서기관 락힐[2]은 4월 초에 조선을 떠날 예정이라 딘스모어는 그 전에 이곳에 도착할 것으로 예상됩니다.

최근에 자주 언급되는 미국 해군제독 슈펠트[3]와 해군사관 포크[4]는 조선을 떠났습니다. 조선을 완전히 떠났는지는 알 수 없습니다.

전임 상하이 주재 미국 총영사 데니[5]가 조선 왕의 고문직에서 물러날 날이 멀지 않은 듯합니다. 적어도 리훙장 총독 측근에 있는 사람들은 데니의 해임을 공공연하게 언급하고 있습니다. 그는 청인들은 물론이고 조선인들한테도 그다지 환심을 사지 못한 것으로 보입니다.

(서명) 브란트[6]

원본 문서 조선 1

---

1 [감교 주석] 딘스모어(H. A. Dinsmore)
2 [감교 주석] 락힐(W. W. 락힐)
3 [감교 주석] 슈펠트(R. W. Shufeldt)
4 [감교 주석] 포크(G. C. Foulk)
5 [감교 주석] 데니(O. N. Denny)
6 [감교 주석] 브란트(M. Brandt)

[원세개 소환소동과 미 해군무관 포크 해임 요구에 관한 보고]

발신(생산)일	1887. 5. 2	수신(접수)일	1887. 6. 19
발신(생산)자	켐퍼만	수신(접수)자	비스마르크
발신지 정보	서울 주재 독일영사관	수신지 정보	베를린 정부
	No. 33		A. 7563

사본

A. 7563 1887년 6월 19일 오전 수신

서울 1887년 5월 2일

검열 No. 33

기밀

비스마르크 각하 귀하

그저께 서울에 다시 한 번 소동이 벌어져, 왕과 정부가 청나라 대표 위안[1] 때문에 벌벌 떠는 일이 있었습니다. 하지만 이번에 위안이 그렇게 나온 것은 완전히 부당한 일은 아니었습니다. 사건의 내막은 아래와 같습니다.

그저께 오후 조선 외아문 독판[2]은 위안한테서 청 황제의 명령에 따라 그날 저녁 서울과 조선을 떠날 것이라는 뜻밖의 소식을 접했습니다. 그러자 대신은 당연히 청나라 정부가 조선에 뭔가 불만을 품고 있는 것이라고 추정하여 즉시 청나라 공사관으로 향했습니다. 위안은 조선 외아문 독판에게 리홍장[3] 총독한테서 전보로 당장 비서관들을 데리고 조선을 떠나라는 지시가 내려왔다고 말했습니다. 이유인즉, 조선 왕과 정부가 얼마 전 신문에 실린 미국 해군무관 포크[4]의 보고문에 대해 침묵을 지켰기 때문이라고 했습니다. 제 나라에서 외국 대표가 음모를 꾀하고 내정에 관해 뻔뻔스러운 거짓말을 널리 퍼뜨리는 것을 허용하는 정부는 향후 존재가 위태로운 정부로서 보살핌을 받을 자격이 없다는 것이었습니다.

---

1 [감교 주석] 위안스카이(袁世凱)
2 [감교 주석] 김윤식(金允植)
3 [감교 주석] 리홍장(李鴻章)
4 [감교 주석] 포크(G. C. Foulk)

그 이야기를 들은 조선 외아문 독판은 당연히 크게 경악했습니다. 그는 지체 없이 왕을 찾아갔고, 그날 저녁에 벌써 왕으로부터 조선 정부는 포크와의 모든 관계를 끊고 그의 해임을 요구하겠다는 거창한 약속을 받아냈습니다. 외아문 독판은 이 약속을 이행하기 위해 당일에 벌써 미국 변리공사[5]와 협의하였습니다.

여기서 거론되고 있는 포크의 신문 기사는 12월 27일 자 본인의 기밀보고 No. 77에 포함되어 있습니다.

그런데 한 가지 이상한 점은 리훙장이 몹시 뒤늦게, 게다가 매우 급작스럽게 흥분했다는 사실입니다. 아무래도 총독 리훙장이 분노한 진짜 이유는 그 보고문 때문이 아닌 듯합니다. 사실 포크는 최근 들어 전혀 다른 이유로 청 정부에 부담스러운 존재가 되었습니다. 조선 왕은 미국 외교문서집에 실린 그 보도에 대해서는 전혀 알지 못했던 듯합니다. 왕의 주변에 포진하고 있는 포크의 친구들이 그 소식을 차단한 게 분명합니다. 간단히 말씀 드려, 포크는 약 3주 전부터 왕의 각별한 총애를 받고 있습니다. 왕이 그에게 훌륭한 저택을 지어주었을 뿐만 아니라 그는 매일 저녁 한복을 입고 궁을 출입한다는 소문이 돌고 있습니다. 현재 포크는 일본을 좋아하고 청을 미워한다는 사실이 널리 알려져 있습니다. 따라서 위안이 포크가 왕의 신임을 받고 있다는 사실과 더불어 개인적으로 리훙장과 적대 관계에 있는 슈펠트[6] 제독이 나가사키에 앉아 포크를 조정하면서 조선 왕의 미국 고문이자 조선 운명의 주도자로 서울에 위풍당당하게 재입성할 수 있는 기회를 호시탐탐 노리고 있다는 사실을 알게 되고, 그로 인해 길길이 날뛰게 된 것은 당연하다 하겠습니다. 슈펠트가 과거에 조선을 떠나게 된 과정은 보고서 No. 66을 참조하시기 바랍니다.)

리훙장은 이 두 사람의 계략을 단번에 끝내기 위해 위안한테 전보를 보내게 된 것입니다.

평화유지 차원에서 포크는 해임되는 것이 바람직합니다. 또한 다른 이유로도 그의 해임은 모든 외교관들한테 환영받을 것입니다. 왜냐하면 그가 어느 미국 회사를 등에 업고 이곳에서 사기성이 농후한 정부의 사업들을 추진하고 있기 때문입니다.

본인은 본 보고서의 사본을 베이징 주재 독일제국 공사관에 보낼 것입니다.

(서명) 켐퍼만[7]

원본 문서 조선 1

---

5 [감교 주석] 딘스모어(H. A. Dinsmore)
6 [감교 주석] 슈펠트(R. W. Shufeldt)
7 [감교 주석] 켐퍼만(T. Kempermann)

[플랑시가 조불수호통상조약 비준을 위해
조선으로 향하리라는 보고]

발신(생산)일	1887. 5. 7	수신(접수)일	1887. 6. 29
발신(생산)자	브란트	수신(접수)자	비스마르크
발신지 정보	베이징 주재 독일공사관	수신지 정보	베를린 정부
	A. No. 134		A. 7974

사본

A. 7974　1887년 6월 29일 오후 수신

베이징, 1887년 5월 7일

A. No. 134

비스마르크 각하 귀하

프랑스 공사관 2등서기관 플랑시가 이달 2일 베이징을 떠나 상하이로 갔다고 합니다. 그는 상하이에서 프랑스 우편물과 함께 5월 7일 도착 예정인, 비준을 받은 프랑스-조선 간 조약서[1]를 수령한 다음 서울로 가져와 상호교환 행사를 치를 예정입니다.

현재 이곳에서 프랑스와 청 간에 중요한 협상들이 진행 중이기 때문에 Constans는 당연히 베이징을 떠나지 않을 것입니다. 하지만 현재 아래와 같은 소문이 돌고 있습니다. 즉 1886년 프랑스와 조선이 조약을 체결할 때 프랑스 측 교섭자인 코고르당[2]이 리홍장[3] 총독에게 ―아시다시피 리홍장은 청과 조선의 관계를 책임지고 있습니다.― 프랑스는 부영사 같은 하급관리만 조선 대표로 파견하고 신임장을 갖춘 외교관을 서울에 파견하지는 않을 것이라고 약속했다고 합니다. 아무래도 비준서 교환을 위해 콜랭[4]을 파견하는 것은 이 약속과 관계가 있는 것으로 보입니다.

(서명) 브란트
원본 문서 중국 13

1　[감교 주석] 조불수호통상조약
2　[감교 주석] 코고르당(Cogordan)
3　[감교 주석] 리홍장(李鴻章)
4　[감교 주석] 플랑시(V. C. Plancy)

[청 함대 선박의 거문도 파견 보고]

발신(생산)일	1887. 5. 21	수신(접수)일	1887. 7. 10
발신(생산)자	쳄퍼만	수신(접수)자	비스마르크
발신지 정보	서울 주재 독일영사관	수신지 정보	베를린 정부
	No. 36		A. 8458

사본

A. 8458   1887년 7월 10일 오전 수신

서울, 1887년 5월 21일

No. 36

비스마르크 각하 귀하

각하께 삼가 아래와 같이 보고 드리게 되어 영광입니다. 딩[1] 제독의 지휘하에 4척의 전함과 2척의 소형 선박으로 구성된 청나라 함대가 며칠 동안 제물포에 정박하였다가 이달 16일 해밀턴항으로 떠났습니다. 딩 제독이 본인에게 전해준 바에 의하면, 그는 이미 다른 배2척을 그곳으로 보냈다고 합니다.

본인이 보기에는 청이 그 섬을 점령하거나 침략할 의도를 가진 것은 아닌 듯합니다. 또한 그곳에 선박의 기지를 만들 의도도 없어 보입니다. 그럼에도 불구하고 이곳 일본 대표는 그 점을 매우 우려하고 있으며 이곳에 있는 모든 외국 대표들에게 청의 의도에 대해 어떻게 생각하는지 물었습니다.

러시아 대리공사 베베르[2] 역시 은밀히 본인에게 청이나 청의 서울 주재 대표[3]가 다시 뭔가 음모를 꾸밀지도 모른다는 우려를 토로하였습니다. 베베르는 서울 주재 청 대표의 밀사 두 명이 —한 사람은 청국인이고 한 사람은 조선인입니다.— 섬 주민들로 하여금 외국인들을 배척하도록 부추기기 위해 해밀턴항으로 갔다는 소문이 사실인지 물었습니

---

1   [감교 주석] 딩루창(丁汝昌)
2   [감교 주석] 베베르(K. I. Weber)
3   [감교 주석] 위안스카이(袁世凱)

다. 조선 왕에 대한 포크[4]의 영향력이 커지고(보고서 No. 33을 참조하십시오.) 그를 해임시키는 것이 불가능해지자 위안이 이번 일을 꾸몄다는 이야기가 돕니다.

하지만 본인이 입수한 정보에 의하면, 그 소문은 전혀 근거가 없습니다. 하지만 만약 미국 정부가 조속한 시일 내에 조선 외아문 독판[5]의 압박을 수용해 포크를 소환하기로 결정하지 않을 경우 위안과 청은 다시 간계를 꾸밀 가능성을 완전히 배제할 수 없다고 생각합니다.

(서명) 켐퍼만
원본 문서 조선 1

---

4 [감교 주석] 포크(G. C. Foulk)
5 [감교 주석] 김윤식(金允植)

[미 해군무관 포크 소환 문제에 관한 락힐과의 담화 보고]

발신(생산)일	1887. 6. 19	수신(접수)일	1887. 8. 7
발신(생산)자	브란트	수신(접수)자	비스마르크
발신지 정보	베이징 주재 독일공사관	수신지 정보	베를린 정부
	A. No. 173		A. 9637

사본

A. 9637 1887년 8월 7일 오후 수신

베이징, 1887년 6월 19일

A. No. 173

기밀

비스마르크 각하 귀하

미국 해군 무관 포크[1]로 인해 조선 정부와 서울 주재 청 대표부 간에 갈등을 빚고 있다는 독일제국 총영사 켐퍼만[2]의 보고서를 보고 본인은 얼마 전까지 조선 주재 미국 공사관의 책임자였던 비서관 락힐[3]에게 이 문제에 대해 문의하였습니다. 그가 본인에게 전해준 바에 의하면, 락힐이 조선에 있을 때 이미 그곳 정부는 상하이지에 실린 조선 상황에 대한 보고서의 작성자로 포크를 지목해 그에 대한 불만을 토로했다고 합니다. 당시 락힐은, ─포크가 문제가 된 그 보고의 작성자도 아니고 작성자가 될 수도 없었기 때문에─ 그의 누명을 벗기고 조선 정부로 하여금 그에게 유감을 표하도록 했으며, 그걸로 그 문제가 일단락된 줄 알았다고 했습니다. 하지만 성격이 급하고 뻔뻔스러운데다가 변덕까지 심한 청나라 변리공사 위안[4]의 요청에 따라 조선 정부가 포크가 보내고 미국 정부가 공식적으로 공개한 이 보고서를 근거로 사건을 다시 공론화시켰다는 것입니다.

그럼 앞으로 미국 정부는 어떻게 대응할 것이냐고 묻자 락힐은 자국 정부가 포크를

---

1   [감교 주석] 포크(G. C. Foulk)
2   [감교 주석] 켐퍼만(T. Kempermann)
3   [감교 주석] 락힐(W. W. Rockhill)
4   [감교 주석] 위안스카이(袁世凱)

해임할 가능성을 완전히 배제할 수 없다고 답했습니다. 워싱턴에서는 조선의 일반적인 상황 때문에 미국이 서울에서 입장을 밝혀야 한다는 사실에 몹시 불쾌해하고 있다고 합니다. 왜냐하면 이것은 미국 정부가 어떤 식으로든 연루될 수 있는 정책은 미국 밖에서 펼치지 않는다는, 미국의 전통적인 원칙에 어긋나기 때문입니다. 락힐의 말에 의하면, 미국의 당국자들은 조선이 외국에 대해 문호를 개방했을 당시에 이미 자신들이 두드러진 역할을 수행하는 것을 달갑게 여기지 않았다고 합니다. 또한 경우에 따라서는 서울 주재 미국 공사관의 지위를 적절한 방식으로 축소하는 것도 검토할 것이라고 말했습니다.

(서명) 브란트
원본 문서 조선 1

06

[미국 정부가 포크에게 귀국을 명령했다는 보고]

발신(생산)일	1887. 7. 5	수신(접수)일	1887. 8. 24
발신(생산)자	브란트	수신(접수)자	비스마르크
발신지 정보	베이징 주재 독일공사관	수신지 정보	베를린 정부
	A. No. 184		A. 10363

사본

A. 10363   1887년 8월 24일 오전 수신

베이징, 1887년 7월 5일

A. No. 184

비스마르크 각하 귀하

조선 정부가 미국 공사관의 해군무관 포크[1]에 대해 불만을 갖고 있다는 금년 6월 19일 자 보고서 A. No. 173에 이어서 각하께 삼가 아래와 같이 보고 드리게 되어 영광입니다. 포크는 미국 정부로부터 전함 Marion호에 승선하라는 명령을 받고 이미 그 명령을 이행했다고 합니다.

들리는 소문에 의하면 포크는 관직에서 물러나 조선이나 일본에서 일할 생각을 갖고 있다고 합니다.

(서명) 브란트

원본 문서 조선 1

---

1   [감교 주석] 포크(G. C. Foulk)

외무부 정치 문서고 조선 주재 외국 외교관 관계 문서 1(1887.4.19~1894.9.6)   **287**

[조선의 해외공사 임명과 조선정부 고문 데니에 관한 보고]

발신(생산)일	1887. 9. 21	수신(접수)일	1887. 11. 14
발신(생산)자	브란트	수신(접수)자	비스마르크
발신지 정보	베이징 주재 독일공사관	수신지 정보	베를린 정부
	A. No. 254		A. 13907

사본

A. 13907 1887년 11월 14일 오후 수신

베이징, 1887년 9월 21일

A. No. 254

비스마르크 각하 귀하

본인이 입수한 정보에 의하면, 조선 왕이 8월 중순 해외에 파견할 외교관 두 명을 임명하였다고 합니다. 한 사람은 워싱턴 담당 박정양[1]이고, 다른 한 사람은 유럽 담당 심상학[2]입니다. 조선이 이런 식으로 정치적인 독립을 선언하자 서울 주재 청나라 변리공사가 가족과 공사관 직원들을 이끌고 서울을 떠나 제물포로 향했습니다. 그곳에서 그는 조선 왕으로부터 다시 돌아오라는 부름을 받았습니다.

청나라 변리공사[3]가 이 같은 행보를 보인 이면에는 개인적으로 신분안전에 대한 우려가 작용한 듯합니다. 적어도 톈진에서는 리훙장[4]이 그에게 서울로 돌아가라는 지시를 내렸다는 이야기가 돌고 있습니다. 지시는 전보로 전해졌는데, 전보의 논조는 그가 개인적으로 위험에 노출되어 있든 말든 전혀 개의치 않았다고 합니다.

톈진에서는 리훙장이 급여를 지급하며 고용한 조선 왕의 "고문"인 전직 미국 총영사 데니가 돌아올 거라고 예상하고 있습니다. 사람들은 데니[5]가 자신의 직위를 포기하거나

---

1 [감교 주석] 박정양(朴定陽)
2 [감교 주석] 심상학(沈相學)
3 [감교 주석] 위안스카이(袁世凱). 그의 공식 직함은 주찰조선총리교섭통상사의(駐紮朝鮮總理交涉通商事宜).
4 [감교 주석] 리훙장(李鴻章)
5 [감교 주석] 데니(O. N. Denny)

그리 오래 그 자리를 지키지 못할 거라고 믿고 있습니다. 조선인과 중국인 어느 쪽으로부터도 사랑을 받지 못하고 있기 때문입니다. 그의 후임으로는 영국인 Dunn이 거론되고 있습니다. 각하께서도 보호국 문제로 바티칸에 파견된 사절단을 통해서 아마 그자에 대해 알고 계실 것입니다. 러시아 사람들은 그가 고문으로 임명되는 것을 그리 좋아하지 않을 게 분명합니다. 그의 임명은 현재 서울에서 약간 고조되고 있는 내적, 외적 음모의 파고를 잠재우는 데에도 별로 도움이 되지 않을 것 같습니다.

(서명) 브란트
원본 문서 조선 1

조선 담당 프랑스 특별위원의 도착

발신(생산)일	1888. 6. 9	수신(접수)일	1888. 8. 1
발신(생산)자	크리엔	수신(접수)자	비스마르크
발신지 정보	서울 주재 독일영사관	수신지 정보	베를린 정부
	No. 33		A. 9382

A. 9382 1888년 8월 1일 오전 수신

서울, 1888년 6월 9일

검열 No. 33

비스마르크 각하 귀하

각하께 삼가 아래와 같이 보고 드리게 되어 영광입니다. 조선 담당 프랑스 특별위원으로 임명된 전임 베이징 주재 프랑스 공사관 2등서기관 플랑시[1]가 이달 5일 Guérin이라는 통역관을 대동하고 이곳에 도착했습니다. 오늘 그에게 전해들은 바에 의하면, 이달 7일 그의 소개장이 조선 외아문 독판에게 전달되었다고 합니다.

작년 5월 31일 자 보고서 No 41[2]을 통해 각하께 이미 보고 드린 바와 같이, 플랑시는 조불수호통상조약의 비준서 교환을 위해 잠시 이곳에 체류하고 있습니다.

본인은 본 보고서의 사본을 베이징 및 도쿄 주재 독일제국 공사관에 보낼 것입니다.

크리엔[3]

내용: 조선 담당 프랑스 특별위원의 도착

---

1 [감교 주석] 플랑시(V. C. Plancy)
2 II 15861에 삼가 첨부됨.
3 [감교 주석] 크리엔(F. Krien)

[고종의 원세개 소환요청에 대한 청측 대응 보고]

발신(생산)일	1888. 11. 24	수신(접수)일	1889. 1. 12
발신(생산)자	브란트	수신(접수)자	비스마르크
발신지 정보	베이징 주재 독일공사관	수신지 정보	베를린 정부
	A. No. 347		A. 601

사본

A. 601　1889년 1월 12일 오전 수신

베이징, 1888년 11월 24일

A. No. 347

비스마르크 각하 귀하

　리훙장[1]과 총리아문은 청나라 변리공사 위안[2]을 소환해 달라는 조선 왕의 요청에 대해 왕실 고문인 미국인 데니[3]도 함께 해임해 달라는 조건을 달아 대응했습니다. 그로 인해 이 문제를 근본적으로 해결하는 것은 다시 어려워졌습니다. 하지만 본인은 서울 주재 청나라 변리공사가 조만간 교체될 것으로 믿고 있습니다.

　현재 위안의 후임으로 거론되고 있는 사람들, 즉 톈진에 있는 도대[4]나 전임 도쿄 주재 청나라 공사관 서기관은 위안의 등장으로 인해 생긴 청에 대한 나쁜 인상을 불식시키고 조선과 청의 관계를 예전처럼 친밀하게 구축할 수 있는 능력을 갖추지 못했습니다. 하지만 당장은 청나라 변리공사를 교체하는 것 자체가 이익이 될 것입니다. 왜냐하면 그래야 조선에서 소요가 발생할 위험을 방지할 수 있고, 그로 인한 정치적인 분규들을 약화시킬 수 있기 때문입니다.

(서명) 브란트
원본 문서 조선 1

1　[감교 주석] 리훙장(李鴻章)
2　[감교 주석] 위안스카이(袁世凱). 그의 공식 직함은 주찰조선총리교섭통상사의(駐紮朝鮮總理交涉通商事宜).
3　[감교 주석] 데니(O. N. Denny)
4　[감교 주석] 도대(道臺)

[미국 정부가 신임 주한미국공사를 임명했다는 보고]

발신(생산)일	1889. 3. 31	수신(접수)일	1889. 4. 13
발신(생산)자	아르코	수신(접수)자	비스마르크
발신지 정보	워싱턴 주재 독일 공사관	수신지 정보	베를린 정부
	No. 177		A. 5403

사본

A. 5403　1889년 4월 13일 오전 수신

워싱턴, 1889년 3월 31일

No. 177

비스마르크 각하 귀하

미국 대통령이 최근 아래와 같이 외교관 인사를 단행하였습니다.

켄터키 출신의 브레들리[1]를 조선 변리공사 겸 총영사로 임명했습니다. (생략)

조선 주재 외교관직을 맡아 달라는 제안을 받은 브레들리는 남부지방에서 가장 훌륭한 공화당원입니다. 비록 낙선되기는 했지만 그는 여러 번 고위직 선거에 출마한 적이 있습니다. 현재 변호사로서 꽤 수입이 좋기 때문에 그가 이 제안을 수락할지 여부는 아직 미지수입니다.

(서명) 아르코[2]

원본 문서 미국 7

---

1 [감교 주석] 브레들리(W. O. Bradley)
2 [감교 주석] 아르코(E. Arco-Valley)

[원세개의 공식 지위에 관한 미국의 문의에 대한 총리아문의 회답 보고]

발신(생산)일	1889. 7. 19	수신(접수)일	1889. 9. 12
발신(생산)자	케텔러	수신(접수)자	비스마르크
발신지 정보	베이징 주재 독일공사관	수신지 정보	베를린 정부
	A. No. 232		A. 12460

발췌

A. 12460　1889년 9월 12일 오전 수신

베이징, 1889년 7월 19일

A. No. 232

비스마르크 각하 귀하

(생략) 이곳의 미국 공사 덴비[1] 대령이 전해준 바에 의하면, 서울의 미국 변리공사 딘스모어[2]가 미국 정부에 그곳 청나라 대표인 도대[3] 위안[4]의 태도에 대해 불만을 토로했다고 합니다. 딘스모어가 조선의 외교단 수석으로서 위안한테 수차에 걸쳐 공동협의에 참석해달라고 요청했으나 그는 몸이 안 좋다는 핑계로 비서를 외교 및 영사 대표 자격으로 협의에 참석시켰다는 것입니다.

이에 딘스모어는 자국 정부에 베이징 총리아문에 위안의 공식적인 직위가 무엇인지 확인해줄 것을 요청했습니다. 청 대표인 위안은 자신의 직위가 영어로는 "변리공사"라고 했습니다. 그리고 조선이 청에 종속되어 있는 관계로 자신은 조선 주재 외국 대표들과는 입장이 다르며, 따라서 그들과 공동보조를 취할 수는 없다고 말했다고 합니다.

결국 육군 대령 덴비는 미국 정부의 이름으로 총리아문에 조선 주재 청 대표의 공식 직위와 임무가 정확히 무엇인지 밝혀 달라는 외교문서를 보냈습니다.

1　[감교 주석] 덴비(C. H. Denby)
2　[감교 주석] 딘스모어(H. A. Dinsmore)
3　[감교 주석] 도대(道臺)
4　[감교 주석] 위안스카이(袁世凱)

그러자 총리아문은 며칠 전 왕자와 대신들이 충분히 논의한 끝에 아래와 같은 결론을 내렸다는 답신을 보냈다고 합니다. 즉 조선은 청의 보호국이므로 조선 내 청 대표들의 지위는 조선과 조약을 체결한 다른 나라 외교관이나 영사들과 비교할 수 없으며, 따라서 청 대표는 완전히 다른 활동을 할 수 있다는 것입니다.

총리아문이 보낸 외교문서에서는 과거 청나라 대표한테 주어졌던 칭호, 즉 "국내 행정업무에 종사하는 중국 관리"라는 뜻의 칭호인 "도대" 외에 다른 칭호를 부여하는 것을 가급적 피하려는 눈치였다고 합니다. 하지만 이 중국 대표의 직위가 우리 식으로 하면 영사 급에 속한다는 사실을 청나라 대신들이 모를 리 없습니다.

미국 정부의 질문에 대해 총리아문 대신이 보낸 단 하나의 직접적인 대답은, 위안 도대가 "조선에서 청의 업무를 관장하는" 직위를 맡고 있다는 것입니다. 이 표현을 미국 공사관 통역관은 "to manage Chinese affairs in Corea"라고 표현하였습니다.

케텔러[5]

원본 문서 조선 1

---

5 [감교 주석] 케텔러(Ketteler)

조선 주재 영국 대표부에 관해

발신(생산)일	1889. 10. 21	수신(접수)일	1889. 12. 10
발신(생산)자	케텔러	수신(접수)자	비스마르크
발신지 정보	베이징 주재 독일공사관	수신지 정보	베를린 정부
	A. No. 269		A. 16648

A. 16648   1889년 12월 10일 오전 수신

베이징, 1889년 10월 21일

A. No. 269

기밀

비스마르크 각하 귀하

1886년 이후 서울의 궁중 관련 업무도 겸하고 있으면서 아직까지 조선 왕에게 신임장을 제출하지 않았던 베이징 주재 영국 공사 월샴[1]이 본인에게 은밀히 전해준 바에 의하면, 얼마 전 조선 외아문 독판[2]한테서 왕의 지시에 따른 공문을 한 통 받았다고 합니다. 조선 정부와 베이징 주재 영국 공사 간의 공적인 소통의 어려움을 고려하여 조선 업무를 담당하는 영국 대표의 지위를 격상해 달라는 것이었다고 합니다. 조선 왕은 특별사절, 즉 전권을 위임받은 공사급의 외교관이 서울 주재 대표로 임명되기를 바라는 것입니다.

영국 총영사 대리 힐리어[3]를 통해 전달된 그 문서에서 외아문 독판은 월샴 경에게 조선 군주의 이러한 소망을 영국 군주에게 전해달라고 요청하였습니다.

월샴 경은 그 서신이 모든 관례에 어긋나는 무례한 표현으로 영국 여왕의 조치에 불만을 표시하고 있을 뿐만 아니라 월샴 경 본인의 인격과 활동까지 부당하게 불신임하고 있다는 것을 깨달았습니다. 그는 배후에서 일을 이렇게 만든 장본인이 끊임없는 간계와 은밀한 교사로 조선 왕에게 영향력을 행사해 온 조선 체류 미국인 고문[4]일 거라고

---

1 [감교 주석] 월샴(J. Walsham)
2 [감교 주석] 민종묵(閔種默)
3 [감교 주석] 힐리어(W. C. Hillier)
4 [감교 주석] 데니(O. N. Denny)

생각했습니다. 월삼 경의 이런 생각이 아주 터무니없지는 않습니다. 데니가 이곳에서도 최근 들어 속국 관계를 강조하는 청의 태도를 염두에 두고 새삼스레 조선의 독립 문제를 부각시킬 방안을 찾았기 때문입니다.

영국 공사는 본인과 대화를 나누던 중 그 서신에 기재된 무리한 요구를 "decidedly discourteous"라는 말로 표현하면서 조선 정부가 보낸 그 서신에 대해 어떤 식으로 답변해야 할지 아직 결정하지 못했다고 말했습니다.

본인은 조선에 있는 독일제국 영사한테 본 보고서 사본을 직접 전달하도록 했습니다.

케텔러

내용: 조선 주재 영국 대표부에 관해

베를린, 1889년 12월 12일   A. 16648

주재 외교관 귀중   귀하에게 조선의 영국 대표부에 관한 베이징 주
런던 No. 1029   재 독일제국 대리공사의 금년 10월 21일 자 보
                                   고서 사본을 삼가 정보로 제공하오니 그 내용을
연도번호 No. 9488   재량껏 활용하시기 바랍니다.

                                            N. S. E.
                                            뷜로[5]

---

5 [감교 주석] 뷜로(L. Bülow)

[미국 정부가 신임 주한미국공사를 임명했다는 보고]

발신(생산)일	1890. 1. 28	수신(접수)일	1890. 2. 9
발신(생산)자	아르코	수신(접수)자	비스마르크
발신지 정보	워싱턴 주재 독일 공사관	수신지 정보	베를린 정부
	No. 52		A. 1782

사본

A. 1782 1890년 2월 9일 오전 수신

워싱턴, 1890년 1월 28일

No. 52

비스마르크 각하 귀하

각하께 삼가 아래와 같이 보고 드리게 되어 영광입니다. 미국 대통령이 어제 상원에 다음과 같은 내용의 임명동의안 인준을 요청하였습니다.

매사추세츠 주 출신의 어거스틴 허드[1]를 조선 주재 변리공사 겸 총영사로 임명한다.

허드는 중년의 기혼자로, 과거 청에서 큰 사업을 운영하던 백만장자였으나 투자 실패로 전 재산을 잃었다고 합니다. 그 후 그는 Bae 항구(Maine)에서 현지요원으로 생계를 유지하던 중 그곳에 별장을 갖고 있던 블레인[2]과 가까이 지내게 되었습니다. 따라서 그의 임명은 어느 모로 보나 블레인 국무장관의 개인적인 배려로 이루어진 것이라 할 수 있습니다. 허드는 유럽식 교육을 받은 예의 바른 사람이라고 합니다. 비록 외교업무에 종사한 경험은 없지만 청에서 오래 체류했기 때문에 동아시아 상황에 대해서는 어느 정도는 정통합니다.

(서명) 아르코

원본 문서 미국 7

---

1 [감교 주석] 허드(A. Heard)

2 [감교 주석] 블레인(James G. Blaine)

[미국 상원이 신임 주한미국공사 임명동의안을 통과시켰다는 보고]

발신(생산)일	1890. 2. 5	수신(접수)일	1890. 2. 26
발신(생산)자	아르코	수신(접수)자	비스마르크
발신지 정보	워싱턴 주재 독일 공사관 No. 74	수신지 정보	베를린 정부 A. 2714

사본

A. 2714 1890년 2월 26일 오전 수신

워싱턴, 1890년 2월 5일

No. 74

비스마르크 각하 귀하

어제 열린 상원 회의에서 허드[1]의 조선 변리공사 겸 총영사 임명안이 통과되었습니다.

(서명) 아르코

원본 문서 미국 7

---

1 [감교 주석] 허드(A. Heard)

[신임 주한미국공사 허드에 관한 보고]

발신(생산)일	1890. 3. 20	수신(접수)일	1889. 5. 2
발신(생산)자	브란트	수신(접수)자	비스마르크
발신지 정보	베이징 주재 독일공사관	수신지 정보	베를린 정부
	A. No. 89		A. 5672

사본

A. 5672　1890년 5월 2일 오전 수신

베이징, 1890년 3월 20일

A. No. 89

기밀

비스마르크 각하 귀하

언론에 조선 주재 미국 변리공사로 임명되었다고 보도된 어거스트 허드[1]는 전직 사업가로, 1870년대 중반 청에 있는 그의 호화 저택이 차압을 당한 적이 있습니다.

본인과 개인적인 친분이 있는 허드는 당시 매우 합리적인 인물이었습니다. 그의 교양과 예의범절은 극동 지역에 있는 상인들의 일반적인 수준을 뛰어넘었습니다. 어쨌든 그의 임명은 미국 측에서 동아시아 정세를 잘 아는 인물을 서울에 주재시키겠다는 의미를 담고 있는 것으로 보입니다.

(서명) 브란트
원본 문서 일본 1

1　[감교 주석] 허드(A. Heard)

위안의 임기 연장

발신(생산)일	1890. 5. 8	수신(접수)일	1890. 6. 20
발신(생산)자	크리엔	수신(접수)자	비스마르크
발신지 정보	서울 주재 독일영사관	수신지 정보	베를린 정부
	No. 41		A. 7552

A. 7552 1890년 6월 20일 오후 수신

서울, 1890년 5월 8일

검열 No. 41

비스마르크 각하 귀하

각하께 삼가 아래와 같이 보고 드리게 되어 영광입니다. 청 공사관 서기관인 탕[1]이 본인에게 오늘 구두로 전해준 바에 의하면, 리훙장[2] 총독 측으로부터 현재 서울 주재 청 대표부의 임기가 3년 더 연장되었다는 사실을 전보로 통보받았다고 합니다. 또한 위안[3]은 조선에서의 공로로 인해 2급 관리로 승진되었다고 합니다.

본인은 본 보고서의 사본을 베이징과 도쿄 주재 독일제국 공사관으로 보낼 것입니다.

크리엔

내용: 위안의 임기 연장

---

1 [감교 주석] 탕샤오이(唐紹儀)
2 [감교 주석] 리훙장(李鴻章)
3 [감교 주석] 위안스카이(袁世凱)

원문 p.706

[알렌이 주한미국공사관 서기관으로 임명되었다는 보고]

발신(생산)일	1890. 7. 30	수신(접수)일	1890. 9. 29
발신(생산)자	크리엔	수신(접수)자	비스마르크
발신지 정보	서울 주재 독일영사관	수신지 정보	베를린 정부
	No. 57		A. 10643

사본

A. 10643 1890년 9월 29일 오전 수신

서울, 1890년 7월 30일

검열 No. 57

카프리비 각하 귀하

각하께 삼가 아래와 같이 보고 드리게 되어 영광입니다. 작년 가을까지 약 2년 동안 워싱턴 주재 조선 공사관 참찬관을 역임한 선교사 의사인 알렌[1] 박사가 작년 말 해임된 이곳 미국 공사관 서기관의 후임으로 임명되었습니다.

(서명) 크리엔
원본 문서 조선 8

---

1   [감교 주석] 알렌(H. N. Allen)

18

[이탈리아 공사의 조선 방문 보고]

발신(생산)일	1891. 6. 8	수신(접수)일	1891. 8. 8
발신(생산)자	라인스도르프	수신(접수)자	카프리비
발신지 정보	서울 주재 독일영사관	수신지 정보	베를린 정부
	No. 35		A. 6982

사본

A. 6982 1891년 8월 8일 오전 수신

서울, 1891년 6월 8일

검열 No. 35

카프리비 각하 귀하

각하께 삼가 아래와 같이 보고 드리게 되어 영광입니다. 이탈리아 전함 Volturno호를 타고 일본을 떠나 이달 4일 제물포항에 도착한 청과 샴 왕국 겸임 이탈리아 대표인 Chev. A. Pansa가 이달 7일 서울에서 조선 왕을 알현하였습니다. 알현 석상에서 Pansa를 조선 관할 특별공사 겸 전권대신으로 임명한다는 이탈리아 왕의 친서가 전달되었습니다. 공사는 1884년 10월 3일 자 "제물포 외국거류민에 관한 협정서(agreement respecting a general foreign settlement at Chemulpo)"에 서명한 후 Volturno호를 타고 조선을 떠났습니다. 그 배는 Taku를 거쳐 베이징으로 되돌아갈 예정입니다.

당분간 조선 주재 이탈리아 상설 대표부 설치는 고려되지 않는다고 합니다. 영국 총영사 힐리어[1]가 종전처럼 이탈리아 관련 업무를 계속 담당하게 될 것입니다.

(서명) 라인스도르프[2]

원본 문서 이탈리아 84

---

1 [감교 주석] 힐리어(W. C. Hillier)
2 [감교 주석] 라인스도르프(Reinsdorf)

[플랑시가 프랑스 공관 업무를 후임에게 인계했다는 보고]

발신(생산)일	1891. 7. 11	수신(접수)일	1891. 8. 8
발신(생산)자	라인스도르프	수신(접수)자	카프리비
발신지 정보	서울 주재 독일영사관	수신지 정보	베를린 정부
	C. No. 36		A. 6983

사본

A. 6983   1891년 8월 8일 오전 수신

서울, 1891년 7월 18일

C. No. 36

카프리비 각하 귀하

각하께 삼가 아래와 같이 보고 드리게 되어 영광입니다. 서울 주재 프랑스 대표 플랑시가 이달 15일 프랑스의 공관 업무를 그의 후임으로 임명된 전 윈난[1] 주재 영사 로쉐[2]에게 인계했습니다. 플랑시[3]는 이미 1년 전 도쿄 주재 프랑스 공사관의 1등서기관으로 임명되었으나 후임자의 임명과 도착이 지연되는 바람에 조선에 계속 머물러 있었습니다.

(서명) 라인스도르프

원본 문서 프랑스 108

---

1   [감교 주석] 윈난(雲南)

2   [감교 주석] 로쉐(E. Rocher)

3   [감교 주석] 플랑시(V. C. Plancy)

20

서울 주재 러시아 대표 교체 건

발신(생산)일	1891. 8. 30	수신(접수)일	11. 17
발신(생산)자	라인스도르프	수신(접수)자	카프리비
발신지 정보	서울 주재 독일영사관	수신지 정보	베를린 정부
	No. 48		A. 10088

A. 10088 11월 17일 오후 수신

서울, 1891년 8월 30일

검열 No. 48

카프리비 각하 귀하

각하께 삼가 아래와 같이 보고 드리게 되어 영광입니다. 러시아 대리공사 베베르[1]가 이곳 러시아 공사관의 업무를 이달 23일 전 한커우[2] 주재 총영사 드미트리프스키[3]에게 인계하였습니다. 두 사람이 조선 왕을 알현한 뒤 베베르[4]는 이달 29일 휴가를 받아 조선을 떠나 유럽으로 향했습니다.

(서명) 라인스도르프

내용: 서울 주재 러시아 대표 교체 건

---

1 [감교 주석] 베베르(K. I. Weber)
2 [감교 주석] 한커우(漢口)
3 [감교 주석] 드미트리프스키(P. A. Dmitrevsky)
4 [감교 주석] 베베르(K. I. Weber)

프랑스 대표의 교체

발신(생산)일	1892. 4. 18	수신(접수)일	1892. 6. 7
발신(생산)자	크리엔	수신(접수)자	카프리비
발신지 정보	서울 주재 독일영사관	수신지 정보	베를린 정부
	No. 26		A. 5031

A. 5031 1892년 6월 7일 오전 수신

서울, 1892년 4월 18일

검열 No. 26

폰 카프리비 각하 귀하

각하께 삼가 아래와 같이 보고 드리게 되어 영광입니다. 플랑시[1]의 후임으로 임명된 프랑스 영사 겸 특별위원 프랑뎅[2]이 이달 13일 이곳 프랑스 대표부의 업무를 인계 받았습니다.

임시 특별위원 로쉐[3]는 신병을 이유로 한 달 전 서울을 떠났습니다.

프랑뎅은 베이징 주재 프랑스 공사관의 전 일등서기관이었으며, 최근 통킹과 청나라 간 국경의 측량을 담당하는 프랑스 특별위원을 역임하였습니다.

본인은 본 보고서의 사본을 베이징 주재 독일제국 공사관에 보낼 것입니다.

(서명) 크리엔

내용: 프랑스 대표의 교체

---

1 [감교 주석] 플랑시(V. C. Plancy)
2 [감교 주석] 프랑뎅(H. Frandin)
3 [감교 주석] 로쉐(E. Rocher)

22
일본 변리공사의 소환

발신(생산)일	1892. 12. 18	수신(접수)일	1893. 2. 5
발신(생산)자	크리엔	수신(접수)자	카프리비
발신지 정보	서울 주재 독일영사관	수신지 정보	베를린 정부
	No. 62		A. 1105

A. 1105 1893년 2월 5일 오전

검열 No. 62   서울, 1892년 12월 18일

카프리비 각하 귀하

　각하께 삼가 아래와 같이 보고 드리게 되어 영광입니다. 지금까지 일본 변리공사 직을 맡아오던 가지야마[1]가 갑자기 일본 정부로부터 소환 명령을 받고 이달 4일 조선을 떠났습니다. 그의 후임자가 도착할 때까지 공사관 서기관이자 영사인 스기무라[2]가 변리공사의 직무를 맡아볼 예정입니다.

　이곳에서 입수한 일본 신문의 보도에 의하면 가지야마가 해임된 이유는 일본 국민들의 정당한 요구를 조선 정부에 제대로 전달하지 못했기 때문이라고 합니다. -하지만 실제로 그가 이곳에 근무하는 동안 조선에 대한 일본의 영향력은 그의 두 전임자 때보다 훨씬 커졌습니다.-

　일본 신문에서는 그의 후임으로 오이시[3]를 거론하고 있습니다. 오이시는 지금까지 공직을 맡은 경험이 없는 자로서 현 농상무대신[4]인 고토[5]의 친구이자 같은 정치 노선을 걷는 자라고 합니다.

　본인은 본 보고서의 사본을 베이징 및 도쿄 주재 독일제국 공사관에 보낼 것입니다.

(서명) 크리엔[6]

내용: 일본 변리공사의 소환

1　[감교 주석] 가지야마 데이스케(梶山鼎介)
2　[감교 주석] 스기무라 후카시(衫村濬)
3　[감교 주석] 오이시 마사미(大石正巳)
4　[감교 주석] 농상무대신(農商務大臣)
5　[감교 주석] 고토 쇼지로(後藤象二郎)
6　[감교 주석] 크리엔(F. Krien)

신임 일본 변리공사 오이시의 도착

발신(생산)일	1893. 1. 28	수신(접수)일	1893. 3. 21
발신(생산)자	크리엔	수신(접수)자	카프리비
발신지 정보	서울 주재 독일영사관	수신지 정보	베를린 정부
	No. 8		A. 2379

A. 2379   1893년 3월 21일 오후 수신

서울, 1893년 1월 28일

검열 No. 8

카프리비 각하 귀하

각하께 지난달 18일 자 보고서 No.62[1]에 이어 삼가 아래와 같이 보고 드리게 되어 영광입니다. 신임 일본 변리공사 오이시[2]가 이달 24일 이곳에 도착했습니다. 그는 어제 조선 왕을 알현한 후 오늘 일본 변리공사의 업무를 인계받았습니다.

본인은 본 보고서의 사본을 베이징 및 도쿄의 독일제국 공사관에 보낼 것입니다.

(서명) 크리엔

내용: 신임 일본 변리공사 오이시의 도착

---

1 [원문 주석] A. 1105에 삼가 첨부됨.
2 [감교 주석] 오이시 마사미(大石正巳)

서울 주재 독일 대표의 직위를 높여 달라는 조선 왕의 요청

발신(생산)일	1893. 4. 23	수신(접수)일	1893. 6. 1
발신(생산)자	브란트	수신(접수)자	카프리비
발신지 정보	베이징 주재 독일공사관	수신지 정보	베를린 정부
			A. 4543

A. 4543 1893년 6월 1일 오전 수신

상하이, 1893년 4월 23일

카프리비 각하 귀하

금년 4월 16일 열린 알현 석상에서 조선 왕은 본인과 함께 참석한 독일제국 영사 크리엔[1]에 대해 거듭 만족감을 표명하셨으며, 그에게 더 높은 직위가 부여되기를 바란다고 말씀하셨습니다.

왕은 본인에게 자신의 분명한 뜻을 각하께 꼭 전달해 달라고 요청하셨습니다.

또한 조선 왕은 각하께, 미국과 일본은 서울에 변리공사를 상주시키고, 러시아는 대리공사를, 영국은 베이징 주재 대표 예하에 있는 총영사를, 프랑스는 영사 겸 특별위원을 상주시키고 있다는 점을 꼭 전해달라고 당부했습니다.

마지막에 언급된 인물[2]은 개인적인 직위는 대사관 서기이지만 특별위원이라는 칭호를 내세워 기존의 영사들보다, 또한 전권을 지니지 못한 영국 총영사보다 자신이 서열상 우위라고 주장하고 있습니다. 그로 인해 이곳의 외국 대표들 간에 불화가 일고 있습니다. 본인이 보기에 크리엔 영사는 그런 와중에도 상당한 자제력과 신중함을 발휘해 매사에 조심스럽게 행동하고 있습니다.

크리엔 영사를 총영사 내지 대리공사로 임명해 달라는 조선 왕의 요청에 부응하기 위해서는 국내에서는 의회에서의 난관이 예상되고 국외적으로도 고려해야 할 사항이 많을 것으로 사료됩니다. 특히 후자의 경우 조선에 대한 청의 입장과 관련해 문제가

---

1 [감교 주석] 크리엔(F. Krien)
2 [감교 주석] 프랑뎅(H. Frandin)

생길 수 있습니다. 한편 크리엔 영사는 다음과 같은 사실을 지적하고 있습니다. 본인이 보고한 바와 같이, 독일 대표의 지위는 과거에 서울 주재 독일 대표로 젬부쉬[3]의 신임장을 제출하면서 조선 정부에 젬부쉬의 직위를 독일 정부 특별위원이라고 조금 더 명확하게 정의한 적이 있다는 것입니다. 크리엔 영사의 견해에 따르면, 그 후 많은 경우에 이 특별위원이라는 직위를 각하의 서신에서 사용한 적이 있기 때문에 그의 전임자들은 물론이고 크리엔 역시 조선 주재 대표로 임명된 이후 독일 정부 측에서 계속 특별위원으로 간주되어 왔으며 자신도 조선 정부에 의해 특별위원 신분으로 간주되었다는 것입니다.

그런 내용을 담은 문서가 청의 우려를 야기할 가능성은 없을 듯합니다. 그것은 조선 왕과 조선 정부의 소망에 적어도 일부 부응하는 셈이고, 그걸 통해 독일 대표의 지위가 조선 정부와 외교관 동료들로부터 보다 명확하게 규정되게 됩니다. 어쨌든 그것은 여러모로 이득이 될 게 분명합니다.

브란트

내용: 서울 주재 독일 대표의 직위를 높여 달라는 조선 왕의 요청

---

3 [감교 주석] 젬부쉬(O. Zembsch)

베를린, 1893년 6월 17일   A. 4543

쉔크 귀하

베이징 A. No. 17

연도번호 No. 3115

귀하에게 전임 브란트 공사가 조선 방문을 계기로 금년 4월 23일 올린 보고서 사본을 전달합니다. 브란트는 그 보고서에서 서울 주재 독일제국 영사의 직위를 높여 달라는 조선 왕의 요청에 대해 언급하고 있습니다. 브란트는 조선 주재 영사에게 "특별위원"이라는 직위를 부여하는 방식으로 조선 왕의 요청에 부응할 수 있다면서 왕의 요청을 지지하고 있습니다.

현 변리공사 젬부쉬가 조선에 파견 나갔을 때 특별위원의 직위를 가졌다는 브란트의 말은 사실이 아닙니다. 브란트의 추정은 당시 젬부쉬가 자신에게 주어진 역할을 "특별위원의 활동처럼" 수행한 데서 빚어진 오해입니다. 독일의 외교와 영사 업무에는 특별위원이라는 특수한 칭호가 없습니다. 또한 그것은 국제적으로 인정되는 칭호도 아닙니다. 따라서 브란트가 보고한 바와 같이 조선 주재 프랑스 영사가 이른바 그 칭호를 근거로 다른 나라 영사들보다 더 높은 대우를 요구한다면 우리는 그것을 정당한 행위로 인정할 수 없습니다.

(생략) 따라서 본인은 일단 귀하에게 크리엔한테 이 문제에 관해 보다 자세한 보고서를 제출하도록 지시할 것을 요구합니다. 즉 서울 주재 프랑스 영사가 어떤 식으로 자신의 서열 우위를 주장했느냐는 말입니다. 보고서를 제출할 때에는 이 문제에 관한 귀하의 의견을 첨부해 주시고, 귀하의 전임자들이 그 문제에 관해 올린 보고에 대해서도 귀하의 견해를 밝혀 주시기 바랍니다.

N. N.

M...

25

[서울 주재 일본 공사 오이시의 소환 관련 보고서 출처 확인]

발신(생산)일			수신(접수)일	1893. 7. 10 1893. 7. 10 1893. 8. 6
발신(생산)자			수신(접수)자	
발신지 정보			수신지 정보	베를린 외무부
				A. 5747 A. 5744 A. 6548

A. 5747   1893년 7월 10일 수신

A. 5744   1893년 7월 10일 수신

A. 6548   1893년 8월 6일 수신

메모

　　서울 주재 일본 공사 오이시의 무례한 행위 및 그의 소환에 관한 보고서들은 〈조선 1〉에 보관되어 있음.

26

[신임 주청영국공사 겸 주한영국공사 오코너의 신임장 제출 보고]

발신(생산)일	1893. 5. 27	수신(접수)일	1893. 7. 21
발신(생산)자	크리엔	수신(접수)자	카프리비
발신지 정보	서울 주재 독일영사관	수신지 정보	베를린 정부
	No. 30		A. 6067

사본

A. 6067 1893년 7월 21일 오전 수신

서울, 1893년 5월 27일

No. 30

카프리비 각하 귀하

각하에게 삼가 아래와 같이 보고 드리게 되어 영광입니다. 조선 담당 대표도 겸하는 베이징 주재 영국 대표 오코너[1]가 이달 19일 제물포에 도착한 뒤 이달 23일 조선 왕을 알현하여 신임장을 제출하였습니다.

어제 서울을 떠난 오코너는 오늘 제물포항을 출발해 베이징의 자기 자리로 돌아갔습니다.

그의 전임자 월샴[2] 경은 서울을 여러 번 방문했지만 신임장을 제출한 적은 없습니다.

조선 정부는 이러한 처사를 불쾌하게 생각한 나머지 영국 정부에 조선에 특별공사를 파견해줄 것을 요청한 바 있지만 그 요구는 받아들여지지 않았습니다. 대신 이곳 담당 영국 총영사 힐리어[3]가 약 2년 전 솔즈베리[4] 후작으로부터 영국 정부의 소개장을 받아 조선 외아문 독판에게 제출한 적이 있습니다.

본인은 본 보고서의 사본을 베이징 주재 독일제국 공사관에 보낼 것입니다.

(서명) 크리엔

원본 문서 영국 86

---

1 [감교 주석] 오코너(N. R. O'Conor)
2 [감교 주석] 월샴(J. Walsham)
3 [감교 주석] 힐리어(W. C. Hillier)
4 [감교 주석] 솔즈베리(The third Marquess of Salisbury)

[조선 주재 일본 변리공사 오이시의 해임 보고]

발신(생산)일	1893. 7. 26	수신(접수)일	1893. 8. 31
발신(생산)자	구트슈미트	수신(접수)자	카프리비
발신지 정보	도쿄 주재 독일 공사관	수신지 정보	베를린 정부
	A. 41		A. 7253

사본

A. 7253　1893년 8월 31일 오전 수신

도쿄, 1893년 7월 26일

A. 41

카프리비 각하 귀하

얼마 전 휴가차 이곳에 온 조선 주재 일본 변리공사 오이시가 해임되었습니다.

현 내각과는 거리를 두고 있지만 대체로 정확한 정보를 제공하는 보수적인 성향의 매체인 "Nippon"지가 이달 19일 자 신문에 조선 주재 일본 외교대표부의 변화에 관해 비교적 긴 기사를 실었습니다. 그 기사에 의하면 조선은 국법상 독립국이지만 실제로는 청에 종속돼 있다고 합니다. 오쿠마[1]는 이미 베이징 주재 일본 공사한테 조선에서의 일본의 이익 보호 업무까지 같이 맡길 계획이었는데, 에노모토[2]가 마침내 그의 계획을 승인했다고 합니다. 기사는 조선에서 최근 벌어진 일들을 보면 이러한 견해가 옳았음을 확인할 수 있다면서 지금이 그런 조처를 취할 적기라고 주장하고 있습니다. 또한 오토리[3]는 리훙장[4]과 개인적인 친분이 있기 때문에 이런 이중 직위를 맡기기에 안성맞춤이라는 것입니다.

본인이 보기에 "Nippon"지의 기사는 전반적으로 일본 내각이 오토리를 임명하면서 제시한 시각을 그대로 반영하고 있는 것으로 보입니다.

(서명) 구트슈미트

원본 문서 일본 8 No. 7

1　[감교 주석] 오쿠마 시게노부(大隈重信)
2　[감교 주석] 에노모토 다케아키(榎本武揚)
3　[감교 주석] 오토리 게이스케(大鳥圭介)
4　[감교 주석] 리훙장(李鴻章)

28

베이징 주재 일본 공사의 서울 업무 겸임 건

발신(생산)일	1893. 7. 26	수신(접수)일	1893. 9. 12
발신(생산)자	쉔크	수신(접수)자	카프리비
발신지 정보	베이징 주재 독일공사관	수신지 정보	베를린 정부
	A. No. 100		A. 7527

A. 7527 1893년 9월 12일 오전 수신

베이징, 1893년 7월 26일

A. No. 100

카프리비 각하 귀하

각하께 삼가 아래와 같이 보고 드리게 되어 영광입니다. 일본 정부가 베이징 주재 임시 대리공사한테 보낸 전보에 의하면 베이징 공사 오토리[1]가 서울 담당 공사를 겸하게 되었다고 합니다. 따라서 오이시[2]는 조선으로 돌아가지 않게 됐습니다.

이곳에서는 이 소식에 대체로 만족감을 표하고 있습니다. 그도 그럴 것이 오이시가 서울로 돌아갈 경우 조선에 새로운 분쟁과 소요가 일어날 가능성이 높기 때문입니다.

현재 휴가차 도쿄에 머물고 있는 오토리는 1889년 가을부터 베이징 공사를 맡고 있습니다. 그는 요령 있는 행동으로 총리아문의 신임을 얻는 데 성공했으며, 이곳에 있는 외교관들 사이에서도 평판이 좋은 편입니다.

(서명) 쉔크[3]

내용 : 베이징 주재 일본 공사의 서울 업무 겸임 건.

---

1 [감교 주석] 오토리 게이스케(大鳥圭介)
2 [감교 주석] 오이시 마사미(大石正巳)
3 [감교 주석] 쉔크(Schenck)

베를린, 1893년 9월 13일   A. 7527에 관하여

주재 대사관 귀중   귀하에게 조선 주재 일본 대표부에 관한 7월
                                  25일 자 베이징 주재 독일제국 공사의 보고
런던 594, 9월 14일   서 사본을 정보로 제공합니다.
상트페테르부르크 323, 9월 21일
워싱턴 A. 39, 9월 14일

연도번호 No. 4849

29

신임 서울 담당 일본 대표의 임명 건

발신(생산)일	1893. 8. 4	수신(접수)일	1893. 9. 15
발신(생산)자	크리엔	수신(접수)자	카프리비
발신지 정보	서울 주재 독일영사관	수신지 정보	베를린 정부
	No. 44		A. 7629

A. 7629 1893년 9월 15일 오후 수신

서울, 1893년 8월 4일

검열 No. 44

카프리비 각하 귀하

각하께 금년 5월 31일 자 본인의 보고서 No. 32[1]에 이어 삼가 아래와 같이 보고 드리게 되어 영광입니다. 일본 변리공사 오이시가 해임되었으며, 현재 휴가차 일본에 머물고 있는 베이징 주재 공사 오토리가 현 직위를 그대로 유지한 채 서울 주재 공사를 겸하게 되었습니다.

도쿄에 있는 일본 외무대신[2]의 명령에 의해 지난달 6일부로 이곳 변리공사관에서 임시 대리공사 직을 맡고 있던 일본 영사 스기무라[3]는 오토리[4]의 임명을 잠정적인 조치로 생각하고 있습니다. 그는 조만간 일본의 특별 외교대표가 조선에 파견될 것으로 예상하고 있습니다.

본인은 본 보고서의 사본을 베이징 및 도쿄 주재 독일제국 공사관에 보낼 것입니다.

크리엔

내용 : 신임 서울 담당 일본 대표의 임명 건.

---

1 [원문 주석] II 17219에 삼가 첨부됨.
2 [감교 주석] 무쓰 무네미쓰(陸奧宗光)
3 [감교 주석] 스기무라 후카시(杉村濬)
4 [감교 주석] 오토리 게이스케(大鳥圭介)

조선 주재 독일제국 영사의 직위와 위상에 관해

발신(생산)일	1893. 9. 26	수신(접수)일	1893. 11. 13
발신(생산)자	쉔크	수신(접수)자	카프리비
발신지 정보	베이징 주재 독일공사관	수신지 정보	베를린 정부
	A. No. 123		A. 9292

A. 9292 1893년 11월 13일 오전 수신

베이징, 1893년 9월 26일

A. No. 123

카프리비 각하 귀하

조선 주재 독일제국 영사에게 "특별위원"이라는 직함을 부여해 달라는 브란트의 제안과 관련된 금년 7월 17일 자 각하의 훈령 No. 17[1]을 잘 접수하였습니다. 각하께서 지시하신 대로 서울에 있는 크리엔[2]한테 서울 주재 프랑스 영사[3]가 "특별위원"이라는 직함을 내세워 어떤 식으로 다른 나라 영사들보다 우월한 대우를 요구하는지 보다 상세하게 보고해 달라고 지시하였습니다.

크리엔은 아직 요청한 보고서를 제출하지 않았습니다. 대신 이달 15일 본인에게 보낸 개인적인 서신을 통해 -그 편지는 어제 도착했습니다.- 본인이 8월 9일 보낸 공문에 아래와 같이 답변했습니다.

"금년 4월 왕을 알현한 후 브란트가 본인에게, 독일 대표의 지위를 격상시켜 달라는 조선 왕의 요청과 관련해 제안할 게 없느냐고 물었습니다. 본인은 '특별위원'이라는 직함이 그 자체로는 아무런 의미가 없지만 조선인들한테는 뭔가 특별한 의미로 받아들여지므로 그 직함을 수여하는 것이 바람직하다고 생각한다고 답변했습니다. 당시 그런 답변

---

1 [원문 주석] A. 3443에 삼가 첨부됨.
2 [감교 주석] 크리엔(F. Krien)
3 [감교 주석] 프랑뎅(H. Frandin)

을 한 것은 외교부 장관인 하츠펠트[4] 백작의 1885년 5월 7일 자 훈령 No. 8[5]에 있는 다음과 같은 구절에 근거를 둔 것입니다. :

「반면에 조선 영사로 임명하는 자에게 독일 황제폐하의 '특별위원'의 성격을 부여하는 공식 소개장을 수여함으로써 향후 영사관 소재지를 제물포에서 서울로 옮겨 조선 중앙정부와의 지속적인 직접 교류를 기대해볼 수 있습니다.」

본인이 덧붙이고 싶은 말은 그렇게 될 경우 조선 왕이 오랫동안 매우 만족해 할 것이 틀림없다는 사실입니다."

조선인들은 우리가 이곳 대표의 직위를 특별위원에서 총영사로, 총영사에서 영사로 점차 격하시켰다는 터무니없는 오해를 하고 있습니다. 물론 본인은 이러한 생각이 전혀 근거가 없다는 점을 입증하려 애썼으나 번번이 허사로 돌아갔습니다.

본인은 조선 외아문 독판[6]한테 제출할 소개장을 1889년에 받았습니다.ᅳ

특별위원이 중요한 직함이라는 사실에 대한 확실한 증거로서 프랑뎅은 구두수선공이 동시에 특별위원이 될 수 있다는 사실을 인용하곤 합니다. 본인은 그것은 오히려 특별위원이 아주 모호한 직함이라는 사실을 보여줄 뿐이라고 반박했습니다. 또한 그 직함을 가진 자의 서열 또한 국제법상으로 인정되는 영사나 총영사라는 직함에 의해 결정된다고 말했습니다.

힐리어[7]는 두 번에 걸쳐 자신의 직위가 프랑스 대표들보다 우위에 있다는 점을 입증하려 시도했으나 그의 시도는 근거가 희박했습니다. ᅳ첫 번째 시도는 본인이 유럽에 없던 1891년에 당시 특별위원 대리이던 로쉐[8]를 향한 요구였고, 두 번째 시도는 프랑뎅을 향해 그의 직위가 더 높다는 사실을 인정해 줄 것을 요구한 것입니다. 하지만 두 번 다 저항에 부딪쳐 뒤로 물러서고 말았습니다.ᅳ 그가 본인에게 윌킨슨[9]보다 앞선 서열을 허용해야 한다고 했던 것은 아마도 프랑스 동료와의 서열문제를 해결하기 위한 계기를 마련하기 위해서였을 것입니다.

4　[감교 주석] 하츠펠트(Hatzfeldt)
5　[원문 주석] II 704 de 85에 삼가 첨부됨.
6　[감교 주석] 민종묵(閔鍾默)
7　[감교 주석] 힐리어(W. C. Hillier)
8　[감교 주석] 로쉐(E. Rocher)
9　[감교 주석] 윌킨슨(Wilkinson)

방금 본인에게 언어학자가 프랑스어로 된 플랑시의 소개장을 가져왔습니다. 그 소개장에는 다음과 같이 적혀 있습니다…「jem'empresse, en conséquence de vous faire connaitre que le choix de M. le Président de la Répunlique s'est porté sur M.플랑시, et qu'il m'a donné l' ordre de l'accréditer auprés de vous en qualité de Commissaire」, 그리고 계속해서 이렇게 적혀 있습니다. 「Je prie V.E. de vouloir bien accueillir favorablement et lui faciliter l'accomplissement de la mission politique et commerciale dont il est chargé.」" -

프랑뎅은 이 소개장에서 자신의 서열이 더 높다고 주장하는 근거를 자세하게 밝히지 않았습니다. 차라리 그는 영국 총영사 힐리어가 자신의 직위가 우월함을 인정받기 위해 어떤 노력을 경주하다 허사로 돌아갔는지에 대해 더 상세하게 묘사하는 편이 더 좋았을 뻔했습니다. 또한 영국 총영사가 프랑뎅과 그의 대리인 로쉐의 저항으로 인해 그의 입장을 철회한 사연이 들어 있어야 했습니다. 본인은 독일제국 영사한테 그 점을 상기시켰습니다. 따라서 조선으로부터 다시 그의 답신이 와야 각하께 보고를 드릴 수 있을 것 같습니다.

그밖에도 조선 주재 독일제국 대표의 지위와 관련해 말씀드려야 할 것이 있습니다. 청에 대한 조선의 예속관계는 예전에는 -예를 들면 황제의 칙서 앞에서 경의를 표한다거나 공물 등을 보낼 때 형식적으로 주종 관계를 밝히는 등- 다소간 형식적인 요식행위에 지나지 않았으나 지난 10년 동안에 조선은 실제로 예속관계를 형성하게 되었다는 점입니다. 한편으로는 조선 정부의 무기력함으로 인해, 다른 한편으로는 리훙장 총독의 강력하고 노련한 주도로 인해 이런 결과가 비교적 단기간에 모든 사람들의 이목을 끌게 되었습니다. 그 증거가 될 만한 몇 가지 사실들 내지 정황들을 말씀드리고자 합니다. 경우에 따라서는 그런 사례들이 더 많이 언급될 수도 있습니다.

리훙장[10]은 1882년 관세 업무를 맡을 조직을 만들기 위해 묄렌도르프[11] 를 조선으로 파견했습니다. 1885년 묄렌도르프가 떠난 뒤 청나라 총세무사를 맡고 있던 하트[12] 경이 조선의 해관업무를 인계받았습니다. 이후 그는 독립적으로 조선의 해관 조직을 이끌고 있습니다.

서울 주재 영사와 도쿄 주재 공사의 수많은 보고서들이 말해주듯이, 조선 주재 청나라 변리공사 위안[13]은 수년 전부터 끊임없이 조선의 내정과 대외관계에 개입하고 있습니다.

---

10 [감교 주석] 리훙장(李鴻章)
11 [감교 주석] 묄렌도르프(P. G. Möllendorff)
12 [감교 주석] 하트(R. Hart)

1887년 조선 왕은 베이징에서 지극히 굴종적인 형식으로 미국과 유럽으로 공사들을 파견하게 허락해 달라고 청원했습니다. (1887년 12월 3일 자 보고서 A. 344[14])

작년 말에 시작된 조선의 새 주화 주조는 주화에 조선을 '대[15] 조선'이라고 표기했다는 이유로 청나라 변리공사가 이의를 제기해 다시 작업이 중단되었습니다. (1893년 2월 13일 자 서울 발 보고서 C No. 13[16])

과거 조선에서의 정치적 영향력을 두고 청과 경쟁관계에 있던 일본도 최근 들어서는 조선이 청에 예속돼 있다는 사실을 어느 정도 인정하는 것처럼 보입니다. 이를테면 일본은 오토리[17] 공사를 청과 조선 겸임 대표로 임명하고 있습니다. (1893년 7월 26일 자 도쿄 발 보고서[18])

이곳 주재 영국과 이탈리아 공사도 조선 공사를 겸임하고 있습니다.

하지만 베이징 주재 독일 공사를 조선 담당으로 겸임시키는 것은 본인의 부족한 소견으로는 당분간 별 소득이 없을 것으로 사료됩니다. 현재로서는 조선에서의 우리의 이해관계가 그리 크지 않을 뿐만 아니라 최근 들어 리훙장 총독에 대한 조선의 의존도가 아주 명확하게 두드러지고 있기 때문입니다.

대신 본인은 각하께, 조선 주재 영사관을 적어도 정치적인 사안을 보고하는 경우에는 이쪽 대표부에 종속시키는 것을 한번 고려해보실 것을 건의 드리고자 합니다. 즉 조선 주재 영사관이 지금까지처럼 단지 정치적인 보고서의 사본을 이쪽으로 보내는 데서 그치지 말고 정치적인 보고와 관련해서는 이쪽의 지시를 따르도록 하는 방식입니다.

본인이 알기로, 조선 주재 러시아 총영사관과 베이징 주재 러시아 공사관도 비슷한 관계를 유지하고 있습니다. 조선 주재 영국 총영사는 이곳 주재 영국 공사관에 완전히 예속되어 있습니다.

이곳 공사관은 지금까지 조선의 정세와 관련된 정치 분야 정보를 입수할 때 종종 러시아나 영국 쪽 기관들에 의존하곤 했습니다. 그럴 때마다 크리엔은 지금까지 독일제국의 대리공사와 동등한 신분임을 단호하게 주장했습니다.

조선 주재 영사관을 부분적으로 베이징 공사관에 예속시키는 것은 내규로 처리하는 것이 좋을 듯합니다. 대신 본인의 부족한 소견으로는, 조선 왕의 요청과 관련한 것은

---

13 [감교 주석] 위안스카이(袁世凱). 그의 공식 직함은 주찰조선총리교섭통상사의(駐紮朝鮮總理交涉通商事宜).

14 [원문 주석] A. 908 de 88

15 [감교 주석] 대(大)

16 [원문 주석] II 9673

17 [감교 주석] 오토리 게이스케(大鳥圭介)

18 [원문 주석] A. 7253에 삼가 첨부함.

브란트의 의견을 따라 현 서울 주재 영사 및 그의 후임자들에게 −최소한 조선에 파견돼
있는 동안만이라도− 총영사의 직위를 부여하는 것이 바람직하다고 생각합니다.

(서명) 쉔크

내용: 조선 주재 독일제국 영사의 직위와 위상에 관해

조선 주재 프랑스 대표의 "특별위원"이라는 직함에 대하여

발신(생산)일	1893. 10. 2	수신(접수)일	1893. 11. 18
발신(생산)자	쉔크	수신(접수)자	카프리비
발신지 정보	베이징 주재 독일공사관	수신지 정보	베를린 정부
	A. No. 127		A. 9503

A. 9503 1893년 11월 18일 오전 수신, 첨부문서 2부

베이징, 1893년 10월 2일

A. No. 127

카프리비 각하 귀하

본인은 지난달 25일 자 보고서 A. 123[1]에서 조선 주재 프랑스 대표[2]의 "특별위원"이라는 직함과 관련해 지난달 15일 자 서울 주재 독일제국 영사[3]로부터 받은 개인서신의 내용을 발췌해 보고 드린 바 있습니다. 이후 어제, 즉 10월 1일 그 문제와 관련해 송부 요청했던 공문이 서울에서 도착했기에 그 사본을 여기 동봉합니다. 공문은 8월 30일 날짜로 작성되었습니다. 그리고 공문과 함께 도착한, 이 문제와 관련된 9월 9일 자 크리엔의 개인 서신도 사본으로 함께 동봉하였습니다.

문제의 공문이 늦게 도착한 이유는 아마도 일본 우편으로 송달되었기 때문인 듯합니다. 한편 9월 15일 날짜로 작성된 영사의 서신은 제물포에서 텐진으로 오는 증기선 편으로 직접 송달되었습니다.

독일제국 영사의 보고에 의하면, 1888년 개최된 서울 주재 외국 대표자 회의에서 러시아 대리공사 베베르[4]가 당시 막 서울에 도착한 프랑스 대표 플랑시[5]의 서열 문제를 들고 나왔다고 합니다. 그리고 미국 변리공사 딘스모어[6]의 제안에 따라 조선 외아문 독판

---

1 [원문 주석] A. 9292에 삼가 첨부함.
2 [감교 주석] 프랑뎅(H. Frandin)
3 [감교 주석] 크리엔(F. Krien)
4 [감교 주석] 베베르(K. I. Weber)
5 [감교 주석] 플랑시(V. C. Plancy)

에게 "특별위원"이란 직함으로 신임장을 제출한 플랑시에게 총영사보다 앞선 서열이 인정되었습니다.

이후 1892년 프랑뎅이 "프랑스 정부의 영사 겸 특별위원(consul et commissaire du gouvernment français)"이라는 직함을 가지고 조선에 도착했을 때 영국 총영사 힐리어는 외교단 수석과 조선 외아문에 프랑뎅보다 자신의 서열이 더 우위에 있다고 주장했습니다. 크리엔도 고참 영사로서 프랑뎅보다 서열이 앞선다고 주장했으나 두 사람 모두 뜻을 관철시키지 못했습니다.

프랑뎅이 작년 10월 크리엔한테 전한 바에 의하면, 그는 자국 정부로부터 자신의 행동을 승인을 받았다고 합니다. 즉 프랑스 정부의 판단에 의하면 프랑뎅은 외교관 직위를 가지고 있기 때문에 그의 서열은 단순한 영사 직보다 우위에 있는 것으로 간주될 수 있다는 것입니다.

베이징 주재 영국 공사 오코너는 작년 봄 조선에 체류할 당시 서울의 영국 총영사에게 그가 프랑스 동료보다 직위가 더 높다는 사실을 상기시켰습니다. 하지만 당시 그 영국 총영사는 곧 조선을 떠났습니다. 프랑뎅은 조선 외아문 독판에게 제출한 소개장에 전임자인 플랑시과 마찬가지로 특별위원으로 명시되어 있었습니다.

(서명) 쉔크

내용: 조선 주재 프랑스 대표의 "특별위원"이라는 직함에 대하여

A. No.127의 첨부문서 1

사본   서울, 1893년 8월 30일

베이징 주재
독일제국 특별공사 겸 전권대신
슈바인스베르크의 쉔크 남작 귀하

이곳 프랑스 영사의 서열 우위 요구에 관한 각하의 이달 9일 자 서신 No. 8과 관련해

---

6 [감교 주석] 딘스모어(H. A. Dinsmore)

삼가 아래와 같이 보고 드립니다. 프랑스 특별위원 플랑시가 도착한 직후인 1888년 6월 이곳 주재 외국 대표들과 조선 외아문 독판[7] 간에 회담이 열렸습니다. 플랑시는 회담에 참석하지 않았습니다. 그 회담에서 지금까지 프랑스의 관심사에 대체로 호의적 입장이었던 러시아 대리공사 베베르가 프랑스 대표의 서열 문제를 거론했습니다.

조선 외아문 독판은 외국 대표들 간 서열문제에 관해서 자신도 아는 바가 적기 때문에 전적으로 외국 대표들의 의견을 따르겠다고 했습니다. 이에 미국 변리공사 딘스모어가 플랑시를 총영사보다 우위에 두자고 제안하자 다른 나라 대표들[8]과 조선 외아문 독판이 동의했습니다. 본인은 베베르에게, 특별위원이란 직함 자체는 본래 외교관 내지 영사직이 아니라고 말한 뒤 de Plancy가 특별위원이라는 직함 말고 국제법상으로 인정된 다른 직함을 지니고 있는지 물었습니다. 베베르는 본인에게 프랑스 대표는 특별위원이란 직함만 갖고 있다고 대답한 뒤 영국 총영사 대리 포드[9]에게 플랑시의 서열 우위를 인정하겠느냐고 물었습니다. Ford는 인정한다고 대답했습니다. 당시 본인은 영사 대리 신분이었고, 그 직위로는 어쨌건 정식 프랑스 대표의 서열 우위를 인정할 수밖에 없었기 때문에 그 후 더 이상 이의를 제기하지 않았습니다.

이 일이 있고 얼마 안 지났을 때 본인은 프랑스 영사관의 통역관으로부터 자기 상관이 1급영사라는 직함을 가졌다는 이야기를 들었습니다. –

새로 임명된 프랑스 대표 프랑뎅은 작년 4월 이곳에 도착했으며, 그로부터 며칠 뒤 본인을 공식 방문했습니다. 그의 명함에는 "서울 주재 프랑스 정부의 영사 겸 특별위원"이라고 적혀있었습니다. 그 이튿날 영국 총영사 힐리어가 본인을 찾아와 프랑뎅의 서열 우위를 인정하느냐고 물었습니다. 그 물음에 본인은 고참 영사로서 이곳에서는 당연히 본인이 프랑스 대표보다 서열이 앞서야 한다고 대답했습니다. 또한 힐리어에게 총영사로서 프랑뎅의 서열우위 요구를 거절하는 게 그가 일차적으로 해야 할 일이라고 조심스럽게 알려주었습니다.

그로부터 약 3주 후 프랑스 영사는 러시아 대리공사 드미트리프스키[10]가 있는 자리에서 본인에게 매우 격한 어조로 힐리어 이야기를 꺼냈습니다. 힐리어가 플랑시의 서열우위에 관해서는 한 번도 이의를 제기한 적이 없었으면서, 그의 서열에 관해서는 조선

---

7 [감교 주석] 민종묵(閔種默)
8 [원문 주석] 크리엔도?
9 [감교 주석] 포드(C. M. Ford)
10 [감교 주석] 드미트리프스키(P. A. Dmitrevsky)

외아문 독판 및 외교단 대표한테 문제 제기를 했다는 것입니다. 그는 플랑시는 당시 공사관 2급서기관이었지만 자기는 오래 전부터 대사관 1급서기관(premier secretaire d'ambassade)이라고 말했습니다. 그에게 영사는 부수적인 직함일 뿐, 그의 본래 직위는 프랑스 정부의 특별위원이라는 것이었습니다. 프랑스 정부는 특별위원이라는 직함을 대리공사와 동등하게 취급하며, 자신은 외아문 독판에게 보내는 소개장을 지참하고 있을 뿐 아니라 프랑스 대통령이 조선 왕에게 보내는 신임장도 갖고 있다고 주장했습니다. 그리고 힐리어의 불손한 행위에 대해 이미 프랑스 정부에 보고를 올렸으니 프랑스 정부가 지체 없이 영국 정부에 그 문제와 관련해 영국 총영사를 문책하라고 요청할 것이라고 했습니다.

프랑뎅이 어느 정도 흥분이 가라앉았을 때 본인은 그에게, 힐리어는 총영사로서, 또 본인은 고참 영사로서 그보다 서열이 앞서는 게 분명하다고 말했습니다. 또한 그의 서열은 영사라는 직함에 의해 결정되는 것일 뿐, 특별위원이란 직함은 국제적으로 인정받지 못한다고 말했습니다. 또한 1888년 당시 대표였던 플랑시에게 총영사보다 높은 서열이 인정된 것은 착오에 의한 결정이었기 때문에 그러한 결정은 힐리어는 물론이고 본인에게도 구속력을 갖지 못한다고 말했습니다. 그리고 아마 프랑스 정부는 이 문제에 관한한 그에게 불리한 결정을 내릴 것이라는 식으로 설명해주었습니다.

그러자 프랑뎅은 이곳에서 자신은 순수한 외교관적 성격을 가질 뿐, 영사 업무와는 무관하다고 강조했습니다. –이는 전혀 이치에 맞지 않는 말이었습니다. 그의 명함에 영사라고 적혀있으면 그는 영사업무에 종사해야 합니다. 프랑스 대사관의 일등서기관 및 일등영사들한테는 그들에게 부합되는 등급이 부여되는데, 그의 신상명세서나 소개장에는 그런 직함이 하나도 명기되어 있지 않기 때문입니다. 본인의 이야기를 듣더니 결국 프랑뎅은 서열 문제에 관한 프랑스 정부의 결정을 나중에 알려주겠다고 말했습니다.

작년 10월 본인은 프랑뎅에게 서열 문제에 관해 프랑스 정부가 어떤 결정을 내렸느냐고 물었습니다. 그러자 프랑뎅은 프랑스 정부가 자기의 행위를 전적으로 승인했다고 대답했습니다. 프랑스 정부의 견해에 따르면 이곳에서의 그의 직위는 외교관 급에 속한다고 합니다. 그런데 외교관은 영사보다 직위가 높다는 일반조례에 의거해 그의 서열 우위가 설명될 수 있다는 것입니다. 프랑뎅은 이 말을 하면서 Carnot 대통령이 조선 왕에게 보내는 신임장을 지참하고 있다는 이야기를 몇 번씩 언급했습니다. 그런데 왜 그 신임장을 제출하지 않았느냐고 묻자 그는 그 문제에 관한 한 베이징의 선례를 고려했기 때문이라고 했습니다. 즉, 베이징에서도 프랑스 공사는 아직까지 황제에게 신임장을 제출하지 않았다는 것입니다. 본인이 보기에 프랑뎅의 주장은 신빙성이 전연 없는 것 같습니다.

그 후 본인은 힐리어[11]와도 이 문제에 관해 이야기를 나누었습니다. 그는 작년 가을 최종적으로, 오코너[12]가 서울에 도착할 때까지 이 문제를 일단 보류해두겠다고 말했습니다.

금년 5월 오코너가 도착한 후 힐리어는 본인에게 제 상관이 프랑뎅보다 앞선 서열을 요구하라고 조언했다고 했습니다. 또한 그 일을 추진할 때 그를 적극 지원하겠다고 약속했다고 합니다. 하지만 그 후 힐리어는 이 문제를 다시 거론하지 않은 채 곧장 유럽으로 장기 휴가를 떠났습니다.

(서명) 크리엔

1893년 10월 2일 자 보고서 No.127의 첨부문서 2
사본
기밀

서울, 1893년 9월 9일

존경하는 공사님 귀하!

지난달 30일 자 본인의 보고서와 연관해 프랑뎅의 소개장 중국어 번역본 사본 및 이곳 조선의 언어학자가 만든 번역본 사본을 송부합니다. 프랑스어로 된 원본의 사본을 입수하려고 갖은 노력을 경주하였으나 유감스럽게도 입수하지 못 했습니다.

본인은 전임 공사께 서열문제와 관해 종종 개인적인 서신으로 보고를 드리면서 공문 형태로 공식적인 보고를 올릴 예정이라고 말씀 드렸습니다. 하지만 브란트가 작년 6월 1일 본인에게 다음과 같은 서신을 보냈습니다.: "그 문제는 보고서에 담기에 적절치 않습니다. 이곳에서는 그런 문제들을 좋아하지 않습니다. 하지만 혹시 그 문제를 직접 거론하지 않고 이런저런 다른 형태로 담을 수 있는지 알려 주십시오."

이후 본인은 프랑뎅이 저보다 서열이 낮다는 제 견해에 브란트가 완벽하게 동의해줄 거라는 기대는 포기했습니다. 본인의 판단으로는, 저보다 서열이 높다고 주장하는 프랑

---

11 [감교 주석] 힐리어(W. C. Hillier)
12 [감교 주석] 오코너(N. R. O'Conor)

뎅의 요구는 절대 인정해서는 안 됩니다. 본인은 프랑뎅의 요구를 반드시 물리쳐야 한다고 생각합니다. 그의 요구는 부당하기 이를 데 없기 때문입니다. 하지만 본인은 수상 각하의 명확한 지시 없이는 그 문제를 제기할 수 없습니다. 1887년 11월 6일 자 기밀 훈령에 특히 아래와 같은 구절이 포함되어 있기 때문입니다. "그다지 중요하지 않고 사소한 사안들을 놓고 벌어지는 영사들 간의 개인적 의견충돌은, 특히 서열 다툼 같은 문제는 자칫하면 국제적인 문제로 비화될 소지가 많고, 그로 인해 국가 간 균형과 평화유지를 위해 애쓰고 있는 우리나라의 원대한 정책에 악영향을 미치기도 한다."

젬부쉬는 이곳에서 항상 "독일제국 특별위원 겸 총영사"라는 직함을 갖고 있었습니다. 그가 사용한 인장에는 "조선 담당 독일제국 특별위원"이라고 새겨져 있었습니다.

힐리어는 작별인사차 본인을 방문했을 때, 그의 대리인 윌킨슨의 동의를 받았다면서 윌킨슨이 저보다 서열이 낮다는 것을 인정할 준비가 되어 있다는 사실을 전해주었습니다. 하지만 본인은 그 뜻은 감사하지만 이 친절한 제안을 거절해야 한다고 생각했습니다. 본인이 그 제안의 수락을 망설인 이유는 총영사 직함의 윌킨슨이 당연히 영사 직함의 본인보다 서열이 높기 때문입니다.

각하의 지난달 9일 자 훈령은 동월 28일 우편업무가 마감 된 후에 도착했습니다. 즈푸[13] 행 다음 증기선은 며칠 후에야 제물포항에서 출발합니다.

존경하는 마음을 담아 이만 줄입니다.

각하의 충성스러운 신하
크리엔 올림

---

13 [감교 주석] 즈푸(芝罘)

32

신임 일본 공사의 서울 도착

발신(생산)일	1893. 10. 7	수신(접수)일	1893. 12. 10
발신(생산)자	크리엔	수신(접수)자	카프리비
발신지 정보	서울 주재 독일영사관	수신지 정보	베를린 정부
	No. 55		A. 10304

A. 10304 1893년 12월 10일 오전 수신

서울, 1893년 10월 7일

검열 No. 55

카프리비 각하 귀하

각하께 본인의 금년 8월 4일 자 보고서 No. 44[1]에 이어 삼가 아래와 같이 보고 드리게 되어 영광입니다. 청과 조선 겸임 일본 공사 오토리[2]가 지난달 말 이곳에 도착했습니다. 그리고 이달 5일 조선 왕을 알현한 후 이곳 일본 공사관의 업무를 인계받았습니다.

오토리는 가을과 겨울에는 서울에서 머물다가 하이허[3]에 선박 통행이 재개되는 내년 봄에 베이징으로 갈 예정입니다.

본인은 본 보고서 사본을 베이징 및 도쿄 주재 독일제국 공사관에 보낼 것입니다.

(서명) 크리엔

내용: 신임 일본 공사의 서울 도착

---

1 [원문 주석] A. 7629에 삼가 첨부됨.
2 [감교 주석] 오토리 게이스케(大鳥圭介)
3 [감교 주석] 하이허(海河)

베를린, 1883년 12월 19일   A. 9292, 9503

1) 크리엔 귀하
서울 A. 3

부서 책임자에게 이 문서
를 제시하되, 본인의 서명
은 숨길 것.
M 14

이 문제는 일단 II국에 전
달할 것.

연도번호 No. 6771

베이징 주재 독일제국 공사는 귀하가 그곳 동료들 간의
서열과 직함 문제와 관련해 올린 보고내용들을 접수하
였습니다. 특히 금년 8월 30일 자 보고서를 통해 그곳
주재 프랑스 영사가 "특별위원"이라는 직함을 동시에
갖고 있다는 이유로 서열의 우위를 요구한다는 사실을
알게 되었습니다. 그자는 아마도 그 직함이 외교관의
성격을 지녔다고 믿고서 서열의 우위를 요구하는 것 같
습니다. 하지만 이런 생각은 맞지 않습니다. 물론 특별
위원이라는 직함이 국제 간 교류에서 사용되기는 하지
만 임무의 범위가 제한되어 있는 것이 사실입니다. 게
다가 그 임무는 외교 분야의 임무가 아니기 때문에 그
직함을 근거로 서열 우선권을 요구할 수는 없습니다.
따라서 그곳 프랑스 영사는 동료들한테 서열 우선권을
요구할 수 없으며, 영사라는 직위에 부여된 대우만 받
을 수 있습니다. 그 밖의 요구들은 그것이 귀하의 개인
적인 지위에 피해를 입힐 경우 거절해도 됩니다. 물론
필요한 경우 공손한 태도를 보여야겠지만 그로 인해 귀
하의 다른 관계에 지장을 초래해서는 안 될 것입니다.
    이 문제와 관련해 한 가지 언급하고 싶은 것은 귀하
가 금년 9월 9일 쉔크한테 보낸 서신에서 영국 대표
윌킨슨에게 "총영사 대리인 그에게 당연히 서열의 우
위"를 인정하겠다고 했던 말은 옳지 않다는 점입니다.
영사직의 서열을 결정할 때 중요한 것은 당사자가 가진
등급이지 당국으로부터 부여 받은 등급이 아니라는 점
입니다. 윌킨슨이 부영사의 직급을 갖고 있으면서 나중
에 영사 일을 맡게 된다면, 비록 그가 부재중인 총영사
를 대리하더라도 귀하보다 서열이 낮습니다.
    그 밖에 갈수록 베이징에 대한 조선의 예속성이 커
지는 점을 고려하여 귀하의 일반적인 보고, 특히 정치

적인 관심사에 대한 보고서는 지금처럼 베이징 주재 독일제국 공사에게 사본을 발송해주기 바랍니다. 또한 베이징 주재 독일 공사가 정보를 요청할 경우 그에 응해주기 바랍니다.

쉔크 남작한테도 프랑스 특별위원 문제를 영국 동료들과 의논해보라고 요청하였으며, 그에게 이 훈령의 사본을 전달하였습니다.

N. N.

2) 쉔크 귀하

베이징 A. 35

귀하에게 금년 9월 26일과 10월 2일 자 보고와 관련해 조선 주재 독일제국 영사한테 보낸 훈령을 송부하오니 참고하기 바랍니다. 조선 주재 영사관을 베이징 주재 공사관에 예속시켜 달라는 귀하의 요청은 일단 좀 더 숙고해 보도록 하겠습니다. 첨부문서에서 서울의 영사한테 내린 지시만으로도 이미 귀하가 원하는 결과를 충분히 가져올 수 있다고 생각하기 때문입니다. 서울 주재 영국 총영사가 베이징 공사관 소속이라는 사실은 그다지 중요하지 않습니다. 왜냐하면 청 주재 영국 공사는 조선도 겸해서 담당하고 있기 때문입니다.

서울 주재 프랑스 영사가 요구한 서열우위 문제에 관해서는 기회를 봐서 귀하가 영국 대표와 상의해보기 바랍니다. 본인이 생각하기에는 영국 대표도 우리와 같은 견해일 듯합니다. 따라서 조선 주재 영국 대표한테도 비슷한 훈령이 내려갔을 것으로 보입니다. 그것에 대해서는 1J한테 보고해주기 바랍니다.

N. N.

33

러시아 대리공사 베베르와 영국 총영사 대리 가드너의 도착

발신(생산)일	1894. 2. 5	수신(접수)일	1894. 3. 26
발신(생산)자	크리엔	수신(접수)자	카프리비
발신지 정보	서울 주재 독일영사관	수신지 정보	베를린 정부
	No. 13		A. 2879

A. 2879 1894년 3월 26일

서울, 1894년 2월 5일

검열 No. 13

카프리비 각하 귀하

각하께 1891년 8월 30일 자 보고 No. 48[1]와 관련해 삼가 아래와 같이 보고 드리게 되어 영광입니다. 러시아 대리공사 베베르[2]가 지난달 30일 이곳으로 돌아왔으며, 오늘 러시아 공사관 업무를 다시 인계받았습니다.

또한 베베르와 동시에 휴가를 떠난 영국 총영사 힐리어[3]를 대리하기 위해 아모이[4] 주재 영사 가드너[5]가 이곳에 도착해 이달 1일 총영사관의 업무를 인계받았습니다. 가드너는 1891년 양쯔 지방에서 외국인 배척 운동이 일어났을 때 한커우[6] 주재 영국 영사로서 크게 활약해 유명해진 인물입니다.

그는 본인에게 보낸 업무 인수 관련 공문에서 전례를 깨고 이곳 영국 총영사를 공사 겸 총영사(H. M's Legation und Consulate General)로 표시하였습니다. 아마도 그의 임무가 외교 담당이라는 것을 강조하기 위해서인 듯합니다.

본인은 본 보고서의 사본을 베이징 주재 독일제국 공사관에 보낼 것입니다.

(서명) 크리엔

내용: 러시아 대리공사 베베르와 영국 총영사 대리 가드너의 도착

---

1 [원문 주석] A. 10088에 삼가 첨부됨.
2 [감교 주석] 베베르(K. I. Weber)
3 [감교 주석] 힐리어(W. C. Hillier)
4 [감교 주석] 샤먼(廈門)
5 [감교 주석] 가드너(C. T. Gardner)
6 [감교 주석] 한커우(漢口)

34

[주한독일영사 크리엔의 서열 문제에 관한 베이징 주재 각국 외교관들과의 담화 보고]

발신(생산)일	1894. 3. 24	수신(접수)일	1894. 5. 6
발신(생산)자	쉔크	수신(접수)자	카프리비
발신지 정보	베이징 주재 독일공사관	수신지 정보	베를린 정부
	A. No. 33		A. 4151

A. 4151 1894년 5월 6일 오전 수신

베이징, 1894년 3월 24일

A. No. 33

카프리비 각하 귀하

서울 주재 프랑스 영사[1]가 특별위원이라는 직함을 근거로 서열의 우위를 요구하는 문제와 관련한 각하의 작년 12월 19일 자 훈령(A. 35)[2]을 잘 접수하였으며, 그 즉시 이곳 주재 영국 동료와 그 문제를 논의하였습니다.

영국 동료[3]는 그 문제에 관해 각하와 완전히 의견이 일치합니다. 그래서 서울 주재 영국 총영사 대리 가드너[4]한테 프랑스 영사와의 서열 문제에 관한 한 크리엔을 지지하고, 또한 그가 비록 총영사 대리이기는 하나 크리엔[5]의 서열 우위를 인정하라고 지시했습니다.

이곳 러시아 동료[6] 역시 본인과의 대화중에 "특별위원"이라는 직함은 외교 업무와 상관이 없으며 이 직함을 근거로 서열우위를 주장할 수 없다고 말했습니다.

---

1 [감교 주석] 프랑뎅(H. Frandin)
2 [원문 주석] A. 9292, 9503에 삼가 첨부함.
3 [감교 주석] 오코너(N. R. O'Conor)
4 [감교 주석] 가드너(C. T. Gardner)
5 [감교 주석] 크리엔(F. Krien)
6 [감교 주석] 베베르(K. I. Weber)

그 문제에 관해 본인은 지난달 21일과 26일 자 개인 서신을 통해 크리엔한테 사정을 알렸습니다. 서신에서 본인은 그 문제를 신중하게 다루는 것이 바람직하며, 공식적으로 그 문제를 거론하기 전에 먼저 대다수 동료들의 사전 양해를 구하라고 일러두었습니다.

그런데 이달 17일 자 크리엔의 개인 서신을 통해 접한 소식에 의하면 그는 이미 지난달 20일 조선 주재 프랑스 영사와 이 문제에 관해 공식적으로 문서를 교환했다고 합니다.

그 서신에서 크리엔은 수일 내로 각하께 서열 문제에 대해 상세한 보고를 올리겠다고 했으며, 그 보고서의 사본을 이곳으로 송부하겠다고 했습니다. 이런 상황에서 그 프랑스 영사가 휴가차 조선을 떠났다고 하니 이 문제에 관해서는 더 이상 논의하지 않는 것이 좋을 듯합니다.

일반적이고 정치적인 내용의 보고서 작성과 관련해 크리엔에게 상기와 같은 보고서는 지금처럼 사본을 이곳에 송부하고, 이곳에서 그러한 보고에 관해 정보를 제공해달라고 요구할 경우에는 그에 응하라는 내용의 작년 12월 19일 자 조선으로 보내신 각하의 훈령은 작년 9월 26일 이곳에서 올린 본인의 보고서 (A. 123)[7]에 포함된 요구들에 부응하는 것으로 이곳에서 꼭 필요한 조치입니다.

(서명) 쉔크

---

7 [원문 주석] A. 9292 de 93에 삼가 첨부됨.

35

프랑스 특별위원 프랑뎅의 서열 우위 요구

발신(생산)일	1894. 3. 19	수신(접수)일	1894. 5. 20
발신(생산)자	크리엔	수신(접수)자	카프리비
발신지 정보	서울 주재 독일영사관	수신지 정보	베를린 정부
	No. 21		A. 4561

A. 4561 1894년 5월 20일 오전 수신, 첨부문서 4부

서울, 1894년 3월 19일

검열 No. 21

카프리비 각하 귀하

각하께 삼가 아래와 같이 보고 드리게 되어 영광입니다. 작년 12월 19일 자 훈령 A3[1]을 접수한 후 본인은 지난달 19일 프랑스 특별위원 프랑뎅[2]에게 개인서신을 보냈습니다. 그 서신에서 본인은 독일 외무부 장관의 지시에 따라 본인이 서열이 앞선다는 사실을 인정해줄 것을 요구하면서 서열 문제를 우호적으로 해결하기 바란다는 뜻을 전했습니다. 그러기 위해 본인이 그를 방문할 용의가 있으며, 그게 뭐하면 그가 본인을 방문해도 좋다고 적었습니다.

프랑뎅이 바로 그날 본인을 찾아왔기에, 앞에서 언급한 훈령에 따라 그에게 본인의 서열 우위를 요구하는 이유들을 조목조목 설명했습니다. 그러자 프랑뎅은 특별위원은 외교관으로서의 성격을 갖고 있다고 반박하면서 Martens 남작의 〈외교 가이드(Guide diplomatique)〉를 근거로 내세웠습니다. 본인이 그에게 그 책 제1권 17조의 조항, 즉 저자의 견해에 의하면 특별위원은 외교적 특권을 지니지 않는다고 하는 내용을 가리키자("Les Commissaires envoyés à l'étranger dnt dans cette qualité aucune des Prérogatives des ministres publique") 프랑뎅은 조선 외아문 독판에게 제출한 신임장을 통해 자신은 프랑스 정부로부터 외교관의 자격을 명확히 부여받았다고 반박했습니다.

---

1 [원문 주석] A. 9292, 9503에 있음.
2 [감교 주석] 프랑뎅(H. Frandin)

그리고 만약 본인이 원한다면 조선 외아문 독판한테 그 신임장을 본인에게 보여주라고 부탁할 수도 있다고 말했습니다.

이에 본인은 프랑뎅에게 저 역시 1889년 당시 외무부장관한테서 조선 외아문 독판에게 보내는 소개장을 발급받았다고 말했습니다. 그 소개장에 의하면 본인도 외교적 권한을 부여받았기 때문에 그가 외교관적 성격을 근거로 서열우위를 주장할 수는 없다고 반박했습니다. 그때 본인은 Heffter 교수의 〈현대 유럽 국제법〉 제 208조를 근거로 내세웠습니다.

> "제3등급 :
> 단지 외무부에서만 임명을 받는 대리공사를 말한다. 이 경우 공사라는 직함이 주어지고 안 주어지고는 문제되지 않는다. 또한 이 경우는 외교적 직능을 부여받은 영사로 간주할 수 있고,...."

또한 Holtzendorff 교수의 〈국제법 편람〉 제3권 179조 2항도 근거로 제시했습니다.

> "외교업무를 겸한 영사는 별도로 파견국의 행정부서장 내지 외무부장관 앞으로 발급된 신임장을 받게 된다. 이 문서가 접수된 이후에 비로소 영사는 외교관으로서 인정받게 되며,...."[3]

그런데도 프랑뎅은 계속해서 프랑스 정부의 특별위원이 더 높은 직위라고 주장했습니다. 이에 본인은 어쨌든 특별위원의 직함으로는 외교단 및 영사단에 소속될 수 없기 때문에 특별위원이 높은 직위인지 낮은 직위인지에 관한 논의는 일단 보류할 수밖에 없다고 답변했습니다. 또한 외국 대표들 사이에서 그의 지위는 예전 그의 명함에서 특별위원이라는 직함과 더불어 적혀 있던 영사라는 직함을 통해서 결정된다고 말했고, 그 칭호가 곧 국제적으로 통용되는 직함이라고 알려주었습니다. 또한 본인이 더 고참 영사일 뿐만 아니라 본인의 소개장 역시 그보다 먼저 제출되었으니 당연히 본인의 서열이 더 높다고 설명했습니다.

그러자 프랑뎅은 자신은 이곳에서 오로지 외교 업무만을 담당한다고 주장했습니다. 그는 프랑스 장관의 동의 없이는 영사 업무를 일체 수행할 수 없기 때문에 영사가 될

---

3 [원문 주석] [...인정받게 되며. ....] 부분은 제3자에 의해 삭제됨.

수 없다는 것이었습니다. 그는 영사들 간의 서열은 빈[4] 회의록이나 특별위원 관계법에도 규정된 것이 없다고 주장했습니다. 또한 Martens 남작의 〈외교 가이드〉에 의하면 서열이 제일 높은 사람은 대사, 그 다음은 공사, 변리공사, 대리공사, 특별위원 순이고, 특별위원 다음에 영사가 위치하고 있으므로 특별위원이 모든 영사들보다 서열이 앞선다는 증거라고 했습니다. 이에 대해 본인은 영사 서열은 실무를 통해 확실하게 규정되는 것이라고 반박했습니다. 또한 상기 책자에서 우연하게 제시된 순서를 자의적으로 해석해서는 안 된다고 말했습니다.

그러자 프랑뎅은 본인에게 이 문제에 관해 공식 문서를 보내달라고 요청했습니다.

그와 대화를 나누는 동안 본인은 그의 주장에도 불구하고 그가 아직 프랑스 정부에 그 문제에 관해 보고하지 않은 것 같은 인상을 받았습니다.

다음날 본인은 그에게 첨부문서 1 A에 담긴 내용을 사본으로 그에게 보냈습니다. 거기서 본인은 외무부 장관의 지시를 근거로 본인이 영사로서 그보다 먼저 이곳에 도착했고, 본인의 신임장도 그보다 먼저 제출했기 때문에 본인의 서열이 그보다 앞선다는 사실을 밝혔습니다. 또한 그에 근거해 조선 외아문 독판과 외교사절단 대표한테도 그 사실을 보고할 테니 두 사람한테 그가 본인보다 서열이 낮다는 사실을 인정한다는 점을 통지해 달라고 요구했습니다.

프랑뎅은 첨부문서 Ⅰ B에 사본으로 동봉한 지난달 21일 자 서신에서 자신은 프랑스 정부로부터 외교관 자격을 부여받았기 때문에 본인의 서열이 더 높다는 사실을 인정해 줄 수 없다고 답변했습니다.

지난달 19일에 나눈 대화에 근거해 본인은 지난달 27일 프랑뎅에게 재차 아래와 같이 전했습니다. 외무부장관의 소개장을 통해 본인 역시 외교관 자격이 부여되었으며 본인이 그보다 먼저 조선 외아문 독판한테 소개장을 제출했기 때문에 본인의 서열이 더 앞서야 한다고 말했습니다.(첨부문서 Ⅰ C)

다음날 프랑뎅은 본인에게 그의 외교문서에는 전혀 내용이 바뀔 게 없다고 답변했습니다.(첨부문서 1 D)

그런데 프랑뎅은 모친상으로 인해 6개월간의 휴가를 얻어 이달 7일 제물포항을 떠나 유럽으로 향했습니다. 그는 9월 초에 더 높은 직함으로 이곳에 다시 돌아오기를 바라고 있습니다.

그를 대리할 서기장 Lefévre는 이곳 대표들 가운데 제일 말석을 차지하게 되었습니

---

4 [원문 주석] 빈(Wien)

다. 르페르브[5]가 영국 총영사 대리[6]에게 말하기를, 서열이 문제되는 행사에는 일체 참석치 말라는 지시를 받았다고 합니다.

각하께 프랑뎅의 이곳에서의 임무가 "정치와 무역(mission politique et commerciale)"이라는 내용이 담긴 소개장 사본을 첨부문서 2에 동봉해 보냅니다.

본인이 조선 외아문 독판[7], 일본 공사 오토리[8], 외교사절단 수석한테 서열 문제를 제기하자 그들은 이 문제에 관여하고 싶지 않다는 반응을 보였습니다. 조선 외아문 독판은 프랑스 특별위원과 본인의 서열문제는 일단락된 것으로 본다고 말했습니다. 반면 오토리는 이 문제는 독일 정부와 프랑스 정부가 직접 조율하는 것이 바람직하다는 입장입니다. 두 사람은 자신들로 인해 프랑뎅에게 불리한 결정이 내려지게 될까 두려워하고 있었습니다.

본인은 지난달 19일 영국의 총영사 대리 가드너[9]와 이 문제에 관해 이야기를 나누었습니다. 그 자리에서 가드너는 본인이 프랑뎅보다 서열이 높다는 사실을 인정해주면서 서열문제에 관한 한 본인을 지지해주겠다고 약속했습니다. 그의 견해에 따르면, 외아문 독판에게 신임장을 제출한 영사는 누구나 외교 업무를 맡을 수 있으며, 외교 업무를 시작한 순서에 의거해서 서열이 정해질 뿐, 영사라는 직함은 고려되지 않는다고 말했습니다. 따라서 비록 힐리어가 총영사의 직위에 있음에도 불구하고 본인이 힐리어보다 먼저 소개장을 제출했기 때문에 서열이 더 높다고 말했습니다. 그는 몇 년 전 불가리아에서도 서열 문제가 이런 식으로 해결된 적이 있다고 말했습니다. 그는 몇 년 전부터 국제법 편람을 저술하고 있기 때문에 국제법 문제에 관해 철저히 연구했다고 말했습니다. 책은 총 16장으로 구성할 예정인데 지금까지 7장을 집필했다고 했습니다. -그의 말에 본인은 어쨌든 영사의 직함이 판단에 결정적인 기준이 되어야 한다고 보며, 따라서 정식 총영사인 힐리어가 본인보다 서열이 높다고 생각한다고 말했습니다. 마지막으로 가드너는 본인에게 첨부문서 3에 사본으로 동봉한 개인 서신을 건네주었습니다. 그 서신에는 그가 본인에게 구두로 설명한 견해, 즉 소개장에 영사라고 표기되어 있으면 "준 외교관(quasi diplomats)"으로 간주할 수 있다는 내용이 들어 있었습니다.

그밖에도 가드너는 지난달 6일 이곳에 도착한 직후 "총영사 대리(Acting Consul-

---

5 [감교 주석] 르페르브(G. Lefèvre)
6 [감교 주석] 가드너(C. T. Gardner)
7 [감교 주석] 조병식(趙秉式)
8 [감교 주석] 오토리 게이스케(大鳥圭介)
9 [감교 주석] 가드너(C. T. Gardner)

General)" 자격으로 프랑뎅보다 앞선 서열을 요구했습니다. 프랑뎅이 특별위원이라는 자신의 직책을 내세워 그 요구를 거부하자 그는 첨부문서 4에 사본으로 동봉한 서신을 통해 외교사절단 수석에게 아래와 같이 설명했습니다. 즉 이번에는 예의상 물러나지만 그로 인해 절대 힐리어의 지위에 영향을 미쳐서는 안 되며, 또 그것이 프랑뎅의 서열이 앞선다는 것을 인정하는 것을 의미하지는 않는다고 했습니다. 그는 비슷한 내용의 서신을 프랑스 특별위원한테도 보냈습니다.

미국 임시 대리공사는 2개월 전부터 와병중이라서 아직 그와 서열 문제를 의논하지 못했습니다. 러시아 대리공사인 베베르와도 아직 상의하지 못했습니다. 하지만 본인이 보기에 베베르는 프랑뎅의 견해에 동조할 것으로 보입니다. 프랑뎅이 베베르의 조언을 구한 적이 있기 때문입니다.

본인은 그저께 조선 외아문 독판으로부터 서열 문제 조정을 위임받은 법률고문 그레이트하우스와 협의했습니다. 본인이 제시한 근거들에 의거해 그는 본인이 프랑뎅보다 서열이 앞선다는 것을 인정하면서도 프랑뎅한테도 프랑스 정부로부터 훈령을 받을 만한 시간적 여유를 주는 것이 합당하다고 말했습니다. 따라서 조선 정부는 그가 돌아온 이후에야 그 문제에 대한 최종 결정을 내리게 될 거라고 합니다.

어떤 대화를 나누던 중 가드너 역시 베이징 주재 영국 공사[10]가 그에게 지시하기를, 본인의 서열우위를 인정해주고 특별위원이라는 직함은 외교관의 등급이 아니므로 서열 문제에서 본인을 지원해주라고 했다고 합니다. 하지만 오코너는 가드너한테 대리로 직무를 맡고 있으므로 서열문제에 직접적으로 관여하지는 말라고 지시했다고 합니다. 총영사 힐리어가 서열상 프랑뎅보다 앞서기 때문에 그가 돌아온 후 자신의 서열 우위를 요구하게 될 거라고 했습니다.

각하께 한 가지 더 보고 드려야 할 것은, 본인은 이곳 정부로부터 외교 업무를 수행하는 영사로 인정받고 있기 때문에 영국 총영사나 프랑스 특별위원과 마찬가지로 여타 다른 지방영사들보다는 높은 지위를 인정받고 있다는 사실입니다. 설령 지방영사들이 총영사의 직함을 갖고 있다고 해도 마찬가지입니다. 왕을 알현할 때는 대표가 제1열에 서고, 그 뒤에 여타 공사관 직원들이 서며, 그 다음에 지방영사들이 섭니다. 현재 이곳 대표들의 순위는 아래와 같습니다.

　　1) 일본 공사

---

10 [감교 주석] 오코너(N. R. O'Conor)

2) 러시아 대리공사

3) 임시 미국 대리공사

4) 본인

5) 영국 총영사 대리

6) 프랑스 특별위원 대리

유감스럽기는 했지만 본인은, 윌킨슨[11]이 이곳 영국 총영사의 직무를 대리하는 동안 비록 그의 개인적인 직위는 2등영사보였지만 본인보다 서열이 앞선다고 인정해 주었습니다. 당시 윌킨슨이 본인에게 서열우위를 양보하겠다고 했을 때 본인이 청에서는 실제로 어떻게 하느냐고 물었습니다. 그러자 청에서는 총영사 대리가 영사보다 항상(변함없이) 서열이 더 높고, 영사 대리가 부영사보다 서열이 더 높다고 대답했습니다. —이러한 주장은 이미 힐리어[12]로부터 확인받은 바 있습니다. 상황이 이러한지라 본인은 그의 제안을 받아들여서는 안 된다고 생각했습니다. 한 가지 더 덧붙일 말씀은 본인이 일본에서 영사 대리로 주재할 당시 본인에게 부영사보다 앞 등급이 부여되었다는 사실입니다.

본인은 본 보고서의 사본을 베이징 주재 독일제국 공사관에 보낼 것입니다.

(서명) 크리엔

내용: 프랑스 특별위원 프랑뎅의 서열 우위 요구

---

11 [감교 주석] 윌킨슨(Wilkinson)
12 [감교 주석] 힐리어(W. C. Hillier)

No. 21의 첨부문서 1 A

사본

서울, 1894년 2월 20일

서울 주재
프랑스 정부 특별위원 H. 프랑뎅 귀하

어제 우리가 나눈 대화와 관련해 귀하에게, 독일 외무부장관의 작년 12월 19일 자 훈령에 따라 본인이 귀하보다 서열이 앞선다는 사실을 알려 드립니다.

장관님의 말씀에 의하면, 귀하가 갖고 있는 "특별위원"이라는 직함은 국제 교류에 있어 이름 그대로 임무의 범위가 특정 분야에 한정되어 있습니다. 게다가 그 직함을 가진 관리는 외교 업무 담당자로 인정받는 것이 그리 간단치 않습니다. 뿐만 아니라 그 직함을 이유로 서열우위를 요구할 수 없습니다. 따라서 귀하는 영사라는 직위와 복무 연한에 따라서만 본인과 서열을 따질 수 있습니다.

귀하는 1892년 4월 이곳에 도착했고, 그 달에 공식 소개장을 당시 조선 외아문 독판에게 제출하였습니다.

귀하가 처음 본인을 방문했을 때 제시한 명함에는 직함이 "프랑스 정부의 영사 겸 특별위원"이라고 적혀 있었습니다.

본인은 이미 1889년 4월 27일 독일 황제폐하에 의해 조선 주재 독일 영사로 임명되었으며, 정부가 발행한 본인 소개장을 1889년 12월 12일 제출히였습니다.

따라서 본인의 서열이 귀하보다 앞서게 됩니다. 이에 본인은 지체 없이 조선 외아문 독판 및 외교사절단 수석에게 이러한 사실을 통지하도록 하겠습니다.

아울러 귀하께서도 앞에 언급된 두 분께 본인의 서열이 앞서는 것을 인정한다고 통보해 주시면 대단히 고맙겠습니다.

이 기회를 빌려 귀하에게 다시금 경의를 표하는 바입니다.

(서명) 크리엔
독일 제국 영사

첨부문서 1 B.

첨부문서의 내용(원문)은 독일어본 744~745쪽에 수록.

첨부문서 1 C.

서울, 1894년 2월 27일

서울 주재
프랑스 정부 특별위원 H. 프랑뎅 귀하

귀하가 이달 21일 본인에게 보낸 서신에서 귀하는 프랑스 정부로부터 외교관 자격을 부여받았기 때문에 본인의 서열이 앞선다는 사실을 인정할 수 없다는 글을 접하고 삼가 아래와 같이 회답합니다:

본인이 이달 20일 이미 귀하에게 통지해 드린 바와 같이, 본인은 독일 외무부장관께서 조선 외아문 독판에게 전하는 소개장을 갖추고 있었습니다. 따라서 본인 역시 귀하와 마찬가지로 독일 정부로부터 외교관 자격을 부여받은 것입니다. 그 소개장을 귀하보다 먼저 제출하였으므로 본인이 귀하보다 서열이 앞선다는 사실을 다시 한 번 상기시켜 드립니다.

이 기회를 빌려 귀하에게 다시금 경의를 표하는 바입니다.

(서명) 크리엔
독일제국 영사

첨부문서 1 D.

첨부문서의 내용(원문)은 독일어본 745~746쪽에 수록.

No. 21의 첨부문서 2

첨부문서의 내용(원문)은 독일어본 746~747쪽에 수록.

No. 21의 첨부문서 3

첨부문서의 내용(원문)은 독일어본 747쪽에 수록.

No. 21의 첨부문서 4

첨부문서의 내용(원문)은 독일어본 748쪽에 수록.

베를린, 1894년 6월 9일   A. 4561

주재 외교관 귀중   서울 주재 독일제국 영사가 이곳에 보고한 바에 의하
                                         면, 그와 서울 주재 프랑스 대표 프랑뎅 간에 외교사절
파리 No. 261   단 내에서의 서열을 두고 견해 차이가 있다고 합니
                                         다.[13] 프랑뎅은 자신이 프랑스 정부의 특별위원 직함을
연도번호 No. 3288   지니고 있고 프랑스 정부로부터 외교관 자격을 부여받
                                         았다는 이유를 내세워 독일제국 영사보다 자신이 서열
                                         이 앞선다고 주장하고 있다고 합니다. 실제로 프랑뎅
                                         은 영사 겸 특별위원이라는 직함을 지니고 있으며, 명
함에도 그 직함이 적혀 있습니다. 그는 1892년 조선 주재 프랑스 대표로 부임했고, 독일
영사는 1889년에 부임했습니다. 프랑스 대표는 영사 임명의 일반적인 절차를 무시한
채, 프랑스 정부가 조선 외아문 독판한테 보내는 소개장을 제출했다는 이유를 내세워
계속 자신의 서열이 앞서야 한다고 주장하고 있습니다. 하지만 독일 영사 크리엔 역시
똑같은 경우에 해당됩니다. 크리엔 영사 역시 프랑스 대표와 비슷한 서신을 1889년 12월
...(해독 불가, 담당 관청?)에 제출했습니다. 조선 측에서는 조선에 공사관이 없기 때문에
영사가 부임했고, 그가 지속적으로 자국 정부와 연락을 취한다는 점을 고려해 이런 절차
를 취한 것입니다. 이런 상황하에서 그는 자연스럽게 종종 정치 업무와 외교 업무를
수행했을 것입니다. 따라서 이런 관점에서 보면 크리엔 영사와 프랑스 대표 간에는 아무
런 차이가 없습니다. 프랑스 대표는 주로 특별위원이라는 자신의 직함을 내세우고 있습
니다. 그 직함이 그에게 외교관의 자격을 부여하는 의미 있는 직함이라고 믿고 있기
때문입니다.

   하지만 본인은 그 요구가 타당하지 않다고 생각합니다. "특별위원"이라는 직함은 국
제 교류에서 직무 범위가 제한되어 있으며, 따라서 그 직함을 지닌 대표라고 해서 자동으
로 외교관의 자격을 지니는 게 아니기 때문에 그걸 근거로 서열 우위를 주장할 수는
없습니다. 그러한 견해에 입각해 말씀드리자면, 프랑스 영사는 주위의 영사 동료들, 특히
서류상 동일한 직무를 부여받은 독일 영사와의 관계에서 영사라는 등급 및 부임 순서를

---

13 [원문 주석] 세부적인 사항들은 첨부문서들에 함께 동봉된 영사의 금년 3월 19일 자 서신 발췌문을 참고하
   기 바랍니다. 그 서신에서 알 수 있듯이 프랑뎅은 그런 상황에서,,,,,,...

근거로 서열을 주장해야 할 것입니다. 본인은 크리엔 영사에게 그 점을 유의하라고 지적했습니다. 크리엔 영사가 이 문제를 형식논리로 이끌어 가면서 일을 번거롭게 만들고 이 사안의 의미를 지나치게 확대하는 것에 대해서는 본인도 별로 탐탁하지 않으나, 그가 대변하는 입장은 객관적으로 볼 때 정당하다고 생각합니다. 동봉한 첨부문서들을 통해 알 수 있듯이, 두 대표가 주고받은 서신들은 아무런 성과를 거두지 못한 것으로 보입니다. 그사이에 프랑스 영사는 휴가 차 조선을 떠나 있었습니다. 아마도 그는 파리에서 그의 상관과 이 문제를 의논했을 것입니다. 따라서 만약 그곳에서 귀하가 이 문제를 접할 경우 동봉한 자료를 활용해서 이쪽의 견해를 밝혀주시기 바랍니다. 이 문제를 먼저 제기할지 여부는 귀하의 재량에 맡기도록 하겠습니다. 이런 종류의 문제는 일반적으로 크게 중요한 문제는 아닙니다. 그럼에도 불구하고 유럽 대표들 간의 결속과 화합이 중요한 의미가 있는 나라에서 이번 일과 같은 의견 차이는 가급적 빠른 시일 내에 해결되어야 한다고 생각합니다. 따라서 귀하는 자신에게 부여된 권한을 이용해 직접 장관을 만나 이 문제를 의논해 보는 것이 어떨까합니다.

이 문제에 관한 귀하의 보고를 기다리겠습니다.

N. N.

M

신임 미국 변리공사의 도착

발신(생산)일	1894. 5. 2	수신(접수)일	1894. 6. 22
발신(생산)자	크리엔	수신(접수)자	카프리비
발신지 정보	서울 주재 독일영사관	수신지 정보	베를린 정부
	No. 32		A. 5582

A. 5582 1894년 6월 22일 오전 수신

서울, 1894년 5월 2일

검열 No. 32

카프리비 각하 귀하

각하께 삼가 아래와 같이 보고 드리게 되어 영광입니다. 이미 작년 6월 조선을 떠난 전임 조선 주재 미국 변리공사 허드의 후임으로 미시건주 출신의 실[1]이 임명되었습니다. 그는 최근까지 디트로이트에서 교편을 잡고 있었습니다.

실은 그저께 조선 왕을 알현하였으며, 당일 미국의 조선 주재 변리공사 업무를 인계받았습니다.

본인은 본 보고서 사본을 베이징 주재 독일제국 공사관에 보낼 것입니다.

(서명) 크리엔

내용: 신임 미국 변리공사의 도착

---

1 [감교 주석] 실(J. M. Sill)

러시아 대리공사 베베르와 카시니 백작

발신(생산)일	1894. 5. 31	수신(접수)일	1894. 7. 16
발신(생산)자	쉔크	수신(접수)자	카프리비
발신지 정보	베이징 주재 독일공사관	수신지 정보	베를린 정부
	No. 62		A. 6482

A. 6482 1894년 7월 16일 오전 수신

베이징, 1894년 5월 31일

No. 62

카프리비 각하 귀하

조선 주재 러시아 총영사 겸 대리공사 베베르[1]가 베이징 주재 러시아 공사관 대표 카시니[2] 백작의 업무를 대신하기 위해 이달 23일 서울을 떠나기로 되어 있었습니다. 하지만 조선에서 소요가 발생한 탓에 러시아 정부로부터 출발을 당분간 연기하라는 지시를 받았습니다.

그로 인해 6월 2일 이곳을 떠나 몽고와 시베리아를 거치는 휴가를 계획했던 카시니 백작 역시 여행에 필요한 말과 마차도 이미 준비했음에도 불구하고 그 계획을 포기할 수밖에 없었습니다.

(서명) 쉔크

내용: 러시아 대리공사 베베르와 카시니 백작

---

1 [감교 주석] 베베르(K. I. Weber)
2 [감교 주석] 카시니(A. P. Cassini)

베를린, 1894년 7월 19일   A. 6482에 관하여

주재 대사관 귀중
상트 페테르부르크 No. 285

연도번호 No. 4270

귀하에게 러시아 대리공사 베베르와 공사 카
시니 백작에 관한 금년 5월 31일 자 베이징
주재 독일제국 공사의 보고서 사본을 삼가 정
보로 제공합니다.

N. d. H. U. St. S.

[주재 외교관 서열을 둘러싼 프랑스-독일 외교관의 대립]

발신(생산)일	1894. 7. 17	수신(접수)일	1894. 7. 21
발신(생산)자		수신(접수)자	
발신지 정보	베를린	수신지 정보	베를린 외무부
			A. 6680

A. 6680 1894년 7월 21일 오후 수신, 첨부문서 1부

베를린, 1894년 7월 17일

Monsieur

le Baron de Rotenhan, Secrétaire d′Etat p. i. des Affaires Etrangéres

Mon cher Baron,

Sur votre assurance que le Consul Impérial á Séoul avait été invité á régler á l′amiable la question de préséance qui s′est produite entre lui et le Commissaire francais dans la méme résidence, je vous ai dit tout é l′heure que M. Krien avait pourtant taisi de cette contestation le Ministére des Affaires Etrangéres Coréen.

Cette circonstance ayant paru vous susprendre, je me permets de vous communiquer, á titre officieux et confidentiel, la traduction d′une lettre que l′office coréen a adressée le 13 mars dernier á M. le Consul d′Allemagne á Séoul au sujet de l′affaire dont il s′agit.

J′ajoute que cet office avait reconnu que d′aprés Martens (vol. I chapitre III, pages 55 á 64) les Commissaires ont ou n′ont pas le caractére diplomatique selon que ce caractére leur a été conféré ou non par leur Gouvernement. Or il a constaté que le Commisaire francais actuel, M. Frandin, est, comme son prédécesseur, porteur de lettres de créance oú il est désigné comme Réprésentant du Gouvernement de la Republique, et oú la qualification de Consul ne figure pas. Dans ses lettres d′introduction, au contraire, M. Krien porte le titre de Consul.

Je vous signale ces considérations qui, pour étre exotique, n′en sont pas moins judiciénses, et je serais heureux d′apprendre qu′il vous parút possible d′adresser á M.

Krien des instructions complémentaires.

Agréez, Monsieur le Baron, les assurances de ma haute considération et de mes sentiments dévoués.

Jules Herbotte.

Copie

Traduction d´une lettre adressée á M. Krien Consul d´Allemagne,
par le Président des Affaires Etrangéres.

13 Mars 1894.

Je viens de recevoir votre lettre et j´en ai pris entiérement connaissance. Je vous ai déjá répondu, au sujet de la question de préseánce, que vous deviez vous adresser au Commissaire de France, pour régler cette affaire d´un commun accord avec lui. Quant a moi, il m´est impossible de trancher le différend.

원문 p.756

[주재 외교관 서열을 둘러싼 프랑스–독일 외교관의 대립]

발신(생산)일		수신(접수)일	1894. 7. 21
발신(생산)자		수신(접수)자	
발신지 정보		수신지 정보	베를린 외무부
			A. 6681

A. 6681 1894년 7월 21일 오후 수신

A. 6680에 첨부

본인은 에어벳[1]에게 기회를 봐서 파리 주재 대사 "특별위원"의 서열 문제에 대해 파리 정부와 의견을 교환해보라는 지시를 내렸다는 것을 말했습니다. 오늘은 단지 Martens의 견해는 국제법 교사의 개인적인 입장에 불과하다는 사실만 지적해둡니다. 조선 주재 우리 영사도 프랑스 영사와 마찬가지로 조선 외아문 독판한테 소개장을 제출했고 따라서 그 역시 외교 업무를 수행할 수 있습니다. 그가 외교 업무와 더불어 영사 업무를 수행한다고 해서 그의 직위에서 달라질 것은 전혀 없습니다. 그밖에 그가 동료와의 논쟁을 조선 정부의 결정에 맡긴 것은 유감이 아닐 수 없습니다.

N. 7월 21일

---

1 [감교 주석] 에어벳(Jules Gabriel Herbette). 독일 주재 프랑스 대사

러시아 대리공사 베베르가 베이징으로 떠남

발신(생산)일	1894. 6. 8	수신(접수)일	1894. 7. 25
발신(생산)자	쉔크	수신(접수)자	카프리비
발신지 정보	베이징 주재 독일공사관	수신지 정보	베를린 정부
	No. 44		A. 6819

A. 6819 1894년 7월 25일 오후 수신

서울, 1894년 6월 8일

검열 No. 44

카프리비 각하 귀하

각하께 금년 2월 3일 자 본인의 보고서 No. 13[1]에 이어 아래와 같이 보고 드리게 되어 영광입니다. 러시아 대리공사 베베르[2]가 이달 5일 조선을 떠나 베이징으로 갑니다. 그는 그곳에서 휴가를 떠나는 러시아 공사 카시니 백작을 대리하게 됩니다. 베베르는 이곳의 공사관 업무를 임시 대리공사인 공사관 서기관 케르베르그[3]에게 위임했습니다.

본인은 본 보고서의 사본을 베이징 주재 독일제국 공사관에 보낼 것입니다.

(서명) 크리엔.

내용: 러시아 대리공사 베베르가 베이징으로 떠남

---

1 [원문 주석] A. 2879에 삼가 첨부됨.
2 [감교 주석] 베베르(K. I. Weber)
3 [감교 주석] 케르베르그(P. Kehrberg)

베를린, 1894년 7월 27일   A. 6681

주재 대사관 귀중
파리 No. 343

연도번호 No. 4453

지난달 9일 우리 쪽에서 보낸 훈령과 관련하여, 이곳 프랑스 대사가 프랑스 정부의 지시에 따라 서울 주재 독일 영사와 프랑스 영사 사이에 벌어진 서열 문제에 대해 이곳에서 문제를 제기했습니다. Herbotte는 조선 주재 프랑스 대표의 서열 우위에 대한 요구를 Martens의 국제법 조문을 근거로 내세우면서 지원하고 있습니다. 그 조문에 의하면 "특별위원"은 자국 정부로부터 이 직함을 명확히 부여받게 되면 아울러 외교관 자격도 부여받게 된다는 것입니다. 프랑댕이 바로 이 경우에 해당되는데, 그 이유는 특별 신임장에 그의 직함이 단지 "공화국 정부의 대표(réprésentant du Gouvernement de la République)"라고만 명시되어 있기 때문이라는 것입니다. "영사"라는 직함은 프랑댕의 소개장에만 적혀 있다고 합니다.

프랑스 대사의 발언에 본인은, 우리 대표도 다른 일반적인 절차와는 달리 특별 소개장을 조선 정부에 제출하였으며 실제로 ─이것은 그가 조선에서 독일의 유일한 공식 대표이기 때문이다.─ 정치와 외교 업무를 담당하고 있다고 반박한 뒤 그런 점에서 독일 영사와 프랑스 영사 간에 아무런 차이가 있을 수 없다고 말했습니다. 만약 Martens의 책에 있는 그 조항에 의거해 특별위원이라는 직함에 또 다른 의미를 부여한다면 바이마르와 아아헨 회의에서 확정되어 지금까지 널리 인정받고 있는 네 개의 카테고리로 외교관을 구별하는 것을 넘어서 새로운 카테고리를 하나 더 만들어야 한다고 말했습니다. 또한 우리의 조선 주재 초대 대표였던 쳄부쉬 총영사 역시 한동안 "특별위원"이라는 직함을 갖고 있었지만 우리는 그를 외교 대표의 범주에 포함시키지 않았습니다. 그런 의미에서 본인은 귀하가 이미 갖고 있는 자료들을 이용해 이 문제를 부드럽게 논제로 제기해 주기 바랍니다. 어쩌면 비슷한 사례들, 즉 예전에 영국의 속국이었던 세르비아나 현재의 이집트에서 우리가 어떤 식으로 이런 문제들을 처리했는지 언급할 수도 있습니다. 우리는 그곳에서 외국 대표들이 단지 외교관이라는 칭호를 지녔다는 이유만으로 우리 총영사보다 서열이 앞선다고 인정한 적이 없습니다. 또한 우리는 기회 있을 때마다 우리의 견해가 타당하다는 사실을 인정받았습니다. 조선의 현재 상황은 문제 자체만 놓고 볼 때 예전의 경우보다는 덜 중요합니다. 하지만 현지 영사가 열거하는 몇 가지 이유들로

볼 때 그동안 좋은 관계를 유지했던 조선 주재 외국 대표들 간의 관계가 개인적인 문제로 인해 방해 받지 않도록 이번 기회에 문제를 명확히 해두는 것이 좋을 듯합니다.

Herbette가 서울 주재 독일 영사가 서열 문제 해결을 조선 정부에 의뢰했다는 사실을 이곳에 보고하면서 조선 외아문 독판이 크리엔한테 보낸 서신[4]을 사본으로 동봉해 보냈습니다. 본인은 이미 프랑스 대사한테, 독일 영사가 그런 문제에 대해 잘 알지 못할뿐더러 (해독불가) ...하지도 않는 조선 정부에 그 문제의 결정을 맡긴 것을 유감으로 생각한다고 말했으며 크리엔한테도 그런 뜻을 전했습니다.

이 문제에 대한 귀하의 보고를 기다리겠습니다.

(서명) [판독불가]

---

4 [원문 주석] A. 6680의 첨부문서에 동봉함.

서울 주재 영사들 간의 서열 다툼

발신(생산)일	1894. 8. 6	수신(접수)일	1894. 8. 9
발신(생산)자	뮌스터	수신(접수)자	카프리비
발신지 정보	파리 주재 독일 대사관	수신지 정보	베를린 정부
	No. 190		A. 7342

A. 7342 1894년 8월 9일 오후 수신

파리, 1894년 8월 6일

No. 190

카프리비 각하 귀하

각하께서는 지난달 27일 자 훈령 No.343[1]을 통해 본인에게 서울 주재 우리 영사와 프랑스 영사[2] 간의 서열다툼 문제를 이곳에서 거론해보라는 지시를 내렸습니다. 본인을 통해 우리의 확고한 입장을 전해들은 아노트[3]는 자신은 프랑스 영사의 입장에 전혀 동의하지 않으며, 그런 식의 서열 다툼을 싫어한다고 말했습니다. 프랑뎅은 현재 유럽에 체류하고 있는데, 전쟁이 발발해 어차피 이곳에 계속 머물러야 할 처지인지라 다시 원래의 임지로 돌아가지는 않을 듯합니다. 그의 후임자에게는 비생산적인 분쟁을 피하기 위해 "정부 특별위원"이라는 직함을 부여하지는 않을 것입니다.

뮌스터

내용 : 서울 주재 영사들 간의 서열 다툼.

---

1 [원문 주석] A. 6680/6681에 삼가 첨부함.
2 [감교 주석] 프랑뎅(H. Frandin)
3 [감교 주석] 아노토(G. Hanotaux)

베를린, 1894년 8월 17일   A. 7342

크리엔 영사 귀하
서울 A. No. 1

연도번호 No. 4948

금년 3월 19일 자 보고서 No. 21에 대한 답신입니다. 본인은 파리 주재 독일 대사한테 서열다툼 문제를 의제로 제기하라고 지시해 놓았습니다. 뮌스터 백작이 보고해온 바에 의하면, 프랑스 정부는 프랑스 대표가 정부가 준 특별위원이라는 직함을 근거로 서열의 우위를 주장하는 것을 인정하지 않았습니다. 따라서 이 문제는 일단락된 것 같습니다.

상기 보고서에서 귀하는 이 문제의 해결을 조선 정부에 의뢰했으며, 조선 정부가 조만간 결정을 내릴 거라고 했습니다. 하지만 프랑스 측으로부터 입수한, 조선 외아문 독판이 금년 3월 13일 귀하에게 보낸 서신에 의하면 조선 외아문 독판은 귀하의 요청에 대해 귀하와 프랑스 대표 사이의 견해 차이에 대해 그는 어떤 결정도 내릴 수 없다는 식으로 답변하고 있습니다. 그것은 적절한 답변이라 할 수 있습니다. 조선 정부든 두 당사국 정부를 제치고 이 문제를 해결할 수 있는 입장이 아니기 때문입니다. 따라서 본인은 귀하가 문제의 해결을 그곳 장관에게 의뢰한 것을 환영할 수 없습니다. 이런 서열 문제를 그 분야에 대한 전문지식도 부족하고 유럽식 사고방식에도 어두운 조선의 관청에 의뢰할 경우 외국 대표들의 위상을 강화하는 데 그리 도움이 되지 않을 것입니다.

(서명) [판독불가]

베를린, 1894년 8월 20일　　　　　　　　　A. 7342와 관련된 훈령에 관하여

주재 공사관 귀중　　　　　　　　　귀하에게 금년 3월 24일 자 보고와 연관해 프랑
베이징 No. A. 33　　　　　　　　스 특별위원 프랑뎅과의 서열다툼에 관해 서울
　　　　　　　　　　　　　　　　주재 독일제국 영사에게 보낸 훈령의 사본을 정
　　　　　　　　　　　　　　　　보로 제공합니다.
연도번호 No. 4996　　　　　　　　　　　　　　　　　N. d. H. U. St. S.

42

[일본군이 조선주재 영국총영사대리 가드너를 폭행했다는 보고]

발신(생산)일	1894. 7. 19	수신(접수)일	1894. 9. 2
발신(생산)자	쉔크	수신(접수)자	카프리비
발신지 정보	베이징 주재 독일공사관	수신지 정보	베를린 정부
	A. No. 90		A. 7992

사본

A. 7992 1894년 9월 2일 오전 수신

베이징, 1894년 7월 19일

A. No. 90

기밀

카프리비 각하 귀하

이곳 영국 공사[1]가 어제 본인에게. "일본 군인들이 가드너[2](조선 주재 영국 대표)를 폭행하고 아직까지 사과하지 않았다."고 말했습니다. 자세한 내용은 아직 알려지지 않았습니다. 오코너는 가드너가 일본 군인들이 봉쇄한 길을 통과하려 했던 것 같다고 말했습니다. 현장에는 세관원도 있었다고 합니다. 현재 서울 주재 영국 총영사 대리인 가드너는 1891년 한커우[3] 주재 영사로 재임하던 중 그곳에서 폭동이 일어나자 박력 있는 행동으로 이름을 날린 적이 있습니다. 오코너가 아주 은밀하게 덧붙인 말에 의하면, 이 영국 해군 제독은 제물포 앞바다에 정박 중인 영국 전함 "Arche"호의 지휘부에 사과를 요청하라고 지시했으며, "제대로 된 답변이 없을 경우 하코다테까지 함대 동원령을 내리라"고 명령했다고 합니다.

(서명) 쉔크

원문 문서 조선 1

---

1 [감교 주석] 오코너(N. R. O'Conor)
2 [감교 주석] 가드너(C. T. Gardner)
3 [감교 주석] 한커우(漢口)

43

원문 p.764

[일본군의 가드너 총영사 대리 부부 폭행]

발신(생산)일		수신(접수)일	1894. 9. 6
발신(생산)자		수신(접수)자	베를린 외무부
발신지 정보		수신지 정보	
			A. 8081

A. 8081   1894년 9월 6일 수신

메모

서울 주재 영국 총영사 가드너[1]에 대한 일본 군인들의 폭행에 관한 7월 18일 자 서울
발 보고서 No. 52는 〈조선 1〉에 있음.

d.

---

1   [감교 주석] 가드너(C. T. Gardner)

Auswärtiges Amt
Abth. A.

Politisches Archiv d. Auswärt. Amts

Acta

Betreffend
Die Besitznahme von Port Hamilton durch England

Vom 1. August 1885
Bis 31. Dezember 1886

Vol.: 2
conf. Vol.: 3

Politisches Archiv des Auswärtigen Amts
R 18940

KOREA. No. 2.

[   ]

PAAA_RZ201-018940_002

Empfänger	[o. A.]	Absender	[o. A.]
[o. A.]		Berlin, den 18. April 1885.	

Auswärtiges Amt

Berlin, den 18. April 1885.

[*sic.*]

THE NEW ENGLISH COALING·STATION IN THE FAR EAST.

The arrangement by which England acquires a coaling-station at Port Hamilton, in the island of Quelpart, was (the *Times* says) the last public service rendered to his country by Sir Harry Parkes. It was at first believed that the arrangement entailed our annexation of "the huge cone-like island of Quelpart;" but the fact is simply that we have acquired a coaling-station for our ships in the North Pacific, similar to that already existing at Labuan. The want of such a station has long been felt, and no better place could have been selected than Port Hamilton, the only advantageous anchorage and shelter for ships around the stormy coasts of Quelpart. This arrangement will attract some attention to this island, and the following description of its position and character may prove useful as well as interesting at the present time :-

The island of Quelpart, which lies sixty miles distant from the southern coast of Corea, and commands the straits between that peninsula and Kiushiu, the southern island of Japan, has been termed "the Sicily of the Italy of the East." The comparison is not inappropriate. Local tradition still preserves the memory of its origin, as the myth which forms part of the superstitious creed of the people bears out the natural supposition as to its having been created by the action of a submarine volcano. The island is about forty miles in length and at its widest point seventeen miles broad. It is well populated, and is under close and careful cultivation. Moreover, the scenery provided by its dense woods and lofty peaks is exceedingly beautiful, and the white rocks of Mount Auckland, or as the natives call it, Aula, the highest point in the island, 6,500 ft., wear the appearance of being covered with perpetual snow. The forests consist of pines and a tree giving a red wood resembling mahogany. There are large herds of cattle, and numerous horses of a small breed, which are in great demand on the mainland. Quelpart produces numerous cereals, and the islanders also follow the pursuit of fishermen. An active and flourishing industry is also provided by the manufacture of straw-plaited hats which are in general use throughout Corea. Quelpart has been frequently used as a penal station by the Corean Government, and therefore it is not surprising that the islanders should have had an evil reputation. Their ferocity and animosity to foreigners appear to have been much exaggerated, or perhaps their remarkable material prosperity has toned down their faults. By obtaining this advantageous coaling-station there can be no doubt that the Government have taken a wise step towards the further security of our naval position in the seas of China and Japan.

Berlin, den 1. August 1885.

A. 6057. 6115. 5657.

Sicher!

An

Tit. Herrn von Schweinitz

S. Petersburg № 457

J. № 3463.

Ew. Tit. Beehre ich mich anl. Abschrift und Promemoria über das Verhältniß Koreas zu China und über Port Hamilton, sowie einer Aufzeichnung über eine Unteredung mit Graf Schuwaloff, die ebenfalls Port Hamilton betrifft, zur ausschließlich persönlichen Kenntnißnahme g. a. zu übersenden. – diese Schriftstücke vervollständigen die dieseitigen Mittheilungen, die Ew. Tit. In geeigneter Zeit bezüglich unserer Haltung zur koreanischen Frage zugegangen sind, und in der mir um so größere Zurückhaltung geboten erscheint, als wir in Korea nur auf geringfügige, in China dagegen auf sehr erhebliche deutsche wirtschaftliche Interessen Rücksicht zu nehmen haben. Der Umstand, daß Korea sein Gesuch um Vermittlung der Vertragmächte zurückgezogen hat, und vorerst wir somit keine Veranlassung haben, uns in dieser Angelegenheit zu äußern, wird es Ew. Tit. erleichtern, weitere Erörterungen jener Frage aufzuwerfen. Dieselben würden erst dann wieder aufzunehmen sein, wenn wir genöthigt sein sollten, Stellung zu nehmen, in welchem Falle wir sodann wohl einher müssten, uns mit Russland zu verständigen.

N. S. E.

L. 31. 7.

Die Besitzung von Port Hamilton betreffend.

PAAA_RZ201-018940_005 ff.

Empfänger	Bismarck	Absender	Brandt
A. 6227 pr. 1. August 1885. a. m.		Peking, den 9. Juni 1885.	
Memo	cfr. A. 6329 s. Erl. v. 7. 8. n. Peking 13		

A. 6227 pr. 1. August 1885. a. m.

Peking, den 9. Juni 1885.

A. № 129.

Seiner Durchlaucht
dem Fürsten von Bismarck.

In Betreff der Besitznahme von Port Hamilton durch englische Schiffe beehre Euerer Durchlaucht ich mich ganz gehorsamst zu berichten, daß die auch von der Times gebrachte Nachricht, daß dieser Schritt auf einer zwischen dem verstorbenen Sir Harry Parkes und der chinesischen Regierung getroffenen Vereinbarung beruhe, jeder Begründung entbehrt[1]. Im Gegentheil scheint in den letzten Tagen im Schoose der Chinesischen Regierung die Absicht, sich dem Protest der koreanischen Regierung gegen diese Besitznahme anzuschließen, stärker hervorzutreten.

Brandt.

Inhalt: Die Besitzung von Port Hamilton betreffend.

---

1 [Randbemerkung] Eine so positive u. den Indicien widersprechende Behauptung bedarf doch näherer Begründung um glaubhaft zu sein. Beweisen läßt sich die Negation nicht.

[   ]

PAAA_RZ201-018940_008

Empfänger	[o. A.]	Absender	Mantzoud
A. 6329 pr. 4. August 1885. p. m.		Varzin, den 3. August 1885.	
Memo	s. Erl. v. 7. 8. n. Peking 13. zu A. 6227.		

A. 6329 pr. 4. August 1885. p. m. 1 Anl.

Varzin, den 3. August 1885.

Bemerkte der Herr Reichskanzler, er könnte erwarten, daß der kaiserliche Gesandte, wenn er überhaupt berichtete, dies in erschöpfenderer Weise thun würde. Seine Durchlaucht bittet Herrn von Brandt zu antworten, nach der hiesigen Auffassung wäre die höchste Wahrscheinlichkeit dafür vorhanden, daß ein Einverständniß zwischen England und China bestehe; es lägen die wichtigsten Indicien für die Richtigkeit dieser Ansicht hier vor und ein Bericht von 15 Zeilen wäre nicht dazu angethan, dieselben zu entkräftigen; das Mindeste wäre gewesen, daß er, der Kaiserliche Gesandte, seine rationes dubitendi gemeldet hätte.

Mantzoud.

Berlin, den 5. August 1885.   A. 6192.

An   Ew. gef. Berichterstattung über die politische Lage
1. tit. Graf Dönhoff   Koreas, namentlich über die Beziehungen dieses
            Tokio A 7   Königreichs zu andern Mächten, lässt nicht klar
2. tit. Herrn Budler   erkennen, in welchem Verhältniß Korea zu China
            Söul A 2   steht, und auf welchen Grundlagen die politische
                                            Unabhängigkeit Koreas dem Auslande gegenüber
c.f. Erlaß nach Peking A 5657   basiert ist. Ich bitte Ew. diese Frage einem
                                            sorgfältigen Studium zu unterziehen und darüber
                                            möglichst eingehend zu berichten.
J. № 3536.   N.S.E.

Berlin, den 7. August 1885.   A. 6329.

An
Tit. Herrn von Brandt
              Peking

Unter Bezugnahme auf den gef. Bericht vom 9. Juni, die Besitznahme von Port Hamilton betreffend, beehre ich mich Ew. Mitzutheilen, daß hier wichtige Indicien für die Annahme vorliegen, es bestehe ein geheimes Einverständniß zwischen England und China, und daß eine eingehendere Begründung der von Ihnen aufgestellten Behauptung wünschenswerth gewesen wäre. Im Allgemeinen empfiehlt es sich, bei der Berichterstattung aus Peking im Auge zu behalten, daß es hier mit großen, oftmals uns unüberwindlichen Schwierigkeiten verbunden ist, Nachrichten über die Politik Chinas zu controlliren. Darauf bezügliche Mitteilungen dürften deshalb, um hier ein deutliches Bild von der dortigen Sachlage zu geben, in erschöpfenderer Weise auszuführen sein, als dieß in dem vorliegenden gef. Berichte geschehen ist.

N.S.E.[2]

L. 6. 8.

---

2 Ich bitte den Erlaß möglichst zu kürzen damit er chiffrirt werden kann. VH

Berlin, den 7. August 1885.

A. 6329. 6227.

An

Tit. Herrn von Brandt

Peking № A. 13.

J. № 3574.

Antwort auf Bericht vom 9. Juni:

Nach hier vorliegenden wichtigen Indizien scheint ein geheimes Einverständniß zwischen England und China zu bestehen. Eine eingehendere Begründung der gegentheiligen Behauptung wäre deshalb erwünscht gewesen. Ew. wollen bei Ihrer Berichterstattung im Auge behalten, daß Mittheilungen über die Politik Chinas, um hier ein deutliches Bild der Lage zu geben, in erschöpfender Weise auszuführen wären, als dieß in dem vorliegenden Berichte geschehen ist.

N. S. E.

L. 7. 8.

[   ]

PAAA_RZ201-018940_013 f.

Empfänger	Bismarck	Absender	Hatzfeldt
A. 6425 pr. 7. August 1885. p. m.		Berlin, den 7. August 1885.	

Abschrift

A. 6425 pr. 7. August 1885. p. m.

Berlin, den 7. August 1885.

An

den Herrn Reichskanzler

Fürsten von Bismarck.

Durchlaucht

Varzin № 17.

J. № 3581.

Der russische Minister der auswärtigen Angelegenheiten, welcher gestern Abend eingetroffen und heute Mittag nach Franzensbad weiter gereist ist, hat mich heute Morgen aufgesucht.

pp.

Mit offenbarer Absichtlichkeit brachte H. v. Giers hierauf das Gespräch auf Corea und die Besetzung von Port Hamilton. Er wiederholte dasselbe, was mir Graf Schuwaloff vor einigen Tagen in seinem Auftrag darüber gesagt hatte, und verfehlte nicht, daß ihm dieser Vorgang ernstliche Sorge bereite. Offenbar hatte die russische Regierung nach unserer ersten Anfrage durch Herrn v. Schweinitz über ihre Intentionen gehofft, daß wir zu einer gemeinschaftlichen Reclamation in London die Hand bieten würden. Ich wiederholte dem Minister, daß die coreanische Regierung ihren Antrag auf Vermittelung ausdrücklich zurückgezogen habe und wir darauf hin, daß es sehr schwer sei, über die politischen Beziehungen dieses Landes zu China zuverlässige Auskunft zu erhalten.   pp

gez. Graf von Hatzfeldt.

Orig. in act Rußland 69.

Port Hamilton.

PAAA_RZ201-018940_015 f.			
Empfänger	Bismarck	Absender	[*sic.*]
A. 6431 pr. 8. August 1885. a. m.		London, den 5. August 1885.	

A. 6431 pr. 8. August 1885. a. m. 1 Karte

London, den 5. August 1885.

№ 229.

Durch Kgl. Feldjäger

Seiner Durchlaucht

dem Fürsten von Bismarck.

Den hohen Erlaß vom 18. v. M. № 290, Port Hamilton betreffend, habe ich zu erhalten die Ehre gehabt und gelegentlich an unterrichteter Stelle die entsprechenden Erkundigungen eingezogen.

Der mir ertheilten Auskunft zufolge trifft die Aeußerung des Generalkonsuls Zembsch zu, wonach es sich nicht um Port Hamilton auf der Insel Quelpart handelt. Der in Frage stehende Hafen wird von drei kleinen Insel gebildet, die etwa auf der Hältfte der Strecke zwischen Quelpart und dem koreanischen Festlande in fast nördlicher Richtung von der genannten Insel gelegen sind.

Nach Aussage eines Offiziers der hiesigen Admiralität ist Material zur Einrichtung einer Station in Port Hamilton in Landung begriffen. Derselbe Offizier hat die Zeitungsnachricht betreffend Legung eines Telegraphenkabels dorthin für richtig erklärt.

Eine von dem Hauptmann Freiherrn von Huene beschaffte Karte von Port Hamilton beehre ich mich beifolgend ganz gehorsamst einzureichen.

[Unterschrift]

Inhalt: Port Hamilton.

ad A. 6431. Karte von Port Hamilton.

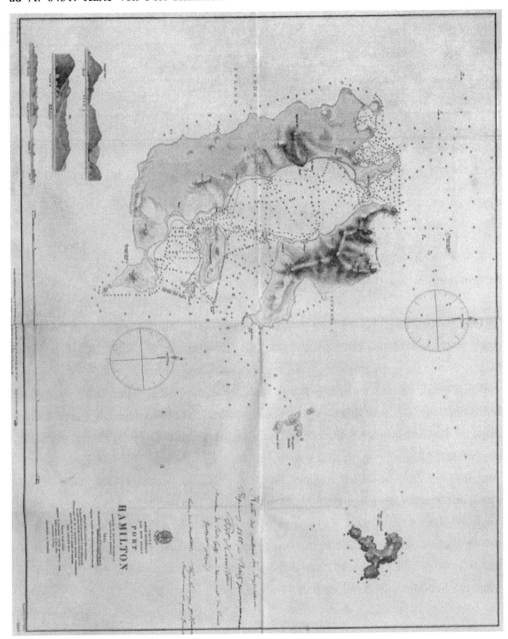

[Karte des seitens der Englischen Regierung 1885 in Besitz genommen Port Hamilton /
zwischen der Süd-Spitze von Korea und der Insel Quelpart gelegen /.
London, den 5. August 1883. Frhr. v. Hoiningen gt. Huene. Hauptmann in grossen
Generalstab.]

PAAA_RZ201-018940_020 f.			
Empfänger	Bismarck	Absender	[*sic.*]
A. 6480 pr. 10. August 1885. a. m.		London, den 8. August 1885.	
Memo	mitg. s. 14. 8. n. Petersburg 474.		

A. 6480 pr. 10. August 1885. a. m. 1 Anl.

London, den 8. August 1885.

№ 233.

Seiner Durchlaucht t

dem Fürsten von Bismarck.

Eurer Durchlaucht beehre ich mich beifolgend einen Auszug aus einem Privatbrief eines englischen Marine-Offiziers, welcher Details über die Besitzergreifung von Port Hamilton enthält, ganz gehorsamst einzureichen.[3]

Nach Inhalt des Briefes wurde das englische Kanonenboot „Flying Fish" im April d. J. in Honkong mit See-Minen und Torpedo-Material beladen und nach Port Hamilton entsandt. Bei Ankunft des Kanonenboots daselbst wurde bereits von Nagasaki aus dorthin geschicktes Material zur Sperrung der Hafen-Einfahrt sowie englische Mannschaften vorgefunden.[4]Am Abend der Ankunft des gedachten Kanonenboots traf ein russischer Transport-Dampfer ebendaselbst ein und äußerte der Kapitän desselben (ein russischer Marine-Offizier) die Absicht an Land zu gehen. Sobald es dunkel geworden war, landete das englische Kanonenboot Mannschaften, welche die englische Flagge auf den Inseln, die Port Hamilton bilden, hißten. Zwei Tage später traf ein anderes englisches Schiff mit weiterem See-Minen-Material in Port Hamilton ein.

[Unterschrift]

Inhalt: Port Hamilton.

---

3 [Randbemerkung] wenn es nach Art der erworbenen Kenntnisse des Briefes thunlich ist, so wäre zu wünschen daß er gedruckt würde

4 [Randbemerkung] die Anlage ist in der Army & Navy Gazeta abgedruckt worden und bereits durch die Presse gegangen; auch durch die russische. St. Petersburger Herold vom 31. 7.

[Anlage zum Bericht № 233.]

Auszug aus einem Privatbrief eines an Bord des englischen Kanonenbootes „Flying Fish" befindlichen Offiziers über die Inbesitznahme des Hafen „Port Hamilton" bezw. der diesen bildenden Inseln durch die englische Regierung.

. . . . .We returned to Manilla for coals about April 2, and found two urgent telegrams from the Commander-in-chief ordering us up to Honkong at full speed. The only incident worth mentioning on the passage up was sighting a Russian ironclad (the Minin) just outside Hongkong. The captain sent for the first lieutenant and ordered him to clear for action, remarking, "It's most unfortunate, but we must make a running fight of it". You can imagine the 64-pounders (two in number) being loaded, hencoops etc. shoved out of the way, and the poor old "Fish" trying to imagine herself a fighting-ship. However we were not molested, but got to our journey's end in peace and safety. Once arrived at Hongkong we found things had down a bit, however in a day or two a fresh scare took place, and we got telegraphic orders from the Commander-in-chief to hoist out hard-house, cook-house, steam-launch etc. and replace our two finch guns, which we accordingly did, working day and night and make life unbearable. As soon as the job was over, and we expected to get a rub of paint and settle down as part of the Hongkong defence, we suddenly got orders to be ready for sea next day. The filled us up below and on deck with mines, electric cables and torpedo stores. The ship was proved with a tender in the shape of a big steam-launch, purchased from the Hongkong Government. Of course our orders were sealed, but it was an open secret, that we were bound for Port Hamilton, which we eventually fetched, having only encountered one gale of wind en route, which compelled us to run inshore to rescue our sender.

At Port Hamilton we found four or five small craft and a lot of timber sent oven from Nagasaki for the defence of the port. The flagship was at Nagasaki, so we found ourselves senior officer, and at once set to work to lay down the mines and build the dooms wherewith to block the smaller entrance. I was told off with the captain of the Merlin and an ex-gunner to sit and lay the mines, and thanks to the first-rate gunner and amateur torpedoist, we got at first-rank.

Gunn made us a plan and sounded out the mine-field on a 20-inch scale, and we had a Corean junk refuge, with commodious sail-rigged houses to shelter our mines and cables, all conveniently situated on a small island handy by the main-entrance. One night we had a great scare.

A steamer was seen coming in about 9 p. m., and, on being boarded, proved to be a Russian transport, in (as her captain, a naval officer, said) on account of leaky boilers. He (the captain) also wanted to land, and look round, but as he might have had a Russian ensign in his pocket, we advised not to till he had called on the senior officer.

Meanwhile, all the five small craft and our own powerful vessel had been cleared for action in accordance with private signals which we had made, and in the dead of night three parties were landed to hoist "Junion-Jacks", so that in the morning the summits of the three islands were decorated with our glorious flag, and a sentry looking after each of them.

The Ruskie came on board in the morning, and congratulated our captain on the latest British possession, and not getting much change out of him, he and a Japanese man of war cleared out to inform their resp. Governments, and we were left to continue our operations in peace for a day or two.

Another transport arrived two days after with more mines and cables. But our proud position was not of very long continuance, for one morning the Champion arrived with orders for us to clear immediately for Nagasaki. . . . . .

PAAA_RZ201-018940_027			
Empfänger	[o. A.]	Absender	[o. A.]
[o. A.]		[o. A.], den 12. August 1885.	

St. Petersburger-Herold.

№ 212. Mittwoch den 12. August 1885.

St. Petersburg, den 30. Juli (11. August).

Ueber die Besetzung der an der koreanischen Küste gelegenen Insel Port Hamilton durch englische Marine-Truppen werden der „Army and Navy Gezette" von einem an der Expedition betheiligten Officiere des englischen Kriegsschiffes „Flying Fish" die nachstehenden Einzelheiten mitgetheilt: „Ich brauche wohl nicht zu sagen, daß wir unsere Fahrt in die koreanischen Gewässer mit versiegelten Ordres antraten. Dieselben führten uns nach der Insel Port Hamilton. Dort angekommen, fanden wir bereits vier oder fünf Kanonenboote unserer Flotte und eine Quantität von Holz vor, das zur Errichtung von Vertheidigungswerken benutzt werden sollte und von Nagasaki hierhergeschafft war. Wir begannen, nachdem wir in den Hafen eingelaufen, mit der Auslegung von Minen und der Herstellung einer Holzsperre zur Schließung der sehr schmalen Einfahrt zum Hafen. In einer der nächsten Nächte wurden wir alarmirt. Gegen 9 Uhr Abends zeigte sich ein fremdes Fahrzeug im Anseln, ein russisches Transportfahrzeug, das, wie der Capitän desselben unseren an Bord kommenden Leuten sagte, wegen eines Lecks in seinen Kesseln Zuflucht im Hafen von Port Hamilton suchte. Weiter erklärte der russische Capitän, ans Land gehen und die Gegend besichtigen zu wollen. Da derselbe nun leicht eine russische Flagge in seiner Tasche hätte haben können, so überredeten wir ihn, erst unserem Höchstcommandirenden einen Besuch zu machen, während welcher Zeit unser Schiff, sowie die Kanonenboote in gefechtsmäßigen Zustand versetzt wurden, wie es unsere geheimen Ordres vorschrieben. Nachdem dies geschehen, wurden von uns in der Stille der Nacht drei Detachements an Land gesetzt, welche den Befehl erhielten, die Flagge Englands in der Weise aufzuziehen, daß „der dämmernde Morgen die höchsten Punkte der drei Inseln von unserer durch eine Schildwache beschützten ruhmreichen Flagge gekrönt erblickte". Im Laufe des Morgens kam der Russe an Bord unseres Schiffes und beglückwünschte unseren Capitän zu der soeben gemachten neuen englischen Erwerbung, und ohne Macht, etwas dagegen zu thun, dampften sein Fahrzeug, sowie ein ebenfalls anwesendes japanisches Schiff baldigst davon, um ihren Regierungen die Nachricht von der Besetzung zu bringen, worauf wir unsere Operationen in Ruhe fortsetzen konnten."

Berlin, den 14. August 1885.   A. 6480.

An

die Missionen in

3. St. Petersburg № 474.

   18. 8. Feldj.

J. № 3703

Euer p. Beehre ich mich anbei Abschrift eines
Berichts des K. Geschäftsträgers in London
vom 8. d. Mts., betreffend

                Port Hamilton

zur gefälligen persönlichen Information zu
übersenden.

ad 1-19 event. zu machende Zusätze:

entweder a, Zugleich sind Euer pp. Er mächtigt
den Inhalt nach Ihrem Ermessen zu verwerthen.

                N. S. E.

                L 14. 8.

Die Besetzung von Port Hamilton und anderer Plätze betreffend.

PAAA_RZ201-018940_029 ff.			
Empfänger	Bismarck	Absender	Brandt
A. 6651 pr. 13. August 1885. a. m.		Peking, den 20. Juni 1885.	

A. 6651 pr. 13. August 1885. a. m.

Peking, den 20. Juni 1885.

A. № 137.

Seiner Durchlaucht

dem Fürsten von Bismarck.

Gerüchtsweise verlautet, daß Russische Schiffe die Montebello-Gruppe an der Südküste von Korea in Besitz genommen hätten. Bestimmtes ist indessen bist jetzt hier nicht in Erfahrung zu bringen gewesen.

In dem auf Port Hamilton an den Englischen Admiral Sir William Dowell übergebenem Protest hat die koreanische Regierung die Räumung der Inselgruppe, welche widerrechts besetzt worden sei, verlangt und zugleich erklärt, daß falls die Englische Regierung diesen Protest unbeachtet lasse, sie die Unterstützung der anderen Vertragsmächte anrufen würde.

Chinesischerseits ist, soweit ich habe feststellen können, noch kein Protest erfolgt, und scheint auch die Landung des Port Hamilton mit Honkong zu verbinden bestimmten Kabels auf einer Insel der Saddle-Gruppe in der Mündung des Yangtse bis jetzt zu einem solchen nicht Veranlassung gegeben zu haben.

Brandt.

Inhalt: Die Besetzung von Port Hamilton und anderer Plätze betreffend.

Amtliche Mittheilung des Koreanischen Auswärtigen Amtes über die Besetzung von Port Hamilton durch Engländer.

PAAA_RZ201-018940_032 ff.			
Empfänger	Bismarck	Absender	Zembsch
A. 6923 pr. 27. August 1885. p. m.		Söul, den 25. Juni 1885.	
Memo	s. Erl. v. 26. 8. n. Söul (Budler) 4, s. Erl. V. 26. 8. n. Söul (Zembsch) 3 J. № 356.		

A. 6923 pr. 27. August 1885. p. m. 1 Anl.

Söul, den 25. Juni 1885.

Lfde № 52.

Seiner Durchlaucht
dem Fürsten von Bismarck.

Euerer Durchlaucht beehre ich mich in Verfolg meines ganz gehorsamsten Berichtes vom 19. v. Mts. Lfde № 39 betreffend Besetzung der Inseln und des Hafens von Port Hamilton durch englische Kriegsschiffe, die über diesen Gegenstand mit dem Koreanischen Auswärtigen Amte geführte Korrespondenz in den Anlagen abschriftlich ebenmäßig zu unterbreiten.

Dieselben enthalten:

Erstens ein halbamtliches, vertrauliches Schreiben des Präsidenten des Koreanischen Auswärtigen Amts vom 20. Mai des Jhrs an die fremden Vertreter in Söul, worin er eine Depesches des englischen Gesandten in Peking über die Besetzung von Port Hamilton (d.d. Peking 24. April dss. Jhrs.) abschriftlich mittheilt, und um meine Meinung und meinen Rath bittet. Gleichzeitig theilt er Abschrift seines Schreibens über diese Angelegenheit an den derzeitigen hiesigen englischen Vertreter, Vizekonsul Carles, und seine telegraphische Antwort auf das Schreiben des englischen Gesandten aus Peking mit. (Anlage 1.)

Zweitens, meine vertrauliche Antwort auf das obige halbamtliche und vertrauliche Schreiben des Präsidenten. (Anlage 2.)

Wie ich bereits in meinem oben angeführten Bericht vom 19. dss. Mts. gemeldet, wurden vom König von Korea damals sogleich zwei höhere koreanische Beamte (darunter als Zweiter Herr von Möllendorff) mittelst eines chinesischen Kriegsschiffs nach Port Hamilton geschickt, um Nachrichten einzuholen und gegen die Besetzung der Inseln zu protestiren. Dieselben wurden in Port Hamilton von dem ältesten dort anwesenden Kriegsschiffskommandanten an den Admiral in Nagasaki verwiesen, und gingen daher dorthin.

In Nagasaki hatten sie mündliche und schriftliche Verhandlungen mit dem Admiral, welcher versprach, an die englische Regierung zu telegraphiren und eine baldige, schriftliche Antwort derselben in Aussicht stellte.

Eine solche schriftliche Antwort ist aber bis jetzt nicht angekommen; der hiesige englische Vertreter hat dem koreanischen Auswärtigen Amte mündlich erklärt, die Besetzung Port Hamilton's würde nur vorübergehend sein und hat versucht, die Einwilligung der Koreanischen Regierung dazu zu erlangen, daß England dort wenigstens eine Kohlenstation anlege und unterhalte. Die koreanische Regierung soll auch dies abgelehnt haben.

In Folge dessen hat der Präsident des Koreanischen Auswärtigen Amtes heute die ebenfalls abschriftlich beigefügte amtliche Mittheilung an die hiesigen Vertreter der Vertragsmächte gerichtet, welche er mich bittet zur Kenntniß der hohen Kaiserlichen Regierung zu bringen und in welcher er bittet, das unpartheiische Urtheil Euerer Durchlaucht über diese Angelegenheit ihm mittheilen zu wollen. (Anlage 3)

Zembsch.

Söul den 27. Juni 1885.

Nachschrift. Mittelst Note vom 27. Juni hat der Präsident Kim eine neue Ausfertigung seiner amtlichen Mittheilung vom 25. Juni übersandt und gebeten, ihm das erste Schreiben zurückzuschicken.

Das neue Schreiben ist vollständig gleichlautend mit dem ersten, bis an den Schluß, wo es von den Worten: „Aus diesem Anlaß richte ich an Sie usw. ...“

an, jetzt folgendermaßen lautet:

„Ich richte in dieser Angelegenheit Mittheilungen an alle fremden Vertreter mit der Bitte zu berichten und ersuche Sie nun, geehrter Herr Generalkonsul, von dem obigen Schreiben Kenntniß zu nehmen, den Inhalt in Erwägung zu ziehen und Ihrer hohen Regierung darüber Bericht zu erstatten, damit dieselbe nach Artikel 1 des Vertrages verfahre, in welchem es heißt:

Sollten zwischen Einem der vertragschließenden Theile und einer dritten Macht Streitigkeiten entstehen, so wird der andere vertragschließende Theil, auf ein diesfallsiges

Ersuchen, seine guten Dienste leihen und eine freundschaftliche Erledigung des Streites herbeizuführen suchen.

Schließlich bitte ich um eine geneigte Rückäußerung."

Söul den 27. Juni 1885. (gez.) Kim

Zembsch.

Betrifft: Amtliche Mittheilung des Koreanischen Auswärtigen Amtes über die Besetzung von Port Hamilton durch Engländer.

Anlage 1, 2 & 3 zusammengeheftet

Abschriften
der mit dem Königlich Koreanischen Auswärtigen Amte geführten Korrespondenz
betreffend
die Besetzung von Port Hamilton durch Engländer

Anlage 1

Abschrift

Brief des Präsidenten Kim Yun Sik
an den Kaiserlich deutschen Kommissar

Vertraulich

Söul, den 20. Mai 1885.

Gestern erhielt ich ein amtliches Schreiben von dem englischen Gesandten in Peking, in welchem gesagt wird, daß die Marine autorisirt worden sei, Hamilton provisorisch zu besetzen.

Dies ist ein ganz außergewöhnliches und durch das internationale Recht nicht gestattetes Vorgehen, von dem ich mit großer Bekümmerniß Kenntniß erhalten habe.

Was halten Sie geehrter Herr Vertreter von diesem englischen Vorgehen?

Mag die Insel auch noch so klein sein, so ist sie doch von großer Wichtigkeit und kann nicht leichthin verliehen werden.

Die mit uns durch Vertrag verbundenen Mächte werden sicher eine gerechte Ansicht hierüber haben und bitte ich, uns mit Rath und That kräftig zur Seite zu stehen, damit Gerechtigkeit geübt und die Souveränität Korea's gewahrt werde.

Das Auswärtiges Amt hat bereits bei dem englischen Konsul Verwahrung eingelegt, auch eine kurze Note an die englische Regierung und den englischen Gesandten in Peking gerichtet, welche wir den englischen Konsul gebeten haben, schleunigst telegraphisch zu übermitteln.

Wenn England von seinem Vorhaben absteht, so wird man sehen, daß es auf die freundschaftlichen Beziehungen Gewicht legt, andernfalls müßten wir Euere Excellenz und die Vertreter der anderen Mächte bitten um eine deutliche Belehrung, damit die Souveränität Koreas gewahrt werde.

Mit Empfehlungen verbleibe ich etc.

gez.) Der Präsident
Kim Yun Sik

Abschrift

Uebersetzung aus dem chinesischen Text
(in Söul angekommen wahrscheinlich am 19. Mai)

British Legation
Peking the 24th April 1885

I have the honor to inform Your Excellency confidentially that I have received a dispatch from my Government, in which it is stated that the naval authorities have been authorized, as a preventive measure, provisionally to occupy that small island to the south of Corea, called Hamilton in English.

I have been instructed to confidentially inform the Corean government concerning this measure.

I have etc.
(sd.) Eu (?)
H. B. M's Acting Envoy Extraordinary and Minister Plenipotentiary for Corea

To H. E. Kim
President of the Royal Corean
Foreign Office

Abschrift

Brief des Präsidenten Kim Yun Sik an den englischen Vizekonsul

Söul, den 20. Mai 1885.

Von der Küste war das Gerücht gekommen, daß Ihr geehrtes Land Absichten auf die Insel Chü Wen, alias Hamilton, habe. Diese Insel gehört zu Korea und andere Länder dürfen dieselbe nicht besetzen.

Das internationale Recht gestattet keineswegs ein solches Verfahren. Wir waren sehr bestürzt und beunruhigt, konnten aber nicht wohl die Sache zur Sprache bringen. Wir sandten daher vor einiger Zeit einen Beamten nach jener Insel um die Thatsache festzustellen; derselbe ist noch nicht zurückgekehrt.

Jetzt nun erhalten wir das von Euerer Excellenz gesandte Schreiben, welches von der Gesandtschaft in Peking ausgeht, und ersehen daraus, daß allerdings das frühere Gerede nicht grundlos war.

Wie konnten wir erwarten, daß Ihr geehrtes Land, welches die freundschaftlichen Beziehungen so schätzt und das öffentliches Recht so wohl kennt, in dieser außergewöhnlichen Weise vorgehen würde.

Dies ist eine arge Enttäuschung und erregt unser äußerstes Befremden.

Wenn Ihr geehrtes Land aus Rücksicht auf die freundschaftlichen Beziehungen von dem Vorhaben absteht und die Insel alsbald verläßt, so wird nicht nur unser Land sehr erfreut sein, sondern alle Nationen werden dies Vorgehen schätzen und anerkennen.

Andernfalls kann unser Land nicht müßig zusehen und wird auch die Angelegenheit den Vertragsmächten mittheilen müßen, damit sie dieselbe in gemeinsame Erwägung ziehen.

Da die Angelegenheit keine Verzögerung verträgt, so machen wir Eurer Excellenz zunächst diese Mittheilung und bitten um eine geneigte sofortige Beantwortung dieses Briefes.

Mit Empfehlungen etc.
gez.) Der Präsident
Kim Yun Sik

Abschrift

Konzept des Telegrammes Des Präsidenten Kim Yun Sik an den englischen
Gesandten in Peking

Soeben erhalte ich Euerer Excellenz vertrauliche Mittheilung betreffend provisorische
Besetzung des zu Korea gehörigen Hamilton.

Diese Insel ist ein sehr wichtiger Platz unseres Landes und können wir weder Ihrem
geehrten Lande die Besetzung desselben zugestehen.

Wir wünschen, daß Ihr geehrtes Land aus Rücksicht auf die freundschaftlichen
Beziehungen alsbald von dem obigen Vorhaben abstehe. Wir bitten dringlichst darum, und
machen vorläufig diese telegraphische Mittheilung und erwarten Rückäußerung.

Anlage 2

Abschrift

Soul, den 21. Mai 1885.

Vertraulich

Seiner Excellenz dem Präsidenten Kgl. des Koreanischen Auswärtigen Amtes
Herrn Kim Yun Sik

Gestern Abend habe ich ein halbamtliches Schreiben Euerer Excellenz zu erhalten die
Ehre gehabt, betreffend die Besetzung der Hamilton Inseln und des Hafens durch
englische Kriegsschiffe.

In diesem Schreiben fragen Euere Excellenz mich um meine Meinung und fragen um
meine Meinung und fragen um Rath.

Der Fall ist ein so außergewöhnlicher und war so wenig vorherzusehen, daß ich
natürlich keine Instruktionen für denselben von meinen hohen Vorgesetzten habe.

Was ich jetzt antworte bitte ich Euere Excellenz daher nur als meine persönliche
Meinung, die ich auf Ihr Verlangen ausspreche, anzusehen, nicht aber als eine Aeußerung,
welche ich im Namen oder im Auftrage meiner hohen Regierung mache.

Euere Excellenz haben ganz Recht wenn Sie sagen, daß die hohe koreanische
Regierung nicht ruhig zugeben könne, daß ein Theil von Korea von einer fremden Macht

besetzt werde.

Die hohe koreanische Regierung darf dies um so weniger thun, wenn zur Zeit die Gefahr eines kommenden Krieges zwischen zwei Korea befreundeten Mächten vorhanden ist, und wenn durch eine solche Erlaubniß der einen dieser Mächte ein Vortheil über die Andere eingeräumt wird.

Dies wäre gegen die Grundsätze der Neutralität, welche jeder Staat gegen die ihm befreundeten Regierungen zu beachten hat.

Daß die Besetzung der Hamilton Inseln in Folge von drohender Kriegsgefahr geschehen, scheint aus der Depesche des englischen Gesandten aus Peking an Euere Excellenz hervor zu gehen, worin der gedachte Schritt eine „Präventiv Maßregel" genannt wird.

Aber nicht nur die jenige Macht, gegen welche eine solche Präventiv Maßregel gerichtet ist, sondern auch alle andern Mächte, welche an dem Schicksal Koreas Interesse und mit Korea Freundschaftsverträge haben, besitzen ohne Zweifel guten Grund und das Recht über eine solche Besetzung eines Theiles von Korea ihre Unzufriedenheit auszusprechen und Schritte dagegen zu thun, wenn sie das für nöthig erachten.

Wenn Euere Excellenz mich um Rath fragen, was von der hohen koreanischen Regierung in dieser Sache zu thun sei, so antworte ich, daß der erste Schritt, meiner persönlichen Meinung nach, sein müßte, gegen die Besetzung der Inseln Verwahrung einzulegen bei derjenigen Regierung, welche diese Besetzung vornimmt und die Erlaubniß dazu nicht ertheilen.

Dies ist bereits geschehen wie Euere Excellenz mir mittheilen.

Sodann würde es sich vielleicht empfehlen, den anderen befreundeten Regierungen davon Mittheilung zu machen, daß die Besetzung gegen den Willen der hohen koreanischen Regierung erfolgt sei, damit die befreundeten Regierungen nicht glauben, die Besetzung sei im Einverständniß mit der hohen Koreanischen Regierung erfolgt.

Sobald Euere Excellenz mich amtlich über diese Angelegenheit benachrichtigen, werde ich nicht verfehlen, an meine hohe Regierung zu berichten.

Das kann aber nur schriftlich geschehen, da es nicht möglich sein würde, in den wenigen Worten einer telegraphischen Depesche den Sachverhalt so genügend klar zu legen, daß die hohe Regierung darauf hin entscheidend antworten könnte.

Ich habe im Uebrigen die Zuversicht, daß sich diese Angelegenheit zur Zufriedenheit der hohen koreanischen und aller mit derselben befreundeten Regierungen werde regeln und erledigen laßen.

Geheimigen Euere Excellenz die Versicherung meiner ausgezeichnetsten Hochachtung mit welcher ich die Ehre habe mich zu zeichnen als

Euerer Excellenz

Ganz ergebenster

gez.) Zembsch

Anlage 3
Abschrift

Schreiben des Präsidenten Kim Yun Sik an den Kaiserlich deutschen Kommissar

Söul, den 25. Juni 1885.

Der Präsident des Königlich Koreanischen Auswärtigen Amtes Kim beehrt sich die folgende Mittheilung zu machen.

Betreffend die Besetzung von Kö-mun-do (Port Hamilton) hat unsere Behörde an Sie geehrter Herr General-Konsul, bereits unter dem 20. Mai dss. Jhrs. Eine Anzeige gerichtet, die Sie bestätigt haben.

Gleichzeitig hat unsere hohe Regierung Herrn Om, einen Sekretär des Staatsrathes und Herrn Mok (von Möllendorff) einen Vize-Präsidenten des Auswärtigen Amtes nach der genannten Insel gesandt um Erkundigungen einzuholen.

Dieselben fanden in der That sechs englische Kriegsschiffe bei der Insel vor Anker und auf derselben wehte die englische Flagge.

Die beiden Beamten fanden es schwer, sich dies zu erklären und begaben sich weiter nach Nagasaki um den englischen Admiral zu sehen und ihn um Aufklärung zu ersuchen. Sie führten dies aus, sandten auch dem Admiral einen schriftlichen Protest, worauf dieser erwiderte, er habe bereits an seine Regierung telegraphirt und werde weitere Mittheilung machen, sobald die Antwort eingegangen sei.

Die abgesandten Beamten sind schon seit längerer Zeit zurückgekehrt und keine solche Mittheilung ist erfolgt. Am 19. dss. Mts. aber kam der englische Generalkonsul Herr Aston auf das Auswärtige Amt und äußerte, eine Mittheilung der englischen Regierung sei an die Gesandtschaft in Peking und durch diese hierher gelangt, nach welcher Port Hamilton nur vorübergehend besetzt und keine endgültige Maßnahme beabsichtigt sei.

Man wünsche lediglich am Lande ein Lager von Kohlen zu errichten und weiteres werde nicht bezweckt.

In Artikel 8 des englischen Vertrages heißt es: (die entsprechende Stelle lautet im englischen Originaltext Art. VIII № 3) Supplies of all kinds for the use of the British navy may be landed at the open ports of Corea and stored in the custody of a British officer . . . .

Nun gehören aber Kohlen zu den Vorräthen für Kriegsschiffe und dürfen nicht in einem nicht offenen Hafen gelagert werden.

Wenn zwischen anderen Ländern Schwierigkeiten entstehen, so muß Korea seine Neutralität wahren und kann nicht sein Land an irgend wen verleihen und eine zeitweilige Besetzung gestatten. Nach internationalem Recht ist ein solches Vorgehen durchaus unstatthaft.

* [Aus diesem Anlaß richte ich an Sie, geehrter Herr General-Konsul, dieses Schreiben mit der Bitte davon Kenntniß zu nehmen, den Inhalt in Erwägung zu ziehen und Ihrer hohen Regierung darüber zu berichten.]

Das unpartheiische Urtheil derselben über diese Angelegenheit bitte ich mir geneigtest mittheilen zu wollen.

Genehmigen Sie etc.

gez.) Der Präsident
Kim Yun Sik

* Die roth eingeklammerte Stelle („Aus diesem Anlaß . . . . mittheilen zu wollen.") ist nachträglich durch Note des Präsidenten Kim von 27. Juni abgeändert und dafür die Worte gesetzt, wie solche in dem Anschreiben zu diesen Anlagen, in der Nachschrift, angegeben.

Zembsch.

Bericht des Generalkonsul Zembsch über das Anrufen der guten Dienste der Vertragsmächte nach Art. 1 des Vertrages seitens Korea.

PAAA_RZ201-018940_056 ff.

Empfänger	Bismarck	Absender	Zembsch
A. 6926 pr. 24. August 1885. p. m.		Söul, den 29. Juni 1885.	
Memo	J. № 364.		

A. 6926 pr. 24. August 1885. p. m.

Söul, den 29. Juni 1885.

Lfde № 55.

Seiner Durchlaucht

dem Fürsten von Bismarck.

Euerer Durchlaucht

beehre ich mich in Anschluß an meine ganz gehorsamsten Berichte vom 25. und 27. dss. Mts. № 356 Lfde № 52 und im Verfolg meines Telegramms № 3, welches ich am heutigen Tage an das Kaiserliche Konsulat in Nagasaki zur Weiterbeförderung sandte, Nachstehendes ebenmäßig zu berichten:

Der Präsident des Auswärtigen Amtes kam am 20. Mai dss. Jhrs. zu mir, um darüber Auskunft zu erhalten, was die Koreanische Regierung gegen die Absicht der Englischen Regierung Port Hamilton zu besetzen, sowie gegen die etwaigen Folgen solchen Vorgehens der Engländer seitens anderer Mächte und die Verhütung ähnlicher Fälle in Zukunft thun könne

Ich gab ihm damals mündlich dieselbe Auskunft, wie sie in meiner Antwort an ihn vom 21. Mai dss. Jhs. enthalten ist und betonte wiederholt, daß ich ihm nur meine persönliche Ansicht, ohne Auftrag meiner hohen Regierung, und diese Ansicht auch nur ausspräche, weil er es von mir wünsche.

Bei der Besprechung der Lage eines schwachen Staates, der sich gegen die Uebergriffe seiner stärkeren Nachbarn und Freunde nicht allein schützen könne, äußerte er auch, er kenne die Stellung Belgiens in Europa und wünsche eine ähnliche Sicherung für Korea.

Herr von Möllendorff hat früher wiederholt den Gedanken einer Neutralisirung Koreas, in ähnlicher Weise, wie dies mit Belgien geschehen, in Anregung gebracht.

Das letzte amtliche Schreiben des Koreanischen Auswärtigen Amtes, in Betreff der

Frage wegen Port Hamilton, enthält einen direkten Vorschlag für Neutralisirung Koreas nicht, sondern erbittet nur die guten Dienste aller Vertragsmächte zur Schlichtung der streitigen Frage unter Anführung des Artikel 1 unseres Vertrages.

Ich glaube, daß die Koreanische Regierung absichtlich einen solchen direkten Vorschlag nur deshalb nicht gemacht hat, weil sie aus Rücksicht auf das bisherige Schutzverhältnis Chinas zu Korea nicht wünscht, daß die Anregung dazu von ihr ausgehe, daß es der Koreanischen Regierung aber sehr erwünscht sein würde, wenn durch die guten Dienste der Vertragsmächte bei der Erledigung der Port Hamilton Angelegenheit eine ähnliche Sicherung für Korea´s Zukunft erreicht würde, wie dies für Belgien geschehen, aber ohne daß dabei China durch den Anschein, als ob Korea sich von ihm losmachen wolle, verletzt würde.

Zembsch.

Betriff: Bericht des Generalkonsul Zembsch über das Anrufen der guten Dienste der Vertragsmächte nach Art. 1 des Vertrages seitens Korea.

Betreffend die Besetzung von Port Hamilton und die Legung eines Telegraphen „Kabels von dort nach Hongkong über die North-Saddles".

PAAA_RZ201-018940_060 ff.

Empfänger	Bismarck	Absender	Brandt
A. 6929 pr. 24. August 1885. p. m.		Peking den 25. Juni 1885.	
Memo	Mitg. D. 27. 8. nach Petersburg № 488 u. nach London № 360		

A. 6929 pr. 24. August 1885. p. m.

Peking den 25. Juni 1885.

A. № 140.

Seiner Durchlaucht
dem Fürsten von Bismarck.

Im Anschluß an meine früheren ganz gehorsamsten Berichte betreffend die Besitznahme von Port Hamilton durch das englische Geschwader, beehre Euerer Durchlaucht ich mich ebenmäßig zu melden, daß nach einer Mittheilung des Tsungli Yamen die Königlich Großbritannische Regierung, auf in London durch den Marquis Tseng gemachte Vorstellungen, welche indessen nicht die Form eines Protests gehabt hätten, sich allerdings nicht deutlich ausgesprochen, aber erklärt habe daß die Besetzung der Insel-Gruppe nur eine zeitweilige und vorübergehende und keine Annexion sei.

Ueber eine Besitzergreifung der Russen in Korea wisse das Yamen auch nur, was ihm gerüchtweise zugegangen sei. Da die Nachricht bis jetzt keine Bestätigung gefunden, glaube ich annehmen zu können, daß dieselbe nicht begründet ist.

Die Landung des Telegraphen-Kabels auf einer der North Saddles Inseln sei nach vorheriger Anfrage der englischen Regierung bei der chinesischen erfolgt. Die letztere habe schon vor einer Reihe von Jahren den Engländern erlaubt, ein Kabel auf einer nahe bei Wusung gelegenen Insel, Yang tze chiao, zu landen, wovon dieselben indessen keinen Gebrauch gemacht gehabt hätten. Kürzlich hätten die Engländer um diese Erlaubnis für die Saddle-Inseln gebeten und sie sei ihnen auch ertheilt worden, da die Sache ja ohne jede Bedeutung sei und der Telegraphendraht, der über so viele Meilen Meeresgrund, welche zum chinesischen Reich gehörten, hingehe, auch einmal über eine chinesische gänzlich wüste und unbewohnte Insel führen könne. Die Engländer hätten übrigens nicht gesagt, daß der Telegraph von Port Hamilton nach den Saddles führen sollte, sondern nur von einer telegraphischen Verbindung mit Honkong gesprochen.

Brandt.

Inhalt: Betreffend die Besetzung von Port Hamilton und die Legung eines Telegraphen „Kabels von dort nach Hongkong über die North-Saddles".

Berlin, den 26. August 1885.

I Ang.

A. 6923.

An

Tit. Herrn Budler

Soul

A. № 4.

Ew. ersuche ich ergebenst, von dem anl. Erlaß Abschrift für die dortigen Acten zu nehmen, und das Schriftstück selbst sodann an Herrn tit. Zembsch, Havana gelangen zu lassen.

N.S.E

L 25. 8.

s. Erlaß an G.C. Zembsch

H.G.K. Zembsch ist in

Söul

J. № 3893.

2. Ang.

Berlin, den 26. August 1885.   A. 6923.

An

tit. General Consul Zembsch

Kor Soul

A. № 3

Als Einlage zu dem Erlaß an

Herrn Budler

J. № 3892.

In dem gef. Berichte d.d. Soul den 26. Juni überreichten Ew. tit. eine Reihe von Schriftstücke auf die Besetzung Port Hamiltons durch die Engländer bezüglich, darunter Abschrift eines Schreibens, welches sie am 21. Mai an den Präsidenten des Koreanischen Ausw. Amts gerichtet haben, und aus dem ich nachfolgende Stelle hervorhebe:

„Ew. Excellenz haben ganz recht, wenn sie sagen, daß die koreanische Regierung nicht ruhig zugeben könne, daß ein Theil von Korea von einer fremden Macht besetzt werde" +[5].

Ew. Bemerkung in dem betreffenden Schreiben, daß in Obigem nur Ihre eigene persönliche im dienstlichen Interesse mit der Äußerung Ihrer persönlichen Meinung zurückhaltender zu sein u. von Meinung ausgesprochen werden solle, doch wird +[6] die Koreanische Regierung die ebensowenig wie irgend eine andere in einem [sic.] des bei ihr annoncirten Kaiserl. Vertreters ohne Zweifel eine andere Bedeutung beigelegt haben, als den Mittheilungen einer Privatperson. (bitte den ganzen Abschnitt überprüfen., hier scheint etwas zu fehlen.)

Ich ersuche sie deshalb erg. in Zukunft von der Angabe schriftlicher Meinungsäußerungen an eine Regierung - insofern sie dazu nicht beauftragt worden sind - Abstand zu nehmen, um damit unliebsamen Mißverständnißen vorzubeugen, zu denen eine Benutzung der Schriftstücke Veranlassung geben könnte.

N. S. E.

L. 26. 8.

---

5   [Randbemerkung] eine solche Äußerung, welche bei Ihrer amtlichen Eigenschaft nur als eine Kritik oder eine unerwünschte Parteinahme ausgelegt werden kann, ist unzuläßig.

6   [Randbemerkung] ist ohne Bedeutung, denn

Betreffend die Besetzung von Port Hamilton und die Zustände in Corea.

PAAA_RZ201-018940_066 ff.

Empfänger	Bismarck	Absender	Brandt
A. 7006 pr. 26. August 1885. a. m.		Peking, den 10. Juli 1885.	
Memo	mitg. n. Petersburg 496 d. 30. 8.		

A. 7006 pr. 26. August 1885. a. m.

Peking, den 10. Juli 1885.

A. № 156.

Vertraulich

Seiner Durchlaucht
Dem Fürsten von Bismarck.

Euerer Durchlaucht beehre ich mich in Anschluß an meine ganz gehorsamsten früheren Berichte, die Besetzung von Port Hamilton betreffend, zu melden, daß die namentlich auch von den Times-Correspondenten in China eifrig kolportirte Nachricht von einem über diese Frage zwischen England und China erzielten Einverständniß die chinesische Regierung sehr verstimmt zu haben scheint. Wenigstens hat der Minister des Yamen Liao-shou-h´eng am 8. dieses Monats dem Dolmetscher Arendt mitgetheilt, daß es allerdings richtig sei, daß der Marquis Tseng ohne Auftrag in London sich dahin geäußert habe, daß China nichts gegen diese Besetzung einwende. Das Yamen habe ihm aber bereits seine Mißbilligung dieses seines Schrittes zu erkennen gegeben und ihn angewiesen, er möge es in Zukunft unterlassen, vertrauliche Erklärungen im Namen der chinesischen Regierung abzugeben.

Es scheint mir kaum zweifelhaft, daß das Yamen dem Marquis Tseng gegenüber die Frage als eine bezeichnet hatte, welche der Chinesischen Regierung gleichgültig sei und wegen welcher sie sich nicht mit England überwerfen wolle, und daß der Marquis Tseng dann in London eine Indiskretion begangen hat, die ihm hier sehr übel gedeutet worden ist.

Außerdem theilte der Minister mit, daß die Evakuation Korea´s seitens der chinesischen Truppen bereits begonnen habe und den Bestimmungen der Vereinbarung mit Japan entsprechend am 19. August vollendet sein werde.

Von einem angeblich in der letzten Zeit abgeschlossenen Vertrage zwischen Rußland und Corea, durch welchen ersteres die Integrität Korea´s garantirt habe, respective die für die Ausbildung der in Aussicht genommen Gendarmen nothwendigen Offiziere stellen werde, behauptete der Minister keine Kenntniß zu haben.

Ich beehre mich noch ganz gehorsamst hinzuzufügen, daß nach einer Mittheilung des Englischen Geschäftsträgers der in Korea angestellte Herr von Möllendorff entlassen worden sein soll. Die Richtigkeit dieser Angabe habe ich indessen bis jetzt nicht feststellen könne.

Brandt.

Inhalt: Betreffend die Besetzung von Port Hamilton und die Zustände in Corea.

Berlin, den 27. August 1885.

A. 6929.

An die Missionen in:

Vertraulich

Sicher

Petersburg № 488

London № 360

J. № 3919.

Euer pp. Beehre ich mich anbei Abschrift eines Berichts des K. K. Gesandten in Peking vom 25. 6. Betreffend die Besitznahme von Port Hamilton zur gefl. pesönlichen Information zu übersenden.

eventl. zu machende Zusätze :

entweder a, Zugleich sind Euer p. Ermächtigt, den Inhalt nach Ihrem Ermessen zu verwerthen.

N. S. E.

i. m.

L. 27. 7.

Englische Preßmanöver in Ostasien.

PAAA_RZ201-018940_071 ff			
Empfänger	Bismarck	Absender	Dönhoff
A. 7083 pr. 28. August 1885. p. m.		Tokio, den 28. Juli 1885.	
Memo	mitg. d. 31. 8. n. Petersburg 501, n. London 371		

A. 7083 pr. 28. August 1885. p. m. 1 Anl.

Tokio, den 28. Juli 1885.

A. № 39.

Vertraulich

Seiner Durchlaucht

dem Fürsten von Bismarck.

Englischer Seits ist eine Unterhaltung, die im Laufe des vergangenen Monats zwischen dem König von Korea und dem damals in Seoul anwesenden russischen Legations-Sekretär von Speyer stattgefunden hat, und deren Gegenstand nicht in die Öffentlichkeit gedrungen war, dazu benutzt worden, um weitgehende Versuche zu machen, dem sehr üblen Eindrucke, den die Besetzung Port Hamilton's hier gemacht hatte, durch die hiesigen und in China erscheinenden englischen Organe eine andere Färbung zu geben.

Fast täglich erschienen Telegramme und Korrespondenzen, die entweder die Besetzung der Insel Quelpart durch die Russen, oder die beabsichtigte Besitzergreifung der japanischen Insel Tsuschima, oder den Abschluß eines Protektorats-Bündnisses zwischen Rußland und Korea meldeten. Die öffentliche Meinung wurde in dieser Weise langsam aber sicher gegen Rußland bearbeitet und in Regierungskreisen sogar der Glaube erzeugt und genährt, daß zwischen dem hiesigen Russischen Gesandten und Herrn von Möllendorff, den alle englischen Blätter nicht aufhören in der gewöhnlichsten Weise mit Schmutz zu bewerfen, ein Abkommen irgend einer Art während der Anwesenheit des Letzteren hier abgeschlossen worden sei.

Als die mit Extrablatt gebrachte Nachricht eines Aufstandes in Seoul und des Einmarsches russischer Truppen in Korea verbreitet wurde, glaubte mein russischer Kollege den Augenblick gekommen, dem Grafen Inouye eine mündliche Erklärung machen zu sollen, die dahin ging, daß weder er noch ein Anderer ein Abkommen irgend einer Art mit Korea abgeschlossen habe, daß die Russische Regierung nichts besetzt habe und auch keine Truppen in Korea einmarschirt seien, daß daher alle derartigen Nachrichten der englischen Blätter tendenziöse Erfindungen seien.

Graf Inouye, den ich kurz darauf sah, war sichtlich frappiert über die Einmüthigkeit mit der die ganze englische Presse Ostasiens dieselben falschen Nachrichten zur selben Zeit publizirt hatten; er war so freundlich, mir ganz vertraulich den Bericht des japanischen Geschäftsträgers in Seoul über die Unterhaltung des Königs mit Herrn von Speyer mitzutheilen, den ich nicht verfehle in deutscher Uebersetzung ganz gehorsamst beizufügen. Herr von Möllendorff sprach mir bei seiner hiesigen Anwesenheit von der Absicht fremde Offiziere für die Organisation der koreanischen Armen zu engagiren, hat aber nie hervorgehoben, daß es engagiren, hat aber nie hervorgehoben, daß es russische sein sollten, während er betonte, daß ihm die amerikanischen, die der damalige amerikanische Gesandte Toole dem König aufdringen wollte, durchaus nicht geeignet scheinen.

Da die englische Presse ganz besonders die Protektion, die Herr von Möllendorff den Deutschen und dem deutschen Handel in Korea schenken soll, auf das heftigste angreift und verurtheilt, scheint mir nach meiner unmaßgeblichen Ansicht auch die entschiedene Absicht vorzuliegen, denselben vor Allem in Korea zu verdächtigen, unmöglich zu machen und zu beseitigen.

Dönhoff.

Inhalt: Englische Preßmanöver in Ostasien. 1 Anlage.

Uebersetzung

Abschrift

Am 22. Juni hat der russische Legations-Sekretär Speyer bei Gelegenheit einer Audienz mit dem König von Korea folgendes Zwiegespräch geführt.

Speyer: Die russische Regierung, um ihre freundlichen Gesinnungen zu bezeigen, sendet Offiziere zur Instruktion und zum Schutze.

König: Es ist bereits das Engagement von Amerikanern beschlossen und auch brieflich um Beschleunigung gebeten, hierüber sind drei Monate verflossen; es kann dies ohne den Vorwurf der Unaufrichtigkeit nicht rückgängig gemacht werden.

Speyer: Nachdem mit uns schon abgeschlossen war, warum ist in Erfüllung dieser Abmachung nach dorthin nicht abgesagt worden?

König: Mir ist von einer solchen Abmachung nichts bekannt; wer hat dieselbe unternommen?

Speyer: Her Möllendorff hat ein diesbezügliches Schreiben an unsere Regierung gerichtet.

König: Da mir hierüber nichts bekannt ist, so bitte ich, mir das an Ihre Regierung abgegangene Schreiben vorzulegen.

Speyer: Sehr wohl.

König: Wenn Sie noch Weiteres zu sagen haben, bitte ich, sich an den Chef des Auswärtigen Ministerium zu wenden.

An demselben Tage sah der Chef des Auswärtigen Ministerium, Kin-in-shoku, Möllendorff und sagte, daß diese Angelegenheit von ihm ausgegangen sei und er die Schuld an der heutigen unangenehmen Verwickelung trage, er möge sich zu dem Legations-Sekretär begeben und mit ihm weiter verhandeln.

Möllendorff erwiderte darauf, daß er Rußland gegenüber nur geäußert habe, wie er erfreut sein würde, wenn nach dem Zurückziehen der Truppen beider Länder (China und Japan) dessen Offiziere zur Instruktion etc. kommen würden u. s. w., darauf sei ihm erwidert, daß dies höchst vortheilhaft erscheine u. s. w., dies sei der Ursprung der gegenwärtigen Lage. Würde er nun zu dem Legations-Sekretär gehen und ihm das soeben Gesagte wiederholen, so müsse letzterer darüber ungehalten sein. Kin entgegnete, daß ihm dies gleichgültig sei, da er von der ganzen Sache keine Kenntniß erhalten habe und er sich deshalb direkt mit dem Legrations-Sekretär ins Einvernehmen setzen möge.

Übersetzt von Zansen v. d. Osten.

Dolmetscher-Eleve.

Berlin, den 30. August 1885.   A. 7006.

An

die Missionen in:

vertraulich

Sicher!

Petersburg № 496

J. № 3975.

Euer p. beehre ich mich anbei Abschrift eines
Berichts des K. Gesandten in Peking vom 10. 6.
betreffend die Besetzung von Port Hamilton zur
gefl. persönlichen Information zu übersenden.

Eventl. zu machende Zusätze:

Entweder a, Zugleich sind Euer p. ermächtigt,
den Inhalt nach Ihrem Ermessen zu verwerthen.

N. S. E.

i. m.

L 30. 8.

Berlin, den 31. August 1885.   A. 7083.

An

Die Missionen in:

vertraulich

Sicher!

Petersburg № 501

London № 371

J. № 3990.

Euer p. beehre ich mich anbei Abschrift eines
Berichts des K. Gesandten in Tokio vom 20. d.
Mts., betreffend englische Pressemanöver in
Ostasien zur gefl. persönlichen Information zu
übersenden.

N. S. E.

L 29. 8.

PAAA_RZ201-018940_080

Empfänger	[o. A.]	Absender	[o. A.]
[o. A.]		[o. A.]	

Z d A Betr. Port Hamilton
Br 1. 9.

Times

H. August.

"From a correspondent"

When, therefore, the Government of Mr. Gladstone fond itself tottering on the verge of war, when the famous book of Penjdeh was still open, and the various forces were being collected for what threatened to be s stupendous struggle, taxing all the resources of the combatants, and when Lord Granville looked around him for possible allies in the contest which appeared inevitable, it is not surprising that he entered into communication with China. Nor, after the explanations here give, will it appear surprising that the Chinese Government should have received Sir Harry Parkes's first advances with great warmth. The death of our Minister to Peking only delayed for a short time the progress of the understanding which has now been completed. The term alliance is liable to misapprehension; China and Great Britain have no designs upon their neighbours; they live constantly face to face with great dangers from a common source, and they have arrived at the conclusion that theses will be best averted, or best met, should they come, by common action and a mutual understanding. Such an arrangement has been concluded between the two countries. It is understood that the occurrence of certain specified contingencies will be followed by united action on their part; and the existence of this agreement is regarded by them as the best pledge that it will never be called into action. It is difficult to say whether the Chinese look beyond the preservation of peace and the restriction of Russia to her present frontiers. The wrenching from China of the rich districts to the east of the Amoor lying between the Ussuri and the sea is too recent not to have left scar behind, and in their heart of hearts they may look forward to a chance of recovering what they lost in the hour of their direst need.

There is no reason to believe that the occupation by the British naval forces of Port

Hamilton, in the Corean Archipelago, had anything to do with the communications then passing in Peking. This occupation is, beyond doubt, intended to be permanent. All the entrances to the harbour, except one, have been blocked to navigation; forts have been erected and other measures of defence have been adopted. A considerable force of marines recently left Hongkong to garrison the place, which may now be definitely accepted as the latest addition to the empire of the Queen. The attitude of the Chinese towards this step, which was originally taken without their knowledge or concurrence, is understood to be one of benevolent neutrality. Had it been possible they would much prefer that European powers, Great Britain included, kept their hands off territory adjoining their own. But they know that the English Government has for 15 years past steadily resisted the urgent demands of its officials in the East for the occupation of the island; they know also that had the step been delayed or a month the Russians would have occupied it, and that there was actually a kind of race between the vessels of the two Powers which should get there soonest. When, therefore, they were asked whether, if England withdraw, they would guarantee that no other Power should occupy any position on the Corean coast, they were forced to acknowledge that they could not hope to make such a guarantee effectual. They would prefer the island to be left in its original state of isolation; but, as they cannot secure this, if it is to be occupied at all they prefer seeing Great Britain there. This is the position which the Empress and Prince Chün have taken up with regard to this question.

[   ]

PAAA_RZ201-018940_081 f.

Empfänger	[o. A.]	Absender	Bismarck
A. 7670 pr. 12. September 1885. p. m.		Berlin, den 12. September 1885.	

Abschrift

A. 7670 pr. 12. September 1885. p. m.

Berlin, den 12. September 1885.

Der Japanische Gesandte Herr Aoki besuchte mich vor einigen Tagen und sprach mir Besorgnisse wegen der Zukunft von Korea aus. Er sagte seine Regierung hätte die Befürchtung, daß England trotz gegentheiliger Versicherungen Port Hamilton nicht wieder räumen und daß die Folge hiervon ein russischer Vorstoß auf Korea sein würde.

pp.

Was die politische Seite der Frage betrifft, so äußerte ich, daß man von vorneherein eine von Seiten Englands gegebene Zusage doch nicht in Zweifel ziehen könnte. Ferner machte ich darauf aufmerksam, daß China mit großer Eifersucht über der Unabhängigkeit Koreas wache und sich jedenfalls gegen diejenige Macht erklären würde, welche etwa versuchen wollte, sich Korea's zu bemächtigen. Dies schiene mir die beste Garantie für die Aufrechterhaltung des status quo.

pp.

(gez.) Graf Bismarck.

Orig. i. a. Korea 3.

[   ]

PAAA_RZ201-018940_083

Empfänger	[o. A.]	Absender	[o. A.]
[o. A.]		[o. A.] den 10. October [o. A.]	

Br 3. 10.

Petersburger Zeitung
10. October.

Wie die Engländer in Port Hamilton sich eingerichtet haben, darüber erfahren wir Einiges aus der Zeitung „Wladiwostok". Wie das Blatt nämlich meldet, lief der russische Dampfer „Wladiwostok" am 27. April d. J. Port Hamilton an, um Wasser einzunehmen. Die Engländer hatten augenscheinlich die Absicht, den russischen Dampfer vom Einlaufen in den inneren Hafen zurückzuhalten, versuchten dies aber dadurch zu maskiren, daß sie sich mit großer Zuvorkommenheit erboten, das gewünschte Wasserquantum selbst vom Ufer aus an Bord des „Wladiwostok" zu bringen; direkt thaten sie indeß nichts, um eine Umschau zu verhindern. Im Hafen lagen zu der Zeit vier Kanonenboote und ein Handelsdampfer mit Vorräthen. Wie zu sehen, sind die Engländer energisch mit der Befestigung des Hafens beschäftigt; sie bauen zwei Batterien - eine auf der nördlichen Seite der Rhede und die andere in der Mitte auf einem kleinen Inselchen. Am Ufer sind englische Flaggen aufgezogen; an einigen Punkten waren Wachposten aufgestellt und dorthin wurde Niemand von der Bemannung des „Wladiwostok" zugelassen, unter dem Vorwande, daß dort Pockenkranke lägen. Außerdem machte man unseren Dampfer darauf aufmerksam, er möge sich auf der Rhede nicht sonderlich bewegen, denn dort sei eine Sandbank entstanden, die nur 6 Fuß Wasser habe. In jedem Falle ist so viel klar erwiesen, daß bereits zu jener Zeit, als man die Okkupation von Port Hamilton noch in Abrede stellte, dasselbe bereits thatsächlich von den Engländern besetzt war.

PAAA_RZ201-018940_084			
Empfänger	[o. A.]	Absender	[o. A.]
[o. A.]		[o. A.] den 18. October [o. A.]	

Z d A. Port Hamilton
Br 20. 10.

18. October

Petersburger Zeitung

Die Insel Port Hamilton am Südende Koreas, welche bekanntlich von den Engländern vor einiger Zeit besetzt worden ist, da sie durch ihre Lage am Eingange des ostchinesischen wie des japanischen Meeres strategisch große Bedeutung hat, soll, wie die „Pall Mall Gazette" schreibt, nunmehr in ein Malta Nordchinas verwandelt werden.

Eine große Anzahl von Arbeitern aus Korea und Japan arbeitet an der Herstellung von Militärstraßen, eines Landungsplatzes und eines Dammes. Zwei von den drei Hafeneingängen sind für die Schifffahrt versperrt, während in den dritten Torpedos gelegt sind. Die Matrosen und Marinesoldaten der Garnison leben unter Zelten und drei oder vier Schiffe sind während des Fortganges der Arbeiten permanent im Hafen stationirt, welcher von dem Admiral Durell an Bord des „Agamemnon" oder des „Andacious", zweien der stärksten Panzerschiffe der chinesischen Eskadre, beständig besucht wird. Ein Unternehmer aus Hongkong hat für Rechnung der englischen Regierung eine Ortschaft aus praktisch konstruirten Häusern gebaut, welche von Hongkong direkt dahin transportirt wurden und den Kern einer Niederlassung bilden werden. Es wird noch keinem Passagier oder Reisenden gestattet, in Port Hamilton zu landen; auch einigen spekulativen Kaufleuten, welche Zweig-Etablissements auf der Insel errichten wollten, wurde die Erlaubnis dazu verweigert. Eingeborene, die sich ein Vergehen zuschulden kommen lassen, werden von den britischen Behörden mit Zustimmung der koreanischen Beamten abgeurtheilt, welche noch immer auf der Insel residiren. Eine starke Garnison ist von Hongkong detachirt worden; auch Geschütze von schwerem Kaliber für die Befestigungswerke werden von demselben Orte nach Port Hamilton transportirt.

Betreffend Erklärungen des koreanischen Gesandten über die Beziehungen zwischen Korea und Russland einerseits und England andererseits.

PAAA_RZ201-018940_085 f.			
Empfänger	Bismarck	Absender	Brandt
A. 10634 pr. 23. November 1885. a. m.		Peking, den 3. October 1885.	
Memo	mitg. n. Petersburg 749 u. London 593 v. 26. 11.		

A. 10634 pr. 23. November 1885. a. m.

Peking, den 3. October 1885.

A. № 211.

Seiner Durchlaucht

dem Fürsten von Bismarck.

Euerer Durchlaucht beehre ich mich ganz gehorsamst zu berichten, daß der als Ueberbringer der Bitte des Königs von Korea um Freilassung seines Vaters hier vor einiger Zeit eingetroffene Koreanische Gesandte Minchung-mo mich aufgesucht hat und ich wiederholt Gelegenheit gehabt habe ihn und seine beiden Mitgesandten Chao ping-shih und Chin shih-che zu sehn.

Als Ergebnis der unter sehr großen Schwierigkeiten, theils durch einen des Chinesischen nur unvollkommen mächtigen Koreaner theils schriftlich geführten Unterhaltungen, bei denen sich die Koreaner sehr zurückhaltend zeigten, kann ich nur anführen, daß bis zur Zeit der Abreise des Gesandten von Korea, das heisst, bis vor ungefähr zwei Monaten, die russische Regierung keine Schritte behufs Ueberlassung eines Stück coreanischen Gebiets an sie gethan und die britische Vertretung in Seul wiederholt erklärt haben soll, daß die Besetzung Port Hamiltons nur eine zeitweilige Maßregel sei und England die Insel wieder an Korea zurückgeben würde.

Brandt.

Inhalt: Betreffend Erklärungen des koreanischen Gesandten über die Beziehungen zwischen Korea und Russland einerseits und England andererseits.

Auswärtiges Amt
Ad A. 10634

Herr von Brandt berichtet, der koreanische Gesandte habe ihm mitgeteilt, die Besetzung Port Hamiltons sei nur eine zeitweilige Maßregel, und England werde die Inseln wieder an Korea zurückgeben

Es wird gef. angefragt, ob dieß, im Anschluß an die Vorgänge, nach London und Petersburg mitgetheilt werden soll.[7]

L 29. 11.

---

7 [Randbemerkung] *Ja*

Berlin, den 26. November 1885.   A. 10634.

An   Euer p. beehre ich mich anbei Abschrift eines
die Missionen in: Berichts des K. Gesandten in Peking vom 5. v.
vertraulich   M. betreffend Erklärungen des koreanischen
Sicher!   Gesandten über die Beziehungen seines Landes
                                          zu Russland und England zur gefl. persönlichen
Petersburg № 749   Information zu übersenden.
London № 593   N. S. U.
                                                       i. m.
                                                      L 26. 11.

J. № 5922.

PAAA_RZ201-018940_090			
Empfänger	Auswärtiges Amt in Berlin	Absender	Budler
A. 11595 pr. 15. Dezember 1885. a. m.		Söul, den 14. Dezember 1885.	
Memo	s. Erl. n. Petersburg		

A. 11595 pr. 15. Dezember 1885. a. m.

Telegramm.

Söul, den 14. Dezember 1885.　11 Uhr 38 Min. n.
Ankunft 15. 12.　4 Uhr 30 Min.

Der K. Vice-Konsul an Auswärtiges Amt.

Entzifferung.

№ 6.[8]

Koreanische Regierung ersucht Rest Insel zurückzugeben.

Budler.

Nach Anzeige der Telegraphenstation hat das am 15. d. M. hier eingegangene Telegramm aus Söul die Nummer: 6
Chiffre.Bureau 19. 12. 85.

8　die Zahl ist falsch gekommen, die Gruppe giebt durch Umstellung einer Zahl: „die englische Regierung"

Berlin, den 16. December 1885.   A. 11595.

An
tit. Herrn von Schweinitz

St. Petersburg
№ 827

J. № 6465.

Nach einem Telegramm des Kaiserl. Konsulats in
Söul vom 14. d. M. wird die englische Regierung
von der Koreanischen ersucht, Port Hamilton, von
dem England bekanntlich Besitz ergriffen hatte,
an Korea zurückzugeben. Vorstehendes
zu Ew. tit. vertrl. Information.
N. S. U.
L 19. 12.

PAAA_RZ201-018940_093

Empfänger	[o. A.]	Absender	[o. A.]
A. 509 pr. 12. Januar 1886. a. m.		den 12. Januar 1886.	

A. 509 pr. 12. Januar 1886. a. m.

Die Post

v. 12. 1. 86.

№ 11. (Beilage)

Englands neueste Flottenstation.

Durch die Besitzergreifung von Port Hamilton hat England die Reihe seiner befestigten Posten bis zum fernsten Osten vorgeschoben. Wenngleich bei dem kürzlich zwischen Rußland und England drohenden Konflikt viel von diesem Hafen die Rede war, so hat doch die eigentliche Okkupation sich verhältnißmäßig stillschweigend vollzogen, und ist kaum zur allgemeinen Kenntniß gekommen, was um so mehr zu verwundern ist, als der Besitz für England sowohl in strategischer als auch kommerzieller Beziehung von hervorragender Bedeutung zu werden verspricht. Bereits der frühere englische Gesandte in China, Sir Harry Parkes, lenkte die Aufmerksamkeit seiner Regierung auf diesen Punkt, doch erfolgten vorläufig keine weiteren Schritte, als daß gelegentlich ein Kanonenboot dorthin gesandt wurde, um freundschaftliche Beziehungen mit den Eingeborenen anzuknüpfen. 1845 wurde der Hafen von englischen Seeoffizieren vermessen und bildete seit dieser Zeit viele Jahre hindurch eine sichere und bequeme Zufluchtsstätte für die in Ostasien stationirten englischen Kriegsschiffe bei ihren nördlichen Kreuzfahrten. Seitdem Wladiwostok das Sebastopol des Ostens geworden ist und im Kriegsfalle als Ausgangspunkt für russische Kriegsschiffe den englischen Handel, die englischen Kolonien und die englische Herrschaft im Osten bedroht, ist die Frage für England, dieser Gefahr durch Gewinnung eines geeigneten Stützpunktes zu begegnen, brennender geworden. Durch den im letzten Frühjahr mit Rußland drohenden Konflikt wurde die Okkupation von Port Hamilton beschleunigt. Während bereits Verhandlungen mit der Koreanischen Regierung wegen Abtretung des Platzes im Gange waren, veranlaßte das plötzlich Erscheinen von russischen Kriegsschiffen in Port Hamilton das sofortige Heißen der englischen Flagge daselbst. Die Verhandlungen mit Korea wurden fortgesetzt und der Hafen ging käuflich in englische Hände über.

Durch seine Lage und Beschaffenheit bildet Port Hamilton für England einen wichtigen strategischen Operations- und Stützpunkt. In der Korea-Straße zwischen der gleichnamigen Halbinsel und Kiusin gelegen, ist es der Schlüsselpunkt zum japanischen und Gelben Meere, und zur Beherrschung dieser Gewässer und der Küste des nördlichen Chinas wohl geeignet. Nur 600 Seemeilen, also per Dampfer ca. 3 Lagereisen, von der russischen Grenze und Wladiwostock entfernt, ist es eine bequeme Basis für Operationen gegen die russische Ostküste, zur Blockirung von Wladiwostock und zur Ueberwachung der russischen Kriegsschiffe. Von Hongkong, der nächsten englischen Station an der chinesischen Küste, aus ist dies wegen der zu großen Entfernung kaum möglich.

Die kommerzielle Bedeutung des Platzes wird von der Erschließung Koreas abhängig sein, und mit der Entwickelung dieses Landes wachsen. Der durch 2 Inseln gebildete Hafen bietet Raum und Wasser genug zur Aufnahme einer bedeutenden Anzahl von großen Schiffen, und gewährt denselben, durch die hohen Inseln von allen Seiten gegen See und Wind geschützt, einen sichern Ankerplatz. Von den 3 Einfahrten ist die nördliche für große Schiffe überhaupt nicht passirbar; der südliche Eingang wird durch eine in demselben liegende Insel in 2 Arme getheilt, die für große Kriegsschiffe zugänglich, sich aber einestheils bei ihrer geringen Breite, anderentheils Dank der in denselben liegenden Untiefen für feindliche Schiffe leicht sperren lassen. Durch Anbringung von Forts auf der Insel in der Einfahrt und zu beiden Seiten der letzteren läßt sich der Hafen gegen feindliche Angriffe vollkommen sichern. Die auf den Inseln gelegenen 5-6 Dörfer zählen ca. 2000 Einwohner, die von Ackerbau und Fischfang leben; Viehzucht wird nicht getrieben, eine Verproviantirung aus dem naheliegenden China, Japan und Korea dürfte aber nicht schwer halten. Für die Versorgung mit Korea liegt Port Hamilton sehr günstig nur eine Tagesreise von dem Hauptkohlenlager Japans, Takosima, entfernt. Die klimatischen Verhältnisse sind sehr gute, und mit denen Madeiras zu vergleichen. An der Herstellung der nöthigen Hafen anlagen wird bereits rüstig gearbeitet; eine englische Garnison ist daselbst etablirt und einige Kriegsschiffe sind im Hafen stationirt; japanische und koreanische Arbeiter sind zur Anlage von Hafen-, Garnisonbauten und Befestigungen herangezogen.

[   ]

PAAA_RZ201-018940_094 ff.

Empfänger	Bismarck	Absender	Budler
A. 2486 pr. 20. Februar 1886. p. m.		Söul, den 21. Dezember 1885.	

Duplikat.

A. 2486 pr. 20. Februar 1886. p. m.

Söul, den 21. Dezember 1885.

Ⅱ 3062

Seiner Durchlaucht, dem Fürsten von Bismarck.

Euerer Durchlaucht beehre ich mich den folgenden allgemeinen Bericht über die hiesigen Verhältnisse ganz gehorsamst zu erstatten.

Daß die koreanische Regierung die englische Regierung ersucht hat, die Inseln von Port Hamilton nunmehr zurückzugeben, scheint außer Zweifel gestellt zu sein. Indeß soll der Anlaß dazu, nicht wie es zuerst hieß, durch russische Forderungen gegeben worden sein, sondern China soll in vertraulicher Weise einen entsprechenden Rath ertheilt haben. Es wird mir hierüber von koreanischer Seite das Folgende berichtet: China habe seiner Zeit aus Rücksicht gegen England auf die koreanische Regierung eingewirkt und sie bestimmt, die vorübergehende Besetzung von Port Hamilton zu gestatten. Nun habe man aber in Erfahrung gebracht, daß die Engländer alle Anstalten träfen, um sich dauernd auf den Inseln festzusetzen und daß beabsichtigt werde, aus dieser neuen Besitzung ein zweites Hong-Kong zu machen.

Der hiesige englische Vertreter soll dem koreanischen Auswärtigen Amte erwidert haben, eine Antwort seiner Regierung könne vor Ablauf mehrerer Wochen nicht wohl eintreffen.

Bemerkt ist hier worden, daß von Seiten englischer Beamten und Offiziere in letzter Zeit mehrfach Aeußerungen gemacht worden sind, die den Werth der Insel als sehr gering hinstellten.

Der russische Vertreter scheint bis jetzt in keinerlei Verhandlungen mit der koreanischen Regierung eingetreten zu sein. Derselbe war sehr beschäftigt sein einstweiliges Wohnhaus für den Winter einzurichten und arbeitet nun viel an dem Plane für das neu zu errichtende Gesandtschaftsgebäude, für dessen Herstellung sehr ansehnliche Mittel bewiligt sein sollen.

In der jüngsten Zeit sind die Regierung und die Bevölkerung wiederum in große

Besorgniß versetzt worden, weil es hieß, Kim Ok-kun, das Haupt der Aufrührer des vorigen Jahres, sei von Japanern unterstützt im Begriff nach Korea zurückzukehren um an seinen Feinden Rache zu nehmen. Die Nachricht, daß der genannte Verschwörer acht japanische Dschunken mit Kriegsmaterial beladen habe und daß er mit starkem Gefolge sich auf denselben einschiffen werde, ist dem chinesischen Konsul in Nagasaki mitgetheilt und nach Tientsin an den General Gouverneur L Hung-Chang übermittelt worden. Der letztere machte Mittheilung an den hiesigen chinesischen Vertreter und sandte zugleich mehrere Kriegsschiffe nach Chemulpo, um für alle Fälle gerüstet zu sein. Inzwischen hört man, daß von den Behörden in Japan eine Anzahl Japaner dort verhaftet worden sind, die allerdings irgend ein Unternehmen gegen Korea geplant zu haben scheinen, dessen Einzelheiten sich aber noch nicht erkennen lassen.

Das Unternehmen selbst verdient vielleicht keine besondere Beachtung, aber das sofortige Einschreiten Chinas ist bemerkenswerth. Ferner ist hervorzuheben, daß auch bei dieser Gelegenheit das gute Einvernehmen, in welchem der chinesische und der japanische Vertreter mit einander stehen, zu beobachten war, was wohl auf einem Einverständniß der beiderseitigen Regierungen über die in Korea zu befolgende Politik beruhen dürfte.

Die koreanischen Staatsmänner und auch die chinesischen Beamten hegten zuerst noch Zweifel, ob nicht doch etwa eine plötzliche Aktion der japanischen Regierung beabsichtigt sei und es war nöthig, sie auf die große Unwahrscheinlichkeit einer solchen Vermuthung hinzuweisen. Es fehlt ihnen noch das Urtheil darüber, zu welchen Unternehmungen ein zivilisirter Staat schreiten kann und welche ihm durch Recht und Herkommen unbedingt versagt sind.

Gegen den obengenannten Kim Ok-Kun dürften wohl Schritte versucht werden, um ihn für die Zukunft unschädlich zu machen. Die koreanische Regierung wünscht sehr seine Auslieferung zu erlangen, die japanische würde sich vielleicht eher dazu verstehen, ihn im eignen Lande in Haft zu halten.

Der König scheint zur Zeit ernstlich bemüht zu sein, einige wirklich brauchbare und zuverlässige Truppenkörper heranzubilden. Er nimmt, was bisher nicht gebräuchlich, selbst militärische Inspektionen vor und es wird versucht, den effektiven Bestand des Heeres in allen Provinzen zu erhöhen.

Der chinesische Vertreter hat auch Sorge getragen, die Zahl der ihm zur Verfügung stehenden Leute noch zu vermehren. Eine Anzahl früherer Soldaten, die sich beschäftigungslos in Korea herumtrieben, sollten nach China zurückgesandt werden und waren zu diesem Zweck in Söul zusammengezogen worden. Von diesen sind in Folge der ebenerwähnten Befürchtungen die kräftigsten, etwa 50 – 60 Individuen, vorläufig zurückbehalten worden.

Der chinesische Vertreter hat kürzlich einen chinesischen Vagabunden auf offener Straße in der koreanischen Hauptstadt enthaupten lassen. Der Befehl war von dem Generalgouverneur Li ergangen, alle Vagabunden zu deportieren; dieselben waren durch amtliche Bekanntmachung aufgefordert worden, sich zu stellen und Todesstrafe angedroht für die, welche vorsätzlich diesen Befehl unbeachtet ließen. Das obige Individuum hatte sich nicht gestellt, war verhaftet worden, sollte aber nicht bestraft, sondern lediglich nach China geschafft werden. Der Mann entzog sich der Haft durch die Flucht, wurde alsbald wieder eingefangen und wenige Stunden später hingerichtet. Von chinesischen Beamten wird mir gesagt, der Betreffende sei schon im vorigen Jahre zwei Mal wegen Raubes verurtheilt aber wieder freigelassen worden, auch sei er ein oft bestrafter Spieler gewesen und diese Umstände, sowie die telegraphisch erneuerte Weisung des Generalgouverneurs Li gegen die Vagabunden mit aller Strenge zu verfahren, hätten dazu beigetragen, daß die Todesstrafe an ihm vollstreckt wurde. Immerhin liegt nicht nur ein bemerkenswerther Fall chinesischer Kriminal-Justiz vor, sondern auch die Vollmachten des chinesischen Vertreters und der Umstand, daß die Hinrichtung in einer Straße der Stadt Söul stattfand, verdienen Beachtung.

Die chinesischen Interessen sind in Söul und Chemulpo am größten, während in Pusan und Wönsan dieselben sehr unbedeutend sind. Für die beiden letzteren Plätze sind neuerdings, statt der bisher dort angestellten Konsuln Beamte niederen Standes, die man etwa als Vice-Konsuln bezeichnen kann, ernannt worden.

Die von mir im vorigen Berichte erwähnte Anleihe der koreanischen Regierung bei der hiesigen deutschen Firma hat ganz unerwartete Schwierigkeiten verursacht, weil koreanischerseits bereits bestimmt gemachte Zusagen wieder zurückgenommen wurden, als in zwölfter Stunde von Seiten chinesischer Kaufleute günstigere Anerbietungen gemacht wurden. Es ist aber gelungen, die koreanische Regierung zu bestimmen, der deutschen Firma eine angemessene Entschädigung zuzusichern, falls die einmal angenommenen Bedingungen nicht endgültig bestätigt werden und dadurch dem deutschen Hause die Ausführung der Anleihe unmöglich gemacht wird. Der große Einfluß, welchen der chinesische Vertreter auf die koreanische Regierung ausübt, hat sich bei dieser Gelegenheit wieder sehr bemerkbar gemacht und es hat sich von neuem gezeigt, wie schwer chinesische Konkurrenz deutscherseits zu bekämpfen ist. Ueber diesen Gegenstand werde ich mir erlauben, noch eingehender zu berichten.

gez. Budler.

Orig. bei Abth. II.

[   ]

PAAA_RZ201-018940_103 ff.

Empfänger	Bismarck	Absender	Budler
A. 8391 pr. 12. Juli 1886. a. m.		Söul, den 3. Mai 1886.	
Memo	mitg. Petersbg., Rom Ges., Paris, London 12. 7.		

Abschrift

A. 8391 pr. 12. Juli 1886. a. m.

Söul, den 3. Mai 1886.

Lfd. № 28.

Seiner Durchlaucht

dem Fürsten von Bismarck.

Der neue Rathgeber der koreanischen Regierung, Herr Denny, dessen Ankunft ich bereits angezeigt habe, ist vor Kurzem vom Könige zum Vice-Präsidenten im Innern Amte und zum Direktor im Auswärtigen Amt ernannt worden. Das Innere Amt hat zwei Präsidenten und mehrere Vize-Präsidenten, „Direktor" ist eine freie Wiedergabe des koreanischen Titels. Trotz dieser Ernennung soll noch nicht feststehen, welches Gehalt Herr Denny beziehen wird. Derselbe ist zunächst nach Tientsin zurückgekehrt, es scheint, um erneut Rücksprache mit dem General-Gouverneur Li zu nehmen, wird aber Ende Mai hier wieder erwartet, und zwar beabsichtigt er seine Familie hierherzubringen. Das Auswärtige Amt hat, so wird mir ziemlich glaubwürdig berichtet, eine erneute Anfrage an den hiesigen englischen Vertreter betreffend die Besetzung von Port Hamilton gerichtet. Es sei jetzt über ein Jahr verflossen und erwarte die Regierung, daß die Insel nun baldigst zurückgegeben werde. Diese Mittheilung ist an den englischen Gesandten in Peking weiter gegeben worden.

Der hiesige russische Vertreter soll den Wunsch geäußert haben, daß die koreanische Regierung auch nach der russischen Grenze eine telegraphische Verbindung herrichte, ernste Verhandlungen scheinen aber über den Punkt nicht stattgefunden zu haben.

Die japanische Regierung soll von Korea die Genehmigung zur Anlage einer Marine-Station auf der in der Nähe von Pusan gelegenen Insel Chöl Yong do erhalten haben, welche sie nicht bloß für eine Niederlage für Kohlen, sondern auch zur Aufbewahrung von Kriegsmaterial benutzen will; es ist mir diese Nachricht aber noch nicht genügend bestätigt worden. Der französische außerordentliche Gesandte ist vor einigen Tagen von Peking hierhergekommen um über einen Vertrag mit Korea zu verhandeln. Die koreanische Regierung scheint wenig geneigt, die Zulassung katholischer Missionare ausdrücklich zuzugestehen, und da in die übrigen Verträge keine besondere Abmachung betreffend Regelung des Missionswesens aufgenommen worden ist, so dürfte der französische Verhändler in diesem Punkte erheblichen Schwierigkeiten begegnen.

Die in einem früheren gehorsamen Berichte erwähnte Beschränkung der Hörigkeit ist mit der vor Kurzem erfolgten Veröffentlichung einer diesbezüglichen Verordnung in der That als durchgeführt anzusehen. Die Kinder der Hörigen sind in Zukunft frei und die Schulden des hörigen Vaters können nicht mehr von den Kindern eingefordert werden. Niemand kann wegen Schulden gezwungen werden in ein Hörigkeitsverhältniß einzutreten, wohl aber steht gesetzlich nichts im Wege, daß Freie sich selbst verkaufen oder, so muß man schließen, von ihren Angehörigen, in deren Gewalt sie stehen, verkauft werden. Wer einmal ein Höriger geworden ist, kann sich gegen den Willen seines Herrn nicht wieder frei machen.

Der König von Korea verbindet einige Anerkennung für die Einführung dieser Bestimmungen und es steht zu hoffen, daß die Ausführung derselben eine allgemeine sein wird.

Die Reibungen zwischen der Partei der Königin und derjenigen des Ex-Regenten dauern fort. Ein Diener des Taiwenkun war zur Verbannung verurtheilt worden, wurde aber auf dem Wege nach seinem Bestimmungsorte von seinen Begleitern auf erhaltenen Befehl bei Seite geschafft, während behauptet wurde, er sei von gesetzlosem Gesindel erschlagen worden. Der Ex-Regent rächte sich, indem er die Beamten des betreffenden Distriktes überfallen und eine Zeitlang von seinen Anhängern in den Ortschaften morden und brennen ließ. So erzählt sich die hauptstädtische Bevölkerung. Daß einige Unruhen in jenem Distrikte vorgekommen sind, ist zweifellos, und nicht grade unwahrscheinlich sind die Angaben über ihre Entstehung. Fremdgedrilltes Militär hat schließlich die Ruhe wieder hergestellt.

Nachrichten über das Auftreten von Räuber-Banden kamen auch wieder aus dem Süden, doch ist es den Behörden bereits gelungen eine Anzahl der Missethäter zu verhaften und sind dieselben alsbald hingerichtet worden.

gez. Budler.

orig. i. Actis.

PAAA_RZ201-018940_108

Empfänger	[o. A.]	Absender	[o. A.]
A. 8705 pr. 21 Juli 1886. p. m.		den 21. Juli 1886.	

A. 8705 pr. 21 Juli 1886. p. m.

The Times

21. Juli 1886.

- № 31817-

Another evidence of Russian restlessness is afforded by the news we published in our Second Edition yesterday, that the Russian fleet is threatening Port Lazareff, alleging by way of excuse the occupation of Port Hamilton effected by this country some time ago. Port Hamilton is situated in a group of small islands lying between the island of Quelpart and the Corean mainland, and is itself little more than a rampart of rock enclosing an anchorage. Port Lazareff, which the Russians are now said to be threatening, lies at the head of a land-locked bay on the north-eastern coast of the Corean mainland itself, and its possession by such a Power as Russia would very speedily entail the conquest of Corea. Port Hamilton, moreover, was obtained by this country in a regular and peaceful manner, by bargain and agreement with those in whom the nominal right of possession was vested. Consequently, there is no analogy whatever, either in point of intrinsic importance or of method of acquisition, between our annexation of Port Hamilton and the reported Russian demonstration against Port Lazareff. Our information on the subject is as yet meagre, and, considering the sovereignty claimed by China over Corea, it would certainly be somewhat audacious on the part of Russia to establish a footing in that province without leave asked. The obscurity in which the matter is for the present involved is not diminished by the statement that the Chinese fleet has gone to Vladivostock. Its visit to that Russian port does not seem the best means of protecting Port Lazareff, unless things have suddenly come to such a pass that china finds a counter-attack the most promising method of checking aggression. That some kind of Russian movement is going on we may accept as certain, but its precise character must remain doubtful until we obtain further details. The Russians are known to covet some port further south than Vladivostock, and what they covet they usually try to seize on any favourable opportunity. They have no use for such a port, except as a basis for offensive operations against other people's commerce or territory in the Pacific, and that circumstance, taken in connexion with the extent of our own interest in these regions, is sufficient warrant for keeping a watchful eye upon every suspicious movement.

[   ]

PAAA_RZ201-018940_109

Empfänger	Auswärtiges Amt in Berlin	Absender	Kempermann
A. 10483 pr. 3. September 1886. p. m.		Söul, Nagasaki, den 3. September 1886.	
Memo	I. Erl. an Söul № 4 v 4. 9. II. Schr. An Admiral 4. 9.		

Abschrift

A. 10483 pr. 3. September 1886. p. m.

Telegramm.

Söul,

Nagasaki, den 3. September 1886. 10 Uhr 25 Min.

Ankunft: 11 Uhr 7 Min.

Der Generalkonsul an Auswärtiges Amt.

Entzifferung.

№ 1.

pp.

Chinesischer Gesandter behauptet englischer habe in Peking erklärt Port Hamilton aufgeben zu wollen.

pp.

gez. Kempermann.

orig. i. a. Korea 3.

[   ]

PAAA_RZ201-018940_110 f.

Empfänger	Bismarck	Absender	Kempermann
A. 10529 pr. 4. September 1886. a. m.		Söul, den 14. Juli 1886.	
Memo	orig. 4. 9. an Admiral I. mtg. v. 4. 9. London 756, Petersburg 604		

Abschrift

A. 10529 pr. 4. September 1886. a. m.

Söul, den 14. Juli 1886.

Lfde. № 41.

Seiner Durchlaucht

dem Fürsten von Bismarck.

Euerer Durchlaucht habe ich die Ehre ganz gehorsamst zu melden, daß S. M. Krz. „Nautilus" von Chefoo kommend am 27. Juni im Hafen von Chemulpo geankert hat und am 29. nach Nagasaki weiter gegangen ist, mit der Absicht unterwegs Pusan anzulaufen um zufolge einer schon alten Requisition der Admiralität Nachrichten über den Hafen von Masampo einzuziehen. In der Nähe von letzterem Platz sollen Kohlenlager vorkommen, und die chinesischen Kriegsschiffe pflegen dort oft einzukehren.

Seit einigen Tagen herrscht hier in allen Kreisen, namentlich aber in dem chinesischen Vertreter zugegangenen Nachricht, daß ein russisches Kriegsschiff vor etwa 8 Tagen in Port Lazaref eingelaufen ist. Man erwartet allgemein, daß dieß eine Annexion des Platzes seitens der Russen bedeute. Der russische Geschäftsträger thut, als ob er von nichts weiß.

Dem hiesigen englischen General-Konsul wird seitens der koreanischen Regierung immer wieder und wieder die Frage vorgelegt, wann die englische Regierung endlich beabsichtige, Port Hamilton zu räumen. Er erwidert gewohnheitsmäßig, daß er über die Intentionen seiner Regierung in dieser Hinsicht nichts wisse, da er nur konsularischer Vertreter sei, und daher bei dem Gesandten in Peking anfragen werde.

Von da kommt aber nie eine Antwort. Die chinesische Regierung scheint, soweit ich aus den Aeußerungen ihres hiesigen Gesandten schließen kann, sich bis jetzt noch nicht eingemischt zu haben.

Gez. Kempermann.

Orig. i. a. Marine 13.

Russisches Kriegsschiff in nordöstlichen Häfen Korea's.

PAAA_RZ201-018940_112 ff.			
Empfänger	Bismarck	Absender	Kempermann
A. 10711 pr. 8. September 1886.		Söul, den 22. Juli 1886.	
Memo	Orig. an Admiralität ges. 11. 9. 86 J. № 479.		

A. 10711 pr. 8. September 1886. 1 Anl.

Söul, den 22. Juli 1886.

Lfde №.45

Seiner Durchlaucht

dem Fürsten von Bismarck.

In meinem Berichte vom 14. c. № 41[9] hatte ich die Ehre gehabt Euerer Durchlaucht die Ankunft eines russischen Kriegsschiffes in Port Lazaref zu melden. Seitdem hat die offiziöse Zeitung „Wöchentliche Nachrichten aus Söul" zwei Berichte der Lokalbehörden über dieses Ereigniß gebracht, die ich in der Anlage ganz gehorsamst in Uebersetzung überreiche.

Es geht daraus hervor, daß der Besuch des russischen Kriegsschiffes schon im Mai stattgefunden hat. Von den Plätzen Hongwon und Puktchong ist einer wahrscheinlich identisch mit Port Lazaref, jedenfalls aber liegen beide in der Gegend dieses Hafens. Die Angabe des Capitains, er sei in Söul gewesen und habe die Erlaubniß der Regierung (deren er übrigens gar nicht bedurfte) nachgesucht, ist falsch.

Der Herausgeber der Wochenschrift ist ein Japaner und den Koreanern durchaus ergeben; ich nehme an, er hat die Berichte behufs Veröffentlichung von der Regierung direkt erhalten. Auf der chinesischen Gesandtschaft meinte man, sie stammten vom englischen General-Consul her. Vielleicht war das nur scherzhaft gemeint und hat im Gegenteil gerade China die Veröffentlichung oder gar die Fabrikation der Schriftstücke veranlaßt. Der englische General-Konsul freilich, der nebenbei bemerkt gerne wichtig thut und mindestens sehr überspannt ist, gebärdet sich, wenn die Rede auf jenes Ereignis kommt, besonders ernst und geheimnißvoll und er hat jedenfalls Alarmtelegramme nach

---

9 A. 10529 in Abschrift ehrerbietigst beigefügt

Peking gesandt.

Aus einer Aeußerung des russischen Geschäftsträgers entnehme ich, daß man in Petersburg anfängt, über die Verzögerung der Grenzregulation am Tumen ungeduldig zu werden. Der Präsident des Auswärtigen Amtes hat wegen politischer Verdächtigungen vor ungefähr zwei Monaten Söul verlassen müßen und sein Stellvertreter wehrt das Drängen des Geschäftsträgers auf Beginn der Verhandlungen unerschütterlich mit dem Bemerken ab, er sei dazu nicht kompetent, es müße vielmehr die Rückkunft des Präsidenten abgewartet werden. Dieselbe dürfte sich aber voraussichtlich noch recht lange verzögern.

Eine Abschrift dieses Berichtes sende ich an die Kaiserliche Gesandtschaft in Peking.

Kempermann.

Inhalt: Russisches Kriegsschiff in nordöstlichen Häfen Korea´s.

Anlage zum Bericht des Kaiserlichen Konsulats für Korea №. 45/479
Uebersetzung

Wöchentliche Nachrichten aus Söul
№ 21.

Der Gouverneur von Hamgyöngdo (nordöstliche Provinz) berichtet an die Regierung. Am 6. Mai ist in Hongwon (bei Gensan) ein Schiff angekommen. Es war schwarz angestrichen, hatte drei Masten, war über 60 Faden lang über 10 Faden breit und 2 Faden hoch über der Wasserlinie. Die Männer, die auf Deck standen, lachten und sprachen mit einander, ihre Augen lagen tief, ihre Nasen waren hoch, ihre Augen waren blau, ihre Bärte blond. Von uns ging ein Beamter in einem Boote an Bord. Zwei bis drei Mann vom Schiff empfingen ihn und überreichten ihm einen rothen Zettel, ähnlich unseren Visitenkarten. Es war darauf geschrieben Asatuc Nakpiakpok, was der Name des Commandanten ist. Da kein Dolmetscher da war, die Leute auch nicht lesen konnten, so war es unseren Beamten unmöglich sie auszufragen. Das Schiff hatte 9 Kanonen und einen Schornstein der drei Faden hoch war; ferner waren an Bord 4 - 5 hundert Gewehre und über 1 000 Säbel. Es wurde dem Beamten nicht gestattet, alles genau zu zählen. Die Besatzung zählte etwa 200 Mann. Das Schiff zwei Flaggen, eine blau mit roth, und die andere schwarz mit blau.

Nachdem der Beamte den Leuten längere Zeit gegenüber gestanden und man sich gegenseitig besehen hatte, gingen zehn Mann in einem Boote bei Mayang an Land und schoßen dort Land- und Wasservögel, die sie mit an Bord brachten.

Am 14. Mai Morgens 5 Uhr dampfte das Schiff in der Richtung nach Norden von dannen.

Wöchentliche Nachrichten aus Söul

№ 22.

Am 22. Mai um 12 Uhr kam ein Schiff in Puktchong an, und 20-30 Mann kamen in zwei Booten an Land und spazierten mit Bajonetten bewaffnet im Dorfe herum. Der Distriktgouverneur von Puktchong begab sich an Bord des Schiffes um dessen Absichten zu erkunden. Der Koreaner Kim tok´u fungirte als Dolmetscher. Zwischen Capitain und Gouverneur und folgendes Gespräch fand statt.

C. Wir gehen morgen wieder fort.

G. Ueberreicht als Geschenk ein Schwein, acht Hühner und zweihundert Eier und fragt: Was für ein Schiff ist dies, und weßhalb ist es hierher gekommen

C. Es ist ein russisches Kriegsschiff; sie werden wissen, daß wir in Shimpo (bei Hongwon) gewesen sind.

G. Warum sind Sie von da nach hier gekommen?

C. Weil wir dort uns nicht verständlich machen konnten, sind wir mit einem Dolmetscher nach hier gekommen.

G. Wer ist der Kapitain?

C. Asatuc Nakpiakpok, wie auf der rothen Karte steht.

G. Wie stark ist die Besatzung des Schiffes; und haben Sie eine glückliche Reise gehabt?

C. Die Besatzung ist 200 Mann stark; und wir sind ohne Unfall hier angelangt.
Wie weit ist es von hier nach Söul und haben Sie dorthin gemeldet, daß dieses Schiff hier eingelaufen ist?

G. Da der Weg nach Söul weit ist und über hohe Berge führt, habe ich die Ankunft des Schiffes nach Sunyong (Sitz des Provinz-Gouverneurs) berichtet, von dort wird Meldung nach Söul gemacht werden. Haben Sie eine Erlaubniß unserer Regierung nach hier zu kommen?

C. Als ich in Söul war, wurde mir die Erlaubniß ertheilt und gesagt, nach Sunyong würde Nachricht gegeben werden.

G. Warum stellen Sie hier Vermeßungen an, ist das in der Erlaubniß mitenthalten?

C. Weil die Beziehungen Englands mit uns so schlecht sind, könnte es zu einem Seekrieg kommen und deßhalb suchen wir hier die Lokalitäten kennen zu lernen. Wir möchten diesen Platz zu unserem Hafen machen, was denken Sie darüber?

G. Da dies eine wichtige Sache ist, ist die Erlaubniß unserer Regierung nöthig.

C. An der Grenze unseres Landes wohnen viele Koreaner und bauen sich Häuser, warum wollt Ihr uns hier hindern?

G.　Die Landesgesetze sind streng. Deßhalb kann ich die Erlaubniß nicht ertheilen.

C.　Sind hier große Strecken Reis- und sonstige Felder?

G.　Wegen der vielen Berge ist wenig Ackerland vorhanden und das meiste ist unbebaubar.

C.　Giebt es hier Kohlen? Wir wollen Euch dafür Gold und Silber bringen.

G.　Kohlen giebt es nicht, daher können wir auch keine verkaufen.

C.　Woher erhaltet ihr hier Pulver und Blei?

G.　Pulver bereiten wir, auch gießen wir Kugeln.

C.　Warum schlafen die Frauen nicht außerhalb der Häuser?

G.　Zwischen Mann und Frau ist ein Unterschied, die Frauen wohnen innerhalb des Hauses, die Männer außerhalb, das ist der Brauch des Landes. Wenn Ihre Leute an Land kommen und unsere Gesetze verletzen, so bitte ich Sie, sie zu bestrafen.

C.　Selbstverständlich. Morgen gehen wir weg. Was sollen wir das nächste Mal mitbringen?

G.　Da Reis und Getreide wichtige Artikel sind, so wäre es gut, wenn Ihr sie nach Gensan einführtet.

C.　Was könnt Ihr im Austausch geben?

G.　Wir können Euch einen guten Preis geben.

A. 10711

J. № 5421.

Der Bericht des Kaiserlichen Generalkonsuls in Söul vom 22. Juli d. J. wird
Seiner Exellenz
dem Chef der Kaiserlichen Admiralität, Herrn Generallieutenant von Caprivi
zur geneigten Kenntnißnahme s. p. r. ganz ergebenst übersandt.
Berlin, den 11. September. 1886.
NdSchsts
i. m.

Abschrift

Berlin, den 21. Oktober 1886.

A. 12440. 12532.

An

1. (Tit.) Herrn von Schweinitz
   St. Petersburg № 744

2. Botschafter
   London № 885

J. № 6211.

Nach Berichten des kaiserlichen General Konsuls Kempermann in Söul vom 24. 25. u. 27. August, deren Inhalt ich mich beehre Ew. (Tit.) zur vertraulichen Information mitzutheilen, hat das Erscheinen des russischen Kreuzers Kzeissen, Kapitän Ostolopoff, auf der Nord-Ost-Küste Koreas, große Aufregung in jenem Lande hervorgerufen. pp. England soll nun aber entschlossen sein, Port Hamilton an Korea zurückzugeben, da man zu der Ansicht gelangt zu sein scheint, daß nur auf diese Weise eine russische Einmischung verhindert werden könne.

gez. Graf Bismarck

orig. i. a. Korea 1.

[   ]

PAAA_RZ201-018940_126

Empfänger	Bismarck	Absender	Siegel
A. 12893 pr. 26. October 1886. p. m.		Berlin, den 23. Oktober 1886.	

A. 12893 pr. 26. October 1886. p. m. 2 Anl.

Berlin, den 23. Oktober 1886.

Geheim!

An den Kaiserlichen Staatssckretär

des Auswärtigen Amtes

Herrn Grafen von Bismarck.

Hochgeboren

G St. 667. hier.

Euerer Hochgeboren beehre ich mich, den mittelst gefälligen Schreibens vom 11. v. Mts. J. № 5421 übersandten Bericht des Kaiserlichen Generalkonsuls in Söul vom 22. Juli d. Js., betreffend russische Schiffsbewegungen in Korea, nebst Anlage nach Kenntnißnahme mit verbindlichem Danke ganz ergebenst zurückzusenden.

Der Chef der Admiralität

Im Auftrage

Siegel.

PAAA_RZ201-018940_127 ff.			
Empfänger	Bismarck	Absender	Brandt
A. 13144 pr. 31. Oktober 1886. p. m.		Tientsin, den 6. September 1886.	
Memo	s. Erl. v. 11.11. n. London 933, Petersburg 804		

Auszug

A. 13144 pr. 31. Oktober 1886. p. m.

Tientsin, den 6. September 1886.

A № 170.

vertraulich.

Seiner Durchlaucht

dem Fürsten von Bismarck.

pp. Li hung chang der sichtlich preoccupirt war, kam dann auf die Besetzung Port Hamiltons durch die Engländer zu sprechen und sagte, er habe wiederholt auf das Entschiedenste die Räumung der Insel verlangt, aber Herr O´Conor sowohl wie Sir John Walsham hätten ihm stets erklärt, daß dies unmöglich sei, England habe die Insel nur in Besitz genommen, um zu verhindern, daß dies von Seiten Rußlands oder Deutschlands geschehe, und könne dieselbe auch nicht räumen, ohne daß von Seiten dieser beiden Mächte bindende Erklärungen abgegeben würden, welche jede Besitznahme der Insel durch sie unmöglich machten. Herr Popoff, der frühere Russische Gesandte, habe ihm früher mündlich erklärt, daß Rußland keine Absichten auf Port Hamilton habe, aber den Engländern genüge dies nicht. Was ich über die Sache dächte? Ich erwiderte Li, daß es mir ganz überflüssig schiene, mich in die Angelegenheiten zu mischen, ich könnte aber nicht umhin, meiner Verwunderung darüber Ausdruck zu geben, daß eine Macht, die im Frieden ein einer andern Macht gehöriges Gebiet besetzt habe, als Bedingung der Räumung desselben verlange, daß eine dritte Macht, die mit der ganzen Angelegenheit nichts zu thun gehabt habe und gegen die nicht einmal ein Argwohn bestehen könne, sich verpflichte, das ihr gegebene schlechte Beispiel nicht auch nachzuahmen. Im Uebrigen müßten die von uns in Ostasien immer befolgte Politik und unsere freundschaftlichen Beziehungen zu China, der Chinesischen Regierung eine hinlängliche Garantie dafür sein, daß wir die Absicht uns chinesischer oder coreanischer Gebietstheile zu bemächtigen, weder gehabt hätten, noch hätten. Li meinte darauf, er habe nie an Deutsche Absichten auf Port Hamilton geglaubt und die Englischen Erklärungen seien auch ihm um so eigenthümlicher erschienen, als in denselben nur von Rußland und Deutschland und z. B. nicht von Frankreich die Rede gewesen sei. Jedenfalls sei die Frage von Port Hamilton eine brennende geworden und es müsse eine Lösung gefunden werden. Außer der von England in erster Linie gewünschten wären folgende andere Wege denkbar:

1. Die zeitweilige Besetzung Port Hamilton′s durch China, wozu sich die Chinesische Regierung aber nicht entschließen könne, da sie sich nicht den Anschein geben wolle, als wenn sie das Gebiet eines Vasallen usurpire.

2. Die Eröffnung von Port Hamilton und Port Lazareff als Vertragschäfen resp. des ersteren als Freihafen, was von Englischer Seite angeregt worden sei.
   pp.

gez. Brandt.

orig. i. a. Korea 1.

Abschrift

Berlin, den 4. November 1886.

A. 13144. 13216.

An

(tit.) Graf Hatzfeldt

Vertr. London № 933

von Schweinitz

Vertr. Petersburg № 804

J. № 6550.

Unter Bezugnahme auf den diesseitigen Erlaß vom 21. v. M., die Zustände in Korea betreffend, beehre ich mich Ew. zu Ihrer persönlichen Information mitzutheilen, daß nach gleichzeitig hier eingetroffenen Berichten des Kaiserl. Gesandten in China d.d. Tientsin, 6. September und des Kaiserl. General Konsuls in Söul vom 14. dess. Mts. nun auch der General Gouverneur Li Hung Chang sich zu der Ansicht bekennt, daß die beunruhigenden Gerüchte über russische Annextionsgelüste bezüglich Koreas der thatsächlichen Begründung entbehren, dagegen herrscht in China sowohl wie in Korea noch immer eine große Aufregung wegen der andauernden Besetzung von Port Hamilton durch die Engländer. In beiden Ländern scheine man zu befürchten, Rußland werde jene englische Occupation von einem passenden Hafen in Korea Besitz zu ergreifen.

Um dies zu verhindern scheint China jetzt ernstlich zu wünschen, daß England Port Hamilton wieder aufgebe. Bei Abgang obiger Berichte aus Tientsin und Söul, war es aber Li Hung Chang, der speciell mit der Leitung der koreanischen Angelegenheiten betraut ist, noch nicht gelungen, von den Engländern eine auf die Räumung bezügliche bindende Zusage zu erhalten; dieselben verschanzten sich im Gegentheil hinter ganz nichtigen Vorwänden, um zu erklären, daß die Fortdauer der englischen Occupation aus gewichtigen politischen Gründen geboten sei. So soll Sir John Walsham dem Generalgouverneur Lihungchang unter Anderem gesagt haben, England habe Port Hamilton nur in Besitz genommen, um zu verhindern, daß dies von Seiten Rußlands oder Deutschlands geschehe, und könne die Insel auch nicht räumen, bevor nicht von Seiten dieser beiden Mächte bindende Erklärungen abgegeben würden, welche jede Besitznahme der Insel durch sie unmöglich machten. – Trotzdem besteht in diplomatischen Kreisen in Peking und in Söul die Ansicht fort, England werde sich entschließen, Port Hamilton an Korea zurückzugeben, um auf diese Weise den Russen jeden Vorwand zu einer Einmischung zu nehmen. Uebereinstimmend mit Herrn von Brandt ist der K. Gen. Konsul in Söul der Ansicht, daß der chinesische Einfluß in Korea in stetem Wachsen begriffen ist und demselben schließlich wohl ganz verfallen werde. Jedoch dürfte dieser Proceß nur langsam und ohne Anwendung von Gewaltmaßregeln vor sich gehen, da man chinesischerseits Alles vermeiden will, was die anderen Mächte, namentlich Rußland veranlassen konnte, sich der koreanischen Interessen anzunehmen.

Der K. Gen. Konsul in Söul konstatirt, daß es bis jetzt noch nicht gelungen ist, sich einen klaren Einblick in die wirklichen Absichten der koreanischen Regierung zu verschaffen. Dazu seien die bisher gesammelten Kenntnisse über die Verhältnisse und maßgebenden Persönlichkeiten in Korea noch zu gering. Als eine Vermuthung spricht Herr Kempermann aus, daß der junge König von Korea wohl geneigt sein dürfte, bei Rußland Schutz gegen seine chinafreundliche Umgebung zu suchen; während andererseits Indicien vorliegen, wonach England sich im Geheimen gut mit China verständigt und beide Länder sich auf Eventualitäten vorbereiten, welche gegen russisch-englische Abwehr zur Folge haben könnten.

(gez.) Graf Bismarck.

Orig. i. a. Korea 1.

[   ]

PAAA_RZ201-018940_136

Empfänger	Bismarck	Absender	Hatzfeldt
A. 14389 pr. 27. November 1886. p. m.		London, den 25. November 1886.	
Memo	I. mtg. 29. 11. n. Petersburg 894 Wien 783, Rom 256, Paris 455 II. Chiffre 30. 11. n. Pera 295		

Abschrift

A. 14389 pr. 27. November 1886. p. m.

London, den 25. November 1886.

№ 374.

Seiner Durchlaucht

dem Fürsten von Bismarck.

pp.

Im Laufe meiner Unterhaltung mit Lord Salisbury wurde auch Port Hamilton erwähnt und der Minister leugnete nicht, ohne es ausdrücklich auszusprechen, daß England diesen Hafen für's Erste nicht aufgeben werde.

pp.

gez. Hatzfeldt.

Orig. i. a. Bulgarien 20.

Betreffend die Besetzung von Port Hamilton durch England.

PAAA_RZ201-018940_137 ff.

Empfänger	Bismarck	Absender	Brandt
A. 14427 pr. 28. November 1886. a. m.		London, den 26. November 1886.	
Memo	mitg. 28. 11. n. Petersbg. 892		

A. 14427 pr. 28. November 1886. a. m.

London, den 26. November 1886.

№ 381.

Seiner Durchlaucht

dem Fürsten von Bismarck.

Der „Standard" vom heutigen Tage enthält einen Leitartikel über die Frage, ob die Fortdauer der Besetzung von Port Hamilton für England nothwendig oder rathsam sei. Es wird in dem Artikel vornehmlich die große Bedeutung hervorgehoben, welche die Freundschaft, beziehungsweise die Bundesgenossenschaft China's im Falle eines Krieges zwischen Rußland und England für das letztere habe. Vorstellungen der Regierung zu Peking, welche im Interesse der Fernhaltung der Russen von Port Lazareff die Räumung Port Hamilton's durch die Engländer forderten, seien daher in ernste Erwägung zu ziehen. Immerhin aber sei die Auffassung der Chinesischen Regierung bei Beurtheilung dieser Frage nur ein Faktor unter vielen. In erster Linie komme es darauf an, die wohlüberlegte Meinung der Militär- und Marine-Autoritäten über die Vorzüge und Nachtheile des Platzes zu hören. Die bloße Thatsache der Besetzung spreche dafür, daß die zu jener Zeit maßgebenden Persönlichkeiten der Position Werth beigelegt hätten. Seitdem habe sich herausgestellt, daß bedeutende Geldmittel erforderlich seien, um die Position zu einer starken, um nicht zu sagen uneinnehmbaren zu machen. Die Geldfrage dürfe aber kein Hinderniß bilden. Stehe fest, daß im Interesse der englischen Marine der Platz gehalten werden müßte, so müßte das nötige Geld beschafft werden. Es sei aber zu erwägen, ob Englands Stellung nicht noch mehr dadurch gestärkt werde, daß es sich China verpflichte, als durch die Befestigung Port Hamiltons.

Gäbe es, wie anzunehmen sei, nahe der koreanischen Grenze einen anderen für die Zwecke Englands gleich vortheilhaften Punkt, den man besetzen könne, so sei kein Zweifel, was man zu thun habe. Existire ein solcher Punkt nicht, so müsse man, ehe man sich für oder gegen die Fortdauer der Besetzung entscheide, den materiellen Nutzen sorgfältig gegen die moralischen Vortheile abwägen.

Während der vorstehend im Auszuge wiedergegebene Artikel sonach auch die Möglichkeit der Aufgabe von Port Hamilton ins Auge faßt, wird es nach einem in den heutigen Morgenzeitungen enthaltenen Reuter'schen Telegramm aus Shanghay dort als sicher angesehen, daß England den Platz nicht aufgeben werde.

Hatzfeldt.

Inhalt: № 381. London, den 26. November 1886.

Betreffend die Besetzung von Port Hamilton durch England.

Berlin, den 28. November 1886.   A. 14427.

An   Euerer p. beehre ich mich anbei Abschrift eines
Die Botschafter in   Berichts des K. Botschafters in London vom
Petersburg № 892   26. d. Mts. Betreffend die Besetzung von Port
Sicher!   Hamilton durch England,
                                            zu Ihrer vertraul. Information zu übersenden.
Vertraulich.   N. d. H. Sts.
                                                        i. m.

J. № 7124.

[   ]

PAAA_RZ201-018940_142 ff.			
Empfänger	Bismarck	Absender	Brandt
A. 14617 pr. 2. Dezember 1886. a. m.		Peking, den 17. Oktober 1886.	
Memo	vertraulich. mitg. London 1026 v. 5. 12.		

Abschrift

A. 14617 pr. 2. Dezember 1886. a. m.

Peking, den 17. Oktober 1886.

A. № 191.

Seiner Durchlaucht

dem Fürsten von Bismarck.

Ein gestern hier aus Europa über Sibirien via Kiachta eingetroffener englischer Konsular-Beamter, Mr. O´ Brien Butler, erzählt, daß er auf seiner Reise zahlreichen russischen Truppenabtheilungen und Transporten begegnet sei, welche sich auf dem Wege nach dem Amur-Gebiet befunden hätten. Mr. Butler schätzt die Anzahl der russischen Truppen auf mehrere Tausende und giebt an, daß Offiziere derselben sich ihm gegenüber vielfach in einer Weise geäußert hätten, als wenn der Ausbruch von Feindseligkeiten mit China in der nächsten Zeit zu erwarten sei.

Nimmt man diese Nachricht mit der am 22. September durch ein Reuter´sches Telegramm nach Shanghai gelangten zusammen, nach welcher von Odessa 1500 Mann Verstärkungen nach Vladivostock abgegangen seien, so scheint es allerdings, als wenn von russischer Seite recht erhebliche Anstrengungen gemacht würde, um die Zahl der russischen Truppen in dem Amur-Gebiet um ein Bedeutendes zu vermehren.

In erster Linie sind diese Maßregeln wohl auf die Besorgnisse von chinesischen Rüstungen in der Mandschurei zurückzuführen, welche auf die Veranlassung zu dem seiner Zeit von der Kaiserlichen Botschaft zu St. Petersburg eingereichten Alarm-Artikel des Nowosti vom 17./29. Mai gegeben hatten und welche meiner ganz gehorsamsten Ansicht nach, soweit wenigstens eine chinesische Offensive in Betracht kommt, unbegründet sind; aber es läßt sich nicht verkennen, daß die Ansammlung bedeutender russischer Streitkräfte im Amur-Gebiet die chinesischen Besorgnisse wegen russischer

Absichten auf Korea wieder auf's Neue rege machen und dadurch möglicherweise einen voreiligen chinesischen Versuch sich Korea's zu bemächtigen, um den Russen zuvorzukommen, herbeiführen wird. Andererseits legt die bedeutende Vermehrung der zu ihrer Verfügung stehenden Truppen den russischen Befehlshabern die Versuchung sehr nahe, irgend eine Grenzstreitigkeit, und an denselben fehlt es nie, zu einem Handstreich zu benutzen, der bei der gegenseitigen überreizten Stimmung, dann leicht weitgehende Folgen haben könnte.

gez. Brandt.

orig. i. a. China 8.

Betreffend Port Hamilton und die Versuche der Chinesen, die Räumung desselben herbeizuführen.

PAAA_RZ201-018940_145 ff.			
Empfänger	Bismarck	Absender	Brandt
A. 15365 pr. 19 Dezember 1886. p. m.		Peking, den 2. November 1886.	
Memo	Vertraulich. I. Erl. n. Peking № 31 27. 12. II. Erl. n. Söul № 5 27. 12. III. Mitg. 27. 12. n. London 1083		

A. 15365 pr. 19 Dezember 1886. p. m.

Peking, den 2. November 1886.

A. № 203.

Seiner Durchlaucht

dem Fürsten von Bismarck.

Nach Mittheilungen des soeben aus Tientsin zurückgekehrten russischen Geschäftsträgers scheint Li hung chang demselben gegenüber die Frage einer bindenden schriftlichen russischen Erklärung, sich Port Hamilton's, falls dasselbe von den Engländern geräumt würde, nicht bemächtigen zu wollen, in Anregung gebracht zu haben. Herr Ladygensky sagte mir, daß er jedes Eingehen auf den Gegenstand abgelehnt habe, Rußland habe es nicht für der Mühe Werth gehalten, bei Regelung der Afghanischen Frage die Angelegenheit zur Sprache zu bringen und man denke von russischer Seite nicht daran, durch irgend welche Erklärungen den Engländern das Herauskommen aus ihrer falschen Lage zu erleichtern. Uebrigens habe er die ihm von Li hung chang gebotene Gelegenheit benützt, demselben gegenüber die Grundlosigkeit der von den Engländern fortwährend gegegen Rußland wegen angeblicher Absichten desselben auf Port Hamilton oder koreanische Häfen erhobene Beschuldigungen zu betonen.

Auch Sir John Walsham erklärte mir, daß ein die Räumung Port Hamiltons betreffendes Abkommen bis jetzt nicht getroffen worden sei. Bei dieser Gelegenheit möchte ich mir ganz gehorsamst erlauben zu bemerken, daß die von dem Kaiserlichen General-Konsul Kempermann in seinem Berichte vom 8. Oktober d. J. gemachte Angabe, daß von englischer Seite die Eröffnung von Port Hamilton, Port Lazaref und Purion für den fremden

Handel gefordert worden sei, auf einem Irrthum zu beruhen scheint. Wenigstens wußte Sir John Walsham, der gleichzeitig englischer Gesandter für Corea ist und gewöhnlich sehr gut informirt zu sein pflegt, ersichtlich nichts von Purion, da er in meiner Gegenwart auf meine Bemerkung, daß die Russen die Eröffnung dieses Platzes für ihren Grenzhandel gefordert hätten, die Lage desselben auf einer Menge Karten vergeblich suchte.[10]

Brandt.

Inhalt: Betreffend Port Hamilton und die Versuche der Chinesen, die Räumung desselben herbeizuführen.

---

10 [Randbemerkung] Purion im Inlande gelegen ist russisches, nicht englisches Interesse.

heute

ad A. 15368.

G. A.

Es wird gehorsamst angefragt, ob Herr Kempermann von der Herrn v. Brandt ertheilten Ermächtigung benachtichtigt werden soll. Für den bejahenden Fall wird ein entsprechender Erlaß nach Söul ebenmäßig vorgelegt.

L 27. 12.

1. nach Peking   ab 27. 12.
2. nach Söul   ab 27. 12.
3. nach London   J. № 7818

Berlin, den 27. December 1886.

III. Angabe.

A. 15365.

An

die Botschaften in

London № 1083.

Sicher!

Euerer p. beehre ich mich anbei Abschrift eines

Berichts des K. Gesandten in Peking vom 2. v.

M., betreffend Port Hamilton

zu Ihrer vertraul. Information zu übersenden.

N. d. H. U. St.

i. m.

J. № 7818.

L 27. 12.

[   ]

PAAA_RZ201-018940_151 ff.

Empfänger	Bismarck	Absender	Bülow
A. 15775 pr. 29. Dezember 1886. a. m.		St. Petersburg, den 26. Dezember 1886.	
Memo	Durch Legationssekretär Graf Vitzthum mitg. 2. 1. Wien, London		

Abschrift

A. 15775 pr. 29. Dezember 1886. a. m.

St. Petersburg, den 26. Dezember 1886.

№ 500.

Seiner Durchlaucht

dem Fürsten von Bismarck.

Seine Kaiserliche Hoheit der Großfürst Vladimir sagt mir, er fände, daß der jüngste offiziöse Ausfall der „Morning Post" gegen Rußland hier mit zu viel Gleichmuth aufgenommen worden sei. „Il fallait répondre autrement a cette outrecuidance que par les phrases a eau de rose que lui a consacrées le Journal de St. Petersbourg."

Großfürst Vladmir steht mit dieser Auffassung hier ziemlich allein. Fast alle anderen mir bekannten Russen geben sich die Miene zu glauben, daß sich England, gegenüber von Rußland, doch nie zu Thaten aufraffen werde; somit verdienten die Auslassungen der englischen Presse und selbst der englischen Staatmänner keine Beachtung und brauchten auch nicht relevirt zu werden. Es ist diese Auffassung einerseits darauf zurückzuführen, daß hier das englische Prestige in der That seit zwei Jahren gewaltig abgenommen hat. Andererseits spricht aus derselben meines unmaßgeblichen Erachtens auch der Wunsch, nicht ernstlich mit England an einander zu kommen, bevor Oesterreich abgethan ist.

Herr von Giers erzählte mir vor einigen Tagen beiläufig, Seine Majestät der Kaiser Alexander wäre überzeugt, daß England durchaus nicht zu fürchten sei. Der Kaiser habe schon im Frühjahr 1878 in allen in jener kritischen Zeit abgehaltenen Conseils die Ansicht vertreten, daß Rußland nicht zu menagiren brauche, da dieses doch nicht vom Leder ziehen werde; seitdem wäre die Meinung Seiner Majestät von der Macht Englands durch den Sudan-Feldzug und die afghanische Krisis eine noch geringere geworden.

Die „Nowoje Wremja" setzt in einem langen, wie ich höre, aus dem Generalstabe stammenden Artikel auseinander, daß England sich täusche, wenn es glaube, durch die bulgarische Frage die Kraft Rußlands von Central-Asien abzulenken.

Als ich im Gespräche mit Herrn von Giers den Bericht des Kaiserlichen Boschafters in Constantinopel vom 10. d. M. verwerthete, lächelte der Minister zu der Aeußerung des Sir William White, welcher zu Herrn von Radowitz sagte: „Mit der bulgarischen Frage werden wir uns noch lange beschäftigen." Herr von Giers bemerkte zu dieser Aeußerung: „Les Anglais vondraient tout brouiller pour pécher ensuite en eau trouble, mais ils n´y reussiront pas, ils n´ont plus grande chose à dire."

Sir Robert Morier wird zum russischen Neujahr zurückerwartet. Der Botschafter hat vor seiner Abreise seinen russischen Freunden versichert, er werde in London sein Möglichstes thun, um einen Bruch zwischen Rußland und England zu verhindern „qui avaient tout interet a se comprendre et a s´entendre." Dagegen heißt es, daß Herr von Staal nicht wieder auf seinen Posten zurückkehren, sondern in den Reichsrath eintreten werde. Der Botschafter steht augenblicklich in Gnaden bei Kaiser Alexander. Der Kaiser soll geäußert haben, er habe Lust, Herrn von Staal hier im Reichsrath zu behalten „en attendant mieux." Auch Frau von Staal spricht, als ob sie nicht wieder nach England gehen werde.

Ein jüngerer Beamter im Ministerium des Aeußern erzählt mir vertraulich, Herr von Giers habe vor einigen Tagen Depeschen aus Peking erhalten, die ihm einiges Kopfzerbrechen verursacht hätten. Es handle sich um die Frage, ob Rußland sich die Besetzung von Port Hamilton durch England gefallen lassen, oder „Repressalien" dagegen ergreifen solle. Das Marineministerium wäre der Ansicht, daß Rußland von England kriegerisch die Räumung von Port Hamilton verlangen müsse, Herr von Giers wolle diese Frage noch ruhen lassen.

Der Rücktritt des Lord Randolph Churchill wird hier so gedeutet, als ob dadurch die Stellung des Cabinets Salisbury sehr erschüttert wäre. Daraus ergiebt sich für die Russen die Hoffnung, bald wieder Herrn Gladstone am Ruder zu sehen.

Gez. Bülow.

Orig. i. a. England 83.

Auswärtiges Amt
Abth. A.

Politisches Archiv d. Auswärt. Amts

Acta

Betreffend

Die Besitznahme von Port Hamilton durch England

Vom 1. Januar 1887
Bis Dezember 1901

Bd. 3
fortsetzung
cfr. acta Japan 22.

Politisches Archiv des Auswärtigen Amts
R 18941

KOREA. No. 2.

Inhaltsverzeichniss 1. 7. 1887 ab	Blatt
Ber. a. Söul № 45. v. 9. 6. Abfahrt des chinesischen Geschwaders von Port Hamilton. Entsendung ein. koreanischen Offiziers nach Port Hamilton zur Verwaltung der Inselgruppe.	9594. pr. 8. 8.
Ber. aus Peking № 265. v. 28. 9. Koreanische Gesandtsch. n. Peking zur Beglückwünschg. des Kaisers zum Geburtstag und um Danksagung für die Unterstützg. der Chines. Reg. in der Port Hamilton-Frage zu überbringen. cop. mtg. 15. 11. London 959	13908. pr. 14. 11. 8
desgl. v. 6. 12. № 364. (1888); unrichtige Meldung des „Shanghai Courier" über Forderung Englands auf miethweise Überlassung von Port Hamilton (orig. i. a. Korea 1.)	1052. pr. 20. 2. 8.
Ber. aus Söul v. 31. 7. № 59. de 1890: Reise des Britischen General-Konsuls für Korea nach Port Hamilton; Zeitungsnachrichten betr. Amerikanische und Russische Absichten auf Port Hamilton. <div align="right">mitg. nach London u. Petersb.</div>	10645. 29. 9. 1890
Ber. aus Tokio v. 14. 11. № 85. A: de 91 Besuch einiger Schiffe des englischen ostasiatischen Geschwaders in Port Hamilton	11367. 23. 12. 1891
1892	A:
Ber. aus Söul № 5. v. 2. 1. 92: die Nachricht von einer angebl. Wiederbesetzung von Port Hamilton seitens der Engländer ist unrichtig.	2236 pr. 11. 3. 92
Aufzeichnung des G. L. R. Raschdau v. 4. 7. 1894 Wunsch Englands, daß Korea nicht in russische Hände falle; Wiederaufgeben des um die Mitte der 80er Jahre besetzten Hafens Hamilton.	6053. 4. 7.
1896	
Notiz: das Promemoria des K. Gesandten von Brandt betr. englische Urtheile über den strategischen Werth von Port Hamilton, befindet sich i. a. China 20 N. 1	9521. 11. 9.
1900	
Ber. a. London v. 25. 5. Times bespricht die russische Landerwebung auf Korea (Masampo) und sagt, daß England, nur infolge der russischen Erklärung, kein koreanisches Land zu erwerben, seiner Zeit Port Hamilton wieder aufgegeben habe.	6555. 27. 5.
1901	Blatt

Tel. a. Söul v. 4. 5. № 9: Unbegründetheit des Gerüchts, daß England Port Hamilton in Besitz nehmen wolle.	6736. 6. 5.
desgl. v. 5. 5. - 76 - Gerüchte wonach England Port Hamilton wd. in Besitz nehmen wolle. Dementirung dieser Gerüchte seitens des Englischen Geschäftsträgers. <div align="right">(: orig. i. a. Korea 1 :)</div>	9116. 19. 6.
1904	
Tel. a. Söul v. 12. 12. № 47. Unternehmungen Großbritanniens wegen Erwerbs von Port Hamilton u. Quelpart	19518. 13. 12.

Die Räumung von Port Hamilton.

PAAA_RZ201-018941_006 ff.

Empfänger	Bismarck	Absender	Hatzfeldt
A. 1367 pr. 4. Februar 1887. a. m.		London, den 2. Februar 1887.	
Memo	mitg. Wien 74 4. 2.		

A. 1367 pr. 4. Februar 1887. a. m.

London, den 2. Februar 1887.

№ 34.

Seiner Durchlaucht
dem Fürsten von Bismarck.

Der parlamentarische Unterstaatssecretär erklärte gestern auf eine ihm im Unterhause gestellte Anfrage, daß England demnächst Port Hamilton räumen werde. Es seien keinerlei Abmachungen bezüglich des künftigen Schutzes dieses Hafens getroffen worden. Die hiesige Regierung habe der Regierung von Korea gegenüber keine Verbindlichkeiten übernommen, sie sei dagegen erst dann zu dem Entschlusse gelangt, sich aus Port Hamilton zurückzuziehen, nachdem sie von der chinesischen Regierung die Garantie erhalten habe, daß kein Theil Koreas, mit Einschluß von Port Hamilton, von einer fremden Macht besetzt werden solle. Die Regierung handle in Uebereinstimmung mit den Marinebehörden, indem sie Port Hamilton verlasse.

Bezüglich dieses letzteren Punktes erfahre ich aus sonst gut unterrichteter Quelle, daß auch den angestellten Berechnungen für die ausreichende Befestigung Port Hamilton´s 500 000 L erforderlich gewesen sein würden, welche Ausgabe in sein Budget aufzunehmen der Marine-Minister sich gescheut habe. Die unmittelbare Veranlassung zum Abschluß eines Vertrages zwischen England und China sei z. Z. die Haltung des russischen Consuls Weber in Söul gewesen. Derselbe sei im Begriff gewesen im Namen seiner Regierung mit dem König von Korea ein Abkommen zu treffen, nach welchem dieses Land in ein gewisses Abhängigkeitsverhältniß zu Rußland getreten sein würde. Dem sei England dadurch zuvorgekommen, daß es einen Vertrag abgeschlossen habe, in welchem die Oberhoheitsrechte Chinas über Korea anerkannt seien. Hierfür habe die chinesische Regierung die Verpflichtung übernommen, den Besitzstand Koreas aufrecht zu erhalten und jeden Angriff auf denselben als casus belli aufzufassen.   Hatzfeldt.

Inhalt: Die Räumung von Port Hamilton.

Berlin, den 4. Februar 1887.   A. 1367.

An
die Botschafter in

Wien № 74
Sicher!

J. № 754.

Euerer p. beehre ich mich anbei Abschrift eines
Berichts des K. Botschafters in London vom 2. d.
Mts. betreffend die Räumung von Port Hamilton
zu Ihrer vertraul. Information zu übersenden.

N. d. H. St. S.

i. m.

L 4. 2.

Betreffend die angebliche Uebergabe von Port Hamilton an die chinesische Regierung.

PAAA_RZ201-018941_011 ff.			
Empfänger	Bismarck	Absender	Brandt
A. 1684 pr. 11. Februar 1887. a. m.		Peking den 15. December 1886.	
Memo	cop. mitg. Petersbg 118 u. London 129		12. 2.

A. 1684 pr. 11. Februar 1887. a. m.

Peking den 15. December 1886.

A. № 236.

Seiner Durchlaucht
dem Fürsten von Bismarck.

Nach einem vor einigen Tagen hier eingegangenen Reuter'schen Telegramm würde in London ein Abkommen getroffen worden sein, durch welches England sich verpflichtete, Port Hamilton an China zurückzugeben, sobald dasselbe bereit sei, die Inselgruppe zu übernehmen.

Mein englischer Kollege, den ich heute über die Bedeutung dieses Telegramms befragte, äußerte sich in einer Weise, als wenn die Frage noch nicht ganz erledigt, und es namentlich nicht entschieden wäre, daß China in Port Hamilton an die Stelle Englands treten sollte; ich muß dabei übrigens hinzufügen, daß Sir John Walsham der Erörterung aller politischen Fragen stets möglichst aus dem Wege zu gehen sucht.

Das bereits vor einiger Zeit in Umlauf gekommene Gerücht von einer Besetzung Port Hamiltons durch China, hat zu einem Artikel in der in Jokohama erscheinenden, von der japanischen Regierung unterstützten Zeitung „Japan Mail" Veranlassung gegeben, in welchem ein solches Vorgehen Chinas als eine Verletzung des mit Japan im April 1886 unterzeichneten Abkommens, durch welches beide Mächte sich verpflichtet haben, ohne vorheriges Einverständniß keine Truppen nach Korea zu senden, bezeichnet wird, da Port Hamilton unzweifelhaft coreanisches Gebiet sei. Die Japan Mail stellt aber zugleich, und hier möchte ich bei der bisher befolgten Politik des japanischen Minister Präsidenten Ito ganz besonders eine amtliche Inspiration annehmen, die Frage nicht als eine solche hin, die zu Verwicklungen zwischen China und Japan Veranlassung geben könne, ganz besonders, wenn Korea zu einer Abtretung der Inselgruppe an China seine Zustimmung gebe. Japanischerseits wolle man keinen besonderen Einfluß in Korea ausüben und die Sorge für die Sicherung dieses Landes gegen etwaige russische Gelüste lieber China überlassen, das bei der Frage stärker interessirt als Japan und auch besser in der Lage sei, einem etwaigen russischen Angriffe entgegen zu treten; dagegen könne der Augenblick vielleicht benutzt werden, um endlich von China die Anerkennung der japanischen Oberhoheit über die Liukiu Inseln zu erlangen.

Der hiesige japanische Gesandte, Herr Shioda Saburo, behauptet, über die Port Hamilton Angelegenheit ohne jede Information von Seiten seiner Regierung zu sein; ich möchte auch annehmen, daß der gegenwärtige Augenblick sich kaum zur Aufnahme besonders delikater Verhandlungen zwischen China und Japan eignen dürfte.

Die japanisch-chinesischen Vertragsrevisions-Unterhandlungen haben seit meinem letzten ganz gehorsamsten Bericht über diesen Gegenstand vom 9. November d. J. A 207 keinen Fortschritt gemacht, und die noch immer nicht zum Abschluß gelangten Verhandlungen über den Zusammenstoß von Mannschaften chinesischer Kriegsschiffe mit japanischen Polizisten in Nagasaki haben allmählig, wohl hauptsächlich in Folge der Einmischung der von beiden Theilen herangezogenen fremden Advokaten den Charakter einer internationalen Frage angenommen und auf beiden Seiten eine Bitterkeit hervorgerufen, die weit über die ursprüngliche Bedeutung des Vorfalls hinausgeht, und eine gewisse Spannung zwischen den beiden Regierungen veranlaßt hat, welche vertraulichen Auseinandersetzungen über andere Fragen für den Augenblick im Wege stehen würde.

Brandt.

Inhalt: Betreffend die angebliche Uebergabe von Port Hamilton an die chinesische Regierung.

Berlin, den 12. Februar 1887.   A. 1684.

An
die Botschaften in

1. Petersburg № 118
2. London № 129
Sicher!

J. № 940.

Euerer p. beehre ich mich anbei Abschrift eines
Berichts des K. Gesandten in Peking vom 16.
d. Mts. betreffend die angebliche Uebergabe
von Port Hamilton an die chines. Regierg.,
zu Ihrer vertraul. Information zu übersenden.

N. d. H. St. S.

i. m.

[   ]

PAAA_RZ201-018941_016

Empfänger	[o. A.]	Absender	[o. A.]
A. 2271 [o. A.]		Söul, den 28. Dezember 1886.	

Notiz zu A. 2271

Bericht № 77 aus Söul vom 28. 12. 86 betreffend:

Russisch-chinesische Verständigung in Betreffs Korea´s. Scandal zwischen den englischen Vertretern in Söul. Compromittirende Veröffentlichung im amerikanischen Rothbuch. Memoir des chinesischen Vertreters an den König.

befindet sich in actis
Korea 1

Port Hamilton.

PAAA_RZ201-018941_017 ff.			
Empfänger	Bismarck	Absender	Kempermann
A. 3100 pr. 11. März 1887. a. m.		Söul, den 24. Januar 1887.	
Memo	mtg. 11. 3. n. London 221 J. № 55.		

A. 3100 pr. 11. März 1887. a. m.

Söul, den 24. Januar 1887.

Kontrole № 9.

Seiner Durchlaucht
dem Fürsten von Bismarck.

Reuter'sche Telegramme, welche vor ungefähr vier Wochen hier anlangten, meldeten, daß England China versprochen habe, den Besitz Port Hamilton's wieder aufzugeben, falls letzteres in Zukunft über die Inselgruppe wachen wolle. Die Correktheit dieser Nachricht ist jetzt bestätigt worden.

Der am 20. c. hier eingetroffene neuernannte britische General Konsul Herr Watters nämlich hat ein Schreiben des englischen Gesandten in Peking, Sir John Walsham, an das hiesige Auswärtige Amt überbracht, das, wie ich von einem Beamten des letzteren erfahren habe, ungefähr folgendermaßen lautet. Der frühere Geschäftsträger in Peking O'Conor habe dem Auswärtigen Amte seiner Zeit mitgetheilt, daß England die Port Hamilton-Gruppe nicht annektirt, sondern zu einer kritischen Zeit nur besetzt habe, um zu verhindern, daß eine andere Macht sich derselben bemächtige, und daß die englische Besatzung die Gruppe räumen werde, sobald eine solche Gefahr nicht mehr bestehe. Er (Sir John) benachrichtige jetzt das Auswärtige Amt, daß England beschloßen habe, den Besitz der Inseln aufzugeben und seine Truppen im Frühjahr zurückzuziehen. Dieses geschehe im Einvernehmen mit China, welches an Englands statt die Wacht übernehmen werde. Den Zeitpunkt der Evacuirung würden der Generalkonsul Herr Watters und der Admiral der brittischen Flotte in Ostasien dem Auswärtigen Amte noch besonders notificiren, auch seien dieselben ermächtigt, die dabei sich ergebenden Fragen (O'Conor hatte in seinem Schreiben Geldentschädigung für die Okkupation der Ländereien versprochen) mit der koreanischen Regierung zu regeln.

Eine Antwort auf diese Note ist Seitens des Auswärtigen Amtes noch nicht erfolgt. Ob China nun die Inseln thatsächlich besetzen will, was jedenfalls Japan sehr aufbringen würde und gegen die mit Rußland getroffene Abrede wäre, verlautet nicht. Ich will versuchen, ob ich gelegentlich von dem chinesischen Gesandten darüber etwas hören kann und werde nicht ermangeln Euerer Durchlaucht weiteren Bericht zu erstatten.

Abschriften dieses ganz gehorsamsten Berichts schicke ich an die Kaiserliche Gesandtschaften in Peking und Tokyo.

Kempermann.

Inhalt: Port Hamilton.

Berlin, den 11. März 1887.   A. 3100.

An
die Botschaften in

London № 221.
Sicher!

Herrn G. L. R. Gf z Rantzau
z. g. K. vorzulegen

J. № 1684.

Euerer p. übersende ich anbei ergebenst Abschrift
eines Berichts des K. General Consuls in Söul
vom 24. Jan., betreffend Port Hamilton zu Ihrer
Information

      N. d. H. St. S.
        i. m.
      L. 14. 3.

Aufgabe von Port Hamilton seitens der Engländer.

PAAA_RZ201-018941_023 ff.

Empfänger	Bismarck	Absender	Holleben
A. 3126 pr. 11. März 1887. p. m.		Tokio, den 31. Januar 1887.	
Memo	J. № 41 A.		

A. 3126 pr. 11. März 1887. p. m.

Tokio, den 31. Januar 1887.

C. № 12 A.

Seiner Durchlaucht

dem Fürsten von Bismarck.

Obwohl ich voraussetzen darf, daß Euer Durchlaucht über die nun doch unmittelbar bevorstehende, oder bereits erfolgte Aufgabe von Port Hamilton seitens der Engländer bereits von anderer Seite unterrichtet sind, will ich nicht verfehlen, noch ganz gehorsamst zu melden, was mein englischer College mir in dieser Beziehung mitgetheilt hat. Danach haben sowohl der jetzige Chef des britischen Geschwaders in Ostasien, Vice-Admiral Hamilton, wie dessen unmittelbare Vorgänger gegen die dauernde Besetzung von Port Hamilton aus technischen Gründen sich ausgesprochen. Nach dem Urtheil dieser Offiziere wäre die ganze Okkupation besser unterblieben, da der, an sich ausgezeichnete, Hafen nur durch bedeutende Festungsanlagen zu schützen sei und, ohne solche, zu seiner Vertheidigung mindestens sechs großer Kriegsschiffe bedürfe. Die Anlage von Fortifikationen würde viel Geld und viel Zeit in Anspruch genommen haben, da sie bis jetzt nicht erfolgt sei, so sei es, mit Rücksicht auf etwaige bevorstehende Verwickelungen mit Rußland, besser, den Punkt aufzugeben, um die englischen Streitkräfte nicht unnütz zu schwächen.

Sir Francis Plunkett sagt, daß er von seinem Collegen in Peking keinerlei Nachricht über die Sache habe und so auch nicht wisse, ob Abmachungen zwischen England und Korea oder England und China bestehen, welche Bürgschaft gegen eine Besetzung Port Hamilton's durch eine andere Macht gäben.

Die von mir nicht erwartete Aufgabe Port Hamilton's stellt sich soweit nicht als eine Folge der hiesigen, sondern als eine Rückwirkung der europäischen Situation dar. Sehr consequent erscheint dabei die englische Politik freilich nicht, indem sie Port Hamilton einmal aus Besorgniß vor Rußland besetzt und dann aus dem gleichen Grund wieder aufgiebt.

Holleben.

Inhalt: Aufgabe von Port Hamilton seitens der Engländer.

Englische Occupation von Port Hamilton betreffend.

PAAA_RZ201-018941_028			
Empfänger	Bismarck	Absender	Hatzfeldt
A. 3329 pr. 16. März 1887. a. m.		London, den 14. März 1887.	

A. 3329 pr. 16. März 1887. a. m. 3 Anl.

London, den 14. März 1887.

Seiner Durchlaucht
dem Fürsten von Bismarck.

Euerer Durchlaucht beehre ich mich beifolgend die dem Parlamente vorgelegte Correspondenz betreffend die zeitweilige Besetzung von Port Hamilton seitens Englands in drei Exemplaren gehorsamst einzureichen.

Hatzfeldt.

Inhalt: Englische Occupation von Port Hamilton betreffend.

[Anlage zu A. 3329.]

CHINA. № 1. (1887).

———————

CORRESPONDENCE

RESPECTING THE

TEMPORARY OCCUPATION OF PORT HAMILTON

BY

HER MAJESTY'S GOVERNMENT.

Presented to both Houses of Parliament by Command of Her Majesty.
March 1887.

PRINTED FOR HER MAJESTY'S STATIONERY OFFICE
BY HARRISON AND SONS,
PRINTERS IN ORDINARY TO HER MAJESTY.

———————

And to be purchased, either directly or through any Bookseller, from
EYRE AND SPOTTISWOODE, EAST HARDING STREET, FLEET STREET, E.C.,
AND 32, ABINGDON STREET, WESTMINSTER, S.W. ; OR
ADAM AND CHARLES BLACK, NORTH BRIDGE, EDINBURGH ; OR
HODGES, FIGGIS, & CO., 104, GRAFTON STREET, DUBLIN.

———————

1887.

[C.-4991.] Price Gd.

A. 3329

TABLE OF CONTENTS.

11	To Mr. O'Conor	..	27,	To ask leave of Chinese Government for landing of cable to Port Hamilton at North Saddle Island	3
				agreement Her Majesty's Government would propose on the subject	
12	To Marquis Tsêng	..	28,	Answer to № 10. Sends draft of proposed Agreement respecting occupation of Port Hamilton	3
13	To Mr. O'Conor	..	May 6,	Reference to above. Dr. Macartney has announced that the Chinese Government cannot authorize their Minister to sign the proposed Agreement	4
14	Admiralty	..	13,	Telegram from Vice-Admiral Dowell reporting arrival of Russian ship, and hoisting of British flag at Port Hamilton	4
15	Vice-Admiral Dowell to Admiralty	Telegraphic	18,	Arrival of Corean officials to protest against hoisting of British flag. Expresses opinion adverse to retention of Port Hamilton	5
16	Mr. O'Conor	Telegraphic	18,	Answer to № 11. Chinese Government consent to landing of cable temporarily at Saddle Island,	5
17	Admiralty	..	19,	Extract from telegram from Vice-Admiral Dowell. Arrival of Corean officials to protest against occupation	5
18	Admiralty to Vice-Admiral Dowell	Telegraphic	19,	Answer to № 15. Foreign Office being consulted as to reply to Corean protest. To give more fully reasons against occupation. Would Hong Kong be sufficient base in case of war?	6
19	Vice-Admiral Dowell to Admiralty	Telegraphic	20,	Answer to above, Hong Kong a sufficient base. Disadvantages of Port Hamilton	6
20	Mr. Plunkett	Telegraphic	21,	Corean Representatives reported	6

21	Mr. O'Conor	Telegraphic	22,	to have left Nagasaki with Chinese Admiral. They have protested to English Admiral respecting occupation Corea reported to have protested against occupation. Chinese Government profess ignorance of protest	6
22	To Mr. O'Conor	..	22,	Reference to № 20. Corean protest. It is not proposed to reply through the Admiral, but Corea may be informed that Her Majesty's Government are prepared to come to an agreement on the subject	6
23	Admiralty	..	May 23, 1885	Reference to № 17. Telegram to Vice- Admiral Dowell directing him to reply. If necessary, to Corean officials that Her Majesty's Legation at Peking will deal with their protest	7
24	Mr. O'Conor	Telegraphic	25	Protest received from Corean Government. Reply given according to instructions in № 22	7
25	To Mr. O'Conor	..	27,	Answer to above. Approves proceedings. Further instructions will be sent	7
26	''	..	29,	To offer Corea, through Chinese Government if possible, sum not exceeding 5,000L. a-year rent for Port Hamilton during occupation	7
27	''	Telegraphic	30,	Not to act on above till receipt of further in structions	8
28	Admiralty	..	June 1,	Reference to № 16. Cable between Saddle Island and Port Hamilton has been completed	8
29	To Mr. O'Conor	..	3,	Reference to № 24. To inform Corea that temporary occupation of Port Hamilton has been found necessary	8
30	''	Telegraphic	5,	To act on № 26	8

31	Mr. O'Conor	Telegraphic	27,	Reference to № 22. Corea does not see way to making arrangement	8
32	To Mr. O'Conor	..	July 7,	To give undertaking that integrity of Corea will be respected, and to conclude arrangement according to instructions in № 26	9
33	Admiralty	..	8,	Despatch from Vice-Admiral Dowell, reporting arrival of Corean officials and their protest	9
34	Vice-Consul Carles	..	May 19,	Reference to № 9. Note announcing temporary occupation delivered to Corean Government	11
35	Mr. O'Conor	Telegraphic	July 13,	Corean protest withdrawn for the present on representations of Her Majesty's Consul-General	11
36	''	..	May 23,	Chinese Government deny knowledge of Corean officials being conveyed to Port Hamilton on Chinese ship to deliver their protest	11
37	''	..	June 4,	Answer to № 29. Steps taken for reply to Corean protest	12
38	Admiralty	..	July 27,	Reference to № 28. Extract from letter from Vice-Admiral Dowell reporting completion of cable	12
39	Mr. O'Conor	..	June 6,	Answer to № 30. Offer of 5,000L. a-year made to Corea	13
40	''	..	June 9,	Reference to № 24. Sends text of Corean protest	13
41	Consul-General Aston.	..	19,	Reference to № 31. Extract from despatch to Mr. O'Conor. Interview with Corean Government. No prospect of an arrangement	14
42	Vice-Admiral Dowell to Admiralty	..	July 15,	Arrangements for renting land required at Port Hamilton. Repeats opinion that place will be a source of weakness unless fortified and garrisoned	15

43	Mr. O'Conor	··	2,	Answer to № 29. Copy of note to Corean Government respecting occupation	15
44	Admiralty to Vice-Admiral Hamilton	··	Sept. 15,	To report upon the capabilities of Port Hamilton as a coaling Station and naval Station	16
45	Mr. O'Conor	··	17,	Report on Port Hamilton by Mr. Scott	16
46	‘’	··	Oct. 14,	Interview with Li Hung-chang. His views on the occupation	19
47	To Mr. O'Conor	··	Dec.12,	Answer to above, To ascertain if, in event of withdrawal from Port Hamilton, China would guarantee its integrity	20
48	‘’	··	24	Acknowledges № 45. Mr. Scott's proceedings approved	20
49	Mr. O'Conor	··	Nov. 8,	Corean Government request a reply to their protest	20
50	Admiralty	··	Jan. 20, 1886	Report from Vice-Admiral Dowell, with letter from Admiral Willes appended. Undesirability of holding Port Hamilton. Requests early decision	21
51	Mr. O'Conor	··	Dec. 5, 1885	Interview with Tsung-li Yamên. Inquiries respecting British force there	23
52	‘’	··	Jan. 7, 1886	Inquiry by Tsung-li Yamên if Port Hamilton had been evacuated. They decline to guarantee integrity in event of English withdrawal	24
53	To Admiralty	··	Mar. 11, 1886	Copy of above for observations	24
54	Admiralty	..	19,	Answer to above. Expresses decided opinion against retention of Port Hamilton. Early decision advisable	24
55	To Mr. O'Conor	..	Apr. 1,	Communication by Dr. Macartney of Russian intention to occupy some place in Corea if English do not withdraw from Port Hamilton, and inquiry as to intentions of Her Majesty's Government	25
56	To Sir H. Macartney	..	14,	Reply to Sir H. Macartney's	25

				communication contained in above. Conditions under which Her Majesty's Government would retire	
57	Admiralty	..	May 19,	Requests early decision as to retention of Port Hamilton	26
58	To Admiralty	..	22,	Copies of № 55 and Inclosure in № 56 Reply of China will be pressed for. Not advisable to take steps for termination of occupation	26
59	Admiralty	..	June 4,	Answers above. Necessary to telegraph instructions to Admiral that occupation is to be provided for for six months or a year longer. Sends Report from Vice-Admiral Hamilton with Report by Captain Powlett. Adheres to opinion adverse to retention	26
60	To Admiralty	..	12,	Answers above. No reply received from China. Provision must be made for further period of occupation	29
61	Admiralty	..	July 17,	Report from Vice-Admiral Hamilton respecting inexpediency of retaining Port Hamilton	29
62	To Sir J. Walsham	..	23,	Reference to № 55. To try and obtain early reply from Chinese Government	30
63	Sir J. Walsham	Telegraphic	27,	Answer to above. China does not intend to send a formal reply. Further Corean protest on its way	31
64	‘’	Telegraphic	31,	Corean protest received. They ask definite reply respecting occupation. Suggests making Port Hamilton and Port Lazareff Treaty ports	31
65	To Sir J. Walsham	..	Aug. 12,	Answer above. Suggestion as to making Port Hamilton and Port Lazareff Treaty ports approved. To discuss evacuation question with	31

66	Admiralty	..	18,	Tsung-li Yamên Repeats opinion that Port Hamilton unless fortified and garrisoned would be a source of weakness	31
67	Sir J. Walsham	Telegraphic	Nov. 5,	Note received from Chinese Government, stating that, on faith of promise given by Russia, China will guarantee integrity of Port Hamilton after English withdrawal	32
68	Admiralty	..	10,	Reports from Naval Officers. Defenseless state of Port Hamilton. It should be given up if not fortified	32
69	To Sir J.Walsham	..	19,	Answer № 67. Her Majesty's Government prepared on faith of China's guarantee to comply with her wishes. To discuss how this decision can be carried out	34
70	Sir J. Walsham	Telegraphic	Dec, 1, 1886	Answer to above. Mode of procedure proposed by Tsung-li Yamên	35
71	To Admiralty	..	4,	Proposes to authorize Sir J. Walsham to reply to China in terms of № 69. and to inform Corea of intention to evacuate. What instructions will be given to Admiral ?	35
72	Admiralty	..	7,	Answer to above. Sends draft of proposed telegram to Admiral respecting evacuation	36
73	To Sir J. Walsham	..	10,	Answer to № 70. Authorizes to proceed as suggested. To obtain guaranteeing note from China. Admiral instructed to communicate with him	36
74	To Admiralty	..	11,	Answer to № 72. Concurs in telegram to Admiral. He should take no step before communicating with Her Majesty's Minister	36
75	Admiralty	..	11,	Reference to Nos. 71, 72, and	37

76	Sir J. Walsham	..	Nov. 5,	74. Copy of telegram sent to Admiral See № 67. Note from Tsung-li Yamên offering guarantee of integrity of Port Hamilton on faith of Russian promise	37
77	Sir J. Walsham	Telegraphic	Dec. 27. 1886	Answer to № 73. Notes addressed to China and Corea. Satisfaction of Chinese Government. Admiral to withdraw about the date of arrival of note in Corea	38
78	Admiralty	..	Jan. 3, 1887	Telegrams from Vice-Admiral Hamilton as to arrangements for withdrawal. Asks concurrence	39
79	To Admiralty	..	7,	Answers above. Concurs in arrangements	39
80	Sir J. Walsham	..	Dec. 25, 1886	See № 77. Copy of note delivered to Tsung-li Yamên and Corea, intimating decision of Her Majesty's Government to withdraw	39
81	To Sir J. Walsham	..	Feb.25, 1887	Answer to above. Approves terms of notes	41
82	Vice-Admiral Hamilton to Admiralty	Telegraphic	28	British flag hauled down at Port Hamilton on the 27th February. Cable in charge of Corean Chief	41
83	Sir J. Walsham	Telegraphic	Mar. 2,	Admiral reports hauling down of British Hag. Note received from Corean Government expressing satisfaction	41

Correspondence respecting the Temporary Occupation of Port Hamilton by Her Majesty's Government.

№ 1.

Earl Granville to Mr. O'Conor.

(Extract.)   Foreign Office, April 8, 1885.

DR. MACARTNEY called today, by direction of the Marquis Tsêng, to say that instructions had reached him by telegraph from Peking to ask, if it was true that the British flag had been hoisted at Port Hamilton.

Dr. Macartney was informed, in reply, that nothing was known at the Foreign Office of such a proceeding.

№ 2.

Mr. Plunkett to Earl Granville.—(Received April 9, 11:40 A.M.)

(Telegraphic.)   Tôkiô, April 9, 1885, 1:20 P.M.

MINISTER for Foreign Affairs much disturbed by reported occupation of Port Hamilton by England.

I replied that I had heard nothing of any such intention on the part of Her Majesty's Government. ;

№ 3.

The Secretary to the Admiralty to Vice-Admiral Sir W. Dowell.

(Telegraphic.)   Admiralty, April 14, 1885.

OCCUPY Port Hamilton, and report proceedings.

№ 4.

Vice-Admiral Sir W. Dowell to the Secretary to the Admiralty.—(Received at the Admiralty, April 16.)

(Telegraphic.)   Nagasaki, April 15, 1885.

YOURS of yesterday.

"Agamemnon," "Pegasus," and "Firebrand" leave immediately for Port Hamilton to occupy harbour. Not to hoist flag until further orders unless Russian men-of-war come in.

№ 5.

Earl Granville to the Marquis Tsêng.

M. le Ministre,   Foreign Office, April 16, 1885.

ON the 8th instant you sent to ask, whether it was true, that Her Majesty's Government had occupied Port Hamilton. At the time that this inquiry was made, Her Majesty's Government were not in a position to confirm the report on which your inquiry was founded. Since then, however, they have found it necessary, in view of eventualities, to authorize their Admiral, in case of necessity, to occupy temporarily Port Hamilton. Under ordinary circumstances Her Majesty's Government would have desired to have come to a previous understanding with the Chinese Government on the subject. But in view of the probable occupation of these islands by another Power, Her Majesty's Government have deemed it indispensable to take this step.

Her Majesty's Government do not wish to do anything that would be injurious to the prestige of China, and would therefore be prepared to come to such an agreement as would not be harmful to Chinese interests in those parts.

I have, &c.

(Signed)   GRANVILLE.

№ 6.

Earl Granville to Mr. Plunkett.[1]

Sir,   Foreign Office, April 17, 1885

I HAVE to inform you that Her Majesty's Government have decided upon the temporary occupation of Port Hamilton. As soon as you hear from the Admiral commanding the British squadron that the place has been occupied, you will address a Confidential note to the Japanese Government stating that Her Majesty's Government have instructed you to say that, in views of eventualities, they have found it necessary to authorize a temporary occupation of the port.

I am, &c.

(Signed)   GRANVILLE.

---

1   Substance telegraphed.

No 7.

Earl Granville to Mr. O'Conor.[2]

Sir,   Foreign Office, April 17, 1885

I HAVE to inform you that Her Majesty's Government have decided upon the temporary occupation of Port Hamilton.

The Chinese Minister at this Court has been informed, confidentially, of this decision.

I am, &c.

(Signed) GRANVILLE

№ 8.

Mr. Plunkett to Earl Granville. – (Received April 23.)

(Telegraphic)   Tôkiô, April 23, 1885.

WITH reference to your telegram of the 17th, communication made on the 20th.

While acknowledging the courtesy of Her Majesty's Government, Foreign Minister replies that Japan cannot view without concern occupation of place so adjacent even by a Power with whom her relations are so cordial; he wishes to learn, when proper, what arrangement has been made with Corea.

His Excellency reserves further remarks.

№ 9.

Earl Granville to Mr. O'Conor. *

Sir,   Foreign Office, April 23, 1885.

WITH reference to my despatch of the 17th instant on the subject of Port Hamilton, I have to request you to address a Confidential note to the Corean Government stating that Her Majesty's Government have instructed you to say that, in view of eventualities, they have found it necessary to authorize a temporary occupation of the island.

I am, &c.

(Signed) GRANVILLE

---

2   Substance telegraphed

№ 10.

The Marquis Tsêng to Earl Granville.—(Received April 27.)

My Lord,   Chinese Legation, April 27, 1885.

I BEG to acknowledge receipt of the letter which your Lordship did me the honour to address to me on the 16th instant, replying to the inquiry which, in conformity with instructions received from the Imperial Government, I made on the 8th of the same month, relative to the reported occupation by Her Britannic Majesty's Government of the islands forming Port Hamilton.

As these islands belong to the Kingdom of Corea, a country which is not only conterminous with China, but which is a vassal of the Chinese Empire, the reported occupation of them by a foreign Power naturally could not be viewed without concern at Peking.

This feeling, however, I am happy to be able to inform your Lordship, has in some measure been allayed by the assurance contained in the communication under reply, that the occupation would only be of a temporary nature, and that Her Majesty's Government, being desirous of not doing anything which would be injurious to the prestige of China, would be prepared to come to such an agreement with the Chinese Government as would not be hurtful to Chinese rights and interests in those parts.

The Imperial Government, after having taken due note of this assurance, and of the Statement that, but for the exigency of circumstances, Her Majesty's Government would, before authorizing the occupation of the islands, have sought to come to an understanding with the Chinese Government on the subject, have instructed me to request your Lordship to inform me of the kind of agreement which Her Majesty's Government would propose in order to secure these objects.

I have, &c.

(Signed)   TSÊNG.

№ 11

Earl Granville to Mr. O'Conor.[3]

Sir,   Foreign Office, April 27, 1885.

I HAVE to request that you will ask the Chinese Government to allow the Telegraph

---

3   substance telegraphed

Construction Company to land a cable, and establish a cable house, at North Saddle Island, at the entrance of the Yangtze River.

This cable will be laid between that point and Port Hamilton for the use of Her Majesty;s Government.

I am, &c.

(Signed)　GRANVILLE

№ 12.

Earl Granville to the Marquis Tsêng.

M. le Ministre,　　　　　　　　　　　　　Foreign Office, April 28, 1885.

I HAVE the honour to acknowledge the receipt of your note of yesterday's date, and in accordance with your request to be informed of the nature of the yesterday's date, and Her Majesty's Government would propose in regard to the occupation of Port Hamilton by Great Britain, I beg leave to forward a draft of Agreement on the subject, which I shall be prepared to sign with you.

I have, &c.

(Signed)　GRANVILLE

Inclosure in № 12.

Draft Agreement between the British and Chinese Governments respecting the British Occupation of Port Hamilton.

EARL GRANVILLE, K.G., Her Majesty's Principal Secretary of State for Foreign Affairs, and the Marquis Tsêng, Envoy Extraordinary and Minister Plenipotentiary from His Imperial Majesty the Emperor of China, having met this day at the Foreign Office, an exchange of views took place with regard to the possible occupation of Port Hamilton by Great Britain.

The Marquis Tsêng stated, in answer to Lord Granville's inquiry, that he was authorized by his Government to declare that, in the event of the British Government desiring, at any time, to occupy the islands lying off the south coast of Corea, known by the name of "Port Hamilton," His Imperial Majesty the Emperor of China would offer no objection to such occupation ; and Earl Granville having taken due notice of this declaration, it was mutually agreed that from the day on which Her Britannic Majesty should deem it advisable to occupy those islands they should be acknowledged by His Imperial Majesty the Emperor of China as lawfully occupied and administered by England.

It is understood between the two High Contracting Parties that Her Britannic Majesty's Government shall, at the expiration of twelve months from the date of occupation, pay to the Corean Government the whole of the revenue that may have been received by them from the islands, and a similar sum at the expiration of every twelve months during the continuance of the occupation of the islands by Great Britain, deducting therefrom and paying to China any portion of that revenue which has hitherto been paid to China by Corea as tribute in regard to these islands.

It is also understood that the British occupation is not to prejudice either the rights or the privileges of the subjects of Corea inhabiting the islands.

№ 13,

Earl Granville to Mr. O'Conor.

Sir,   Foreign Office, May 6, 1885.

YOU have been furnished with the draft of the Agreement[4] which I had proposed for the temporary occupation of Port Hamilton by Her Majesty's Government in the event of such a measure being found necessary by them, and which had been forwarded to the Marquis Tsêng, as requested in his letter of the 27th April.

I have now to inform you that Dr.Macartney came today to the Foreign Office and stated that the Marquis Tsêng had telegraphed to his Government the substance of that Agreement.

In reply, the Yamên had sent the following telegram, which Dr.Macartney was instructed by the Marquis Tsêng to communicate for my information :----

"The Chinese Government would have been much gratified had circumstances permitted their meeting the views of Her Majesty's Government in the matter of the proposed occupation, but in view of the Russian Minister at Peking having given the Yamên to understand that, should the Chinese Government consent to a British occupation of the islands forming Port Hamilton, the Russian Government would feel it necessary to occupy some other island or portion of the Kingdom of Corea; also in view of the possibility of Japan following in the same course, the Chinese Government regret that, in order to avoid these inconveniences, and the possible complications which might result from them, they cannot authorize their Minister to sign the Arrangement proposed by Her Majesty's Government, and instruct him to express the hope that Her Majesty's Government will not find it necessary to occupy the islands."

---

4 Inclosure in № 12

I am, &c.

(Signed)   GRANVILLE.

№ 14.

The Secretary to the Admiralty to Mr. Currie. ----(Received May 13.)

Sir,   Admirally, May 13, 1885

I AM commanded by my Lords Commissioners of the Admiralty to transmit, for the information of the Secretary of State for Foreign Affairs, a copy of a telegram received from the Commander-in-chief of the China Station.

I am, &c.

(Signed)   EVAN MACGREGOR.

Inclosure in № 14.

Vice-Admiral Sir W. Dowell to the Secretary to the Admiralty.

(Telegraphic.)   Nagasaki, May 12, 1885, 3:45 P.M.

RUSSIAN volunteer ship "Vladivostock" visited Port Hamilton 10th May, remaining twenty-four hours. Union Jack hoisted on the island. Formation of the harbor mines and other defences are being proceeded with. It will be necessary to give notice that the entrances are blocked, and that ships are not allowed to enter during the night.

A Japanese man-of-war also visited the port. I have notified the Minister at Tokio of occupation.

№ 15.

Vice-Admiral Sir W.Dowell to the Secretary to the Admiralty.---(Received at the Admiralty, May 18.)

(Telegram.)   Nagasaki, May 18, 1885.

TWO Corean officials, who have been sent by the King of Corea, arrived here in Chinese man-of-war this morning, to find out circumstances under which we have occupied, and to protest against our hoisting the British flag at Port Hamilton. I replied that I would refer the matter home, but I believe that the occupation was only temporary. They are very anxious to return to Corea, and hope for reply. I consider it right to say that Port Hamilton, in my opinion, is by no means a desirable place to hold. To defend it would be difficult, fortifications would be necessary, the expense would be heavy, and it would be a constant source of weakness. Booms and mines have been placed to defend the harbor as a temporary measure. It would be more convenient, in case of naval operations, for the necessary colliers and store-ships to accompany the squadron. Should the retention of Port Hamilton be decided upon, I would propose that two guns from the "Flying Fish" should be landed there for the protection of the mine-field, that vessel returning to Hong Kong to continue her surveying work.

№ 16.

Mr. O'Conor to Earl Granville.---(Received May 19, 1:45 P.M.)

(Telegraphic.)   Peking, May 18, 1885, 9:20 P.M.

CHINESE Government have consulted to eable being landed temporarily.

№ 17.

The secretary to the Admiralty to Mr. Currie.---(Received May 19.)

Sir,   Admiralty, May 19, 1885.

I AM commanded by my Lords Commissioners of the Admiralty to transmit, for the information of the Secretary of State for Foreign Affairs, the inclosed extract form a telegram received from Vice-Admiral Sir Willian Dowell, Commander-in-chief of the China Station.

I am, &c.

(Signed) EVAN MACGREGOR.

Inclosure in № 17.

Vice-Admiral Sir W.Dowell to the Secretary to the Admiralty.

(Telegraphic.)   Nagasaki, May 18, 1885.

CHINESE Admiral arrived this morning bringing two Corean officials sent by King of Corea to ascertain circumstances under which Port Hamilton has been occupied, and to protest against hoisting of English flag. I replied that I believed occupation only temporary, but that I would refer home.

№ 18.

The Secretary to the Admiralty to Vice-Admiral Sir W.Dowell.

(Telegraphic.)   Admiralty, May 19, 1885.

WE are consulting Foreign Office as to reply to Coreans. Give your reasons more fully against occupation of island.

Would Hong Kong be sufficient as a base in event of war?

№ 19.

Vice-Admiral Sir W.Dowell to the Secretary to the Admiralty.---(Received at the Admiralty, May 20.)

(Telegraphic.)   May 20, 1885.

AS long as we have command of the sea, Hong Kong sufficient base. Port Hamilton can be shelled from without unless fortified, consequently must have squadron for its protection. It could be used as an anchorage, whenever necessary, without occupation. Any Power holding it permanently must make a second Malta of it. I have taken Captains' opinion; they quite agree with me.

№ 20.

Mr.Plunkett to Earl Granville.-----(Received May 21.)

(Telegraphic.)   Tokio, May 19, 1885.

HER Majesty's Consul telegraphs that Corean Representatives leave Nagasaki today with the Chinese Admiral. They have protested in writing to British Admiral.

№ 21.

Mr. O'Conor to Earl Granville.---(Received May 23.)

(Telegraphic.)   Peking, May 22, 1885.

I HEAR that Corea has protested against British occupation of Port Hamilton. Chinese Government profess ignorance of protest.

№ 22.

Earl Granville to Mr. O'Conor.[5]

Sir,   Foreign Office, May 22, 1885.

Her Majesty's Minister at Tokio has informed me, by telegraph, that ac Chinese

---

5   Substance telegraphed.

Admiral had arrived at Nagasaki with two Corean officials, who addressed a written protest to Vice-Admiral Dowell against the British occupation of Port Hamilton. The Admiral had replied that he believed the occupation in question to be of a temporary character only, but that he would refer home upon the subject.

It is not proposed to send any reply to this protest through the Admiral, but should you consider it desirable you are authorized to make known to the Corean Government, either directly or through the Chinese Government, as you may think best, that Her Majesty's Government would be prepared to come to an agreement with them in regard to a temporary occupation of Port Hamilton.

I have to instruct you to repeat this telegram to Mr. Plunkett.

I am, &c.
(Signed)   GRANVILLE.

No 23.

The Secretary to the Admiralty to Mr. Currie.-----(Received May 25.)

Sir,   Admiralty, May 23, 1885.

WITH reference to my letter o the 19th instant, I am commanded by my Lords Commissioners of the Admiralty to transmit, for the information of the Secretary of State for Foreign Affairs, copy of a telegram, dated this day, which has been sent to Vice-Admiral Sir William Dowell, in reply to his telegram respecting the protest of the Coreans with respect to Port Hamilton.

I am, &c.
(Signed)   EVAN MACGREGOR.

Inclosure in No 23.

The Secretary to the Admiralty to Vice-Admiral Sir W.Dowell.

(Telegraphic.)   Admiralty, May 23, 1885.

YOURS of 18th.

If Corean officers expect reply, inform them in courteous terms that Foreign Secretary has instructed Minister at Peking regarding their protest and temporary occupation of Port Hamilton.

No 24.

Mr. O'Conor to Earl Granville.-----(Received May 25, 10:30 P.M.)

(Telegraphic.)   Peking, May 25, 1885, 4:15 P.M.

FOLLOWING is substance of message received from Corean Foreign Office for communication to Her Majesty's Government ;---

"Port Hamilton being Corean, cannot be taken possession of by any other Power. Hopes England, out of regard for friendly relations, will abandon intention, and that fleet will be withdrawn at once, otherwise, Corea cannot remain silent, but will appeal to Treaty Powers."

I instructed Carles to inform Corean Government Mr. Aston returns end of month, and will be instructed to reply to note. I told Mr. Aston to intimate to Corean Government that Her Majesty's Government may perhaps be willing to come to an agreement with respect to temporary occupation.

№ 25.

Earl Granville to Mr. O'Conor.[6]

Sir,   Foreign Office, May 27, 1885.

I HAVE received your telegram of the 25th instant, reporting the steps taken by you on receipt of the protest by the Corean Government against the occupation of Port Hamilton by this country.

I have to inform you that your proceedings in this matter are approved by Her Majesty's Government, and that further instructions will be sent to you on the subject.

I am, &c.

(Signed)   GRANVILLE.

№ 26.

Earl Granville to Mr. O'Conor.[7]

Sir,   Foreign Office, May 20, 1885.

WITH reference to my dispatch of the 28th instant, the substance of which was sent to you by telegraph, I have to inform you that Her Majesty's Government are prepared to pay to Corea a sum not exceeding 5,000l. a-year as rent for Port Hamilton while it is occupied as a coaling-station by this country. You are authorized to come to an agreement with the Corean Government on this subject, latitude being left to you to make

---

6   Substance telegraphed.
7   Substance telegraphed.

the arrangement within the limit of the above-mentioned sum, and you should , if possible, make the offer to Corea through the Chinese Government.

I am, &c.

(Signed) GRANVILLE.

№ 27.

Earl Granville to Mr. O'Conor.

(Telegraphic.) Foreign Office, May 30, 1885, 3:50 P.M.

DO not act on my telegram of yesterday until you hear again.

№ 28.

The Secretary to the Admiralty to Mr. Currie. ---(Received June 2.)

Sir, Admiralty, June 1, 1885.

I AM commanded by my Lords Commissioners of the Admiralty to request that you will state to Earl Granville that information has been received at the Admiralty that the submarine eable which Her Majesty's Government ordered the Telegraph Construction Company to lay between Shagnhae (Saddle Island) and Port Hamilton has now been completed.

I am, &c.

(Signed) R. D. AWDRY, pro Sec.

№ 29.

Earl Granville to Mr. O'Conor.[8]

Sir, Foreign Office, June 3, 1885.

I HAVE to request you to inform to inform the Corean Government, in reply to the official representation which they have made, that Her Majesty's Government have considered it desirable, in view of certain possible contingencies arising, to instruct the Admiral commanding on the China Station to occupy Port Hamilton as a temporary measure, and to establish a coaling-station at that place.

I have to add, however, that it may become necessary to send you further instructions upon this subject.

---

8 Substance telegraphed

I am, &c.

(Signed) GRANVILLE.

№ 30.

Earl Granville to Mr. O'Conor.

(Telegraphic.)   Foreign Office, June 5, 1885, 3:45 P.M.

ACT on my telegram № 29 of the 29th ultimo respecting Port Hamilton.

№ 31.

Mr. O'Conor to Earl Granville. ---(Received June 27, 11 P.M.)

(Telegraphic.)   Peking, June 27, 1885, 7:30PM

TELEGRAM from Mr.Aston, received 22nd, says : ---

"President of the Foreign Office does not see way to making arrangement regarding Port Hamilton."

№ 32.

The Marquis of Salisbury to Mr. O'Conor.[9]

Sir,   Foreign Office, July 7, 1885.

As Yamen seem disposed to come to an arrangement in regard to the occupation of Port Hamilton by Her Majesty's Government, but are anxious to obtain pledges as to the integrity of Corea, I authorize you to give an undertaking that the integrity of Corea will be respected, and to conclude an arrangement for the lease of Port Hamilton while occupied as a coaling-station by this country, on the terms authorized by Lord Granville's dispatch of the 29th May last, the substance of which was communicated to you by telegraph on the same day.

I am, &c.

(Signed) SALISBURY.

№ 33.

The Secretary to the Admiralty to Mr. Currie. ⌐(Received July 11.)

---

9 Substance telegraphed.

Sir,   Admiralty, July 8, 1885.

I AM commanded by my Lords Commissioners of the Admiralty to forward herewith, for the perusal of the Marquis of Salisbury, a copy of a letter, dated the 19th May last, with its inclosures, relating to the protest of the Corean Government against the occupation of Port Hamilton.

I am, &c.

(Signed)   R. D. AWDRY.

Inclosure 1 in № 33.

Vice-Admiral Sir W. Dowell to the Secretary to the Admiralty.

Sir,   "Audacious," at Nagasaki, May 19, 1885.

YESTERDAY morning the Chinese cruisers "Chao Yung" and "Yung Wei" arrived at this port under Admiral Ting, bringing two Corean officials, Messrs. Om Si-yong, Member of the Inner Council, and P. G. Mollendorff, Member of the Corean Foreign Office. In the course of the forenoon I received a visit from these gentlemen, who informed me that they had been deputed by the King of Corea to visit Port Hamilton to ascertain if the reports which had reached His Majesty as to our occupation were true, and if so, to ascertain from me by whose authority and under what circumstances the occupation had been made.

2. They had visited Port Hamilton, and been received by the Senior Officer of Her Majesty's ships, Captain Maclear, of the "Flying Fish," whose report I forward herewith.

3. I replied that, acting under orders from Her Majesty's Government, I had occupied the harbor of Port Hamilton, but that I believed the occupation would only be of a temporary nature. They then stated they were instructed to formally protest against the occupation, and desired me to notify Her Majesty's Government that they had done so. I invited them to place their communication in writing, and this they promised to do. As, however, they were very anxious to return to Corea, and to carry with them the reply of Her Majesty's Government, I at once telegraphed to you the substance of their oral communication.

4. I have just received the accompanying letter and translation from the two Corean officials, and I notice that in it they do not assert that they are authorized to protest against the occupation, but they request that I will take immediate steps to make it apparent to the Treaty Powers concerned that Port Hamilton forms an integral portion of His Corean Majesty's dominions. I append copy of my reply.

I have, &c.

(Signed)   W. M. DOWEELL.

Captain Maclear to Vice-Admiral Sir W. Dowell.

Sir,   "Flying Fish," at Port Hamilton, May 16, 1885.

I HAVE the honour to inform you that this morning the Chinese gun-vessels "Chao Yung" and "Yung Wei" arrived here under the command of Admiral Ting.

This afternoon I received a visit from the Corean officials, Om Si-yong, Member of the Inner Council, second rank, and Mr. P. G. von Mollendorff, Member of the Foreign Office, of the same rank, who informed me that they had come in the Chinese vessels by order of the Corean king, in order to ascertain the truth of reports circulated in Russian and in Japanese papers (the latter with remarks injurious to Corea), that the English had taken possession of these islands; that on arrival they see that the English flag is hoisted and the place in our occupation, and they request from me an explanation.

I therefore informed them that, acting under orders from you, I was in military occupation of the place.

They thereupon, on behalf of the King of Corea, formally protested against such occupation, and requested me to make a note that they did so. Also, as I had said I was acting under orders from you, they requested to know where you were, that they might communicate with you.

I informed them that I would make a note of their protest, and would communicate the same to you, and that you were at Nagasaki at present. They then said they would proceed to Nagasaki to communicate with you, and would also forward, through their proper Representatives there, to the Japanese and Russian Governments notes of their protests against British occupation. Mr. von Mollendorff further informed me that the sole reason that the Corean officials came in Chinese vessels was that they had no vessel of their own, and that when the Chinese Admiral placed his ships at their disposal they had felt bound to accept.

I am, &c.
(Signed)   J. P. MACLEAR.

Inclosure 3 in № 33.

MM. Om Si-yong and Von Mollendorff to Vice-Admiral Sir W. Dowell.

(Translation.)

Sir,   Nagasaki, May 19, 1885 (4th moon, 6th day).

WE have the honour to inform you that it having been brought to the knowledge of His Majesty the King of Corea that that portion of His Majesty's dominions commonly known as Port Hamilton was occupied by the naval forces under your Excellency's command, His Majesty availed himself of the opportunity afforded by the visit to Masanpu of two of His Imperial Chinese Majesty's men-of-war to request his Excellency Admiral Ting to convey the undersigned officials to Port Hamilton, to inquire into the correctness of the statement.

On arriving at Port Hamilton we found six of Her Britannie Majest's ships, together with two merchantmen, at anchor in the harbor, and the British flag flying on the highest peak of that island.

We accordingly sought an immediate explanation from the Captain of Her Britannie Majesty's ship "Flying Fish," and were informed by him that the occupation had been made by the orders of your Excellency, whom, he further informed us, we should find in Nagasaki.

To this port his Excellency Admiral Ting kindly consented to bring us.

We arrived on the morning of the 18th May, and the same day had a conversation with your Excellency on the question at issue.

Referring to that conversation, we have now the honour to request, on behalf of His Majesty our august Sovereign, that you will inform us by whose authority and on what grounds this military occupation of a portion of the territory of a friendly Power has been undertaken by the naval forces of Her Britannie Majesty under your command.

We have further to request that you will take such immediate steps as will make it apparent to all the Treaty Powers concerned that Port Hamilton forms an integral portion of His Corean Majesty's dominions.

We have, &c.

(Signed)   OM SI-YONG, Member of Inner Council.

P. G. VON MOLLENDORFF, Member of Foreign Office.

Inclosure 4 in № 33.

Vice-Admiral Sir W. Dowell to MM. Om Si-yong and Von MOLLENDORF.

Sirs,   "Audacious," at Nagasaki, May 19, 1885.

I HAVE the honour to acknowledge the recipt of your Excellencies' dispatch of this day's date. In reply, I can only repeat what I state to you at our interview yesterday, namely, that Port Hamilton has been occupied(temporarily, I believe) by the squadron under my command in accordance with instructions received by me from Her Britannie Majesty's Government.

I have telegraphed to my Government the purport of your Excellencies' communication to me yesterday, and the answer to that telegram shall be communicated to you, for the information of His Majesty the King of Corea, without delay, as soon as it is received by me.

I have, &c.

(Signed)   W. M. DOWELL.

№ 34.

Vice-Consul Carles to Earl Granville. ---*(Received July 13.)*

My Lord,   Hanyang, May 19, 1895.

I HAVE the honour to inclose copy of a dispatch of this day's date which I have written to Mr. o'Conor, informing him of the delivery to the President of the Corean Foreign Office of his dispatch announcing the intention of Her Majesty's Government temporarily to occupy Port Hamilton.

I have , &c.

(Signed)   W. R. CARLES.

Inclosure in № 34.

Acting Consul-General Carles to Mr. O'Conor.

(Extract.)   Hanyang, May 19, 1885.

I HAVE the honour to inform you that your dispatch of the 24th ultimo, inclosing a note to the President of the Foreign Office, in which you announced the intention of Her Majesty's Government temporarily to occupy Port Hamilton, reached me early this morning. I wrote at once to his Excellency asking for an interview, but as he was unable to receive me, Mr. Scott, by my desire, called upon him and delivered your dispatch to him in person. His Excellency received it without further remark than a question as to whether an arrangement of the difficulties between Great Britain and Russia had not been come to.

№ 35.

Mr. O'Conor to the Marquis of Salisbury. ----*(Received July 13.)*

(Telegraphic.)   Peking, July 3, 1885, 4:35 P.M.

COREAN protest has been withdrawn for the present on representation of Her Majesty's Consul-General.

No 36.

Mr. O'Conor to Earl Granville. ---(Received July 23.)

(Extract.)   Peking, May 23, 1885.

I HAVE the honour to report that I learnt by telegraph from Tokio on the 22nd instant that two Corean officials had protested in writing to the British Admiral at Nagasaki against the occupation of Port Hamilton.

At an interview with the Prince and Ministers on the 21st instant I said that I had learned that Admiral Ting, whose visit to Corea, and thence to Nagasaki, via Port Hamilton, had been alluded to in conversation between us on the 14th instant, had taken two Corean officials on board in Corea, and I inquired whether his Highness had heard anything on the subject, and if he knew what was the object of the Corean Mission.

The Prince and Ministers replied that their information was limited to a telegram from the Grand Secretary Li, who had informed them that Admiral Ting had gone to Nagasaki, and had exchanged visits with the British Admiral, with whose courtcous reception he expressed himself as much pleased.

No 37.

Mr. O'Conor to Earl Granville. ---(Received July 27.)

(Extract.)   Peking, June 4, 1885.

ON receipt of your Lordship's telegram of yesterday's date, instructing me to inform the Corean Government, in reply to their protest, that Her Majesty's Government have found it necessary, in view of eventualities, to authorize their Admiral temporarily to occupy Port Hamilton, and to establish a coaling-station there, I sent a telegram to Mr. Aston, Her Majesty's Consul-General at Soul, of which I inclose a copy.

Inclosure in No 37.

Mr. O'Conor to Consul-General Aston.

(Extract.)   Peking, June 4, 1885.

I REQUESTED you in a telegraphic dispatch of this day's date to repeat to the Corean Government, in reply to their protest respecting the occupation of Port Hamilton, the assurances already conveyed to them by Her Majesty's Government to the effect that it had been found necessary, in view of eventualities, to authorize the British Admiral temporarily to occupy that island, and to establish a coaling-station there.

I added that further instructions may be sent you, but that I trusted these renewed assurances on the part of Her Majesty's Government would satisfy the Corean

Government.

No 38.

The Secretary to the Admiralty to Sir J. Pauncefote.-----(Received July 30.)

Sir,   Admiralty, July 27, 1885.

MY Lords Commissioners of the Admiralty desire me to forward herewith, for the perusal of the Secretary of State for Foreign Affairs, an extract of a letter, dated the 3rd June, from the Commander-in-chief on the China Station, reporting that the telegraph cable connecting Port Hamilton with the main cable of the Eastern Extension Telegraph Company has been lad.

I am, &c.
(Signed)   EVAN MACGREGOR.

Inclosure No 38.

Vice-Admiral Sir W. Dowell to the Secretary to the Admiralty.

(Extract.)   "Audacious," at Nagasaki, June 3, 1885.

IN confirmation of my telegrams of the 30th ultimo and of yesterday's date, I beg leave to report that the telegraph cable connecting Port Hamilton with the main cable of the Eastern Extension Telegraph Company has been successfully laid, and is now in working order.

2. The two telegraphists stationed here to work instruments are for the present living on board the "Merlin," which vessel is anchored close off the position chosen for landing the cable. The wooden building sent from Hong Kong as a residence and office for these gentlemen has been erected by the carpenters of the squadron, and is now nearly complete. In the meantime, the telegraphic operations are carried on in a temporary shed.

3. The cable has been landed on North Saddle Island, where the Company has erected a station. Her Majesty's Chargé d'Affaires at Peking informs me, by telegraph, that the Chinese Government have consented to this arrangement.

No 39.

Mr. O'Conor to Earl Granville.-----(Received August 1.)

(Extract.)   Peking, June 6, 1885.

ON receipt of your Lordship's telegram of yesterday's date, ordering me to act on your Lordship's previous instruction stating that Her Majesty's Government were ready to pay

490 독일외교문서 한국편(1874~1910) 제13권

Corea a sum not exceeding 5,000l. a year rent for Port Hamilton while used as a coaling-station by Her Majesty's fleet, I telegraphed to this effect to Mr.Aston, Her Majesty's Consul-General at Soul.

№ 40.

Mr. O'Conor to Earl Granville. ----(Received August 1.)

My Lord,   Peking, June 9, 1885.

I HAVE the honour to transmit herewith to your Lordship a copy of a dispatch from Mr.Carles, Her Majesty's Acting Consul at Soul, inclosing in original the semi-official note which he had just received from the President of the Corean Foreign Office, protesting very vigorously against the occupation of Port Hamilton by Her Majesty's fleet.

I am indebted to Mr. Hillier for the accompanying translation of the original Chinese note.

I have, &c.
(Signed)   N. R. O'CONOR.

Inclosure 1 in № 40.

Acting Consul-General Carles to Mr. O'Conor.

Sir,   Hanyang, My 20, 1885.

I HAVE the honour to inclose, in original, a semi-official note which I have just received from the President of the Foreign Office.

I have, &c.
(Signed)   W. R. CARLES.

Inclosure 2 in № 40.

The President of the Corean Foreign Office to Acting Consul-General Carles.

(Translation.)   May 20, 1885.

A RUMOUR has lately reached me from the "inner seas" that Her Britannie Majesty's Government has designs upon the Island of Chu Wen, otherwise called Port Hamilton.

This island is a possession of my Government which no other country has the right to trespass upon, such an act being justified by no principle of international law. The intelligence caused me alarm and suspicion, which it is inexpedient that I should give clear expression to, and some days ago officers were sent to the island in question to ascertain whether the rumour was true or not. Although they have not yet returned, I have received an official communication from you, which is a note sent from the Legation in

Peking, upon careful perusal of which I learn from its purport that I must now give credence to the correctness of the earlier report. It is inconceivable that a Government like that of Great Britain, which attaches importance to the obligations of comity, and has a clear perception of the requirements of international law, should act in a manner so unexpected, and I am inexpressibly astonished at the disappointment of the hopes which I had formed.

If Her Majesty's Government does attach importance to the obligations of comity, she will reverse her aims and at once withdraw from this island, to the great good fortune of my country, while she will also secure the respectful admiration of all. Should she fail to do so, the moral obligations of my Government will not allow them to remain silent spectators of this proceeding, which they will, moreover, make known to all countries with whom they have Treaty relations, and submit the proceeding to the test of public opinion.

This matter admits of no delay, and I therefore send you this preliminary letter, giving an explicit expression of my views, to which I earnestly beg the favour of an immediate reply.

№ 41.

Consul-General Aton to Earl Granville. -----(Received August 15.)

My Lord,   Hanyang, June 19, 1885.

I HAVE the honour to inclose extract of a dispatch which I have this day addressed to Her Majesty's Charge d'Affaires at Peking on the subject of Port Hamilton.

I have, &c.

(Signed) W. G. ASTON.

Inclosure 1 in № 41.

Consul-General Aston to Mr. O'Conor.

(Extract.)   Hanyang, June 19, 1885.

IN accordance with the instructions contained in your telegram of the 5th instant, which reached me the day before yesterday, I had an interview today with all the members of the Corean Foreign Office, with the exception of M. von. Mollendorff, who was absent.

I repeated to the President the assurances of the temporary character of the occupation of Port Hamilton, and enlarged on the fact that it was only for coaling purposes that it was required.

The President replied that he was aware that in Japan our Government was allowed facilities for storing coal, but that this was only at the open ports and not elsewhere. He added that in the present state of the relations between Great Britain and Russia it would be impossible for Corea to consent to an occupation, even of this kind, on any terms.

I asked his Excellency could he not think of any arrangement for this purpose which would be advantageous to Corea? His Excellency said that he did not understand what I meant by an advantageous arrangement ; would I explain myself a little more clearly?

His Excellency then repeated that their acquiescence in our occupation of Port Hamilton would be condemned by public opinion, and by doing so they would incur the censure of all foreign Powers. He saw no means by which a compromise could be arrived at, and hoped we could soon relieve Corea from a very difficult position by the withdrawal of our ships from Port Hamilton.

His Excellency asked me for a letter recording your instructions to me on this subject, but in the inclosed note I declined to do so until the arrival of your despatches to me. He also inquired whether there was any letter to himself from you.

Inclosure 2 in № 41.

Consul-General Aston to Mr. Kim Yun-sik.

Sir,   Hanyang, June 19, 1885.

WITH reference to your Excellency's request made to me at our interview this afternoon, to send you a dispatch containing the substance of the communication I then made to you verbally, I have the honour to state that my instructions reached me by telegraph, and I think it will be more convenient to await the receipt of despatches on the subject before complying with your Excellency's request.

I have, &c.

(Signed)   W. G. ASTON.

№ 42.

Sir W. Dowell to the Secretary to the Admiralty.-----(Received at the Admiralty, August 24, 1885.)

(Extract.)   "Audacious," at Hong Kong, July 15. 1885.

BEFORE leaving Port Hamilton I concluded an Agreement with the owners of the property in the immediate neighbourhood of the telegraph station on Observatory Island for renting the land we require, about 7 acres, for the sum of 105 dollars per annum, which will probably be increased to 120 dollars, as it has been found desirable to add about an acre which had been left out in the original plan.

2. On this plot of ground I propose to erect huts for the detachment of Royal Marines now proceeding to Port Hamilton, and also the requisite store-houses.

3. As there appears to be no immediate probability of our being engaged in hostilities with any Power, I have directed the Senior Officer at Port Hamilton (Captain Long, of the "Agamemnon") to take up the torpedoes and to remove the booms from the entrances.

4. I think it my duty to again point out that unless Port Hamilton is adequately fortified and garrisoned, it must be a source of weakness to the navy rather than strength. I am glad to observe that Sir Cooper Key, when suggesting, in 1882, the occupation of Port Hamilton, recommended that it should be made "a first-class fortress;" if this were done, I should certainly advocate its retention.

№ 43.

Mr. O'Conor to the Marquis of Salisbury.------(Received September 7.)

(Extract.)   Peking , July 2, 1885.

ON receipt of Lord Granville's telegram of the 3rd June, I requested Mr. Aston to repeat to the Corean Government, in answer to their protest respecting the occupation of Port Hamilton, the assurances which I had been instructed to convey to them on first notifying to occupation, and to point out that the island was to be used as a coaling-station for Her Majesty's fleet.

I refrained, however, from addressing any formal written answer to the Corean Government, as I considered it would only lead to a useless and undesirable exchange of notes. However, on the repeated request of the Corean Government for some written acknowledgment of their communication objecting to our occupation, I have addressed the note to the President of the Corean Foreign Office of which I have the honour to inclose herewith a copy.

Inclosure in № 43.

Mr. O'Conor to the President of the Corean Foreign Office.

Peking, June 30, 1885.

HER Britannie Majesty's Chargé d'Affaires has the honour to acknowledge the receipt of the note in which his Excellency the President of the Corean Foreign Office informed him of the views of the Corean Government in respect to the occupation of Port Hamilton, and requested him to communicate to Her Majesty's Government the observations therein contained.

Her Britannie Majesty's Chargé d'Affaires lost no time in acquainting Her Majesty's Secretary of State for Foreign Affairs, by telegraph, with the tenour of this Excellency's communication, and it became his duty to instruct Mr. Aston, Her Majesty's Consul-General, on his return to Soul shortly afterwards, to call on his Excellency and explain to him that the occupation of Port Hamilton had been brought about by the force of circumstances; that it was in no way intended to prejudice the veritable interests of Corea; and that there was no desire whatsoever to menace her integrity.

Her Majesty's Government have not hesitated again to instruct Her Britannie Majesty's Chargé d'Affaires to repeat to the Government of Corea the assurances of the friendly disposition they entertain, and Mr. Aston has already been directed to convey these assurances to his Excellency. The full text of the communication of this Excellency now under acknowledgment was duly transmitted to Her Majesty's Principal Secretary of State for Foreign Affairs by the first out-going mail, and will certainly receive every consideration and an answer be retuned thereto without loss of time. Meanwhile, Her Britannie Majesty's Chargé d'Affaires does himself the honour to inform his Excellency the President that while occupying Port Hamilton temporarily as a coaling station for the British fleet, Her Majesty's Government is willing to come to a satisfactory arrangement with the Corean Government in respect to this occupation, such as will, he trusts, remove any misapprehensions as to its actual nature and intent that may possibly exist in the mind of his Excellency.

(Signed)   N. R. O'CONOR.

№ 44.

The Secretary to the Admiralty to Vice-Admiral Hamilton.

Sir,   Admiralty, September 15, 1885.

MY Lords Comissioners of the Admiralty having had under their consideration reports in regard to the recent occupation of Port Hamilton, and the value of that island as a naval station, I am commanded by their Lordships to signify their direction to you take an early opportunity, after assuming command of the China Station, to investigate and report upon the capabilities of Port Hamilton as a coaling-station and naval station.

My Lords also desire that you will give your opinion as to whether or not, in time of war, the occupation of Port Hamilton would be a source of weakness, or strength, to the cruising power of the squadron in the China command.

I am, &c.

(Signed) EVAN MACGREGOR.

№ 45.

Mr. O'Conor to the Marquis of Salisbury. ----(Received November 17.)

My Lord,   Peking, September 17, 1885.

I HAVE the honour to transmit herewith to your Lordship a copy of dispatch from Mr. Aston, inclosing a Report furnished by Mr. Scott respecting his recent visit to Port Hamilton.

Mr. Scott has already attained considerable proficiency in the Corean language, and his services as interpreter seem to have ben most useful to Admiral Sir William Dowell in coming to an arrangement about various matters with the inhabitants of Port Hamilton.

I have, &c.

(Signed)   N. R. O'CONOR.

Inclosure 1 in № 45.

Consul-General Aston to Mr. O'Conor.

Sir,   Hanyang, September 3, 1885.

I HAVE the honour to inclose copy of a Report which has been furnished to me by Mr. Scott respecting his recent visit to Port Hamilton. It shows the friendly relations which exist between our naval authorities and the inhabitants of the place.

It gives me great pleasure to find that Mr. Scott's knowledge of the Corean language has proved so useful on this occasion, and that his visit has done much to promote a good understanding with the natives of these islands.

I have, &c.

(Signed)   W. G. ASTON.

Inclosure 2 in № 45.

Mr. J. Scott to Consul-General Aston.

Sir,   Soul, August 31, 1885.

IN obedience to your instructions, I have now the honour to submit a Report of my visit to Port Hamilton. On my arrival there on the 21st instant I immediately reported myself, as directed, to Admiral Sir William Dowell. His Excellency recapitulated the difficulties which he had encountered owing to the absence of a competent Corean interpreter; he had, however, secured a lease of eleven plots of land on Observatory Island, at an annual rental of 124 dollars; but that two more plots, at least, were urgently required to provide a site for the erection of hospital, &c., for 100 marines now encamped on the island. His Excellency specially desired me to ascertain the position of affairs vias-a-vis of the native inhabitants.

In execution of these instructions, I placed myself under the direction of Captain Long, of Her Majesty's ship "Agamemnon," and early next day visited Observatory island-known locally as "'Ai-to," or "Japanese Island" – the smallest of the three forming the Nan-how Group, and guarding and dividing the two entrances to Port Hamilton. This island consists of a rising hill some 300 feet high, with about sixty patches of cultivated land scattered over its south and west faces, owned by nearly forty different proprietors. There are no Coreans living on it, and at the time of the occupation only a few straw huts - supposed to belong to Japanese fishermen - were found near the landing-place. After some time and inquiry, I succeeded in collecting the land-owners or their representatives, and explaining to them Captain Long's wishes regarding renting certain plots; the owners of each field was called out, and the boundaries of this property publicly walked over in the presence of the other land-owners and village Headmen. Captain Long's object was to ascertain at what rate it was possible to obtain a lease, if necessary hereafter, of the whole of the island; and the result of that day's inquiries showed clearly that the cultivated land could be secured for about 1,000 dollars annually; the remainder is Government property, and lying waste.

Two lots, Nos. 12 and 24 (according to the Admiralty plan of the island), being urgently required for a marine hospital and other purposes, a lease was at once arranged at an annual rental of 24 dollars and 26 dollars respectively. As regards the other lots, some twelve in number, the owner's name, the price, and other particulars were duly noted, and the proprietors informed that the land would be taken up from time to time as hereafter required. This decision caused some disappointment. I had been led to anticipate no small difficulty in negotiating a lease of their lands, but, contrary to my expectation, the people were exceedingly friendly, and ready to close with a good bargain.

So far my work for the first day was chiefly conducted through what the Admiral understood to be the principal Headman of the islands; the existence or presence of any Corean official was unknown to the naval authorities. During my negotiations with the land-owners, however, I found out that this man was only one of the Headmen belonging to Tek-tsun ("Merlin village"), one of the four villages into which the inhabitants are divided; and that the three islands were under the jurisdiction of a Corean official of the rank of Pyel-chong, or Police Magistrate, name Kim Kil-so. Deeming it highly advisable to procure, if possible, the consent and presence of a properly constituted Corean authority to the transfer of these two lots, I called early next day upon this officer at Chang-tsun ("Pegasus village"), only to find that he had gone to look for me on Observatory Island.

The village Elders, however, received me with great courtesy and kindness. There is no official Yamen, but at each village a large tent is erected near the Beach, which serves the double purpose of Hall of Assembly and Court of Justice. I left after a little, intimating that I would call again as soon as the Pyel-chong returned. Early that afternoon, however, this officer, accompanied by the village Elders, came on board Her Majesty's ship "Swift," and went with me to call on Captain Long, or Her Majesty's ship "Agamemnon."

In answer to the Pyel-chong's inquiries, Captain Long assured him that there was no intention on the part of Her Majesty's Government to deprive the people of their land or property, or injure them in any way; and that as regards the land tax for land already leased, or now about to be leased, it would continue to be paid as formerly by the native lessons. These assurances, and especially as regards the payment of land tax, appeared to relieve him considerably, and in subsequent meetings with the village Elders and land-owners I explained, at his request, to the lessors, that the Corean Government taxes were to be paid to their authorities as heretofore. This intimation did not altogether suit the Headman of "Merlin village," but I carefully pointed out to him that the high rate which Her Majesty's Government was not giving for the lease of the land was intended to cover the payment of all dues hitherto paid to the Corean Government. It appears that his Headman looked to British protection, and wished to repudiate all liability for taxes to his own authorities. It is due to him to say that he has rendered considerable assistance to the naval authorities, both in leasing land and in procuring workmen. He has made himself useful in many ways, and deserves all support and countenance; but, under the circumstances, I felt it my duty to advise him to co-operate with the Pyel-chong and pay Corean taxes, adding that if he was molested by the authorities from the mainland, as he said he anticipated, he might rely upon English assistance against unjust exactions.

On the 24th instant the Pyel-chong, accompanied by the village Elders and the owners of lots Nos. 12 and 24, again called on board Her Majesty's ship "Agamemnon" to complete the lease of these two fields. Among the party was a Corean, whom, from his manner and speech, I took to be an outsider. The Pyel-chong showed him great deference, evidently dreading his power, and did nothing without first consulting him. I understand that he is a Yamen runner of the better class, sent over from the mainland to watch and report proceedings. In all my negotiations with the villagers he took a leading part, and I learn that on previous occasions he has proved obstructive to the naval authorities. In the present instance, however, he threw no difficulties in my way, on the contrary, he actually assisted me, and at my request, drew up the deeds of lease for lots Nos. 12 and 24. These documents are in the form usually adopted for such transfers in Corea; but in order to mark the boundaries, &c. (the owners could give no inducing him to insert a clause accepting the plan of survey drawn up by the naval authorities. Accordingly, the deeds for the lease of these two lots were duly signed and executed before the Pyel-chong and the village Elders.

A request was not preferred on behalf of the lessors of the first elven lots for duplicate deeds of lease, as in the case of these lots Nos. 12 and 24. It appears that the deeds of lease for these elven lots were signed by the owners and handed to Captain Long, the Senior Naval Officer; but no corresponding documents had been supplied to the owners by the naval authorities. It was urged that the want of such documents might lead to difficulties in claiming payment of the annual rent.

Captain Long readily undertook to rectify this omission, and that afternoon the duplicate deeds were made out and handed, as arranged by the Pyel-chong, to the Headman of "Merlin village," for distribution among the owners.

The Pyel-chong further requested that all future leases might only be executed in his presence, and to this Captain Long at once assented ; and two days after, when lot №25, which was required to complete lots Nos. 12 and 24, so as to admit of full access to the top of the hill on that part of the island, was being leased, the deeds were duly executed before him and the village Elders.

The land now leased by the naval authorities consists of lots Nos. 1 to 12 and lots Nos. 24 and 25 (as per Admiralty survey) on Observatory Island, measuring about 10 acres in extent, and held at an annual rental of 174 dollars.

Applications was next made by the village Elders for the payment of wages in cash instead of rice. On the arrival of our fleet in April last the villages were in a most destitute condition, their supplies of food being almost exhausted. Labour was therefore paid for in rice, 6 lbs. being allowed to each workman. The result has been that they have now such a stock on hand that its value is fast depreciating, especially as they have no means of exporting any of it.

The settlement of this wages question was one of no little difficulty. The villagers are keen at driving a bargain, and pleaded that they deserved generous treatment, as the presence of our men-of-war in the harbor had driven away the fish on which they usually depended at this season of the year for their living. Eventually, Admiral Dowell fixed the rate at 75 Corean cash (about 6d.) per man per day; an amount which, in my experience of Corean labour and wages, is not only ample, but liberal.

The pyel-chong also desired to know whether Corean traders and pedlars might come and go as formerly. I assured him, and this language I reported to the Admiral, that England had no wish to injure Corea or Coreans in any way, and that, so far as Corean subjects were concerned, things were to go on exactly as they had been doing previous to the arrival of our ships.

I may here add that the Pyel-chong and village Elders showed considerable knowledge of political affairs affecting Corea, and they declared that they fully understood that the presence of our fleet in these waters was in no way directed against their country.

Captain Long next directed me to proceed to Pusan to procure Corean cash to pay the workmen now employed on Observatory island. He also instructed me to sound the Corean authorities at that place regarding the export of cattle for the use of Her Majesty's fleet at Port Hamilton. The few hours at my disposal in Pusan prevented me from calling on the Prefect, who acts as Superintendent of Customs. He lives some 8 or 10 miles inland, but the Deputy Superintendent assured me that there would be no difficulty or objections raised by the authorities to such export; in fact, he appeared to consider it a good thing for the people and district. Arrangements are now being discussed by the local merchants and the Mitsu-Bishi Mail Company to call twice a month with cattle, as their vessels pass Port Hamilton en route to Chemulpo.

So far the occupation of Port Hamilton may be said to be practically confined to Observatory Island, where 100 marines are encamped, and on which no Coreans have hitherto resided. The works in progress consist of a boat harbor, pier, and praya, road-making, two wooden godowns, a gun-cotton magazine, huts for the marines, and a hospital. A small wooden shed has also been erected as a telegraph office and dwelling-house, all within the limits of land acquired by lease. On the other two islands no land has been touched beyond the erection of flag-staffs on each; one, however, of these poles has been removed and erected on Observatory island, and the other, I understand, will shortly be taken down.

I am, &c.
(Signed) JAMES SCOTT.

№ 46.

Mr. O'Conor to the Morquis of Salisbury.-----(Received November 30.)

(Extract.)   Peking, October 14, 1885.

I HAVE the honour to inform your Lordship that I called by appointment upon the Grand Secretary Li Hung-Chang yesterday morning, accompanied by Mr. Hillier, Assistant Chinese Secretary.

After some conversation on other subjects, his Excellency asked what Her Majesty's Government intended doing about Port Hamilton. The Russian question had now been settled, and it was time that the British Government did something to put an end to the present unsatisfactory state of things, which placed the Chinese Government in a very unpleasant position vis-à-vis to other Powers, and, it continued, was even calculated to mar the friendship between England and China. The question was a very grave one, and ought not to be allowed to drag on in this unsatisfactory way.

Corea had declined, and he now thought rightly so, to part with any of her territory, and he could assure me, as a fact within his own positive knowledge, that if the Corean Government accepted to rent the island, a demand would be presented from another quarter within ten days for the cession of other territory on the same terms.

His Excellency dwelt much on the necessity of coming to a practical and acceptable arrangement in the matter, and proposed that we should take down the British flag, remove the military shanties which had been erected, and extend the cable to Chemulpo, where it would be connected with the Corean land-line, thus rendering it useful to both Governments.

We could maintain a coaling depot and keep a gun-boat always there, so as to be able at short notice to reoccupy the island, should such a course be rendered advisable hereafter. He hoped, however, that I would ask Her Majesty's Government to consider this question at once, and to come to an understanding with China in the way he had suggested.

I replied that the moment was inopportune for putting a question of this sort before your Lordship, as elections were impending in England, and that, until they were over, Her Majesty's Government would probably be unwilling to consider any proposals in this matter.

His Excellency appeared satisfied with this explanation, but said that the Chinese Government would expect a decision by the end of the year, and that he hoped I would not forget to communicate what he had said to your Lordship, as the subject was within his official province.

№ 47.

The Marquis of Salisbury to Mr. O'Conor.*

Sir,   Foreign Office, December 12, 1885.

IN reply to your dispatch of the 14th October last, reporting the views of Li Hung-chang on the question of Port Hamilton, I have to request you, in case the question is again raised by his Excellency, to ascertain from him whether, if Her Majesty's Government withdrew from the islands, the Chinese Government would undertake that it should not be occupied by any other foreign country.

I am, &c.
(Signed) SALISBURY.

№ 48.

The Marquis of Salisbury to Mr. O'Conor.

Sir,   Foreign Office, December 24, 1885.

I HAVE received your dispatch of the 17th September, inclosing an extract from a report by Mr. Scott of his recent visit to Port Hamilton.

I have caused this report to be communicated to the Lords Commissioners of the Admiralty, and I have now to request you to inform Mr. Scott that his proceedings, as reported in his interesting despatch, are approved.

I am, &c.
(Signed) SALISBURY.

№ 49.

Mr. O'Conor to the Marquis of Salisbury.-----(Received December 28.)

My Lord,   Peking, November 8, 1885.

I HAVE the honour to transmit herewith a copy of a dispatch from Mr.Baber, reporting that the President of the Corean Foreign Office stated to Mr.Aston on the 20th ultimo that he had been sent by the King to inquire whether any communication had been received from Her Majesty's Government in reply to his letter to me of the 7th July, remonstrating against the occupation of Port Hamilton, copy of which was inclosed in Mr. Aston's dispatch of the 10th July, and forwarded by him direct to the Foreign Office.

I have suggested to Mr. Baber that he should reply to any fresh inquiries on this subject by saying that political events in Europe have no doubt contributed to delay the consideration of this question, which is no doubt engaging all the same your Lordship's attention.

I have, &c.
(Signed) N. R. O'CONOR.

Inclosure in № 49.

Mr. Baber to Mr. O'Conor.

(Extract.)   Hanyang, October 28, 1885.

I HAVE the honour to report, for your information, that the President of the Foreign Office paid a visit to Mr. Aston on the evening of the 20th instant, and stated that he had been sent by the King to inquire whether any communication had been received from Her Majesty's Government in reply to his letter of the 7th July last, remonstrating against out occupation of Port Hamilton, M. Waeber, on the previous day, had been pressing him somewhat closely on the matter, asserting that he had learnt that a project was on foot by which Corea was to sell Port Hamilton to Great Britain.

The President further requested Mr. Aston to repeat to the British Government the representation of the difficulty in which our occupation of the islands had placed Corea with regard to other Powers.

№ 50.

The Secretary to the Admiralty to Sir. P. Currie.----(Received January 21.)

Sir,   Admiralty, January 20, 1886.

I AM commanded by my Lords Commissioners of the Admiralty to transmit to you, for the perusal of the Marquis of Salisbury, a Report received from Vice-Admiral Hamilton, Commander-in-chief on the China Station, dated the 7th December, respecting Port Hamilton, together with the Report made by his predecessor Admiral Sir William Dowell.

Admiral Sir George Willes*, who was Commander-in-chief on the same station previous to Sir William Dowell, thoroughly concurs in these Reports.

2. My Lords consider that the opinion of these officers should carry great weight from a naval point of view. They all agree, after a careful local investigation, in considering that it is not desirable to hold Port Hamilton, and that, until it is made a first-class fortress, it would be a source of weakness, in war time, to the cruising power of the squadron in the China command.

3. My Lords desire to add that these views meet with their entire approval.

4. Port Hamilton is at the present moment occupied by a body of marines, and there are, in addition, considerable expenses connected with the temporary retention of the island.

5. The cable laid between Port Hamilton and Saddle Island (Shanghai) requires repair, but my Lords have declined to sanction the large outlay necessary to restore it to working order until they are in possession of the definite views of the Foreign Office.

6. Their Lordships' would, therefore, impress upon the Secretary of State for Foreign Affairs the advisability of an early decision upon the subject.

I am, &c.

(Signed)   EVAN MACGREGOR.

Inclosure 1 in № 50.

Vice-Admiral Hamilton to the Secretary to the Admiralty

(Extract)

IN compliance with the directions [*sic.*] last, I have the honour to report, [*sic.*]sioners of the Admiralty, that having [*sic.*] documents, plans, &c., in my Office, on the subject [*sic.*] occupation of Port Hamilton, and having also consulted several of the Senjor [*sic.*], i have arrived at the same conclusion as my predecessor has so [*sic.*] in his letter of the 28th May last, and, therefore, have nothing further to say [*sic.*], beyond observ[*sic.*] a harbour, with three entrances as now exists, while admirably adaptede for flight, is not as well adapted for permanent defence as is a harbour with a single entrance, on which all the defensive powers can be concentratde, instead of, as in the case of Port Hamilton, being scattered over three entrances.

Captain Long, of the "Agamemmnon," in writingof Port Hamilton to the Commander

-

* Extract from Letter from Admiral Sir G. Willes to Lord George Humiliton.

I WENT to Port Hamilton several times during my command, and I still hold the opinion which I then formed that Port Hamilton is useless and expensive in ordinary peace time, and in war or during one of the "periodical scares" would be a source of weakness, as the Admiral in command would have to detach some of his ships to defend the islands (forming the harbor) instead of employing them in the protection of our commerce.

It was said last spring that if England did not take possessions of Port Hamilton some either nation would.

A short study of the chart and a few minutes' reflection will show that this is absurd. Only the nation which "commands the sea" can hold our new acquisition, for the islands are practically barren.

It is supposed that in war a coaling-station in the northern part of the command is necessary. I am not of that opinion.

Steam colliers properly fitted must be filled with Welsh coal at Hong Kong, and follow our ships.

If it is intended to make Port Hamilton a regular Colonial Possession, and to fortify it Gibraltar and Malta, there can be no naval objection, but a strong political one.

I therefore recommend the islands forming Port Hamilton being restored to their rightful owners forthwith

Captain Long, of the "Agamemnon," in writing of Port Hamilton to the Commanderin-chief in May last, says, "it must be observed, if the place is to be a base for, and not to be a tax upon, the navy, it will require a garrison and fortifications. At present it requires the constant presence of a large proportion of the naval force on the station to preserve the flag from insult in the event of war."

I commend the portions underlined[10] to their Lordships' special notice; I entirely concur in them; a base for the navy must be one in which they can find themselves defended when unable, from any cause, to keep the sea, which is their proper place, and to protect our commerce by driving the enemy's ships from the sea, as we have done in all previous wars, but which cannot be done if the navy is condemned to the defensive, to remain in port, guarding its own base.

Captain Maclear, of the "Flying Fish", in a very able Memorandum on the defences of Port Hamilton, observes : "To defend it against the attack of two corvettes, three sloops and a gun-boat would be required;" and on the main point I agree with him.

The Port Hamilton force now consists of six vassals, three of which are always to be there, on which point I see no reason at present to modify my predecessor's views. It must be remembered that the Naval Commander-in-chief is hampered in the disposal of his squadron to guard "our ocean highways" by the necessity of protecting HongKong and Singapore.

Considering that military defence is still a work of time, it cannot be expected Port Hamilton can become, as Sir Cooper Key considered necessary, a first-class fortress, for many years. Its defence must therefore, till then, devolve on the navy. Until it is properly fortified I look on its occupation "as a source of weakness in war-time to the cruising power of the squadron in the China command," which answers the last paragraph in their Lordships' before-quoted letter.

Many of the arguments used over ten years ago by Admirals Ryder and Shadwell and Sir Harry Parkes for its occupation no longer exist. The Coreans cannot now be considered "as outside the pale of civilized nations."

Out modern men-of-war are improving in speed, and will, I trust, in future, be able to steam against the monsoon. The "Glenogle," hired transport, was only three days nine hours from Hong Kong to Port Hamilton in September last.

I quite concur in the views of my predecessor, as expressed in his letter of the 28th May last, as to our true base for naval work being a steam flotilla, which can always be obtained here, to accompany the fleet, with the necessary coal, provisions, stores, &c. and

---

10 In italic

a temporary base established at the most suitable port on the enemy's coast, near the port to be attacked, as was the case with the Northerners when they took Port Beaufort or Royal, as a base of operations against the southern ports.

Having, I trust, shown clearly my own strong opinion as to the retention of Port Hamilton being a source of weakness to the navy until efficiently fortified, I would beg to suggest that should, however, for any reason, Her Majesty's Government decide on retaining it, that for the first two or three years of its occupation, during which its defence must rest with the navy, it should be place on a similar footing to the island of Ascension, and a Captain Superintendent placed in charge, who would be the Senior Officer on the Northern Division, and under whom the continuity of the necessary works to make it an efficient coaling station would be better carried out than under merely temporary Senior Officers, as is now the case, there having been four since its occupation, and who would also better be able to place our relations with the natives on a friendly and permanent footing.

I would further observe, the naval reserves of this station are not to be considered with reference to the naval force on the station alone. It can be very considerably supplemented by the very fine fleet of streamers engaged in commerce, sailing from this port, if naval officers could be found to man them. There would be little difficulty in finding transport for coal, stores, or men, which would, of course, have to be highly paid for.

Inclosure 2 in № 50.

Vice-Admiral Sir W. Dowell to the Secretary to the Admiralty.

(Extract.   "Audacious," at Nagasaki, May 28, 1886.

REFERRING to my telegrams of the 18th and 2th instant, reporting that I do not consider Port Hamilton a desirable place to hold, I beg leave to submit, for the information of the Lords Commissioners of the Admiralty, the following reasons in support of my views upon the subject.

The harbor is formed by three islands-Sodo, the largest, on the west; Sunodo, on the east ; and Observatory Island, the smallest, situated between the other two islands, in the south entrance, with a passage between it and Sodo of about 21 cables; and, on the other side, between it and Sunodo, a passage of about 6 cables, which is the main entrance to the harbor. The northern entrance between Sodo and Sunodo is about 1 1/2 cable wide.

There is water enough for the largest ships in the two southern channels, and in the northern channel there is 18 feet in the deepest part in the middle at low water, with a rise of tide of 11 feet; consequently, each of these entrance must be defended. This is being done by a system of mines and booms. The northern entrance is being blocked by a boom and extempore electro-contact mines; the southern entrance, between Observatory Island and Sodo, is blocked by a boom, and it will probably be necessary to place mechanical mines in the bay between the two islands outside this boom to prevent an enemy's ship or boats approaching to land men at the back of Observatory Island. It was intended to moor a boom on the eastern side of the main entrance, over the shoal spit which runs out about 3 cables, but the sea has proved too heavy, and a breakwater of rocks and boulders is being formed instead to prevent torpedo-boats passing over. The deep water channel of the main entrance will be protected by observation and electro-contact mines, to cover which it will be necessary to place guns on Observatory Island, and to provide shelter trenches for the force protecting the firing station, electric telegraphs, &c.

I should observe that there is no position in the harbor which could not be shelled by vessels from either one entrance or the other.

I should not propose to land coal at Port Hamilton, as, in the event of war it would be too far for ships to return there for coal. The squadron must be accompanied by colliers, and the bays and anchorage in the neighbourhood of the scene of operations utilized for coaling purposes.

I consider that if we are to hold Port Hamilton, fortifications must be thrown up, and in addition to the battery on Observatory island, to which I have alluded, there should be a fort armed with armour-piercing guns at the northern entrance; a garrison of not less than 500 men should be maintained, and three first-class torpedo-boats. A corvette and two gun-boats would also be necessary, and even with this force I consider that the place would be a source of anxiety and weakness in the face of an active an enterprising enemy.

It must be remembered that Port Hamilton has no resources in itself. It produces barely sufficient for the subsistence of its population, and no fresh provisions are procurable. Whilst our ships have been there I have caused them to be supplied with bullocks and vegetables from this place, but in time of war this source of supplies might be closed against us.

The natives now work for us gladly, and we are employing some 300 of them in running out the breakwater referred to in paragraph 3 of this letter, paying them with rice and corn at a fixed rate; they prefer this to being paid in coin.

The telegraph cable will probably be in working order in a few days' time, when I shall proceed myself to Port Hamilton in the "Audacious."

№ 51.

Mr. O'Conor to the Marquis of Salisbury ----(Received January 26, 1886.)

(Extract.)   Peking, December 5, 1885.

AT the interview which I had with the Prince and Ministers of the Tsung-li Yamen on the 4th instant, his Highness alluded to Port Hamilton, and inquired whether there were still any British ships there. I said, I thought so. One, perhaps, said his Highness. More than that, I imagined, but I had no direct news for a very long time.

His highness also inquired whether it was true that the cable from North Saddle Island to Port Hamilton was broken, and that there was no intention of repairing it.

I replied that I had no information on the subject.

No 52.

Mr. O'Conor to the Marquis Salisbury. ----(Received March 9.)

(Extract.)   Peking, January 7, 1886.

IN the course of a conversation with the Ministers of the Tsung-li Yamen on the 6th instant, their Excellencies informed me that they had heard a report that the British fleet had evacuated Port Hamilton, and inquired if it were true.

I said I would reply to their question by asking another, and that was whether, in the event of the British Government evacuating Port Hamilton, the Chinese Government were prepared to occupy it themselves, or to give us a guarantee that it would not be occupied by any other European Power.

The Ministers replied that the territory was Corean, and that it was not the practice of China to occupy her vassals' territory, and that they did not see how they could undertake that the islands would not be occupied by any other foreign Power, and that such an undertaking was not a matter of immediate concern.

No 53.

Sir P. Currie to the Secretary to the Admiralty.

Sir,   Foreign Office, March 11, 1886.

WITH reference to your letter of the 20th January last, I am directed by the Earl of Rosebery to transmit to you copy of a further dispatch from Her Majesty's Charge d'Affaires at Peking,[11] on the subject of the occupation of Port Hamilton by Her Majesty's Government.

---

11 No 52

I am to request that in laying this dispatch before the Lords Commissioners of the Admiralty, you will move them to favour Lord Rosebery with any observations they may have to offer on the subject.

I am, &c.

(Signed)   P. CURRIE.

№ 54.

The Secretary to the Admiralty to Sir P. Currie. ----(Received March 20.)

Sir,   Admiralty, March 19 1886.

I HAVE received and laid before my Lords Commissioners of the Admiralty your letter of the 11th instant, requesting to be favoured with their Lordships' views in regard to the occupation of Port Hamilton.

2. On this subject my Lords have already expressed their concurrence with the Reports of the present and late Commanders-in-chief on the China Station, which were forwarded to you in my letter of the 20th January last.

3. In reply to your present letter, my Lords desire me to acquaint you, for the information of the Earl of Rosebery, that, unless it be the intention of Her Majesty's Government to fortify and garrison the island, so as to place it in a proper condition of defence to resist the attack of ironclads, their Lordships are decidedly of opinion, that it is not advisable to retain possession of Port Hamilton.

4. It is impossible, however, to overlook the fact, that if Her Majesty's Government is prepared to incur the expense of placing the island in an efficient state of defence its possession might prove valuable to the squadron in the China Seas.

5. On this point my Lords desire me to observe that if it is proposed that naval votes are to be chargeable with the cost of the necessary defence works, their Lordships would not hesitate to decide against the retention of the island.

6. They desire me further to observe that the cost of the retention of Port Hamilton is now being defrayed out of the Vote of Credit, but that after the 31st instant all expenses will have to be defrayed out of naval votes.

7. Certain ground has been taken up on lease at a yearly rental, payable in advance and although all progress is stopped, and no new works are being undertaken at present, a daily expenditure for absolutely necessary work is being incurred.

8. Moreover, the Commander-in-chief is obliged to keep two or three ships at the port, and it is therefore at present a source of weakness to the cruising power of the squadron on the China Station.

9. In view of these circumstances, and of the opinion expressed in the earlier part of this letter, my Lords request that you will point out to the Earl of Rosebery the desirability of obtaining an early decision on this important question.

I am, &c.

(Signed) EVAN MACGREGOR.

No. 55.

The Earl of Rosebery to Mr. O'Conor.

Sir,   Foreign Office, April 2, 1886.

THE following communication was made by Sir Halliday Macartney on the 11th ultimo, by direction of the Marquis Tseng :----

He stated that "the Russian Minister at Peking has on several occasions urged the Chinese Government to obtain the withdrawal of the British force from the islands forming Port Hamilton; and has stated that, in the event of the British occupation being continued, Russia would feel obliged to occupy some place in Corea."

Under these circumstances, Sir H. Macartney was instructed to ask what were the intentions of Her Majesty's Government with regard to the prolongation of the occupation of Port Hamilton, which it was understood, at the time it was made, was to be only of a temporary nature.

I am, &c.

(Signed) ROSEBERY.

No. 56.

Sir P. Currie to Sir H. Macartney.

Dear Sir Halliday,   Foreign Office, April 14, 1886.

I INCLOSE a Memorandum of the answer which I have been instructed to give to the communication which you made to me, on behalf of the Chinese Minister, on the 11th ultimo, respecting Port Hamilton.

Yours, &c.

(Signed) P. CURRIE.

Inclosure in No. 56.

Memorandum of Answer to the Communication made by Sir H. Macartney on the 11th March with regard to Port Hamilton.

THE communication respecting Port Hamilton, made on the 11th March by Sir H. Macartney on behalf of the Marquis Tseng, has been laid before Her Majesty's Government.

Her Majesty's Government have no desire to prolong the occupation of Port Hamilton in opposition to the wishes of the Chinese Government, but it appears to them that it would be against the interests both of China and England if it were to be occupied by another European Power.

If the Chinese Government are prepared to guarantee that no such occupation shall take place, one of the chief objects which Her Majesty's Government had in view in taking possession of Port Hamilton would be accomplished.

Should the Chinese Government be unwilling to undertake such a responsibility, Her Majesty's Government would suggest that China should propose to Russia and to the other Powers interested to enter into an international arrangement guaranteeing the integrity of Corea. If this proposal is accepted, Her Majesty's Government would be ready to become parties to the arrangement, and to retire at once from Port Hamilton on the understanding that it should be recognized as forming part of the guaranteed territory of Corea.

Foreign Office, April 14, 1886.

№ 57.

The Secretary to the Admiralty to Sir. P. Currie.-----(Received May 20.)

Sir,   Admiralty, May 19, 1886.

I AM commanded by my Lords Commissioners of the Admiralty to request that you will move the Earl of Rosebery to cause my Lords to be informed, as soon as possible, of the decision of Her Majesty's Government relative to the retention of Port Hamilton.

2. I am to add that, pending this decision, there are many matters connected with the naval occupation of the island on which action has been suspended, but which press for an early decision.

I am, &c.

(Signed)   EVAN MACGREGOR.

№ 58.

Sir P. Currie to the Secretary to the Admiralty.

Sir,   Foreign Office, May 22, 1886.

WITH reference to your communication of the 19th instant, on the subject of Port

Hamilton, I am directed by the Earl of Rosebery of transmit to you copies of a Memorandum[12] giving the substance of the Marquis Tseng, and of a Memorandum in reply thereto,[13] which was communicated to Sir H. Macartney on the 14th ultimo, giving the views of Her Majesty's Government with regard to this question.

I am to request that, in laying these papers before the Lords Commissioners of the Admiralty, you will inform their Lordships that Lord Rosebery is still awaiting an answer to this last communication, and that the Chinese Government will be pressed for a reply. In the meanwhile it would not, in his Lordship's opinion, be advisable to take any steps for the termination of the occupation.

I am, &c.

(Signed)   P. CURRIE.

№ 59.

The Secretary to the Admiralty to Sir P. Currie.-----(Received June 7.)

Sir,   Admiralty, June 4, 1886.

IN reference to your letter of the 22nd ultimo in regard to Port Hamilton, I am commanded by my Lords Commissioners of the Admiralty to transmit, for the information of the Secretary of State, a report from Vice-Admiral Vesey Hamilton, dated the 21st April, 1886, inclosing the opinion of Captain Powlett, of Her Majesty's ship "Champion," who has been stationed as Senior Officer at that place for about eight months.

2. My Lords desire me to point out that it appears to them absolutely necessary that they should be enabled to give some instructions at once by telegraph to the Commander-in-chief, to the effect that the occupation of Port Hamilton is to be provided for for six months or a year longer.

3. My Lords would wish to be informed, at an early date, if such instructions may be sent, observing, however, that they adhere to the opinions which were expressed in their letter of the 19th March last as to the unadvisability of retaining Port Hamilton.

I am, &c.

(Signed)   EVAN MACGREGOR.

Inclosure in № 59.

Report on Port Hamilton by Captain Powlett, R.N., Her Majesty's ship "Champion,"

---

12 № 55.

13 Inclosure in № 56.

April 7, 1886.

Remarks of Vice-Admiral Hamilton on forwarding above Report.

"Audacious," Hong Kong, April 21, 1886.

SUBMITTED with reference to my letter of the 7th December, 1885, observing that I wrote a private note to Captain Powlett, of the "Champion," who had been Senior Officer at Port Hamilton for about eight months, asking for his opinion on the place.

2. His hydrographical remarks are very valuable. It is not a good typhoon harbor, which must be a very important consideration for a naval station. Captain Long, who had much experience of Port Hamilton both in the "Agamemnon" (and "Curacoa?"), agrees in the main with Captain Powlett; he is now in England, and can give valuable information.

3. Paragraphs 5 and 6, particularly the latter, are very important. At present a gun-boat is stationed at Observatory island to condense water for the marine detachment. It is scarcely necessary to remark on the very unsatisfactory and expensive nature of this proceeding ; moreover, it will be necessary to lay down moorings for that gun-boat in the typhoon season, as the anchorage between Observatory Island and Sodo Island is then unsafe, and this must be done at the latest by August, so I wish to have speedy instructions on that head.

4. The want of water is a serious objection also to forming a settlement. I cannot, however, but think that ought to be got over, either by sinking wells, or, if that fails, rain water must be collected, as at Bermuda, where there are no springs.

5. On the main points Captain Powlett's views confirm those already sent to their Lordship's in my predecessor's letter of the 28th May, 1885, and my above-quoted letter.

6. Paragraphs 14 and 15 I particularly commend to their Lordship's attention.

7. I cannot speak too highly of the tact and judgment that has been displayed by the senior officers, officers, and men stationed there during the last year. Not only has there been no violation of native habits and customs, but the Chief some time ago thanked Captain Powlett for it, asking at the same time for more work.

8. I cannot express my own views too strongly against its retention on naval grounds, as it would require a considerable part of the naval force out here for its protection. If retained for colonial, commercial, or other purposes, I hope their Lord-ships will not consent to its being defended by the navy.

9. If undefended, the navy, instead of finding it a port of refuge to refit and recruit and prepare for sea, its proper place in war time, will have to be shut up there doing other people's work.

10. Two other points their Lordships will note, the remark relative to deportation of the natives and the necessity of building a breakwater. It will be an expensive port to retain.

(Signed) R. VESEY HAMILTON, Vice-Admiral.

Captain Powlett to Vice-Admiral Hamilton.

Sir,   "Champion," at Kobé, April 7, 1886.

IN compliance with your directions, I have the honour to make the following observations on Port Hamilton :-----

1. Port Hamilton is a fairly good anchorage in all winds except those from the south-east, and then, in order to avoid the sea the wind brings from that quarter, it is necessary to get Shoal Point to bear about S.S.E., and the anchorage then available is very circumscribed. Although it is open to the north entrance, no sea comes in there worth mentioning.

2. In north-east winds, which are frequent in the summer months, the harbor is unsafe for boats under sail, owing to the whirlwinds that are produced, even in a moderate north-east breeze.

3. The holding-ground is undoubtedly good, and when the anchor has been down for a week or two it is not easy to get it. The best holding-ground is in the north-east corner of the anchorage.

4. Two or three large vessels might find shelter in a typhoon by anchoring to the north-east of the red line, but any one going here for shelter from a typhoon should make up his mind to give his ship plenty of cable at once, so that with the wind at north-east, which is probably the quarter from which typhoon winds begin in this neighbourhood, she should not start her anchor, as if she does so she drags out of the safe part of the anchorage, and exposes herself to the wind and sea when the shift to the south-east takes place.

No rule can be given as to which anchor to let go first, as until the first shift takes place no opinion can be formed as to which side of you the centre will pass. This is not the place for a dissertation on typhoons, but I should like to add a warning to the younger members of my profession not to hold a typhoon too cheap in consequence of having passed several years in the China Seas without having witnessed a severe one. "Precaution" and "fear" are not synonymous terms.

5. As regards supplies, none can be depended upon on the spot. The natives grow nothing except for their own consumption, and until our arrival at Port Hamilton in April 1885 they had not even any poultry. Sheep will not live on the islands, as they abound

in bamboo grass.

Cattle there were a few, but not purchasable; there is, however, no reason why many more should not be introduced. Supplies of all kinds can, however, be obtained from Shanghae and Nagasaki; the former is the better, though the more distant market.

6. There are many small streams of water that find their way into the sea, and several springs inland that are used by the natives, but such of these as were analyzed were all mere or less impure, and the supply of water from those running into the harbor fails after two or three weeks of dry weather.

7. Before either of the islands forming the harbor of Port Hamilton could be used as a settlement for foreigners it would, I think, be necessary to deport the natives from that island at least.

8. The soil, where it is free from stones, appears to be rich, as two crops-viz., one of barley and one of millet-are grown annually, and capital crops, too; but the patches so cultivated have been made of use by dint of great labour probably, namely, in removing the stones, which are built up into walls at the sides of the fields.

9. There are tracks (mere foot-paths) connecting the villages which might be widened into roads without great labour, as in most places it is but a question of digging out the side of the hill, the surface being generally debris; one rarely finds the parent rock projecting. I do not think there would be much difficulty in making an artillery road to the peaks, on which it would be necessary to put guns to hold the place, as its weakness is not only due to its three entrances, but to other gaps through which ships inside might be shelled from the outside.

10. The surface of these islands is one confused mass of boulders and debris, here and there covered with soil, and occasionally with small trees and undergrowth. The nearest approach to a flat surface anywhere has been obtained by artificial terracing.

11. If the settlement is ever formed, it will, I suppose, be on the eastern island, as on that alone could wharves of sufficient strength to resist a typhoon be formed. In course of time the harbor face of this island would probably be "bunded" with occasional cambers for boats, similar to the "bund" and "hatobas" at Yokohama, but the work would have to be of the most solid description. I do not think that Port Hamilton can be called a harbor until a breakwater 500 yards long is thrown out from Shoal Point.

12. From a naval point of view Port Hamilton is quite worthless. No one can hold it, who has not the command of the seas, and if you have command of the seas, of what good is it? You must detach a division of your squadron to protect it: with what object?

13. The establishing of huge steamers makes a fixed secondary depot for a naval force no longer of the same consequence as was formerly the case, as all coals, provisions, &c.,

necessary will in all future naval expeditions, I apprehend, be carried in large steamers wherever the expedition goes; thus, secondary depots are no longer required. Port Hamilton is, however, too far from any possible objective point to be of use as a base of operations.

14. If, however, it is determined not to give it up, the necessity of at once establishing some duly authorized person as Governor is obvious. It is, indeed, remarkable that no difficulties have already occurred for the want of some law; complications have been avoided, however, by preventing foreigners from settling on the islands, and that is a state of things that it is scarcely desirable should continue.

15. Corea levies taxes as usual I am inclined to think rather more than usual, owing to the money that we have distributed in wages), and on Sundays the Union Jack is displayed, or on the approach of a foreign man-of-war. On one occasion, when I was at Port Hamilton, an attempt was made to arrest our Corean interpreter on the warrant of an official on the mainland whilst he was in the company of the Commander of the "Pegasus," pointing to a not unnatural confusion of ideas as to sovereignty not to be wondered at under existing circumstances.

16. There is but a very small supply of water on Observatory Island, on which our establishments were erected for the following reasons: ------

1st. Observatory Island is the only place in the harbor where boats can be kept in all weathers.

2nd. Torpedo work could be more secretly carried on there than elsewhere.

3rd. It is the most convenient place for the telegraph station.

4th. No natives reside on the island, probably owing to the scarcity of water.

I have, &c.
(Signed) A.T. POWLETT.

№ 60.

Sir P. Currie to the Secretary to the Admiralty.

Sir,   Foreign Office, June 12, 1886.

I AM directed by the EARL OF Rosebery TO acknowledge the receipt of your letter of the 4th instant relative to Port Hamilton.

In reply, I am to request that you will state to the Lords Commissioners of the Admiralty that no answer has yet been received from the Chinese Government to the proposal that an international guarantee should be obtained for Corea, including Port Hamilton, communicated to you in the letters from this Office of the 11th and 22nd ultimo.

Under these circumstances, his Lordship regrets that it will be necessary to make provision for the occupation of Port Hamilton for a further period, and I am to request that you will move their Lordships to make arrangements accordingly.

I am, &c.

(Signed) P. CURRIE.

№ 61.

The Secretary to the Admiralty to Sir P. Currie.----(Received July 19.)

Sir,   Admiralty, July 17, 1886.

WITH reference to previous correspondence respecting the occupation of Port Hamilton, I am commanded by my Lords Commissioners of the Admiralty to transmit to you, for the perusal of the Earl of Rosebery, copy of a letter from Vice-Admiral Hamilton, the Commander-in-chief on the China Station, dated the 1st June, respecting the inexpediency of retaining this island as a naval station.

I am, &c.

(Signed) EVAN MACGREGOR.

Inclosure in № 61.

Vice-Admiral Hamilton to the Secretary to the Admiralty.

(Extract.)   "Audacious," at Nagasaki, June 1, 1886.

IN continuation of previous correspondence on the subject of the occupation of Port Hamilton, I request you will inform the Lords Commissioners of the Admiralty that I have just spent two days there, and am the more strongly convinced of the inexpediency of retaining it as a naval station; in point of fact, I do not see a single point in its favour, and very many objections against it.

Unless it strongly fortified, there are several points from which the ships laying in the harbor can be shelled by a smart hostile cruiser with impunity, or tremendously harassed by a ship passing to and from the entrances(three in number) at night, and firing into the harbor.

Its retention weakens the naval force on the station very materially; but little protection can be afforded to our commerce to Japan from it, and none too much to our North China trade; no probable enemy could harass either unless China and Japan afforded them coaling facilities, which would, of course, also be afforded to us.

The documents already at the Admiralty will show their Lordships that the greater portion of this squadron, that should have been at sea protecting commerce, were employed trying to render this port secure against a hostile attack during the war scare of last year. To fortify it efficiently great expense must be incurred, or if defended by the navy still greater.

If retained, the inhabitants must be deported, a proceeding that would do an immense harm amongst the Corean and Northern Chinese. As it is, the justice with which they have been treated, the high rent paid for land occupied by us, and also for wages for those employed, and the respect paid to their customs, has raised out national character, not only in the islands, but has spread to the mainland and doubtless to North China. The villages of the inhabitants occupy the only really available ground for commercial settlements; they are a lazy race, do no fishing, which is carried on by Japanese, and not more agriculture than they are obliged to do to raise money to pay the taxes. The women do all the hard work in the field except the very primitive ploughing, which is done by the men. At the approach of a European the women all hide themselves, whether fearing the evil eye or from having been maltreated by Europeans in the past is not known.

I can quite understand the heavy sea that sets in with a south-easternly gale, as mentioned by Captain Powlett, as even in the fine weather we had slight ground swell set in.

To sum up. As a naval station it is decidedly a very bad one; an indifferent anchorage in many parts. In looking over the Senior Officer's journal I see repeated instances of ships dragging; anchorage that cannot be made secure from a hostile force except by an extensive system of land forts, which must be widely scattered, consequently necessitating a much larger force to defend it than if it only had one entrance. If command of the sea is lost, it must fall by blockade alone, and the Power possessing the command of the sea can take it at any time if likely to be of use.

Commercially, I was assured by a merchant at Chefoo, one of the strong advocates for taking it, it is valueless; and as our Colonies have as a rule grown up and flourished best when unfettered, he is probably right.

I cannot of course give any opinion on its political importance with regard to the future of Vnacouver, owing to the opening of the Canadian Pacific Railway. The steamship route from there to China can be ascertained from the Hydrographer; if, as I imagine will be the case, it passes south of Japan, Port Hamilton will be 200 or 250 miles out of their way; if they pass between Yesso and Niphon it may be useful.

Moreover, as at present Singapore and Hong Kong cannot for some time be left without naval protection, it is evident Port Hamilton cannot be either. Unless the naval squadron out here is very materially increased in war-time, so as to have a strong movable force, having it so scattered renders it liable to be cut up in detail. It is no use having such a possession and thinking it will not be a costly one.

№ 62.

The Earl of Rosebery to Sir J. Walsham.[14]

Sir,   Foreign Office, July 23, 1886.

I HAVE to request that you will endeavor to obtain an early reply from the Tsung-li Yamen to the proposal made by Her Majesty's Government to the late Chinese Minister at this Court through Sir H. Macartney on the 14th April last on the subject of Port Hamilton.

The proposal in question was contained in a Memorandum, of which a copy was transmitted to Mr. O'Conor in my dispatch № 99, Confidential, of the 15th April.

I am, &c.

(Signed) ROSEBERY.

№ 63.

Sir J. Walsham to the Earl of Rosebery.-----(Received July 27.)

(Telegraphic.)   Peking, July 27, 1886.

WITH regard to your Lordship's wish that the Chinese Government should be asked to return an early answer to the proposal which was submitted to Sir Halliday Macartney in reference to the occupation of Port Hamilton, I have the honour to state that, on application being made yesterday afternoon to the Ministers of the Tsung-li Yamen, the two who were present for the transaction of business seemed at first to be in doubt as to whether the proposal in question had ever been brought under the consideration of the Ministers; but they subsequently recollected that such had been the case, and that the plan of settlement was not regarded as satisfactory, or as forming the basis for an arrangement.

There was certainly no indication of an intention to send a formal reply to the Chinese Representative in London.

From one of Mr. Baber's recent letters I have learnt that the Corean Government are making a further appeal to me on the subject of Port Hamilton, and that their note is on its way to Peking.

---

14 Substance telegraphed

№ 64.

Sir J. Walsham to the Earl of Rosebery.-----(Received July 31, 3;35p.M.)

(Telegraphic.)   Peking, July 31, 1886, 2:55 PM

I RECEIVED the Corean note last night. It states that prolonged occupation of Port Hamilton is not consistent with promise of it being only temporary, and is very embarrassing to Corea, who wants some definite answer from Her Majesty's Government.

Would Her Majesty's Government consider it a solution if Port Hamilton and Port Lazareff could be made Treaty Ports?

№ 65.

The Earl of Iddesleigh to Sir J. Walsham.[15]

Sir,   Foreign Office, August 12, 1886.

WITH reference to your telegram of the 31st ultimo, I have to state to you that Her Majesty's Government approve the suggestion for making Port Lazareff and Port Hamilton Treaty ports.

You may discuss this proposal confidentially with the Tsung-li Yamen as a basis for an arrangement which might be carried out if the occupation of Port Hamilton is terminated. At the same time, you may assure the Chinese Government that Her Majesty's Government desire to deal with the question in the manner most conformable with the interests of China.

I have to add, for your confidential information, that Her Majesty's Government would be willing to order the immediate evacuation of Port Hamilton if any suitable arrangement could be made which would insure that neither it nor Port Lazareff shall pass into hostile hands.

I request that you will inform me if any such arrangement seems to you possible.

I am, &c.

(Signed) IDDESLEIGH.

№ 66.

The Secretary to the Admiralty to Sir P. Currie.-----(Received August 20.)

---

15 Substance telegraphed.

(Extract.)   Admiralty, August 18, 1886.

WITH reference to the retention of Port Hamilton generally, my Lords desire to repeat the opinion which has been expressed by two previous Boards of Admiralty, that from a naval point of view Port Hamilton, unless fortified and garrisoned, must be a source of weakness instead of strength to British naval forces on the China Station, that it is of no value to the navy as a coaling-station, and that, provided its occupation by another Power can be guarded against, the sooner it is given up the better.

№ 67.

Sir J. Walsham to the Earl of Iddelsleigh.---------*(Received by telegraph, November 5.)*

(Extract.)   Peking, November 5, 1886.

A NOTE which I have received from the Ministers of the Tsung-li Yamen refers in courteous terms to the embarrassing position erected by our continuous occupation of Port Hamilton, and it at the same time, notifies the denial which as been officially given by the Russian Government to the recent rumour of a scheme having been set on foot for a Russian Protectorate in the Corea, as well as their distinct promise that Russia will not occupy Corean territory under any circumstances after our evacuation of Port Hamilton.

The note goes on to say that Chinese Government insisted upon this guarantee during the negotiations, and that, on the faith of it, they are now able, on the part of China, to give a guarantee to Her Majesty's Government, who, it is therefore hoped, will shortly be able to arrange for the cessation of the temporary occupation of Port Hamilton.

№ 68.

The Secretary to the Admiralty ot Sir P. Currie.----*(Received November 11.)*

Sir,   Admiralty, November 10, 1886.

I AM commanded by my Lords Commissioners of the Admiralty to transmit herewith, for the perusal of the Earl of Iddesleigh, copy of a joint Report which has been received from the officers commanding Her Majesty's ships "Leander," "Constance," and "Linnet," dated the 30th July last, together with a copy of Admiral Hamilton's remarks heron, respecting the present defenceless state of Port Hamilton, the facility with which shipping there could be destroyed by an enemy's cruiser, and forwarding a plan of the proposed defences of that place.

My Lords are of opinion that, in its present unfortified state, Port Hamilton would be a source of weakness to the Naval Commander-in-chief in China in time of war, as it would necessitate the presence of at least two of his vessels to protect it, and that unless it should be decided to fortify and garrison the place-a proceeding which their Lordships do not advocate -it would be better not to retain it.

I am, &c.

(Signed) EVAN MACGREGOR.

Inclosure in № 68.

Vice-Admiral Hamilton to the Secretary to the Admiralty.

"Audacious," at Fusan, Corea, August 6, 1886.

SUBMITTED, observing that I specially selected these offices as not having been at Port Hamilton before, so there would be no bias on their part.

Practically hits Report amounts to this: --

1. The harbor, except at a great expense, is defenceless against a superior force.

2. Even an enterprising inferior enemy could neutralize its value as a depot, or base of operations, by passing it at various times by night and day, and firing into the crowded anchorage, through the entrance channels, over the gaps between Triangle Peak and Sodo Island, also by firing over the low neck of land to the north of Sodo Island; and, as we proved in the "Leander," when I went out in her for target practice, at 1 mile or further from the neck of land, 280 feet high, between Sharp and Hamilton Hills, with 7 degrees elevation, a shot could be pitched into the middle of the harbor, or, in all, five places from which the anchorage could be shelled - a harassing warfare against which the only remedy would be having two or three ships always outside.

3. In a naval point of view I am most strongly against its retention. If, as hitherto has been the case, the navy are to be employed doing military duty by garrisoning it, it will be a great source of weakness to the Naval Commander-in-Chief in war time, as at least six ships must be diverted from their proper duty of protecting commerce at sea, and the Naval Commander-in-chief, instead of devoting his sole attention to that most important duty, will find Port Hamilton a serious addition to his anxieties.

4. If decided to retain it, a Fortification Committee should be sent out at once to decide on the proper places for permanent fortifications, which is not one to be dealt with by the navy.

5. And as it will be a necessity to deport the natives, who have cholera or small-pox almost constantly in their villages, a Civil Commissioner should be sent to decide on the best method of so doing (some of the Corean Consular Officers would be the best for this purpose). They cannot remain except under the present strict, almost non-intercourse, system, which can only be enforced while in purely naval occupation, and even then I

have my doubts as to its continuance.

(Signed)　R. VESEY HAMILTON.

Captains Dunlop, Dacres, and Marrack to Vice-Admiral Hamilton.

Sir,　　　　　　　　　　　　　　　　"Leander," at Port Hamilton, July 30, 1886.

In compliance with your Memorandum of the 9th instant, we have the honour to report as follows: -----

Q.1. As to whether Por Hamilton is, in our opinion, open to an attack from sea? -A. We consider that it is open to attack of any kind from sea.

Q.2. The points that would be most accessible? – A. It is accessible from any direction; the westward, where the coast is more or less bold and precipitous, being less so than by other parts.

It is easily accessible to attack by the three entrances, and tolerable so from the several bays on the north and east sides, more particularly so from the bay immediately to westward of the northern entrance, where a ship could come and fire over the low neck separating the bay from the harbor. The same may be said of the small bay between Triangle Hill and the remainder of Sodo Island.

Q.3. How, in the event of Port Hamilton being retained as an English Settlement, we should propose to defend it by forts, batteries, and torpedoes? -A. In reply to this question, we consider at least six forts are necessary. We have, however, so little experience on this subject that we approach it with diffidence, and have not ventured into many details, leaving them to experts. We believe that six forts would give a good defence; but we are alive to the benefit of detached guns, "particularly with the formation of Port Hamilton, accessible from so many points," and, but that we believe it would be more expensive and require more men, we should be inclined to suggest a larger number of small forts or batteries.

The main entrance between Sumbodo and Observatory Islands has water for the largest ironclads and is remarkable easy of access. A spit runs out from Sumbodo towards the centre of passage, and on it we should place a strong armoured fort to defend the main channel principally, but having fire also to northward of Observatory Island, in the event of the passage on the other side of that island being forced. With this fort we should combine a Whitehead battery and some observation mines, together with a search light. It would also be well to fill up by a breakwater or sunken vessels the space between Sumbodo Island and fort. The entrance to westward of Observatory island we should defend by a properly constructed mining-field and booms, covered by two forts, one on Observatory Island with fire to seaward, and on both this and main entrances, and another on Sodo island. In both these forts, being at some elevation, we should place machine as well as larger guns, and also in one a search light.

(This entrance has 32 feet at high-water spring, and 27 feet high-water neap tides.)

Triangle Peak is steep to outside, and difficult of access. Its inner slope would be well commanded by forts on Observatory and Sodo Islands, and if the fort on the former were far enough out, there would be little shelter behind Triangle Hill for a ship.

Sharp Peak is very small, and masked by hills to north and south-east. It is, however, the highest point, and would be of use for outside defence, viz., to prevent ships approaching near enough to shell anchorage, and to cover other forts.

We have not, however, included it here, preferring to fortify Hamilton Hill, of nearly the same height, immediately to northward.

This fort would fire in almost any direction. Shambles Peak, 760 feet in Sodo Island, would give fire along weak part of west coast and defend northern entrance and Torpedo and Tea Bays.

(The northern entrance has a depth of 20 feet at high-water springs and 15 feet at high-water neaps.)

There are strong tides, making it more difficult of access. We should partly obstruct it, place a boom across the so narrowed entrance and some mechanical mines. And on Pegasus Peninsula place a fort for its special defence.

In conclusion, we offer the following general remarks :---

Port Hamilton could not, in our opinion, be successfully defended against an enterprising enemy by ships alone, unless they landed their guns and placed them in batteries as shown. Further, they would want more mines, more electrical store, electric lights fitted to land and work under cover for the protection of mines and booms; and though the entrances were efficiently protected by mines, booms, &c., there is no part of the harbor where the ships would not be exposed to fire from one or more of the entrances, there being deep water close to, everywhere, and we feel sure a superior force could, without attempting to enter the harbor, destroy the ships inside from the entrances. Here we would draw attention to the fact that mines and booms are of little or no use unless protected by guns, and the electric light by night. It would take several ships to watch the entrances, and they could be terribly harassed by even one fast ship.

We are certain, therefore, that if Port Hamilton is to be retained it must be fortified and made self-defending, so as to be a shelter for our ships, for if it is to depend. On the navy for defence, it must greatly cripple the action of the Naval Commander-in-chief.

In considering the nature of defence, we have held in view such foreign ships as are now on this station. The Coreans must be deported, so as to remove an element of weakness and to give a guidable and sheltered position for settlement.

We recommend quick-firing guns in forts, for the protection of mining-fields, and an electric light for each entrance; and if Sharp Peak is to be held, it would be easy to do so with few men, by having only 6-pounder quick-firing guns.

We have, &c.

(Signed) M. J. DUNLOP, Caption of H.M.S "Leander."

S. H. P. DACRES, Captain of H.M.S. "Constance."

W. MARRACK, Commander, H.M.S. "Linnet,"

№ 69.

The Earl of Iddesleigh to Sir J. Walsham.[16]

Sir,   Foreign Office, November 19, 1886.

HER Majesty's Government have had under consideration the suggestion contained in an official note addressed to you by the Chinese Government for facilitating the termination of the occupation of Port Hamilton by this country, as reported in your telegram of the 5th instant.

I have now to state to you that you may read the following to the Yamen as the reply of Her Majesty's Government to their note :-----

"Her Majesty's Government have learnt from your telegram of the 5th instant that the Chinese Government have informed you officially that they are prepared, in the event of Her Majesty's Government terminating the occupation of Port Hamilton, will be occupied by a foreign Power.

"Her Majesty's Government are prepared on the faith of this guarantee to comply with the wishes of the Chinese Government, which have now been officially formulated."

You are authorized to discuss with the Yamen how this decision can best be carried into effect in the interests of China and England, which we regard identical in this matter.

I am, &c.

(Signed) IDDESLEIGH.

№ 70.

Sir. J. Walsham To the Earl of Iddesleigh. ⌐(*Received December 3, 9:30 A.M.*)

(Telegraphic.)   Peking, December 1, 1886, 4:50 P.M.

---

16 Substance telegraphed.

YAMEN propose that I should answer their note in the sense of second and third paragraphs of your telegram of the 19th ultimo, and that I should officially inform Corea that Her Majesty's Government are now prepared to terminate occupation because the circumstances which led to it are happily over, and because their decision has been strengthened by the formal guarantee given by China.

Does your Lordship approve? And if so, shall I communicate direct with the Admiral respecting formality of the evacuation?

№ 71.

Sir P. Currie to the Secretary to the Admiralty.

Sir,   Foreign Office, December 4, 1886.

WITH reference to previous correspondence on the subject of the British occupation of Port Hamilton, I am directed by the Earl of Iddesleigh to state to you, for the information of the Lords Commissioners of the Admiralty, that the Yamen have addressed a note to Her Majesty's Minister at Peking, in which, whilst referring in courteous terms to the embarrassment caused by our continued occupation of Port Hamilton, they place on record the official denial given by Russia of the recent alleged scheme for a Protectorate over Corea, as well as her distinct promise not to occupy Corean territory under any circumstances if the British forces be withdrawn, shall be occupied by any foreign Power.

Her Majesty's Government have expressed their readiness, on the guarantee thus given by the Government of China, to put an end to British occupation of Port Hamilton, and the EARL OF Iddesleigh proposes to authorize Sir J. Walsham to reply to the communication of the Yamen by a note in the terms of telegraphic instructions forwarded to him on the 19th ultimo, of which a copy is inclosed herein,[17] and to officially inform the Corean Government that Her Majesty's Government are now prepared to terminate the occupation of Port Hamilton, because the circumstances which led to it no longer exist, and that their decision has been strengthened by the formal guarantee given by China.

Before, however, sending the authority to Her Majesty's Minister to make these communications, Lord Iddesleigh would be glad to learn what instructions the Board of Admiralty propose to sent to Admiral Hamilton with regard to the withdrawal of the British force, so that his Lordship may be in a position to give directions to Sir J. Walsham as to communicating with the Admiral regarding the arrangements to be made

---

17 № 69.

with the Corean authorities.

For the information of the Lords of the Admiralty, correspondence which as passed with Her Majesty's Legation in China is inclosed herein.

I am, &c.

(Signed) P. CURRIE.

№ 72.

The Secretary to the Admirally to Sir P.Currie. – (Received December 8.)

Sir   Admiralty, December 7, 1886

WITH reference to your letter of the 4th instant, forwarding copies of telegraphie communications which have passed between the Secretary of State for Foreign Affairs and Her Majesty's Minister in Peking in regard to the withdrawal of the British force from Port Hamilton, I am commanded by my Lords Commissioners of the Admiralty to transmit which they propose to send to the Commander-in-chief on the China Station, and my Lords will be glad if you will favour them with as early a reply as possible to this letter.

I am, &c.

(Signed) EVAN MACGREGOR.

Inclosure in № 72.

Draft Telegram to the Commander-in-chief on the China Station.

HER Majesty's Government has decided to withdraw from Port Hamilton. Consult with British Minister Peking, and arrange for withdrawal of garrison, stores, &c., and terminate leases.

Report arrangements by telegraph.

A separate communication will be made as to submarine cable.

№ 73.

The Earl of Iddesleigh to Sir J. Walsham.

Sir,   Foreign Office, December 10, 1886.

I HAVE to inform you that you are authorized to address notes on the subject of Port Hamilton to the Governments of China and Corea, as proposed in your telegram of the 1st instant, but before doing so, you should obtain from the Tsung-li Yamen a note, suitable for publication in case of need, guaranteeing that no part of the territory of Corea will be occupied by any foreign Power.

The Commander-in-chief on the China Station has been instructed to place himself in communication with you in regard to the manner in which the withdrawal of the British force from Port Hamilton is to be carried out.

I am, &c.

(Signed) IDDESLEIGH.

No 74.

Sir P. Curric to the Secretary to the Admiralty

Sir,   Foreign Office, December 11, 1886.

IN reply to your letter of the 7th instant, I am directed by the Earl of Iddesleigh to state, for the information of the Lords Commissioners of the Admiralty, that his Lordship concurs in the terms of the telegram which it is proposed to address to the Commander-in-chief on the China Station with regard to the withdrawal of the British force from Port Hamilton.

His Lordship would suggest, however, that the Admiral should be instructed to take no step before he has communicated with Her Majesty's Minister at Peking.

I am, &c.

(Signed) P.CURRIE.

No 75.

The Secretary to the Admiralty to Sir P. Currie. – *(Received December 13.)*

Sir,   Admiralty, December 11, 1886.

REFERRING to your letters of the 4th and 11th and to mine of the 7th instant, I am commanded by my Lords Commissioners of the Admiralty to acquaint you, for the information of the Secretary of State for Foreign Affair, that a telegram has this day been sent to the Commander-in-chief on the China Station, viz. :-

"Her Majesty's Government has decided to withdraw from Port Hamilton. Consult with British Minister at Peking, and arrange for withdrawal of garrison, stores, &c., and terminate leases. Report by telegram what arrangements have been made, but

"Separate message will be sent as to submarine cable."

I am, &c.

(Signed) EVAN MACGREGOR.

№ 76.

Sir J. Walsham to the Earl of Iddesleigh. – *(Received December 27.)*

My Lord,   Peking, November 5, 1886.

I HAVE the honour to transmit to your Lordship herewith a translation of a note which has been addressed to me by the Ministers of the Tsung-li Yamên, in which his Highness the President and their Excellencies his colleagues state their grounds for hoping that the moment may have arrived for the withdrawal of Her Majesty's ships from Port Hamilton.

Allusion is made to the temporary character that it was always intended to give to the English occupation of the group of islands in which Port Hamilton is situated, and, speaking in the name of the suzerain State, the Chinese Ministers point to the embarrassing situation created by our continued presence on Corean territory, citing as an instance the recent troubles in the Corean capital on account of numerous to the effect that a Russian Protectorate was imminent.

An official representation being made at St. Petersburgh, the Russian Government not only frankly disavowed to the Chinese Minister any such designs on the part of Russia, but authorized the Russian Chargé d'Affaires at Peking, M. Ladygensky, to repeat personally these assurances to the Grand Secretary Li, Minister Superintendent of Northern Trade, who is charged with the direction of affairs between China and Corea.

In carrying out his instructions, M. Ladygensky had also been empowered to offer the additional assurance that, in the event of the English occupation of Port Hamilton ceasing, Russia would undertake not to interfere with Corean territory under any circumstances.

Several interviews had taken place between the Russian Chargé d' Affaires and the Grand Secretary, who had impressed upon M. Ladygensky the importance of such a guarantee being furnished by Russia, as it would enable China on her side to give a similar pledge to Her Majesty's Government officially.

M. Ladygensky having now, therefore, in virtue of instructions from St. Petersburgh, explicitly declared that Russia would not hereafter meddle with territory belonging to Corea, the Chinese Government naturally felt themselves in a position to assure Her Majesty's Government, on the faith of the Russian guarantee, that the temporary occupation of Port Hamilton could be relinquished without risk as regards the future, and they trusted, under these circumstances, that the evacuation might be effected, so that the friendly relations between Great Britain and China might be still further consolidated, this being a matter to which the Chinese Government attached importance.

The substance of this despatch has been telegraphed to your Lordship.

I have, &c.

(Signed) JOHN WALSUAM

Inclosure in № 76.

The Tsung-li Yamên to Sir J. Walsham.

(Translation)   Peking, October 31, 1886.

THE Prince and Ministers of the Tsung-li Yamen have the honour to refer Her Britannic Majesty's Minister to the personal consultations which have earlier taken place between Mr. O'Conor, Chargé d'Affaires, and the Yamên on the subject of the Corean islands of Port Hamilton; also to the Communications of his Excellency Tsêng to Her Majesty's Government, who were informed by him that this matter was one that greatly concerned a tributary State of China.

In due course a reply was received from Her Majesty's Foreign Office, to the effect that the occupation of the islands in question was a measure of a temporary nature, and that it carried with it no intention whatsoever of doing anything injurious to the prestige, rights, and interests of either China or her vassal State. Further, that there was no desire to occupy these islands for any length of time, but that it was feared that, if they were taken possession of by another Power, it must infallibly be injurious to the interests both of England and of China. If China could guarantee that no one would come and take these islands, the British Government could feel reassured.

A long time has now elapsed, and British vessels of war continue to hold these islands, thus giving rise to embarrassing questions from without.

For instance, rumours have recently been disseminated from Corea that Russia was interfering with China's feudatory. The Chinese Government accordingly demanded an explanation from Russia as to the existence or otherwise of this fact, and in due course the Russian Foreign Office gave the Chinese Minister Liu the most frank assurances that the Russian Government had absolutely no such intentions. M. Ladygensky, the Russian Chargé d'Affaires at Peking, further went to Tien-tsin at the Orders of the Russian Foreign Office, and had several personal conversations with the Grand Secretary Li, Minister Superintendent of Northern Trade, to whom he repeated and enlarged upon the answer earlier given to the Minister Liu. He also stated that the Russian Government gave a sincere promise that if the British would evacuate Port Hamilton, the Russian Government would not occupy Corean territory under any circumstances whatsoever.

The Grand Secretary Li, Minister Superintendent of Northern Trade, then told M. Ladygensky that what was feared was that after the British vessels of war had retired from these islands they would be again taken possession of by some other Power. Russia, therefore, must guarantee that she would not hereafter seize these islands, and on the faith of this guarantee China could officially address the British Government, and urge their speedy evacuation.

In course of time M. Ladygensky, in obedience to instructions from the Russian Government, gave a most explicit guarantee, distinctly declaring that in the future Russia would not take Corean territory.

The Chinese Government is therefore naturally in a position, on the faith of the guarantee of the Russian Government, to give a guarantee to the British Government, and in making this communication, as is their bounden duty, to Her Britannic Majesty's Minister, they would express a hope that he will lose no time in communicating the above particulars to Her Majesty's Government, with a view to the issue of orders for the evacuation of Port Hamilton by their vessels of war, so that friendly relations may thereby be consolidated, this being a matter to which importance is attached.

№ 77.

Sir J. Walsham to the Earl of Iddesleigh - (Received December 28, 11:30 A.M.)

(Telegraphic.)   Peking, December 27, 1886, 12:20 P.M.

YOUR Lordship's telegram of the 10th.

I have addressed notes to Chinese and Corean Governments. Former have expressed high appreciation of loyalty shown by Her Majesty's Government, and have no objection to publication, in case of need, of their guaranteeing note of the 31st October, with my reply, dated the 24th instant, which includes copy of my note to Corean Government. The latter should reach its destination in about three weeks. I have arranged with Admiral that he can prepare to withdraw about that date, and have asked thinks a fortnight will suffice for operation of leaving.

№ 78.

The Secretary to the Admiralty to Sir P. Currie. - (Received January 4.)

Sir   Admiralty, January 3, 1887.

REFERRING to previous correspondence respecting the withdrawal of the British force from Port Hamilton, I am commanded by my Lords Commissioners of the Admiralty to transmit herewith, for the perusal of the Earl of Iddesleigh, two telegrams which have been received from the Commander-in-chief on the China Station on this subject.

2. As Her Majesty's ship "Himalaya" is due at Hong Kong about the first week in February, my Lords propose to employ her in removing the stores and marines, and they request that you will signify Lord Iddesleigh's concurrence in this arrangement as soon as possible, in order that the necessary telegraphic communication may be sent to the Commander-in-chief in China.

I am, &c.

(Signed) EVAN MACGREGOR.

Inclosure 1 in № 78.

vice-Admiral Hamilton to the Secretary to the Admiralty

(Telegraphic)   Hong Kong, December 27, 1886.

HAVE communicated with British Minister at Peking, who informed me that negotiations with Government of Corea will take some time. Propose to withdraw detachment of Royal Marines and stores before winter sets in, leavmg a ship till negotiations are complete, as we merely hoisted a flag. Shall haul flag down and withdraw, leaving place in possession of Corea Chief.

Inclosure 2 in № 78.

Vice-Admiral Hamilton to the Secretary to the Admiralty.

(Telegraphic.)   Hong Kong, December 29, 1886.

SUBMIT sending "Himalaya" Port Hamilton to bring detachment of Royal Marines and stores to Hong Kong. Would occupy her about a fortnight.

№ 79.

Sir P. Currie to the Secretary to the Admiralty.

Sir,   Foreign Office, January 7, 1887.

I LAID before the Earl of Iddesleigh your letter of the 3rd instant, relative to the steps to be taken for the withdrawal of the British force from Port Hamilton; and I am directed hy his Lordship to request that you will inform the Lords Commissioners of the Admiralty that he concurs in the arrangements which are proposed for the purpose in your letter. I am also to request that you will remind their Lordships, with reference to Vice-Admiral Hamilton's telegram of the 27th ultimo as to the negotiations with the Corean Government, that Her Majesty's Minister at Peking, in his telegram of that date, of which a copy was sent to you on the 29th ultimo, stated that his communication to the Corean Government would probably reach its destination in about three weeks' time from the date of his telegram.

I am, &c.

(Signed) P. CURRIE.

№ 80.

Sir J. Walsham to the Earl of Iddesleigh.—*(Received February 21, 1887.)*

My Lord, Peking, December 25, 1886.

I HAVE the honour to report that I went by appointment yesterday afternoon to the Tsung-li Yamên, accompanied by Mr. Hillier and Mr. Bullock, and placed in the hands of his Highness the President and their Excellencies the Ministers the note of which I beg leave to transmit to your Lordship a copy.

It is the reply which, by your Lordship's instructions, has been returned to the official communication from the Tsung-li Yamên of the 31st October last, placing on record the circumstances that have enabled the Chinese Government to guarantee the future integrity of Corean territory in the event of Her Majesty's Government being prepared to terminate the temporary occupation of Port Hamilton. A translation of this communication accompanied my despatch of the 5th ultimo.

The Prince and his colleagues having each read the note, expressed their high appreciation of the loyal manner in which Her Majesty's Government had fulfilled their promise with regard to the duration of the occupation.

His Highness and their Excellencies at the same time thanked me for having given them an opportunity of seeing the note which I had addressed to the Government of His Corean Majesty for the purpose of notifying to them the decision of Her Majesty's Government, and they added that the mention in it of the formal guarantee offered by China caused them great satisfaction, because they thought it important for Corea to know that she could depend in future upon this pledge, which would strengthen her position.

I explained to the Prince and Ministers that, in consequence of there being no regular communication between China and Corea during the winter, my note to the Corean Government would be taken to Chemulpo by one of Her Majesty's vessels of war, and would probably reach its destination within a fortnight or three weeks.

The substance of this despatch will be telegraphed to your Lordship.

I have, &c.

(Signed)   JOHN WALSHAM

Inclosure 1 in № 80.

Sir J. Walsham to the Tsung-li Yamên.

Peking, December 23, 1886.

IN a note dated the 19th ultimo, his Highness the President and their Excellencies the Ministers of the Tsung-li Yamên notified to Her Britannic Majesty's Minister that the Imperial Government of China, for the special reasons recorded in the note, were in a position to guarantee that in the event of Her Majesty's Government terminating the temporary occupation of Port Hamilton, neither the group of Corean Islands in which Port Hamilton is situated, nor any part of Corean territory, should be occupied by another Power, and a hope was expressed that the British naval force might therefore be withdrawn.

The substance of this note was at once telegraphed to Her Majesty's Government, and Her Majesty's Minister has been instructed to make known to his Highness and their Excellencies that on the faith of this guarantee Her Majesty's Government will be prepared to comply with the wishes of the Chinese Government, which have now been officially formulated.

Her Majesty's Minister has the honour to inclose, for the information of the Prince and Ministers, a copy of the note which he has addressed to the Government of His Corean Majesty for the purpose of intimating to them this decision on the part of Her Majesty's Government, and he avails himself, &c.

(Signed)   JOHN WALSHAM.

Inclosure 2 in № 80.

Sir J. Walsham to the President of the Corean Council.

M. le Président,   Peking, December 23, 1886.

IN compliance with the wish expressed by the Government of His Corean Majesty in the note which they did me the honour to address me on the 4th July, I communicated to Her Majesty's Government, as in my reply of the 5th August I stated I would do, the observations contained in that note with regard to the temporary occupation of Port Hamilton, and, in obedience to instructions from Her Majesty's Government, I now hasten to inform your Excellency that the exceptional circumstances which led to the occupation having happily ceased, Her Majesty's Government will be prepared to terminate it conformably to their original intentions.

This decision has been strengthened by a formal guarantee given to them by the Imperial Chinese Government, that in the event of the temporary occupation ceasing, neither the group of islands in which Port Hamilton is situated nor any part of Corean territory shall be occupied by another Power.

I should have been glad to have had it in my power to make this communication personally to your Excellency, but the lateness of the season will oblige me to defer my visit to Corea till the spring of next year.

His Excellency the Commander-in-chief of Her Majesty's Naval Forces will let your Excellency know, through Her Majesty's Consul-General at Söul, the date of his having withdrawn the ships from Port Hamilton.

I avail, &c.

(Signed)   JOHN WALSHAM

№ 81.

The Marquis of Salisbury to Sir J. Walsham.

Sir,   Foreign Office, February 25, 1887.

I HAVE received your dispatch of the 25th December last, inclosing copies of the notes which you addressed on the previous day to the Tsung-li Yamên and to the President of the Corean Council, announcing the intention of Her Majesty's Government to withdraw their forces from Port Hamilton, and placing on record the circumstances which have induced them to terminate the temporary occupation of the islands forming that port.

I have to inform you that Her Majesty's Government approve the terms of your two notes and your communication to the Tsung-li Yamên of the note which you had addressed to the Corean Government.

I am, &c.

(Signed)   SALISBURY.

№ 82.

Vice - Admiral Hamilton to the Secretary to the Admiralty
- (Received February 28, 1887.)

(Telegraphic.)   Hong Kong, February 28.

FLAG hauled down at Port Hamilton on 27th. Cable under charge of Chief.

№ 83.

Sir J. Walsham to the Marquis of Salisbury. - (Received March 2, 4:40 P.M.)

(Telegraphic.)   Peking, March 2, 1887.

ADMIRAL HAMILTON reports that flag was hauled down at Port Hamilton on the 27th February.

I have just received from the Corean Government the reply to my notification of withdrawal. It records belief that Her Majesty's Government did not originally intend to occupy the place, and testifies to their good faith and friendship in evacuating it altogether. It holds that relations between the two countries will therefore be stronger than ever, and states that the action of Her Majesty's Government is highly appreciated.

CHINA. № 1 (1887).

CORRESPONDENCE respecting the Temporary Occupation of Port Hamilton by Her Majesty's Government.

Presented to both Houses of Parliament by Command of Her Majesty. March 1887.

LONDON :
PRINTED BY HARRISON AND SONS.

Betreffend die Rückgabe Port Hamilton's durch die englische Regierung.

PAAA_RZ201-018941_077 ff.			
Empfänger	Bismarck	Absender	Brandt
A. 4244 pr. 4. April 1887. a. m.		Peking, den 1. Februar 1887.	
Memo	cop. mitg. London 300, Petersbg. 285. 4. 4.		

A. 4244 pr. 4. April 1887. a. m.

Peking, den 1. Februar 1887.

A. № 27.

Seiner Durchlaucht
dem Fürsten von Bismarck.

Die Tientsin Chinese Times vom 29. Januar d. J. bringt die Nachricht, daß Port Hamilton am 24. Januar von der Englischen Regierung an Korea zurück gegeben worden sei. Diese Nachricht wird mir von wohlunterrichteter chinesischer Seite bestätigt. Mein englischer College Sir John Walsham, dem ich die Notiz in der Times zeigte, sagte, daß er hoffe, daß Port Hamilton über kurz oder lang geräumt würden werde, was er immer empfohlen habe.

Der Marquis Tseng, den ich über den Gegenstand befragte und der ziemlich mißvergnügt über den Verlauf resp. das Ergebnis der fast ausschließlich durch Li hung chang geführten Verhandlungen schien, äußerte sich dahin, daß England sich bereit erklärt habe, Port Hamilton zu räumen, aber Garantien verlange, daß es von keiner anderen Macht in Besitz genommen werden könne.

Diese Mittheilungen mit dem Eurer Durchlaucht durch den Kaiserlichen Gesandten in Tokio gemeldeten Telegramm des Foreign Office an den englischen Gesandten in Japan, vom 21. December d. J. nach welchem die englische Regierung nicht daran denken würde Port Hamilton zu räumen, zusammengehalten, veranlassen mich zu der Annahme, daß die „Rückgabe" Port Hamilton's an Corea wohl nur einen akademischen Werth hat und man englischerseits für den Augenblick nicht daran denkt, den Platz zu räumen. Ich vermuthe, daß, da die Chinesische Regierung keine Verbindlichkeiten in Betreff Port Hamilton's hat eingehen wollen, schon um Komplikationen mit Japan zu vermeiden, man es von englischer Seite für einfacher gehalten hat, die Nachricht von der beabsichtigten Rückgabe direkt an die Koreanische Regierung gelangen zu lassen.

Brandt.

Inhalt: Betreffend die Rückgabe Port Hamilton's durch die englische Regierung.

Berlin, den 4. April 1887.   A. 4244.

An

die Missionen in:

1. London № 300
2. St- Petersburg № 285
Sicher!

J. № 2301.

Euer pp. beehre ich mich anbei Abschrift eines
Berichts des K. Gesandten in Peking vom 1. 2.
Mts., betreffend die Rückgabe Port Hamiltons
durch die engl. Regierung
ad 1-7: zu Ihrer persönlichen Kenntnißnahme
zu übersenden.

N. d. H. St. S.

i. m.

L 4. 4.

Port Hamilton.

PAAA_RZ201-018941_082 ff.			
Empfänger	Bismarck	Absender	Kempermann
A. 4252 pr. 4. April 1887. a. m.		Söul, den 12. Februar 1887.	
Memo	cop. mitg. London 311 4. 4. J. № 89.		

A. 4252 pr. 4. April 1887. a. m.

Söul, den 12. Februar 1887.

Kontrole № 14.

Seiner Durchlaucht

dem Fürsten von Bismarck.

Meine ganz gehorsamste Meldung vom 24. Januar[18](Contr. № 9.) daß England der koreanischen Regierung seine Absicht notificirt habe, Port Hamilton zu räumen, kann ich heute nur bestätigen.

Der chinesische Vertreter sagte mir, soweit ihm bekannt sei, beabsichtige seine Regierung nicht, Vorkehrungen zum künftigen Schutz der Inselgruppe zu treffen. Auch habe mit England kein dahin zielendes Uebereinkommen stattgefunden. Zwar habe die englische Regierung Aehnliches gewünscht, China jedoch habe mit dem Bemerken abgelehnt, daß Port Hamilton, wenn England es aufgebe, von andern Mächten garnichts zu fürchten habe.

Mit dieser Aeußerung Yuens steht auch das Vorgehen der koreanischen Regierung im Einklang. Gestern brachte der Regierungsanzeiger ein Königliches Edikt, welches eine Commission bestehend aus einem Militair-Mandarin von hohem (2ten) Range und zwei anderen Beamten ernannt, die sich nach Port Hamilton begeben soll, um über die Maßregeln Bericht zu erstatten, welche zum Schutz der Inselgruppe gegen fernere Handstreiche getroffen werden können.

Es scheint, daß die Commißion sich sofort an Ort und Stelle begeben soll, ohne den Abzug der Engländer abzuwarten; auch höre ich, daß sie von einem Truppencorps begleitet sein wird. Korea will damit wohl England die Möglichkeit nehmen, die Erfüllung

---

18 A. 3100 i. a. ehrerbietigst beigefügt

des gegebenen Versprechens zu lange hinauszuschieben.

Kempermann.

Inhalt: Port Hamilton.

Berlin, den 4. April 1887.   A. 4252.

An
die Missionen in

1. London № 301
Sicher!

J. № 2314.

Unter Bezugnahme auf die heutige Mittheilung
vom A. v. V.

Euer pp. beehre ich mich Ew. tit. anbei Abschrift
eines Berichts des K. General Konsuls in Söul
vom 12. 2. Mts, betreffend Port Hamilton
ad 1-7: zu Ihrer persönlichen Kenntnißnahme zu
übersenden.

N. d. H. U. St. S.

i. m.

L 4. 4.

Betreffend die Räumung von Port Hamilton.

PAAA_RZ201-018941_088 ff.

Empfänger	Bismarck	Absender	Brandt
A. 4827 pr. 17. April 1887. a. m.		Peking, den 16. Februar 1887.	
Memo	cop. mtg. 18. 4. n. Petersbg. 321		

A. 4827 pr. 17. April 1887. a. m.

Peking, den 16. Februar 1887.

A. № 46.

Seiner Durchlaucht

dem Fürsten von Bismarck.

Nach einer der in Nagasaki erscheinenden englischen Zeitung Rising Sun vom 19. Januar entnommenen Mittheilung hat das Kommando der englischen Korvette Constance daselbst am 12. Januar zu Submissionen für Ankauf und Abbruch von in Port Hamilton befindlichen zur Unterbringung englischer Marine Soldaten bestimmt gewesenen dreizehn hölzernen Baulichkeiten aufgefordert unter der Bedingung, daß alle Materialien bis zum 4. Februar abgeschifft sein müßten.

Die Rising Sun fügt hinzu, daß nun doch, trotz des vor kurzem veröffentlichten amtlichen Dementis die Räumung Port Hamilton unmittelbar bevorzustehen scheine, unter welchen Bedingungen wisse man freilich noch nicht, Alles deute aber darauf hin, daß es an Korea zurückgegeben werden würde zugleich mit einer reichlichen Entschädigung für die Benutzung der Inselgruppe, sowie daß ein bestimmtes Abkommen mit China getroffen worden sei, durch welches dasselbe dich verpflichte, mit England zusammen Port Hamilton resp. das ganz Gebiet von Korea gegen jeden feindlichen Angriff zu vertheidigen. Wahrscheinlich sei auch eine andere Bestimmung vereinbart worden, durch welche es England freigestellt werde, in jedem Augenblicke, falls das Bedürfniß dazu sich fühlbar machen sollte, Port Hamilton zeitweilig wieder zu besetzen.

Auf dem Tsungli Yamen behauptet man, daß ein schriftliches Abkommen über die Räumung Port Hamilton überhaupt nicht bestehe, sondern nur mündliche Vereinbarungen, die in Tientsin mit Li hung chang getroffen worden seien, welche aber noch der Zustimmung der englischen Regierung entbehrten.

Nach einer Äußerung des Marquis Tseng möchte ich annehmen, daß man chinesischer

Seits allerdings in Betreff Port Hamiltons gewisse Versprechungen gemacht resp. Verpflichtungen eingegangen sei, daß aber kein weitergehendes Abkommen getroffen worden ist.

Die vor zwei Tagen durch ein Reuter´sches Telegram hier eingegangene Nachricht, nach welcher die Zusammenziehung eines starken russischen Geschwaders in den Ostasiatischen Gewässern angeordnet worden sein soll, hat auf dem Tsungli Yamen eine große Aufregung hervorgerufen, welcher der Marquis Tseng auch mir gegenüber Ausdruck gab.

Brandt.

Inhalt: Betreffend die Räumung von Port Hamilton.

Berlin, den 18. April 1887.   A. 4827.

An
die Missionen in :

1. London № 349
3. St. Petersburg № 321
Sicher!

vertraulich

J. № 2565.

Euer pp. beehre ich mich anbei Abschrift eines
Berichts des K. Gesandten in Peking vom 16.
Febr. Mts., betreffend die Räumung von Port
Hamilton
ad 1-7: zu Ihrer persönlichen Kenntnißnahme
zu übersenden.

N. d. H. St. S.

i. m.

L 16. 4.

Räumung Port Hamiltons.

PAAA_RZ201-018941_093 ff.			
Empfänger	Bismarck	Absender	Kempermann
A. 5162 pr. 24. April 1887. a. m.		Söul, dem 7. März 1887.	
Memo	cop mtg 27. 4. n. London 388 J. № 108.		

A. 5162 pr. 24. April 1887. a. m.

Söul, dem 7. März 1887.

Kontrole № 18.

Seiner Durchlaucht
dem Fürsten von Bismarck.

Im Anschluß an meinen ganz gehorsamsten Bericht № 14[19] vom 12. Februar habe ich die Ehre Euerer Durchlaucht zu melden, daß der hiesige General-Konsul Watters mittels der in Uebersetzung anliegenden Note dem Präsidenten des Auswärtigen Amtes die Räumung Port Hamiltons angezeigt hat.

Die Note ist mir, ebenso wie die gleichfalls in Uebersetzung anliegende des Gesandten Sir John Walsham, worauf sich mein Bericht № 9[20] vom 24. Januar bezog, von einem mir näher bekannten Vize-Präsidenten des Auswärtigen Amtes vertraulich und wie ich vermuthe auf besonders Anordnung des Präsidenten, abschriftlich mitgetheilt worden.

Auch von Herrn Watters hatte ich übrigens den Inhalt seiner Note bereits am Tage der Uebergabe gesprächsweise erfahren. Am nächsten Tage, dem 2. März wurden die sämmtlichen Vertreter vom Könige anläßig des Geburtstages des Thronfolgers einzeln in Audienz empfangen. Herr Watters hatte, wie er mir sagte, gehofft, daß der König bei dieser Gelegenheit einige verbindliche Worte in Betreff der vollzogenen Räumung an ihn richten würde; der König hat derselben aber nicht im Geringsten Erwähnung gethan, und als Herr Watters schließlich selbst davon zu sprechen anfangen wollte, bemerkte ihm der Dolmetscher des Auswärtigen Amtes, es wäre unpassend, bei einer Gratulationsaudienz von Geschäften zu sprechen.

Bisher ist Aehnliches jedoch niemals für unpassend erachtet worden; vielmehr ist es

---

19 A. 4252 i. a. ehrerbietigst beigefügt
20 A. 3100 i. a. ehrerbietigst beigefügt

eine allgemein bekannte Gewohnheit des sehr gesprächigen Königs bei Audienzen alles und jedes zur Sprache zu bringen, was ihn interessirt. Sein diesmaliges Stillschweigen zu einem solch wichtigen Ereigniß ist daher auffallend, und Herr Watters ist recht verstimmt darüber.

Im Uebrigen enthalten sich auch der Präsident des Auswärtigen Amtes, die anderen Würdenträger und der chinesische Vertreter jeder Bemerkung über die Thatsache und es scheint, als ob die Regierung sich um die Inselgruppe in Zukunft nicht mehr kümmern wolle, als sie in der Zeit vor der englischen Okkupation gethan hat. Dasselbe gilt von China.

Die in meinem ganz gehorsamsten Berichte № 14 erwähnte Kommißion macht gar keine Anstalten mehr zur Abreise; vor 14 Tagen hieß es noch, sie würde von 1000 Mann Truppen begleitet werden; jetzt spricht man nur mehr von einem Polizeimeister, der demnächst abgehen solle, um gerade so wie des früher gewesen, als oberste Behörde auf den Inseln zu fungiren.

Abschriften dieses ganz gehorsamsten Berichts sende ich an die Kaiserlichen Gesandtschaften in Peking und Tokyo.

Kempermann.

Inhalt: Räumung Port Hamiltons.

Anlage zum Bericht des Kaiserlichen Konsulats für Korea, Kontrole № 18.
Abschrift

Schreiben des englischen Gesandten Sir John Walsham in Peking an den Präsidenten des Auswärtigen Amtes in Söul, Port Hamilton betreffend.
Aus dem Chinesischen übersetzt.

In Ihrem Schreiben vom 14. Juli d. J. kritisieren Euere Excellenz die seit längerer Zeit stattfindende Besetzung der Inseln Kumundo (Port Hamilton). Ich habe Ihre Ausführungen meiner Regierung zur Erwägung übermittelt, und Euere Excellenz hiervon durch Schreiben vom 5. August verständigt, welches in Ihren Besitz gelangt sein wird. In ihrer Antwort hat meine Regierung mir nun mitgetheilt, daß die Nothwendigkeit die Inseln Kumundo ferner zu bewachen nicht mehr vorhanden ist, und daß sie daher ihrer ursprünglichen Absicht gemäß beschloßen habe, die Besetzung derselben aufhören zu laßen. Diese Entscheidung habe ich Ihrem mir seiner Zeit mitgetheilten Wunsche entsprechend, Ihnen ohne Verzögerung übermitteln zu müßen geglaubt.

Ich habe Veranlaßung zu glauben, daß, wenn Korea nach dem Abzug unserer Besatzung, China gegenüber den Wunsch äußert, daß dasselbe officiell den Schutz von Kumundo übernehmen möge, China darüber wachen garantiren wird, daß weder diese Inseln noch ein anderer Theil Koreas von andern in Besitz genommen werde, und der Entschluß unserer Regierung ihre Besatzung von Kumundo zurückzuziehen, würde so noch mehr gerechtfertigt erscheinen.

Es wäre mein Wunsch gewesen, Euerer Excellenz Alles dieses mündlich zu sagen. Da aber die Jahreszeit schon zu weit vorgerückt ist, muß ich diesen Wunsch aufgeben, und meinen Besuch in Korea bis zum nächsten Frühjahr aufschieben.

Die Zurückziehung unserer Besatzung wird stattfinden, sobald die Zeit für die Heimkehr unserer Schiffe gekommen ist, und unser Admiral wird Euerer Excellenz durch Vermittelung unseres General-Konsuls in Söul hiervon Nachricht geben.

Den 22. Dezember 1886.

(gez.) Walsham.

Anlage zum Bericht des Kaiserlichen Konsulats für Korea № 18.
Abschrift

Schreiben des englischen General-Konsuls in Söul an den Präsidenten des Auswärtigen Amtes die Räumung Port Hamiltons betreffend.
Uebersetzung aus dem Chinesischen.

Gestern Abend ist ein Telegramm des Inhalts an mich gelangt, daß unsere in Kumundo (Port Hamilton) stationirten Kriegsschiffe von unserem Admiral den Befehl erhielten, die Inseln mit allem Kriegsgeräth und den Flaggen zu räumen und daß sie dem zu Folge die Inseln verlaßen und Alles auf den alten Zustand zurückgeführt haben.

Meine Freude über diese Nachricht hat keine Grenzen, und indem ich dieselbe durch dieses Schreiben zu Euerer Excellenz Kenntniß bringe, bitte ich Sie Seiner Majestät melden zu wollen, daß unsere Kriegsschiffe unter Mitnahme des Kriegsgeräths und der Flaggen Kumundo geräumt haben, so daß also damit das koreanische Gebiet seinen früheren Bestand wiedererlangt hat, und ich wünsche daß dasselbe auf ewig ungestört bleiben möge.

Den 1. März 1887.

(gez.) Watters.

An den Präsidenten des Auswärtigen Amtes.

Betreffend die Räumung von Port Hamilton.

PAAA_RZ201-018941_102 f.			
Empfänger	Bismarck	Absender	Brandt
A. 6156 pr. 16. Mai 1887. a. m.		Peking den 29. März 1887.	

A. 6156 pr. 16. Mai 1887. a. m.

Peking den 29. März 1887.

A. № 90.

Seiner Durchlaucht
dem Fürsten von Bismarck.

Euerer Durchlaucht beehre ich mich ganz gehorsamst zu berichten, daß nach hier aus Nagasaki eingegangenen Zeitungsnachrichten Port Hamilton am 27. Februar d. J. von der englischen Besatzung geräumt worden ist.

Brandt.

Inhalt: Betreffend die Räumung von Port Hamilton.

Betreffend die Beziehungen Rußland und China's in Korea.

PAAA_RZ201-018941_105 ff.

Empfänger	Bismarck	Absender	Brandt
A. 6161 pr. 16. Mai 1887. a. m.		Peking, den 24. März 1887.	
Memo	mitg. am 16. 5. n. London 446, Paris 165, Petersbg 395		

A. 6161 pr. 16. Mai 1887. a. m.

Peking, den 24. März 1887.

A. № 78.

vertraulich

Seiner Durchlaucht, dem Fürsten von Bismarck.

Nach Mittheilungen meines russischen Collegen, die mir in einzelnen Punkten von chinesischer Seite bestätigt worden sind, kann es keinem Zweifel unterliegen, daß die Auseinandersetzungen, welche im September v. J. in Tientsin zwischen dem General-Gouverneur Li hung chang und dem, wie ich jetzt habe feststellen können, auf besonderen Befehl seiner Regierung nach dort gegangenen russischen Geschäftsträger, Herrn Ladygensky, über die Beziehungen Rußlands und China's zu Korea stattgefunden, nur zu einer mündlichen Verständigung, aber nicht zu einem schriftlichen Abkommen geführt haben. Man hat allerdings versucht, die gegenseitig abgegebenen Erklärungen schriftlich zu formuliren, dies aber, wie Herr Coumany angibt, bald wegen der Schwierigkeiten, sich über die einem solchen Schriftstück zu gebende Fassung zu einigen, aufgegeben; nach einer Mittheilung des Marquis Tseng wurde ein Depeschen-Austausch beabsichtigt gewesen, aber, trotzdem Li hung chang bereits einen Entwurf vorgelegt, auf höheren Befehl von hier aus unterblieben sein. Die von beiden Seiten ausgetauschten Erklärungen haben dahin gelautet, daß keine Absichten vorhanden seien, sich in die inneren Angelegenheiten Korea's zu mischen oder ein Protektorat über das Land zu übernehmen; russischerseits hat man dabei ganz besonders betont, daß gegenüber einem so schwach bevölkerten und in jeder Beziehung so ungefährlichen Nachbarn, wie Korea, keine Veranlassung für Rußland vorläge, irgend welche besonderen Maßregeln zum Schutze seiner Interessen zu ergreifen; etwas anderes würde es freilich sein, wenn Rußland statt Korea China zum Nachbarn erhalte. - Herr Coumany sprach sich mir gegenüber dahin aus, daß man russischer Seits wenig Werth darauf lege, wer an der Spitze der koreanischen Regierung stehe, so lange dies ein Koreaner sei; die Verkündigung eines chinesischen Protektorats über Korea oder die Entsendung eines chinesischen Gouverneurs nach Seul würde Rußland dagegen nöthigen, sofort diejenigen Maßregeln zu ergreifen, welche die veränderte Lage der Dinge und die Wahrung seiner eigenen jetzt materiell unbedeutenden, dann aber politisch wichtigen Interessen ihm auferlegen. Herr Coumany fügte hinzu, daß er vor einigen Tagen Li hung chang interpellirt habe, was es mit den Gerüchten von der Proklamirung eines chinesischen Protektorats über Korea auf sich habe, und daß derselbe jede solche Absicht der chinesischen Regierung in Abrede gestellt habe.

Von Seiten des Tsungli Yamen hat man Herrn Coumany in Bezug auf die zwischen England und China getroffenen Vereinbarungen in Betreff der Räumung Port Hamilton's wiederholt die bestimmte Versicherung ertheilt, daß Port Hamilton seitens der Englischen Regierung ohne jede Bedingung geräumt worden sei, eine Aeußerung, die nach der von der englischen Regierung am 1. Februar im Unterhause abgegebenen Erklärung, nach welcher China sich verpflichtet hätte, nicht nur Port Hamilton, sondern das ganze koreanische Gebiet gegen jeden fremden Angriff zu schützen, zum mindesten als den thatsächlichen Verhältnissen nicht ganz entsprechend bezeichnet werden dürfte.

Mir ist übrigens die Richtigkeit der von der englischen Regierung abgegebenen Erklärung jetzt auch von wohlunterrichteter chinesischer Seite bestätigt worden; die Vereinbarung scheint im Wege eines Depeschen-Austausches stattgefunden zu haben.

Welche Vortheile die chinesische Regierung von der einseitigen Uebernahme der Verpflichtung das koreanische Gebiet gegen jeden fremden Angriff zu vertheidigen, erwartet, vermag ich nicht anzugeben; jedenfalls hat das englisch-chinesische Abkommen die russische Gesandtschaft hier sehr unangenehm berührt, wie aus manchen Anzeichen hervorgeht, obgleich Herr Coumany mir gegenüber stets den äußerst friedlichen und freundschaftlichen Charakter der ihm von seiner Regierung ertheilten Instruktionen betont. Dagegen macht sich eine gewisse Schärfe in seinen Äußerungen über die Behandlung Seitens der chinesischen Regierung von russischen Reklamationen und Beschwerden wegen vertragswidriger Behandlung russischer Unterthanen in China, namentlich in den Grenzgebieten bemerklich, welchem Symptome um so mehr eine gewisse Bedeutung nicht abzusprechen sein dürfte, als wie Euerer Durchlaucht erinnerlich sein wird, ähnliche Beschwerden dem wegen der Frage der Retrocession von Kuldscha ausgebrochenen russisch-chinesischen Konflikt vorangingen und sehr wesentlich dazu beitrugen, die Beziehungen zwischen beiden Ländern zu verschlechtern und die Verhandlungen über die Hauptfrage zu erschweren.

Brandt.

Inhalt: Betreffend die Beziehungen Rußland und China's in Korea.

Berlin, den 11. Mai 1887.   A. 6161.

An
die Missionen in

1. London № 446
2. Paris № 165
3. St. Petersburg № 393
Sicher!

J. № 3233.

Euer pp. beehre ich mich anbei Abschrift eines
Berichts des k. Gesandten in Peking vom 24.
3., betreffend die Beziehungen Russlands und
Chinas zu Korea
ad 1-7: zu Ihrer persönlichen Kenntnißnahme
zu übersenden.

N. d. H. U. St. S.

i. m.

L 16. 5.

[   ]

PAAA_RZ201-018941_113 ff.

Empfänger	Bismarck	Absender	Brandt
A. 6170 pr. 16. Mai 1887. p. m.		Peking, den 24. März 1887.	
Memo	cop. mtg. 16. 5. n. London 449, Petersbg. 395 cfr. A. 7251		

A. 6170 pr. 16. Mai 1887. p. m.

Peking, den 24. März 1887.

A. № 79.

Seiner Durchlaucht

dem Fürsten von Bismarck.

Entzifferung:

Im Anschluß an Bericht A. № 78 vom 24. März d. J. beehre ich mich ganz gehorsamst hinzuzufügen, daß ich aus meinen Gesprächen mit Herrn Coumany die Ueberzeugung gewonnen habe, daß die russische Regierung fest entschlossen ist, im Falle eines Einschreiten China's in Korea dort ebenfalls zu interveniren und sich dabei - rechtlich - auf die im September v. Js. in Tientsin ausgewechselten mündlichen Erklärungen zu stützen. Von russischer Seite würde man voraussichtlich des rechten Ufers des Tumen und des Lazareff-Hafens, eventuell mit dem zwischen beiden liegenden Landstrich bemächtigen.

Herr Coumany sagte mir, daß es genügen würde, einen in jedem Augenblicke leicht anzufachenden mohamedanischen Aufstand in der Kaschgarei mit einer ganz geringen russischen Streitmacht zu unterstützen, um die Chinesen ohne Mühe aus dem Lande zu werfen; in Betreff der Mandschurei schien er zu glauben, daß man dort auf ernstlichere Schwierigkeiten stoßen könnte.

Brandt.

Berlin, den 11. Mai 1887.   A. 6170.

An

die Missionen in

1. London № 449
3. St. Petersburg № 395
Sicher!

J. № 3239.

Euer pp. beehre ich mich anbei Auszug eines
Berichts des K. Gesandten in Peking vom 24. 3.
Mts, betreffend eine etwaige russische Einmischung
in die koreanischen Angelegenheiten
ad 1-7: zu Ihrer persönlichen Kenntnißnahme zu
übersenden.

N. d. H. U. St. S.

i. m.

L 16. 5.

Port Hamilton betreffend.

\multicolumn{4}{l}{PAAA_RZ201-018941_118 ff.}			
Empfänger	Bismarck	Absender	Krien
A. 9594 pr. 6. August 1887. p. m.		Söul, den 9. Juni 1887.	
Memo	mtg. n. Petersbg 586 u. London 703 8. 8. J. № 262.		

A. 9594 pr. 6. August 1887. p. m.

Söul, den 9. Juni 1887.

Kontrole № 45.

Seiner Durchlaucht, dem Fürsten von Bismarck.

Euer Durchlaucht habe ich die Ehre im Verfolg des Berichtes des General-Konsuls Kempermann № 36[21] vom 21. v. Mts. ganz gehorsamst zu melden, daß nach einer Privat-Mittheilung des hiesigen chinesischen Vertreters, welche mir von dem Präsidenten des Auswärtigen Amtes bestätigt worden ist, das Chinesische Geschwader Port Hamilton wieder verlaßen hat, um sich nach dem Norden Chinas zurückzubegeben.

Ich verfehle nicht ehrerbietigst hinzuzufügen, daß von der koreanischen Regierung vor einiger Zeit ein Offizier von minderem (siebenten) Range nach Port Hamilton entsandt worden ist, um die Verwaltung der Inselgruppe zu übernehmen. Derselbe ist dem Gouverneur der Provinz Chon La- Do unterstellt.

Abschriften dieses Berichts habe ich an die Kaiserlichen Gesandtschaften zu Peking und Tokio gesandt.

Krien.

Inhalt: Port Hamilton betreffend.

---

21 A. 8458 i. a. ehrerbietigst beigefügt

Berlin, den 8. August 1887.   A. 9594.

An

die Botschaften in

1. St. Petersburg № 586
2. London № 703
Sicher
vertraulich!

J. № 5040.

Euerer p. übersende ich unter Bezugnahme auf
meinem Erlaß vom 11. v. M. zu 1. № 567
                  zu 5. № 636
anbei ergebenst Abschrift eines Berichts des K.
Konsulat in Söul vom 9. Juni d. J. betreffend
die Rückkehr des chinesischen Geschwaders
von Port Hamilton nach China,
         zu Ihrer vertraulichen Information
                  N. d. H. U. St.
                        i. m.

[   ]

PAAA_RZ201-018941_122

Empfänger	Bismarck	Absender	Brandt
A. 13908 pr. 14. November 1887. p. m.		Peking, den 28. September 1887.	
Memo	cop. mtg. London 959 v. 15. 11.		

Abschrift

A. 13908 pr. 14. November 1887. p. m.

Peking, den 28. September 1887.

A. № 265.

Seiner Durchlaucht

dem Fürsten von Bismarck.

Euerer Durchlaucht beehre ich mich ganz gehorsamst zu berichten, daß eine am 1. Juli d. Js. hier eingetroffene koreanische Gesandtschaft vor einigen Tagen Peking verlassen hat, um nach ihrer Heimath zurückzukehren. Der Zweck der Gesandtschaft war, Glückwünsche zum Geburtstage des Kaisers und Danksagungen für die Unterstützung der chinesischen Regierung in der Port Hamilton Frage zu überbringen, pp.

(gez.) Brandt.

orig. i. a. Korea 1.

[   ]

PAAA_RZ201-018941_123 f.

Empfänger	Bismarck	Absender	Brandt
A. 1052 pr. 20. Januar 1889. a. m.		Peking, den 6. Dezember 1888.	
Memo	mitgeth. 24 .1. n. London 74, Petersb. 42		

Abschrift

A. 1052 pr. 20. Januar 1889. a. m.

Peking, den 6. Dezember 1888.

A. № 364.

Seiner Durchlaucht

dem Fürsten von Bismarck.

Der Shanghai-Courier vom 27. November bringt einen Artikel betreffend die Beziehungen China's zu Corea. In demselben, welcher auf Mittheilungen des „Mainichi Shimbun" in Tokio fußt, wird gesagt, daß China von Corea die Abdankung des Königs zu Gunsten seines Sohnes unter der Regentschaft seines Vaters verlangt habe (soll wohl Großvaters, das heißt des Tai in kun heißen) ferner die von der koreanischen Regierung an alle Vertragsmächte zu richtende Erklärung, daß Corea ein Vasallenstaat China's sei, und die Einsetzung chinesischer Beamten in allen geöffneten koreanischen Häfen.

Daß namentlich der chinesische Resident Yüan seit langem auf die Abdankung des Königs und die Regentschaft des mit Recht oder Unrecht für chinesenfreundlich gehaltenen Tai-in-kun's hingearbeitet hat, kann keinem Zweifel unterliegen, ich glaube aber den Angaben des Mainichi Shimbun wenigstens insofern in ganz bestimmter Weise widersprechen zu können, daß es sich bei denselben nicht um von Seiten der chinesischen Regierung in Corea gerichtete Forderungen gehandelt hat.

Ebenso beruht die in demselben Artikel gebrachte Nachricht, daß der Kommandant eines englischen Kriegsschiffes vor Kurzem wieder die miethweise Ueberlassung Port Hamilton's gefordert habe, das England mit oder ohne Erlaubniß der koreanischen Regierung zu besetzen beabsichtige, auf Erfindung.

gez. von Brandt.

orig. i. a. Korea 1.

Port Hamilton betreffend.

PAAA_RZ201-018941_126 ff.			
Empfänger	Caprivi	Absender	Krien
A. 10645 pr. 29. September 1890. a. m.		Söul, den 31. Juli 1890.	
Memo	mtg. 1. 10. London 688, Petersb. 317 J. № 408.		

A. 10645 pr. 29. September 1890. a. m.

Söul, den 31. Juli 1890.

Kontrole № 59.

An Seine Excellenz, den Reichskanzler, General der Infanterie, Herrn von Caprivi.

Euerer Excellenz habe ich die Ehre ganz gehorsamst zu berichten, daß der Großbritannische General-Konsul für Korea am 25. Mts. auf dem Kanonenboote „Plover" von Chemulpo nach Port Hamilton abgereist ist, um sich von dort nach Fusan weiterzubegeben. – Wie mir der Dolmetscher des Britischen General-Konsulats, Campbell, erklärte, läge dem Besuch der Inselgruppe seitens des Herrn Hillier keine weitere Absicht zu Grunde. Die Englische Flagge würde, wie Herr Campbell hinzusetzte, dort nicht wieder gehißt werden. In diesem Sinne hatte sein Chef auch privatim an den Russischen Geschäftsträger geschrieben.

Herr Waeber hat sich, wie ich aus zuverlässiger Quelle erfahre, dahin geäußert, daß er der Reise des Herrn Hillier nach Port Hamilton keine Bedeutung beigelegt haben würde. Nachdem derselbe es jedoch für nöthig gehalten, ihm mit Bezug auf seinen Besuch der Inseln beruhigende Versicherungen zu geben, gewänne die Angelegenheit allerdings ein verdächtiges Aussehen.

Vor etwa drei Monaten brachten in Hongkong und Shanghai erscheinende Englische Zeitung die Meldung, daß die Amerikanische Regierung damit umginge, Port Hamilton in Besitz zu nehmen, um die Inselgruppe später an Rußland abzutreten. Diese Nachricht rührt von dem, in meinen ehrerbietigen Berichten[22] mehrfach genannten Engländer Duncan her und ist vollkommen unbegründet.

Abschriften dieses ganz gehorsamsten Berichtes sende ich an die Kaiserlichen

---

22 A. 9469 i. a. ehrerbietigst beigefügt

Gesandtschaften zu Peking und Tokio.

Krien.

Inhalt: Port Hamilton betreffend.

Berlin, den 1. Oktober 1890.   zu A. 10645.

An

die Botschaften in

1. London № 688
2. St. Petersburg № 317
Sicher!

vertraulich

J. № 6863.

Euerer pp. übersende ich anbei ergebenst
Abschrift eines Berichts des K. Konsuls in
Söul vom 31. Juli d. J. Mts. betreffend Port
Hamilton

       zu Ihrer gefl. Information

         N. S. E.

          i. m.

[   ]

PAAA_RZ201-018941_131 f.

Empfänger	Caprivi	Absender	Holleben
A. 11367 pr. 23. December 1891.		Tokyo, den 14. November 1891.	
Memo	J. № 194 A.		

A. 11367 pr. 23. December 1891.

Tokyo, den 14. November 1891.

Seiner Excellenz dem Reichskanzler, General der Infanterie, Herrn von Caprivi.

Vor einiger Zeit gingen hier Gerüchte durch die Zeitungen, daß Engländer Port Hamilton von Neuem besetzen hätten und wollte man hierin ein Pendant zu der Landung in Sigri sehen. Konstatirt ist nur, daß kürzlich verschiedene Schiffe des englischen ostasiatischen Geschwaders in Port Hamilton gewesen sind, was sie dort gethan, beziehungsweise hinterlassen haben, ist hier unbekannt und es scheint als ob weder japanische noch russische Kriegsschiffe an Ort und Stelle sich begeben haben, um sich durch den Augenschein zu überzeugen. Abschrift dieses Berichtes ist der Kaiserlichen Gesandtschaft in Peking und dem Kaiserlichen Konsulat in Söul übermittelt worden.

Holleben.

Angebliche Wiederbesetzung von Port Hamilton.

PAAA_RZ201-018941_133 ff.			
Empfänger	Caprivi	Absender	Reinsdorf
A. 2236 pr. 11. März 1892. p. m.		Söul, den 2. Januar 1892.	
Memo	J. № 35.		

A. 2236 pr. 11. März 1892. p. m.

Söul, den 2. Januar 1892.

Kontrole № 5.

An Seiner Excellenz, dem Reichskanzler, General der Infanterie, Herrn von Caprivi

Mit Bezug auf den Bericht des kaiserlichen Herrn Gesandten in Tokio vom 14. November v. J.[23] betreffend angebliche Wiederbesetzung von Port Hamilton durch die Engländer, habe Euerer Excellenz ich die Ehre ganz gehorsamst zu berichten, daß die koreanischen Regierung, nachdem sie von dem Besuche der Inselgruppe durch ihren Gesandten in Tokio, welcher die Nachricht aus japanischen Zeitung geschöpft zu haben angab, gehört hatte, 2 Beamte niederen Ranges absandte, an Ort und Stelle über den Besuch Erkundigungen einzuziehen. Dieselben begaben sich per koreanischen Dampfer Hairiong am 16. November nach Port Hamilton; nach einigen Tagen zurückgekehrt, berichteten sie an den König, daß 4 englische Schiffe die Inseln besucht, nirgends aber gelandet und nach 2-tägigem Aufenthalt (am 12. oder 13.) die Gruppe wieder verlassen hätten. Drei der Schiffe, welche von Japan kommend die Inseln besuchten, gingen nach China weiter, das 4te das Kbt. Severn nach Chemulpo und, nachdem der Kommandant (Kapitän Hall) in Söul den englischen Generalkonsul besucht hatte, nach Japan zurück.

An die Kaiserlichen Gesandtschaften zu Tokio und Peking ist darüber von hier and Mittheilung gemacht worden.

Reinsdorf.

Inhalt: Angebliche Wiederbesetzung von Port Hamilton.

---

23 A. 11367^{91} ehrerbietigst beigefügt

[   ]

PAAA_RZ201-018941_138 f.

Empfänger	[o. A.]	Absender	Raschdan
A. 6053 pr. 4. Juli 1894. a. m.		Berlin, den 4. Juli 1894.	

Abschrift

A. 6053 pr. 4. Juli 1894. a. m.

Berlin, den 4. Juli 1894.

ad A. 5995

pp.

Englands Bestreben geht vor Allem dahin, Korea nicht in russische Hände fallen zu lassen. Darum ist es im Allgemeinen geneigt, die chinesische Suzeränität über Korea anzuerkennen und sie selbst zu kräftigen. Als Mitte der 80er Jahre das Gerücht russischer Absichten auf Korea sich verbreitete, besetzte England die Insel Port Hamilton, gab sie aber wieder auf, als grade damit die koreanische Frage ins Rollen zu kommen schien. Gegenwärtig bemüht sich England, die japanische Regierung zu einer Zurückziehung ihrer Truppen zu veranlassen. pp

gez. Raschdan 4. 7.

Orig. i. a. Korea 1.

[   ]

PAAA_RZ201-018941_140

Empfänger	[o. A.]	Absender	[o. A.]
A. 9521 pr. 11. September 1896.		[o. A.]	

A. 9521 pr. 11. September 1896.

Notiz.

Das Promemoria des K. Gesandten von Brandt, betr. englische Urtheile über den strategischen Werth von Port Hamilton, befindet sich

i. a. China 20 № 1.

[   ]

PAAA_RZ201-018941_141			
Empfänger	Fürst zu Hohenlohe -Schillingsfürst	Absender	Hatzfeldt
A. 6555 pr. 27. Mai 1900. a. m.		London, den 25. Mai 1900.	
Memo	mtg 30. 5. n. Petersburg 422		

Abschrift

A. 6555 pr. 27. Mai 1900. a. m.

London, den 25. Mai 1900.

An Seine Durchlaucht, den Herrn Reichskanzler, Fürsten zu Hohenlohe-Schillingsfürst.

pp.

Die Times bespricht die Angelegenheit heute abermals in einem gef. beigefügten Leitartikel. Sie führt aus, England habe sich seiner Zeit allerdings nur im Vertrauen auf das von Rußland an China gegebene Versprechen, kein koreanisches Land zu okkupiren, zur Räumung von Port Hamilton bewegen lassen. Eine Entbindung Rußlands von dieser Verpflichtung habe seitens Großbritanniens nicht stattfinden können, aber wenn es sich herausstellen sollte, daß Rußland seine Zusage gebrochen habe, so sei England berechtigt und verpflichtet dies zu vermerken und seine Handlungsfreiheit sich vorzubehalten.

pp.

gez. Hatzfeldt.

Orig. i. a. Korea 1.

[   ]

PAAA_RZ201-018941_142

Empfänger	Auswärtiges Amt in Berlin	Absender	Weipert
A. 6736 pr. 6. Mai 1901. p. m.		Seoul, den 4. Mai 1901.	

A. 6736 pr. 6. Mai 1901. p. m.

Telegramm.

Seoul, den 4. Mai 1901. 4 Uhr 28 Min.

Ankunft: 6. 5. 7 Uhr 30 Min.

Der K. Konsul an Auswärtiges Amt.

Entzifferung.

№ 9.

Englischer Kontraadmiral zur Zeit wegen neuer Schwierigkeiten betreffs Brown mit drei Schiffen hier erklärte mir Gerücht beabsichtigter englischer Besitznahme Port Hamiltons als unbegründet.

Weipert.

Orig. i. a. Korea 1.

PAAA_RZ201-018941_143 ff.			
Empfänger	Bülow	Absender	Weipert
A. 9116 pr. 19. Juni 1901. p. m.		Söul, den 5. Mai 1901.	
Memo	mtg 27. 6. London 556, Petersburg 458		

Abschrift

A. 9116 pr. 19. Juni 1901. p. m.

Söul, den 5. Mai 1901.

№ 76.

Seiner Excellenz, dem Reichskanzler, Herrn Grafen von Bülow.

Wie der englische Geschäftsträger mir mitteheilte, hat er das neuerdings von der hiesigen Regierung zum Ausdruck gebrachte Verlangen, daß Herr Brown zur Räumung seiner Wohn- und Diensträume veranlaßt werden möge, Ende v. M. auf Weisung seiner Regierung dahin beantwortet, daß trotz der Verwerfung des darüber bereits mit dem Minister des Aeußern erreichten Einverständnisses Herr Brown seine Amtswohnung bis zum 1. Juni d. Js. räumen solle, wenn die koreanische Regierung auf Räumung der Dienstlokalistäten verzichte. Anderenfalls solle die Aufgabe aller in Betracht kommenden Räumlichkeiten zu einem von der Englischen Regierung zu bestimmenden angemessenen Zeitpunkt erfolgen. Am 30. v. M. hat die koreanische Regierung, welche ursprünglich ihrerseits begonnen hatte, sich in Betreffs dieses Punktes an Herr Gubbins zu wenden, erwidert, daß die Frage der Räumung lediglich von ihr selbst zu entscheiden sei. Englischerseits erkennt man dies zwar an, bleibt aber dabei, daß der Zolldirektor mit seinen Archiven nicht einfach auf die Straße gesetzt werden könne, ohne daß vorher eine anderweitige angemessene Unterkunft beschafft werde. Wenn die Koreanische Regierung einer an sich nicht schwierigen Verständigung darüber beharrlich ausweicht, und die Frage offen zu halten bestrebt scheint, so liegt die Vermuthung nahe, daß es ihr darum zu thun ist, die Angelegenheit als ein Mittel zum Druck auf Herrn Brown mit Rücksicht auf die demnächstige Durchführung der Anleihe des Yünnan Syndikats in der Hand zu behalten, ja es ist nicht unmöglich, daß man diesen Zweck bei der ganzen Demarche von vorn herein im Auge gehabt hat.

Außer dem Flaggschiff „Harfleur" ist zur Zeit die an Stelle der kürzlich heimgekehrten

„Bonaventure" getretene „Isis" und das Torpedoboot „Otter" in Chemulpo. Diese Machtentfaltung hat bisher zur Förderung der Verhandlungen mit der koreanischen Regierung wenig beigetragen, sie scheint aber das gegen Ende v. M. in der japanischen Presse von hier aus verbreitete Gerücht erzeugt zu haben, daß England Port Hamilton in Besitz nehmen wolle. Der Contra-Admiral Bruce erklärte mir gestern im Laufe einer Unterhaltung über die Brown'sche Angelegenheit dieses Gerücht für völlig unbegründet. Da ich ihn nicht direkt danach gefragt hatte und er ebenso gut darüber hätte hinausgehen können, so erhielt ich den Eindruck, daß seine Erklärung aufrichtig war. Seine sonstigen Aeßerungen ließen erkennen, daß man englischerseits befürchtet, die koreanische Regierung könne dazu schreiten den Zolldirektor durch Soldaten aus seinen Räumlichkeiten zu treiben.

Heute bestätigte mir auch der Englische Geschäftsträger, daß von Absichten auf Port Hamilton keine Rede sei. Er fügte hinzu, er sein von dem hiesigen Vertreter des Yünnan-Syndikats gebeten worden, das Gerücht der koreanischen Regierung gegenüber, die durch dasselbe bezüglich der Anleihe beunruhigt sei, von sich aus zu dementiren, könne aber so weit nicht gehen. Herr Gubbins scheint seine Anweisung zur Unterstützung des Syndikats noch nicht bekommen zu haben, eine solche aber nicht für ausgeschlossen zu halten und sich daher möglichster Passivität zu befleißigen.

Der japanische Gesandte hat, wie aus dem Palaste verlautet, eine heute zwecks Vorstellung des Kommandanten des Kreuzers „Takasage" erhaltene Audienz dazu benutzt, den König wiederholt in unoffizieller Weise vor den schlimmen Folgen zu warnen, welche die Anleihe für das Land und seine Beziehungen zu Japan haben müsse. Er soll dabei u. A. auch auf die Höhe der Kommission von 10%, sowie auf den Mangel einer Bestimmung über die Kursberechnung und die Zeit der Effektivirung der Anleihe hingewiesen haben. Es scheint, daß hierdurch bereits eine der Reue nicht unähnliche Beunruhigung in Betreff der Anleihe beim Hofe erzeugt worden ist, daß man aber keinen Weg sieht, sich den eingegangenen Verpflichtungen zu entziehen.

gez. Weipert.

orig. i. a. Korea 1.

[   ]

PAAA_RZ201-018941_148

Empfänger	Auswärtiges Amt in Berlin	Absender	Saldern
A. 19518 pr. 13. Dezember 1904. p. m		Söul, den 12. Dezember 1904.	
Memo	I. Telig. 16. 12. Tokio 177, Peking 156 Petbg. 332 II. Telig 19. 12. London 274		

A. 19518 pr. 13. Dezember 1904. p. m.

Telegramm.

Söul, den 12. Dezember 1904. 1 Uhr 20 Min. p. m.
Ankunft: 13. 12. 12 Uhr 20 Min. p. m.

Der K. Ministerresident an Auswärtiges Amt.

Entzifferung.

№ 47.

Aus geheimer Quelle höre ich, daß Großbritannien wegen Erwerbs von ···[24] und Quelpart unterhandeln soll.

Saldern.

Orig. i. a. Korea 1.

---

24 Gruppe unvollständig Chiffre ······ f. 13/12 10° pm z. Zt. Chiffre Bureau

[   ]

PAAA_RZ201-018941_149

Empfänger	Auswärtiges Amt in Berlin	Absender	Saldern
A. 19518 [o. A.]		Soeul, den 14. Dezember 1904.	

zu A. 19518

Telegramm.

Soeul, den 14. Dezember 1904. 5 Uhr – Min.
Ankunft 4 Uhr 45 Min. p. m.

Der K. Ministerresident an Auswärtiges Amt.

Entzifferung.

Wiederholung (Tel. № 47[25]): von Port Hamilton und Quelpart.

Saldern.

---

25 A. 19518 ehrerb, beigefügt

Auswärtiges Amt
Abth. A.

Politisches Archiv d. Auswärt. Amts

Acta

Betreffend
Beziehungen Koreas zu Frankreich

Vom August 1886
Bis Oktober 1902

Fortsetzung
cfr. acta Japan 22.

Politisches Archiv des Auswärtigen Amts
R 18949

KOREA. No. 5.

Inhalts-Verzeichnis 1896	
Ber. Aus Tokio v. 21. 7. A. 135: Frankreich soll Korea eine Anleihe von 3 000 000 Yen auf 50 Jahre angeboten haben und verlange als Gegenleistung die Konzession zum Bau einer Eisenbahn von Söul nach Mokpo.	9035. 27. 8.
Desgl. v. 6. 8. № 44: Richtigstellung der Nachricht von der angeblichen Gewährung eines zinsfreien Darlehens seitens Frankreichs an Korea. Ein französisches Konsortium erstrebt die Konzession zum Bau einer Bahn von Söul nach Mokpo.	9940. 24. 9.
1901.	
Bericht aus Söul v. 7. 1. - № 7. - Der französische Ministerresident soll zum Gesandten ernannt werden, um den französischen Interessen mehr Nachdruck verleihen zu können.	2819. 22. 2.
Desgl. v. 26. 1. - № 17. - Aufenthalt des französischen Kreuzers „Friant" in Chemulpo. Empfang beim Hof.	3771. 12. 3.
Desgl. v. 27. 2. - № 35. - Die Verhandlungen wegen Engagements von Franzosen für das Arsenal pp. sind zum Abschluß gebracht.	5520. 13. 4.
1902.	
Desgl. v. ?. 11. - № 192. - Audienz des französischen Gesandten und eines Herrn Faure beim König von Korea, um die Beteiligung Koreas an der Ausstellung in Hanoi zu erwirken und um dem König ein Geschenk 4 arabische Pferde des französischen Generals in Tientsin anzukündigen.	938. 19. 1.
Bericht aus Paris v. 10. 4. - № 248. - „Eclair" sagt, durch den englisch-japanischen Vertrag werden die französischen Interessen im Gegensatz zu den japanischen geschädigt.	5671. 11. 4.
Ber. aus Söul v. 21. 6. - № 105. - Die Nachricht des „Daily News", daß Frankreich es auf einen Streit mit Korea abgesehen hat, scheint sich nicht zu bestätigen. Zurückhaltung des franz. Vertreters gegenüber der korean. Regierung bei Reklamations-Sachen.	11986. 9. 8.
Desgl. v. 1. 9. - № 141. - Demonstration des französischen Vertreters in Söul wegen Nichterledigung französischer Ansprüche gegen Korea aus Anlaß der Quelpart-Unruhen: Geldzahlung und Bestrafung von Ruhestörern.	15146. 16. 10.
Desgl. v. 23. 8. - № 138. - Schlägerei französischer Kriegsschiffbesatzung mit Eingeborenen in Korea.	15169. 17. 10.

Ber. 133 aus Söul v. 11. 8. Aufenthalt des französischen Counter-Admirals Bayle mit den Schiffen D´Entrecasteaux, Bugeaud und Décidée in Chemulpo.	14185. 25. 9.
1903.	
Ber. des Kommandos des Kreuzergeschwaders, d. d. Tsingtau v. 10. 10. - № 1055. cop. - Verstimmung der koreanischen Hofkreise gegen Frankreich aus Anlaß der Androhung von Zwangsmaßregeln für die auf Quelpart ermordeten franz. Missionare. Orig. i. a. China 9 № 1.	1043. 22. 1.

Französische Vertragsverhandlungen.

PAAA_RZ201-018949_006 ff.			
Empfänger	Bismarck	Absender	Kempermann
A. 9309 pr. 6. August 1886. p. m.		Söul, den 4. Juni 1886.	
Memo	Mitg. Rom Ges. 117 u. Paris 318 7. 8. J. № 409.		

A. 9309 pr. 6. August 1886. p. m.

Söul, den 4. Juni 1886.

Lfd. № 33.

Seiner Durchlaucht

dem Fürsten von Bismarck.

Über die Ankunft des französischen Vertrags-Bevollmächtigten George Cogordan hatte Herr Budler unter dem [1]3. Mai (№ 28) bereits kurz berichtet.[2]

Der kürzlich hier eingetroffene französische Vertrags-Bevollmächtigte hatte bei seiner Landung in Chemulpo zu verschiedenen Privatpersonen geäußert, er werde gar nicht nach Söul hinaufgehen, wenn er nicht vorher die Gewißheit erlange, daß die koreanische Regierung bereit sei, über die Duldung der katholischen Religion zu unterhandeln, denn ohne eine hierauf bezügliche Klausel habe ein Vertrag mit Korea für Frankreich keinen Werth.

Er scheint aber nach einigem Warten in Chemulpo schließlich doch ohne diese Gewißheit nach hier gekommen zu sein, und hatte drei Wochen zu warten, ehe die Regierung sich zur Eröffnung von Verhandlungen überhaupt anschickte.

Der Präsident des Auswärtigen Amtes Kim Yun Sik verließ plötzlich die Stadt. Einige sagen, aus Furcht, daß er dafür belangt werden sollte, daß er nach der Verschwörung Ende 1884 die Leichen eines Freundes und dessen Gattin, die hingerichtet worden waren, weil der Sohn kompromittiert war, habe begraben lassen; andere sind der Ansicht, er habe den französischen Vertragsverhandlungen aus dem Wege gehen und das Odium einer Konzession in Religionssachen einem anderen aufladen wollen.

---

1 i. a. ehrerbietigst beigefügt.

2 [„Über . . . berichtet.“: Durchgestrichen von Dritten.]

Der chinesische Gesandte bemühte sich mir gegenüber die erste Version geltend zu machen, hinzufügend, er habe der Regierung geraten, über das Vergangene den Schleier der Vergessenheit zu breiten und den alten Mann in Ruhe zu lassen. Der Präsident ist bekanntlich ein enthusiastischer Verehrer Chinas. Hinsichtlich des französischen Vertrages meinte der Gesandte bei derselben Gelegenheit, daß Korea unter keiner Bedingung eine Toleranz-Klausel bewilligen dürfe.

Der Präsident ist nun bis zur Stunde noch nicht zurückgekehrt, doch berichtet die offizielle Zeitung, daß ihm volle Verzeihung gewährt sei, und daß er morgen oder übermorgen wieder nach hier in sein Amt zurückkehren werde.

Vor 14 Tagen aber wurden ein politisch unbedeutender höherer Beamter, aber auch ein Anhänger Chinas und der Amerikaner Dcnny zu Vertragsbevollmächtigten ernannt. Letzterer hatte sich auf der Reise von Tientsin nach Shanghai befunden, wo er in aller Ruhe die Vorbereitungen für seine definitive Übersiedlung nach hier hatte treffen wollen, als er, wie ziemlich verbürgt ist, auf telegraphische Weisung von Lihunchang plötzlich abreiste und gleichzeitig mit mir hier eintraf.

Während der darauf begonnenen Vertrags-Verhandlungen war der Telegraph zwischen hier und Tientsin in fortwährender Tätigkeit.

Von einem wohl informierten Hofbeamten hörte ich, Herr Cogordan habe auf die Toleranz-Klausel im Vertrag verzichten, dahingegen aber das formelle Versprechen haben wollen, daß die koreanische Regierung die französischen Missionare schützen wolle. Er wurde aber einfach darauf hingewiesen, daß er über sein ursprüngliches Ziel weit hinausstrebe, denn Schutz sei tausend Mal mehr als Duldung.

Der französische Gesandte teilte mir nun gestern gesprächsweise mit, daß die Verhandlungen beendigt seien, die Unterzeichnung des Vertrages dieser Tage stattfinde und er darauf abreisen werde. Ob und wieweit er mit dem Resultat zufrieden sei, sagte er mir nicht.

Wie ich aber höre ist in dem Vertrag über Missionare oder Duldung der Missionen nichts stipuliert, vielmehr ist derselbe gleichlautend mit denjenigen der anderen Vertragsmächte, und nur einige geringe Zollreduktionen auf französische Artikel sollen zugestanden sein.

Der hiesige französische Bischof, mit dem ich bekannt geworden bin, schreibt die Schuld des Mißlingens der Cogordanschen Mission chinesischen und europäischen Denny´s Einflüßen zu, der König und die Königin seien für die Aufnahme der Toleranz-Klausel gewesen, und er mag in beiden Hinsichten wohl Recht haben.

Die koreanische Regierung ist überhaupt entschlossen, Duldung zu üben und die französischen Missionare, die im Lande sich aufhalten, in Ruhe zu lassen, solange sie und ihre Anhänger nicht gegen die Einrichtungen und Gesetze des Landes verstoßen; dies haben die Bevollmächtigten dem französischen Gesandten wiederholt ausgesprochen. Es halten sich jetzt, der koreanischen Regierung wohl bekannt, zehn französische Missionare versteckt im Lande auf, und hier in Söul der Bischof und sein General-Vikar. Vor der Regierung brauchen sich diese Priester nicht zu verbergen, des muß sich der Bischof wohl bewußt sein; weshalb er dennoch, selbst jetzt, wo die französische Mission anwesend ist, das Verbergungssystem weiter fortsetzt, kann ich mir blos damit erklären, daß er fürchtet, was auch die Koreaner und die meisten der Verhältniße kundigen Europäer versichern, daß das Volk dem Missionarwesen durchaus feindlich ist.

Es halten sich hier auch fünf amerikanische Missionare auf, die sich mit Heilkunde und Unterricht befaßen und in den besten Teilen Söuls große Landkomplexe käuflich erworben und mit Häusern besetzt haben. Obschon dieselben nach den Verträgen (Art. IV al. 2 des unsrigen) auf ihrem Grund und Boden Bethäuser oder Kirchen zu errichten berechtigt sind, scheinen sie das doch zunächst unterlassen zu wollen, weil sie nicht sicher sind, wie das Volk sich dazu verhalten wird. Auch der französische Bischof hat unmittelbar neben der russischen Gesandtschaft einen größeren Landkomplex gekauft; ob er nach der Vertrag-Ratifikation aus seiner Reserve heraustreten und gestützt auf obige Klausel dort ein Missionshaus und Kirche errichten wird, und wie Regierung und Volk dieses aufnehmen werden, bleibt abzuwarten.

Ich werde nicht unterlassen, sobald ich Näheres über die Unterzeichnung und den Inhalt des französisch-koreanischen Vertrages erfahren haben, sowie auch wann immer sich Veranlassung dazu bietet, über die Weiterentwickelung der Missionsfrage Euerer Durchlaucht ganz gehorsamst Bericht zu erstatten.

Kempermann.

Inhalt: Französische Vertragsverhandlungen.

Berlin, den 7. August 1886.   A. 9309.

An   Euerer p. beehre ich mich anbei Abschrift eines
die Botschaften in   Berichts des General-Konsuls in Söul vom 4. 6.,
                                            betreffend französische Vertragsverhandlungen,
Gesandtschaft   zu Ihrer Information zu übersenden.
Rom, № 117   N. d. U.
Paris, № 318   i. m.
                                                       L 7. 8.

J. № 4605.

Abschluß des französisch-koreanischen Vertrages.

PAAA_RZ201-018949_015 ff.			
Empfänger	Bismarck	Absender	Kempermann
A. 9551 pr. 14. August 1886.		Söul, den 23. Juni 1886.	
Memo	I mitg. 20. 8. Petersbg., Paris, London u. Ausz. Ges. Rom II mitg. 20. 8. RAmt d. Inn., Cultus-Min. J. № 424 Korea 5		

A. 9551 pr. 14. August 1886.

Söul, den 23. Juni 1886.

Lfde. № 36.

Seiner Durchlaucht

dem Fürsten von Bismarck.

Im Anschluß an meinen ganz gehorsamsten Bericht № 33 vom 4. c. habe ich die Ehre zu melden, daß der französisch-koreanische Vertrag an demselben Datum (dem 4.) abgeschlossen worden und Herr Cogordan am 6. mit dem Tags zuvor eingetroffenen Geschwader Korea verlassen hat. Das letztere unter Kommando des Contre-Admirals Rieunieur aus dem Panzerschiff Turenne, dem Kreuzer 1ter Klasse Primauguet und dem Kanonenboot Vipère bestehend hatte den Gesandten seiner Zeit nach Chemulpo gebracht und war dann unter Zurücklassung des Kanonenboots wieder in See gegangen. Letzteres hatte dem Gesandten etwa 25 Mann als Eskorte nach hier mitgegeben, und es war, als die Verhandlungen schwierig wurden, beschlossen gewesen, dasselbe den Fluß heraufkommen und bei Mapo vor Anker gehen zu lassen; schließlich aber wurde von dieser Maßregel doch Abstand genommen.

Es ist wohl sicher, daß Herr Cogordan zu Anfang, als er in Chemulpo landete, sehr hochfahrend aufgetreten ist und die Äußerung getan hat, er werde eventuell mit Waffengewalt die vertragsmäßige Zulassung der Missionare erzwingen.

Der König hielt darauf für nötig, um das Volk, besonders in den Provinzen, zu beschwichtigen, ein Edikt bis in die entlegensten Dörfer publizieren zu lassen, daß die Lehre des Cunfucius unter allen Umständen gepflegt und hochgehalten werden müße.

Die Kunde hiervon scheint auf Herrn Cogordan sehr abkühlend gewirkt zu haben; im Übrigen wird er von Schritt zu Schritt unter Instruktionen von Paris gehandelt haben, denn er hat, wie ich in Erfahrung gebracht habe, während seines Hierseins 6000 Dollar für Telegramme nach dort ausgegeben haben.

Der schließlich unterzeichnete Vertrag ist identisch mit dem deutsch-englisch-koreanischen, nur ist im Zolltarif eine Reduktion um 3% der Abgaben auf folgende Import-Artikel bewilligt worden: Teppiche <incl. Filzteppiche>, Wanduhren, Taschenuhren <incl. goldene>, Glaswaren, seidene Moskito-Netze, seidene Regenschirme, Weine, Spirituosen, Parfümerien, Seiden, Sammet und „articles de Paris".

In Betreff der Verhandlungen über die Religionsfrage hatte ich mir die von einem Sekretär des Auswärtigen Amtes während derselben gemachten Notizen verschafft; dieselben sind aber des schlechten Stils sowohl als der vielen fehlerhaften chinesischen Charaktere wegen so unklar, daß ich mich auf einen ganz kurzen Auszug beschränken muß.

In Artikel Ⅳ (ich referiere nach dem deutsch-koreanischen Vertrag) wollte Herr Cogordan einfügen, daß das Wohnen überall im Lande gestattet sei; dies wurde rundweg abgeschlagen, dagegen die Versicherung gegeben, daß das Reisen nach wie vor erlaubt werde.

In Artikel Ⅸ wünschte er den Worten „Angehörigen des einen Landes" hinzuzufügen „jeden Standes" und hinter „Forschungen anzustellen" den Zusatz „und zu lehren" und an einer anderen Stelle desselben Artikels, die sich aber aus den Notizen nicht feststellen läßt, verlangte er die Einschaltung „aus religiöser Überzeugung" oder „behufs religiöser Propaganda". [Die chinesischen Charakter sind so schlecht gewählt, daß beides gemeint sein kann.]

Herr Denny, der Mitbevollmächtigte auf koreanischer Seite, fand „und zu lehren" unbedenklich, aber der Hauptbevollmächtigte wollte von keiner Concession wissen, und so ließ Herr Cogordan seine Ansprüche fallen.

Er fragte darauf, ob die koreanische Regierung die französischen Untertanen, die sich im Lande befänden, besonders schützen wolle; worauf die Antwort erfolgte: Früher war das Verbot <der christlichen Religion?> sehr streng, und sobald man sie <die französischen Missionare?> entdeckte, wurden sie enthauptet; in letzter Zeit aber ist jenes Verbot ziemlich milde gehandhabt worden, und man stellt keine Nachforschungen mehr nach ihnen <den Missionaren?> an.

Es wäre mir aber lieb, sagte Herr Cogordan, wenn ihre Regierung ein schriftliches Versprechen in dieser Hinsicht gäbe. Der koreanische Hauptbevollmächtigte aber schnitt alle weitere Diskussion durch die Frage ab: Gibt es einen Unterschied zwischen einem schriftlichen Versprechen und einem Vertrag?

Zuletzt wünschte der französische Gesandte noch in Artikel Ⅻ an Stelle des Wortes „Englischer" „Französischer" zu setzen, ließ aber auch diesen Anspruch fallen, als ihm entgegengehalten wurde, daß niemand in Korea Französisch verstände.

Zum Schluß soll Herr Cogordan auch in dem nach Art des unsrigen gezeichneten Schlußprotokoll eingewilligt haben, daß die Bestimmungen des Artikels Ⅸ von „Angehörigen des einen Landes" an für Söul keine Anwendung finden, falls dasselbe dem fremden Handel geschlossen wird. Diese Stelle in den Notizen ist besonders dunkel und meine Interpretation geschieht mit um so größerem Vorbehalt, als ich kaum annehmen kann, daß Herr Cogordan die große Tragweite dieses Versprechens nicht erkannt haben sollte.

Die Koreaner drängen unaufhörlich, daß die chinesischen Kaufleute die Stadt verlassen, indem sie mit Recht geltend machen, daß dieselben, mehr aber noch die vielen japanischen Kleinhändler, indem sie den einheimischen Händlern Konkurrenz machen, das Volk erbittern und es steht zu erwarten, daß die Chinesen schließlich nachgeben werden. Die meisten fremden Vertreter waren aber immer der Ansicht, daß Handwerker Ärzte, Lehrer etc. nach dem Wortlaut des Vertrages Art. Ⅳ. Al. 2 berechtigt seien in Söul zu wohnen, ja sogar Grundbesitz zu erwerben, auch wenn jene Resolutiv-Bedingung erfüllt würde. Daß fremde, besonders japanische Handwerker, sich hier niederlassen, ist schon im Kulturinteresse der Koreaner zu wünschen, denn sie stehen in Kunst und Handel bekanntlich auf einem sehr nierigen Standpunkt, und daher sollte an jener Ansicht unbedingt festgehalten werden.

Dies würde uns aber sicher schwer gemacht werden, wenn meine Interpretation der betreffenden Stelle des Cogordanschen Protokolls richtig wäre.

Am 5. abends fand zur Feier des Vertrags-Abschlußes ein Diner im Auswärtigen Amt statt, wozu sämtliche fremde Vertreter eingeladen waren. Kurz bevor ich mich dahin begab, hörte ich, das Volk sei in großer Aufregung, weil ausgesprengt worden sei, der französische Bischof sei mit eingeladen und es werde daher ein Angriff auf uns beabsichtigt. Das Diner verlief aber ohne alle Störung, auch die Straßen blieben ruhig, obschon an allen Ecken Gruppen Neugieriger standen. Der Umstand aber, daß ein solches Gerücht überhaupt entstehen kann, beweist, daß die Furcht vor der Einführung des Christentums (des von Frankreich beschützten Katholizismus, gegen den Protestantismus ist man ganz gleichgültig) ein Mittel ist, durch welches das Volk aufgereizt und eventuell im Sinne einer Partei geleitet werden kann.

Kempermann.

Inhalt: Abschluß des französisch-koreanischen Vertrages.

Betreffend die Missionarfrage in den französisch-koreanischen
Vertragsverhandlungen.

PAAA_RZ201-018949_025 ff.

Empfänger	Bismarck	Absender	Brandt
A. 9604 pr. 15. August 1886.		Peking, den 20. Juni 1886.	

A. 9604 pr. 15. August 1886.[3]

Peking, den 20. Juni 1886.

A. № 136.

Seiner Durchlaucht

dem Fürsten von Bismarck.

Im Anschluß an den Bericht № 33 des Kaiserlichen General-Konsuls Kempermann
zu Söul vom 4. Juni dieses Jahres, betreffend die französisch-koreanischen
Vertragsverhandlungen, beehre Euerer Durchlaucht ich mich ganz gehorsamst zu melden,
daß nach einem in der „Shanghai North China Daily News" vom 15. Juni erschienenen,
unzweifelhaft mit Kenntnis der einschlägigen Verhältnisse geschriebenen Artikel über
denselben Gegenstand, die koreanische Regierung in Betreff der Missionar-Frage den
Wünschen des französischen Bevollmächtigten insofern etwas entgegengekommen zu sein
scheint, als sie sich damit einverstanden erklärt hat, daß die in Artikel Ⅳ des
englisch-koreanischen Vertrages von 1883 <Art Ⅳ. 6 des deutsch koreanischen Vertrages
von demselben Jahr> enthaltene Bestimmung, nach welcher englischen Untertanen das
Reisen im Innern mit Pässen zum Vergnügen und zu Handelszwecken gestattet sein soll,
in dem französisch-koreanischen Vertrag dahin abgeändert worden ist, daß die Angabe des
Reisezweckes in Wegfall kommt. Ebenso ist die in Artikel Ⅸ des englisch-koreanischen
Vertrages (Art. Ⅸ des deutsch-koreanischen Vertrages) enthaltene Bestimmung, nach
welcher Untertanen des einen Landes im Gebiet des andern freistehen soll, sich mit dem
Studium des Landes, Sprache, Literatur, Gesetze und so weiter zu beschäftigen, in dem
neuen französisch-koreanischen Vertrag dahin vervollständigt worden, daß es Franzosen

---

3 [Randbemerkung] Der ausführliche Bericht aus Söul die franz. – koreanischen Vertragsverhandlungen
betreffend ist nach Rom, Petersburg, Paris, London und an das Reichsamt des Innern und Kulturministerium
ausgeteilt worden. Daher zu den Akten.

freistehen soll, in diesen Gegenständen Unterricht zu erteilen.

Während in dem vorangeführten Artikel von einer geschickten Benutzung dieser Zugeständnisse große Vorteile für die Entwicklung des Missionarwesens in Korea erwartet werden, wird die Weigerung der koreanischen Regierung weitere Zugeständnisse zu machen, in demselben, wie in dem amtlichen Bericht aus Söul auf chinesischen Einfluß und Intrigen zurückgeführt.

Brandt.

Inhalt: Betreffend die Missionarfrage in den französisch-koreanischen
        Vertragsverhandlungen.

Berlin den 20. August 1886.

A. 9551. I Angabe.

An

die Botschaften in

Petersburg № 536,

Ges. Rom № 121,

Paris № 330

London № 715

Euerer p. beehre ich mich anbei Abschrift eines Berichts des K. General-Konsuls in Söul vom 23. 6. betreffend den Abschluß des französisch-koreanischen Vertrages zu Ihrer vertraulichen Information zu übersenden.

N. d. U.

i. m.

L 20. 8.

J. № 4836.

II Angabe.

A. 9551.

J. № 4837.

Anliegende Abschrift des Berichts des K. General-Konsuls in Söul vom 23. Juni den Abschluß des frz. -koreanischen Vertrages betreffend,

wird

Seiner Excellenz

dem Staats-Sekretär des Innern, Herrn Staatsminister von Bötticher, zur geneigten vertraulichen Kenntnisnahme ganz ergebenst übersandt.

Berlin, den 20. August 1886.

i. m.

Der französisch-koreanische Vertrag und Herr Denny.

PAAA_RZ201-018949_031 ff.			
Empfänger	Bismarck	Absender	Kempermann
A. 10710 pr. 8. September 1886.		Söul, den 15. Juli 1886.	
Memo	mitg. am 10. 9. N. Petersburg № 619, Ges. Rom 134, Paris 358, London 777. J. № 475.		

A. 10710 pr. 8. September 1886.

Söul, den 15. Juli 1886.

Lfd. № 44.

Seiner Durchlaucht

dem Fürsten von Bismarck.

Die Angaben in meinem ganz gehorsamsten Bericht № 36[4] vom 23. Juni dieses Jahres betreffend den Abschluß des französisch-koreanischen Vertrages muß ich heute dahin berichtigen, daß in Artikel IX doch der Ausdruck „lehren" eingefügt worden ist, daß die Abfassung des Vertrages in französischer und chinesischer Sprache stattgefunden hat und der französische Text als der maßgebende anzusehen ist, und ferner, daß Herr Cogordan in dem Schlußprotokoll kein weitergehendes Versprechen abgegeben hat, als unserer- und englischerseits geschehen ist. Ich will an dieser Stelle nicht unerwähnt lassen, daß man auf der chinesischen Gesandtschaft ebenfalls der Ansicht ist, daß wenn der in dem Schlußprotokoll vorgesehene Fall eintritt, Söul nur dem Handel verschlossen wird, und das Recht der Fremden dort zu wohnen niemals in Frage gezogen werden kann.

Ein wie großes Interesse die chinesische Regierung respektive der Vize-König Lihung-Chang an dem Vertrag genommen hat, geht daraus hervor, daß der Wortlaut desselben nach der Unterzeichnung seitens der hiesigen chinesischen Gesandtschaft in extenso nach Tientsin telegraphiert worden ist.

Das Verhalten des Amerikaners Denny bei den Vertragsverhandlungen war ein eigentümliches. Er hatte zu Beginn derselben eine Besprechung mit dem chinesischen Gesandten und erklärte demselben, daß er nicht einsehe, weshalb Korea die Missionarklausel nicht in den Vertrag aufnehmen solle. Der chinesische Gesandte < oder

---

4 A. 9551 ehrerbietigst beigefügt.

Resident, wie er sich nennt > erwiderte ihm, Korea könne dies schon deshalb nicht tun, weil China es nicht wolle;> worauf Denny sich zu der jedenfalls sehr leichtfertigen Äußerung hinreissen ließ, Korea brauche sich in dieser Beziehung von China keine Vorschriften machen zu lassen. Ich habe diesen Vorfall von dem ersten Sekretär der chinesischen Gesandtschaft erfahren, und habe allen Grund anzunehmen, daß ich recht berichtet bin. Seit jener Zeit sind die Beziehungen Dennys zum Gesandten sehr gespannt und die Sekretäre des letzteren sprechen unverhohlen aus, daß der neue amerikanische Ratgeber in Möllendorffs Fußstapfen zu treten strebe, daß dieser aber mindestens ein gescheiter Mensch gewesen sei, Denny hingegen unwissend und beschränkt in seinen Ansichten und deshalb bald seine Rolle ausgespielt haben werde.

Es ist Tatsache, daß die Mitglieder der französischen Gesandtschaft wiederholt die Geneigtheit Dennys, ihre Wünsche zu erfüllen, lobend anerkannt haben, und mit dem Hinzufügen, daß ihr Mißerfolg fremden Einflüssen zuzuschreiben sei. Mir ist nicht bekannt, daß ein fremder Vertreter in dieser Frage auf die Koreaner einzuwirken versucht hat, dagegen weiß ich, daß alle Bedenken hatten, daß Konzessionen, wie sie Frankreich verlangte, für die Ruhe des Landes verhängnisvoll werden könnten. Direkt eingemischt hat sich aber jedenfalls der chinesische Gesandte und es wird erzählt, daß er während der Vertragsverhandlungen alle Versuche Dennys beim König eine Audienz zu erlangen, um seine religionsfreundlichen Ansichten zur Geltung zu bringen, hintertrieben habe.

Herr Denny hat es übrigens bereits verstanden, sich auch den meisten Koreanern mißliebig zu machen und der König soll ebenfalls nicht viel von ihm wissen wollen. Namentlich nimmt derselbe, wie ich höre, Denny übel, daß er ihm in einem Falle, um sich aus einer unangenehmen Situation, in die er durch eigene Schuld geraten war, zu befreien, eine Unwahrheit berichtete. Daß der König von vornherein Herrn Denny nicht geneigt war, kann schon deshalb angenommen werden, weil ihm dieser Ratgeber von Lihung Chang geradezu aufgedrungen worden ist.

Herr Denny erhält von dem Vize-König 600 Taels monatlich, eine schriftliche Verbindlichkeit scheint letzterer aber nicht eingegangen zu sein. Die koreanische Regierung gibt ihm nur ein Haus. Er nennt sich Vize-Präsident des Ministeriums des Innern und Direktor im Ministerium des Aeußeren, eine Bestallung hat er aber zu seinem Leidwesen noch nicht erhalten.

Daß er sich enttäuscht fühlt, verhehlt er niemanden; neulich erzählte seine Frau bei einem Diner, ihr Mann sei ganz verzweifelt über die Indifferenz, mit welcher alle seine Vorschläge von der koreanischen Regierung behandelt würden, sie versuche seinen Mut aufrecht zu erhalten, sonst hätte er schon längst seinen Posten niedergelegt. Ich muß mich eines Urteils über diesen Mann, namentlich was seinen Charakter anbelangt, zunächst noch enthalten, durch Geist oder Wissen bedeutend ist er nicht.

Der englische General-Konsul scheint ihm geneigt zu sein und redet ihm zu, sich nicht vorzudrängen noch sich unaufgefordert in Geschäfte einzumischen, sondern vielmehr zu trachten, im Hintergrund zu bleiben und sich mit der Rolle zu bescheiden, die koreanische Regierung durch offene und ehrliche Raterteilung zu leiten und ich glaube, daß er die Anregung hierzu aus einem Gespräch mit mir erhalten hat.

Kempermann.

Inhalt: Der französisch-koreanische Vertrag und Herr Denny.[5]

---

5   [Randbemerkung] Der Nachfolger d. H. Möllendorff steht schlecht.

Berlin, den 10. September 1886.   A. 10710.

An
die Botschaften in

Petersburg, № 619
Gesandtschaft Rom, № 134
Paris, № 358
London, № 777

Euerer p. beehre ich mich im Anschluß an den
Erlaß vom 20. d. M. anbei Abschrift eines
Berichts des K. General-Konsuls in Söul vom
15. Juli d. J. betreffend den Abschluß des
französisch-koreanischen Vertrages zu Ihrer
persönlichen Information zu übersenden.

N. d. H. St. S.

i. m.

J. № 5289.

A. 10710 Ang. 2

J. № 5393.

Abschrift des Berichts des K. Generalkonsuls in Söul vom 15. Juli dies. Jahres den
Abschluß des französ. -koreanischen Vertrages betreffend,
wird im Anschluß an die diesseitige Mitteilung vom 20. v. M. dem Königlichen
Staatsminister und Minister der geistlichen, Unterrichts- und Medizinal-Angelegenheiten
Herrn Dr. Von Goßler
Excellenz
Zur geneigten vertraulichen Kenntnisnahme ergebenst übersandt.
Berlin, den 10. September 1886.
N. d. Hl. St. S.
i. m.

[   ]

PAAA_RZ201-018949_041 f.

Empfänger	Bismarck	Absender	Brandt
A. 7974 pr. 29. Juni 1887. p.m.		Peking, den 7. Mai 1887.	
Memo	mtg. 2. 7. n. Petersburg u. Paris		

Abschrift

A. 7974 pr. 29. Juni 1887. p.m.

Peking, den 7. Mai 1887.

A. № 134.

Seiner Durchlaucht

dem Fürsten von Bismarck.

Euerer Durchlaucht beehre ich mich ganz gehorsamst zu berichten, daß der zweite Sekretär der französischen Gesandtschaft Herr Collin de Plancy am 2. d. M. Peking verlassen hat, um sich nach Shanghai zu begeben, dort den mit der am 7. Mai erwarteten französischen Post eintreffenden ratificirten französisch-koreanischen Vertrag in Empfang zu nehmen und dann die Auswechslung der Ratifikationen in Söul vorzunehmen.

Bei den augenblicklich hier schwebenden wichtigen Verhandlungen zwischen Frankreich und China würde es natürlich scheinen, daß Herr Constans Peking nicht verläßt; ich will indessen wenigstens eines Gerüchts erwähnen, nach welchem der französische Unterhändler des mit Korea in 1886 abgeschlossenen Vertrages, Herr Cogordan, dem General-Gouverneur Lihung Chang, der bekanntlich mit der Wahrnehmung der Beziehungen zwischen China und Korea beauftragt ist, versprochen haben soll, daß Frankreich sich nur durch einen untergeordneten Beamten, einen Vize-Konsul, in Korea vertreten lassen und keinen diplomatischen Agenten in Söul beglaubigen werde. Die Entsendung Herrn Collins zur Auswechslung der Ratifikationen wird mit diesem Versprechen in Zusammenhang gebracht.

gez. Brandt.

Orig. i. a. China 13.

[   ]

PAAA_RZ201-018949_043

Empfänger	Fürst zu Hohenlohe - Schilingsfürst	Absender	Gutschmid
A. 9035 pr. 27. August 1896. p. m.		Tokio, den 21. Juli 1896.	
Memo	mtg. 29. 8. London 982, Paris 555, Petersburg 650. mitg. 19. 10. Peking (A. 10814)		

Abschrift

A. 9035 pr. 27. August 1896. p. m.

Tokio, den 21. Juli 1896.

A. 135

An Seine Durchlaucht, den Herrn Reichskanzler, Fürsten zu Hohenlohe-Schillingsfürst.

Nach einer in der oft gut unterrichteten Zeitung „Asahi" veröffentlichten Notiz, die allerdings bisher anderweitig nicht verbürgt ist, soll Frankreich der koreanischen Regierung ein zinsloses Darlehen von 3 Millionen Yen auf 50 Jahre zu dem Zweck angeboten haben, um damit die Anleihe zu tilgen, welche Korea bekanntlich im Sommer v. Js. bei der japanischen Regierung gemacht hat.

Als Gegenleistung verlange Frankreich, wie das Blatt behauptet, die Konzession zum Bau einer Eisenbahn von Söul nach Moppo, einem im Norden Koreas gelegenen Holzausfuhrhafen.

Sollte sich diese Nachricht, über deren Richtigkeit ich Erkundigungen einziehen werde, bestätigen, so dürfte das Vorgehen Frankreichs als ein neuer Dienst, den es Rußland in Ostasien leisten will, angesehen werden, da es offenbar im Interesse der letzteren Mach liegt, Korea aller finanzieller Verpflichtungen gegen Japan, die letzterem einen Grund zur Einmischung in die inneren Verhältnisse des Halbinselkönigreichs geben könnten, entbunden zu sehen.

(gez.) v. Gutschmid.

Orig. i. a. Korea 1.

[   ]

PAAA_RZ201-018949_044

Empfänger	Fürst zu Hohenlohe - Schilingsfürst	Absender	Krien
A. 9940 pr. 24. September 1896. a. m.		Söul, den 6. August 1896.	

Abschrift

A. 9940 pr. 24. September 1896. a. m.

Söul, den 6. August 1896.

№ 44.

Seiner Durchlaucht

den Herrn Reichskanzler

Fuersten zu Hohenlohe Schillingsfürst.

Euerer Durchlaucht habe ich die Ehre in der Angelegenheit, betreffend ein angebliches Zinsfreies Darlehen Frankreiches an Korea ganz gehorsamst zu melden, dass mir der hiesige französische Geschäftsträger gestern darüber die folgenden mündlichen Mittheilungen machte:

Die Koreanische Regierung habe sich vor einiger Zeit an ihn mit der Anfrage gewandt, ob er ein französisches Darlehen Behufs Tilgung der japanischen Anleihe von 3 Millionen Yen aus der anderen auswärtigen Schulden der Regierung vermitteln wolle. Er habe die Regierung darauf ersucht, ihn den Betrag, den dieselbe aufnehmen wolle, sowie die Sicherheiten, die sie zu stellen bereit sei, anzugeben. Bisher sei indess nur der Zinsfuss von 6% jährlich vereinbart worden. Seit anderthalb Monaten habe er von der Angelegenheit nichts weiter gehört.

In keinem Zusammenhang mit der Anleihe stehe die von einem französischen Konsortium nachgesuchte Konzession für eine Eisenbahn von Söul nach Mokpo. Ursprünglich sei von dem Konsortium die Konzession für die Eisenbahn von Söul nach Wiju verlangt worden, später sei er dann außerdem über die Erteilung von Konzessionen für Eisenbahnen von Söul nach Wönsan und von Söul nach Fusan mit der hiesigen Regierung in Verhandlung getreten. Nachdem er jedoch erfahren hätte, daß das vorige Staatsministerium der japanischen Gesandtschaft für die Bahn von Söul nach Fusan gewisse Zusicherungen erteilt hätte, habe er statt dieser Linie die Strecke Söul-Mokpo in Vorschlag gebracht, obwohl das jetzige Staatsministerium die Zusicherungen der letzten Regierung für ungültig erklärt hätte. Die Konzession für die Eisenbahn von Söul nach Wiju sei der französischen Gesellschaft bekanntlich am 3. v. Mts. erteilt worden. Hinsichtlich der anderen Eisenbahnen habe die Regierung nunmehr erklärt, daß sie bis auf weiteres keine neuen Konzessionen erteilen werde. Es sei ihm unerklärlich, daß japanische Berichterstatter eine derartige ungereimte Nachricht, wie die von einem zinslosen französischen Darlehen an Korea, in die Zeitungen brächten und daß diese Nachricht scheinbar bei der japanischen Regierung Glauben fände. Wenn die japanische Gesandtschaft, statt auf unglaubwürdige Gerüchte zu hören, ihn selbst darüber befragen wollte, so würde er ihr gern jeden gewünschten Aufschluß geben.

Ich darf hier ganz gehorsamst hinzufügen, daß der Hafen von Mokpo in der südwestlichen Provinz Chöllado liegt und daß dessen Eröffnung im Frühjahr n. J. von dem damaligen japanischen Gesandten, Grafen Inoue, in Anregung gebracht worden ist.

Gez: Krien.

Orig. i. a. Korea 1.

[   ]

PAAA_RZ201-018949_047 ff.

Empfänger	Bülow	Absender	Weipert
A. 2819 pr. 22. Februar 1901. a. m.		Söul, den 7. Januar 1901.	
Memo	mtg. 27. 2. London 229		

Abschrift

A. 2819 pr. 22. Februar 1901. a. m.

Söul, den 7. Januar 1901.

№ 7.

An Seine Excellenz

den Reichskanzler

Herrn Grafen von Bülow.

Der französische interimistische Geschäftsträger teilte mir vor einigen Tagen gesprächsweise mit, daß der Titular des hiesigen Postens, Herr Collin de Plancy, der sich zur Zeit auf Urlaub in Frankreich befindet, zum Gesandten ernannt worden sei und vermutlich in dieser Eigenschaft in Kürze hierher zurückkehren werde. Eine offizielle Ankündigung dieserhalb ist indes noch nicht erfolgt. Herr de Plancy hat, wie ich höre, während seines Hierseins eine sehr eifrige Tätigkeit entfaltet und die meisten Fortschritte, welche Frankreich bis letzthin in Korea gemacht hat, beruhen auf Abmachungen, die er vor seiner Heimreise im November 1899 getroffen hat. Dies gilt sowohl von dem Engagement eines Artillerie-Hauptmanns und Werkmeisters für das hiesige Arsenal (rf. S. pl. Bericht № 45 vom 19. Mai v. J.), welche beide nach definitiver Regelung der Bedingungen Anfang Dezember v. J. von Frankreich abgereist sind und in Bälde hier erwartet werden, als auch von einem neuerdings bekannt gewordenen Plan, 4 französische Vorarbeiter, unter Anderem für die Schmiede-, Tischler- und Ziegelei-Technik bei einer hier ins Leben zu rufenden Industrieschule als Lehrer anzustellen. Über letzteres Engagement wird noch verhandelt, da man französischerseits die dafür ausgeworfene Summe von 6000 Yen jährlich für zu gering hält.

Herrn Collin de Plancy würde in seiner neuen Eigenschaft auch das hiesige Doyennat zugänglich werden, welches gegenwärtig von dem japanischen und chinesischen Gesandten monopolisiert wird. Es ist nicht unmöglich, daß die Rücksicht hierauf bei seiner Ernennung mitbestimmend gewirkt hat. Wenigstens höre ich, daß derselbe bereits im Herbst 1899 bei seinen hiesigen Kollegen und in Paris die Unzuträglichkeiten zur Sprache gebracht hat, welche das Doyennat speziell des chinesischen Gesandten bei dessen geringer Bekanntschaft mit europäischen Sprachen und Anschauungen mit sich führe. Vermutlich auf eine Anregung aus Paris hin hat im Frühjahr v. J. der hiesige englische Vertreter eine Weisung seiner Regierung erhalten, sich über diese Frage zu äußern. Indes sah weder Herr Gubbins noch einer der übrigen hiesigen Vertreter, mit denen er die Sache besprach, eine Möglichkeit, den chinesischen Gesandten von dem Doyennat auszuschließen, so berechtigt auch an sich der darauf gerichtete Wunsch sein möchte. Neue Nahrung erhielt letzterer durch die jüngste Neujahraudienz, bei der Herr Hsü, der sich übrigens seit den Verwicklungen in China größter Zurückhaltung befleißigt, in Abwesenheit des japanischen Gesandten in wenig effektvoller Weise als Sprecher fungierte.

gez.: Weipert.

Orig. i. a. Korea 7.

Der französische Kreuzer „Friant" in Chemulpo.

PAAA_RZ201-018949_050 ff.

Empfänger	Bülow	Absender	Weipert
A. 3771 pr. 12. März 1901. a. m.		Söul, den 26. Januar 1901.	
Memo	J. № 90.		

A. 3771 pr. 12. März 1901. a. m.

Söul, den 26. Januar 1901.

№ 17.

An Seine Excellenz

den Reichskanzler

Herrn Grafen von Bülow.

Vom 19. Bis zu 25. d. M. hat sich der französische Kreuzer „Friant" in Chemulpo aufgehalten, welcher von Shanhaikwan gekommen war um 175 koreanische Kulis zurückzubringen, die im Sommer v. J. den Transport der für die französischen Truppen in Tientsin bestimmten koreanischen Pferde und Ochsen begleitet hatten, und einige mit diesen Geschäften im Zusammenhang stehende Geldangelegenheiten zu regulieren.

Die Offiziere des Kreuzers wurden in Audienz empfangen und zweimal zum Diner im Palais bewirtet, einmal auf Einladung des Königs, das andere Mal von den höheren koreanischen Offizieren.

Bei der Audienz haben sie, wie ich höre, auch den Dank des französischen Kontingents für die den alliierten Truppen im August v. J. koreanischerseits übersandte Spende von Mehl, Reis und Zigaretten ausgesprochen.

Abschrift dieses gehorsamsten Berichtes sende ich an die Kaiserlichen Gesandtschaften in Peking und Tokio.

Weipert.

Inhalt: Der französische Kreuzer „Friant" in Chemulpo.

[   ]

PAAA_RZ201-018949_054

Empfänger	Auswärtiges Amt	Absender	Schrader
A. 4952 pr. 2. April 1901. a. m.		Berlin, den 28. März 1901.	

A. 4952 pr. 2. April 1901. a. m. 1 Anl.

Berlin, den 28. März 1901.

A. I^e 3061

An den Herrn Staatssekretär des Auswärtigen Amts.

Auf das gef. Schreiben v. 15. 3. A. 3771

Anliegend wird der Bericht des Kaiserlichen Konsulats in Seoul vom 26. Januar 1901 nach Kenntnisnahme ergebenst zurückgesandt.

Im Auftrage.
Schrader.

PAAA_RZ201-018949_055 ff.

Empfänger	Bülow	Absender	Weipert
A. 5520 pr. 13. April 1901. a. m.		Söul, den 27. Februar 1901.	

Abschrift

A. 5520 pr. 13. April 1901. a. m.

Söul, den 27. Februar 1901.

№ 35.

Seiner Excellenz

dem Reichskanzler

Herrn Grafen von Bülow.

Die in dem gehorsamsten Bericht № 45 vom 19. Mai v. Js. erwähnten Verhandlungen wegen des Engagements zweier Franzosen für das hiesige Arsenal haben inzwischen zu einem Abschluß geführt, infolgedessen der Artillerie-Hauptmann Payeca und der Controleur d´armes Louis am 19. d. Mts. hier eingetroffen sind. Beide sind, wie ich von dem französischen Geschäftsträger höre, von ihrer Regierung der hiesigen zur Verfügung gestellt und zwar „hors de cadre", aber nicht aus dem Armeeverband ausgeschieden, so daß sie in ihrem Advancement fortfahren. Im Fall eines koreanischen Krieges haben sie kontraktmäßig den hiesigen Dienst zu verlassen. Der Hauptmann erhält 400 Yen, der andere 250 Yen Gehalt im Monat und das Engagement lautet auf 3 Jahre. Für dieselbe Zeit wird der Vertrag des russischen Werkmeisters Remnioff erneuert.

Obwohl seiner Zeit die hiesige russische Vertretung über alle Einzelheiten des Projekts verständigt worden war, scheint Herr Pavlov jetzt der Regierung wegen der Angelegenheit allerlei Schwierigkeiten zu bereiten. Er sagte mir, daß er gegen die Unterordnung Remnioffs unter den französischen Hauptmann Einwendungen mache und Verletzung des koreanischerseits Rußland gegebenen Versprechens behaupte, keine fremdländischen Offiziere anzustellen, fügte jedoch hinzu, er bezwecke keineswegs an der Sache etwas zu ändern, es sei ihm vielmehr lediglich um die Sammlung von Beschwerdepunkten gegen die hiesige Regierung zu tun, die er bei gegebener Gelegenheit demnächst zu verwenden gedenke. Das klingt wie das Vorspiel zu einer Kompensationsforderung. Nebenbei möchte vielleicht Herr Pavlov nach außen dem Eindruck etwas entgegen arbeiten, daß Rußland die hiesigen französischen Fortschritte begünstigt. Im übrigen scheinen die fortgesetzten mißbilligenden Vorträge, welche Herr Pavlov dem hiesigen Souverän bald über Anstellungen, bald über wirtschaftliche Konzessionen zu Gunsten anderer Nationen hält, zunächst nur den Erfolg zu haben, ihn bei dem Hofe unbeliebt zu machen, nicht aber die Neigung zu erhöhen, seinem Begehren Rechnung zu tragen, daß man in allen solchen Dingen zunächst russischen Rat einholen möge.

Bezüglich der in dem geh. Bericht № 7 vom 7. v. M. erwähnten Absicht des Engagements von französischen Experten für eine Industrieschule habe ich inzwischen nähere Information erhalten. Danach war bereits am 17. Dez. 1897 zwischen der hiesigen Regierung und dem franz. Geschäftsträger Collin de Plancy ein Einverständnis dahin erzielt worden, daß eine Anzahl franz. Lehrer oder Vorarbeiter, und zwar für Tischlerei, Maurer-, Ziegler- und Eisenarbeit, Lederfabrikation, Porzellan- und Glasbereitung und elektrische Anlagen für 6000 Yen jährlich engagiert werden sollten. Am 21. April v. J. hat dann der interimistische Geschäftsträger Lefèrre im Auftrag seiner Regierung die Mitteilung gemacht, daß für die genannte jährliche Summe höchstens ein Vorsteher, 3 Lehrer und 3 Vorarbeiter zu beschaffen sein würden, und daß für deren Reisekosten eine Summe von 4000 Yen und außerdem für den Ankauf von Instrumenten, Werkzeugen und Maschinen 2-3000 Yen ausgeworfen werden müßten. Hiermit erklärte man sich koreanischerseits unter dem 9. Mai v. J. einverstanden. Inwieweit es Herrn Collin de Plancy, der etwa Mitte n. M. von seinem Urlaub hier zurückerwartet wird, gelungen ist, die Engagements dementsprechend zur Ausführung zu bringen, ist noch nicht bekannt geworden.

pp.

gez.: Weipert.

Orig. i. a. Korea 1.

[   ]

PAAA_RZ201-018949_059 f.

Empfänger	Bülow	Absender	Weipert
A. 938 pr. 19. Januar 1902. a. m.		Söul, den 40. November 1901.	

Abschrift.

A. 938 pr. 19. Januar 1902. a. m.

Söul, den 40.⁶November 1901.

№ 192.

J. № 1345.

Sr. Excellenz dem Reichkanzler, Herrn Grafen von Bülow.

Der französische Vertreter wurde gestern von dem hiesigen Souverän zusammen mit einem Herrn Faure in Audienz empfangen, der als Abteilungschef im Gouvernement von Indo-China bezeichnet wird und hierhergekommen ist, um die koreanische Regierung zur Beteiligung an der für November k. J. geplanten Ausstellung in Hanoi zu veranlassen. Dem Vernehmen nach soll der Einladung entsprochen werden. Auch zur Beschickung der Weltausstellung in St. Louis im Jahre 1903 ist Korea, wie ich höre, durch den hiesigen amerikanischen Vertreter aufgefordert worden.

Die Audienz des Herrn de Plancy galt außerdem der Ankündigung eines Geschenks von 4 arabischen Pferden, die der französische Brigadegeneral in Tientsin dem König in diesen Tagen übersandt hat. Sie kamen zusammen mit einem Transport von 107 Pferden – darunter 60 deutscherseits verkaufte Australier -, welche der am hiesigen Arsenal angestellte französischen Artillerie-Hauptmann Payeur für die koreanische Armee mit einem Aufwand von angeblich insgesamt 14000 Dollar einschließlich der Transportkosten in Tientsin angekauft hat.

pp.

gez. Weipert.

Orig. i. a. Korea 1.

---

6   so im Original.

[   ]

PAAA_RZ201-018949_061

Empfänger	Bülow	Absender	Radolin
A. 5671 pr. 11. April 1902. p. m.		Paris, den 10. April 1902.	

Abschrift

A. 5671 pr. 11. April 1902. p. m.

Paris, den 10. April 1902.

№ 248.

Durch Gelegenheit.

Sr. Exellenz dem Reichskanzler

Herrn Grafen von Bülow.

Der „Eslair" vom 6. diesem Monat führt aus, der englisch-japanische Vertrag schädige Frankreich insofern, als er Japan ein Übergewichts in Korea verschaffe, wodurch die französischen Unternehmungen vereitelt würden. Russland, bereits jetzt im Besitz der Mandschurei, habe von der Konstellation in Ostasien allein Vortheile. Käme es im China zu einem Kriege, so wuerde Frankreich vielleicht die Kosten zu tragen haben.

Eine summarische Übersicht über die französische Interessen in Korea giebt Lemire in den Questions Diplomatiques et Coloniales vom 1. diesem Monates. Auch er ist der Ansicht, dass die Verkündigung zwischen England und Japan (von 30. Januar dieses Jahres) der Anlass zu dem am 1. März bekannt gewordenen Verzicht der Regierung von Korea auf die französische Anleihe gewesen sei.

(Gez) Radolin.

[   ]

PAAA_RZ201-018949_062 f.

Empfänger	Bülow	Absender	Weipert
A. 11986 pr. 9. August 1902. a. m.		Soeul, den 21. Juni 1902.	
Memo	mtg 11. 8. London 702, Paris 558, Petersbg. 665. J. № 600.		

A. 11986 pr. 9. August 1902. a. m.

Soeul, den 21. Juni 1902.

№ 105.

Seiner Excellenz

dem Reichskanzler

Herrn Grafen von Buelow.

Hier ist nichts wahrzunehmen, was der kuerzlich von London heraustelegraphierten Pariser Nachricht der „Daily News", Frankreich habe es auf einen Streit mit Korea abgesehen, zur Bestaetigung dienen koennte. Im Gegentheil ist das Verhalten des franzoesischen Vertreters gegenueber der hiesigen Regierung durch entschiedene Zurueckhaltung und Schonung gekennzeichnet. Dies gilt nicht nur von seiner Art der Verfolgung verschiedener bisher unbefriedigter Ansprueche, wie z. B. wegen der Entschaedigung fuer die Quelpart-Affaere, sondern auch von seiner Behandlung der Frage der Anleihe des Yuennan-Syndikats, bezueglich deren er es schliesslich dabei bewenden liess, gegenueber der koreanischen Absage wiederholt das Fortbestehen des Vertrages zu behaupten und eine Verstaendigung mit dem Vertreter des Korea-Syndikats, Baron Bellescize, zu empfehlen, der seinerseits inzwischen Mitte v. M. seinen Aufenthalt nach Peking verlegt hat und das hiesige Projekt, ja selbst die Hoffnung auf Erlangung einer Entschaedigung aufgegeben zu haben scheint.

Was die russische Auffassung bezueglich der franzoesischen Haltung anbetrifft, so fiel mir auf, dass Herr Pavlow, als ich bei Erwaehnung des gedachten Telegrammes bemerkte, Herr Collin de Plancy verhalte sich bisher jedenfalls sehr ruhig, ziemlich lebhaft aeusserte: „Ja, eigentlich viel zu ruhig."

Kopien dieses gehorsamsten Berichts sende ich an die Kaiserlichen Gesandtschaften in Peking und Tokio.

Weipert.

Berlin, den 11. August 1902.   zu A. 11986.

An   Euerer pp. übersende ich anbei ergebenst
die Missionen in   Abschrift eines Berichts des Kais. Konsuls in
                                            Seoul vom 21. Juni d. J. betreffend Frankreichs
London   № 732   Verhalten Korea gegenüber, zu Ihrer gefl.
Paris   № 558   Information.
St. Petersburg   № 665   Sts. S.
                                                       i. m.
J. № 7093.

[   ]

PAAA_RZ201-018949_066

Empfänger	Bülow	Absender	Weipert
A. 14185 pr. 25. September. 1902. p. m.		Söul, den 11. August 1902.	
Memo	J. № 777.		

Abschrift

A. 14185 pr. 25. September. 1902. p. m.

Söul, den 11. August 1902.

№ 133.

Seiner Excellenz

dem Reichskanzler

Herrn Grafen von Bülow.

Während der französische Contre-Admiral Bayle, welcher vom 6. bis 8. d. M. mit den Schiffen „D´Entrecasteaux", „Bugeaud" und „Décidée" in Chemulpo verweilte, einen offiziellen Besuch in Söul, vermutlich weil er einen solchen erst im Mai d. J. abgestattet hat, unterließ, wurde der amerikanische Contre-Admiral Evans, welcher mit den Schiffen „Kentucky", „New Orleans", „Vicksburg" und „Helena" am 7. d. M. von Chefoo einlief, am 8. mit dem amerikanischen Gesandten in Audienz empfangen. pp.

gez. Weipert.

Orig. i. a. Korea 1.

Schwierigkeiten wegen französischer Ansprüche.

PAAA_RZ201-018949_067 ff.

Empfänger	Bülow	Absender	Weipert
A. 15146 pr. 16. October 1902. p. m.		Soeul, den 1. September 1902.	
Memo	J. № 840.		

A. 15146 pr. 16. October 1902. p. m.

Soeul, den 1. September 1902.

№ 141.

Seiner Excellenz

dem Reichskanzler

Herrn Grafen von Buelow.

Bei der Feier des Geburtstags des hiesigen Souveraens am 28. v. M. hat sich der franzoesische Ministerresident nach der Audienz vor dem im Anschluss daran vom Hausminister im Palast veranstalteten Fruehstueck mit seinem Personal in ostentativer Weise entfernt. Auch zu einer im Ministerium des Aeussern am selben Abend abgehaltenen Soiree erschien die franzoesische Gesandtschaft nicht. Einige Tage spaeter theilte mir Herr Collin de Plancy mit, er habe dadurch den Koreanern gegenueber sein Missfallen ueber deren unbefriedigende Art der Behandlung der Quelpart-Angelegenheit zum Geltung bringen wollen. Es handelt sich dabei, abgesehen von der immer noch nicht bezahlten Entschaedigung von 5160 Yen, vor Allem um die Frage der Bestrafung der Anstifter und Anfuehrer der Christenverfolgung vom April v. J. Von denselben waren im Oktober v. J. durch den Obersten Gerichtshof in Seoul 3 zum Tode und 8 zu Zuchthaus von 10 bis 15 Jahren verurtheilt worden, während der Prozess gegen einen nach Angabe der franzoesischen Priester am hervorragendsten betheiligten Bezirks-Magistrat Namens Chai Kui Soek trotz dringenden Strafantrags des franzoesischen Vertreters verschleppt wurde. Die erwaehnten Todesstrafen wurden zwar alsbald vollstreckt, bezueglich der uebrigen Schuldigen wurde dagegen am 18. v. M. ein Dekret publiziert, wonach 4 derselben begnadigt sind und der erwaehnte Chai Kui Sök - mit der Angabe, dass er sich um den Schutz der franzoesischen Priester bemueht habe - ausser Verfolgung gesetzt wurde. Da schriftliche Vorstellungen, welche Herr Collin de Plancy dieserhalb an den interimistischen Minister des Aeussern richtete, unbeantwortet blieben, erklaerte er, den

Einladungen zu den Eingangs erwaehnten Festlichkeiten nicht Folge leisten zu koennen. Er verspricht sich von diesem Schritt, abgesehen von der vorliegenden Frage, auch bezueglich verschiedener anderer unbefriedigter Ansprueche franzoesischer Unterthanen eine guenstige Wirkung, indem er darauf rechnet, dass man koreanischerseits befürchten werde, er koenne eventuell auch die Jubilaeumsfestlichkeiten im Oktober durch sein Fernbleiben stoeren.

Kopien dieses gehorsamsten Berichts sende ich an die Kaiserlichen Gesandtschaften in Peking und Tokio.

Weipert.

Inhalt: Schwierigkeiten wegen französischer Ansprüche.

[   ]

PAAA_RZ201-018949_069

Empfänger	Bülow	Absender	Weipert
A. 15169 pr. 17. Oktober 1902. a. m.		Söul, den 23. August 1902.	
Memo	Vom orig. Auszug mtg. 22. 10. London 943.		

Abschrift
A. 15169 pr. 17. Oktober 1902. a. m.

Söul, den 23. August 1902.

№ 138.

Seiner Excellenz

dem Reichskanzler

Herrn Grafen von Bülow.

pp.

Auch in Fusan hat am 2. d. M. eine von 4 Matrosen des französischen Kriegsschiffes „D´Entrecasteaux" angezettelte Schlägerei stattgefunden, bei der ihnen eine Anzahl Matrosen des italienischen Kriegsschiffes „Marco Polo" zu Hilfe kam und 13 Japaner verwundet wurden.

pp.

gez. Weipert.

Orig. i. a. Korea 1.

[   ]

PAAA_RZ201-018949_071

Empfänger	Kaiser und König	Absender	Geissler
A. 1043 pr. 22. Januar 1903.		Tsingtau, den 10. Oktober 1902.	

Auszug

ad A. 1043 pr. 22. Januar 1903.

Tsingtau, den 10. Oktober 1902.

Kommando des Kreuzergeschwaders.

G. B. № 1055.

Geheim.

Seiner Majestät, dem Kaiser und König.

pp.

Die Hofintrige, welche in Korea der Hauptsache nach die Politik der Regierung leitet, hat es augenblicklich zustande gebracht, daß Rußland besonders wohl -, Frankreich dagegen besonders schlecht angeschrieben ist. Letzteres dürfte übrigens wohl auch darauf zurückzuführen sein, daß von französischer Seite neuerdings unter Androhung von Zwangsmaßregeln die baldige Zahlung der Entschädigungssumme für die im vorigen Jahre auf Quelpart ermordeten französischen Missionare verlangt worden ist, was der in steten Geldnöten befindlichen koreanischen Regierung höchst peinlich sein muß.

pp.

gez. Geissler.

i. a. China 9. № 1.

Auswärtiges Amt
Abth. A.

Politisches Archiv d. Auswärt. Amts

Acta

Betreffend
Die Christen in Corea

Vom [Juni 1886]
Bis Mai 1910

Fortsetzung
Cfr. Acta Japan 22.

Politisches Archiv des Auswärtigen Amts
R 18950

KOREA. No. 6.

Inhaltsverzeichniss	
Ber. aus Söul v. 4. 6. 1886. № 33: Französische Bestrebungen die Duldung der Katholischen Religion von Korea vertragsmäßig zu erlangen. (orig. i. a: Korea 5.)	9309. pr 6. 8. 1886.
Ber. desgl. v. 8. 5. 1888. № 25: Koreanische Note an den amerikanischen Ministerresidenten bezügl. des Verbots fremder Religionen u. Schulen in Kor.	7888. pr. 29. 6. 1888.
Ber. aus Peking v. 5. 6. № 139: betr. den neuernannten französ. Vertreter für Korea Msr. Collin de Plancy u. die agressive Haltung der Katholischen Missionare.	8943. pr. 22. 7.
1901.	
Notiz: Ber. a. Söul, betr. französische Entschädigungsforderung gegen die koreanische Regierung wegen der Unruhen in Quelpart, befindet sich a. Korea 10.	13864. 28. 9.
1903.	
Ber. a. Söul v. 11. 2. № 20. Schwierigkeiten zwischen katholischen und protestantischen Eingeborenen in Hoang-hae.	4692. 3. 4.
Bericht aus Söul v. 22. 4. № 56 Die Übergriffe der Katholiken in der Provinz Hoanghaedo.	8120. 6. 6.
Dergl. v. 22. 4. № 58. Statistik der christlichen Missionsthätigkeit in Korea. Fehlen einer deutschen Missionsgesellschaft.	8128. 6. 6.
Bericht a. Seoul v. 15. 7. – 82 – Unruhen zwischen koreanischen Katholiken und Protestanten.	11859. 10. 8.
orig. i. a. China 25. -	
1904.	
Berliner Tageblatt v. 29. 10. № – Schreiben des Kaisers v. Korea an den Papst btr. das Protektorat über die Christen.	17108. 29. 10.
1907.	
„The Times" v. 28. 10. Das Missionswerk in Korea.	16552. 28. 10.
1908.	
Ber. a. Soeul v. 15. 12. № – Times-Artikel von Lord William Ceceil über die Aussichten des protestantischen Missionswerks in Korea.	422. 9. 1.

1909.	
Ber. a. Tokio v. 6. 3. A. 66. Abfällige Äußerung des koreanischen Ministers des Innern Song über die Christen in Korea u. die amerikanischen Missionare.	5215. 23. 3.
Ber. a. Söul v. 16. 2. № 19. Desgl	5676. 30. 3.
Desgl. v. 9. 3. № 26. desgl. u. Rücktritt Song's. desgl.	6413. 11. 4.
Kölnische Zeitung v. 1. 4. desgl.	5855. 1. 4.
Ber. a. Söul v. 27. 3. ‒ 37	6684. 10. 4.
Ber. a. Tokio v. 1. 4. ‒ A. 87	7938. 6. 5.
Niederlassung deutscher Benediktiner in Korea.	
Ber. a. Söul v. 14. 6. № 56. desgl.	11139. 2. 7.
Kölnische Zeitung v. 8. 10. Desgl. Erwerbung eines Grundstücks bei Söul.	16469. 8. 10.
Ber. a. Tokio v. 13. 11. ‒ A. 226. Übertritt der Koreaner zum Christentum.	19745. 1. 12.
1910.	
Kölnische Zeitung v. 18. 2. Tod des Benediktinerbruders Huber.	3084. 19. 2.
Ber. a. Tokio v. 8. 4. ‒ A. 126 Die ausländischen Missionare in Korea.	7708. 4. 5.

[   ]

PAAA_RZ201-018950_006 ff.

Empfänger	Bismarck	Absender	Kempermann
A. 9309 pr. 6. August 1886. p. m.		Söul, dem 4. Juni 1886.	
Memo	7. 8. mitg. Rom Ges. 117, Paris 318		

Abschrift.

A. 9309 pr. 6. August 1886. p. m.

Söul, den 4. Juni 1886.

№ 33.

Seiner Durchlaucht

dem Fürsten von Bismarck.

Der kürzlich hier eingetroffene französische Vertrags-Bevollmächtigte Herr George Cogordan, hatte bei seiner Landung in Chemulpo zu verschiedenen Privatpersonen geäußert, er werde gar nicht nach Söul hinaufgehen, wenn er nicht vorher die Gewißheit erlangen, daß die Koreanische Regierung bereit sei, über die Duldung der Katholischen Religion zu unterhandeln, denn ohne eine hierauf bezügliche Klausel habe ein Vertrag mit Korea für Frankreich keinen Werth.

Er scheint aber nach einigem Warten in Chemulpo schließlich doch ohne diese Gewißheit nach hier gekommen zu sein, und hatte drei Wochen zu warten, ehe die Regierung sich zur Eröffnung von Vertrags-Verhandlungen überhaupt anschickte.

Der Präsident des Auswärtigen Amtes Kim Yun Sik verließ plötzlich die Stadt. Einige sagen, aus Furcht, daß er dafür belangt werden sollte, daß er nach der Verschwörung Ende 1884 die Leichen eines Freundes und dessen Gattin, die hingerichtet worden waren, weil der Sohn kompromittirt war, habe begraben lassen, andere sind der Ansicht, er habe den französischen Vertragsverhandlungen aus dem Wege gehen und das Odium einer Concession in Religionssachen einem anderen aufladen wollen.

Der chinesische Gesandte bemühte sich mir gegenüber die erste Version geltend zu machen, hinzufügend, er habe der Regierung gerathen, über das Vergangene den Schleier der Vergessenheit zu breiten und den alten Mann in Ruhe zu lassen. Der Präsident ist bekanntlich ein enthusiastischer Verehrer China's. Hinsichtlich des französischen Vertrages meinte der Gesandte bei derselben Gelegenheit, daß Korea unter kleiner Bedingung eine

Toleranz-Klausel bewilligen dürfe.

Der Präsident ist nun bis zur Stunde noch nicht zurückgekehrt, doch berichtet die offizielle Zeitung, daß ihm volle Verzeihung gewährt sei, und daß er morgen oder übermorgen wieder nach hier in sein Amt zurückkehren werde.

Vor 14 Tagen aber wurden ein politischen unbedeutender höherer Beamter, aber auch ein Anhänger China's, und der Amerikaner Denny zu Vertragsbevollmächtigten ernannt. Letzterer hatte sich auf der Reise von Tientsin nach Shanghai befunden, wo er in aller Ruhe die Vorbereitungen für seine definitive Übersiedelung nach hier hatte treffen wollen; als er, wie ziemlich verbürgt ist, auf telegraphische Weisung von Lihunchang plötzlich abreiste und gleichzeitig mit mir hier eintraf.

Während der darauf begonnen Vertrags-Verhandlungen war der Telegraph zwischen hier und Tientsin in fortwährender Thätigkeit.

Von einem wohl informirten Hofbeamten hörte ich, Herr Cogordan habe auf die Toleranz-Klausel im Vertrag verzichten, dahingegen aber das formelle Versprechen haben wollen, daß die koreanische Regierung die französischen Missionare schützen wolle. Er wurde aber einfach darauf hingewiesen, daß er jetzt über sein ursprüngliches Ziel weit hinausstrebe, denn Schutz sei tausend Mal mehr als Duldung.

Der französische Gesandte theilte mir nun gestern gesprächsweise mit, daß die Verhandlungen beendigt seien, die Unterzeichnung des Vertrages dieser Tage stattfinde und er darauf abreisen werde. Ob und in wie weit er mit dem Resultat zufrieden sei, sagte er mir nicht.

Wie ich aber höre, ist in dem Vertrage über Missionen oder Duldung der Missionare nichts stipulirt, vielmehr ist derselbe gleichlautend mit denjenigen der anderen Vertragsmächte, und nur einige geringe Zollreduktionen auf französische Artikel sollen zugestanden worden sein.

Der hiesige französische Bischof, mit dem ich bekannt geworden bin, schreibt die Schuld des Mißlingens der Cogordan'schen Mission chinesischen und europäischen (: Denny's:) Einflüssen zu, der König und die Königin seien für die Aufnahme der Toleranz-Klausel gewesen, und er mag in beiden Hinsichten wohl Recht haben.

Die Koreanische Regierung ist überhaupt entschlossen, Duldung zu üben und die französischen Missionare, die im Lande sich aufhalten, in Ruhe zu lassen, so lange sie und ihre Anhänger nicht gegen die Einrichtungen und Gesetze des Landes verstoßen; dies haben die Bevollmächtigten dem französischen Gesandten wiederholt ausgesprochen. Es halten sich jetzt, der koreanischen Regierung wohl bekannt, zehn französische Missionare versteckt im Lande auf, und hier in Söul der Bischof und sein General-Vikar. Vor der Regierung brauchen sich diese Priester nicht zu verbergen, daß muß sich der Bischof wohl bewußt sein; weshalb er dennoch selbst jetzt, wo die französische Mission anwesend ist, das Verbergungssystem weiter fortsetzt, kann ich mir bloß damit erklären, daß er fürchtet, was auch die Koreaner und die meistern der Verhältnisse kundigen Europäer versichern, daß das Volk dem Missionarwesen durchaus feindlich ist.

Es halten sich hier auch fünf amerikanische Missionare auf, die sich mit Heilkunde und Unterricht befassen und in den besten Theilen Söuls große Landkomplexe käuflich erworben und mit Häusern besetzt haben. Obschon dieselben nach den Verträgen (: Art. IV Alinea 2 des unsrigen:) auf ihrem Grund und Boden Bethäuser oder Kirchen zu errichten berechtigt sind, scheinen sie das doch zunächst unterlassen zu wollen, weil sie nicht sicher sind, wie das Volk sich dazu verhalten wird. Auch der französische Bischof hat unmittelbar neben der russischen Gesandtschaft einen größeren Landkomplex gekauft; ob er nach der Vertrags-Ratifikation aus seiner Reserve heraustreten und gestützt auf obige Klausel dort ein Missionshaus und Kirche errichten wird, und wie Regierung und Volk dieses aufnehmen werden, bleibt abzuwarten.

Ich werde nicht unterlassen, sobald ich Näheres über die Unterzeichnung und den Inhalt des französisch-koreanischen Vertrages erfahren habe, sowie auch, wann immer sich Veranlassung dazu bietet, über die Weiterentwickelung der Missionafrage Euerer Durchlaucht ganz gehorsamst Bericht zu erstatten.

gez. Kempermann.

orig. i. actis Korea 5.

Christenthum in Korea.

PAAA_RZ201-018950_012 ff.

Empfänger	Bismarck	Absender	Krien
A. 7888 pr. 29. Juni 1888. a. m.		Söul, den 8. Mai 1888.	
Memo	cfr. A. 8943 J. № 209.		

A. 7888 pr. 29. Juni 1888. a. m. 1 Anl.

Söul, den 8. Mai 1888.

Kontrole № 25.

Seiner Durchlaucht

dem Fürsten von Bismarck.

Euerer Durchlaucht habe ich die Ehre in der Anlage Übersetzung des Chinesischen Textes einer Note zu überreichen, welche der Präsident des Auswärtigen Amtes an den Minister-Residenten der Vereinigten Staaten gerichtet und welche der letztere am 4. d. Mts. zu meiner Kenntniß gebracht hat. Der Präsident macht in seiner Note den Amerikanischen Vertreter darauf aufmerksam, daß die christliche Lehre in Korea nicht gestattet sei und ersucht ihn, die Amerikanischen Missionare vor der Ausbreitung des Christentums zu warnen.

Herr Dinsmore hat darauf sofort zwei Amerikanische Missionare, welche die Reise nach der nördlichen Provinz Piong-an Do in Missionszwecken angetreten hatten, zurückkehren lassen und dem Auswärtigen Amte erwidert, er habe die Amerikanischen Missionare bereits früher, und jetzt wiederum, darauf hingewiesen, daß die Ausbreitung des Christentums in Korea nicht erlaubt sei. Er werde die Note außerdem seiner Regierung zur Kenntnißnahme unterbreiten.

Ein ähnliches Schreiben ist seitens des Präsidenten dem Russischen Geschäftsträger, Herrn Waeber, zugegangen, welcher mit der Wahrnehmung der Französischen Interessen betraut ist. Herr Waeber hat sich darauf beschränkt, den hiesigen Französischen Bischof, Monseigneur Blanc, mit dem Inhalte des Schreibens bekannt zu machen, und dasselbe im Übrigen bisher unbeantwortet gelassen.

Den Anlaß zu der Depesche hat unzweifelhaft die wenig entgegenkommende Haltung gegeben, welche die Katholischen Missionare der Koreanischen Regierung gegenüber einnehmen und welche sich nur durch die grenzenlose Verachtung erklären läßt, die der Bischof und sein Provikar Monsieur Coste gegen das Koreanische Beamtenthum hegen und bei jeder Gelegenheit zur Schau tragen.

Nachdem verschiedene geringfügige Streitigkeiten zwischen Französischen Missionaren und Koreanischen Beamten hier und in Wönsan durch die Vermittelung des Herrn Waeber beigelegt worden sind, hat die Koreanische Regierung jetzt daran Anstoß genommen, daß der Bischof seine Absicht erklärt hat, in der Hauptstadt eine Französische Schule und eine Katholische Kirche zu erbauen, weil das Grundstück, auf welchem die Gebäude errichtet werden sollen, in unmittelbarer Nähe eines Tempels liegt, in welchem das Votivbild eines früheren Königs von Korea aufbewahrt wird. Eine besonders ungünstige Einwirkung befürchtet der gegenwärtige König von dem Umstande, daß das Französische Grundstück zum Theil den Tempelgrund überragt und deshalb der letztere nach einem weitverbreiteten Koreanischen Volksglauben unter den Einfluß der höher gelegenen christlichen Kapelle gelangen würde.

Der Präsident des Auswärtigen Amtes hat in Folge dessen vor einiger Zeit Herrn Waeber ersucht, Monseigneur Blanc zu veranlassen, die Arbeiten auf dem Grundstücke einzustellen und die projektirten Gebäude auf einem anderen Terrain zu errichten, welches die Regierung ihm als Ersatz neben einer Geldentschädigung angeboten hat. Während der Russische Geschäftsträger dieses Anerbieten für durchaus billig und angemessen erachtet, erklärt der Bischof das ihm angewiesene Grundstück für ungeeignet. Er stützt sich auf sein vertragsmäßiges Recht, Grundeigenthum in Söul zu erwerben, und läßt die Arbeiten, wenn auch in kleinerem Umfange, fortsetzen, indem er behauptet, daß der ganze Streitfall lediglich auf die Intriguen eines in der Nähe wohnenden Koreanischen Großwürdenträgers zurückzuführen sei.

Herr Waeber ist über das seiner Meinung nach überaus unkluge Benehmen der Französischen Missionare sehr ungehalten und hat den Präsidenten des Auswärtigen Amtes gebeten, die Verhandlungen über diesen Gegenstand bis zur Ankunft des neu ernannten Französischen Kommissars, Herrn Collin de Plancy, welcher Ende dieses Monats hier erwartet wird, hinauszuschieben.

Sowohl Monseigneur Blanc als auch Monsieur Coste sind seit länger als elf Jahren in Korea und haben von dem Hasse der Koreanischen Beamten in früheren Zeiten viel zu leiden gehabt. Wie mir der Bischof selbst versichert hat, ist er zu wiederholten Malen nur durch das Dazwischentreten des Königs gerettet worden. Er hätte deshalb meines unmaßgeblichen Erachtens umsomehr Veranlassung gehabt, einem nach Koreanischer Anschauung durchaus gerechtfertigten Wunsche des Königs möglichst nachzugeben.

Über die Note des Präsidenten äußerte sich der Bischof gelegentlich eines Besuches, den er mir vor einigen Tagen abstattete, er hätte durch den Französisch-Koreanischen Vertrag das Recht freier Religionsübung in Söul erlangt und würde sich nicht abhalten lassen, zu diesem Zwecke eine Privat-Kapelle zu erbauen. Der Koreanischen Regierung stände es dagegen frei, ihre Unterthanen an dem Besuche dieser Kapelle zu verhindern.

Die Anzahl der katholischen Christen in Korea beläuft sich nach Koreanischer Schätzung auf 80,000, während der Bischof dieselbe auf etwa 14 000 angiebt, von denen die meisten in den beiden südlichen Provinzen Cholla-Do und Kiongsang-Do leben.

Von der Französischen „Société des Missions Etrangées" sind gegenwärtig als Missionare in Korea thätig:

    1 Bischof

    1 Provikar

    12 Priester.

Hiervon befinden sich der Bischof, der Provikar, 1 älterer, sowie 7 jüngere Priester, welche vor Kurzem hier eintrafen, in Söul, die übrigen im Inlande.

Die Zahl der protestantischen Christen dürfte 300 nicht übersteigen. Davon wohnt der größere Theil in der Hauptstadt, ein kleinerer in der Provinz Piongan-Do.

Von protestantischen Missionaren sind bis jetzt nur Amerikaner hier vertreten, und zwar:

2 männliche und 3 weibliche Mitglieder der „Methodist Mission" und 3 männliche und 6 weibliche Mitglieder der „Presbytherian Mission."

Die Methodisten haben hier ein Hospital, sowie eine Missionsschule errichtet.

Das hiesige Koreanische Regierungs-Hospital wird von einem Presbytherianischen Arzte geleitet. An der Englischen Schule, welche von der Koreanischen Regierung eingerichtet ist, sind drei protestantische Geistliche aus Amerika angestellt, die kleiner bestimmten Missionsgesellschaft angehören.

Eine Abschrift dieses Berichts sende ich an die Kaiserliche Gesandtschaft zu Peking.

Krien.

Inhalt: Christenthum in Korea. 1 Anlage.

Anlage zum Bericht Kontrl. № 25.
Abschrift.

Depesche vom Präsidenten des Auswärtigen Amtes Cho an den Amerikanischen
Ministerresidenten Herrn Dinsmore.
d. d. 22. April 1888.

Wie unserer Regierung wohl bekannt ist, sind zahlreiche protestantische Religionslehrer und Missionare in der Hauptstadt, welche die Beamten und das Volk Seiner Majestät Unseres Königs in den Satzungen dieser falschen Lehre unterweisen.

Die Ausbreitung der protestantischen Lehre und Schulen irgend welcher Art bilden keinen Gegenstand des Vertrages, daher sind auch irgend welche neue Religionen und Schulen, gleichgültig welcher Art, neben den von der Koreanischen Regierung sanktionirten oder vorgeschriebenen auf das Strengste verboten und es ist nicht gestattet, weder im Gebiete der Hauptstadt noch in dem übrigen Korea, in Zukunft solche einzurichten.

Ew. pp. beehre ich mich ganz ergebenst zu ersuchen, die Amerikanischen Missionare darauf aufmerksam zu machen, daß sie sich nach den Wünschen der Regierung zu richten haben, damit nicht etwa Schwierigkeiten und Unzuträglichkeiten hervorgerufen werden.

Für die Übersetzung:
(gez.) Reinsdorf.

[   ]

PAAA_RZ201-018950_026 f.

Empfänger	Bismarck	Absender	Brandt
A. 8943 pr. 22. Juli 1888. p. m.		Peking, den 5. Juni 1888.	

A. 8943 pr. 22. Juli 1888. p. m.

Peking, den 5. Juni 1888.

№ 139.

Seiner Durchlaucht
dem Fürsten von Bismarck.

Im Anschluß an den Bericht des Kaiserlichen Konsulats Verwesers Krien zu Söul vom 8. Mai d. J. № 25[1] betreffend das Christenthum in Korea beehre Euerer Durchlaucht ich mich ganz gehorsamst zu melden, daß nach einer Mittheilung meines hiesigen französischen Kollegen der für Söul neu ernannte französische Vertreter, Monsieur Collin de Plancy, dessen Eintreffen auf seinem Posten in den nächsten Tagen zu erwarten ist, falls es nicht schon stattgefunden haben sollte, von seiner Regierung angewiesen worden ist, sich der größten Vorsicht und Zurückhaltung zu befleißigen.

Ob es Herrn Collin bei der aggressiven Haltung der katholischen Missionaire trotzdem gelingen wird, allen Konflikten aus dem Wege zu gehen, möchte ich dahin gestellt sein lassen; mir ist er aus seiner frühern Verwendung als zweiter Legations Sekretair in Peking als ein ruhiger, verständiger Mann bekannt.

Brandt.

---

1 A. 7888 i. a. Korea 6 ehrerbietigst beigefügt

[   ]

PAAA_RZ201-018950_028

Empfänger	[o. A.]	Absender	[o. A.]
A. 13864 pr. 28. September 1901.		[o. A.]	

A. 13864 pr. 28. September 1901.

Notiz.

Bericht a. Söul v. 3. 8. № 129. Betr. französische Entschädigungsforderung gegen die koreanische Regierung wegen der Unruhen in Quelpart, befindet sich

i. a. Korea 10.

Schwierigkeiten zwischen katholischen und protestantischen Eingeborenen in Hoang-hae.

PAAA_RZ201-018950_029 ff.			
Empfänger	Bülow	Absender	Weipert
A. 4692 pr. 3. April 1903. a. m.		Soeul, den 11. Februar 1903.	

A. 4692 pr. 3. April 1903. a. m. 1 anl.

Soeul, den 11. Februar 1903.

№ 20.

J. № 131.

1 Anlage.

Seiner Excellenz

dem Reichskanzler

Herrn Grafen von Buelow.

Seit Kurzem haben sich die hiesigen Centralbehoerden mit erheblichen Schwierigkeiten zwischen den katholischen und protestantischen eingeborenen Christen in der noerdlich von Soeul gelegenen Provinz Hoang-hae zu beschaeftigen. Sie wurden durch Beschwerden der Protestanten ueber gewaltthaetige Uebergriffe der in der dortigen Gegend in der Ueberzahl befindlichen Katholiken zur Sprache gebracht und haben auch in der Januar-Nummer der amerikanischen Missionskreisen nahestehenden „Korea Review" auf den Seiten 22-29, die ich in der Anlage gehorsamst beifuege, eine erregte Eroerterung gefunden. Eine Betheiligung der in der genannten Provinz stationierten beiden franzoesischen Priester Wilhelm und Le Gac wird nicht behauptet, es wird vielmehr die Moeglichkeit offen gelassen, dass dieselben gegenueber der auch den Vorgaengen in Quelpart im Mai 1901 zu Grunde liegenden Neigung der Konvertiten zur ruecksichtslosen Ausbeutung des Einflusses des kirchlichen Verbandes zwecks Foerderung ihrer materiellen Interessen machtlos sind.

Es handelt sich gegenwaertig neben zahlreichen anderen Beschwerden hauptsaechlich um einen Vorfall in dem Staedtchen Chaeryong, wo gegen Ende September seitens der koreanischen Oberhaeupter der dortigen Katholiken Beitraege zum Bau einer katholischen Kirche auch von protestantischen Einwohnern gleich einer Steuer verlangt und zwangsweise beigetrieben sein sollen. Als dann der Gouverneur auf Beschwerde der

Protestanten die Verhaftung von 6 der Katholiken angeodnet hatte, sollen die Letzteren durch eine Rotte von Katholiken unter Ueberwaeltigung der Polizisten befreit worden sein. Der Gouverneur hat dann angeblich Anfangs v. M. berichtet, dass ihm durch die Gewaltthaetigkeiten der Katholiken die Verwaltung unmoeglich gemacht werde, und die Protestanten haben sich durch eine Delegation mit der Bitte um oeffentliche Untersuchung und Abhuelfe sowohl an den franzoesischen Ministerresidenten, wie an das Auswaertige Amt in Soeul gewendet. Auch Herr Collin de Plancy drang nun auf Untersuchung der Angelegenheit. Es wurde daher ein Abtheilungsdirektor des Ministeriums des Aeussern Anfangs d. M. in die Provinz Hoang-hae geschickt um Ermittelungen anzustellen und die Verhandlung der Sache vor dem Obersten Gerichtshof in Soeul vorzubereiten. Der amerikanische Gesandte, an den seine Missionare appellierten, hat bis jetzt jede offizielle Einmischung abgelehnt.

Kopieen dieses gehorsamsten Berichts sende ich an die Kaiserlichen Gesandtschaften in Peking und Tokio.

Weipert.

Inhalt: Schwierigkeiten zwischen katholischen und protestantischen Eingeborenen in Hoang-hae. 1 Anlage.

Anlage zu Bericht № 20. – 1903.

FROM FUSAN TO WONSAN BY PACK-PONY.

[···] it with the handle of a pocket-knife a beautifully clear sound was produced. To me this bell seemed much larger than the one in Seoul. It is tolled every day and it gives forth a rich deep tone, worthy of its ancient lineage. Twelve hundred years have not impaired its voice though now it speaks only to a provincial town instead of to the proud capital of a kingdom which in its prime was possessed of no mean civilization even when compared with most of the European powers of that day.

Near the bell are five or six high mounds that are called the Phoenix eggs. The story goes that when Silla was waning and the soothsayers declared that a Phoenix bird, the guardian of the city, was about to fly away, an attempt was made to keep it from going by making these mounds to resemble eggs and so give the bird domestic reasons for reconsidering her decision. The inducement was hardly sufficient it seems, for Silla soon after fell into the hands of Koryŭ, These egg mounds are now overgrown with trees.

Back of these, to the south and east are the enormous mounds which mark the tombs of the Kings of Silla. These mounds were nearly if not quite seventy-five feet high and so steep that their grassy sides could not be scaled except where a path leads up to the top. We ascended one of them and saw a great number of others stretching away to the south. There are some thirty-six or seven in all. From the top we looked away to the south-east and in the distance say the "astrologers' tower." a circular stone edifice perhaps twenty-feet high at present. It is supposed to have been formerly an astronomical or astrological observatory. Each one of these kings' graves has its clan name. The commonest are the names Kim and Pak, for most of the Kings of Silla were from one or other of these two families. If the time should ever come when it would be possible to examine the contents of one of these mounds much light would probably be cast upon the civilization of ancient Silla, but of course any attempt at excavation would result in an immediate riot. Only a part of the Kings of Silla were interred; the rest were cremated and their ashes were thrown into the Japan Sea, to the east.

We spent Sunday in Kyöng-ju, my companion, Mr. A. preaching to a little group of native Christians in a neat chapel outside the South gate. Meanwhile our horsemen seized the opportunity to get their horse shod[sic.]

Early Monday morning we started out, crossing the city and going out the East gate, where we found considerable suburbs. At a point about two miles outside the ate we saw to our left, half a mile away near the hills, a large pagoda the top of which had fallen, but apparently four or five stories still remain.

Our general direction was north, east and after making one hundred *li* we came out upon the shore of "the loud-sounding sea" Kyöng-ju is only about forty *li* from the sea by the nearest road, but we had approached it an angle, which made it further. We found a beautiful sandy beach on which the tide rises only a couple of feet. Here was the magistracy of Chŭng-hă, the magisterial buildings standing back somewhat from the shore, which was occupied by a thriving fishing village.

We were now to begin a long journey along the eastern coast of Korea northward to Wonsan. It will be well to preface the account of it by saying that the main water-shed of Korea lies near the eastern coast and consequently the roads are sure to be a succession of passes. It is constantly up and down, with tiresome iteration. The proximity of the water-shed precludes the possibility of any considerable streams. There is hardly one, all the way to Wonsan, that cannot be easily forded. Eastern Korea presents a very different appearance from the western part of the peninsula. One would imagine that it would be much better timbered, but as a fact there are still fewer trees there than on the more thickly populated western coast.

Editorial Comment.

There can be nothing but regret in being compelled to record difficulties between different branches of the Christian Church in this or any other land. We have been silent in regard to them for many months but they have reached such a pass that further silence would be a failure of our duty to the public, which has a right to expect information on all really important points. We have no comment whatever to make on this matter except to say that the evidence placed before us is not circumstantial but direct, documentary and under the hand and seal of those implicated. A few facts stand out prominently in regard to his trouble; (1) that the acts were really committed; (2) that it is not definitely known whether the Roman Catholic priests in that district were cognizant of them at the time; (3) that, when the Roman Catholic authorities in Seoul were interviewed, assurance was given that the matter would be investigated; (4) that the Roman Catholic priests in the affected district have never been asked whether they would attempt to control the lawless element which has been guilty of the offences.

The Roman Catholics have confessedly adopted the policy of preventing the arrest of their adherents by the civil authorities in Whang-hǎ Province but that the priests are cognizant of the lawless acts of some of the Roman Catholic followers cannot be believed. We could not believe it unless the most positive and irrefragable proof was adduced, and such has not yet been forthcoming. The reason why we believe this is the attitude these same priests in Whang-hǎ province have formerly taken in regard to such troubles. One of them is Father Wilhelm, known as Hong Sin-bu by the Koreans, and the other is a priest who is known as Kwak Sin-bu. It was only two or three years ago that Father Wilhelm in conversation with the missionary in charge of work in Whang-hǎ Province said in effect as follows, "Difficulties of one kind or another are almost sure to come up between our respective followings. You will hear evil things of us and we will hear evil things of you. Now the best way to do is, when trouble arises, to immediately communicate with each other and everything can be straightened out at once." This was his attitude.

At about the same time the other priest said to the same missionary, in effect, as follows, "Some time ago there was some trouble between our people and the Protestants. I thought the Protestants were in the wrong but when I looked into the matter I found that we were entirely in the wrong, and I was deeply impressed with the Christian forbearance of the Protestant Christians in that case." It is impossible for us to believe that men who talk like this would give their countenance to acts that have been committed, and we fully believe that when the matter is thoroughly known steps will be immediately taken to rectify the mistake and do full justice to those who have been so very badly treated. This we fully believe: at the same time it would seem strange that foreigners cognizant with the language and living in the affected districts could be so grossly deceived by their own followers. We very much question whether the policy of resisting the civil officers will be of any benefit to any religious organization, for the Korean people are of that temperament that when they are relieved in any measure from the pressure of civil law they run to such extremes that the resulting evils are greater than those which it is intended to avoid. It has been so with *every attempt at reform since the year 1880.* It is rational to suppose that when the trouble broke out in Whang-hă Province, if the Protestant missionaries had bent all their energies to securing a full discussion of the matter with the Roman Catholic priests the resultant evils would have been avoided. But this in no way excuses the Roman Catholics for their brutal treatment of Protestant converts. In the trial which is to be instituted in Seoul it will be interesting to see what excuse will be given for demanding money from Protestants for the building of Roman Catholic churches and for beating them nearly to death because they refused.

~

The events of the past month in connection with Yi Yong-ik remind us of one of the crises in the career of Richelieu the great French prelate, played in miniature. There was the same overwhelming opposition, the same momentary acquiescence of the Emperor to these demands, and the same sudden complete and startling revulsion of sentiment which brings him back on the flood tide. The main difference between the two cases is that while Richelieu recovered his preeminence through his own unaided efforts and his personal power, Yi Yong-ik did it through foreign interference.

NEWS CALENDER.

Serious difficulties have arisen in Whang-hă Province between Roman Catholic adherents and members of Protestant churches. These difficulties are strikingly similar to those which have been attracting so much attention in China. It is a matter of such importance to the people of Korea as a whole, as well as to the Korean Government, that it demands and must receive a thorough discussion. As will be seen, the following account is based on unimpeachable evidence, namely documents written by Roman Catholic adherents and stamped with their official seal. The originals of theses, not copies of them, are in our hands and we have in them sufficient evidence to substantiate the evidence given by the Koreans, who have been the object of most remarkable treatment in the North. This evidence was collected by Rev. W. B. Hunt, in person, on the spot. The facts are as follows :-

On the evening of Sept. 23rd four Roman Catholic Koreans went to the house of a Protestant Christian, member of the Prestyterian Church, named Chŭng Ki-ho, and told him that the R. C. Whe-jaug, or Church Leader, and five others wished to see him. He suspected foul play but feared he would be beaten unless he complied. So he went with them. Three other Christians of the town of Chă-ryŭng were also summoned at the same time. The meeting took place at the house of a Roman Catholic where there were six leading men and a large number of others in the court.

These Protestant Christians were informed that the Romanists were building a church but had not enough money, and therefore the Protestant Christians should help out by giving money. Each of the four Protestants declined to contribute. Wine was brought out and offered them but they declined to drink. The leader of the six Romanists thereupon began to abuse the Protestants and threatened that he would burn down the whole end of the town where the Christians lived. Han Chi-sun the spokesman of the Christians replied that this would not be necessary; that the Romanists were in force and could simply seize the Christian's grain and use it to build the church. Thereupon the crowd of Romanists fell upon the Christians and beat them for about half an hour, binding one of them who tried to escape. For a short time there was comparative quiet and the Christians thought they could endure what petty persecutions were attempted by the Romanists; but soon after came up the case of a Christian in a neighboring village whose grain was seized by a Romanist. He entered suit against the Romanist before the Magistrate and the latter ordered the arrest of the offender. The policeman detailed to effect the arrest was himself a Catholic and instead of obeying the Magistrate he arrested the Christian and took him before the Romanist leaders where an attempt was made to brow-beat him out of prosecuting the man.

Thereupon three of the Christians, who had been beaten shortly before, went up to the governor at Hă-ju and laid the two cases before him. The governor sent policemen to arrest the six Romanists who had been guilty of the offence of beating four Christians for not giving money to build a Catholic church. The six men were arrested. On their way to Hă-ju in custody they were met at Pă-nim Ferry by a large body of Romanists who overpowered the policemen and set the prisoners free.

The governor had said that if his policemen were tampered with he would send down a body of soldiers to enforce his orders, but this has not been done as yet.

A man by the name of Kim Su-nyŭng who is neither a Romanist nor a Protestant accompanied the party of Romanists who went to liberate the six arrested Romanists. He says that he did not hear clearly what was said to the policemen nor did he examine the papers presented but he heard the others say that the Romanist church leader at Pă-nim had come out with an official document from Kwak Sin-bu (the French Catholic Priest) ordering the release of the prisoners and the arrest of the policemen, who were to be taken to Chă-ryong, the country-seat. It appears that there were three Priests who met in Chă-ryong and determined upon the release of the prisoners. One of the priests was Father Wilhelm, so the Koreans said.

Mr. Hunt says of these priests, "I am loth to think anything but that these men do not know what is going on here. I think it must be that they are only tools." Rev. S. A. Moffett, D. D, of Pyeng-yang, in transmitting this evidence to the U. S. Legation in Seoul, remarks, "Personally I have had evidence from hundreds of Koreans which proves that many of these French priests connive at such things and are guilty of the grossest acts of injustice. * * * The present bearing of the case is this, that if the Korean government cannot stop such proceedings in one section, we shall soon have the same thing wherever a body of Romanists considers itself strong enough to drive out and destroy a group of Protestants, and there will be no end to the trouble which will follow, for however much we strive to have our people submit and keep the peace, many repetitions of this sort of thing will bring on an unendurable situation, and they will not submit."

On October 20th the Romanists entered the house of four Christians to seize them but they had concealed themselves.

Most of the Christians are business men but knowing that they cannot carry on their business without a fight they are refraining.

On October 20 one of the Christians went to the boat-landing on business, was seized by the Romanists and beaten nearly to death, until he paid 200 *nyang* to his captors. He however won a case before the magistrate when a Romanist sued him for a debt that he had already paid once. Mr. Hunt says of these people: "I do not know what day I may be called upon to witness the seizure of our Christians by the Romanists. They are fearful, but are standing for the right against terrible odds. Physically they cannot endure it much longer. Their money gone, their means of livelihood gone and their homes and lives in constant danger is telling upon them severely."

Together with these statements there are put in evidence four documents. The first is a demand from the Romanists upon one Ch'oe Chŭng-sin to pay 100 *nyang* and upon Whang Tuk-yŭng to pay 50 *nyang* toward the erection of a Romanist church. This is signed by a Romanist leader and sealed with their official seal.

The second is a demand upon Han Chi-son for the payment of 200 *nyang* for the same purpose. Signed and sealed like the first.

The third is a demand upon five Christians to pay, including four that had been previously arrested and maltreated.

The fourth is a warrant for the arrest of Yi Chi-bok, stamped with the seal of the Romanist leader. In from and wording it is precisely similar to the genuine warrants issued by the government for the arrest of a suspected criminal. Under this warrant Yi Chi-bok was arrested and bound, but on the entreaty of the bystanders he was unbound and taken to another village to be tried before a Church leader. They demanded money, which he refused to pay. They stripped him and prepared to beat him but a friend in the crowd offered to pay the money if they would let the Christian go. By receiving this they virtually acknowledged that all they were after was money.

A later statement from the same source and equally well attested shows that there are several different cases of oppression involved, and that with each case the Romanists have become bolder, more overbearing and more lawless until now they are carrying thins with a high hand, arresting men, beating them, stopping the arrest of their own adherent, imprisoning the police and placing the whole country in fear and dread of them.

A case in evidence is that of a Protestant Christian Yi Sung-hyŭk whose cow suddenly died, but not with any signs of the cattle disease. Under threat of beating the Romanists forced him to sign a guarantee that he would pay for any cattle in the place that should die of this disease, which is very infectious. Soon after this a cow died of the distemper and he was called upon to pay for it. He had not the money. The Romanists then beat him till he was senseless and then left him. His wife took him to the Protestant school-house. That night he regained consciousness but the next day he was again unconscious and supposed to be dying. The village elder, himself a Romanist who had watched the beating, ordered the injured man to be carried to the village of the men who had beaten him, which is according to Korean custom. It was done, he being carried by the Romanists in a chair. This was not done at the suggestion of the Christians, but the Romanists seemed to feel that they had gone a little too far. Some days later the injured man so far recovered as to be able to return home. His wife lodged a complaint with the prefect and the man whose cow had died and for whose sake the Christian had been beaten was ordered imprisoned till the injured man should entirely recover. Soon after this the Christians heard a rumor that they were to be arrested and they gathered at the school-house to discuss what they should do. While they were there the Romanists came in force and read off the names of men who were wanted at the Catholic church. Some were then bound and others were taken unbound. They were taken before four Romanist leaders and were ordered to pay the price of the cow and of other things as well. They refused to do it. They were then roughly treated, one of them being severely beaten and then bound and stakes put between his leg bones to pry them apart and break them, the most cruel form of torture known in Korea. The village elder interfered and begged the bound man to comply, but he still refused. Thereupon the elder himself raised the money and paid it over. So the man was released, but the Romanist leader said that the priest

〔一〕私通

右文爲通喩事本講堂成造를未畢
에各樣物役等政極艱故如是? 通
爲告耳以此知悉後雖一毫之力一
? 顧助之幸甚

右通于

崔宗信　葉
黃德永　葉

壬癸四月卅九日　芝村講堂發文

⑵私通

會長　金　　芝村講
　　　　　　堂信章

右文爲通喩事本講堂成造未畢各
樣物役等艱乏故如是? 通爲告耳

以此知悉後一? 顧助之地幸甚

右通于

韓領首　致淳　等　二百両

壬癸四月卅九日　芝村講堂發文

⑶私通

會長　金　　芝村講
　　　　　　堂信章

右文爲通喩事鄙講堂備役事既已
發文矣러니稱以弱卑之力ᄒᆞ고一
直岨峿一至不安云ᄒᆞ니是何人事
耶彼此敬天之下에雖一臂之力이
라도一? 顧助가可乎아不可乎아
岨峿不安은姑捨ᄒᆞ고更爲發文ᄒᆞ
니貴會中諸員이以此凉悉後卽爲

惠助之地幸甚

右通于

韓致淳
黃德永
李致福　僉員前
鄭己浩
崔宗信　堂信章

⑷壬寅五月卅一日　芝村講堂出

芝村講
堂信章

李致福來到事

芝村講
堂信章

had said they should repay the Protestants in kind for the indignity of having had to carry a wounded Christian in a chair: so they compelled this victim, who could scarcely stand, to carry a chair a third of a mile, the village elder supplying drinks for the Romanist crowd.

The testimony above given comes not merely from Christians but from village people, village officials, Romanists themselves, and those living among Romanists. The testimony of a village elder, himself a Romanist, is that the Christians have done nothing unlawful but that the Romanists have carried on lawless proceedings. The magistrate and governor also decided cases in this tenor but the Catholic leaders have gone to Hă-ju to brow-beat the governor into acquiescence.

On the seventh or eighth inst. the Foreign Office received from the Governor of Whang-hă Province a communication concerning this trouble, asserting that the provincial police had been prevented from performing their duties by bodies of Roman Catholics, that the police were seized, beaten and otherwise maltreated, that the Roman Catholic adherents asserted that they are not Korean citizens, that all government is in abeyance on this account and that consequently the Government should secure the removed of the foreign priests who foment these troubles, and thus secure a condition of peace again.

A second communication was sent about the fifteenth from the same source recounting the attacks which had been made upon the Christians in that province, one stating that the situation was getting more and more critical, that the Christians were being robbed right and left and that strenuous measures must be adopted to put a stop to this condition of anarchy.

Mr. Mersel of Chemulpo has furnished us this notice of the earthquake shock on the 5th inst. The day began with a heavy fall of snow which ceased at 4. 00 A. M. A5 6.00 A. M. observed a light earthquake. The course of the vibration was from east to west. Though light the vibration was distinctly felt. It lasted from ten to fourteen seconds. It had a long, slight, wavy motion. Weather at the time dark and overcast; heavy nimbus. wind S. E., force 3. Barometer 767.0; thermometer-3.00. Temperature of air-4.00; Hygrometer-5.00. Nimbus 10.

H. H. Fox. Esq., of the British Consulate in Chemulpo, has been transferred to China, his place being taken by Arthur Hyde Lay, Esq.

Dr. Smith, a hunter of some reputation, came to Korea in November, very sceptical as to the existence of tigers in this country. He went south to Mokpo and in company with Korean hunters penetrated the mountains in that neighborhood and emerged therefrom with three of the ugly beasts. As he was climbing among the rocks at one point he looked over a great boulder and saw a female tiger lying on the ground while her two cubs played about her. She appeared to be asleep. Dr. Smith drew back and got out his camera, much to the disgust of his Korean companion. He secured a good photograph of his victim and then ended her career with a couple of rifle shots. The cubs escaped.

FROM THE NATIVE PAPERS.

Yi Yong-ik on his arrival at Port Arthur immediately telegraphed to Saigon for 15000 bags of rice to be delivered in Chemulpo at the earliest possible date. Having received from the Emperor assurances that a strong guard would be provided for him, he returned to Chemulpo on a Russian vessel, arriving on the thirteenth inst., the same day that the rice arrived. He was there met by a guard of fifteen soldiers and came up to Seoul the same day. He visited the palace on the fourteenth and was received in audience by the Emperor. All opposition seems for the time to have been withdrawn.

The contract of Prof. N Birnkoff, of the Imperial Russian Language School, has been renewed for a period of three years.

On Dec. 22 fifty-four Koreans took passage with their families for the Hawaiian Islands to engage in work on the sugar plantations. No contract is made with these men before leaving Korea. They are not required to promise to stay any specific length of time but in case they leave within a reasonable time they will have to pay their return passage out of their earnings. They are to work ten hours a day but not on Sundays. All children will be put in schools, as education is compulsory. The Koreans are encouraged to take their wives and families with them. Encouragement will be given them along religious lines and opportunities will be given for Christian instruction. On the whole it would seem that this is a good opportunity for work, and Korean who go to Hawaii will learn valuable lessons. The hours of labor are short compared with those of Korean farmers or coolies, and there seems to be little doubt that they will be prosperous and contented.

It is with great regret that we note that Prof. G. R. Frampton of the Imperial English School, is suffering from an attack of small-pox. We wish him a speedy recovery.

A large Chinese silk merchant in Seoul has been issuing a sort of bank-note, or rather firm-note, as is done in China. The denomination of these notes is 50000 cash or twenty Korean dollars. Many Koreans have handled them and some Japanese merchants as well. About the middle of the month the Foreign Office issued an order forbidding the use of these note by Koreans. The government takes the ground that no one has a right to issue notes for circulation in Korea without its consent. When the Dai Ichi Ginko came to pay over to the Finance Department the V 150000 which the government had borrowed it was delivered in the new issue of bank-notes. The Finance Department refused to receive them but the Japanese authorities replied that as the Korean government had given permission for the issue of these notes the Finance Department should not refuse to accept them. Thereupon the Finance Department communicated with the Foreign Office saying that as the Finance Department has control of the finances of the country the Foreign Office had no right to grant the permission for the issue of the special Japanese bank-notes. The Foreign Office answered, denying that it had ever given permission for the issuance.

Die Uebergriffe der Katholiken in der Provinz Hoanghaido.

PAAA_RZ201-018950_043 ff.

Empfänger	Bülow	Absender	Weipert
A. 8120 pr. 6. Juni 1903. a. m.		Soeul, den 22. April 1903.	

A. 8120 pr. 6. Juni 1903. a. m.

Soeul, den 22. April 1903.

№ 56.

J. № 341.

Seiner Excellenz

dem Reichskanzler

Herrn Grafen von Buelow.

Der Regierungskommissar, welcher wegen der durch die Uebergriffe der katholischen Christen hervorgerufenen Schwierigkeiten in die Provinz Hoanghaido entsandt wurde, soll jetzt seine Untersuchung beendigt haben und auf der Rueckreise begriffen sein, aber es scheint ihm nach den Berichten aus der Provinz nicht gelungen zu sein, voellige Ruhe herzustellen. Um seine Bemuehungen zu unterstuetzen, hatte anfangs v. M. der franzoesische Vertreter einen Dolmetscher-Eleven und der amerikanische Gesandte zwei Missionare an Ort und Stelle geschickt. Da sich aber zeigte, dass hierdurch die Gegensaetze nur verschaerft wurden, so wurden die beiderseitigen Delegirten Mitte v. M. wieder zurueckberufen, um die Erledigung ausschlieszlich den Landesbehoerden zu ueberlassen.

Der Kommissar hat ueber 20 der am schwersten belasteten Katholiken verhaftet. Als Resultat der Untersuchung wird franzoesischerseits zugegeben, dass auszer den in dem gehorsamsten Bericht № 20[2] vom 11. Februar d. J. erwaehnten Faellen eine grosse Anzahl von ungesetzlichen Handlungen der dortigen Katholiken erwiesen sei, die sich zum teil als Erpressungen, zum teil als Anmaszung obrigkeitlicher Gewalt durch Vornahme von Verhaftungen und Vernehmungen, selbst mit Anwendung der Folter, und durch Maszregelung und Vergewaltigung koreanischer Polizisten darstellen. Man raeumt ein, dass diese Handlungen Strafe verdienen und bemueht sich nur, den in der Provinz

---

2 A. 4692 ehrerb beigef

stationierten franzoesischen Missionar Wilhelm, der sich dem Untersuchungsbeamten gegenueber fuer den begangenen Widerstand gegen die Staatsgewalt ausdruecklich fuer verantwortlich erklaert hat, mit dem Hinweis darauf zu entschuldigen, dass die dabei vorgefallenen Exzesse ohne seinen Willen von dem zahlreichen unter der katholischen Anhaengerschaft befindlichen Gesindel veruebt seien und dass die Misswirtschaft der koreanischen Beamten ein gewisses Masz von Selbsthuelfe rechtfertige. Es soll beispielsweise in der dortigen Provinz an der Tagesordnung sein, dass bei Vorladungen oder Verhaftungen der Polizist sich von einer Bande von Haeschern begleiten laesst, die -ebenso wie er selbst unbesoldet- das betreffende Haus als ihre Beute betrachten und unter Vergewaltigung der Insassen auspluendern.

Die aus amerikanischen Missionskreisen hervorgehende „Korea Review" hat in ihrer Maerz-Nummer unter Veroeffentlichung einer Anzahl der Untersuchungsprotokolle in einem heftigen Artikel die Anklage erhoben, dass die franzoesischen Missionare die Bewegung in der Provinz Hoanghaido zwecks Vernichtung der dortigen protestantischen Missionsarbeit angezettelt haetten, und dafuer plaediert, dass die amerikanische Regierung sich der Angelegenheit Frankreich gegenueber annehmen muesse. Allein der Artikel setzt sich mit seiner Anklage selbst in Widerspruch durch die Angabe, dass es sich nur bei 10 von 200 Untersuchungsfaellen um Beschwerden von Protestanten handele. In diesem Zahlenverhaeltniss spricht sich deutlich aus, dass es die erpresserische Ausbeutung der nichtkatholischen Bevoelkerung ueberhaupt ist, auf die die Uebergriffe der Katholiken gerichtet sind, die in der Provinz etwa 12 000 stark sein sollen, waehrend die protestantischen Anhaenger auf etwa 800 geschaetzt werden. Das Bestreben der Zeitschrift, die Vereinigten Staaten und Frankreich in der Angelegenheit politisch zu engagieren, wird von dem franzoesischen nicht nur, sondern auch von dem amerikanischen Vertreter verurteilt. Ein Versuch des Herrn Collin de Plancy, die koreanische Regierung zu bestimmen, dem in einer ihrer Schulen angestellten Herausgeber Hulbert seine Pressangriffe zu verbieten, ist jedoch missglueckt, da der Unterrichtsminister eine Einmischung in derartiges auszerdienstliches Verhalten abgelehnt hat.

Kopieen dieses gehorsamsten Berichts sende ich an die Kaiserlichen Gesandtschaften in Peking und Tokio.

Weipert.

Inhalt: Die Uebergriffe der Katholiken in der Provinz Hoanghaido.

Die christliche Mission in Korea.

PAAA_RZ201-018950_047 ff.			
Empfänger	Bülow	Absender	Weipert
A. 8128 pr. 6. Juni 1903. a. m.		Soeul, den 22. April 1903.	

A. 8128 pr. 6. Juni 1903. a. m.

Soeul, den 22. April 1903.

№ 58.

J. № 343.

Seiner Excellenz

dem Reichskanzler

Herrn Grafen von Buelow.

Ein Bild von dem gegenwaertigen Stand der christlichen Missionstaetigkeit in Korea ergiebt sich aus der nachstehenden von der Britischen Bibelgesellschaft veroeffentlichten Statistik fuer 1902;

Bezeichung der Mission	Begrü ndung sjahr	Missionare				Anhaenger		
		Männ er	Ehefr auen	Ledige Frauen	Sum me	Kommu nikanten	Nichtko mmunik anten	Summe.
Römisch-katholische Mission (franzoesische)	1836	40	-	8	48	52539	11011	63550
Amerikanische Presbyterianer	1884	28	25	7	60	5481	14852	20333
Episkopal-Methodisten	1884	9	7	15	31	1296	4746	6042
Englische Hochkirche	1890	10	2	12	24	117	259	376
Baptisten	1889	1	-	-	1	50	400	450
Australische Presbyterianer	1890	3	3	3	9	122	150	272
Amerikanische Presbyterianer des Suedens	1892	9	5	3	17	205	645	850
Episkopal-Methodisten des Suedens	1894	8	5	6	19	474	479	953
Kanadische Presbyterianer	1898	4	4	2	10	164	419	579
Griechisch-orthdoxe Kriche	1898	2	-	-	2	50	40	90
Brueder von Plymouth	1898	1	1	-	2	Keine Angaben		
Christlicher Jünglingsverein	1901	1	-	-	1	-	-	-

Die Gesammtzahl der Protestanten betraegt danach 29 855 gegen 27 980 im Jahre 1901, waehrend die katholischen Anhaenger sich seit dem genannten Jahre von 55 806 auf 63 550 vermehrt haben. Die katholische Mission hat 44 Kirchen und Kapellen, 53

Schulen, 1 Seminar, 3 Waisenhaeuser und 1 Frauenhospital. Von den Presbyterianern sind 80 Schulen und 245 Kirchen und Kapellen, von den Methodisten 47 Schulen und 47 Kirchen gegruendet.

Mit Ruecksicht auf die Erfolge, die der amerikanische Protestantismus in den 18 Jahren seiner hiesigen Taetigkeit erzielt hat, wird Korea von den amerikanischen Missionsgesellschaften als ein besonderes vielversprechendes Feld betrachtet. Vor allem gilt dies von der nordwestlichen Provinz Pyoeng Yang, auf welche beispielsweise von den gesammten Anhaengern der Presbyterianischen Kirche in Korea (20333) nicht weniger als 12 122 entfallen, waehrend deren die Hauptstadt Soeul nur etwa 1000 aufweist. Die Abwesenheit von groeszeren Fremdenniederlassungen, von politischen Intriguen und betraechtlicheren Handelsinteressen in dieser Provinz wird hauptsaechlich als Grund der dortigen raschen Fortschritte angesehen.

Die koreanische Beamtenklasse hat sich dem Christentum wenig zugaenglich, wenn auch in letzter Zeit selten direkt feindlich gezeigt. Ihre korrupte Verwaltung fuehrt jedoch haeufig dazu, dass die Bevoelkerung den Anschluss an die auslaendischen Missionen zunaechst des Schutzes, spaeter dann auch des Gewinns und Vorteils halber aufsucht.

Derartigen, eine gesunde Entwickelung der Bekehrung gefaehrdenden Bestrebungen, wie sie letzthin in der Provinz Hoanghaido zutage getreten sind, ist die amerikanische Mission mit groeszerem Ernst und besserem Erfolg als die franzoesische bemueht entgegen zu arbeiten.

Unter den hiesigen Deutschen ist vielfach der Wunsch ausgesprochen worden, dass auch eine der deutschen Missionsgesellschaften sich dem hiesigen Felde zuwenden moechte. Der fruehere Pfarrer der deutschen Gemeinde in Shanghai, Lic. Hackmann, welcher sich im Herbst v. J. einige Zeit hier aufhielt, hat der Frage ein reges Interesse entgegengebracht und haelt ebenso wie ich den Versuch fuer aussichtsvoll. Freilich duerfte bei dem groszen Vorsprung der Amerikaner und den auszerordentlich reichlichen Mitteln, welche ihnen zu Gebote stehen, schon die erste Dotierung des Unternehmens keine zu spaerlich bemessene sein. Nach vorlaufigem Ueberschlag wuerden monatlich mindestens etwa 370 Yen nötig sein, von denen 150 fuer einen Missionar, je 60 fuer 2 Schwestern oder Diakonissinnen und 100 fuer die Unterhaltung einer Schule und eines kleinen Hospitals zu verwenden waeren. Auszer diesem jaehrlichem Betrag von nahezu 5000 Yen wuerde auf eine einmalige Ausgabe von etwa 8000 Yen fuer Ankauf und Einrichtung eines Grundstuecks zu rechnen sein.

Weipert.

Inhalt: Die christliche Mission in Korea.

Berlin, den 13. Juni 1903.   A. 8120. 8128.

An   (Postziff.)
Ministerresidenten   Auf Bericht № 58 vom 22. April ausschließlich zu Ew.
                            pp. persönlicher Direktion.
Söul № A 4.   Wenn deutsche Missionsgesellschaften aus eigenem
                            Antrieb dazu schreiten, ihre Tätigkeit auf Korea zu
                            erstrecken, so haben wir ihnen dies nicht zu verwehren
                            und werden ihnen dabei vorkommendenfalls soweit
                            thunlich Schutz zu gewähren haben. Dagegen halte ich
                            es angesichts der Unsicherheit der Zukunft Koreas und
                            unserer, Ihnen bekannten, Stellung gegenüber den
                            dortigen Gegensätzen für nicht am Platze, daß die Kais.
                            Ministerresidentur dergleiche Unternehmungen deutscher
                            Missionare provozirt oder besonders ermutigt.
                            Die Schwierigkeiten, die uns und unseren Missionaren
                            dabei leicht erwachsen können, werden u. a. auch durch
                            Bericht № 56 illustrirt.
                                            St. S.

Über Sibirien und durch das Ksl. Konsulat in Moskau.

PAAA_RZ201-018950_053 f.

Empfänger	Bülow	Absender	Saldern
A. 11859 pr. 10. August 1903. p. m.		Söul, den 15. Juli 1903.	

Abschrift.

A. 11859 pr. 10. August 1903. p. m.

Söul, den 15. Juli 1903.

№ 12.

J. № 553.

Seiner Exzellenz, dem Reichskanzler, Herrn Grafen von Bülow.

pp.

Konsul Dr. Weipert hat über die Unruhen berichtet, die zwischen koreanischen Katholiken und Protestanten hier nördlich von Söul bei Song Do stattgefunden haben. Die Sache hat irgend eine weitergehende Bedeutung nicht, trotzdem sich die Franzosen und Amerikaner einzumischen versucht haben. Keiner dieser Katholiken ist wirklicher Christ. Wenn sie können, bedrücken sie das andersgläubige koreanische Landvolk und die Behörden benutzen die dann vorkommenden Untersuchungen, um die Angeschuldigten, die Zeugen und die ganze corona einzulochen und sachgemäß auszupressen. Das Verhältnis ist auch ungefähr ihre Beteiligung (bitte überprüfen, hier scheint etwas zu fehlen) an den Missetaten. Dann haben sich über diese Angelegenheiten noch die amerikanisch-methodistischen Missionare in Söul mit der katholischen Geistlichkeit hier in die Haare gekriegt. Zuletzt erschien im Kobe Chronicle eine Darstellung der Vorgänge, die ein Meisterstück eleganter Perfidie war. Der katholische Bischof machte mich stolz darauf aufmerksam, daß dieser Artikel sein Werk sei.

pp.

(gez.) Saldern.

Orig. i. a. China 25.

Inhalt: Über Sibirien und durch das Ksl. Konsulat in Moskau.

[   ]

PAAA_RZ201-018950_055

Empfänger	[o. A.]	Absender	[o. A.]
A. 17108 pr. 29. Oktober 1904. p. m.		[o. A.], den 29. Oktober 1904.	

A. 17108 pr. 29. Oktober 1904. p. m.

Berliner Tageblatt.
29. 10. 1904.

Rom, 28. Oktober. (Privat-Telegramm.) Der Papst empfing heute den koreanischen Prinzen Zong-Thone-Mine, der ein **Schreiben des Kaisers von Korea** überbrachte. Wie verlautet, soll das Schreiben sich vornehmlich mit den Protektorat über die Christen beschäftigen, und zwar scheine der Kaiser von Korea bereit zu sein, den Christen innerhalb seiner Reichsgrenzen volle Freiheit zu gewähren.

[   ]

PAAA_RZ201-018950_056

Empfänger	[o. A.]	Absender	[o. A.]
A. 16552 pr. 28. Oktober 1907. p. m.		[o. A.]	

A. 16552 pr. 28. Oktober 1907. p. m.

The Times.

28. 10. 07.

MISSION WORK KOREA.

———————

BY THE REV. LORD WILLIAM GASCOYNE-CECIL.

The initial error that is constantly made about mission work is really one which is common to all mankind. There is always a tendency to generalize and to conclude that people who live in the same quarter of the world and are the same colour have identical characteristics. For instance, in China we and the Russians are regarded as two tribes of the same nation, and many old residents in China regret the downfall of Russia, on the ground that it weakens the prestige of England. A similar generalization is made about mission work in the East. China, Japan, and Korea are to many white man as closed allied as Russia and England seem to be to the yellow man, but are in reality as separate as our great democracy is from the old world autocracy of Russia. The Koreans are, it is true, followers of Confucius - that is, the educated class are; the poorer class practically believe in nothing but in fetish worship, and can at the present day be seen offering libations "under every green tree." Korea has a little bit of the tone of old China. The old top-knot, for instance, is worn, which gives the reason for their quaint hat with its faint resemblance to our tall hat. The dress, however, is quite different. The Koreans wear white, the mourning colour of the Chinese, and have an almost Western prejudice against acknowledging the fact that women have legs, and one misses the bald blue-bestrousered figures of the Chinese women and their deformed feet. But if the Koreans differ from the Chinese, they do so far more from their old enemies and present masters the Japanese. Never were two nations more unsympathetic to one another. To take only one point, and a point on which the Western will sympathize with the Japanese. The Koreans have a Chinese ideal of personal cleanliness, and this contrasts unfavourably with that of Japan, which, indeed, makes English cleanliness seem inadequate by comparison. But I might take another point, and one which has a more direct bearing on missions. The Koreans are essentially a decent people; I do not say that their decency means any exceptional purity of tone in morals any more than does the Mahomedan decency, but it is, at any rate, more sympathetic with our Western ideas, and their decency is tried by the very liberal ideas that characterize the Japanese on this point. A missionary was summoned by his congregation as they let the church to look at a Japanese performing his ablution in the garb of Adam in full view of all the world, and they asked indignantly how they could love a nation that allowed such doings. One has only to walk down the streets of Seoul to realize how great a contrast these two nations form. The Koreans, with their white grass-cloth robes, their women with green silk coats thrown over their heads half concealing their features, and their boys with their hair done in two plaits like a girl's, clothed in red or pink, make a bright and gay crowd to look upon, but show in their faces little strength of character; the Japanese, with their darker kimonos, or in Western dress and short hair, wear that look of strength and determination which is such a characteristic of the race.

But in nothing is there a greater difference between the three nations than in the way they are receiving missions. The Koreans are accepting Christianity with an enthusiasm and an earnestness which renders the success of missions in China and Japan as nothing by comparison. I had an interview with that great statesman Prince Ito, who has been aptly described by the German Emperor as the Bismarck of the East. He gave me an interesting, if unconscious, testimony to the spread of Christianity, when he spoke of it as an important factor in the political situation, and hoped that the missionaries would be most careful in not allowing the wonderful Christian movement in Korea to be used as a cloak of a political conspiracy. I assured him that all the missionaries I had met were most desirous of peace, and were forever pointing out to the Koreans that they would be far happier under the enlightened rule of men like Prince Ito than under the corrupt Government of the Korean Emperor which had preceded it. What he feared, he replied, was not that the missionaries should be disloyal to Japan, but that they should be deceived. I thought, it was most important that Christianity should be regarded by one of the foremost statesmen of the world as of such importance to Korea as to constitute a political factor, and perhaps a political danger. The bitter humiliation through which that proud but small race of Koreans is now passing has produced, not unnaturally, an earnest searching for something which will at once salve the wound of humbled pride and lead on the nation towards recovering its ancient dignity. Christianity has filled these two wants and is accepted with the earnestness of a saddened heart, which reminds one of nothing so much as the spirit of St. Augustine in the "De Civitate Dei." Like him, they see in the downfall and degradation of their race a higher call, and like him, through the dark cloud of an earthly servitude, they catch a glimpse of the bright light of eternal liberty. I do not say that all Koreans are animated by such lofty motives - I speak only of the nobler spirits-many are still content with the feeble weapons of this world and soil their souls with intrigue and assassination. For instance, there is a body called the Army of Righteousness, which, I am told, under the guise of a missionary society, encourages rebellion against the Japanese yoke. Their hymns are only songs of bloodshed, their prayers but an incentive to useless strife. But the very fact that they have chosen this guise for their dark projects shows how wide and real the turning to Christianity is throughout the land. Perhaps there is no better foil against which the Christian life can show itself than the excesses of a heathen soldiery. I am not for a moment blaming the Japanese soldiery, but they have only the ideals of a heathen race. They understand what courage and patriotism mean as well as ever any Roman soldiers did, but like them their virtue is nearly synonymous with these qualities, and their indecency and brutality, their lack of justice and their absence of mercy, all show to the suffering Koreans the beauty of a religion which can teach men the higher life.

But behind this somewhat natural turning to Christianity, there has appeared a second phenomenon closely connected with it, but wholly different from it, and one which should fill the breast of every missionary in China with hope; for if a like awakening should be experienced there we might expect to see it Christian in the near future. I had better tell the story as it was told to me by one of the prime actors. There is in the north of Korea a town called Pyeng Yang, which is chiefly remarkable as being the scene of the first Chinese defeat in the Japanese-Chinese war, and in that town work two bodies of American missionaries with ordinary even if rather successful missions. They had a practice, and an excellent one it is, of summoning all their converts from the country round to come for ten days in spring to receive further instruction in the faith, for the ignorance of professing Christians is at all times a great difficulty to the missionaries. This meeting was purely educational; there were no moving hymns, no emotional speeches. The mission chiefly concerned was a Presbyterian mission conducted by Americans whose Scotch origin was obvious, not only in their names, but in every line of their faces and demeanour. Except for the accent one would have thought oneself in the presence of representatives of the cold and canny race that lives in our northern kingdom, and I only dilate on this point because it is essential to separate the phenomenon I am going to relate from those emotional manifestation of religion with which most of us are conversant under the name of revival meetings, and which, perhaps, I may add, most of us distrust.

The meetings held on the first seven days were commonplace. The usual syllabus of instruction was followed, and at the end of the week to all appearance the meetings might be expected to go on as they always had done till they closed on the tenth day. But just at the end, to the surprise of the missionary who was conducting the meeting, one of the Korean men arose and expressed a desire to speak, as something was on his mind which laid so heavily on his conscience that he could no longer sit still. This caused a feeling of annoyance to the conductor of the service, for it was in the nature of an interruption, but he thought it wiser to give the man leave to unburden his conscience. The sin turned out to be merely a feeling of animosity and injury on account of a fancied slight which he had received a year ago from the missionary. To settle his doubt the missionary assured him that he forgave him for his ill-temper, and then began to say a prayer. He reached only the words "My Father" when with a rush a power from without seemed to take hold of the meeting. The Europeans described its manifestations as terrifying. Nearly everybody present was seized with the most poignant sense of mental anguish; before each on his own sins seemed to be rising in condemnation of his life. Some were springing to their feet pleading for an opportunity to relieve their consciences by making their abasement known, others were silent but rent with agony, clenching their fists and striking their heads against the ground in the struggle to resist the Power that would force them to confess their misdeeds. From 8 in the evening till 2 in the morning die this scene go one, and then the missionaries, horrorstruck at some of the sins confessed, frightened by the presence of a Power which could work such wonder, reduced to tears by sympathy with the mental agony of the Korean disciple whom they loved so dearly, stopped the meeting. Some went home to sleep, but many of the Koreans spent the night awake; some in prayer, others in terrible spiritual conflict. Next day the missionaries hoped that the storm was over and that the comforting teaching of the Holy Word would bind up the wounds of yesternight, but again the same anguish, the same confession of sins, and so it went on for several days. It was with mingled feelings of horror and gratitude that the missionaries heard the long list of crimes committed by those whom they had hoped were examples of righteousness. One man confessed a crime not so horrible to their minds as to ours-namely, that of murdering his infant daughter; another confessed a crime worse even to Korean ears than it is to our own, that of killing his old and infirm mother to escape from the burden of her maintenance. A trusted native pastor confessed to adultery; and of sexual sins both natural and unnatural there were no lack. Not only was there confession, but where it was possible, reparation as made. One man sold his house to repay money he had embezzled, and has since been homeless; another returned a wedge of gold which he had stolen years before. Some did not find peace for many days. One man struggled, till it seemed as if his health would give way, to resist the power that was forcing him to confession, and then at last with pale face and downcast eyes came to tell his sin. He was the trusted native preacher, and he had misused his position to rob the mission. He furnished an exact account of his defalcations, and has since repaid every penny of the money.

When we reached Pyeng Yang the storm was over. The meeting I attended was addressed by a Korean, who, with many humorous touches, was describing his difficulties in preaching the Gospel to his own people. What struck me most was the look of quiet devotion which shone on many faces. There were no exclamations of theatrical piety, no reference to a man's own sins and conversion. The meeting took these for granted: but both the speaker and his audience clearly looked on Christianity as nearer to their hearts than I fear it is to those of the most sincere body of European Christians. At first it was feared that the confession of such heinous sins would injure the Christian body in the eyes of the heathen; but, on the contrary, they were deeply impressed, for they said, "These men under torture would not have confessed such sins, how great must be the power of this religion." I heard this latter detail; it was told me as the opinion of a heathen Korean expressed to an English layman. No doubt the power of Christianity struck him as strange in comparison with the impotence of his own Confucian philosophy. The Confucian, both in Korea and China, is profuse in his expression of those moral maxims and noble sentiments in the practical realization which he falls short. Over the Yamên at Seoul, where every form of injustice found home, there are placed such titles as "The Hall of Strenuous Justice." This is not hypocrisy. The title expresses the Korean's ideal - an ideal which the weakness of his religion does not give him power to approach - and, indeed, it is this which marks Christianity as a religion differing from and transcending all other faiths; it not only expresses the aspirations of humanity, but makes those aspirations possible of attainment.

When we returned to Seoul I talked over the whole matter with Bishop Turner, who is the representative of the English Church and a fitting representative of English Christianity. He said what most impressed him about his great turning to Christ was that the Koreans as a nation were not emotional. He thinks that what Korea wants to guide and preserve its zeal is a college or University, where the leading spirits could be trained and knowledge added to zeal. I am afraid that Bishop Turner, like many other English missionaries, finds the financial side of his work difficult. Let me recommend Korea to any High Churchmen who desire to help missions as a field which is returning wonderful results, and Bishop Turner and the Kilburn Sisters who work with him as a fitting medium for their liberality. The presence of English missionaries is most desirable, as they, more than anyone else, can prevent the Korean Christianity becoming anti-Japanese. This danger of Christianity becoming political is, as Prince Ito pointed out, a very real difficulty in the path of mission work, and it is not rendered less by the overbearing behaviour of the Japanese soldiery. When I entered the State school I was shown a piece of translation which the scholars had just done, and I noticed that, whether by accident or on purpose, the words chosen for the lesson recorded a typical instance of this overbearing behaviour. It was a cutting from a Korean paper, and related how a Japanese soldier, on being asked for his fare by a Korean conductor, had insolently refused and wounded him with a sword bayonet. The missionaries, both American and English, are fully alive to this danger, and an American missionary told me that they had impressed upon their Korean converts the duty of loving the Japanese - a duty which one Korean was ready to perform in these circumstances. A Japanese soldier had entered his house in his absence and demanded a drink of water from his wife, and as she did not give it him he had kicked over her earthen cooking dish and broken it. She had then followed him, demanding compensation. He had in return struck her with his weapon and wounded her so that she had to go to the mission hospital. The husband happened to be one of Christians who had received grace at the great awakening, and he came to the mission room in distress asking the prayers of others to enable him to perform the very difficult Christian duty of forgiveness.

I asked an impartial critic how it was that the civil government as represented by Prince Ito was so enlightened and the military action so unwise and the explanation I received was that the soldiers had many of them been trained in Germany, and there had imbibed the idea that the right method of government was to inspire terror, and that therefore any insolence on the part of the soldiery which had this effect was not disapproved of among the officers. They have, of course, to punish the more flagrant cases of such conduct, but they are not desirous to do so, as our officers would be in a similar case. Prince Ito follows rather on our English lines, and sees that conciliation is the rock on which alone stable government can be erected. In his conversation with me he expressed a great admiration for Lord Cromer. I agreed cordially; but I could not help feeling that Egypt was an easier problem than Korea, for in Egypt we have no large English low-class population, neither have we the disadvantage of having soldiers trained in German ideas of severity.

Whatever may be the result, the development of events in Korea will be watched by many with the keenest interest, and not the least interested will be those who see in this strange outpouring of the Spirit at Pyeng Yang an analogous manifestation to that preceded the great Wesleyan movement. You have only to read the journal of John Wesley and compare it with the account of the manifestation at Pyeng Yang to realize that the phenomena are very closely akin. There is in both cases an extraordinary manifestation of power; people are convinced of their sins by another force than reason, and the power that convinced gives them strength, not only to overcome sin, but to convince others. The Koreans who were at the original meetings have gone forth like Wesley's converts far and wide preaching the faith, and like Wesley's converts their preaching has been wonderfully successful, so much so that there are not a few who say that it is through Korea that the light of Christianity will shine on the Far Eastern world.

[   ]

PAAA_RZ201-018950_060			
Empfänger	Bülow	Absender	Krüger
A. 422 pr. 9. Januar 1908. p. m.		Soeul, den 15. Dezember 1907.	

Abschrift.

A. 422 pr. 9. Januar 1908. p. m.

Soeul, den 15. Dezember 1907.

(Konsulat)

Seiner Durchlaucht

dem Herrn Reichskanzler,

Fürsten von Bülow.

An der „China Centenary Missonary Conference", welche im April/Mai d. Js. in Shanghai tagte, hatte Rev. Lord William Cecil als Repräsentat des Londoner „China Emergency Mission Committee" teilgenommen.

Genannter ist zweiter Sohn des alten Marquis of Salisbury und Pfarrer (Rektor) für den Familienstammsitz in Hatfield.

Im Anschluss an die Konferenz bereiste Lord Cecil Nordchina und Korea und hielt sich ca. 10 Tage in Söul und Umgegend als Gast im britischen Generalkonsulat auf.

Ueber seine hiesigen Eindrücke und Erlebnisse sowie die Aussichten des protestantischen Missionswerkes in Korea hat er einen längeren Artikel in der Londoner Times veröffentlicht, von welchem sich ein Abdruck in der „Söul Press" vom 13. d. M. befindet.

pp.

gez. Krüger.

Urschr. in. a. Korea 10.

Fürst Ito.

PAAA_RZ201-018950_061 ff.			
Empfänger	Bülow	Absender	Wendschuh
A. 5676 pr. 30. März 1909.		Söul, 16. Februar 1909.	
Memo	mtg. 2. 4. n. Petersbg, London, Washington		

Abschrift.

A. 5676 pr. 30. März 1909.

Söul, 16. Februar 1909.

№ 19.

Seiner Durchlaucht

dem Reichskanzler

Fürsten v. Bülow.

Ew. Durchlaucht beehre ich mich ganz gehorsamst zu berichten, daß Fürst Ito am 10. d. M. Söul verlassen und sich nach Tschemulpo begeben hat, von wo er an Bord des Flaggschiffs „Azuma" unter Eskorte des Panzerkreuzers „Akitsushima" nach kaum zweimonatigem Aufenthalte in Korea die Heimreise nach Japan angetreten hat.

Vor seiner Abreise ist Fürst Ito vom Kaiser Yi Tschök in bisher noch nie dagewesener Weise durch einen Besuch in seiner Residenz geehrt worden. Bei dieser Gelegenheit hat der Kaiser eine schriftliche Botschaft an den Fürsten ergehen lassen, worin er ihm für ihm persönlich wie auch dem Land, insbesondere auch während der jüngst unternommenen beiden Reisen, geleistete Dienste seinen Kaiserlichen Dank ausspricht.

Die auf Befehl des Mikado beschleunigte Abreise des Fürsten dürfte auf innere politische Vorgänge in Japan zurückzuführen sein, die seine Anwesenheit, auch in seinem eigenen Interesse, dringend erheischen. Ein Mitglied des Unterhauses hat bereits eine Interpellation im Reichstage angekündigt, in der Fürst Ito, die bisher befolgte Korea-Politik und die japanischen Beamten in Korea scharf angegriffen werden. Auch die Budgetberatungen werden dem japanischen Reichstage verschiedentlich Anlaß geben, sich mit Korea zu beschäftigen. Zur Vertretung des diesjährigen Haushaltungsplans für Korea vor dem hohen Hause hat sich daher dieser Tage der hiesige Vize-Finanzminister Arai mit sämtlichen Unterlagen nach Tokio begeben. Die Einreichung dieses Budgets darf ich gehorsamst besonderer Berichterstattung vorbehalten.

Über die Möglichkeit seiner Rückkehr nach Korea hat sich Fürst Ito ausweichend dahin geäußert, daß diese ganz von der Entschließung seines Kaiserlichen Herrn abhänge. Die wiederholt auftauchenden Gerüchte von seinem alsbaldigen Rücktritt von der Leitung Koreas werden von Japan aus dementiert. Verschiedene Anzeichen, wie die Verbringung des größten Teils seiner Wohnungseinrichtung aus der hiesigen Resident nach seiner Villa in Oiso, sowie Äußerungen aus der nächsten Umgebung des Fürsten lassen indessen darauf schließen, daß er Korea für immer verlassen hat. Damit deckt sich die Nachricht japanischer Zeitungen, daß er vorläufig die koreanischen Geschäfte von Tokio aus leiten werde. Jedenfalls hat es der Fürst verstanden, sich durch die von ihm noch rasch in Szene gesetzten Kaiserreisen, bei denen er die Hauptrolle gespielt hat, einen guten Abgang von der koreanischen Schaubühne zu sichern. Anderer Ansicht ist allerdings die seit kurzem wieder in die Erscheinung getretene Bethell'sche „Korea Daily News", die in ihrer Wochenausgabe vom 13. d. M. dem Fürsten einen Nachruf widmet und mit dem Ergebnis seines dreijährigen Wirkens für und in Korea scharf ins Gericht geht.

Mit der Vertretung des Fürsten in Korea ist vorläufig der Vize-Generalresident Viscount Sone beauftragt worden. Zwischen ihm und dem Fürsten bestand während der letzten Zeit eine Spannung, die in einer politischen Erkrankung, von der der alsbald nach der Abreise des Fürsten genas, ihren unverkennbaren Ausdruck fand.

Das Kommando über die japanischen Streitkräfte in Korea hat von dem am 20. v. M. heimgekehrten General Viscount Hasegawa der frühere Kommandeur der 3. Division in Nagoya, General Baron Okkubo, übernommen. Okkubo, der von der Pike an gedient hat, war in früheren Jahren zusammen mit Viscount Sone eine Zeit lang der japanischen Gesandtschaft in Paris zugeteilt und spricht etwas Französisch: er gilt für eine rauhe Natur.

Auch in den leitenden Stellungen bei der Generalresidentur scheinen sich für die nächste Zeit Änderungen vorzubereiten, die vielleicht mit einer Änderung der Politik im Allgemeinen zusammenhängen. Bestimmtes hat sich nach dieser Richtung indes noch nicht feststellen lassen

Am meisten bestürzt über die Nachricht, Fürst Ito werde nicht nach Korea zurückkehren, ist die japanfreundliche Gesellschaft „Il Chin Hoi". Wie verlautet, hat sie beschlossen, eine Abordnung nach Tokio zu entsenden, die bei der Regierung dahin vorstellig werden soll, daß Fürst Ito die Leitung Koreas beibehält. Besonders unangenehm ist es ihr in dieser kritischen Zeit, daß ihre Säule, der Minister des Innern Song Pyeng Chung, durch sein taktloses Benehmen während der letzten Kaiserreise den Unwillen nicht nur der übrigen Minister, sondern auch die Entrüstung der gesamten Bevölkerung erregt und damit seine Stellung unhaltbar gemacht hat. Vorläufig hat ihn der Fürst unter dem schnell gefundenen Vorwande mit nach Japan genommen, sich nach dem Wohlergehen des koreanischen Kronprinzen zu erkundigen. Anstatt sich nun möglichst ruhig zu verhalten bis der Sturm verrauscht ist, hat der weinfreudige Minister in einem Interview sich dahin geäußert, die amerikanischen Missionare in Korea hetzten die Konvertiten gegen die Regierung und das japanische Regime auf. Nicht nur die Missionare, die erst kürzlich noch bei Anwesenheit des Kaisers in Pyöng-yang ihn und den Fürsten Ito ihrer Loyalität versichert hatten, sondern auch die Tai-Han Hiophoi (Gesellschaft zur Herbeiführung der Unabhängigkeit Korea´s), die viele Christen unter ihren Mitgliedern zählt, sind hierüber entrüstet und fordern Song´s Entfernung. So wird sich auch das Kabinett, das Fürst Ito bisher trotz aller Fährnisse zusammengehalten hatte, demnächst wohl teilweise umgestalten.

Nicht unerwähnt möchte ich zum Schlusse lassen, daß Fürst Ito, entgegen seiner sonstigen Gepflogenheit, während seines letzten Aufenthalts in Korea kein einziges Mitglied des Konsularkorps als Gast bei sich gesehen hat. Ob dieses gesellschaftliche Schneiden lediglich auf seine diesmal von vornherein nur kurz bemessene Anwesenheit in Söul und seinen geschwächten Gesundheitszustand zurückzuführen ist oder aber einen tieferen Grund hat, habe ich bisher nicht ermitteln können. Bei Begegnungen an drittem Orte war dem Fürsten eine Verstimmung gegen das Konsularkorps nicht anzumerken.

gez: Wendschuh.

Inhalt: Fürst Ito.

[   ]

PAAA_RZ201-018950_067 f.

Empfänger	Bülow	Absender	Mumm
A. 5215 pr. 23. März 1909. a. m.		Tokio, den 6. März 1909.	
Memo	Ohne Anl. mtg. 20. 3. Washington A. 395.		

A. 5215 pr. 23. März 1909. a. m. 1 Anl.

Tokio, den 6. März 1909.

A. 66.

Seiner Durchlaucht

dem Fürsten von Bülow.

Wie Euerer Durchlaucht aus der diesamtlichen Berichterstattung bekannt ist, hat die japanische Presse wiederholt die fremden, in erster Linie die amerikanischen Missionare in Korea beschuldigt, eine unfreundliche Haltung gegen das japanische Regime in Korea eingenommen und gelegentlich auch die einheimische Bevölkerung in ihrer japanfeindlichen Agitation unterstützt zu haben. So gänzlich unberechtigt dürften diese Vorwürfe kaum sein, denn naturgemäß sehen die Missionare mit dem Vordringen der japanischen Herrschaft in Korea den Tag herannahen, wo die Exterritorialität der Fremden in Korea ihr Ende nehmen wird und sie in Allem der japanischen Jurisdiktion unterstellt werden. Ihr Prestige wird dann eine gewisse Einbuße erleiden und das Leben wird nicht mehr so bequem sein wie bisher, wo man sich um Gesetze und Verordnungen des Landes nicht zu kümmern brauchte.

Kürzlich hat nun der koreanische Minister des Inneren Song in einem der „Asahi Shimbum" gewährten Interview sich in ziemlich drastischer Weise über die Christen in Korea ausgesprochen und dabei hervorgehoben, daß die amerikanischen Missionare diesen in ihrem regierungsfeindlichen Verhalten den Rücken stärkten. Diese Veröffentlichung der „Asahi Shimbun" ist von den Missionaren naturgemäß unangenehm empfunden worden und der hiesige amerikanische Botschafter hat sich, wohl mehr der Not gehorchend als dem eigenen Triebe, veranlaßt gesehen, in einem an den Generalresidenten Fürsten Ito gerichteten Schreiben eine Lanze für sie zu brechen.

Ich beehre mich, den aus diesem Anlaß zwischen Herrn O´Brien und Fürst Ito gepflogenen Schriftwechsel in einem Ausschnitt der „Japan Daily Mail" vom 2. d. Mts.

beifolgend gehorsamst zu überreichen. Die Äußerungen des koreanischen Ministers des Innern, der - nebenbei bemerkt - inzwischen von seinem Amte zurückgetreten ist, werden vom Generalresidenten mit seiner mangelhaften Beherrschung der japanischen Sprache entschuldigt und den amerikanischen Missionaren wird darin ein Zeugnis des allgemeinen Wohlverhaltens ausgestellt, was wohl nicht ganz so ernst gemeint ist, als es sich liest. Immerhin dürfte bei dem hier herrschenden Bestreben, die Reibungsflächen zwischen den Vereinigten Staaten und Japan nicht unnötiger Weise um eine weitere zu vermehren, dem Fürsten Ito nichts anderes übrig geblieben sein, als dem amerikanischen Botschafter - selbst auf Kosten der strengen Wahrheit - in einer für die amerikanischen Missionare verbindlichen Form zu antworten.

Ein Abdruck der Anlage ist dem Kaiserlichen Generalkonsulatverweser in Söul kurzer Hand übersandt worden.

Mumm

Zu A. 66.

The Japan Daily Mail.

YOKOHAMA, TUESDAY, MARCH 2, 1909.

AMERICAN MISSIONARIES IN KOREA.

The following correspondence on the above subject has been handed us for publication.

American Embassy, Tokyo.

February 26th, 1909.

MY DEAR PRINCE ITO:

On the 16th instant Mr. Song, Korean Minister for Home Affairs, submitted to an interview for the *Asahi Shimbun* touching the present conditions in his country. The interview concluded as follows:

"The most serious question now before us related to the native Christians, numbering about 350,000, whose affiliations are of a questionable nature. They are united in the common object of opposing the present administration and resort to underhand methods. I am going to adopt drastic steps and annihilate them as soon as they take up arms in insurrection. Of course they are backed by a group of American missionaries. It is likely this will become one of the most important questions in Korea."

I have not noticed that His Excellency has made any correction in respect to the accuracy of the published statement, and since the matter has been published throughout the United States a large number of estimable people, apart from the missionaries residing in Korea, are deeply concerned.

From your well understood opinions and expressions in respect to the native Christians, as well as the missionaries, in Korea, I am confident that you do not share His Excellency's views, but as your attitude has not been given the publicity of the interview, I venture to call your attention to the matter, in the hope that your opinions may be given such expressions as the situation will suggest.

I beg to remain, my dear Prince,

Your obedient servant,

(sgd.) THOMAS J. O'BRIEN.

His Highness, PRINCE ITO.

[TRANSLATION.]

My DEAR MR. AMBASSADOR:-I am pleased to acknowledge the receipt of Your Excellency's note dated the 26th instant relating to the interview of Mr. Song, Korean Minister for Home Affairs, which was published in the *Asahi Shinbun* of the 16th instant. Minister Song has not yet mastered the Japanese language, and is therefore unable to express himself satisfactorily in that language. The published interview ascribed to him contains not a few points which were misunderstood by press reporters. Nothing, since it was published in a number of newspapers and it is almost impossible to make any correction. If Minister Song made any such remarks regarding the American missionaries in Korea as he is represented by the *Asahi Shimbun* to have made, I am of opinion that such misrepresentation of the real facts would indicate the Minister's ignorance of the condition existing in his own country.

During the Korean Emperor's recent trip to the northern and southern parts of Korea. I met a number of missionaries at Pingyang, where many of them reside, and had an opportunity to ascertain that they not only take no steps whatever in opposition to the administration of the Korean Government, but that they are in sympathy with the new regime inaugurated after the establishment of the Residency-General and are endeavoring to interpret to the Korean people the true purpose of that regime. I am personally acquainted with many American missionaries stationed at Seoul, with whose conduct and views I am fully familiar. The fact that they are in sympathy with the new regime in Korea which is under the guidance of the Residency General, and that, in cooperation with the Residency-General, they are endeavoring to enlighten the Korean people, does not, I trust, require any special confirmation. Not only is the attitude of the American missionaries in Korea what I have just represented, but I have all along been recommending to the Korean Government a policy of not restricting the freedom of religious belief. I may also state that the Christians in Korea will continue to receive equal treatment with other subjects and to be dealt with only in case of distinct violation of the laws of the country. Should the Korean Government undertake any policy differing from the foregoing principle, I, who am in a position to supervise that Government, will certainly not approve of it. I, however, presume that Your Excellency will appreciate the fact that a large number of the Korean people are unfavorably inclined toward Christianity, which is a new foreign religion. It may also be stated that among the many Korean Christians not a few are attempting to make use of that religion for inspiring the idea of independence. This fact, however, cannot be regarded as due to the instigation of the American missionaries. They, therefore, cannot be held responsible for such action, and I wish to make this explanation of the matter on behalf of the American missionaries in Korea. I hope that Your Excellency will publish this in such a way as may seem suitable.

I beg to remain, My dear Mr. Ambassador,

Your obedient servant,

(sgd.) PRINCE HIROBUMI ITO.

Das koreanische Ministerium.

PAAA_RZ201-018950_071 ff.

Empfänger	Bülow	Absender	Wendschuh
A. 6413 pr. 11. April 1909.		Söul, den 9. März 1909.	
Memo	mtg. 14. 4. Washington, Petersbg, London.		

Abschrift.

A. 6413 pr. 11. April 1909.

Söul, den 9. März 1909.

Gen. Kons.

№ 26.

Sr. Durchlaucht

dem Reichskanzler

Fürsten v. Bülow.

Wie vorauszusehen war, hat der Sturm der Entrüstung, den der Minister des Innern Song Pyöng Chung gegen sich entfacht hatte, ihn hinweggefegt. Am 27. v. M. hat er seine Entlassung erhalten und sein Portefeuille an Pak Cai Sun abgegeben. Wenn es auch offiziell heißt, daß er freiwillig gegangen sei, so unterliegt es doch keinem Zweifel, daß seine Entlassung vom Fürsten Ito dekretirt worden ist, nachdem der amerikanische Botschafter in Tokio ein Schreiben an den Fürsten gerichtet hatte, worin dieser um Stellungnahme zu den Äußerungen des Ministers über die amerikanischen Missionare in Korea ersucht wird. Schärfer kann wohl kein Minister abgetan werden, als Song durch den Fürsten Ito in dessen Antwort an den amerikanischen Botschafter, worin Song „der Unkenntnis der Verhältnisse im eigenen Lande" geziehen wird.

Das Volk ist indes mit dieser capitis diminutio noch nicht zufrieden, sondern verlangt stürmisch, daß Song's Kopf in Wirklichkeit falle. In einer am 27. v. M. im Vereinshause der „Christlichen jungen Männer Koreas" in Söul abgehaltenen, von über 4 000 Koreanern besuchten Versammlung wurde Song von mehreren Rednern in der heftigsten Weise angegriffen, „Schande Koreas" genannt und des Landesverrats beschuldigt. Hierfür müsse er nach den Gesetzen bestraft und zu diesem Zwecke, nötigenfalls mit Gewalt aus Japan nach Korea zurückgebracht werden. Diese in orientalischer Weise in gewaltigen Reden sich austobende Wut wird sich zwar bald legen, doch wird Herr Song gut daran tun, Korea nicht wieder zu betreten, da er hier vor der Kugel eines Fanatikers keinesfalls sicher sein dürfte. Stevens Schicksal zeigt, wessen die Koreaner unter Umständen fähig sind, und das Gerücht, daß sich bereits zwei Heißsporne als Exekutoren des Volkswillens nach Japan begeben haben sollen, entbehrt nicht der Wahrscheinlichkeit.

In zweiter Linie richten sich die Angriffe der Patrioten, besonders des Unabhängigkeitsvereins Tai Han Hiophoi gegen den japanfreundlichen Fortschrittsverein der Il Chin Hoi, dessen moralische und finanzielle Stütze Song war. Nun er gestürzt ist und seine Hand, die allmonatlich, wie es heißt, 1000 Yen für die Kasse der Gesellschaft spendete, von ihr abgezogen hat, werden viele ihrer Mitglieder abtrünnig und schlagen sich zur Partei der Tai Han Hiophoi.

Den dritten Sturm hat das Kabinet auszuhalten. Dem Premierminister Yi Wan Yong wird vorgeworfen, daß er Song über Gebühr gehalten habe, und es wird ihm daher nahe gelegt, auch seinerseits zu demissionieren. Dem Justiz- und dem Unterrichtsminister sagt man nach, daß sie längst amtsmüde seien, und man nennt bereits ihre Nachfolger. Vorläufig sind dies jedoch nur Gerüchte, deren Vaterschaft man gewissen Cliquen und deren Kandidaten zuzuschreiben haben wird. Da die koreanischen Minister nichts zu sagen haben und eigentlich nur Statisten sind, so wäre es an sich ganz gleichgültig, wer dazu gemacht wird, wenn nicht zu befürchten stände, daß mit einem häufigen Wechsel im Kabinet wieder das alte Ränkespiel und die frühere Protektionswirtschaft einreißen.

Der neue Minister des Innern Pak Chai Sun, ein Mann von etwa 50 Jahren, gilt für intelligent und ehrlich. Vor dem japanisch-koreanischen Abkommen vom 17. November 1905, das er als damaliger Minister der ausw. Angelegenheiten gezeichnet hat, stand er beim Volke in großer Gunst. Nach diesem Akte beschuldigte man ihn des Verrats und des Treubruchs dem Premierminister Han Kiu Sul gegenüber, dessen Nachfolger er wurde. Daß er damals der Not gehorchend, nicht dem eigenen Triebe folgend gehandelt hat, erhellt aus dem Ber. № 72 des Minister-Residenten von Saldern v. 20. 11. 05. Denn als zwei Jahre später das Kabinet die Abdankung des Kaisers verlangte, verweigerte er seine Mitwirkung und war ehrlich genug, sein Amt niederzulegen. Seitdem hat er als Privatmann still und zurückgezogen gelebt. Wie es heißt, ist er dazu ausersehen, den jetzigen Premierminister in Bälde zu ersetzen. Wenn man auch keine großen Taten für das Volk von ihm erwarten darf, so wird er doch seinen Posten jederzeit mit Würde und Anstand ausfüllen.

(gez.) Wendschuh.

Inhalt: Das koreanische Ministerium.

Amerikanische Missionare in Korea.

PAAA_RZ201-018950_076 ff.

Empfänger	[o. A.]	Absender	[o. A.]
A. 5855 pr. 1. April 1909. p. m.		[o. A.], den 1. April 1909.	

A. 5855 pr. 1. April 1909. p. m.

Kölnische Zeitung

1. 4. 1909.

Akten.

Korea. Soul, 7. März. Der Minister des Innern Song ist auf Betreiben des amerikanischen Botschafters in Tokio entlassen worden. Er hatte sich abfällig über die Tätigkeit der amerikanischen Missionare in Korea geäußert und erklärt, daß er bereit sei, bei der ersten besten Gelegenheit sämtliche koreanische Christen über den Haufen schießen zu lassen. - In der Provinz Süd-Hamkiöng, in Nordostkorea, ist als eine Folge der großen Überschwemmungen im vergangenen Herbste eine Hungersnot ausgebrochen. Die Behörden sind nicht imstande, allen Bedrängten zu helfen; darum haben Japaner und Koreaner freiwillig Sammlungen veranstaltet, um die Not der Hungernden zu lindern. Unter den in Korea lebenden Fremden waren es zuerst die Deutschen, die obwohl nur klein an Zahl, gern der Anregung des stellvertretenden deutschen Generalkonsuls Dr. Wendschuh folgten und dem Hilfskomitee durch deutschen Reichsvertreter 1050 M konnten übermitteln lassen.

Inhalt: Amerikanische Missionare in Korea.

Niederlassung deutscher Benediktiner in Korea.

PAAA_RZ201-018950_079 ff.			
Empfänger	Bülow	Absender	Wendschuh
A. 6684 pr. 16. April 1909. p. m.		Söul, den 27. März 1909.	
Memo	I. 10. 5. Soeul 2., Tokio 493. II. 13. 7. mtg Kult. Min. Rom A. 663.		

A. 6684 pr. 16. April 1909. p. m. 1 Anl.

Söul, den 27. März 1909.

K. № 37.

J. № 383.

An Seine Durchlaucht

den Herrn Reichskanzler

Fürsten von Bülow.

Auf Veranlassung des Apostolischen Vikars für Korea, des Titularbischofs von Milo Gustave Mutel, sind im vergangenen Monate 2 deutsche Patres der Benediktiner-Congregation ad St. Bonifacium in Bayern, der Prior P. Dominicus Enshoff aus München und der Prior P. Bonifacius Sauer aus Dillingen a. d. D., nach Söul gekommen, um sich hier niederzulassen. Nach ihren Mitteilungen wollen sie die eigentliche Missionsarbeit der Christianisierung der Bevölkerung den französischen Missionaren überlassen und sich nach dem Vorbilde des Benediktinerklosters in St. Ottilien bei München hauptsächlich der praktischen Mission im Lande durch Errichtung von Schulen und Unterweisung der Koreaner in den Wissenschaften und in der Garten-, Feld-, Wiesen- und Waldkultur widmen. Was ihre Stellung zu den französischen Missionaren (Mission Etrangère de Paris) in Korea anlangt, so werden sie zwar stets als Diener derselben Kirche in einem freundschaftlichen Verhältnis zu ihnen stehen, im übrigen aber ganz unabhängig von der Mission als deutsche Benediktiner auftreten und in deutschem Sinne und Geiste zu wirken suchen. Ihre Aufgabe fassen sie dahin auf, die vorhandenen Kulturansätze zu erhalten, zu pflegen und unter Befruchtung mit europäischen Errungenschaften auf geistigen und wirtschaftlichen Gebieten zur Blüte zu bringen, sich jeglicher Einmischung in das politische Leben und Treiben des Volkes aber zu enthalten. In diesem Sinne beabsichtigen sie

1. mittlere und höhere Schulen nebst Vorschulen zu gründen und

2. ein Mustergut zu errichten, an das sich, sobald die Kräfte dies erlauben, theoretische und praktische Unterweisungen der eingeborenen Jugend in Landwirtschaft, Garten- und Forstwirtschaft anschliessen sollen.

Hierzu benötigt der Orden ein möglichst in der Höhe der Hauptstadt gelegenes hinreichend grosses Areal, das für die Kloster- und Schulgebäude nebst Gärten, Spielplätzen und Werkstätten sowie für die landwirtschaftlichen Betriebe genügend Raum bietet. Die Patres haben sich auch bereits nach einem solchen umgesehen und glauben in einem dicht bei Söul gelegenen Tale ein geeignetes Gelände gefunden zu haben, das sie bereit wären, von der Regierung oder von den Privatbesitzern käuflich zu erwerben.

Unter Vorlage dieses Programms haben sich die Patres dieser Tage mit der Bitte an das Kaiserliche Generalkonsulat gewandt, ihnen zur Erreichung ihres Zieles, vor Allem bei dem Erwerbe des erforderlichen Grundbesitzes, durch geeignet erscheinende Schritte bei der Generalresidentur behilflich zu sein.

Wenn auch im deutsch-koreanischen Handels-, Freundschafts- und Schiffahrtsvertrages vom 26. November 1883 (R. G. B. 1884 S. 221) die Niederlassung deutscher Mönchsorden und die Ausübung der Mission durch solche in Korea nicht ausdrücklich vorgesehen ist, so dürften sich doch auf Grund der Meistbegünstigungsklausel in Artikel 10 des Vertrages im Hinblick auf die den Franzosen und Amerikanern nach dieser Richtung eingeräumten Rechte keine Schwierigkeiten für die Zulassung der deutschen Benediktiner in Korea bieten. Da es ferner im deutschen Interesse geboten erscheint, anderen auf dem Gebiete der Mission seit langem hier tätigen Nationen das Feld nicht allein zur Bestellung zu überlassen, sondern sich endlich in einer der Bedeutung der deutschen Kultur in der Welt entsprechenden Weise praktisch an der geistigen und wirtschaftlichen Erschliessung und Entwickelung Koreas zu beteiligen (vergl. Bericht № 58[3] vom 22. April 1903 − die Christliche Mission in Korea -), die Congregation der Benediktiner aber zufolge ihrer rühmlichst bekannten segensreichen Tätigkeit zu allen Zeiten, in allen Weltteilen (u. a. auch in Deutsch-Ostafrika) und auf allen Gebieten wie kaum ein anderer Orden für die Kulturarbeit in Korea berufen erscheint und Gewähr für den Erfolg bietet, so habe ich, Euerer Durchlaucht Einverständnis voraussetzend, geglaubt, dem Ersuchen der Patres um Unterstützung ihrer Bestrebungen seitens der Kaiserlichen Behörde stattgeben zu sollen. Ich habe daher heute unter Ueberreichung des in Abdruck gehorsamst beigefügten Memorandums die Generalresidentur von der beabsichtigten Niederlassung der Benediktiner in Korea und von den Zwecken und Zielen, die sie verfolgen, mit der Bitte in Kenntnis

---

3   A. 8128[03] in Akten Korea 6 liegt bei.

gesetzt, ihnen tunlichste Förderung, besonders auch bei Erwerb des benötigten Grundbesitzes, angedeihen zu lassen. Der Direktor der Auswärtigen Angelegenheiten lieh meinen Ausführungen ein williges Ohr, hiess die Mitwirkung der Benediktiner bei der Lösung der Kulturaufgaben in Korea willkommen und versicherte mich seiner Unterstützung. Ich werde nicht verfehlen, Euere Durchlaucht über den weiteren Verlauf, den die Angelegenheit nimmt, unterrichtet zu halten. Um indes der hohen Entschliessung darüber nicht vorzugreifen, wieweit bei etwaigen Schwierigkeiten, die dem Unternehmen von der Koreanischen Regierung bereitet werden könnten, die Verwendung durch das Kaiserliche Generalkonsulat zu gehen hat, darf ich ganz gehorsamst um hochgeneigte Weisung nach dieser Richtung bitten.

Abschrift dieses Berichts habe ich dem Kaiserlichen Herrn Geschäftsträger in Tokio mit der Anheimgabe mitgeteilt, geeignet erscheinenden Falles bei der Kaiserlichen Regierung daselbst auf Förderung des Unternehmens hinzielende Schritte zu tun.

Wendschuh.

Inhalt: Niederlassung deutscher Benediktiner in Korea.

Anlage zu Bericht № 37.

Memorandum.

Recently two members of the German branch of the Roman Catholic Congregation of Benedictines, Prior Dominicus Enshoff and Prior Bonifacius Sauer, have arrived at Seoul from Germany with the intention to settle down in Corea. They have in view not so much to christianise the Koreans as rather to help to civilize them by means of practical and scientifical education and of teaching them modern ways of agriculture, gardening and forestry. For this purpose the Congregation which the two friars represent, needs a landed property situated near the Capital and sufficiently large for

1, the construction of several buildings, including dwelling houses, a preparatory, middle and high school with play-grounds and gardens, industrial workshops etc. and

2, the foundation of a model farm where practical instructions in agriculture, gardening and forestry could be given.

A ground fit for all these undertakings is considered to be the little valley beyond the low range of hills in the West of the City, as red lined in the attached sketch. The boundaries of it are: in the South and South-East private houses of villagers; in the East the property of Mr. Paddock and stone-pits; in the North a boundary post at the upper end of the valley wherefrom a footpath running along the hills in a southerly direction forms the Western boundary.

The Congregation would be willing to buy the ground forming this valley from the Korean Government or from any other private owners at a reasonable price, with the exception of the two Imperial tombs situated therein. These would be excluded and preserved in the same condition as they are at present.

The Congregation of the Benedictines was founded by the Roman nobleman Benedikt von Nursia in the 5th Century. From Italy it spread all over Europe and colonized and civilized in a steady peaceful way England, France, Spain, Germany and Skandinavia. Since ever the Benedictine friars have been the bearer of culture wherever they settled down; sciences, literature and arts as well as industries and crafts were taken care of, advanced and propagated by them. Therefore they were called for by the Governments and enjoy the protection of the rulers in all Countries. The great experience in colonizing, training and educating the people they have acquired in the course of centuries all over the world enable the Benedictines perhaps more than any other Congregation for the work still to be done in this country. It needs no special mention that they will strictly abstain from interfering with any political matters but will always consider it their first duty to support the Government in its endeavour to enlighten the people. Thus their work amongst the Koreans will be a real benefit for all concerned.

Therefore the Congregation of Benedictines and especially its two representatives in this country, Priores P. Dominicus Enshoff and P. Bonifacius Sauer, may be recommend herewith to H. I. J. M's Residency General with the request to kindly assist them in their philantropic efforts and to help them in the first place in acquiring the above mentioned ground to start their work on.

Seoul, March 27th, 1909.

Wendschuh.

Niederlassung deutscher Benediktiner in Korea.

PAAA_RZ201-018950_085 f.			
Empfänger	Bülow	Absender	Montgelas
A. 7938 pr. 6. Mai 1909. a. m.		Tokio, den 1. April 1909.	
Memo	I. a) 10. 5. Soul A 2. b) 10. 5. Tokio 493. II. 13. 7. mtg. Kult-Min. Rom A. 663.		

A. 7938 pr. 6. Mai 1909. a. m. 1 Anl.

Tokio, den 1. April 1909.

A. 87.

Seiner Durchlaucht

dem Fürsten von Bülow.

Euere Durchlaucht sind bereits durch den Bericht des Kaiserlichen Generalkonsulatverwesers in Söul vom 27. v. M. - K. № 37[4] - über die beabsichtigte Niederlassung deutscher Benediktiner in Korea unterrichtet worden. Inzwischen ist auch mir die abschriftlich gehorsamst beigefügte Eingabe des Pater Bonifacius Sauer vom 17. v. M. zugegangen, in dem mich der Genannte bittet, sein Projekt beim Generalresidenten Fürst Ito, der sich zur Zeit in Japan aufhält, nach Tunlichkeit zu unterstützen.

Da nach dem vorerwähnten Berichte des Kaiserlichen Generalkonsulatverwesers in Söul das Projekt seitens der zuständigen Beamten der japanischen Generalresidentur wohlwollend geprüft worden ist und seiner Verwirklichung Schwierigkeiten nicht entgegenzustehen scheinen, habe ich mich vorläufig darauf beschränkt, den Minister der auswärtigen Angelegenheiten Grafen Komura unter Hinterlassung eines Abdrucks des von Vizekonsul Wendschuh verfassten Memorandums über die Angelegenheit zu informieren und ihn gebeten, dem Generalresidenten Fürsten Ito, der zur Zeit von Tokio abwesend ist, die Forderung des Projektes zu empfehlen. Ich selbst beabsichtige unter der Voraussetzung des hohen Einverständnisses Euerer Durchlaucht, bei sich bietender Gelegenheit die Sache bei Fürst Ito zur Sprache zu bringen und ihn um deren wohlwollende Prüfung zu bitten.

Gleichzeitig bitte ich Euere Durchlaucht gehorsamst, mir geeignet erscheinenden Falls eine Abschrift der an Vizekonsul Wendschuh erteilten Weisung zugehen zu lassen, damit

---

4 A. 6684

die eventuell von der Kaiserlichen Botschaft hier zu unternehmenden Schritte sich in entsprechendem Masse halten können.

Abschrift dieses Berichts und der Anlage ist dem Kaiserlichen Generalkonsulat in Söul übersandt worden.

Montgelas.

Abschrift.

Vicariat Apostolique
de Corée   Seoul, den 17. März 1909.

Ew. Hochgeboren!
Gnädigster Graf und Herr!

Ew. Hochgeboren werden es sicherlich nicht ungnädig aufnehmen, wenn ich, gestützt auf beigeschlossenen Brief Ihres Herrn Vetters, Sr. Exzellenz des Grafen Eduard Montgelas, Kgl. Bayerischen Gesandten in Dresden, es wage mit einer Bitte an Hochdieselben heranzutreten: Im September des vorigen Jahres kam der hochw. Bischof und apostolische Vikar von Korea H. H. Mutel in unsere Benediktinerabtei St. Ottilien in Oberbayern, um uns im Aufträge des apostolischen Stuhles zur Mitarbeit in seinem apostolischen Vikariat auf dem Gebiete der Schule einzuladen. Obwohl St. Ottilien schon ein ausgedehntes Missionsgebiet in Deutschostafrika besitzt, entschloss sich der hochwürdigste Herr Abt doch zur Uebernahme des neuen Arbeitsfeldes. Mit einem hochwürdigen Mitbruder wurde mir der Auftrag, zunächst eine Rekognoszierungsreise nach Korea zu unternehmen, um dann - wenn alle Bedingungen für die Gründung eines regelrechten Benediktinerklosters gegeben seien - mit derselben sofort zu beginnen. Unsere Erforschungen ergaben ein durchaus befriedigendes Resultat: Land, Leute und besonders das Klima, kurz alles scheint uns darauf hinzudeuten, dass eine Benediktinerabtei, die sich, den uralten Traditionen unseres Ordens folgend, hauptsächlich auf die Erziehung der Jugend verlegen würde, hier in Korea eine sehr segensreiche Tätigkeit entfalten könnte. Nur eine grosse Schwierigkeit stellt sich der Verwirklichung unseres Planes entgegen: die Erwerbung von genügend Grund und Boden zur Sustentation des zu erbauenden Klosters; denn ein Benediktinerkloster ohne Oekonomie ist ein Unding. Die Lösung dieser Schwierigkeit ist um so schwerer, als das zu gründende Collegium (Gymnasium) die

Anlage des ganzen Klosters in oder doch an der Peripherie der Stadt fordert und andererseits eine Trennung von Kloster und der von unseren Brüdern selbst zu bewirtschaftenden Oekonomie im Interesse einer guten Klosterzucht durchaus nicht ratsam erscheint. Nach vielem Suchen haben wir nun hier in Söul ganz nahe der Stadt ein Plätzchen gefunden, das allen diesen Bedingungen in bester Weise entspricht. Der Platz liegt jetzt wüst, liesse sich aber im Laufe einiger Jahre bei rationeller Arbeit in ertragsfähigen Ackerboden umschaffen. Da das ganze Terrain der Regierung gehört, haben wir uns durch die gütige Vermittelung des hiesigen stellvertretenden Generalkonsuls an den japanischen Vizeresidenten hierselbst gewandt um kaufweise Ueberlassung - natürlich zu einem annehmbaren Preise – des genannten Terrains (ca.30 ha). Allein da die ganze Angelegenheit sicherlich nach Tokio an den Fürsten Ito hinübergeleitet werden wird, so möchte ich an Ew. Hochgeboren die ergebenste Bitte richten, unsere Sache bei Sr. Exzellenz nach Kräften zu fördern. Insbesondere bitte ich Ew. Hochgeboren, den Fürsten darauf hinweisen zu wollen, was die alten Benediktiner Deutschlands in Kultivierung und Fruchtbarmachung des Bodens bis in das späte Mittelalter hinein geleistet haben und wie jedes Benediktinerkloster ehedem eine landwirtschaftliche Musterschule und ein wirtschaftliches Zentrum darstellte. Die heutigen Benediktiner wollen in diesem Punkte hinter ihren Ahnen keineswegs zurückstehen und speziell unser Mutterkloster St. Ottilien kann sich rühmen, gerade auf diesem Gebiete in den wenigen Jahren seines Bestehens Grosses geleistet zu haben. In demselben Geiste wollen wir hier auch in Korea wirken und zur Hebung des so sehr verwahrlosten Landes und Volkes nach Kräften beitragen. Was aber unsere Tätigkeit auf dem Gebiete der Schule angeht, so bitte ich den Fürsten darauf hinweisen zu wollen, dass alle unsre Patres eine durchaus deutsche und den übrigen gebildeten Kreisen durchaus ebenbürtige Erziehung und Ausbildung genossen haben - staatliches Absolutorium, mehrjähriger Besuch einer staatlichen Hochschule, meistens Universität München -, die ja in Japan und speziell beim Fürsten Ito einen guten Klang haben soll. In deutschem Sinne und Geiste (den wir auch in der Fremde zu bewahren wissen werden), aber auch in strenger Wahrung der einheimischen Kultur und Sprache, ohne jede Einmischung in die res politicas, so wollen wir nach alter Benediktinerart eine friedliche und, wie wir hoffen, für ganz Korea segenbringende Mission auf dem Gebiete der Schule und des gesamten volkswirtschaftlichen Lebens erfüllen. Zu Ew. Hochgeboren aber habe ich das feste Vertrauen, dass Sie uns in der Erreichung dieses Zieles, insbesondere jetzt bei der Wegräumung der ersten grossen Gründungsschwierigkeiten nach Kräften unterstützen werden. Näheres vielleicht in Bälde mündlich, da wir gegen Ende d. M. nach Japan reisen möchten. Vielleicht würden Ew. Hochgeboren alsdann auch die Güte haben uns beim Fürsten Ito eine Audienz zu vermitteln.- Für alles dieses im voraus ein inniges, herzliches „Vergelts Gott!"

In grösster Hochachtung und Ehrfurcht Ew. Hochgeboren geringster

gz P. Bonifacius Sauer O. S. B.

Inhalt: Niederlassung deutscher Benediktiner in Korea.

A. 7938

G. A.

Darf der Abteilung Ⅲ die erbetene Abschrift mitgeteilt werden?

Zentralbüreau. 11. 5.

Berlin, den 10. Mai 1909.   zu A. 6681. 7938.

Generalkonsul

Söul A. № 2.
Sicher!

J. № 5484.

Es würde sich empfohlen haben, wenn in der Angelegenheit der Niederlassung von Benediktinermönchen in Korea als in einer Frage, die auch politische Bedeutung hat, zunächst von der Kaiserl. Botschaft in Tokio Weisungen eingeholt worden wären, ehe zu Unterstützung der Missionsbestrebung Schritte unternommen wurden. Im übrigen erkläre ich mich mit diesen Schritten einverstanden. Ew. pp. wollen auch fernerhin den Mönchen diejenige amtliche Unterstützung und Förderung zuteil werden lassen, auf die sie als Reichsangehörige Anspruch haben und die ihre Kulturmission verdient. Immerhin wird nicht vergessen werden dürfen, dass andere Nationen, die durch Missionare in Korea vertreten sind, wiederholt in ernste politische Schwierigkeiten wegen dieser geraten sind. Es wird daher bei aller Anerkennung der lobenswerten Bestrebungen der Mönche eine gewisse Vorsicht in dieser Frage nicht ausser Acht gelassen werden dürfen.

# # #

Abschriftl. dem tit. Grafen Montgelas, Tokio, zur gef. Kenntn.

St. S.

Niederlassung der Benediktiner in Korea.

PAAA_RZ201-018950_092 ff.			
Empfänger	Bülow	Absender	Krüger
A. 11139 pr. 21. Juli 1909. p. m.		Söul, den 14. Juni 1909.	
Memo	Auf Erlass vom 10. Mai 1909 -A. № 2-. 13. 7. mtg. Kult-Min. Rom A. 663.		

A. 11139 pr. 21. Juli 1909. p. m.

Söul, den 14. Juni 1909.

K. № 56.

J. № 755.

An Seine Durchlaucht

den Herrn Reichskanzler

Fürsten von Bülow.

Euerer Durchlaucht bestätige ich gehorsamst den Empfang nebenverzeichneter Weisung, betr. Niederlassung deutscher Benediktinermönche in Korea. Die Kaiserliche Botschaft in Tokio habe ich entsprechend verständigt.

[In der Angelegenheit der Benedictiner Niederlassung haben die][5] in Söul bei der Generalresidentur - teils amtlich, teils privatim von den hier anwesenden zwei Ordensbrüdern - unternommenen Schritte zu einem endgültigen Ergebnis bislang nicht geführt.

Das anfänglich ausgesuchte, im Süden der Stadt gelegene Talgelände ist käuflich nicht zu haben gewesen, weil es als Zugang zu fünf Gräbern von Mitgliedern der Kaiserfamilie dient, welche an den zum fraglichen Tal führenden Hügelabhängen beerdigt liegen. Das Ministerium des Kaiserlichen Haushaltes wollte sich unter besagten Umständen höchstenfalls auf eine Verpachtung des Terrains in genügendem Abstande von den Gräbern, nicht aber auf einen Verkauf einlassen. Mit einer blossen Pachtung war indessen den Benediktiner nicht gedient, da sie wertvolle Gebäude zu errichten beabsichtigen und nach Weisung ihres Ordensvorstandes solches nur auf eigenen Grund und Boden tun dürfen.

Bei der Umschau nach anderweitigen Plätzen fand sich schliesslich in Nordosten der

---

5 [Ergänzung durch Dritten]

Stadt ein den Zwecken der Benediktiner entsprechendes Terrain, welches an ein den französischen Missionaren bereits gehörendes Grundstück angrenzt. Von diesem Terrain, das nach den bisherigen Feststellungen Staatseigentum, ist, wünschen die Benediktiner ca 29 000 Tsubo[6] käuflich zu erwerben und ca 26 000 Tsubo für 99 Jahre zu pachten.

Zur Veräusserung von Regierungsland ist in Korea die Zustimmung des Kabinets erforderlich, während Verpachtungen vom Landwirtschaftsminister allein bewilligt werden können.

Mit Rücksicht hierauf haben die Benediktiner die Generalresidentur in einer zunächst mir vorgelegten Eingabe gebeten, mit der koreanischen Regierung in bezügliche Verhandlungen einzutreten. Diese Eingabe habe ich mit befürwortendem Begleitschreiben an die Generalresidentur weitergeleitet, welche – wie ich weiss - daraufhin mit dem koreanischen Kabinet ins Benehmen getreten ist. Eine Entscheidung steht noch aus, dürfte auch vor Rückkehr von Fürst Ito bezw. Vicomte Sone nach Söul schwerlich zu erwarten sein.

Ich kann noch erwähnen, dass vor einigen Wochen bei der Generalresidentur ein Telegramm von Fürst Ito aus Tokio eingegangen ist, besagend, dass man den Benediktinern in jeder Weise entgegenkommen möge.

Die Herren der Generalresidentur haben nach wie vor den Benediktinern ausgiebige behördliche Unterstützung zu Teil werden lassen. Der deutschsprechende Sekretär Honda ist speziell beauftragt worden, sich der Angelegenheit anzunehmen und hat mehrfach persönlich mit den beiden Benediktinern Terrainbesichtigungen abgehalten und ist ihnen bei der Grundstückswahl an die Hand gegangen.

Tokio ist über den Stand der Sache unterrichtet.

Krüger.

Inhalt: Niederlassung der Benediktiner in Korea.

---

6   1 Tsubo = 3,30 qm.

Berlin, den 13. Juli 1909.   A. 11139.

An

1, Minister der Geistlichen
Angelegenheiten.

Ew. beehre ich mich anbei (Abschriften zweier
Berichte des Kaiserl. Generalkonsuls in Söul
vom 29. März u. vom 14. Juni d. J, sowie
eines Berichts des Kaiserl. Geschäftsträgers in
Tokio vom 1. April d. J. betreffend die
Niederlassung von Benediktinermönchen in
Korea,) zur gefl. Ktn. Zu übersenden.

                                #   #   #

2, Gesandten Rom

            Sicher!

Ew. übersende ich anbei erg. Inser. aus (-) zu
Ihrer gfl. Information.
St. S.

[   ]

PAAA_RZ201-018950_098

Empfänger	[o. A.]	Absender	[o. A.]
A. 16469 pr. 8. Oktober 1909. a. m.		[o. A.], den 8. Oktober 1909.	

A. 16469 pr. 8. Oktober 1909. a. m.

Kölnische Zeitung

8. 10. 1909.

Deutsche Benediktiner in Korea.

Soul, 19. Sept. Zwei deutsche Benediktiner von St. Ottilien bei München, P. Sauer und P. Enshöfer, haben von Koreanern unter Mitwirkung der hiesigen Generalresidentur, des französischen Bischofs und des deutschen Generalkonsuls Dr. Krüger innerhalb des kleinen Osttores von Seoul große, herrlich gelegene Ländereien, insgesamt wohl 10ha, käuflich erworben, um eine landwirtschaftliche Bildungsanstalt für Koreaner zu gründen. Nichts ist wichtiger für die koreanische Jugend als eine methodische Erziehung zur Arbeit, und da diesem deutschen Unternehmen, das mit der hiesigen französischen Mission im Einklang, jedoch selbständig arbeiten wird, genügende Mittel zur Verfügung stehen, so kann der Erfolg nicht ausbleiben, zumal die Leitung in Händen des hochgebildeten Pfarrer Sauer liegt, der ein außergewöhnliches Organisationstalent besitzt. Interessant ist vielleicht für unsere Leser auch zu hören, wie es kam, daß gerade deutsche Benediktiner hierher gekommen sind. Als nämlich der Vorstand der hiesigen katholischen Mission, der französische Bischof Mutel, dem die Anregung zu dieser Gründung zu verdanken ist, bei seinem Besuch in Rom mit dem Papst diese Angelegenheit besprach, verwies dieser ihn selbst auf die deutschen Benediktiner. Bischof Mutel reiste nach St. Ottilien, und bereitwilligst wurde zugestimmt. Leider hat P. Enshofer wegen Krankheit vor einigen Monaten die Heimreise antreten müssen.

Konsularjurisdiktion in Korea.

PAAA_RZ201-018950_100 f.			
Empfänger	Bethmann Hollweg	Absender	Montgelas
A. 19745 pr. 1. Dezember 1909.		Tokio, den 13. November 1909.	
Memo	mtg: 3. 12. Darmst. Dresd. Karlsr. Münch. Hambg. Pera, London, Madrid, Paris, Petbg, Rom B. Wien. Stuttg. Weim, Oldbg, Washgt.		

Abschrift

A. 19745 pr. 1. Dezember 1909.

Tokio, den 13. November 1909.

(Botschaft)

A. 226.

Seiner Exzellenz

dem Reichskanzler

Herrn von Bethmann Hollweg.

Die Tokio Asaki befürwortet in ihrem heutigen Leitartikel die Aufhebung der Konsularjurisdiktion in Korea. Am 1. d. M. habe Japan die Gerichtshoheit in Korea übernommen, Die Erfolge, die die fremden Missionare in Korea erzielten, seien erstaunlich; im Laufe der Jahre hätten mehr als 3 Millionen Koreaner den christlichen Glauben angenommen. Wenn man dabei berücksichtige, dass die Koreaner in Glaubenssachen im Grunde noch indifferenter seien, als die Japaner, und dass in Japan die Missionare trotz 50jähriger Tätigkeit nur wenig Fortschritte gemacht hätten, so müsse der Uebertritt so zahlreicher Koreaner zum Christentum auffallen. In der Tat träten denn auch die meisten Koreaner nicht aus Ueberzeugung über, sondern weil sie glaubten, an der fremden Religion und an den Missionaren einen Halt gegen die zunehmende Ausdehnung des japanischen Einflusses zu haben. Das Vertrauen in die fremden Missionare gründe sich namentlich auf deren Ausnahmestellung in Jurisdiktionssachen. Wenn man also auch sagen könne, dass die Exterritorialität der Fremden in Korea an sich nicht von besonders nachteiligen Wirkungen begleitet sei, so sähe sich die Sache, vom Standpunkt der Auffassung dieser koreanischen Konvertiten betrachtet, doch ganz anders an. Die Zeitung wünscht aus diesem Grunde eine möglichst baldige Beseitigung der Exterritorialität in Korea und meint, dass die fremden Mächte hiergegen keinen Einspruch erheben würden. Vielmehr sei anzunehmen, dass sie diese Massnahme nach dem Uebergang der Justizhoheit an Japan als etwas ganz Natürliches ansehen würden.

gez. Montgelas.
Orig. i. a. Korea 10.

Inhalt: Konsularjurisdiktion in Korea.

PAAA_RZ201-018950_102			
Empfänger	[o. A.]	Absender	[o. A.]
A. 3084 pr. 19. Februar 1910. p. m.		[o. A.], den 18. Februar 1910.	

A. 3084 pr. 19. Februar 1910. p. m.

Kölnische Zeitung

18. 2. 1910.

Asien.

Korea. Soul, 28. Jan. Wir haben unsern Lesern schon früher mitgeteilt, daß der Orden der Benediktiner zu St. Ottilien in Süd-Bayern im vorigen Jahre den P. Sauer nach einer Weisung des Papstes entsandt hat, um in der koreanischen Hauptstadt die nötigen Vorbereitungen für eine erfolgreiche Missionstätigkeit zu treffen. Nach langwierigen Verhandlungen, die der deutsche Generalkonsul Dr. Krüger geschickt leitete, gelang es, ein schön gelegenes Gelände, etwa 9ha, innerhalb des Nordosttores zu erwerben und dort ein großes zweistöckiges Wohnhaus zu errichten. Das Mutterhaus schickte dem zum Prior ernannten P. Sauer noch zwei Priester und vier Laienbrüder, die kurz vor Neujahr eintrafen. Leider ist Bruder Martin Huber aus Dachingen bei Rottenburg inzwischen im koreanischen Staatshospital an schwerem Typhus gestorben. Die Deutschen von Soul und Tschemulpo bezeugten ohne Unterschied der Konfession P. Sauer durch Teilnahme an der Begräbnisfeierlichkeit in der katholischen Kirche ihr Beileid.

Die ausländischen Missionare in Korea.

PAAA_RZ201-018950_104 ff.

Empfänger	Bethmann Hollweg	Absender	Mumm
A. 7708 pr. 4. Mai 1910. p. m.		Tokio, den 8. April 1910.	
Memo	Mtg. 10. 5. Washington 1477., London 895., Kulturmin.		

A. 7708 pr. 4. Mai 1910. p. m.

Tokio, den 8. April 1910.

A. 126.

Seiner Exzellenz

dem Reichskanzler

Herrn Dr. von Bethmann Hollweg.

Die Tatsache, dass der Mörder des Fürsten Ito christlicher Konvertit war, hat Oel in das Feuer einer gewissen Bewegung gegossen, die sich hier seit mehreren Jahren gegen die christliche Propaganda in Korea bemerkbar gemacht hat. Es vergeht jetzt kaum ein Tag, ohne dass hiesige japanische Zeitungen sich in heftigen Anklagen gegen das Treiben der ausländischen Missionare auf der Halbinsel ergehen. Letztere werden angesichts ihrer scheinbar recht erfolgreichen Tätigkeit beschuldigt, dass ihnen für die Proselytenmacherei alle Mittel gut genug sind und dass sie unter dem Deckmantel der Religion gegen das japanische Regiment in Korea agitieren. Sie sollen Koreaner dadurch zur Annahme des Christentums bewogen haben, dass sie ihnen zu verstehen gaben, als Christen brauchten sie an die Japaner keine Steuern zu zahlen, und im Falle der vollständigen Christianisierung der Halbinsel werde das Ausland für Koreas Unabhängigkeit eintreten. In einzelnen Fällen, wird behauptet, sollen sie sogar direkt zum Aufruhr gegen die japanischen Bedrücker aufgereizt haben.

Die Japanische Generalresidentur hat, dem vom Fürsten Ito festgelegten Kurse getreu, die christlichen Missionare gegen die Angriffe der Japanischen Presse stets in Schutz genommen, und das Organ dieser Behörde, die „Seoul Press", hat schon manche Lanze für die Missionen gebrochen. In den letzten Tagen noch hat der neue Chef der Sektion der auswärtigen Angelegenheiten der Generalresidentur, Herr Komatsu, in der „Japan Times" eine längere Erklärung veröffentlichen lassen, in der er die Missionare warm verteidigt und die Schuld für die bestehende antijapanische Stimmung unter den christlichen Koreanern diesen selbst zuschiebt, die sich zum nicht geringen Teile aus nichts weniger als religiösen Motiven unter die Fittiche der christlichen Missionare flüchteten, wo sie eine gewisse Exterritorialität zu geniessen hofften.

Trotz dieser ausserordentlich freundlichen Haltung des amtlichen Japan scheint die Bewegung gegen die christliche Missionsarbeit in Korea hier eher im Wachsen als im Abnehmen begriffen zu sein. Selbst hochangesehene Zeitungen wie „Jiji" und „Nichinichi" schliessen sich neuerdings der Bewegung an und fordern kategorisch, dass etwas gegen das japanfeindliche Treiben der Missionare geschehe.

Es ist mir naturgemäss von hier aus nicht möglich zu beurteilen, ob die Anschuldigungen gegen die christlichen Missionare ganz aus der Luft gegriffen sind, oder ob in ihnen doch etwa ein Körnchen Wahrheit enthalten ist. Ich wollte indessen nicht verfehlen, auf eine Bewegung aufmerksam zu machen, die vielleicht den Keim künftiger Verwickelungen in sich trägt. Unter den in Korea lebenden 450 fremden Missionaren befinden sich nach Angabe des oben erwähnten Herrn Komatsu über 300 Amerikaner. Bei dem sehr regen Interesse aber, das Amerika seinen Missionaren im Auslande entgegenbringt, ist anzunehmen, dass die Wogen des Unmutes daselbst recht hoch gehen würden, wenn die hiesige öffentliche Meinung doch schliesslich die japanischen Behörden dazu veranlassen sollte, etwas gegen die christlichen Missionare zu unternehmen.

Das Kaiserliche Generalkonsulat Söul erhält Berichtabschrift.

Mumm

Inhalt: Die ausländischen Missionare in Korea.

zu A. 7708.

1. Mit folgender Inhaltsangabe:
Die ausländischen Missionare in Korea

Mitzuteilen ohne ( ) zur_____ Information an die Missionen in: _____
Abges.:_____ durch:
Washington № A. 477. 14. 5. S.
London № 895 12. 5. K.

2. Dem Herrn Min. d. Geistl. Pst. Angelegenheiten
z. gefl. Kenntnisnahme

Berlin, den 10. Mai 191§
J. № 5771 v. 10. 5. 10.

Auswärtiges Amt
Abth. A.

Politisches Archiv d. Auswärt. Amts

Acta

Betreffend
Die fremde Vertretung in Korea.

Vom 19. April 1887
Bis 6. September 1894

Bd. 1
f. Bd. 2

Politisches Archiv des Auswärtigen Amts
R 18951

KOREA. No. 7.

Ber. aus Seoul v. 8. 5. № 41: Verlängerung der Amtsdauer des chinesischen Vertreters in Söul Her.. Yuan.	7552 20. 6.
Desgl. v. 30. 7. № 57. Ausscheidung des Colonel Long aus dem Posten des Legations-Sekretärs der Amerikanischen Minister-Residentur in Seoul; Nachfolger Dr. Allen. (orig. i. a. Korea 8)	10643 29. 9.
1891	
Ber. aus Söul v. 8. 6. № 35. Die italienische Vertretung für Korea; vorübergehende Anwesenheit des italien. Vertreters für China und Siam A. Pansa in Söul.	6982 8. 8.
Desgl. v. 18. 6. № 36. Abreise des französischen Vertreters Collin de Plancy, Ankunft des Nachfolgers Emile Rocher.	6983 8. 8.
Ber. aus Söul v. 30. 8. K. № 48: Urlaub des russ. Geschäftsträgers Waeber nach Europa; Vertreter: der russ. General-Konsul Dmitsewsky in Hankow.	10088 17. 11.
1892	
Ber. aus Söul v. 18. 4. № 26: Ersetzung des französischen Vertreters Collin de Plancy durch Hyppolite Frandin.	5031 7. 6.
1893	
Ber. aus Söul v. 18. 12. № 62. Abberufung des japanischen Minister-Residenten Kaijiyama; event. Nachfolger Oishi.	1105 5. 2.
Desgl. v. 28. 1. № 8: Eintreffen des neuen japanischen Minister-Residenten Masami Oishi.	2379 21. 3.
Desgl. v. 27. 5. № 3: Über die diplomatische Vertretung Großbritanniens in Korea; der Gesandte in Peking O´Conor ist auch für Korea beglaubigt und hat dem König seine Kreditive überreicht.	6067 21. 7.
Notiz: Berichte über das taktlose Auftreten des japanischen Gesandten Hon. Oishi in Söul und seine Abberufung befinden sich i. a. Korea 1.	5747 10. 7.
Ber. a. Peking v. 26. 7. № 100: Entlassung des japanischen Vertreters in Söul, Oishi; Akkreditierung des Gesandten in Peking, Oishi, auch für Korea.	7527 12. 9.

Ber. a. Söul v. 4. 8. № 44: betr. (wie vorstehende): der japanische Geschäftsträger und Konsul Sugimura hält diese Regelung für provisorisch und erwartet Ernennung eines besonderen Gesandten Japans für Korea.	7629 15. 9.
Desgl. v. 7. 10. № 55: Eintreffen des japanischen Gesandten für China und Korea, Hs. Otori, in Söul. Im Frühjahr 1894 will derselbe sich nach Tokio begeben.	10304 10. 12.
Ber. aus Tokio v. 26. 7. A. 41: Entlassung des japanischen Ministerresidenten in Korea, Oishi; gleichzeitige Akkreditierung des H. Otori in Peking und in Seoul; Gründe der japan. Regierung für diese Änderung. (Orig. in act. Japan 8 № 2.)	7253 31. 8.
Ber. des Ksl. Gesandt. a. D. v. Brandt. d. d. Shanghai d. 23. April 1893 Wunsch des Königs von Korea, den Rang des Ksl. Vertreters in Söul erhöht zu sehen. S. Erl. v. 17. 6. n. Peking A. 17: Ein Anspruch des französ. Kons., welcher den Titel eines Kommissars führt, auf Vorrang vor den Konsuln kann nicht anerkannt werden.	4543 1. 6.
Ber. aus Peking v. 26. 9. A. 123: Der Ksl. Gesandte sieht keine Bedenken, dem konsular. Vertreter den Charakter als General-Konsul beizulegen; bittet jedoch um teilweise Unterstellung des Konsuls in Korea unter die Ksl. Gesandtschaft in Peking.	9292 13. 11.
Desgl. v. 2. 10. A. 127: überr. Ber. des Ksl. Kons. in Korea v. 30. 8. gez. betr. die Vorgänge zu der Rangfrage. Erl. v. 19. 12. n. Söul, A. 3, u. n. Peking, A. 35: Der Anspruch des französ. Konsuls auf Vorrang ist von Seiten des Ksl. Kons. abzuwehren. Ebenso wird der stellvertretende engl. Gen. Kons, sofern derselbe den Rang eines Vizekons. haben oder dort später ernannter Konsul sein sollte, hinter dem Ksl. Kons. rangieren. Der Ksl. Kons. soll Berichte allgemeinen, besonders politischen Interesses dem Ksl. Gesandt. in Peking abschriftlich mitteilen und etwaigen Ersuchen desselben um Auskunft Folge geben.	9503 18. 11.
1894	
Bericht aus Söul v. 3. 2. № 13. Ankunft des russischen Geschäftsträgers Waeber und des englischen Generalkonsulats-Verwesers Gardner.	2879 26. 3.
Bericht aus Peking v. 24. 3. A. 33: Antwort auf den Erlaß A. 9292/9503 93. Besprechung der Angelegenheit, betr. die Rangfrage unter den fremden Vertretern in Söul, mit dem engl. und dem russ. Gesandten. Demnächst zu erwartende Berichterstattung des Herrn Krien.	4151 6. 5.

Bericht aus Söul v. 2. 5. № 32. An Stelle des früheren amerikanischen Ministerresidenten Hs. Heard ist Hs. John M. B. Sill getreten.	5582 22. 6.
Desgl. v. 19. 3. № 21. Ansprüche des französischen Vertreters Frandin als Kommissar vor dem Ksl. Konsul zu rangieren; mündlich und schriftliche Verhandlungen des Konsuls Krien mit Frandin; Zurückweisung der Ansprüche des Letzteren; Besprechung der Streitfrage mit den fremden Vertretern, mit dem Präsidenten des koreanischen Auswärtigen Amts und dem Rechtsbeistand der koreanischen Regierung Hrn. Greathouse. Erl. v. 9. 6. n. Paris 261. Instruktion: Zurückweisung der Rangansprüche des franz. Vertreters Frandin.	4561 20. 5.
Französ. Botschaft v. 17. 7. Stellung des koreanischen Auswärtigen Amts zur Rangstreitigkeit zwischen dem deutschen und französischen Vertreter.	6680 21. 7.
Aufzeichnung des Hrn. Unterstaatssekret. v. 21. 7. Unterredung mit dem französischen Botschafter über den Rangstreit. Erl. v. 27. 7. n. Paris 343.	6681. 21. 7.
Ber. a. Paris v. 6. 8. № 190. Der Minister des Äußern H. Hanotaux mißbilligt das Verhalten des Hrn. Frandin; derselbe wird nicht nach Korea zurückkehren und sein Nachfolger den Titel eines „Commissionaire du gouvernement" nicht bekommen. Erl. v. 17. 8. n. Söul A. 1: Erledigung der Rangfrage zu unsern Gunsten; Tadel wegen Unterbreitung der Angelegenheit beim koreanischen Auswärtigen Amt. mtg. 20. 8. n. Peking A. 33.	7342 9. 8.
Ber. a. Peking v. 31. 5. № A. 62: Wegen des Ausbruchs von Unruhen auf Korea verbleibt der russische Generalkonsul Waeber auf seinem Posten in Söul.	6482 16. 7.
Ber. a. Söul v. 8. 6. № 44. Abreise des Hrn. Waeber nach Peking zur Vertretung des beurlaubten Gesandten Gf. Cassini. Notiz: Berichte über Mißhandlung des britischen Konsuls in Söul, Gardener, durch japanische Soldaten befinden sich i. a. Korea 1.	6819 25. 7.
Ber. a. Peking v. 19. 7. № 90: Angriff japanischer Soldaten gegen den englischen Konsul Gardener in Korea.	7992 2. 9.

PAAA_RZ201-018951_012 f.

Empfänger	Bismarck	Absender	Brandt
A. 4948 pr. 19. April 1887. a. m.		Peking, den 7. März 1887.	

Abschrift.

A. 4948 pr. 19. April 1887. a. m.

Peking, den 7. März 1887.

A. № 66.

Seiner Durchlaucht

dem Fürsten von Bismarck.

Eurer Durchlaucht beehre ich mich ganz gehorsamst zu berichten, daß in der Person eines gewissen Herrn Densmore über dessen Antecedentien es mir bis jetzt nicht möglich gewesen ist, irgendetwas Näheres zu erfahren, ein neuer Minister-Resident der Vereinigten Staaten für Korea ernannt worden ist. Der bisher mit der Wahrnehmung der Geschäfte der amerikanischen Gesandtschaft in Söul beauftragte erste Sekretär der hiesigen Gesandtschaft Herr Rockhill wird Korea Anfang April verlassen, das Eintreffen Herrn Densmores dürfte also vor diesem Zeitpunkt zu erwarten sein.

Die in der letzten Zeit viel genannten Amerikaner Admiral Shufeldt und Schiffsfähnrich Foulk, haben Korea, ob für immer weiß ich nicht, verlassen.

Das Engagement des früheren amerikanischen Generalkonsuls in Shanghai Mr. Denny als Ratgeber des Königs von Korea, scheint sich seinem Ende zu nähern, wenigstens sprechen dem General-Gouverneur Li Hung-chang näher stehende Personen ganz offen von der Entlassung des Herrn Denny, da er es weder den Chinesen noch den Koreanern recht zu machen verstanden zu haben scheint.

gez. Brandt.

orig. i. a. Korea 1

[   ]

PAAA_RZ201-018951_014 ff.

Empfänger	Bismarck	Absender	Kempermann
A. 7563 pr. 19. Juni 1887. a. m.		Söul, den 2. Mai 1887.	
Memo	J. № 186.		

Abschrift.

A. 7563 pr. 19. Juni 1887. a. m.

Söul, den 2. Mai 1887.

Kontrole № 33.

Vertraulich.

Seiner Durchlaucht

dem Fürsten von Bismarck.

Vorgestern war Söul wieder einmal in Aufregung und König und Regierung zitterten vor Yuen, dem chinesischen Vertreter. Sein Auftreten in dem jetzigen Falle war aber kein ganz unberechtigtes. Folgendes ist vorgefallen:

Am Nachmittag des genannten Tages erhielt der Präsident des Auswärtigen Amtes unerwartet von Yuen die Mitteilung, daß er auf höheren Befehl noch am selben Abend Söul und Korea verlassen werde. Der Präsident vermutete mit Recht, daß die chinesische Regierung wieder mit Korea unzufrieden sein müsse und eilte sofort auf die Gesandtschaft. Hier teilte ihm Yuen mit, von Lihunchang sei ein Telegramm eingetroffen, er solle mit seinen Sekretären Korea auf der Stelle verlassen, weil der König und seine Regierung zu dem unlängst in den Zeitungen veröffentlichten Bericht des amerikanischen Marine-Attachés Foulk beschwiegen hätten. Eine Regierung, die gestatte, daß fremde Vertreter in ihrem Land konspirieren und dreiste Lügen über innere Verhältnisse in die Welt setzen, gefährde ihre Existenz und verdiene keine Rücksichten mehr.

Der Präsident geriet in Folge dieser Mitteilung selbstverständlich in die größte Bestürzung; er eilte ohne Weiteres zum König und am Abend schon erhielt Yuen von letzterem das feierliche Versprechen, daß die koreanische Regierung alle ihre Beziehungen zu Foulk abbrechen und dessen Abberufung verlangen werde. Zu letzterem Zweck hat der Präsident auch selben Tages noch eine Besprechung mit dem amerikanischen Minister-Residenten gehabt.

Die Foulk'sche Veröffentlichung, um die es sich hier handelt, ist in meinem ganz gehorsamsten vertraulichen Bericht № 77 vom 27. Dezember besprochen worden.

Daß Lihunchang erst so spät und dann so plötzlich darüber in Aufregung gerät, ist auffallend; und der Bericht ist daher wohl nicht der einzige und eigentliche Grund des vize-königlichen Zornes. In der Tat ist Foulk in letzter Zeit in noch ganz anderer Weise der chinesischen Regierung lästig geworden. Der König scheint von jener Veröffentlichung in dem amerikanischen Rotbuch nichts erfahren zu haben; die Freunde Foulks in der Umgebung des Monarchen haben gewiß alle Mitteilungen darüber abgehalten. Kurz, Foulk war seit etwa 3 Wochen außerordentlich in der Gunst des Königs gestiegen, es wurde ihm ein stattliches Haus gebaut, und es hieß, er gehe jeden Abend in koreanischer Tracht in den königlichen Palast. Foulk ist nun bekanntlich ein Anhänger Japans und ein Hasser Chinas. Es ist daher nicht zu verwundern, daß Yuen außer sich geriet, als er erfuhr, daß dieser Mann der Vertraute des Königs geworden sei, zumal es ferner heißt, daß der persönliche Feind Lihunchangs, Admiral Shufeld, in Nagasaki sitzt, von da aus Foulk leitet und nur auf den günstigen Moment lauert, um als amerikanischer Ratgeber des Königs und Leiter der Geschicke Koreas feierlich wieder in Söul einzuziehen. (über dessen Weggang von hier conf. Bericht № 66)

Um den Machereien der beiden mit einem Male ein Ende zu machen, hat sich also Yuen das Telegramm von Lihunchang kommen lassen.

Im Interesse des Friedens ist es sehr wünschenswert, daß Foulk jetzt endlich abberufen wird. Auch deshalb würde eine solche Maßregel allgemein mit Freuden begrüßt werden, weil derselbe durch eine amerikanische Firma hier Regierungsgeschäfte betreiben läßt, die sehr nahe an Schwindel grenzen.

Eine Abschrift dieses ganz gehorsamsten Berichts schicke ich an die Kaiserliche Gesandtschaft in Peking.

gez. Kempermann.

orig. i. a. Korea 1

[   ]

PAAA_RZ201-018951_019 f.

Empfänger	Bismarck	Absender	Brandt
A. 7974 pr. 29. Juni 1887. p. m.		Peking, den 7. Mai 1887.	
Memo	mtg. 2. 7. n. Petersburg u. Paris.		

Abschrift.

A. 7974 pr. 29. Juni 1887. p. m.

Peking, den 7. Mai 1887.

A. № 134.

Seiner Durchlaucht, dem Fürsten von Bismarck.

Euerer Durchlaucht beehre ich mich ganz gehorsamst zu berichten, daß der zweite Sekretär der französischen Gesandtschaft Herr Collin de Plancy am 2. d. M. Peking verlassen hat, um sich nach Shanghai zu begeben, dort den mit der am 7. Mai erwarteten französischen Post eintreffenden ratifizierten französisch-koreanischen Vertrag in Empfang zu nehmen und dann die Auswechslung der Ratifikationen in Söul vorzunehmen.

Bei den augenblicklich hier schwebenden wichtigen Verhandlungen zwischen Frankreich und China würde es natürlich scheinen, daß Herr Constans Peking nicht verläßt; ich will indessen wenigstens eines Gerüchts erwähnen, nach welchem der französische Unterhändler des mit Korea in 1886 abgeschlossenen Vertrages, Herr Cogordan, dem General-Gouverneur Lihunchang, der bekanntlich mit der Wahrnehmung der Beziehungen zwischen China und Korea beauftragt ist, versprochen haben soll, daß Frankreich sich nur durch einen untergeordneten Beamten, einen Vize-Konsul, in Korea vertreten lassen und keinen diplomatischen Agenten in Söul beglaubigen werde. Die Entsendung Herrn Collins zur Auswechslung der Ratifikation wird mit diesem Versprechen in Zusammenhang gebracht.

gez. Brandt.

orig. i. a. China 13.

[   ]

PAAA_RZ201-018951_021 f.

Empfänger	Bismarck	Absender	Kempermann
A. 8458 pr. 10. Juli 1887. a. m.		Söul, den 21. Mai 1887.	
Memo	mtg. 11. 7. n. Petersburg u. London.		

Abschrift.

A. 8458 pr. 10. Juli 1887. a. m.

Söul, den 21. Mai 1887.

№ 36.

Seiner Durchlaucht

dem Fürsten von Bismarck.

Euerer Durchlaucht habe ich die Ehre ganz gehorsamst zu melden, daß eine chinesische Flotte, bestehend aus 4 Panzer- und 2 kleineren Schiffen unter Admiral Ting, mehrere Tage in Chemulpo geankert hat und am 16. cr. nach Port Hamilton gedampft ist. Wie der Admiral mir sagte, hatte er 2 weitere Schiffe bereits im Voraus nach dort gesandt.

Ich glaube nicht, daß China daran denkt die Insel zu occupieren oder zu befestigen, oder eine Schiffsstation daselbst anzulegen. Der hiesige japanische Vertreter jedoch war in dieser Hinsicht sehr beunruhigt und fragte bei allen Vertretern an, was sie über die Absichten Chinas dächten.

Auch der russische Geschäftsträger Herr Waeber äußerte mir vertraulich seine Besorgnis, daß China oder sein hiesiger Vertreter wieder etwas im Schilde führten. Er wollte wissen, daß zwei Emissäre des letzteren, von denen einer ein Chinese, der andere ein Koreaner sei, das Land bereisten, um die Bevölkerung gegen die Fremden aufzuhetzen. Der Einfluß Foulks beim König (cfr. Bericht № 33) und die Unmöglichkeit seine Abberufung zu erlangen, sollen Yuen zu diesem Vorgehen veranlaßt haben.

Nach meinen Informationen jedoch sind diese Gerüchte ganz unbegründet; gleichwohl will ich die Möglichkeit nicht in Abrede stellen, daß Yuen resp. China den Weg der Intrige wieder betreten werden, wenn die amerikanische Regierung sich nicht bald entschließt, dem Drängen des Präsidenten des Auswärtigen Amts nachzugeben und Foulk abzuberufen.

gez. Kempermann.

orig. i. a. Korea 1

[   ]

PAAA_RZ201-018951_023 ff.

Empfänger	Bismarck	Absender	Brandt
A. 9637 pr. 7. August 1887. p. m.		Peking, den 19. Juni 1887.	
Memo	mtg. 9. 8. nach Petersburg, London, Washington.		

Abschrift.

A. 9637 pr. 7. August 1887. p. m.

Peking, den 19. Juni 1887.

A. № 173.

Vertraulich.

Seiner Durchlaucht

dem Fürsten von Bismarck.

Die von dem Kaiserlichen General-Konsul Kempermann gemeldeten, durch das Verhalten des amerikanischen Marine-Attachés Foulk hervorgerufenen Zwistigkeiten zwischen der koreanischen Regierung und der chinesischen Vertretung in Seoul haben mir Veranlassung gegeben, den bis vor Kurzem mit der Leitung der amerikanischen Gesandtschaft in Korea betraut gewesenen Sekretär der hiesigen Gesandtschaft der Vereinigten Staaten, Herrn Rockhill, über die Angelegenheit zu befragen. Herr Rockhill teilte mir mit, daß bereits während seiner Anwesenheit in Korea die dortige Regierung sich mit einer Beschwerde über den p. Foulk als den angeblichen Verfasser der in Shanghai-Blättern veröffentlichten Berichte über koreanische Zustände an ihn gewendet habe; er sei damals im Stande gewesen, die koreanische Regierung, - da der p. Foulk der Verfasser der inkriminierten Berichte weder sein konnte noch war, - zu einer Zurücknahme der Anschuldigung, wie zu einem Ausdruck des Bedauerns, dieselben vorgebracht zu haben, zu bewegen und habe damit die Sache für erledigt angesehen; nun habe aber auf Veranlassung des chinesischen Residenten Yuen, der eine ebenso unruhige wie unverschämte und unverträgliche Persönlichkeit sei, die koreanische Regierung die Angelegenheit und zwar auf Grund der von dem p. Foulk erstatteten amtlichen von der amerikanischen Regierung veröffentlichten Berichte, doch wieder aufgenommen.

Auf meine Frage, was die amerikanische Regierung wohl tun werde, erwiderte Herr Rockhill, daß er es nicht für unmöglich halte, daß seine Regierung den p. Foulk fallen lassen werde; man sei in Washington mit der den Vereinigten Staaten durch die allgemeine Lage der Dinge in Korea aufgezwungenen Stellung in Seoul durchaus nicht zufrieden, da dieselbe mit dem traditionellen Prinzip der amerikanischen Regierung außerhalb Amerikas keine Politik zu treiben, die die Regierung irgendwie engagierten könne, im Widerspruch stehe, man bedauere bereits bei der Eröffnung Koreas für den internationalen Verkehr eine so hervorragende Rolle gespielt zu haben und werde eventuell nicht anstehen, die Stellung der amerikanischen Gesandtschaft in Seoul in einer der Regierung angemessen scheinenden Weise zu reduzieren.

gez. Brandt.

Orig. i. a. Korea 1

[   ]

PAAA_RZ201-018951_026

Empfänger	Bismarck	Absender	Brandt
A. 10363 pr. 24. August 1887. a. m.		Peking, den 5. Juli 1887.	
Memo	mitg. 25. 8. Petersburg 636, London 741, Washington A. 60.		

Abschrift.

A. 10363 pr. 24. August 1887. a. m.

Peking, den 5. Juli 1887.

A. № 184.

Seiner Durchlaucht

dem Fürsten von Bismarck.

Im Anschluß an meinen ganz gehorsamsten Bericht A. № 173 vom 19. Juni dieses Jahres, betreffend die Beschwerden der koreanischen Regierung über den Marine-Attaché bei der Gesandtschaft der Vereinigten Staaten in Söul Herrn Foulk beehre Euerer Durchlaucht ich mich ebenmäßig zu berichten, daß der Letztere von seiner Regierung den Befehl erhalten hat, sich an Bord des amerikanischen Kriegsschiffs Marion einzuschiffen und dieser Weisung bereits nachgekommen ist.

Äußerem Vernehmen nach beabsichtigt Herr Foulk seine Entlassung zu nehmen und in koreanische oder japanische Dienste zu treten.

gez. Brandt.

Orig. in actis. Korea 1

PAAA_RZ201-018951_027 f.

Empfänger	Bismarck	Absender	Brandt
A. 13907 pr. 14. November 1887. p. m.		Peking, den 21. September 1887.	
Memo	mtg. 14. 11. Petersburg 809, London 955, Washington 90.		

Abschrift.

A. 13907 pr. 14. November 1887. p. m.

Peking, den 21. September 1887.

A. № 254.

Seiner Durchlaucht

dem Fürsten von Bismarck.

Nach mir zugegangenen Mitteilungen hat der König von Korea Mitte August zwei diplomatische Vertreter für das Ausland ernannt, den einen, Park Cheung-yang für Washington, den anderen, Lim Sang-hark für Europa. Diese Manifestation der politischen Unabhängigkeit Koreas hat den chinesischen Residenten in Söul bewogen, diesen Platz zu verlassen und sich mit seiner Familie und dem Gesandtschaftspersonal nach Chemulpo zu begeben, von wo er durch den König wieder zurückgerufen worden ist.

Auch Besorgnisse für seine persönliche Sicherheit scheinen dem Schritt des chinesischen Residenten nicht fern gelegen zu haben, wenigstens wird in Tientsin erzählt, daß Li-hung-chang ihm die Weisung, nach Söul zurückzukehren, mit dem Bemerken telegraphisch übermittelt habe, daß es ganz gleichgültig sei, ob er persönlich Gefahr liefe oder nicht.

Der von Li-hung-chang angestellte und besoldete „Ratgeber" des Königs von Korea, der frühere amerikanische Generalkonsul Denny, wird täglich in Tientsin erwartet; man glaubt, daß er seinen Posten aufgeben resp. nicht länger in demselben gehalten werden werde, da er gleich unbeliebt bei Koreanern wie Chinesen ist, und nennt als seinen Nachfolger den Euerer Durchlaucht aus der Mission bei dem Vatikan in der Protektoratsfrage bekannten Engländer Dunn. Die Ernennung desselben würde unzweifelhaft in russischen Kreisen unangenehm berühren und nicht dazu beitragen, die in diesem Augenblick in Söul etwas hochgehenden Wellen innerer und äußerer Intrigen zu beruhigen.

gez. Brandt.

orig. i. a. Korea 1

Ankunft des französischen Kommissars für Korea.

PAAA_RZ201-018951_029 ff.			
Empfänger	Bismarck	Absender	Krien
A. 9382 pr. 1 August 1888. a. m.		Söul, den 9. Juni 1888.	
Memo	J. № 271.		

A. 9382 pr. 1 August 1888. a. m.

Söul, den 9. Juni 1888.

Kontrolle № 33.

Seiner Durchlaucht

dem Fürsten von Bismarck.

Euerer Durchlaucht habe ich die Ehre ganz gehorsamst zu berichten, daß der zum Kommissar der französischen Republik in Korea ernannte frühere 2. Sekretär bei der französischen Gesandtschaft in Peking, Monsieur Collin de Plancy, am 5. dss. Mts. in Begleitung eines Dolmetschers namens Guérin hier eingetroffen ist und, zufolge einer mir heute von ihm zugegangenen Mitteilung, am 7. dss. Mts. sein Einführungsschreiben dem hiesigen Präsidenten des Auswärtigen Amtes eingehändigt hat.

Wie Euerer Durchlaucht ich mittels Berichtes № 41 vom 31. Mai d. v. J.[1] zu melden die Ehre hatte, hielt sich Herr Collins de Plancy im Mai v. J. behufs Austausches der Ratifikation des französisch-koreanischen Vertrages einige Zeit hier auf.

Abschriften dieses Berichts sende ich an die Kaiserlichen Gesandtschaften zu Peking und Tokio.

Krien.

Inhalt: Ankunft des französischen Kommissars für Korea.

---

1 II 15861 i. a. ehrerbietigst beigefügt.

[   ]

PAAA_RZ201-018951_032 f.

Empfänger	Bismarck	Absender	Brandt
A. 601 pr. 12. Januar 1889. a. m.		Peking, den 24. November 1888.	
Memo	mtg. 12. 1. n. London 34, Petersburg 28, Hamburg 11.		

Abschrift.

A. 601 pr. 12. Januar 1889. a. m.

Peking, den 24. November 1888.

A. № 347.

Seiner Durchlaucht

dem Fürsten von Bismarck.

Li-hung-chang und auch das Tsungli-Yamen haben auf das Verlangen des Königs von Korea nach der Abberufung des chinesischen Minister-Residenten Yuan mit der Forderung geantwortet, daß der amerikanische Ratgeber des Königs, Denny, zu gleicher Zeit entlassen werden solle. Die Lösung der Frage ist dadurch wieder wesentlich erschwert worden, aber ich glaube trotzdem annehmen zu dürfen, daß in der nächsten Zeit eine Veränderung in der Person des chinesischen Residenten in Söul eintreten wird. Die bis jetzt als seine eventuellen Nachfolger bezeichneten Persönlichkeiten, ein Taotai in Tientsin und ein früherer Sekretär der chinesischen Gesandtschaft in Tokio, dürften allerdings ebenfalls kaum die notwendige Authorität besitzen, um den schlechten Eindruck zu verwischen, den Yuans Auftreten gemacht hat, und die alten Beziehungen zwischen Korea und China wiederherzustellen, aber jeder Wechsel in der Person des chinesischen Residenten muß für den Augenblick als ein Gewinn betrachtet werden, der die Gefahr des Ausbruchs von Unruhen in Korea und dadurch weiterer politischer Komplikationen vermindert.

gez. Brandt.

orig. i. a. Korea 1

[   ]

PAAA_RZ201-018951_034

Empfänger	Bismarck	Absender	Arco
A. 5403 pr. 13. April 1889. a. m.		Washington, den 31. März 1889.	
Memo	Auszuge des orig. mitg. 13. 4. London u. Santiago.		

Abschrift.

A. 5403 pr. 13. April 1889. a. m.

Washington, den 31. März 1889.

№ 177.

Seiner Durchlaucht

dem Fürsten von Bismarck.

Der Präsident der Vereinigten Staaten hat neuerdings folgende Ernennungen im diplomatischen Dienst vollzogen:

William O. Bradley aus Kentucky zum Ministerresidenten und Generalkonsul in Korea. pp.

William O. Bradley endlich, welchem der Posten in Korea angeboten worden ist, ist einer der hervorragendsten Republikaner in den Südstaaten und hat wiederholt, wenn auch vergeblich, für Staatsämter kandiert. Ob er die Wahl annehmen wird, erscheint fraglich, da er eine einträgliche Praxis als Rechtsanwalt besitzt.

gez. Arco.

Orig. i. a. N. Amerika 7

PAAA_RZ201-018951_035 ff.			
Empfänger	Bismarck	Absender	Ketteler
A. 12460 pr. 12. September 1889. a. m.		Peking, den 19. Juli 1889.	
Memo	mitg. 13. 9. London 796, Petersbg. 303.		

Auszug.

A. 12460 pr. 12. September 1889. a. m.

Peking, den 19. Juli 1889.

A. № 232.

Seiner Durchlaucht

dem Fürsten von Bismarck.

pp. Nach einer Mitteilung des hiesigen amerikanischen Gesandten, Colonel Denby, hatte sich der amerikanischen Minister-Resident in Söul, Herr Dinsmore, bei seiner Regierung über die Haltung des dortigen chinesischen Vertreters, Taotai Yuan, beschwert, welcher fast regelmäßig auf die verschiedenen von Herrn Dinsmore als Doyen des diplomatischen Corps in Korea an ihn gerichteten Aufforderungen zu gemeinsamen Besprechungen sein Nichterscheinen bei denselben durch Unwohlsein entschuldige und seinen Sekretär entsende, um den Verhandlungen der diplomatischen und konsularischen Vertreter beizuwohnen.

Herr Dinsmore hat daher seine Regierung gebeten, die nötigen Schritte um Aufklärung der amtlichen Stellung Yuans bei dem Tsungli-Yamen in Peking tun zu wollen. Der chinesische Vertreter lege sich den englischen Titel „Resident" bei und suche seine Nichtbeteiligung an gewissen gemeinsamen Schritten der fremden Vertreter in Korea durch seine exceptionelle Stellung und das abhängige Verhältnis, in welchem Korea zu seiner Regierung stehe, zu rechtfertigen.

Colonel Denby richtete infolgedessen eine Note an das Tsungli-Yamen, in welcher er im Auftrage seiner Regierung um eine die amtliche Stellung und Eigenschaft des chinesischen Vertreters in Korea in unzweideutiger Weise kennzeichnende Erklärung bat.

Das Tsungli-Yamen hat darauf vor wenigen Tagen mit einer Note geantwortet, in welcher der Prinz und die Minister ausführlichst auseinandersetzen, wie in Anbetracht der Tatsache, daß Korea ein Schutzstaat Chinas sei, von einem Vergleich der Stellung ihres dortigen Vertreters mit der der diplomatischen und konsularischen Agenten der

Vertragsmächte wohl nicht die Rede sein könne und wie derselbe zu einer ganz abgesonderten Tätigkeit berufen sei.

Die Note des Tsungli-Yamen soll es ängstlich vermeiden, dem chinesischen Vertreter eine andere Bezeichnung als die seines früheren Rangtitels „Taotai", d. h. „ein im inneren Verwaltungsdienst beschäftigter chinesischer Beamter", beizulegen, obschon den Ministern die Äquivalente, die für die Rangstufen der diplomatischen und konsularischen Beamten genau den unserigen entsprechend im Chinesischen gewählt sind, nicht ungeläufig sein dürften.

Die einzige direkte Antwort, zu der die Minister des Tsungli-Yamen sich der Anfrage der amerikanischen Regierung gegenüber herbeigelassen haben, liegt in der Erklärung, Yuan Taotai sei angewiesen, die „Angelegenheiten Chinas in Korea zu verwalten", ein Ausdruck, den die Übersetzung des amerikanischen Gesandtschafts-Dolmetschers mit den Worten „to manage Chinese affairs in Corea" wiedergibt.

v. Ketteler.

Orig. i. a. Korea 1

Die diplomatische Vertretung Englands in Korea betreffend.

PAAA_RZ201-018951_038 ff.			
Empfänger	Bismarck	Absender	Ketteler
A. 16648 pr. 10. Dezember 1889. a. m.		Peking, den 21. Oktober 1889.	
Memo	mtg. 12. 12. London 1029.		

A. 16648 pr. 10. Dezember 1889. a. m.

Peking, den 21. Oktober 1889.

A. № 269.

Vertraulich.

Seiner Durchlaucht

dem Fürsten von Bismarck.

Der hiesige königlich großbritannische Gesandte Sir John Walsham, welcher seit 1886 ebenfalls am Hofe zu Seoul akkreditiert, bisher mit der Überreichung seiner Beglaubigungsschreiben an den König von Korea gezögert hatte, erhielt, wie er mir vertraulich mitteilte, vor Kurzem ein im Auftrag des Königs von dem Präsidenten des koreanischen Auswärtigen Ministeriums an ihn gerichtetes Staatsschreiben, in welchem der königliche Wunsch zu erkennen gegeben wird, in Anbetracht der Schwierigkeit des amtlichen Verkehrs der koreanischen Regierung mit dem hier residierenden Gesandten Englands für China und Korea, eine Änderung in der Vertretung Großbritanniens in Korea dadurch herbeigeführt zu sehen, daß ein besonderer außerordentlicher Gesandte und bevollmächtigter Minister mit dem Sitz in Seoul ernannt werde.

In diesem durch Vermittlung des großbritannischen stellvertretenden General-Konsuls Mr. Hillier hierher übersandten Schreiben fordere der Präsident des koreanischen Ministeriums Sir John Walsham weiter auf, diesen Wunsch seines Souveräns Ihrer Majestät der Königin von England zu übermitteln.

Sir John Walsham sieht in diesem Schreiben sowohl einen gegen alle Gebräuche verstoßenden Ausdruck der Unzufriedenheit mit den seitens der Regierung Ihrer Majestät der Königin getroffenen Verfügungen, als auch eine unverdiente Mißbilligung seiner eigenen Person und Tätigkeit als großbritannischer Vertreter und schreibt die Urheberschaft desselben wohl nicht mit Unrecht den rastlosen Intrigen und Einflüsterungen des amerikanischen Ratgebers des Königs in Seoul zu, da Herr Denny auch hierin ein Mittel gesehen haben dürfte, die Unabhängigkeit Koreas gegenüber der chinesischerseits in letzter Zeit verstärkten Betonung des Vasallenverhältnisses von Neuem hervortreten zu lassen.

Der englische Gesandte, welcher das in dem Schreiben gestellte Ansinnen im Verlaufe der Unterhaltung zu verschiedenen Malen mit der Bezeichnung „decidedly discourteous" belegte, fügte hinzu, daß er sich noch nicht über die Art und Weise, wie er dieses Schreiben der koreanischen Regierung beantworten solle, schlüssig gemacht habe.

Dem Kaiserlichen Konsul in Korea habe ich Abschrift des vorstehenden ganz gehorsamsten Berichts direkt zugehen lassen.

Ketteler.

Inhalt: Die diplomatische Vertretung Englands in Korea betreffend.

Berlin, den 12. Dezember 1889.   A. 16648.

An

die Botschaft in

London № 1029

Euerer p. übersende ich anbei ergebenst Abschrift
eines Berichts des K. Geschäftsträgers in Peking
vom 21. Oktober d. J., betreffend die diplomatische
Vertretung Englands in Korea zu Ihrer Information
und mit der Ermächtigung, den Inhalt nach Ihrem
Ermessen zu verwerten.

J. № 9488.   N. S. E.

                                           i. m.

                                        L. Bülow.

PAAA_RZ201-018951_046 ff.

Empfänger	Bismarck	Absender	Arco
A. 1782 pr. 9. Februar 1890. a. m.		Washington, den 28. Januar 1890.	
Memo	s. Erl. v. 14. 12. nach Peking 4, Söul 1.		

Abschrift.

A. 1782 pr. 9. Februar 1890. a. m.

Washington, den 28. Januar 1890.

№ 52.

Seiner Durchlaucht

dem Fürsten von Bismarck.

Euerer Durchlaucht beehre ich mich gehorsamst zu melden, daß der Präsident der Vereinigten Staaten nachstehende Ernennungen im auswärtigen Dienste gestern dem Senat zur Bestätigung übersandt hat.

Mr. Augustin Heard aus Massachusetts, Ministerresident und General-Konsul Korea.

Herr Heard ist ein älterer Herr, verheiratet, früher Chef eines großen Handelshauses in China, als welcher er für einen Millionär galt, bis er in Folge unglücklicher Spekulationen sein ganzes Vermögen einbüßte. Seitdem hat derselbe als Landagent in Bae Harbor (Maine) seinen Lebensunterhalt zu verdienen gesucht, wo er mit Herrn Blaine, welcher dort eine Villa besitzt, näher bekannt geworden ist, so daß seine Ernennung jedenfalls auf die ganz persönliche Initiative des Herrn Staats-Sekretärs zurückzuführen ist. Herr Heard ist europäisch gebildet, von guten Umgangsformen und dürfte in Folge langjährigen Aufenthalts in China mit den ostasiatischen Verhältnissen einigermaßen bekannt sein, wenngleich Erfahrung im diplomatischen Dienst ihm selbstverständlich abgeht.

Gez. Arco.

orig. i. a. N. Amerika 7

[   ]

PAAA_RZ201-018951_049

Empfänger	Bismarck	Absender	Arco
A. 2714 pr. 26. Februar 1890. a. m.		Washington, den 5. Februar 1890.	

Abschrift.

A. 2714 pr. 26. Februar 1890. a. m.

Washington, den 5. Februar 1890.

№ 74.

Seiner Durchlaucht

dem Fürsten von Bismarck.

Die Ernennung des Herrn Augustine Heard zum Ministerresidenten und Generalkonsul für Korea ist in der gestrigen Sitzung des Senates bestätigt worden.

gez. Arco.

orig. i. a. N. Amerika 7

[   ]

PAAA_RZ201-018951_050

Empfänger	Bismarck	Absender	Brandt
A. 5672 pr. 2. Mai 1890. a. m.		Peking, den 20. März 1890.	

Abschrift.

A. 5672 pr. 2. Mai 1890. a. m.

Peking, den 20. März 1890.

A. № 89.

Vertraulich.

Seiner Durchlaucht

dem Fürsten von Bismarck.

Der nach Zeitungsnachrichten für Korea neuernannte amerikanische Minister-Resident Mr. Augustine Heard ist ein früherer Kaufmann, dessen sehr bedeutendes Haus in China Mitte der siebziger Jahre seine Zahlungen einstellen mußte.

Herr Heard, der mir persönlich sehr wohl bekannt ist, war früher ein durchaus verständiger Mann, dessen Bildung und Umgangsformen weit über das gewöhnliche Maß der Kaufleute im fernen Osten hinausgingen, seine Ernennung scheint jedenfalls darauf hinzudeuten, daß man amerikanischerseits einen mit den Verhältnissen Ostasiens vertrauten Mann in Söul zu sehen wünscht.

gez. Brandt.

orig. i. a. Japan 1

Verlängerung der Amtsdauer des Herrn Yuan.

PAAA_RZ201-018951_051 ff.			
Empfänger	Bismarck	Absender	Krien
A. 7552 pr. 20. Juni 1890. p. m.		Söul, den 8. Mai 1890.	
Memo	J. № 252.		

A. 7552 pr. 20. Juni 1890. p. m.

Söul, den 8. Mai 1890.

Kontrole № 41.

Seiner Durchlaucht

dem Fürsten von Bismarck.

Euerer Durchlaucht habe ich die Ehre ganz gehorsamst zu melden, daß der chinesische Gesandtschaftssekretär, Herr Tong, mir heute mündlich mitgeteilt hat, daß zufolge einer vorläufig telegraphisch hier eingetroffenen Nachricht die Amtsdauer des gegenwärtigen chinesischen Vertreters in Söul seitens des General-Gouverneurs Li-Hung chang auf weitere drei Jahre verlängert und daß Herrn Yuan wegen seiner Verdienste in Korea gleichzeitig der Charakter als Beamter zweiter Klasse verliehen worden sei.

Abschriften dieses ehrerbietigen Berichtes sende ich an die Kaiserlichen Gesandtschaften zu Peking und Tokio.

Krien.

Inhalt: Verlängerung der Amtsdauer des Herrn Yuan.

[   ]

PAAA_RZ201-018951_054

Empfänger	Caprivi	Absender	Krien
A. 10643 pr. 29. September 1890. a. m.		Söul, den 30. Juli 1890.	

Abschrift.

A. 10643 pr. 29. September 1890. a. m.

Söul, den 30. Juli 1890.

Kontrolle № 57.

An Seine Excellenz

den Reichskanzler, General der Infanterie

Herrn von Caprivi.

Euerer Excellenz habe ich die Ehre ganz gehorsamst zu melden, daß der Missionar-Arzt Dr. Allen, welcher ungefähr zwei Jahre lang – bis zum Herbst v. J. – den Posten eines Sekretärs der koreanischen Gesandtschaft in Washington bekleidete, an Stelle des Ende v. J. ausgeschiedenen Legations-Sekretärs der hiesigen Minister-Residentur der Vereinigten Staaten von Amerika ernannt worden ist.

gez. Krien.

Orig. i. a. Korea 8

[   ]

PAAA_RZ201-018951_055 f.

Empfänger	Caprivi	Absender	Reinsdorf
A. 6982 pr. 8. August 1891. a. m.		Söul, den 8. Juni 1891.	

Abschrift.

A. 6982 pr. 8. August 1891. a. m.

Söul, den 8. Juni 1891.

Kontrolle № 35.

Seiner Excellenz

dem Reichskanzler, General der Infanterie

Herrn von Caprivi.

Euerer Excellenz habe ich die Ehre ganz gehorsamst zu berichten, daß der italienische Vertreter für China und Siam, Chev. A. Pansa, welcher am 4. d. M. an Bord des italienischen Kriegsschiffes Volturno von Japan kommend in Chemulpo eintraf, am 7. d. M. in Söul vom König von Korea in feierlicher Audienz empfangen, demselben ein Schreiben des Königs von Italien überreicht hat, welches Herrn Pansa als außerordentlichen Gesandten und bevollmächtigten Minister für Korea beglaubigt. Der Gesandte zeichnete das „agreement respecting a general foreign settlement at Chemulpo" vom 3. Oktober 1884 und verließ Korea mit dem Volturno, um sich über Taku nach Peking zurückzubegeben.

Von der Errichtung einer ständigen Vertretung Italiens in Korea wird vorläufig noch Abstand genommen; der englische Generalkonsul Hillier wird wie bisher die italienischen Interessen noch weiterhin wahrnehmen.

gez. Reinsdorf.

orig. i. a. Italien 84

[   ]

PAAA_RZ201-018951_057 f.

Empfänger	Caprivi	Absender	Reinsdorf
A. 6983 pr. 8. August 1891. a. m.		Söul, den 11. Juli 1891.	

Abschrift.

A. 6983 pr. 8. August 1891. a. m.

Söul, den 18. Juli 1891.

C. № 36.

Seiner Excellenz

dem Reichskanzler, General der Infanterie

Herrn von Caprivi.

Euerer Excellenz habe ich die Ehre ganz gehorsamst zu berichten, daß der hiesige französische Vertreter Collin de Plancy die Geschäfte des Commissariats der französischen Republik am 15. d. M. an den zu seinem Nachfolger bestellten bisherigen Konsul in Mongtzu (Yünnan), Emile Rocher, übergeben hat. Herr Collin de Plancy war bereits vor einem Jahr zum 1. Sekretär der französischen Gesandtschaft in Tokio ernannt worden, mußte jedoch in Korea verblieben, weil sich die Ernennung und Ankunft seines Nachfolgers verzögerte.

gez. Reinsdorf.

orig. i. a. Frankreich 108

Wechsel in der Person des hiesigen russischen Vertreters.

PAAA_RZ201-018951_059 ff.			
Empfänger	Caprivi	Absender	Reinsdorf
A. 10088 pr. 17. November p. m.		Söul, den 30. August 1891.	
Memo	J. № 393.		

A. 10088 pr. 17. November p. m.

Söul, den 30. August 1891.

Kontrolle № 48.

An Seine Excellenz

den Reichskanzler, General der Infanterie

Herrn von Caprivi.

Euerer Excellenz habe ich die Ehre ganz gehorsamst zu berichten, daß der russische Geschäftsträger Herr Waeber die Geschäfte der hiesigen russischen Gesandtschaft am 23. d. M. dem bisherigen Konsul in Hankow, Herrn Generalkonsul P. A. Dmitrevsky übergeben hat. Nachdem beide Herren vom König in Audienz empfangen worden waren, hat Herr Waeber am 29. d. M. Korea mit Urlaub für Europa verlassen.

gez. Reinsdorf.

Inhalt: Wechsel in der Person des hiesigen russischen Vertreters.

Wechsel in der Person des französischen Vertreters.

PAAA_RZ201-018951_062 ff.			
Empfänger	Caprivi	Absender	Krien
A. 5031 pr. 7. Juni 1892. a. m.		Söul, den 18. April 1892.	
Memo	J. № 160.		

A. 5031 pr. 7. Juni 1892. a. m.

Söul, den 18. April 1892.

Kontrolle № 26.

An Seine Excellenz
den Reichskanzler, General der Infanterie
Herrn von Caprivi.

Euerer Excellenz beehre ich mich ganz gehorsamst zu berichten, daß der zum Nachfolger des Herrn Collin de Plancy ernannte französische Konsul und Kommissar Hyppolite Frandin am 13. d. Mts. die Geschäfte der hiesigen französischen Vertretung übernommen hat.

Der interimistische Kommissar Rocher hatte Seoul krankheitshalber einen Monat vorher verlassen.

Herr Frandin war früher erster Sekretär bei der französischen Gesandtschaft in Peking und zuletzt französischer Kommissar für die Absteckung der Grenze zwischen Tonkin und China.

Eine Abschrift dieses Berichts sende ich an die Kaiserliche Gesandtschaft zu Peking.

gez. Krien.

Inhalt: Wechsel in der Person des französischen Vertreters.

Abberufung des japanischen Minister-Residenten.

PAAA_RZ201-018951_065 ff.			
Empfänger	Caprivi	Absender	Krien
A. 1105 pr. 5. Februar 1893. a. m.		Söul, den 18. Dezember 1892.	
Memo	J. № 472.		

A. 1105 pr. 5. Februar 1893. a. m.

Söul, den 18. Dezember 1892.

Kontrolle № 62.

An Seine Excellenz, den Reichskanzler, General der Infanterie, Herrn Grafen von Caprivi.

Euerer Excellenz beehre ich mich ganz gehorsamst zu melden, daß der bisherige japanische Minister-Resident Kajiyama Ende v. Mts. von seiner Regierung plötzlich abberufen worden ist und am 4. d. Mts. Korea verlassen hat. Bis zur Ankunft seines Nachfolgers versieht der Legationssekretär und Konsul Sugimura die Geschäfte der Minister-Residentur.

Nach hier vorliegenden japanischen Zeitungsnachrichten ist Herr Kajiyama von seinem Posten abberufen worden, weil er die berechtigten Ansprüche seiner Landsleute der koreanischen Regierung gegenüber nicht mit der gehörigen Energie vertreten hat. – Tatsächlich ist jedoch unter seiner Amtsführung der japanische Einfluß in Korea viel größer gewesen als unter seinen beiden Vorgängern. –

Als seinen Nachfolger nennen japanische Zeitungen einen Herrn Oishi, der bisher eine amtliche Stellung nicht bekleidet hat, einen Freund und politischen Parteigenossen des gegenwärtigen japanischen Ministers für Landwirtschaft und Handel, Herrn Goto. – Herr Oishi hat im Februar d. Jrs. Korea bereist.

Abschriften dieses Berichtes sende ich an die Kaiserlichen Gesandtschaften zu Peking und Tokio.

gez. Krien.

Inhalt: Abberufung des japanischen Minister-Residenten.

Ankunft des neuen japanischen Minister-Residenten Oishi.

PAAA_RZ201-018951_069 ff.			
Empfänger	Caprivi	Absender	Krien
A. 2379 pr. 21. März 1893. p. m.		Söul, den 28. Januar 1893.	
Memo	J. № 47.		

A. 2379 pr. 21. März 1893. p. m.

Söul, den 28. Januar 1893.

Kontrolle № 8.

An Seine Excellenz

den Reichskanzler, General der Infanterie

Herrn Grafen von Caprivi.

Euerer Excellenz habe ich die Ehre im Anschluß an den ganz gehorsamen Bericht № 62 vom 18. vor. Mts.[2] zu melden, daß der neuernannte japanische Minister-Resident Masami Oishi am 24. d. Mts hier eingetroffen ist und, nachdem er gestern von dem König in Audienz empfangen worden, am heutigen Tage die Geschäfte der hiesigen japanischen Minister-Residentur übernommen hat.

Abschriften dieses ehrerbietigen Berichtes sende ich an die Kaiserlichen Gesandtschaften zu Peking und Tokio.

gez. Krien.

Inhalt: Ankunft des neuen japanischen Minister-Residenten Oishi.

---

2 A. 1105 ehrerb. beigef.

Betreffend den Wunsch S. M. des Königs von Korea den Rang des Kaiserlichen Vertreters in Söul erhöht zu sehen.

PAAA_RZ201-018951_072 ff.			
Empfänger	Caprivi	Absender	Brandt
A. 4543 pr. 1. Juni 1893. a. m.		Shanghai, den 23. April 1893.	
Memo	s. Erl. v. 17. 6. n. Peking A. 17.		

A. 4543 pr. 1. Juni 1893. a. m.

Shanghai, den 23. April 1893.

An Seine Excellenz

den Reichskanzler, General der Infanterie

Herrn Grafen von Caprivi.

Bei einer Audienz, welche Seine Majestät der König von Korea mir am 16. April d. J. zu gewähren die Gnade hatte, betonte Allerhöchstderselbe wiederholt Seine Zufriedenheit mit dem bei der Gelegenheit ebenfalls anwesenden Kaiserlichen Konsul Krien und sprach den Wunsch aus, daß demselben ein höherer Rang verliehen werden möge.

Es ist auf das ausdrückliche Ersuchen des Königs, daß ich diesen Wunsch Seiner Majestät zu Euerer Excellenz Kenntnis bringe.

Zur Sache selbst wollen Eure Excellenz mir hochgeneigtest gestatten das Nachstehende ganz gehorsam zu bemerken. Die Vereinigten Staaten und Japan sind in Söul durch Minister-Residenten vertreten, Russland durch einen Geschäftsträger, Großbritannien durch einen dem Gesandten in Peking unterstellten General-Konsul und Frankreich durch einen Konsul und Kommissar der Republik.

Der letztere, seines persönlichen Ranges Botschaftssekretär, beansprucht auf Grund seines Titels als Kommissar den Vorrang vor den älteren Konsuln und auch vor dem nichtselbständigen britischen General-Konsul und hat dadurch zu manchen Zerwürfnissen unter den fremden Vertretern Veranlassung gegeben, bei denen Konsul Krien, wie ich glaube bemerken zu sollen, viel Zurückhaltung und Vorsicht gezeigt hat.

Dem Wunsche des Königs von Korea durch die Ernennung des Konsuls Krien zum General-Konsul oder Geschäftsträger zu entsprechen, dürften manche innere, parlamentarische, und äußere Bedenken entgegenstehen, letztere namentlich auch mit Bezug auf die Stellung Chinas zu Korea; dagegen legt auch Konsul Krien Wert darauf, daß die Stellung des deutschen Vertreters, die, wenn ich recht berichtet bin, bei einer früheren Gelegenheit, der der Beglaubigung des [sic.] Zembsch in Söul, generell als die eines Kommissars der Regierung bezeichnet worden ist, der koreanischen Regierung gegenüber etwas schärfer definiert wurde, was seiner Ansicht nach in ausreichender Weise dadurch geschehen könnte, daß dieselbe durch ein Schreiben Euerer Excellenz davon verständigt würde, daß seine Vorgänger und er selbst seit seiner Ernennung für Korea seitens der Kaiserlichen Regierung stets als Kommissare derselben angesehen worden seien und auch ich seitens der koreanischen Regierung als solcher zu betrachten sei.

Auf chinesischer Seite würde eine derartige Schrift keinerlei Bedenken hervorrufen, dem Wunsche des Königs von Korea und der koreanischen Regierung würde dadurch wenigstens teilweise entsprochen, und die Stellung des deutschen Vertreters den letzteren und seinen Kollegen gegenüber schärfer definiert werden, was jedenfalls als ein Vorteil zu bezeichnen sein dürfte.

Brandt.

Inhalt: Betreffend den Wunsch S. M. des Königs von Korea den Rang des Kaiserlichen Vertreters in Söul erhöht zu sehen.

Berlin, den 17. Juni 1893.   A. 4543.

An
Schenck
Peking A. № 17

J. № 3115.

Ew. übersende ich anbei Abschrift eines Berichts, welchen der frühere K. Gesandte H. v. Brandt unter dem 23. April d. Js. aus Anlaß seines Besuches in Korea erstattet hat. Derselbe übermittelt darin den ihm gegenüber ausgesprochenen Wunsch des Königs von Korea, dem dortigen Ksl. Konsul einen höheren Rang zu verleihen und befürwortete die Erfüllung dieses Wunsches in dem Sinn, daß dem Konsul der Titel eines „Kommissars" verliehen werden möge.

Die Annahme H. v. Brandts, daß der jetzige Min. -Resident Zembsch bei Gelegenheit seiner Mission nach Korea diesen Titel geführt habe, ist nicht zutreffend; sie scheint irriger Weise dadurch entstanden zu sein, daß Herr Zembsch damals die ihm übertragenen Funktionen „kommissarisch" ausgeübt hat. Unser diplomatischer und konsularischer Dienst kennt den besonderen Titel eines Kommissars nicht, und es kommt demselben auch sonst kein international anerkannter Rang zu. Es ist daher auffällig, wenn, wie H. v. Brandt berichtet, der französ. Konsul in Korea auf Grund dieses angeblichen Titels sich einen höheren Rang als seine konsularischen Kollegen beimessen will, und wir würden dahingehende Prätentionen nicht anerkennen können.

Ew. bitte ich zunächst, Herrn Krien in diesseitigem Auftrag um näheren Bericht zu ersuchen, in welcher Weise der französische Konsul in Söul seinen Ansprüchen auf Vorrang Ausdruck gegeben hat. Bei Einreichung des Berichts wollen Ew. sich gutachtlich dazu äußern und auch sonst zu den von Ihrem Herrn Vorgänger in der Anlage berichteten Verhältnissen Ihre Ansicht hierher mitteilen.

N. N.

M..

[   ]

PAAA_RZ201-018951_082

Empfänger	[o. A.]	Absender	[o. A.]
A. 5747 pr. 10. Juli 1893. A. 5744 pr. 10. Juli 1893. A. 6548 pr. 6. August 1893.		[o. A.]	

A. 5747 pr. 10. Juli 1893.

A. 5744 pr. 10. Juli 1893.

A. 6548 pr. 6. August 1893.

Notiz.

Berichte über das taktlose Auftreten des japanischen Gesandten in Söul, Hon. Oishi und seine Abberufung

befinden sich i. a. Korea 1.

[   ]

PAAA_RZ201-018951_083 f.

Empfänger	Caprivi	Absender	Krien
A. 6067 pr. 21. Juli 1893. a. m.		Söul, den 27. Mai 1893.	

Abschrift.

A. 6067 pr. 21. Juli 1893. a. m.

Söul, den 27. Mai 1893.

№ 30.

Seiner Excellenz, dem Reichskanzler, General der Infanterie, Herrn Grafen von Caprivi.

Euerer Excellenz beehre ich mich ganz gehorsamst zu berichten, daß der auch für Korea beglaubigte großbritannische Gesandte zu Peking, Herr O′Conor am 19. d. M. auf dem 23. d. M. von dem König von Korea empfangen wurde, um sein Beglaubigungsschreiben zu überreichen.

Gestern verließ Herr O′Conor die Stadt Söul und reiste heute von Chemulpo auf seinen Posten in Peking zurück.

Sein Vorgänger, Sir John Walsham, hatte sich zwar verschiedene Male angemeldet, war jedoch niemals hier erscheinen, um sein Beglaubigungsschreiben dem König zu übergeben.

Aus Verstimmung darüber hatte die hiesige Regierung bei der großbritannischen Regierung die Ernennung eines besonderen Gesandten für Korea beantragt. Diesem Ersuchen wurde nicht stattgegeben. Dagegen wurde der hiesige britische General-Konsul, Herr Hillier, vor etwa 2 Jahren mit einem ministeriellen Einführungsschreiben des Marquis of Salisbury an den hiesigen Präsidenten des Auswärtigen Amtes versehen.

Eine Abschrift dieses ganz gehorsamst Berichtes sende ich an die Kaiserliche Gesandtschaft zu Peking.

gez. Krien.

orig. i. a. England 86.

PAAA_RZ201-018951_085 f.

Empfänger	Caprivi	Absender	Gutschmid
A. 7253 pr. 31. August 1893. a. m.		Tokio, den 26. Juli 1893.	

Abschrift.

A. 7253 pr. 31. August 1893. a. m.

Tokio, den 26. Juli 1893.

A. 41.

Seiner Excellenz

dem Reichskanzler, General der Infanterie

Herrn Grafen von Caprivi.

Der vor kurzem mit Urlaub hier eingetroffene japanische Ministerresident in Korea, Herr Oishi, ist seines Postens enthoben worden.

Das konservative und, wenn auch nicht dem jetzigen Kabinet nahestehende, so doch im allgemeinen wohlinformierte Blatt „Nippon" bringt in seiner Nummer vom 19. d. M. einen längeren Artikel über die Veränderung in der diplomatischen Vertretung Japans in Korea, worin ausgeführt wird, wie letzteres, trotz seiner staatsrechtlichen Unabhängigkeit, tatsächlich von China geleitet wird. Schon Okuma habe die Absicht gehabt, den japanischen Gesandten in Peking gleichzeitig mit der Wahrung der japanischen Interessen in Korea zu beauftragen und Enomotto habe diese Absicht gebilligt. Die letzten Ereignisse in Korea hätten die Richtigkeit dieser Auffassung dargetan und jetzt sei der Zeitpunkt gekommen, die Maßregel auszuführen. Otori sei wegen seiner persönlichen Beziehungen zu Li Hung Chang für den Doppelposten besonders geeignet.

Irre ich mich nicht, so gibt der Artikel des „Nippon" im Ganzen die Gesichtspunkte richtig wieder, die bei der Ernennung des Herrn Otori im Kabinet maßgebend gewesen sind.

gez. von Gutschmid.

Orig. in act. Japan 8. № 7.

Gleichzeitige Accreditirung des hiesigen japanischen Gesandten in Söul.

PAAA_RZ201-018951_087 ff.			
Empfänger	Caprivi	Absender	Schenck
A. 7527 pr. 12. September 1893. a. m.		Peking, den 26. Juli 1893.	
Memo	Mtg. 13. 9. n. London 594, St. Petersbg. 323, Washington A. 39.		

A. 7527 pr. 12. September 1893. a. m.

Peking, den 26. Juli 1893.

A. № 100.

Seiner Excellenz

dem Reichskanzler, General der Infanterie

Herrn Grafen von Caprivi.

Euerer Excellenz beehre ich mich gehorsamst zu berichten, daß einem Telegramm zufolge, welches dem hiesigen interimistischen japanischen Geschäftsträger von seiner Regierung zuging, der hiesige Gesandte, Herr Otori, auch in Seoul accreditirt worden ist und Herr Oishi demnach nach Korea nicht zurückkehrt.

Diese Nachricht dürfte hier allgemeine Befriedigung hervorrufen, da, wie man erwartete, die Rückkehr des Herrn Oishi nach Söul Anlaß zu erneuten Streitigkeiten und Unruhen in Korea gegeben haben würde.

Herr Otori, welcher sich augenblicklich auf Urlaub in Tokio befindet, ist seit Herbst 1889 in Peking accreditirt. Er hat da durch sein taktvolles Auftreten sich das Vertrauen des Tsungli Yamen zu erwerben verstanden und auch mit seinen Kollegen immer auf gutem Fuße gelebt.

gez. Schenck.

Inhalt: Gleichzeitige Accreditirung des hiesigen japanischen Gesandten in Söul.

Berlin, den 13. September 1893.   zu A. 7527.

An   Euerer pp übersende ich anbei ergebenst
die Botschaft in   Abschrift eines Berichts des K. Gesandten in
London 594 am 14. 9.   Peking vom 25. Juli betreffend die japanische
St. Petersburg 323 am 21. 9.   Vertretung in Korea zu Ihrer Information.
Washington A. 39 am 14. 9.   N. d. H. St. S.

J. № 4849.

Ernennung eines neuen japanischen Vertreters in Söul.

PAAA_RZ201-018951_092 ff.			
Empfänger	Caprivi	Absender	Krien
A. 7629 pr. 15. September 1893. p. m.		Söul, den 4. August 1893.	
Memo	J. № 307.		

A. 7629 pr. 15. September 1893. p. m.

Söul, den 4. August 1893.

Kontrolle № 44.

An Seine Excellenz
den Reichskanzler, General der Infanterie, Herrn Grafen von Caprivi.

Euerer Excellenz beehre ich mich im Verfolg meines Berichtes № 32 vom 31. Mai d. J.[3] ganz gehorsamst zu melden, daß der japanische Minister-Resident Oishi auf seinen Antrag von seinem hiesigen Posten entbunden und der gegenwärtig in Japan auf Urlaub befindliche Gesandte in Peking, Herr Otori, unter Belassung in dieser Eigenschaft zum japanischen Gesandten in Söul ernannt worden ist.

Der hiesige Konsul Sugimura, der auf Geheiß des Ministers der auswärtigen Angelegenheiten in Tokio am 6. v. Mts. die Geschäfte der hiesigen japanischen Minister-Residentur als Geschäftsträger ad interim übernommen hat, betrachtet indes die Ernennung des Herrn Otori als eine provisorische, indem er annimmt, daß binnen Kurzem wieder ein besonderer diplomatischer Vertreter Japans in Korea bestellt werden wird.

Abschriften dieses ehrerbietigen Berichtes sende ich an die Kaiserlichen Gesandtschaften in Peking und Tokio.

Krien.

Inhalt: Ernennung eines neuen japanischen Vertreters in Söul.

---

3 II 17219 ehrerbietigst beigefügt.

Betreffend Rang und Stellung des Kaiserlichen Konsuls in Korea.

PAAA_RZ201-018951_095 ff.

Empfänger	Caprivi	Absender	Schenck
A. 9292 pr. 13. November 1893. a. m.		Peking, den 26. September 1893.	
Memo	cfr A. 9503, cfr. A. 4151 de 94. 1. Erl. 19. 12. n. Söul A. 3. 2. Erl. 19. 12. Peking A. 35.		

A. 9292 pr. 13. November 1893. a. m.

Peking, den 26. September 1893.

A. № 123.

Seiner Excellenz, dem Reichskanzler, General der Infanterie, Herrn Grafen von Caprivi.

Euerer Excellenz Erlaß A 17 vom 17. Juni laufenden Jahres[4] betreffend den Vorschlag Herrn von Brandts, dem Kaiserlichen Konsul in Korea den Titel eines „Kommissars" zu verleihen, habe ich zu erhalten die Ehre gehabt und der hohen Weisung gemäß, unter Berufung auf den mir erteilten Auftrag, Euerer Excellenz Herrn Krien in Söul um einen näheren Bericht darüber gebeten, in welcher Weise der französische Konsul in Söul auf Grund seines Titels als „Kommissar" seine Ansprüche auf Vorrang vor seinen konsularischen Kollegen Ausdruck gegeben habe.

Den erforderten Bericht hat Herr Krien bisher nicht erstattet, dagegen in einem Privatbrief an mich vom 15. d. Mts., welcher gestern hier einging, auf mein amtliches Schreiben vom 9. August folgendermaßen sich geäußert:

„Nach der Audienz vom April d. Js. fragte mich Herr von Brandt, ob ich mit Bezug auf die von dem König gewünschte Rangerhöhung irgendwelche Vorschläge zu machen hätte, und ich erwiderte, daß es sich meines Erachtens empfehlen würde, mir den Titel eines Kommissars, der ja an und für sich nichts bedeutete, von den Koreanern aber als etwas Besonders angesehen würde zu verleihen, falls dieses anginge. Ich stützte mich dabei auf den folgenden Passus des Erlasses № 8 vom 7. Mai 1885[5] des damaligen Staatssekretärs Herrn Grafen v. Hatzfeld an das Konsulat:

---

4 A. 4543 ehrerb. beigefügt.
5 II 704 de 85 ehrerb. beigefügt.

Hingegen könnte in Aussicht genommen werden, den jeweiligen konsularischen Vertreter in Korea mit einem ministeriellen Einführungsschreiben zu versehen, wodurch derselbe den Charakter eines Kaiserlichen Kommissars erhalten und bei Verlegung des Amtssitzes des Konsulats von Chemulpo nach Söul in der Lage sein würde, in fortdauerndem direkten Verkehr mit der koreanischen Zentralregierung zu stehen.

Ich fügte hinzu, daß nach meiner Überzeugung der König „damit für lange Zeit befriedigt sein würde."

Die Koreaner bilden sich ein, daß wir die hiesige Vertretung allmählich im Range herabgesetzt hätten, vom Kommissar zum Generalkonsul und dann zum Konsul, obwohl ich mir stets die größte Mühe gegeben habe, ihnen die Grundlosigkeit dieser Auffassung zu beweisen.

Ein Einführungsschreiben an den Präsidenten des koreanischen Auswärtigen Amtes habe ich erhalten, im Jahre 1889. –

Als zwingenden Beweis dafür, daß Kommissar der Haupttitel sei, pflegt Frandin anzuführen, daß er ebenso gut Schuhmacher und Kommissar sein könnte. Ich habe ihm darauf erwidert, gerade das von ihm gewählte Beispiel zeigte, daß der Titel Kommissar ein ganz schwankender sei, und daß der Rang des Inhabers durch seinen völkerrechtlich anerkannten Titel Konsul oder Generalkonsul bestimmt werde.

Die von Herrn Hillier zweimal angestellten Versuche seinen Vorrang vor den französischen Vertretern geltend zu machen, waren recht schwächlich. – Zuerst beanspruchte er während meiner Abwesenheit in Europa im Jahre 1891 vor dem derzeitigen stellvertretenden Kommissar Rocher und später vor Frandin den Vorrang. Beide Male wich er indes zurück, sowie er auf Widerstand stieß. – Das Anerbieten, mir den Rang vor Wilkinson (dem stellvertretenden englischen Generalkonsul) zu lassen, war vielleicht von dem Wunsch eingegeben, mich zu veranlassen, die Rangfrage mit meinem französischen Kollegen auszufechten.

In diesem Augenblick bringt mir der Linguist eine Abschrift des französischen Textes des Plancyschen Einführungsschreibens. Darin heißt es·······. „je m´empresse, en conséquence de vous faire connaitre que le choix de M. le Président de la République s´est porté sur M. Collin de Plancy, et qu´il m´a donné l´ordre de l´accréditer auprès de vous en qualité de Commissaire", und weiter: „Je prie V. E. de vouloir bien accueillir favorablement et lui faciliter l´accomplissement de la mission politique et commerciale dont il est chargé." –

Die vorstehenden Auslassungen enthalten keine nähere Darstellung der Art und Weise, wie Herr Frandin seinen Ansprüchen auf Vorrang Ausdruck gegeben hat. Es hätten die angeblichen Versuche des englischen Generalkonsuls Hillier seinen Vorrang geltend zu machen, im Näheren geschildert und zugleich beschrieben werden müssen, worin der Widerstand Frandins bzw. seines Stellvertreters Rocher bestanden hat, vor dem der englische Generalkonsul angeblich zurückgewichen ist. Ich habe den Kaiserlichen Konsul hierauf aufmerksam gemacht und darf mir einen weiteren gehorsamen Bericht bis nach Eingang der Rückäußerung aus Korea gehorsamst vorbehalten.

Was übrigens die Stellung unseres konsularischen Vertreters in Korea betrifft, so dürfte in Betracht kommen, daß das Vasallenverhältnis Koreas zu China, das früher mehr oder weniger nur in leeren Formen – Ehrfurchtsbezeugung vor kaiserlichen Edikten, Tributgesandtschaften u. dergl. – zum Ausdruck gekommen sein mag, im Lauf des letzten Jahrzehnts zu einem wirklichen Abhängigkeits-Verhältnis sich ausgebildet hat. Die große Schwäche der koreanischen Regierung, andererseits die kräftige und geschickte Initiative des Generalgouverneurs Li hung chang haben dies Resultat vor aller Augen in verhältnismäßig kurzer Zeit herbeigeführt. Zum Beleg gestatte ich mir einige Tatsachen bzw. Punkte nachstehend gehorsamst anzuführen und in Erinnerung zu bringen, die aber beliebig vermehrt werden könnten.

Im Jahr 1882 entsandte Li hung chang Herrn von Möllendorff zum Zweck der Organisation des Zolldienstes nach Korea, und nach Herrn von Möllendorffs Entfernung im Jahr 1885 übernahm Sir Rober Hart, der chinesische General-Zollinspektor den Zolldienst in Korea, den er seitdem selbständig leitet.

Der chinesische Resident Yuan in Korea greift dort seit einer Reihe von Jahren unausgesetzt in die innere Verwaltung und die äußeren Beziehungen des Landes ein, wie aus zahlreichen Berichten des Konsulats in Söul, der hiesigen und der Gesandtschaft in Tokio hervorgeht.

Im Jahr 1887 bat der König von Korea in demütigster Form in Peking um die Erlaubnis, Gesandte nach den Vereinigten Staaten und nach Europa entsenden zu dürfen. (Bericht A 344 vom 3. Dezember 1887)[6]

Das Ende vorigen Jahres begonnene Ausprägung neuer Münzen in Korea mußte auf den Einspruch des chinesischen Residenten wieder eingestellt werden, weil auf den Münzen Korea als „Groß Tschosön" bezeichnet war. (Bericht aus Söul C. № 13 vom 27. Februar 1893)[7]

Selbst Japan, welches um den politischen Einfluß in Korea mit China früher rivalisierte, scheint neuerdings die politische Abhängigkeit Koreas von China gewissermaßen anerkennen zu wollen, indem es seinen Gesandten Otori in China zugleich

---

6   A. 908 de 88.

7   II 9673.

und in Korea beglaubigte. (Bericht aus Tokio vom 26. Juli 1893)[8]

Auch der hiesige englische und italienische Gesandte sind zugleich in Korea beglaubigt.

Eine gleichzeitige Beglaubigung des deutschen Gesandten in Peking auch für Korea dürfte indessen, meines unmaßgeblichen Ermessens, wegen der Geringfügigkeit unserer Interessen in Korea vorläufig kaum angezeigt erscheinen, auch deshalb weniger, weil die Abhängigkeit Koreas von dem Generalgouverneur Li hung chang gerade neuerdings in so unzweideutiger Weise hervorgetreten ist.

Dagegen möchte ich mir gestatten Euerer Excellenz hochgeneigtem Ermessen gehorsamst anheim zu stellen, ob es sich nicht empfehlen möchte, das Konsulat in Korea, wenigstens für die politische Berichterstattung zugleich der diesseitigen Gesandtschaft in der Weise zu unterstellen, daß dasselbe nicht allein, wie bisher, Abschriften seiner politischen Berichte hierher mitteilt, sondern auch diesseitigen Anregungen in Bezug auf die politische Berichterstattung Folge zu geben hat.

Ein ähnliches Verhältnis besteht, soviel mir bekannt, zwischen dem russischen Generalkonsulat in Korea und der hiesigen russischen Gesandtschaft. Der englische Generalkonsul in Korea ist vollkommen dem hiesigen englischen Gesandten untergeordnet.

Die hiesige Gesandtschaft war für ihre politische Information in Bezug auf koreanische Verhältnisse bisher mehrfach auf russische und englische Quellen angewiesen und Herr Krien hat seine Stellung als koordinirte Reichsbehörde dem kaiserlichen Geschäftsträger gegenüber in entschiedener Weise geltend gemacht.

Die teilweise Unterstellung des Konsulats in Korea unter diese Gesandtschaft könnte eventuell als ein Internum des kaiserlichen Dienstes behandelt werden. Dagegen sehe ich unmaßgeblicher Weise kein Bedenken, dem Herrn von Brandt gegenüber ausgesprochenen Wunsch des Königs von Korea Folge zu geben und dem gegenwärtigen konsularischen Vertreter in Söul und seinen Amtsnachfolgern – eventuell nur für die Dauer der Entsendung nach Korea – den Charakter als Generalkonsul beizulegen.

gez. Schenck.

Inhalt: Betreffend Rang und Stellung des Kaiserlichen Konsuls in Korea.

---

8   A. 7253 ehrerb. Beigefügt.

Betreffend den „Kommissar"-Titel des französischen Vertreters in Korea.

PAAA_RZ201-018951_107 ff.

Empfänger	Caprivi	Absender	Schenck
A. 9503 pr. 18. November 1893. a. m.		Peking, den 2. Oktober 1893.	
Memo	cfr A. 323 de 94. Erl. 19. 12. n. Söul A. 3, Peking A. 35.		

A. 9503 pr. 18. November 1893. a. m. 2 Anl.

Peking, den 2. Oktober 1893.

A. № 127.

Seiner Excellenz

dem Reichskanzler, General der Infanterie

Herrn Grafen von Caprivi.

Nachdem unter dem 26. v. Mts.[9] A. 123 ich die Ehre hatte, Euerer Excellenz einen Auszug aus einem Privatbrief des Kaiserlichen Konsuls in Söul vom 15. v. Mts. betreffend den „Kommissar"-Titel des französischen Vertreters in Korea vorzulegen, ist gestern, am 1. Oktober, der in dieser Angelegenheit erbetene abschriftlich hier gehorsamst angeschlossene amtliche Bericht aus Söul eingegangen, welcher das Datum des 30. August trägt. Ein gleichzeitig hier eingegangenes, den gleichen Gegenstand betreffendes Privatschreiben des Herrn Krien vom 9. September beehre ich mich gleichfalls in Abschrift hier gehorsamst beizufügen.

Das verspätete Eintreffen der fraglichen Mitteilungen hängt vermutlich damit zusammen, daß dieselben mit der japanischen Post befördert worden sind, während der Brief des Konsuls vom 15. September mittels des direkten Dampfers von Chemulpo nach Tientsin gegangen ist.

Aus dem Bericht des Kaiserlichen Konsuls geht hervor, daß in einer Versammlung der fremden Vertreter in Söul im Jahre 1888 die Frage des Rangverhältnisses des damals gerade angekommenen französischen Vertreters Collin de Plancy „von dem russischen Geschäftsträger Waeber zur Sprache gebracht und auf den Vorschlag des amerikanischen Minister-Residenten Dinsmore Herrn de Plancy, der mit dem Charakter eines Commissaire" bei dem koreanischen Auswärtigen Minister accreditirt war, der Rang vor den

---

9 A. 9292 ehrerbietigst beigefügt.

Generalkonsuln zugebilligt wurde.

Als sodann 1892 Herr Frandin, der auf seinen Karten als „consul et commissaire du gouvernement francais" sich bezeichnete, in Korea ankam, versuchte der englische Generalkonsul Hillier bei dem Doyen des diplomatischen Korps und dem koreanischen Auswärtigen Minister seinen Vorrang geltend zu machen, auch Herr Krien beanspruchte als älterer Konsul den Rang vor Frandin, beide sind jedoch, wie es scheint, damit nicht durchgedrungen.

Frandin will, wie er Herrn Krien im Oktober v. Js. mitteilte, die Entscheidung seiner Regierung eingeholt haben, welche sein Verhalten gebilligt habe, indem nach ihrer Auffassung die Stellung Frandins als eine diplomatische und deshalb im Rang höhere als diejenige der Konsuln anzusehen wäre.

Der hiesige englische Gesandte, Herr O´Conor, hat, als er im letzten Frühjahr in Korea war, den englischen Generalkonsul darauf hingewiesen, daß ihm der Vorrang vor seinem französischen Kollegen gebühre. Der englische Generalkonsul hat aber bald darauf Korea verlassen. Herr Frandin ist in dem Einführungsschreiben bei dem Präsidenten des koreanischen Auswärtigen Amtes ebenso wie sein Vorgänger, Herr de Plancy, als commissaire bezeichnet.

gez. Schenck.

Inhalt: Betreffend den „Kommissar"-Titel des französischen Vertreters in Korea.

Anlage 1 zum Bericht A. № 127 vom 2. Oktober 1893.
Abschrift.

Söul, den 30. August 1893.

An den Kaiserlichen Außerordentlichen Gesandten und Bevollmächtigen Minister
Herrn Freiherrn Schenck zu Schweinsberg.
Hochwohlgeboren, Peking.

Euerer Hochwohlgeborenen beehre ich mich auf das geneigte Schreiben № 8 vom 9. d. Mts betreffend die Rangansprüche des hiesigen französischen Konsuls ganz ergebenst zu berichten, daß im Juni 1888 gleich nach Ankunft des französischen Kommissars Collin de Plancy im Auswärtigen Amt eine Versammlung der hiesigen fremden Vertreter und des

Präsidenten des koreanischen Auswärtigen Amtes stattfand, an der Herr de Plancy jedoch nicht teilnahm. In dieser Versammlung brachte der russische Geschäftsträger Waeber, der bis dahin mit der Vertretung der französischen Interessen betraut gewesen war, das Rangverhältnis des französischen Vertreters zur Sprache.

Der Präsident des Auswärtigen Amtes erklärte, daß er die Entscheidung der Vertreter als maßgebend annehmen würde, da er selbst mit derartigen Rangfragen nicht genügend bekannt wäre. Darauf schlug der Minister-Resident der Vereinigten Staaten, Dinsmore, vor, Herrn de Plancy den Rang vor den General-Konsuln zuzubilligen, womit die übrigen Vertreter[10] und der Präsident des Auswärtigen Amtes einverstanden waren. Ich richtete dann an Herrn Waeber die Frage, welchen der völkerrechtlich anerkannten Titel Herr de Plancy außerdem führte, da der Titel eines Kommissars an und für sich keinen diplomatischen oder konsularischen Rang verliehe. Herr Waeber erwiderte mir, daß der französische Vertreter lediglich den Titel eines Kommissars führte und fragte den britischen stellvertretenden General-Konsul Ford, ob er Herrn de Plancy den Vorrang einräumte. Herr Ford beantwortete die Frage bejahend. Da ich selbst zu jener Zeit Konsulats-Verweser war und als solcher jedenfalls dem ständigen französischen Vertreter den Vorrang lassen mußte, so erhob ich weiter keine Einwände.

Nicht lange darauf erfuhr ich von dem Dolmetscher des französischen Konsulats, daß sein Chef den Rang eines Konsuls erster Klasse hätte. –

Im April v. J. traf der neuernannte französische Vertreter Frandin hier ein und stattete mir nach einiger Zeit seinen amtlichen Besuch ab. Auf seiner Visitenkarte waren seine Amtstitel als „Consul et Commissaire du Gouvernement Français á Söul" angegeben. Tags darauf besuchte mich der britische General-Konsul Hillier und fragte mich, ob ich Herrn Frandin den Vorrang einräumte, worauf ich erwiderte, daß mir als älterem Konsul am Platze zweifellos der Vorrang vor meinem französischen Kollegen gebührte, daß es indes meines Erachtens ihm, Herrn Hillier, als General-Konsul zukäme, den ersten Schritt zu tun, um die Ansprüche des Herrn Frandin auf Vorrang vor ihm zurückzuweisen.

Etwa drei Wochen später äußerte sich der französische Konsul in Gegenwart des russischen Geschäftsträgers Dmitrevsky mir gegenüber in sehr heftiger Weise über Herrn Hillier, der versucht hätte, ihm bei dem Präsidenten des Auswärtigen Amtes und dem Doyen des Diplomatischen Corps seinen Rang streitig zu machen, während er doch den Vorrang des Herrn de Plancy nie angefochten hätte. Und dabei sei der Letztere damals nur 2ter Legations-Sekretär gewesen, er selbst aber sei seit längerer Zeit erster Botschafts-Sekretär (premier secretaire d´ambassade). Konsul sei für ihn ein ganz

---

10 auch Herr Krien?

nebensächlicher Titel, sein Haupttitel sei Kommissar der französischen Regierung. Diesen Titel betrachte seine Regierung als gleichwertig mit dem eines Geschäftsträgers. Er hätte nicht allein ein Einführungsschreiben an den Präsidenten des Auswärtigen Amtes, sondern auch von dem Präsidenten der Republik ein Beglaubigungsschreiben an den König von Korea erhalten. Über das unkollegialische Verhalten des Herrn Hillier hätte er bereits an seine Regierung berichtet und diese würde sicher nicht versäumen, in London Schritte zu tun, damit dem englischen General-Konsul dafür eine Rüge zuteil würde.

Nachdem Herr Frandin sich einigermaßen wieder beruhigt hatte, erklärte ich ihm: für mich bestände kein Zweifel, daß Herr Hillier als General-Konsul und ich als älterer Konsul den Vorrang vor ihm hätten. Seinen Rang bestimmte sein Titel als Konsul; der Titel Kommissar sei international nicht anerkannt. Irrtümlicherweise hätten allerdings im Jahre 1888 die derzeitigen Vertreter Herrn Collin de Plancy den Rang vor den General-Konsuln zuerkannt. Diese Entscheidung wäre jedoch weder für Herrn Hillier noch für mich bindend. Ich wäre überzeugt, daß seine Regierung die Frage gegen ihn entscheiden würde.

Herr Frandin betonte darauf, daß seine hiesige Stellung eine rein diplomatische wäre und daß er mit konsularischen Angelegenheiten nichts zu tun hätte − Angaben, die durchaus unzutreffend sind. Wenn er auf seiner Karte den Titel eines Konsuls mit aufgenommen hätte, so wäre dies geschehen, weil die französischen ersten Botschafts-Sekretäre und die Konsuln erster Klasse denselben Rang hätten. Allein weder in seiner Anstellungs-Urkunde noch in seinem Einführungsschreiben fände sich dieser Titel. Schließlich versprach er mir die Entscheidung seiner Regierung über die Rangfrage später mitzuteilen.

Im Oktober v. Js. erkundigte ich mich bei Herrn Frandin nach den Weisungen seiner Regierung zu der Rangfrage und erhielt die Antwort, daß die französische Regierung sein Verhalten vollständig gebilligt hätte. Nach ihrer Auffassung wäre seine hiesige Stellung als eine diplomatische anzusehen und durch die allgemeine Regel, daß die Diplomaten den Konsuln vorangingen, wären seine Ranganssprüche wohl begründet. Er wiederholte dabei nochmals, daß er ein Beglaubigungsschreiben des Präsidenten Carnot an den König besäße und erwiderte auf meine Frage warum er dasselbe nicht abgegeben hätte, daß er sich in dieser Hinsicht nach Peking richtete, wo der französische Gesandte bisher sein Beglaubigungsschreiben dem Kaiser auch nicht überreicht hätte. Diesen Behauptungen des Herrn Frandin habe ich keinen Glauben beigemessen.

Herr Hillier, mit dem ich die Frage auch später besprochen habe, erklärte mir zuletzt im Herbst vorigen Jahres, daß er die Angelegenheit bis zur Ankunft des Herrn O´Conor in Söul auf sich beruhen lassen würde.

Nach dem Eintreffen des Letzteren − im Mai d. J. − teilte mir Herr Hillier mit, daß sein Chef ihm geraten, den Vorrang vor Herrn Frandin zu beanspruchen, und ihm seine Unterstützung dabei zugesichert hätte. Herr Hillier hat indessen bald darauf einen längeren Urlaub nach Europa angetreten, ohne die Frage wieder aufgenommen zu haben.

gez. Krien.

Anlage 2 zum Bericht A. № 127 vom 2. Oktober 1893.
Abschrift.
Vertraulich.

Seoul, den 9. September 1893.

Hochzuverehrender Herr Minister!

Unter Bezugnahme auf meinen Bericht vom 30. v. M. beehre ich mich Euerer Hochwohlgeboren eine Abschrift der chinesischen Übersetzung des Frandinschen Einführungsschreibens, sowie eine von dem hiesigen koreanischen Linguisten angefertigte Übersetzung desselben zu überreichen. Leider ist es mir trotz vielen Bemühungen nicht gelungen, eine Abschrift des französischen Textes zu erhalten.

Ich habe mit Ihrem Herrn Amtsvorgänger über die Rangfrage öfters privatim korrespondiert und ihm auch meine Abicht, darüber amtlich zu berichten, erklärt. Seine Excellenz Herr von Brandt schrieb mir indessen am 1. Juni v. Js.: „Zu einer Berichterstattung Ihrerseits dürfte sich die Frage nicht eignen, man liebt solche Fragen zu Hause nicht; ich will aber sehen, ob ich sie in einer oder anderen Form, ohne Ihrer zu erwähnen, aufnehmen kann."

Infolgedessen gab ich diese Absicht auf, Herr von Brandt teilte durchaus meine Auffassung, daß Herrn Frandin der Vorrang vor mir nicht zusteht. Meines Erachtens ist es absolut nötig, die Ansprüche des Letzteren zurückzuweisen, da sie ganz und gar ungerechtfertigt sind. Ich darf jedoch ohne ausdrückliche Weisungen des Herrn Reichskanzlers die Frage nicht aufnehmen, denn der vertrauliche Circular-Erlaß vom 6. November 1887 führt unter anderem aus: „Persönliche Differenzen der Konsuln über verhältnismäßig unwichtige und selbst gleichgültige Angelegenheiten, sogar Rangstreitigkeiten nehmen leicht den Charakter und die Tragweite internationaler Fragen an, und wirken dann schadend auf die große Politik zurück, in deren Bereich wir das Gleichgewicht und den Frieden zu erhalten bemüht sind."

Herr Kapitän Zembsch hat hier stets die Titel „Kaiserlich Deutscher Kommissar und General Konsul" geführt. Der von ihm gebrauchte Stempel lautet: „Kaiserlich Deutscher Kommissar für Korea."

Bei Gelegenheit des Abschiedsbesuches, den mir Herr Millier abstattete, erklärte er mir übrigens mit Zustimmung seines Vertreters Herrn Wilkinson, daß der Letztere bereit wäre, mir den Vorrang einzuräumen. Ich habe indessen geglaubt, dieses freundliche Anerbieten dankend ablehnen zu müssen, und meine Weigerung damit begründet, daß Herrn Wilkinson als stellvertretendem General-Konsul selbstverständlich der Rang vor mir als Konsul zustände.

Ihren Erlaß vom 9. v. M. hatte ich die Ehre am 28. desselben Monats, kurz nach Postschluß, zu erhalten. Der nächste Dampfer für Chefoo verläßt Chemulpo erst in einigen Tagen.

Mit den Versicherungen größter Hochachtung verbleibe ich, hochzuverehrender Herr Minister

Ihr gehorsamst ergebener

Krien.

Eintreffen des neuen japanischen Gesandten in Söul.

PAAA_RZ201-018951_124 ff.			
Empfänger	Caprivi	Absender	Krien
A. 10304 pr. 10. Dezember 1893. a. m.		Söul, den 7. Oktober 1893.	
Memo	J. № 389.		

A. 10304 pr. 10. Dezember 1893. a. m.

Söul, den 7. Oktober 1893.

Kontrolle № 55.

An Seine Excellenz

den Reichskanzler, General der Infanterie

Herrn Grafen von Caprivi.

Euerer Excellenz beehre ich mich im Anschluß an meinen Bericht № 44 vom 4. August d. Js.[11] ganz gehorsamst zu melden, daß der japanische Gesandte für China und Korea, Herr Otori, Ende vor. Mts. hier eingetroffen ist und, nachdem er am 5. d. Mts. von dem König von Korea in Audienz empfangen worden, gestern die Geschäfte der hiesigen japanischen Gesandtschaft übernommen hat.

Herr Otori will während des Herbstes und Winters in Söul bleiben und sich im nächsten Frühjahr nach Peking begeben, sobald die Schifffahrt auf dem Peiho-Fluß dann wieder eröffnet sein wird.

Abschriften dieses ehrerbietigen Berichtes sende ich an die Kaiserlichen Gesandtschaften zu Peking und Tokio.

gez. Krien.

Inhalt: Eintreffen des neuen japanischen Gesandten in Söul.

---

11 A. 7629 ehrerbietigst beigefügt.

Berlin, den 19. Dezember. 1883.   A. 9292, 9503.

An
Krien

Söul A. 3

Herrn Abtlgsdirigenten
vorzulegen; bitte von
meiner Mitzeichnung
abzusehen.
M. 14.

Ich bitte die Sache
zunächst bei II in Vorlage
zu bringen.

J. № 6771.

Der Ksrl. Gesandte in Peking hat hiesig Kenntnis von den Mitteilungen gegeben, welche Ew. in der Ihre dortigen Kollegen betreffenden Rang- und Titelfrage ihm erstattet haben. Ich habe daraus, namentlich aus dem Bericht vom 30. Au. d. J. entnommen, daß der dortige französische Konsul aus dem Umstand, daß er gleichzeitig den Titel eines „Commissaire" führt, gewisse Rangvorrechte in Anspruch nimmt, indem er anscheinend aus dem Besitz des Titels sich diplomatischen Charakter beimißt. Diese Auffassung wird als zutreffend nicht angesehen werden können. Ohne Zweifel wird der Titel eines Commissaire im internationalen Verkehr, namentlich bei in ihrem Umfang bestimmt begrenzten Aufträgen, gebraucht; aber als diplomatische Agenten werden dieselben nicht ohne Weiteres angesehen werden können und Vorrechte können sie aus diesem Anlaß nicht beanspruchen. Dem französischen Konsul wird daher dort seinen Kollegen gegenüber nur derjenige Rang beigemessen werden können, der ihm aus seiner konsularischen Stellung und vermöge seiner [sic.] zukommt. Weitergehende Ansprüche werden Ew. daher, soweit Ihre persönliche Stellung berührt wird, abzuwehren in der Lage sein. Ich betrachte es als selbstverständlich, daß Ew. das, falls notwendig, in freundschaftlichen Formen tun und im übrigen bestrebt sein werden, unter diesem Anlaß nicht Ihre übrigen Beziehungen leiden zu lassen.

Bei dieser Gelegenheit bemerke ich, daß die in Ihrem antwortl. Schreiben an H. von Schenck vom 9. Sept. d. J. enthaltene Mitteilung, Sie hätten dem englischen Vertreter Wilkinson „als stellvertretendem General-Konsul selbstverständlich den Vorrang" eingeräumt, zu Zweifeln Anlaß gibt. Bei Austeilung der Rangstellung der Konsularbeamten unter sich gibt der persönliche Rang, nicht der der Behörde den Ausschlag. Sollte H. Wilkinson den Rang eines Vize-Konsuls haben oder dort später amtierender Konsul sein, so wird er hinter Ihnen rangieren, auch wenn er den abwesenden General-Konsul vertritt.

Im Uebrigen ersuche ich Sie im Hinblick auf die zunehmende Abängigkeit des Landes von der Pekinger Regierung, Ihre Berichte allgemeinen, besonders politischen Interesses dem Ksl. Gesandten in Peking abschriftlich, wie bisher schon, mitzuteilen und etwaigen Ersuchen desselben um Auskunft über solche Fragen Auskunft zu geben.

Freiherr von Schenck, welchen ich auch beauftragen werde, die Frage wegen des französischen Commissaires mit seinem englischen Kollegen zu besprechen, habe ich Abschrift dieses Erlasses übersandt.

N. N.

2) An
Schenck

Peking A. 35

Ew. lasse ich mit Bezug auf die gef. Berichte vom 26. Sept. und 2. Okt. d. Js Abschrift eines an den Ksl. Konsul in Korea gerichteten Erlasses zur gefäll. Kenntnisnahme zugehen. Dem von Ihnen gestellten Antrag der Unterstellung des gedachten Konsulats unter die K. Gesandtschaft habe ich zunächst Bedenken Folge zu geben, indem ich annehme, daß die dem Konsul in der Anlage erteilte Weisung ausreichen wird, das von Ihnen beabsichtigte Resultat zu erzielen. Daß der britische General-Konsul in Söul der Gesandtschaft in Peking unterstellt ist, kann insofern nicht maßgebend sein, als der britische Gesandte für China auch in Korea akkreditiert ist.

Was die Angelegenheit des von dem französ. Konsul in Söul beanspruchten Vorranges angeht, so bitte ich Ew. die Sache mit Ihrem britischen Kollegen bei Gelegenheit besprechen zu wollen. Ich nehme an, daß derselbe die diesseitige Auffassung teilen und danach event. den englischen Vertreter in Korea in ähnlicher Weise mit Instruktion versehen wird, über das veranlaßte wollen Ew. S J. gef. berichten.

N. N.

Ankunft des russischen Geschäftsträgers Waeber und des englischen
General-Konsulatsverwesers Gardner.

PAAA_RZ201-018951_134 ff.			
Empfänger	Caprivi	Absender	Krien
A. 2879 pr. 26. März 1894.		Söul, den 5. Februar 1894.	
Memo	cfr. A. 6819. Erlaß v. 19. XII. v. Js. i. a. Korea 7 gehorsamst beigefügt. / J. № 69.		

A. 2879 pr. 26. März 1894.

Söul, den 5. Februar 1894.

Kontrolle № 13.

An Seine Excellenz
den Reichskanzler, General der Infanterie
Herrn Grafen von Caprivi.

Euerer Excellenz beehre ich mich im Anschluß an den Bericht № 48 vom 30. August
1891[12] ganz gehorsamst zu melden, daß der russische Geschäftsträger C. Waeber am 30.
v. M. hierher zurückgekehrt ist und heute die Geschäfte der russischen Gesandtschaft
wieder übernommen hat.

Gleichzeitig mit ihm traf der als Vertreter des beurlaubten britischen General-Konsuls
Hillier bestellte Konsul in Amoy C. T. Gardner hier ein und übernahm am 1ten d. Mts.
die Geschäfte des General-Konsulats. Herr Gardner ist als englischer Konsul in Han Kau
durch seine Tätigkeit während der fremdenfeindlichen Bewegung in den Yangtse-Provinzen
im Jahre 1891 bekannt geworden.

Abweichend von dem früheren Gebrauch hat er das hiesige britische General-Konsulat
in dem Schreiben, mittels dessen er mir die Übernahme der Geschäfte anzeigt, als
Gesandtschaft und General-Konsulat (H. M.´s Legation und Consulate General) bezeichnet,
wahrscheinlich um seine diplomatische Eigenschaft zu betonnen.

Eine Abschrift dieses ganz gehorsamen Berichtes sende ich an die Kaiserliche
Gesandtschaft zu Peking.

gez. Krien.

Inhalt: Ankunft des russischen Geschäftsträgers Waeber und des englischen
General-Konsulatsverwesers Gardner.

---

12 A. 10088 ehrerbietigst beigefügt.

[   ]

PAAA_RZ201-018951_138 ff.

Empfänger	Caprivi	Absender	Schenck
A. 4151 pr. 6. Mai 1894. a. m.		Peking, den 24. März 1894.	

A. 4151 pr. 6. Mai 1894. a. m.

Peking, den 24. März 1894.

A. № 33.

Seiner Excellenz

dem Reichskanzler, General der Infanterie

Herrn Grafen von Caprivi.

Euerer Excellenz hohen Erlaß vom 19. Dezember vorigen Jahres (A. 35)[13] betreffend den von dem französischen Konsul in Söul auf Grund des Kommissar-Titels beanspruchten Vorrang habe ich zu erhalten die Ehre gehabt und mit meinem hiesigen englischen Kollegen alsbald Rücksprache genommen.

Derselbe teilt vollkommen Euerer Excellenz Auffassung in der Frage und hat den stellvertretenden englischen Generalkonsul Herrn Gardener in Söul dahin verständigt, Herrn Krien in der Rangfrage dem französischen Konsul gegenüber zu unterstützen und selbst als nur stellvertretender Generalkonsul Herrn Krien den Vortritt zu lassen.

Auch mein hiesiger russischer Kollege äußerte sich gesprächsweise mir gegenüber dahin, daß der „Commissaire"-Titel keinen diplomatischen Charakter verleihe und auf Grund dieses Titels kein Vorrang beansprucht werden könne.

Herrn Krien habe ich hiervon durch Privatschreiben vom 21. und 26. vorigen Monats unterrichtet und ihn darauf hingewiesen, daß es ratsam sein möchte, vorsichtig in der Angelegenheit vorzugehen, und, bevor er die Frage amtlich zur Sprache bringe, zunächst des Einverständnisses der Mehrheit seiner Kollegen sich zu versichern.

Indessen hatte, wie ich aus einem Privatschreiben Herrn Kriens vom 17. dieses Monats entnehme, derselbe bereits unter dem 20. vorigen Monats eine amtliche Korrespondenz mit seinem französischen Kollegen über den Gegenstand eröffnet.

Herr Krien fügt hinzu, daß er in einigen Tagen ausführlich Euerer Excellenz über die

---

13 A. 9292, 9503 ehrerbietigst beigefügt.

Rangfrage berichten und Abschrift seines Berichtes hierher einreichen werde. Unter diesen Umständen darf ich mich weiterer Erörterungen über diese Angelegenheit enthalten, um so mehr, als der französische Konsul inzwischen Korea mit Urlaub verlassen hat.

Die Weisung, die Euere Excellenz unter dem 19. Dezember vorigen Jahres in Bezug auf die allgemeine und politische Berichterstattung hochgeneigtest nach Korea gerichtet haben, indem Hochdieselben Herrn Krien anwiesen, solche Berichte, wie bisher schon abschriftlich hierher mitzuteilen, und etwaigen diesseitigen Ersuchen um Auskunft über solche Fragen Folge zu geben, entspricht vollkommen dem hier hervorgetretenen und mit meinem gehorsamsten Bericht vom 26. September vorigen Jahres[14] (A. 123) geltend gemachten Bedürfnis.

gez. Schenck.

---

14 A. 9292 de 93 in act. ehrerbietigst beigefügt.

Die Ranganſprüche des franzöſiſchen Kommiſſars Frandin.

PAAA_RZ201-018951_144 ff.			
Empfänger	Caprivi	Absender	Kempermann
A. 4561 pr. 20. Mai 1894. a. m.		Söul, den 19. März 1894.	
Memo	mtg. m. Erl. v. 9. 6. nach Paris 261. J. № 129.		

A. 4561 pr. 20. Mai 1894. a. m. 4 Anl.

Söul, den 19. März 1894.

Kontrolle № 21.

An Seine Excellenz

den Reichskanzler, General der Infanterie

Herrn Grafen von Caprivi.

Euerer Excellenz beehre ich mich ganz gehorsamst zu berichten, daß ich nach Eingang des hohen Erlasses[15] A 3 vom 19. Dezember v. J. mich mittels Privatschreibens vom 19. v. Mts. an den französischen Kommissar wandte. Ich schrieb Herrn Frandin, daß ich auf Weisung Seiner Excellenz des Herrn Staatssekretärs den Vorrang vor ihm beanspruchte, und daß ich die Frage mit ihm in freundschaftlicher Weise zu erledigen wünschte. Zu diesem Zweck wäre ich bereit, ihn zu besuchen oder, falls er dies vorzöge, seinen Besuch zu empfangen.

Herr Frandin kam noch an demselben Tag zu mir und ich setzte ihm in Gemäßheit des gedachten hohen Erlasses die Gründe auseinander, aus denen ich den Vortritt vor ihm beanspruchte. Er hielt dem entgegen, daß er als Kommissar diplomatischen Charakter hätte, und berief sich dabei auf Baron Maetens: Guide diplomatique. Als ich ihm aus §17 des ersten Bandes dieses Werkes nachwies, daß nach der Auffassung des Verfassers Kommissare keine diplomatischen Vorrechte hätten, („Les Commissaires envoyés á l´étranger ont dans cette qualité aucune des Prérogatives des ministres publique"), erwiderte er mir, daß ihm durch sein Beglaubigungsschreiben an den Präsidenten des koreanischen Auswärtigen Amtes von seiner Regierung diplomatischer Charakter ausdrücklich erteilt worden wäre, und stellte mir anheim, mir dieses Schreiben von dem

---

15 A. 9292, 9503 in act.

Präsidenten zur Einsicht geben zu lassen.

Ich antwortete Herrn Frandin, daß ich im Jahre 1889 von dem derzeitigen Herrn Staatssekretär des Auswärtigen Amtes gleichfalls mit einem Einführungsschreiben an den Präsidenten des hiesigen Auswärtigen Amtes versehen worden wäre und daß mir dadurch ebenso gewisse diplomatische Befugnisse verliehen wären, daß er also auch daraus keinen Vorrang vor mir herleiten könnte. Ich stützte mich dabei besonders auf Prof. Heffter: Das Europäische Völkerrecht der Gegenwart §208....

„Die dritte Klasse:

Die bloßen Geschäftsträger, welche nur bei den Ministerien der auswärtigen Angelegenheiten

> beglaubigt sind, und zwar ohne Unterscheid, ob ihnen noch der Titel eines Ministers gegeben ist oder nicht. Ebendahin würden auch die mit diplomatischen Funktionen beauftragten Konsuln zu rechnen sein, ·······"

und auf Prof. v. Holtzendorff:

Handbuch des Völkerrechts, dritter Band §179, Absatz 2:

> „Diejenigen Konsuln, welche gleichzeitig diplomatische Agenten sind, erhalten noch ein Beglaubigungsschreiben an den Chef der Exekutivgewalt oder den Minister der auswärtigen Angelegenheiten im fremden Staate. Mit der Entgegennahme dieses Schreibens ist der Konsul in seiner diplomatischen Eigenschaft anerkannt. ·······"[16]

Da Herr Frandin wiederholt den hohen Rang eines französischen Regierungs-Kommissars betonte, so erwiderte ich ihm, es könnte meines Erachtens dahingestellt bleiben, ob der Kommissar einen hohen oder niedrigen Rang hätte; als solcher stände er jedenfalls außerhalb des diplomatischen und konsularischen Corps. Sein Platz unter den fremden Vertretern würde bestimmt durch den ihm zustehenden, international anerkannten Titel Konsul, den er, wie seine früheren Visitenkarten zeigten, daneben führte. Da ich sowohl der ältere Konsul wäre als auch mein Einführungsschreiben vor ihm abgegeben hätte, gebührte mir der Vortritt vor ihm.

Herr Frandin behauptete darauf, daß er hier lediglich diplomatische Befugnisse hätte. Konsul wäre er so wenig, daß er ohne Mitwirkung seines Kanzlers eine konsularische Tätigkeit überhaupt nicht ausüben könnte. Der Rang der Konsuln wäre in der Wiener Congreß-Akte ebensowenig festgesetzt wie der des Kommissars. In dem „Guide diplomatique" von Baron Maetens wären zuerst die Botschafter, Gesandten, Minister-Residenten und Geschäftsträger, dann die Kommissare, und hinter diesen die Konsuln

---

16 [„Ich stützte mich ... anerkannt. ......": Durchgestrichen von Dritten.]

aufgeführt, ein Beweis, daß die Kommissare allen Konsuln vorangingen. Ich erwiderte ihm, daß der Rang der Konsuln durch die Praxis unzweifelhaft festgesetzt sei und daß die zufällige Anordnung des genannten Buches unmöglich die von ihm angenommene Deutung zuließe.

Herr Frandin ersuchte mich schließen, ihm über die Frage amtlich zu schreiben.

Aus der Unterredung erhielt ich den Eindruck, daß er trotz seiner früheren Behauptung an seine Regierung bis dahin über die Frage nicht berichtet hatte.

Am nächsten Tage richtete ich an ihn das in der Anlage 1 unter A abschriftlich enthaltene Schreiben, worin ich ihm auf Grund der Weisungen des Herrn Staatssekretärs mitteilte, daß ich den Vorrang vor ihm beanspruchte, weil ich als Konsul vor ihm hier eingetroffen wäre und mein Einführungsschreiben vor ihm abgegeben hätte, und daß ich demgemäß sowohl den Präsidenten des Auswärtigen Amtes als auch den Doyen des diplomatischen Corps benachrichtigen würde, und worin ich ihn bat, auch seinerseits die beiden Herren davon in Kenntnis zu setzen, daß er mir den Vortritt einräumte.

Herr Frandin erwiderte mir darauf laut dem in Abschrift unter 1 B anliegenden Schreiben vom 21. v. Mts., daß er von seiner Regierung mit diplomatischem Charakter bekleidet worden sei und mir aus diesem Grunde den Vorrang nicht lassen könnte.

In Übereinstimmung mit unserer Unterredung vom 19. v. Mts. wiederholte ich Herrn Frandin unter dem 27. v. Mts., daß mir durch das Einführungsschreiben des Herrn Staatssekretärs ebenfalls diplomatischer Charakter verliehen worden sei und, da ich dieses Schreiben dem Präsidenten des koreanischen Auswärtigen Amtes früher als er übergeben hätte, mir der Vorrang vor ihm gebührte. (Anlage 1 C)

Herr Frandin antwortete mir am nächsten Tage, daß er an seiner Depesche nichts zu ändern hätte. (Anlage 1 D)

Er ist am 7. d. Mts. von Chemulpo abgereist, um einen ihm in Folge des Todes seiner Mutter gewährten sechsmonatigen Urlaub nach Europa anzutreten, und hofft, Anfang September mit höherem Titel hier wieder einzutreffen.

Seinem Stellvertreter, Kanzler Lefévre, ist der letzte Platz unter den hiesigen Vertretern angewiesen worden. Dem englischen General-Konsulatsverweser gegenüber hat Herr Lefévre instruiert hätte, sich von allen Festlichkeiten, bei denen sein Rang in Frage kommen könnte, fern zu halten.

Euerer Excellenz beehre ich mich in der Anlage 2 eine Abschrift seines Einführungsschreibens, in welchem seine hiesige Aufgabe als „mission politique et commerciale" bezeichnet wird, ganz gehorsamst zu überreichen.

Sowohl der Präsident des Auswärtigen Amtes als auch der japanische Gesandte Herr Otori, Doyen des Diplomatischen Corps, denen ich die Rangfrage unterbreitete, haben es abgelehnt, auf dieselbe einzugehen. Der Präsident ist der Ansicht, daß die streitige Frage zwischen dem französischen Kommissar und mir zu erledigen sei, während Herr Otori seine Meinung dahin abgegeben hat, daß es sich empfehlen würde, wenn die Frage zwischen der Reichsregierung und der französischen Regierung geregelt würde. Beide befürchten, Herrn Frandin durch eine für ihn ungünstige Entscheidung zu verletzen.

Mit dem britischen General-Konsulatsverweser besprach ich die Angelegenheit am 19. v. Mts. Herr Gardner erklärte sich sogleich bereit, mir den Vortritt zu lassen und mich bei der Rangfrage gegen Herrn Frandin zu unterstützen. Nach seiner Auffassung haben die mit Beglaubigungsschreiben an den Minister der Auswärtigen Angelegenheiten versehenen Konsuln diplomatischen Charakter und rangieren nach Zeitfolge, in welcher sie diplomatische Funktionen erhalten haben, ohne Rücksicht auf ihren konsularischen Titel. Demnach hätte ich auch vor Herrn Hillier, obwohl dieser General-Konsul wäre, den Vorrang, weil ich mein Einführungsschreiben vor ihm abgegeben hätte. In diesem Sinne wäre die Frage auch vor einigen Jahren in Bulgarien entschieden worden. Er habe internationale Rechtsfragen gründlich studiert, weil er seit längerer Zeit mit der Abfassung eines Handbuches des Völkerrechts beschäftigt wäre. Von den in Aussicht genommen sechzehn Abschnitten des Werkes habe er sieben bereits vollendet. – Ich erwiderte ihm, daß meines Erachtens in jedem Falle der Rang als Konsul entscheidend wäre und daß mir vor dem vollen General-Konsul Herrn Hillier der Vorrang nicht gebührte. Herr Gardner übergab mir schließlich den in Anlage 3 abschriftlich enthaltenen Privatbrief, worin er seine mir mündlich erläuterte Ansicht insoweit modifiziert, als er mit Einführungsschreiben versehene Konsuln als „quasi diplomats" bezeichnet.

Herr Gardner hat übrigens bald nach seiner Ankunft hierselbst, am 6. v. Mts., als „Acting Consul-General" den Vorrang vor Herrn Frandin verlangt und als dieser sich weigerte, ihm den Vortritt zu lassen, weil er als Kommissar diplomatischen Charakter hätte, an den Doyen den in Anlage 4 abschriftlich enthaltenen Brief gerichtet, worin er erklärt, daß er aus Höflichkeit zurückstände, daß damit jedoch in keiner Weise die Stellung des Herrn Hillier beeinflußt werden dürfte, und daß er damit nicht zugäbe, daß Herr Frandin den Vorrang vor ihm selbst hätte. Einen ähnlichen Brief hat er an den französischen Kommissar gesandt.

Der amerikanische interimistische Geschäftsträger ist seit zwei Monaten so krank, daß ich die Rangfrage mit ihm bisher nicht habe besprechen können. Auch mit dem russischen Geschäftsträger Herrn Waeber habe ich bis jetzt über die Angelegenheit nicht Rücksprache genommen. Doch glaube ich, daß Herr Waeber die Ansicht des Herrn Frandin teilt, weil dieser in der Frage dessen Rat eingeholt hat.

Vorgestern hatte ich mit dem Rechtsbeistand der koreanischen Regierung, Herrn

Greathouse, dem die Rangfrage von dem Präsidenten des Auswärtigen Amtes zur Begutachtung überwiesen worden ist, eine Unterredung. Derselbe ist der Ansicht, daß aus den von mir angeführten Gründen mir wohl der Vorrang vor Herrn Frandin zustehe, daß es jedoch billig sei, wenn diesem Zeit gelassen würde, auch seinerseits Instruktionen seiner Regierung einzuholen. Nach dessen Rückkehr sollte dann die Frage von der koreanischen Regierung entschieden werden.

Herr Gardner teilte mir ebenfalls vorgestern im Laufe eines Gesprächs mit, daß ihn der großbritannische Gesandte in Peking ausgewiesen hätte, mir den Vorrang zu lassen und seine Unterstützung in der Rangfrage zu gewähren, weil der Kommissar-Titel keinen diplomatischen Rang verliehe. Herr O`Conor hätte ihm außerdem geschrieben, daß er (Herr Gardner), soweit er selbst in Betracht käme, mit der Rangfrage nichts zu tun hätte, weil er den Posten nur vertretungsweise bekleidet. Herr Hillier, dem als General-Konsul der Rang vor Herrn Frandin zustände, würde nach seiner Rückkehr seine Rangansprüche geltend machen.

Euerer Excellenz verfehle ich nicht ehrerbietigst zu berichten, daß ich von der hiesigen Regierung als Konsul mit diplomatischen Funktionen angesehen werde und als solcher, ebenso wie der britische General-Konsul und der französische Kommissar, vor allen Lokalkonsuln den Vortritt erhalte, auch wenn diese den Titel eines General-Konsuls führen. Bei den Audienzen des Königs stehen die Vertreter in erster Reihe und dahinter die übrigen Gesandtschafts-Mitglieder und die Lokalkonsuln. Gegenwärtig rangieren die hiesigen Vertreter in nachstehender Reihenfolge:

1) Der japanische Gesandte,
2) der russische Geschäftsträger
3) der interimistische Geschäftsträger der Vereinigten Staaten von Amerika,
4) ich selbst,
5) der britische stellvertretende General-Konsul,
6) der Verweser des französischen Kommissariats.

Herrn Wilkinson habe ich zu meinem Bedauern während seiner Gerenz des hiesigen britischen General-Konsulats den Vorrang gelassen, obwohl sein persönlicher Rang nur der eines zweiten Konsulats-Assistenten (second assistant) war. Als Herr Wilkinson sich damals erbot, mir den Vortritt einzuräumen, fragte ich ihn, wie die Praxis in China wäre, und er erwiderte mir, daß dort die stellvertretenden General-Konsuln stets (invariable) vor den vollen Konsuln und die stellvertretenden Konsuln vor den Vize-Konsuln rangierten – eine Behauptung, die mir von Herrn Hillier bestätigt wurde. Unter diesen Umständen glaubte ich, sein Anerbieten nicht annehmen zu können. Ich beehre mich ganz gehorsamst hinzuzufügen, daß mir als Konsulatsverweser in Japan der Rang vor den selbstständigen

Vize-Konsuln gegeben wurde.

Eine Abschrift dieses ehrerbietigen Berichtes sende ich an die Kaiserliche Gesandtschaft zu Peking.

gez. Krien.

Inhalt: Die Ransprüche des französischen Kommissars Frandin. 4 Anlagen.

Anlage 1. A. zum Bericht № 21.
Abschrift.

Söul, den 20. Februar 1894.

Seiner Hochwohlgeboren, dem Kommissar der französischen Regierung
Herrn H. Frandin.
etc.   etc.   etc.
Söul.

Euerer Hochwohlgeboren beehre ich mich unter Bezugnahme auf unsere gestrige Unterredung ganz ergebenst zu benachrichtigen, daß ich in Nachachtung der mir von Seiner Excellenz dem Herrn Staatssekretär des Auswärtigen Amtes des Deutschen Reichs am 19. Dezember v. J. erteilten Weisungen den Vorrang vor Ihnen beanspruchen muß.

Nach den Ausführungen des Herrn Staatssekretärs wird der von Euerer Hochwohlgeboren geführte Titel „Commissaire" im internationalen Verkehr, namentlich bei in ihrem Umfang bestimmt begrenzten Aufträgen gebraucht; aber als diplomatische Agenten können die mit diesem Titel begabten Beamten ohne Weiteres nicht angesehen werden und Vorrechte können sie aus diesem Anlaß nicht beanspruchen. Euerer Hochwohlgeboren kann daher mir gegenüber nur derjenige Rang beigemessen werden, der Ihnen aus Ihrer konsularischen Stellung und vermöge Ihrer Anciennität zukommt.

Euere Hochwohlgeboren sind im April 1892 hier eingetroffen und haben in demselben Monat Ihr ministerielles Einführungsschreiben dem damaligen Präsidenten des Königlich Koreanischen Auswärtigen Amtes übergeben.

Auf der Karte, mit der Euere Hochwohlgeboren mir Ihren ersten Besuch ankündigten, bezeichneten Sie sich als „Consul et Commissaire du Gouvernement Francais".

Ich selbst bin bereits am 27. April 1889 von Seiner Majestät dem Deutschen Kaiser zum Kaiserlich Deutschen Konsul für das Königreich Korea ernannt worden und habe mein ministerielles Einführungsschreiben am 12. Dezember 1889 abgegeben.

Demnach gebührt mir der Vorrang vor Euerer Hochwohlgeboren und werde ich nicht verfehlen, dem Herrn Präsidenten des Königlich Koreanischen Auswärtigen Amtes sowie dem Herrn Doyen des Diplomatischen Corps die erforderlichen Anzeigen zu machen.

Euerer Hochwohlgeboren würde ich zu besonderem Dank verpflichtet sein, wenn Sie auch Ihrerseits die Güte haben wollten, den genannten Herren mitzuteilen, daß Sie mir den Vorrang einräumen.

Ich benutze diese Gelegenheit, Euerer Hochwohlgeboren die Versicherung meiner vorzüglichsten Hochachtung zu erneuern.

gez. Krien.
Kaiserlich Deutscher Konsul.

Anlage 1. B.

Commissariat
de la République Francaise
en Corée.

Séoul, le 21 février 1894.

Monsieur Krien, Consul d´Allemagne,
Séoul.

Monsieur le Consul,

J´ai l´honneur de Vous accuser réception de la communication, en date du 20 février 1894, que Vous avez bien voulu m´adresser. Cette communication a trait á une dépéche en date du 19 Décembre 1893, que Vous avez recue de S. E. M^r le Secrétaire d´Etat pour les Affaires Etrangéres de l´Empire d´Allemagne, relative a une question de préséance entre Vous et mois.

Aprés avoir donné á votre dépéche toute l´attention qu´elle mérite je m´empresse de Vous fairs savoir, qu´ayant été revétu par mon Gouvernement d´un caractére diplomatique il mést, á mon grand regret, impossible de Vous concéder la préséance que Vous réclamez sur moi.

Venillez agréer, Monsieur le Consul, l´assurance de ma considération la plus distinquée

Le Commissaire du Gouvernement
de la Republique Franciase en Corée.
gez. Frandin.

Anlage 1. C.

Söul, den 27. Februar 1894.

Seiner Hochwohlgeboren, dem Kommissar der französischen Regierung
Herr H. Frandin.
etc.   etc.   etc.
Söul.

Auf das geneigte Schreiben vom 21. d. Mts. mit dem Euere Hochwohlgeboren mir mitteilen, daß Sie mir den Vorrang nicht einräumen können, weil Sie von der Regierung der französischen Republik mit diplomatischem Charakter bekleidet worden sind, beehre ich mich Ihnen das Folgende zu erwidern:

Wie ich Euere Hochwohlgeboren bereits am 20. d. Mts. zu benachrichtigen die Ehre hatte, bin ich von Seiner Excellenz dem Herrn Staatssekretär des Auswärtigen Amtes des Deutschen Reiches mit einem Einführungsschreiben an den Herrn Präsidenten des Königlichen Koreanischen Auswärtigen Amtes versehen worden. Damit ist mir von meiner Regierung ebenfalls diplomatischer Charakter verliehen worden. Da ich dieses Schreiben früher abgegeben habe als Euere Hochwohlgeboren das Ihre, so verfehle ich nicht, ganz ergebenst zu wiederholen, daß mir der Vorrang vor Ihnen gebührt.

Ich benutze diese Gelegenheit, Euerer Hochwohlgeboren die Versicherung meiner vorzüglichsten Hochachtung zu erneuern.

gez. Krien.
Kaiserlich Deutscher Konsul.

Anlage 1. D.

Commissariat
de la République Francaise

en Corée.

Séoul, le 28 fébrier 1894.

Monsieur,
Monsieur Krien,
Consul d´Allemagne,
etc.   etc.   etc.
Séoul.

Monsieur le Consul,

En réponse á Votre lettre du 27 Février que je vieus de recevoir j´al l´honneur de Vous informer que je n´ai absolument rien á modifier aux termes de ma dépéche du 21 Février derniere.

Veuilliez agréer, Monsieur le Consul, les assurances de ma considération la plus distinquée.

Le Commissaire du Gouvernement
de la Républune Francaise en Corée.
gez. Frandin.

Anlage 2 zum Bericht № 21.
Abschrift.

Á Mr. le Président du Comité des Affaires Etrangéres et du Commerce, á Séoul.

Paris, le 25 Aút 1890.

Monsieur le Président,

Le Président de la République francaise ne voulant laisser aucune interruption dans les relations d´amitié et de commerce qui existent entre la France et la Corée, a fait choix de Mr. Frandin (Joseph Hippolyte), Chevalier de la Légion d´Honneur, pour remplacer Mr. Collin de Plancy, en qualité de Commissaire du Gouvernement de la République Francaise.

Les talents de cet agent, son zéle et ses qualités personnelles me persuadent qu´il ne négligera rien pour se concilier votre estime et justifier, par toute sa conduite, la marque de confiance qui lui est donnée.

Je prie Votre Excellence de voulour bien l´accueillir favorablement et lui faciliter l´accomplissement de la mission politique et commerciale dont il est chargé.

Je saisis avec empressement cette occasion de vous exprimer les assuranes de ma haute considération avec laquelle j´ai l´honneur d´étre.

Monsieur le President,

de Votre Excellence

le trés-humble et trés-obésissant serviteur

signé. Ribot.

Anlage 3 zum Bericht № 21.

Abschrift.

Söul, 19th Feby 1894.

Dear Mr. Krien,

As to the question of precedence my opinion is:

We rank as quasi diplomats in order of seniority of receiving diplomatic functions. The question of the personal consular status does not seem to me relevant.

Thus I think, if you are senior in your diplomatic functions, you, though your personal rank is Consul, should take precedence over a man whose personal rank is Consul General but who is junior to you in his quasi diplomatic position.

This is how I read the international law on the subject. If the officers given quasi diplomatic functions had substantive military rank – such military rank would not be relevant at their precedence as diplomats.

I think there are many reasons why in Corea it would be very desirable that we should take precedence by seniority only – first because such a rule is – simple and easily understood, secondly because each country`s representative would in course of time have a chance of taking precedence.

You are quite free to use this private expression of opinion in any way you may see fit.

Yrs Truly,

signed. Chrs. F. Gardner.

Anlage 4 zum Bericht № 21.
Abschrift.

Söul, 6. Feby 1894.

Dear Mr. Otori,

Today Mr. Frandin claimed precedence over me. I yielded as a matter of courtesy, but I wish it placed on record that my doing so must in no way prejudice the position that Mr. Hillier may claim and in no way admits that Mr. Frandin has a right of precedence over me.

Personally I have the highest esteem for Mr. Frandin and shall be delighted, if my government orders me to yield him the pas.

yrs Fruly,
signed. Chrs. F. Gardner.

P. S. Until otherwise ordered I propose personally not to dispute the question.

Signed. Chrs. F. G.

Berlin, den 9. Juni 1894. A. 4561.

An
Botschaften
Paris № 261

J. № 3288.

Der Ksl. Konsul in Soeul hat hier zur Sprache gebracht, daß zwischen ihm u. dem dortigen französischen Vertreter Frandin Meinungsverschiedenheiten über den Vorrang im Konsularcorps beständen.[17] Herr Frandin erhebt aus dem Umstande, daß er den Titel eines Commissaire de Gouvernement Francais führe und mit angeblich diplomatischen Charakter von seiner Regierung beliehen sei, Anspruch auf den Vorrang vor dem Ksl. Konsul. Tatsächlich führt Frandin den Titel eines Consul et Commissaire und bezeichnet sich als solcher auf seinen Visitenkarten. Er ist zu dem Posten eines französischen Vertreters in Korea im J. 1892 berufen worden, während der Ksl. Konsul seine Ernennung aus dem Jahre 1889 datiert. Der französische Vertreter beruft sich weiter darauf, daß er abweichend von den bei konsularischen Ernennungen sonst üblichen Verfahren – mit einem Einführungsschreiben an den Präsidenten des koreanischen Auswärtigen Amts von seiner Regierung versehen worden sei. Indessen gilt das Gleiche bei dem Ksl. Konsul Krien, welcher ein ähnliches diesseitiges Schreiben an die (unleserlich, Behörde?) im Dezember 1889 übergeben hat. An diesem Verfahren wird diesseits in Korea im Hinblick darauf festgehalten, daß der Konsul mangels einer gesandtschaftlichen Vertretung berufen ist, in beständigen Beziehungen zu der Landesregierung zu stehen. In dieser Stellung wird er naturgemäß häufig politische u. diplomatische Funktionen auszuüben haben u. es besteht soweit in dieser Hinsicht kein Unterschied zwischen ihm und dem französischen Vertreter. Letzterer stützt sich demnach im Wesentlichen auf seinen Titel als Kommissar, dem er somit eine besondere, ihn und die eigentlichen diplomatischen Tituli rangierende Bedeutung beizulegen sich berechtigt glaubt.

Ich vermag diesen Anspruch als zutreffend nicht anzuerkennen. Ohne Zweifel wird der Titel eines „Commissaire" im internationalen Verkehr, namentlich bei in ihrem Umfang bestimmt begrenzten Aufträgen, gebracht, aber als diplomatische Agenten mit den diesen zustehenden Rechten werden solche Vertreter nicht ohne Weiteres angesehen werden können, und Vorrechte können sie aus diesem Anlaß nicht beanspruchen. Nach diesseitiger

---

17 Die näheren Einzelheiten ergeben sich aus dem beifolgenden Auszug des letzten Briefes des Konsuls vom 19. März ds. Js. nebst Anlagen. Wie Exz. daraus ersehen wollen, erhielt Herr Frandin aus dem Umstand ....

Auffassung wird daher dem französischen Konsul seinen Kollegen, insbesondere dem mit materiell gleichen Funktionen betrauten deutschen Konsul gegenüber, nur derjenige Rang beigemessen werden können, der ihm aus seinem konsularischen Rang und vermöge seiner Anciennität zukommt. In diesem Sinne habe ich s. Z. den Konsul Krien instruiert, und wenn ich auch die umständliche, und die Bedeutung der Sache übertreibende, formale Behandlung, welche derselbe der Angelegenheit in ihrem weiteren Verlauf hat zuteil werden lassen, nicht gutheißen kann, so ist doch der von ihm vertretene Standpunkt materiell zutreffend. Wie aus den Anlagen zu entnehmen, ist der Schriftwechsel zwischen den beiden Vertretern erfolglos geblieben. Inzwischen hat der französische Konsul mit Urlaub das Land verlassen, und es ist anzunehmen, daß er die Angelegenheit bei seinen Vorgesetzten in Paris zur Sprache bringen wird. Sollte Exz. gegenüber danach der Fall berührt werden, so bitte ich Sie, das beiliegende Material zu verwenden u. die diesseitige Auffassung zur Geltung zu bringen. Auch stelle ich es Exz. Ermessen anheim, ob Sie etwa die Angelegenheit aus eigener Initiative anregen wollen. Derartigen Fragen wird im Allgemeinen keine große Wichtigkeit beizulegen sein, immerhin scheint es mir von Wert, daß in einem Land, wo das geschlossene Zusammenstehen der europäischen Vertreter eine wesentliche Tätigkeit ist, Meinungsverschiedenheiten wie die vorliegende tunlichst bald beglichen werden. Vielleicht benutzen Exz. daher Ihre zuständigen Unterinstanzen, um, statt mit dem Herrn Minister persönlich, die Sache zur Sprache zu bringen.

Exz. gef. Berichte über das veranlaßte werde ich (unlesbar) erg. entgegensehen.

N. N.

M.

Eintreffen des neuen amerikanischen Minister-Residenten.

PAAA_RZ201-018951_181 ff.			
Empfänger	Caprivi	Absender	Krien
A. 5582 pr. 22. Juni 1894. a. m.		Söul, den 2. Mai 1894.	
Memo	J. № 191.		

A. 5582 pr. 22. Juni 1894. a. m.

Söul, den 2. Mai 1894.

Kontrolle № 32.

An Seine Excellenz

den Reichskanzler, General der Infanterie

Herrn Grafen von Caprivi.

Euerer Excellenz beehre ich mich ganz gehorsamst zu berichten, daß zum Nachfolger des früheren amerikanischen Minister-Residenten in Söul, Herrn Heard, der bereits im Juni v. J. Korea verlassen hat, Herr John M. B. Sill aus Michigan, zuletzt Seminarlehrer in Detroit, ernannt worden ist.

Herr Sill ist vorgestern von dem König in Audienz empfangen worden und hat an demselben Tage die Geschäfte der hiesigen Minister-Residentur der Vereinigten Staaten übernommen.

Eine Abschrift dieses ganz gehorsamen Berichtes sende ich an die Kaiserliche Gesandtschaft in Peking.

gez. Krien.

Inhalt: Eintreffen des neuen amerikanischen Minister-Residenten.

Der russische Geschäftsträger Waeber, Graf Cassini.

PAAA_RZ201-018951_184 ff.

Empfänger	Caprivi	Absender	Schenck
A. 6482 pr. 16. Juli 1894. a. m.		Peking, den 31. Mai 1894.	
Memo	mtg. 19. 7. n. Petersburg 285.		

A. 6482 pr. 16. Juli 1894. a. m.

Peking, den 31. Mai 1894.

№ 62.

Seiner Excellenz

dem Reichskanzler, General der Infanterie

Herrn Grafen von Caprivi.

Der russische Generalkonsul und Geschäftsträger Waeber in Korea, der am 23. d. Mts. von Söul abreisen sollte, um hier die Vertretung des russischen Gesandten, Grafen Cassini, zu übernehmen, ist wegen der in Korea ausgebrochenen Unruhen von seiner Regierung angewiesen worden, seine Abreise zunächst noch aufzuschieben.

In Folge dessen hat auch Graf Cassini seinen Plan wieder aufgeben müssen, am 2. Juni von hier via Mongolei und Sibirien seine Urlaubsreise anzutreten, wozu die erforderlichen Tiere und Karren schon bestellt waren.

gez. Schenck.

Inhalt: Der russische Geschäftsträger Waeber, Graf Cassini.

Berlin, den 19. Juli 1894.   zu A. 6482.

An

die Botschaft in

St. Petersburg № 285

Euerer pp. übersende ich anbei ergebenst
Abschrift eines Berichts des Gesandten in
Peking vom 31. Mai d. J., betreffend den
russischen Geschäftsträger Waeber und den
Gesandten Graf Cassini, zu Ihrer Information.

J. № 4270.

N. d. H. U. St. S.

PAAA_RZ201-018951_188 ff.

Empfänger	Rotenhan	Absender	Herbotte
A. 6680 pr. 21. Juli 1894. p. m.		Berlin, den 17. Juli 1894.	
Memo	s. Aufzeichnung A. 6681. cop. der Anl. m. Erl. 27. 7. n. Paris 343.		

A. 6680 pr. 21. Juli 1894. p. m. 1 Anl.

Berlin, le 17 juilett 1894.

Monsieur

le Baron de Rotenhan, Secrétaire d'Etat p. i. des Affaires Etrangères.

Mon cher Baron,

Sur votre assurance que le Consul Impérial á Séoul avait été invité á régler á l'amiable la question de préséance qui s'est produite entre lui et le Commissaire francais dans la méme résidence, je vous ai dit tout é l'heure que M. Krien avait pourtant taisi de cette contestation le Ministére des Affaires Etrangéres Coréen.

Cette circonstance ayant paru vous susprendre, je me permets de vous communiquer, á titre officieux et confidentiel, la traduction d'une lettre que l'office coréen a adressée le 13 mars dernier á M. le Consul d'Allemagne á Séoul au sujet de l'affaire dont il s'agit.

J'ajoute que cet office avait reconnu que d'aprés Martens (vol. I chapitre III, pages 55 á 64) les Commissaires ont ou n'ont pas le caractére diplomatique selon que ce caractére leur a été conféré ou non par leur Gouvernement. Or il a constaté que le Commisaire francais actuel, M. Frandin, est, comme son prédécesseur, porteur de lettres de créance oú il est désigné comme Réprésentant du Gouvernement de la Republique, et oú la qualification de Consul ne figure pas. Dans ses lettres d'introduction, au contraire, M. Krien porte le titre de Consul.

Je vous signale ces considérations qui, pour étre exotique, n'en sont pas moins judiciénses, et je serais heureux d'apprendre qu'il vous parút possible d'adresser á M. Krien des instructions complémentaires.

Agréez, Monsieur le Baron, les assurances de ma haute considération et de mes sentiments dévoués.

Jules Herbotte.

Copie

Traduction d´une lettre adressée á M. Krien Consul d´Allemagne, par le Président des Affaires Etrangéres.

13 Mars 1894.

Je viens de recevoir votre lettre et j´en ai pris entiérement connaissance. Je vous ai déjá répondu, au sujet de la question de préseánce, que vous deviez vous adresser au Commissaire de France, pour régler cette affaire d´un commun accord avec lui. Quant a moi, il m´est impossible de trancher le différend.

[   ]

PAAA_RZ201-018951_192

Empfänger	[o. A.]	Absender	[o. A.]
A. 6681 pr. 21. Juli 1894. p. m.		[o. A.]	
Memo	s. Erl. 27. 7. n Paris 343.		

A. 6681 pr. 21. Juli 1894. p. m.

ad A. 6680.

Ich sagte Herrn Herbotte, der Botschafter in Paris sei beauftragt gelegentlich in einem Ideenaustausch über die Rangstellung eines „Commissairs" mit dem Ministerium zu Paris einzutreten, ich bemerke heute nur, daß die Ansichten von Marten ja nur diejenigen eines einzelnen Völkerrechtslehrers sein. Unser Konsul in Corea habe ebenso wie sein französischer Kollege ein Einführungsschreiben bei dem korean. Minister erhalten, habe auch diplomat. Geschäfte zu besorgen; daß er nebenbei auch die Konsulatsgeschäfte führe, ändere an seiner Stellung nichts; ich bedauere übrigens, daß er die Streitfrage mit seinem Kollegen zur Entscheidung der koreanischen Regierung gebracht habe.

N 21. 7.

Abreise des Russischen Geschäftsträgers Waeber nach Peking.

PAAA_RZ201-018951_194 ff.			
Empfänger	Caprivi	Absender	Krien
A. 6819 pr. 25. Juli 1894. p. m.		Söul, den 8. Juni 1894.	
Memo	J. № 254.		

A. 6819 pr. 25. Juli 1894. p. m.

Söul, den 8. Juni 1894.

Kontrolle № 44.

An Seine Excellenz

den Reichskanzler, General der Infanterie

Herrn Grafen von Caprivi.

Euerer Excellenz beehre ich mich im Anschluß an meinen [18]Bericht № 13 vom 3. Februar d. J. ganz gehorsamst zu melden, daß der russische Geschäftsträger Waeber am 5. d. Mts. Korea verlassen hat, um sich nach Peking zu begeben, wo er den auf Urlaub gehenden russischen Gesandten Grafen Cassini vertreten soll. Herr Waeber hat die Gesandtschafts-Geschäfte dem Legationssekretär Kehrberg als interimistischem Geschäftsträger übergeben.

Eine Abschrift dieses ganz gehorsamen Berichts sende ich an die Kaiserliche Gesandtschaft zu Peking.

gez. Krien.

Inhalt: Abreise des Russischen Geschäftsträgers Waeber nach Peking.

---

18 A. 2879 ehrerb. beigefügt.

Berlin, den 27. Juli 1894.   A. 6681.

An
Botschaft
Paris № 343

J. № 4453.

Exc. benachrichtige ich mit Bezug auf den diesseitigen Erlaß vom 9. v. Mts. erg., daß der hiesige französische Botschafter die Rangstreitigkeitsfrage zwischen dem Ksl. Konsul in Söul und seinem französischen Kollegen im Auftrage seiner Regierung hier zur Sprache gebracht hat. Herr Herbotte hat dabei den Anspruch des französischen Vertreters in Korea auf den Vorrang damit verteidigt, daß er sich auf eine Notiz des Martens'schen Völkerrechts berief, wonach „Kommissare" dann diplomatischen Charakter haben sollen, wenn ihnen dieser ausdrücklich von ihrer Regierung verliehen worden sei. Dies sei aber bei Herrn Frandin der Fall, da er in einem besonderen Beglaubigungsschreiben lediglich als „réprésentant du Gouvernement de la République" bezeichnet sei. Nur in seinem lettre d'introduction führe H. Frandin den Titel „Konsul"

Ich habe dem Botschafter mündlich erwidert, daß auch unser Vertreter, abweichend von dem sonst üblichen Verfahren ein besonderes Einführungsschreiben bei der koreanischen Regierung erhalten habe u. daß er tatsächlich – wie dies schon aus dem Umstand, daß er der einzige amtliche Vertreter des Reiches in Korea sei, hervorgehe – politische u. diplomatische Geschäfte zu besorgen habe. In dieser Beziehung bestehe also keine Verschiedenheit zwischen ihm u. seinem französischen Kollegen. Im Übrigen könnten wir der Bemerkung in dem Martens'schen Werke, die außerdem vereinzelt [sic.], nicht die [sic.] beimessen, als ob mit dem Titel eine neue Kategorie von diplomatischen Agenten über die bekannten, im Weimarer u. Aachener Congress festgestellten und bis heute überall anerkannten vier Klassen hinaus hätte geschaffen werden sollen. Auch unser erster Vertreter in Korea, Gen. -Konsul Zembsch hat eine Zeit lang den Titel „Kommissar" geführt ohne daß wir indessen ihn aus diesem Anlaß etwa unter jene Klassen diplomatischer Vertreter rangiert hätten. In diesem Sinne bitte ich Exz. die Angelegenheit nunmehr unter Benutzung des Ihnen bereits vorliegenden Materials freundschaftlich zur Sprache bringen zu wollen. Exz. werden darauf hinweisen können, wie wir in analogen Fällen, früher in Serbien, als es noch der britischen Suzeränität unterstand u. noch jetzt in Egypten zu verfahren pflegen. Wir gestehen dort den fremden Vertretern aus dem bloßen Umstand, daß sie den Titel eines diplomatischen Agenten führen, keinen Vorrang vor unserem General-Konsul zu, und wir haben bei Gelegenheit dieser Auffassung Anerkennung zu verschaffen gewußt. Wie die Verhältnisse in Korea jetzt liegen, bietet der Fall an sich ein verhältnismäßig noch geringeres Interesse als vorher. Immerhin ist es aus den s. J. angeführten Gründen erwünscht, Klarheit zu schaffen, um die sonst bestehenden guten Beziehungen der fremden Vertreter in Korea von störenden Momenten persönlichen Charakters frei zu halten.

Herr Herbotte hat hier auch mitgeteilt, daß der Ksl. Konsul in Seoul die Rangfrage der koreanischen Regierung vorgelegt habe, u. hat dabei das hier abschriftlich beifolgende Schreiben[19] des koreanischen auswärtigen Ministers an Herrn Krien vorgelegt. Ich habe dem Botschafter bereits mein Bedauern ausgesprochen, daß der K. Konsul es für nötig gehalten hat, die Entscheidung einer mit solchen Fragen jedenfalls sehr wenig vertrauten u. zunächst auch dazu nicht [sic.] Regierung einzuholen, und werde H. Krien in diesem Sinne bescheiden.

Ihrem gef. Bericht über das Veranlaßte sehe ich erg. entgegen.

gez. [sic.]

---

19 cop. der Anlage a. d. A. 6680.

Rangstreit zwischen den Konsuln in Soeul.

PAAA_RZ201-018951_203 ff.

Empfänger	Caprivi	Absender	Münster
A. 7342 pr. 9. August 1894. p. m.		Paris, den 6. August 1894.	
Memo	I. Erl. nach Söul A. 1 v. 17. 18. II. Erl. m. 20. 8. n. Peking A. 33.		

A. 7342 pr. 9. August 1894. p. m.

Paris, den 6. August 1894.

№ 190.

Seiner Excellenz

dem Reichskanzler, General der Infanterie

Herrn Grafen von Caprivi.

Euere Excellenz haben mir durch Erlaß vom 27. v. M. № 343[20] aufgetragen, den Rangstreit, welcher zwischen unserem Konsul in Söul und seinem französischen Kollegen ausgebrochen ist, hier zur Sprache zu bringen. Herr Hanotaux, welchem ich die von uns festgehaltenen Gesichtspunkte mitteilte, erklärte mir, er mißbillige durchaus das Verhalten des französischen Konsuls und er hasse solche Rangstreite. Herr Frandin, welcher sich zur Zeit in Europa aufhält und wegen des ausgebrochenen Krieges ohnehin zurückgehalten werden müsse, werde auf seinen Posten nicht mehr zurückkehren und seinem Nachfolger werde er zur Vermeidung solch unfruchtbarer Zwistigkeiten den Titel des „Commissaire du Gouvernement" nicht geben.

Münster.

Inhalt: Rangstreit zwischen den Konsuln in Soeul.

---

20 A. 6680/6681 ehrerb. beigef.

Berlin, den 17. August 1894.   A. 7342.

An
Konsul Krien
Soeul A. № 1

J. № 4948.

Ew. erwidere ich erg. auf den gef. Bericht vom 19. März d. J. № 21. daß ich die entstandene Meinungsverschiedenheit über den Vorrang durch den Ksl. Botschafter in Paris habe zur Sprache bringen lassen. Wie Graf Münster berichtet, wird der von dem französischen Vertreter erhobene Anspruch aus dem Grunde, daß er den Titel eines Commissaire de la République führe, vor Ew. den Vortritt zu haben, seitens seiner Regierung nicht gebilligt. Die Angelegenheit dürfte damit in dem diesseits vertretenen Sinne ihre Erledigung gefunden haben.

In Ihrem Bericht erwähnen Exz. daß sie die Frage der koreanischen Regierung vorgelegt hätten und sie von dieser demnächst entschieden werden solle. Wie ich aus einem mir französischerseits mitgeteilten Schreiben des koreanischen Präsidenten des Auswärtigen Amtes an Exz. vom 13. März d. J. ersehe, hat dieser sich auf Ihre Anfrage dahin geäußert, daß es ihm unmöglich sei, die zwischen Ihnen und Ihrem französischen Kollegen bestehenden Differenzen zu entscheiden. Diese Antwort ist zutreffend, insofern als die dortige Regierung nicht berufen sein kann, der Erledigung der Angelegenheit durch die zunächst beteiligten Regierungen vorzugreifen. Ich vermag es daher nicht gutzuheißen, daß Ew. den Antrag auf Entscheidung der Frage bei dem dortigen Minister gestellt haben. Es kann nicht zur Stärkung des Ansehens der fremden Vertreter beitragen, wenn sie derartige Rangstreitigkeiten vor das Forum der Landesbehörden bringen, die dazu mit den einschlägigen Verhältnissen und den in Europa üblichen Auffassungen nicht genügend vertraut sein werden.

gez. [*sic.*]

Berlin, den 20. August 1894.

zu Erl. zu A. 7342.

An

die Gesandtschaft in

Peking № A. 33

J. № 4996.

Ew. pp. übersende ich anbei ergebenst zu Ihrer Information Abschrift eines Erlasses an den K. Konsul in Söul, betreffend den Rangstreit mit dem französischen Kommissar Frandin, mit Bezug auf den gef. Bericht vom 24. März d. Js.

N. d. H. U. St. S.

PAAA_RZ201-018951_210			
Empfänger	Caprivi	Absender	Schenck
A. 7992 pr. 2 September 1894. a. m.		Peking, den 19. Juli 1894.	

Abschrift.

A. 7992 pr. 2 September 1894. a. m.

Peking, den 19. Juli 1894.

A. № 90.

Vertraulich.

Seiner Excellenz

dem Reichskanzler, General der Infanterie

Herrn Grafen von Caprivi.

Der hiesige englische Gesandte sagte mir gestern: „The Japanese soldiers have assulted Gardener" (den englischen Vertreter in Korea) „and given no apology." Die näheren Umstände fehlen noch. Herr O´Conor vermutet, daß Herr Gardener einen von den japanischen Truppen gesperrten Weg habe gehen wollen. Der Zollkommissar soll zugegen gewesen sein. Der gegenwärtige stellvertretende englische Generalkonsul Gardener in Söul war während der Riots im Jahre 1891 Konsul in Hankow und machte sich dort durch seine energische Haltung bemerklich. Der englische Admiral, wie Herr O´Conor ganz vertraulich hinzusetzte, habe den Kommandanten des englischen Kriegsschiffs „Archer" vor Chemulpo angewiesen, Entschuldigung zu fordern und „failing reply is moving squardron to Hakodate".

gez. Schenck.

orig. i. a. Korea 1

[   ]

PAAA_RZ201-018951_211

Empfänger	[o. A.]	Absender	[o. A.]
A. 8081 pr. 6. September 1894.		[o. A.]	

A. 8081 pr. 6. September 1894.

Notiz.

Bericht aus Söul v. 18. VII. № 52.

betr. Mißhandlung des britischen Generalkonsuls in Söul, Gardener, durch japanische
Soldaten

befindet sich i. a. Korea 1.

연구 참여자

[연구책임자]   김재혁 : 출판위원장·독일어권문화연구소장·고려대학교 독어독문학과 교수

[공동연구원]   김용현 : 출판위원·고려대학교 독어독문학과 교수

　　　　　　　Kneider, H.-A. : 출판위원·한국외국어대학교 독일어학과&통번역대학원 교수

　　　　　　　이도길 : 출판위원·고려대학교 민족문화연구원 HK 교수

　　　　　　　배항섭 : 출판위원·성균관대학교 동아시아학술원 교수

　　　　　　　나혜심 : 출판위원·고려대학교 독일어권문화연구소 연구교수

[전임연구원]   한승훈 : 건국대학교 글로컬캠퍼스 교양대학 조교수

　　　　　　　이정린 : 고려대학교 독일어권문화연구소 연구교수

[번역]　　　　김인순 : 고려대학교독일어권문화연구소 연구원(R18941, R18949)

　　　　　　　강명순 : 고려대학교독일어권문화연구소 연구원(R18940, R18950, R18951)

[보조연구원]   김희연 : 고려대학교 대학원 한국사학과 박사수료

　　　　　　　김진환 : 고려대학교 대학원 독어독문학과 박사과정

　　　　　　　박진우 : 고려대학교 대학원 독어독문학과 석사과정

　　　　　　　서진세 : 고려대학교 대학원 독어독문학과 석사과정

　　　　　　　이홍균 : 고려대학교 독어독문학과 학사과정

　　　　　　　정지원 : 고려대학교 독어독문학과 학사과정

　　　　　　　박성수 : 고려대학교 한국사학과 학사과정

　　　　　　　박종연 : 고려대학교 독어독문학과 학사과정

　　　　　　　마재우 : 고려대학교 독어독문학과 학사과정

[탈초·교정]   Seifener, Ch. : 고려대학교 독어독문학과 부교수

　　　　　　　Wagenschütz, S. : 동덕여자대학교 독일어과 외국인 교수

　　　　　　　Kelpin, M. : 고려대학교 독어독문학과 외국인 교수

1874~1910
독일외교문서 한국편 13

2021년 5월 17일 초판 1쇄 펴냄

옮긴이 고려대학교 독일어권문화연구소
발행인 김흥국
발행처 보고사

책임편집 황효은
표지디자인 손정자

등록 1990년 12월 13일 제6-0429호
주소 경기도 파주시 회동길 337-15 보고사
전화 031-955-9797(대표), 02-922-5120~1(편집), 02-922-2246(영업)
팩스 02-922-6990
메일 kanapub3@naver.com / bogosabooks@naver.com
http://www.bogosabooks.co.kr

ISBN 979-11-6587-185-7 94340
　　　979-11-5516-904-9 (세트)
ⓒ고려대학교 독일어권문화연구소, 2021

정가 50,000원